Sammlung Guttentag

Zugabe und Rabatt

Kommentar

zur

Zugabenverordnung

von

Jürgen Hoth

Rechtsanwalt und Notar in Bad Eilsen

und zum

Rabattgesetz

begründet von

Jürgen Hoth

überarbeitet und erweitert von

Dr. Wolfgang Gloy

Rechtsanwalt in Hamburg

1973

Walter de Gruyter · Berlin · New York

ISBN 3 11 004357 2

Printed in Germany

Satz und Druck: Saladruck, 1 Berlin 36

VORWORT

Einem vielfach geäußerten Wunsche folgend, wird mit der vorliegenden Arbeit die in dem 1957 erschienenen Kommentar zum Wettbewerbsrecht „Godin-Hoth" enthaltene Erläuterung des Zugabe- und Rabattrechts gesondert neu herausgebracht. Wegen der seit Erscheinen des Godin-Hoth zu verzeichnenden beachtlichen Fortentwicklung der Werbepraktik und wegen des Wandels der Anschauungen zu Grundsatzfragen des Zugaberechts, erwies sich eine völlig neue Kommentierung der Zugabe VO als notwendig. Hierbei hat der Verfasser sich bemüht, die Zusammenhänge zu anderen Tatbeständen des Wettbewerbsrechts und zu denen der unerlaubten Handlung des bürgerlichen Rechts aufzuzeigen sowie die nicht vom Verbot erfaßten, aber wettbewerbsrechtlich relevanten Erscheinungsformen der Wertreklame, in einem den Bedürfnissen der Praxis gerecht werdenden Umfange zu berücksichtigen.

Die Entwicklung des Wirtschaftslebens und der Rechtsprechung und des Schrifttums auf dem Gebiete des Rabattrechts machten ebenfalls eine umfassende Überarbeitung der Darstellung dieses Rechtsbereiches erforderlich, wenngleich hier von einer völlig neuen Kommentierung abgesehen werden konnte. Auch hierbei wurde den korrespondierenden Tatbeständen, so z. B. denen des UWG und des Kartellrechts, besondere Aufmerksamkeit gewidmet.

Die weitgehende Übereinstimmung der deutschen und österreichischen Regelung — die deutsche Zugabe VO und das österreichische Zugabengesetz sind außerordentlich ähnlich, die rabattrechtlichen Bestimmungen sind kongruent — und die Gepflogenheit der österreichischen Praxis, deutsche Wettbewerbskommentare zu benutzen, waren der Anlaß dafür, das österreichische Zugabe- und Rabattrecht bei Erläuterung der deutschen Regelung ebenso wie die vorzügliche Rechtsprechung der österreichischen Gerichte möglichst umfassend mit zu berücksichtigen.

Wegen der seit Erscheinen des Godin-Hoth außerordentlich weit fortgeschrittenen engen Verflechtung der europäischen Märkte und des damit gegebenen gesteigerten Interesses am ausländischen Recht, wurde eine Darstellung des Rechts der Wertreklame in den Ländern der EWG, Skandinaviens und der Schweiz in die Vorbemerkungen zur Zugabe VO und zum Rabattgesetz mit einbezogen.

Vorwort

Das möglichst umfassende Sachregister, die detaillierten und nicht summarisch gestalteten Inhaltsübersichten, der Abdruck der Gesetzestexte, der amtlichen Begründungen und der korrespondierenden Vorschriften, sowie die Rechtsprechungs- und Literaturnachweise und Texthervorhebungen durch unterschiedlichen Druck, sollen nach dem Wunsch der Verfasser, die als Praktiker für die Praxis geschrieben haben, dem Benutzer des Kommentars die Möglichkeit eröffnen, sich schnell, umfassend und zuverlässig zu unterrichten.

Bis zum 1. Oktober 1972 veröffentlichte Entscheidungen sowie bis zu diesem Tage auf dem Buchmarkt und in Zeitschriften erschienenes Schrifttum konnten berücksichtigt werden.

Bad Eilsen / Hamburg — Die Verfasser
Oktober 1972

Inhaltsübersicht

Inhaltsübersicht

Literaturübersicht

Baumbach-Duden, Handelsgesetzbuch, Kommentar, 20. Auflage, München 1972

Baumbach-Hefermehl, Wettbewerbs- und Warenzeichenrecht Band I, 10. Auflage, München 1971

Brüggemann-Würdiger-Ratz, Handelsgesetzbuch, Kommentar 3. Auflage Band I und III, Berlin 1967

von Büren, Kommentar zum Bundesgesetz über den unlauteren Wettbewerb, Zürich 1957

Burmann, Das Recht der Wertreklame, Berlin 1965

Bußmann-Droste, Werbung und Wettbewerb im Spiegel des Rechts, Band I der Buchreihe „Grundriß der Werbung", Essen 1951

Bußmann-Pietzcker-Kleine, Gewerblicher Rechtsschutz und Urheberrecht, Lehrbuch, 3. Auflage, Berlin 1962

Callmann, Der unlautere Wettbewerb, 2. Auflage, Mannheim 1932

Elster, Gesetz gegen den unlauteren Wettbewerb, 9. Auflage, Berlin—Leipzig 1932

Elster, Wettbewerbsrecht mit dem Recht der Zugaben und Rabatte unter Berücksichtigung der Bestimmungen des Werberates, Berlin 1941

von Eyben, Heinonen, Storm, Bull, Bergqvist, Tengelin, Das Recht des unlauteren Wettbewerbs in den nordischen Ländern, GRUR-Abhandlungen 2, Weinheim 1967

Fikentscher, Die Preisunterbietung im Wettbewerbsrecht, 2. Auflage, Heidelberg 1962

Fikentscher, Preislistentreue im Recht der Werbeagenturen, 1968

Fikentscher, Wettbewerb und gewerblicher Rechtsschutz, München und Berlin 1958

von Gamm, Wettbewerbsrecht, Handbuch, Köln—Berlin—München 1964

von Godin-Hoth, Wettbewerbsrecht, Kommentar zum Gesetz gegen den unlauteren Wettbewerb und zum Zugabe- und Rabattrecht, Berlin 1957

Gottschick, Das Zugabeverbot, 2. Auflage, Berlin 1933

Gütebier, Der unlautere Wettbewerb der öffentlichen Hand, Berlin 1934

Hecht-Kümpfel, Der Wettbewerb, Berlin 1936

Heinig, Rabatte und Zugaben, Frankfurt/M. und Stuttgart 1950

Hohenecker-Friedl, Wettbewerbsrecht, Allgemeines Wettbewerbsrecht, Zugabenrecht, Rabattrecht, Markenrecht, Grundrisse des kaufmännischen Rechts, II. Band, Graz und Köln 1959

Junckerstorff, Die Praxis des Zugabeverbots, Leipzig 1936
Junckerstorff, Zur Systematik des reichsgesetzlichen Zugabeverbots, 2. Auflage, Berlin 1933
Kamin/Schweitzer-Faust, Kommentar zu den Verkaufsveranstaltungen im Handel, Frankfurt/M. 1969
Kaufmann-Rautmann-Strickrodt, Kommentar zum Gesetz gegen Wettbewerbsbeschränkungen, Frankfurter Kommentar, Köln 1958 ff.
Klauer, Das Zugabewesen, 2. Auflage, Berlin 1932
Klauer-Seydel, Das Zugabewesen, 3. Auflage, Berlin—Frankfurt 1954
Klosterfelde, Anzeigenpraxis, Berlin—Frankfurt/M.—Wien, 1968
Kraft, Interessenabwägung und gute Sitten im Wettbewerbsrecht, München und Berlin 1963
Löffler, Presserecht, Band I, Allgemeines Presserecht, 2. Auflage, München 1969
Lukesch, Zugabe- und Rabattwesen auf Grund der österreichischen Gesetzgebung, Heft 2 der Reihe Betriebswirtschaftliche Forschungen des Wirtschaftsverkehrs, Wien
Mahlmann, Genossenschaftsrecht und Wettbewerbsordnung, Band 2 der Schriften zum Wirtschafts-, Handels-, Industrierecht, Köln—Berlin—Bonn—München 1971
Meister, Wettbewerbsrechtliche Beurteilung des Zugabewesens, Diss. Heft 191 Zürcher Beiträge zur Rechtswissenschaft, Aarau 1954
Michel-Weber-Gries, Das Rabattgesetz, 2. Auflage, München und Berlin 1957
Müller-Gries-Gießler, Kommentar zum Gesetz gegen Wettbewerbsbeschränkungen, 2. Auflage, Frankfurt 1967 ff.
Müller-Henneberg-Schwartz, Gesetz gegen Wettbewerbsbeschränkungen und europäisches Kartellrecht, Gemeinschaftskommentar, 2. Auflage, Köln—Bonn—München 1963/1966
Nerreter, Allgemeine Grundlagen eines deutschen Wettbewerbsrechts, Berlin 1936
Nordemann, Wettbewerbsrecht, Grundriß mit Kurzkommentierung, Bonn 1971
Palandt, Bürgerliches Gesetzbuch, Kommentar, 31. Auflage, G. H. Beck'sche Verlagsbuchhandlung, München 1972
Parisius-Krüger, Das Reichsgesetz betreffend die Erwerbs- und Wirtschaftsgenossenschaften, Kommentar, 12. Auflage, Berlin—Leipzig 1932
Pastor, Die Unterlassungsvollstreckung nach § 890 ZPO, Köln—Berlin—Bonn—München 1969
Pastor, Der Wettbewerbsprozeß, Einstweilige Verfügung und Unterlassungsklage, Köln—Berlin—Bonn—München 1968
Raape, Deutsches Internationales Privatrecht, 5. Auflage, 1961
Reimer, Wettbewerbs- und Warenzeichenrecht, Kommentar, 3. Auflage, Köln—Berlin 1954

Reimer (v. Gamm), Wettbewerbs- und Warenzeichenrecht, Kommentar, 4. Auflage Band 2, Köln—Berlin—Bonn—München 1972*

Reimer-Krieger, Zugabe- und Rabattrecht, Kommentar, Köln—Berlin 1955

Reimer-Pastor, Wettbewerbs- und Warenzeichenrecht, 3. Band. Das wettbewerbsrechtliche Unterlassungs- und Schadensersatzrecht, 4. Auflage, Köln—Berlin—Bonn—München 1971

Rosenthal-Leffmann, Gesetz gegen den unlauteren Wettbewerb, Kommentar, 9. Auflage, Berlin und Frankfurt 1969

Schlegelberger, Handelsgesetzbuch, Kommentar, Berlin und Frankfurt 1960

Schönherr, Wettbewerbsrecht, Gesetz gegen den unlauteren Wettbewerb samt DVOen, Zugabengesetz, Rabattgesetz und Ausverkaufsverordnung, 4. Auflage, Wien 1971

Schönherr, Zugaben und Rabatte nach österreichischem Recht, Wien 1960

Schricker, Wirtschaftliche Tätigkeit der öffentlichen Hand und unlauterer Wettbewerb, München—Köln—Berlin 1964

Schröter, Das Tabaksteuergesetz, Kommentar, Berlin und Frankfurt 1956

Soergel-Siebert, Bürgerliches Gesetzbuch, Kommentar, 10. Auflage Bd. 1, 3, Stuttgart—Berlin—Köln—Mainz

Tetzner, Das Recht der Sonderveranstaltungen und Sonderangebote, Köln 1959

Tetzner, Gesetz gegen den unlauteren Wettbewerb, 2. Auflage, Kommentar, Köln 1957

Tetzner, Rabattgesetz, Kommentar unter Berücksichtigung der Rechtslage in Österreich, Berlin und Frankfurt 1963

Tetzner, Recht und Unrecht der Zugabe, Köln 1953

Troller, Das internationale Privatrecht des unlauteren Wettbewerbs. Eine vergleichende Darstellung. Freiburg/Schweiz 1962

Ulmer, Das Recht des unlauteren Wettbewerbs in den Mitgliedstaaten der Europäischen Wirtschaftsgemeinschaft. *Band I*: Vergleichende Darstellung mit Vorschlägen zur Rechtsangleichung; *Band II: 1.* Halbband: Belgien, Luxemburg (Schricker und Wunderlich); *Band II: 2.* Halbband: Niederlande (Baeumer); *Band III:* Deutschland (Reimer); *Band IV:* Frankreich (Krasser); *Band V:* Italien (Schricker); München und Köln 1965—1968

Völp, Preisbindung für Markenartikel, Diss., Tübingen 1960

Wirner, Wettbewerbsrecht und internationales Privatrecht, München—Köln—Berlin—Bonn 1960

Wolff, Das internationale Privatrecht Deutschlands, 3. Auflage, Berlin—Göttingen—Heidelberg 1954

* Nach Drucklegung erschienen und daher nicht mehr berücksichtigt

Abkürzungsverzeichnis

a. A.	anderer Ansicht
a. a. O.	am angeführten Ort
Abs.	Absatz
a. E.	am Ende
AG	Amtsgericht
AGBGB	Allgemeines bürgerliches Gesetzbuch (Österreich)
Ann.	Annales de la Propriété Industrielle, Artistique et Littéraire
a. M.	anderer Meinung
Amtl. Begrd.	Amtliche Begründung
Anh.	Anhang
Anm.	Anmerkung
AO	Anordnung
AO RWM	Anordnung des Reichswirtschaftsministers betreffend Sonderveranstaltungen vom 4. 7. 35 RAnz. Nr. 158
Arb.Dok.	Arbeitsdokument der Kommission der europäischen Gemeinschaften (EWG). Brüsseler Kommission ... Kommission der europäischen Gemeinschaften, Generaldirektion Binnenmarkt und Rechtsangleichung
ArchPR	Archiv für Presserecht (Jahr und Seite)
Art.	Artikel
Aufl.	Auflage
AWR	Archiv für Wettbewerbsrecht (Jahr und Seite)
BAnz.	Bundesanzeiger
Baumbach-Hefermehl	Wettbewerbs- und Warenzeichenrecht, Band I, Wettbewerbsrecht 10. Aufl.
BayObLG	Bayrisches Oberstes Landesgericht
BB	Der Betriebs-Berater (Jahr und Seite)
Bd.	Band
Begrd.	Begründung
BFH	Bundesfinanzhof
BGB	Bürgerliches Gesetzbuch
BGBl.	Bundesgesetzblatt (Jahr und Seite)
BGBlÖ	Bundesgesetzblatt Österreich
BGH	Bundesgerichtshof
BGHSt.	Entscheidungen des Bundesgerichtshofes in Strafsachen (Band und Seite)
BGHZ	Entscheidungen des Bundesgerichtshofes in Zivilsachen (Band und Seite)
BJM	Bundesminister der Justiz

BKA	Bundeskartellamt
Bl.	Blatt für Patent-, Muster- und Zeichenwesen (Jahr und Seite)
Börsenblatt	Börsenblatt für den deutschen Buchhandel
BStBl.	Bundessteuerblatt (Jahr und Seite)
BZBl.	Bundeszollblatt
BVerfG	Bundesverfassungsgericht
BVerwG	Bundesverwaltungsgericht
BWM	Bundesminister für Wirtschaft
Dalloz (D)	Recueil Dalloz
DB	Der Betrieb (Jahr und Seite)
Die AG	Die Aktiengesellschaft (Jahr und Seite)
DIHT	Deutscher Industrie- und Handelstag
Diss.	Dissertation
DJ	Deutsche Justiz (Jahr und Seite)
DJZ	Deutsche Juristen-Zeitung (Jahr und Seite)
Doctr.	Doctrine (in Gazette du Palais)
DR	Deutsches Recht (Jahr und Seite)
DRZ	Deutsche Rechtszeitschrift (Jahr und Seite)
DVO	Durchführungsverordnung
DW	Der Wettbewerb (Jahr und Seite)
EA	Einigungsamt
Einf.	Einführung
Einl.	Einleitung
Erl.	Erlaß oder Erläuterung
EWGV	Vertrag zur Gründung der Europäischen Wirtschaftsgemeinschaft vom 25. 3. 57
Fikentscher Wb.	Fikentscher, Wettbewerb und Gewerblicher Rechtsschutz
Frankf. Komm.	Kommentar zum Gesetz gegen Wettbewerbsbeschränkungen (Kaufmann-Rautmann)
GA	Gutachterausschuß für Wettbewerbsfragen, gebildet von den Spitzenorganisationen der gewerblichen Wirtschaft beim Deutschen Industrie- und Handelstag
v. Gamm WbR	v. Gamm, Wettbewerbsrecht, Köln 1964
GBl.	Gesetzblatt
GBlÖ	Gesetzblatt für das Land Österreich (1938—1940)
GemKom.	Gemeinschaftskommentar, Gesetz gegen Wettbewerbsbeschränkungen und europäisches Kartellrecht (Müller-Henneberg)
Ges.	Gesetz
GewO	Gewerbeordnung
GG	Grundgesetz
gl. A.	gleicher Ansicht
Godin-Hoth	Godin-Hoth, Wettbewerbsrecht, Berlin 1957

Abkürzungsverzeichnis

GRUR	Gewerblicher Rechtsschutz und Urheberrecht (Jahr und Seite)
GRUR Ausl. (Int.)	Gewerblicher Rechtsschutz und Urheberrecht, Auslands- und Internationaler Teil (Jahr und Seite)
GVBl.	Gesetz- und Verordnungsblatt
GWB	Gesetz gegen Wettbewerbsbeschränkungen
HansGZ	Hanseatische Gerichtszeitung (1.1880—48.1927); dann Hanseat. Rechts- und Gerichtszeitschrift
HGB	Handelsgesetzbuch
h. L.	herrschende Lehre
h. M.	herrschende Meinung
HRR	Höchstrichterliche Rechtsprechung (Band und Nr. der Entscheidung)
i. d. F.	in der Fassung
i. d. R.	in der Regel
InterWbw.	Internationaler Wettbewerb, Mitteilungen der Deutschen Landesgruppe der Internationalen Liga gegen unlauteren Wb. e. V. Beilage der Zeitschrift WRP
IPR	Internationales Privatrecht
i. Zw.	im Zweifel
i. S.	im Sinne
JBlÖ	Juristische Blätter (Österreich — Jahrgang und Seite)
JO	Journal Officiel
JR	Juristische Rundschau (Jahr und Seite)
JW	Juristische Wochenschrift (Jahr und Seite)
JZ	Juristenzeitung (Jahr und Seite)
Kap.	Kapitel
KG	Kammergericht
KGJ	Jahrbuch für Entscheidungen des Kammergerichts (Band und Seite)
KStDVO	Körperschaftssteuer-Durchführungsverordnung
LG	Landgericht
LM	Lindenmaier-Möhring
LMG	Gesetz über den Verkehr mit Lebensmitteln und Bedarfsgegenständen
MA	Der Markenartikel (Jahr und Seite)
MDR	Monatsschrift für Deutsches Recht (Jahr und Seite)
Michel-Weber-Gries	Michel-Weber-Gries, Das Rabattgesetz, 2. Aufl.
Mon.Belge	Moniteur Belge
MuW	Markenschutz und Wettbewerb (Jahr oder Band und Seite)
n. F.	neue Fassung
NJW	Neue Juristische Wochenschrift (Jahr und Seite)
Ö	Österreich
ObLG	Oberstes Landesgericht

ÖBl.	Österreichische Blätter für gewerblichen Rechtsschutz (Jahr und Seite)
OGHÖ	Oberster Gerichtshof Österreich
OGHZ	Sammlung der Entscheidungen des Obersten Gerichtshofes für die britische Zone in Zivilsachen (Band und Seite)
ÖJZ	Österreichische Juristen-Zeitung
OLG	Oberlandesgericht
OLG Rspr.	Sammlung der Rechtsprechung der Oberlandesgerichte
OLGZ	Entscheidungen der Oberlandesgerichte in Zivilsachen (Jahr und Seite)
OVG	Oberverwaltungsgericht
PBlÖ	Österreichisches Patentblatt
PrOVG	Preußisches Oberverwaltungsgericht
RabG	Rabattgesetz
RAnz.	Reichsanzeiger
RAO	Reichsabgabenordnung
Reimer	Reimer, Wettbewerbs- und Warenzeichenrecht, 3. Aufl.
Reimer-Krieger	Reimer-Krieger, Zugabe- und Rabattrecht
RFM	Reichsfinanzminister
RG	Reichsgericht
RGBl.	Reichsgesetzblatt
RGSt.	Sammlung der Entscheidungen des Reichsgerichts in Strafsache (Band und Seite)
RGZ	Sammlung der Entscheidungen des Reichsgerichts in Zivilsachen (Band und Seite)
RJM	Reichsjustizminister
Rspr.	Rechtsprechung
RWM	Reichswirtschaftsminister
RWP	Recht in Wirtschaft und Praxis, Forkel-Verlag, Loseblatt-Sammlung
S.	Seite
s.	siehe
Schönherr WbR	Schönherr, Wettbewerbsrecht, 4. Aufl.
Schönherr ZuR	Schönherr, Zugaben und Rabatte nach österreichischem Recht
SchwBG	Schweizerisches Bundesgericht
StenBullStR	Amtliches stenografisches Bulletin der Bundesversammlung (Ständerat) Schweiz
StGB	Strafgesetzbuch
StGBl. (auch StBl.)	Staatsgesetzblatt (Österreich)
StPO	Strafprozeßordnung
str.	streitig
st. Rspr.	ständige Rechtsprechung

SZ	Entscheidungen des österreichischen Obersten Gerichtshofes in Zivil- und Justizverwaltungssachen, veröffentlicht von seinen Mitgliedern
TabStG	Tabaksteuergesetz
TabStDB	Durchführungsbestimmungen zum Tabaksteuergesetz
Tetzner R (oder § des RabG)	Tetzner, Rabattgesetz, Kommentar
Tetzner K	Tetzner, Gesetz gegen den unlauteren Wettbewerb, Kommentar
Tetzner Z	Tetzner, Recht und Unrecht der Zugabe
Tz.	Teilziffer
Ulmer-(Verf.)	Das Recht des unlauteren Wettbewerbs in den Mitgliedstaaten
unstr.	unstreitig
UWG	Gesetz gegen den unlauteren Wettbewerb vom 7. Juni 1909 (RGBl. S. 499)
UWGÖ	Bundesgesetz (Österreich) gegen den unlauteren Wettbewerb vom 26. September 1923, BGBl. Nr. 531
VGHÖ	Verwaltungsgerichtshof (Österreich)
vgl.	vergleiche
VO	Verordnung
Wb.	Wettbewerb
WbR	Wettbewerbsrecht
WM	Wertpapiermitteilungen (Jahr und Seite)
WRP	Wettbewerb in Recht und Praxis (Jahr und Seite)
WuW	Wirtschaft und Wettbewerb (Jahr und Seite)
WuW/E	WuW-Entscheidungssammlung
WZG	Warenzeichengesetz
Zentrale	Zentrale zur Bekämpfung des unlauteren Wettbewerbs
ZgGenW	Zeitschrift für das gesamte Genossenschaftswesen
Ziff.	Ziffer
ZugGelÖ	Österreichisches Bundesgesetz vom 3. August 1934, BGBl. II Nr. 196, über das Verbot von Zugaben zu Waren oder Leistungen (Zugabengesetz)
ZugVO	Zugabeverordnung
ZV	Zeitungsverlag und Zeitschriftenverlag; Zeitschrift des Bundesverbandes Deutscher Zeitungsverleger e. V. und des Verbandes Deutscher Zeitschriftenverleger e. V.

GESETZESTEXTE

Zugabeverordnung

Vom 9. März 1932 (RGBl. I S. 121; BGBl. III — 43-4-1)

Auf Grund des Artikels 48 Abs. 2 der Reichsverfassung wird verordnet:

§ 1 [Zugabeverbot]

(1) Es ist verboten, im geschäftlichen Verkehr neben einer Ware oder einer Leistung eine Zugabe (Ware oder Leistung) anzubieten, anzukündigen oder zu gewähren. Eine Zugabe liegt auch dann vor, wenn die Zuwendung nur gegen ein geringfügiges, offenbar bloß zum Schein verlangtes Entgelt gewährt wird. Das gleiche gilt, wenn zur Verschleierung der Zugabe eine Ware oder Leistung mit einer anderen Ware oder Leistung zu einem Gesamtpreis angeboten, angekündigt oder gewährt wird.

(2) Die Vorschriften im Absatz 1 gelten nicht:

a) wenn lediglich Reklamegegenstände von geringem Werte, die als solche durch eine dauerhafte und deutlich sichtbare Bezeichnung der reklametreibenden Firma gekennzeichnet sind, oder geringwertige Kleinigkeiten gewährt werden;

b) wenn die Zugabe in einem bestimmten oder auf bestimmte Art zu berechnenden Geldbetrage besteht;

c) wenn die Zugabe zu Waren in einer bestimmten oder auf bestimmte Art zu berechnenden Menge gleicher Ware besteht;

d) wenn die Zugabe nur in handelsüblichem Zubehör zur Ware oder in handelsüblichen Nebenleistungen besteht;

e) wenn Zeitschriften belehrenden und unterhaltenden Inhalts, die nach ihrer Aufmachung und Ausgestaltung der Werbung von Kunden und den Interessen des Verteilers dienen, durch einen entsprechenden Aufdruck auf der Titelseite diesen Zweck erkennbar machen und in ihren Herstellungskosten geringwertig sind, unentgeltlich an den Verbraucher abgegeben werden (Kundenzeitschriften);

f) wenn die Zugabe in der Erteilung von Auskünften oder Ratschlägen besteht;

g) wenn zugunsten der Bezieher einer Zeitung oder Zeitschrift Versicherungen bei beaufsichtigten Versicherungsunternehmungen oder Versicherungsanstalten abgeschlossen werden.

(3) Bei dem Angebot, der Ankündigung und der Gewährung einer der in Absatz 2 zugelassenen Zugaben ist es verboten, die Zuwendung als unentgeltlich gewährt (Gratiszugabe, Geschenk und dergleichen) zu bezeichnen oder sonstwie den Eindruck der Unentgeltlichkeit zu erwecken. Ferner ist es verboten, die Zugabe von dem Ergebnis einer Verlosung oder einem anderen Zufall abhängig zu machen.

§ 2 [Unterlassungsanspruch und Schadensersatzanspruch]

(1) Wer den Vorschriften des § 1 zuwiderhandelt, kann von jedem, der Waren oder Leistungen gleicher oder verwandter Art wie die Haupt- oder Zugabeware oder Haupt- oder Zugabeleistung herstellt oder in den geschäftlichen Verkehr bringt, sowie von Verbänden zur Förderung gewerblicher Interessen, soweit sie als solche in bürgerlichen Rechtsstreitigkeiten klagen können, auf Unterlassung in Anspruch genommen werden. Ist die Zuwiderhandlung im Geschäftsbetriebe von einem Angestellten oder Beauftragten vorgenommen worden, so ist der Unterlassungsanspruch auch gegen den Inhaber des Betriebs begründet.

(2) Wer vorsätzlich oder fahrlässig gegen die Vorschriften des § 1 verstößt, ist zum Ersatze des durch die Zuwiderhandlung entstehenden Schadens verpflichtet.

(3) Ansprüche, die wegen der Gewährung von Zugaben auf Grund anderer Vorschriften, insbesondere des Gesetzes gegen den unlauteren Wettbewerb, begründet sind, bleiben unberührt.

(4) Die in den Absätzen 1, 2 bezeichneten Ansprüche auf Unterlassung oder Schadensersatz verjähren in sechs Monaten von dem Zeitpunkt an, in welchem der Anspruchsberechtigte von der Handlung und von der Person des Verpflichteten Kenntnis erlangt, ohne Rücksicht auf diese Kenntnis in drei Jahren von der Begehung der Handlung an. Für die Ansprüche auf Schadensersatz beginnt der Lauf der Verjährung nicht vor dem Zeitpunkt, in welchem der Schaden entstanden ist.

§ 3 [Strafvorschrift]

(1) Wer vorsätzlich den Vorschriften des § 1 zuwiderhandelt, wird, sofern die Tat nicht nach anderen Vorschriften mit schwererer Strafe bedroht ist, mit Geldstrafe bestraft.

(2) Die Strafverfolgung tritt nur auf Antrag ein. Das Recht, den Strafantrag zu stellen, hat selbstverständlich jeder der im § 2 Abs. 1 bezeichneten Gewerbetreibenden und Verbände. Die Zurücknahme des Antrags ist zulässig.

(3) (aufgehoben)

§ 4 [Privatklage]

Vergehen gegen § 3 können im Wege der Privatklage verfolgt werden. Die allgemeinen Vorschriften über die Privatklage finden Anwendung.

§ 5 [Inkrafttreten]

Die Vorschriften dieses Teiles treten drei Monate nach der Verkündung in Kraft . . .[1]

Gesetz über Preisnachlässe (Rabattgesetz)

Vom 25. November 1933 (RGBl. I S. 1011)
(BGBl. III, 43-5-1)

Die Reichsregierung hat das folgende Gesetz beschlossen, das hiermit verkündet wird:

ERSTER TEIL

Preisnachlässe

§ 1 [Rabattgewährung]

(1) Werden im geschäftlichen Verkehr Waren des täglichen Bedarfs im Einzelverkauf an den letzten Verbraucher veräußert oder gewerbliche Leistungen des täglichen Bedarfs für den letzten Ver-

[1] Satz 2: Gegenstandslose Übergangsvorschrift.

braucher ausgeführt, so dürfen zu Zwecken des Wettbewerbs Preisnachlässe (Rabatte) nur nach Maßgabe der nachfolgenden Vorschriften angekündigt oder gewährt werden.

(2) Als Preisnachlässe im Sinne dieses Gesetzes gelten Nachlässe von den Preisen, die der Unternehmer ankündigt oder allgemein fordert, oder Sonderpreise, die wegen der Zugehörigkeit zu bestimmten Verbraucherkreisen, Berufen, Vereinen oder Gesellschaften eingeräumt werden.

Erster Abschnitt

Barzahlungsnachlässe

§ 2 [Begrenzung des Barzahlungsnachlasses]

Der Preisnachlaß für Barzahlung (Barzahlungsnachlaß) darf drei vom Hundert des Preises der Ware oder Leistung nicht überschreiten. Er darf nur gewährt werden, wenn die Gegenleistung unverzüglich nach der Lieferung der Ware oder der Bewirkung der gewerblichen Leistung durch Barzahlung oder in einer der Barzahlung gleichkommenden Weise, insbesondere durch Hingabe eines Schecks oder durch Überweisung, erfolgt.

§ 3 [Barzahlungsnachlaß bei Stundung]

Werden während eines bestimmten Zeitabschnitts unter Stundung der Gegenleistung Waren geliefert oder Leistungen bewirkt, so kann bei der nach Ablauf des Zeitabschnitts erfolgenden Bezahlung ein Barzahlungsnachlaß gewährt werden, sofern der Zeitabschnitt nicht länger als einen Monat dauert. Die Vorschrift des § 2 gilt entsprechend.

§ 4 [Gewährung des Barzahlungsnachlasses — Gutscheine]

(1) Wer einen Barzahlungsnachlaß gewährt, muß den Nachlaßbetrag sofort vom Preise abziehen oder Gutscheine (Sparmarken, Kassenzettel, Zahlungsabschnitte) ausgeben, die in bar einzulösen sind. Der Umsatz an Waren oder Leistungen, von dem die Einlösung der Gutscheine abhängig gemacht wird, darf auf keinen höheren Betrag als fünfzig Deutsche Mark festgesetzt werden.

(2) Gutscheine, die von einer Vereinigung nachlaßgewährender Gewerbetreibender (Rabattsparvereine und dergleichen) eingelöst werden, dürfen nur ausgegeben werden, sofern sich die Vereinigung

alljährlich einer unabhängigen Prüfung durch einen sachverständigen Prüfer unterzieht. Die Prüfung muß sich auf die gesamte Geschäftsgebarung der Vereinigung während der Dauer des Geschäftsjahres erstrecken, insbesondere darauf, daß die Einlösung der ausgegebenen Gutscheine gesichert ist. Der Prüfer muß einen schriftlichen Bericht erstatten, den die Vereinigung ihren Mitgliedern zugänglich zu machen hat. Die Vorschrift des Absatzes 1 Satz 2 findet keine Anwendung.

§ 5 [Warenrückvergütungen durch Genossenschaften]

(1) Warenrückvergütungen, die Genossenschaften im Sinne des § 1 Abs. 1 Nr. 5 des Genossenschaftsgesetzes (Konsumvereine) ihren Mitgliedern gewähren, dürfen zusammen mit Barzahlungsnachlässen im Geschäftsjahr drei vom Hundert der mit den Mitgliedern erzielten Umsätze nicht übersteigen; Nichtmitgliedern dürfen Warenrückvergütungen nicht gewährt werden.

(2) Der Anspruch auf die Warenrückvergütung ist mit der Beschlußfassung über den Jahresabschluß fällig. Die Fälligkeit kann durch das Statut oder einen Beschluß der Generalversammlung nicht über sechs Monate nach Ablauf des Geschäftsjahres hinausgeschoben werden.

§ 6 [Barzahlungsnachlaßverbot für Warenhäuser]

Warenhäuser, Einheits-, Klein- oder Serienpreisgeschäfte oder ähnliche, durch die besondere Art der Preisstellung gekennzeichnete Geschäfte und Werkskonsumanstalten dürfen Barzahlungsnachlässe nicht gewähren[1].

Zweiter Abschnitt

Mengennachlässe

§ 7 [Voraussetzungen]

(1) Werden mehrere Stücke oder eine größere Menge von Waren in einer Lieferung veräußert, so kann ein Mengennachlaß gewährt werden, sofern dieser nach Art und Umfang sowie nach der verkauften Stückzahl oder Menge als handelsüblich anzusehen ist.

---

[1] § 6 ist gemäß Beschluß des Bundesverfassungsgerichts vom 11. 4. 1967 — 1 BvL 25/64 (BGBl. I S. 626) — „jedenfalls seit dem 9. Juli 1963" nichtig.

(2) Der Mengennachlaß kann entweder durch Hingabe einer bestimmten oder auf bestimmte Art zu berechnenden Menge der verkauften Ware oder durch einen Preisnachlaß gewährt werden.

§ 8 [Aufträge für mehrere gewerbliche Leistungen]

Werden bei Aufträgen für mehrere gewerbliche Leistungen oder für eine gewerbliche Leistung größeren Umfanges oder beim Kauf von Dauer- oder Reihenkarten, die einen Anspruch auf eine bestimmte Zahl von Leistungen begründen, Mengennachlässe gewährt, so gilt die Vorschrift des § 7 entsprechend.

Dritter Abschnitt

Sondernachlässe

§ 9 [Voraussetzungen für die Gewährung]

Sondernachlässe oder Sonderpreise dürfen gewährt werden

1. an Personen, die die Ware oder Leistung in ihrer beruflichen oder gewerblichen Tätigkeit verwerten, sofern dieser Nachlaß seiner Art und Höhe nach orts- oder handelsüblich ist;
2. an Personen, die auf Grund besonderen Lieferungs- oder Leistungsvertrages Waren oder Leistungen in solchen Mengen abnehmen, daß sie als Großverbraucher anzusehen sind;
3. an die Arbeiter, Angestellten, Leiter und Vertreter des eigenen Unternehmens, sofern die Ware oder Leistung für deren Bedarf, den Bedarf ihrer Ehegatten, ihrer Abkömmlinge oder der mit ihnen in häuslicher Gemeinschaft lebenden Personen bestimmt ist (Eigenbedarf) und in dem Unternehmen hergestellt, vertrieben oder bewirkt wird.

Vierter Abschnitt

Zusammentreffen mehrerer Preisnachlaßarten

§ 10 [Nachlaßgewährung nur für zwei Arten]

Treffen bei einem Rechtsgeschäft im Sinne des § 1 mehrere Preisnachlaßarten zusammen, so darf der Nachlaß nur für zwei Arten gewährt werden.

ZWEITER TEIL

Schlußvorschriften

§ 11 [Strafvorschrift]

Wer vorsätzlich oder fahrlässig einer der Vorschriften dieses Gesetzes zuwiderhandelt, wird mit Geldstrafe bestraft. Ist der Täter wegen Zuwiderhandlung gegen dieses Gesetz bereits wiederholt rechtskräftig verurteilt worden, so kann auf Freiheitsstrafe bis zu fünf Jahren erkannt werden.

§ 12 [Unterlassungsanspruch]

(1) Wer einer der Vorschriften dieses Gesetzes zuwiderhandelt, kann von jedem Gewerbetreibenden, der Waren oder Leistungen gleicher oder verwandter Art herstellt oder in den geschäftlichen Verkehr bringt, oder von Verbänden zur Förderung gewerblicher Belange, soweit sie als solche in bürgerlichen Rechtsstreitigkeiten klagen können, auf Unterlassung in Anspruch genommen werden.

(2) Nimmt in einem geschäftlichen Betriebe ein Angestellter oder Beauftragter Handlungen vor, die nach diesem Gesetz unzulässig sind, so ist der Unterlassungsanspruch auch gegen den Inhaber des Betriebes begründet.

§ 13 [Anrufung der Einigungsstellen]

Die in § 27 a des Gesetzes gegen den unlauteren Wettbewerb vorgesehenen Einigungsstellen können bei bürgerlichen Rechtsstreitigkeiten aus diesem Gesetz angerufen werden.

§ 14 [Inkrafttreten]

(1) Dieses Gesetz tritt am 1. Januar 1934 in Kraft.

(2) *(gegenstandslos)*

§ 15 [Tabakerzeugnisse]

Die Vorschriften des *Gesetzes über das Verbot des Verkaufs von Tabakerzeugnissen unter Steuerzeichenpreis vom 21. September 1933 (Reichsgesetzblatt I S. 653)** bleiben, soweit sich aus ihnen etwas anderes ergibt, unberührt.

---

* Vgl. jetzt §§ 9, 17, 33 Abs. 1, 34 Tabaksteuergesetz (BGBl. I 1972, 1634).

§ 16 [Kein Schadensersatz]

Zum Ersatz eines Schadens, der durch die in diesem Gesetz bestimmten Maßnahmen entsteht, sind weder das Reich noch die Länder verpflichtet.

§ 17 [Durchführungsvorschriften]

Der *Reichswirtschaftsminister* erläßt die zur Durchführung dieses Gesetzes erforderlichen Rechts- und Verwaltungsverordnungen. Er kann auch Vorschriften ergänzenden oder abändernden Inhalts erlassen.*

Verordnung zur Durchführung des Gesetzes über Preisnachlässe (Rabattgesetz)

Vom 21. Februar 1934 (RGBl. I S. 120)**
i. d. Fassung d. Veröffentlichung im BGBl. III 1960, Folge 11 S. 152

Auf Grund der Vorschrift des § 17 des Gesetzes über Preisnachlässe (Rabattgesetz) vom 25. November 1933 — Reichsgesetzbl. I S. 1011 — wird hiermit verordnet:**

Erster Abschnitt

Barzahlungsnachlässe

1. Einlösung der Gutscheine

§ 1 [Gutscheinausgabe]

Wird ein Barzahlungsnachlaß durch Ausgabe von Gutscheinen gewährt, so müssen die Gutscheine entweder von dem nachlaßgewährenden Gewerbetreibenden selbst oder von einer Vereinigung im Sinne des § 4 Abs. 2 Satz 1 des Rabattgesetzes eingelöst werden, deren Mitglied der nachlaßgewährende Gewerbetreibende sein muß.

* Gem. Art. 129 Abs. 3 GG erloschene Ermächtigung des Reichswirtschaftsministers zum Erlaß von Ergänzungs- oder Abänderungsvorschriften.

** Erläutert zusammen mit den Vorschriften des Rabattgesetzes.

2. Vereinigungen Nachlaß gewährender Gewerbetreibender

§ 2 [Voraussetzungen]

(1) Vereinigungen nachlaßgewährender Gewerbetreibender im Sinne des § 4 Abs. 2 des Rabattgesetzes müssen entweder rechtsfähige Vereine oder Genossenschaften im Sinne des Gesetzes über die Erwerbs- und Wirtschaftsgenossenschaften sein. Bei den Vereinen kann die Rechtsfähigkeit entweder auf der Eintragung in das Vereinsregister (§ 21 BGB) oder auf staatlicher Verleihung (§ 22 BGB) beruhen.

(2) Vereinigungen Gewerbetreibender, bei denen die Gewährung von Barzahlungsnachlässen nicht den Hauptzweck bildet, müssen den Geschäftsbetrieb und die Kassenführung für die Gewährung der Barzahlungsnachlässe von dem übrigen Geschäftsbetrieb getrennt halten.

§ 3 [Verwaltung der Gutscheine]

Die Vereinigungen haben die aus dem Verkauf der Gutscheine eingehenden Beträge als zweckgebundenes, ihnen zu treuen Händen anvertrautes Vermögen zu verwalten. Sie haben die Beträge zur Einlösung der ausgegebenen Gutscheine bereitzuhalten und zu verwenden. Die Beträge sind bei Sparkassen oder Banken sicher anzulegen; sie dürfen weder langfristig festgelegt noch zu wirtschaftlichen oder gewerblichen Zwecken (z. B. als Betriebsvermögen oder in Warenbeständen) angelegt werden.

§ 4 [Aufbewahrung und Verwaltung der Bestände]

Die jeweiligen Kassen- und Gutscheinbestände sind sicher aufzubewahren und mit der Sorgfalt eines ordentlichen Kaufmanns zu verwalten. Die Unternehmungen (Sparkassen, Banken), denen die Beträge anvertraut werden, sind gleichfalls mit der Sorgfalt eines ordentlichen Kaufmanns auszuwählen.

§ 5 [Verantwortlichkeit des Vorstandes]

Der Vorstand der Vereinigung ist für die Erfüllung der in § 2 Abs. 2 und in den §§ 3 und 4 vorgeschriebenen Verpflichtungen verantwortlich. Er hat insbesondere jedes Verschulden bei der Verwaltung und Anlegung der anvertrauten Beträge oder bei der Auswahl der Unternehmungen, denen die Beträge anvertraut werden, zu vertreten.

§ 6 [Pflichtprüfung]

(1) Die in § 4 Abs. 2 des Rabattgesetzes vorgeschriebene Pflichtprüfung hat sich auf die gesamte Geschäftsgebarung der Vereinigung während der Dauer des Geschäftsjahres, insbesondere darauf zu erstrecken, daß die Einlösung der ausgegebenen Gutscheine gesichert ist. Ferner ist darauf zu achten, daß den in den §§ 2, 3 und 4 dieser Verordnung aufgestellten Erfordernissen genügt ist und daß die sachlichen und persönlichen Unkosten möglichst niedrig gehalten werden und zu dem Geschäftsumfang und Aufgabenkreis der Vereinigung in einem angemessenen Verhältnis stehen.

(2) Die Prüfung hat für jedes Geschäftsjahr besonders zu erfolgen. Als Geschäftsjahr gilt das Kalenderjahr.

(3) Die Prüfer sind zur gewissenhaften und unparteiischen Prüfung und zur Verschwiegenheit verpflichtet.

§ 7 [Prüfer]

Sachverständiger Prüfer im Sinne des § 4 Abs. 2 des Rabattgesetzes sind:

a) die öffentlich bestellten Wirtschaftsprüfer oder die Gesellschaften, die in die bei der Hauptstelle für die öffentlich bestellten Wirtschaftsprüfer geführte Liste der zur Wirtschaftsprüfertätigkeit zugelassenen Gesellschaften eingetragen sind;

b) die beeidigten Bücherrevisoren;

c) die Diplombücherrevisoren;

d) diejenigen, welche die Prüfung als Diplomkaufmann oder Diplomvolkswirt oder eine gleichartige Prüfung bestanden und mindestens ein Jahr lang im Prüfungswesen gearbeitet haben.

§ 8 [Prüfungs- oder Revisionsverband]

(1) Die Prüfung kann auch einem Prüfungsverband von Rabattsparvereinigungen oder einem Revisionsverband gewerblicher Genossenschaften (§ 54 des Genossenschaftsgesetzes) übertragen werden. In diesem Fall muß der Verbandsprüfer die Voraussetzungen zu a, b, c oder d des § 7 erfüllen oder eine mehrjährige Tätigkeit als Verbandsprüfer nachweisen. Der Reichswirtschaftsminister kann gegen die Übertragung der Prüfung an einen der im Satz 1 genannten Prüfungsverbände Einspruch erheben. Der Prüfungs- oder Revisionsverband haftet für einen durch eine Pflichtverletzung seines Verbandsprüfers etwa entstehenden Schaden.

(2) Der Reichswirtschaftsminister kann die Vereinigungen zu einem Prüfungsverband zusammenschließen oder einzelne Vereinigungen an einen bereits bestehenden derartigen Verband anschließen, die Rechte und Pflichten der Mitglieder und die übrigen Rechtsverhältnisse des Verbandes regeln und ihn seiner Aufsicht unterstellen.

§ 9 [Prüfungsbericht]

Die Vereinigung hat den Bericht des Prüfers gemäß § 4 Abs. 2 Satz 3 des Rabattgesetzes ihren Mitgliedern zugänglich zu machen, daß sie ihnen einen Abdruck übersendet oder die Urschrift oder Abschrift in ihren Geschäftsräumen mindestens einen Monat lang auslegt. Der Zeitraum, während dessen der Bericht ausliegt, ist den Mitgliedern schriftlich bekanntzugeben.

§ 10 [Aufsicht des Registergerichts und der Verwaltungsbehörde]

(1) Ist die Vereinigung in das Vereins- oder Genossenschaftsregister eingetragen, so hat sie jeweils dem zuständigen Registergericht einen Abdruck des Prüfungsberichtes zu übersenden und mitzuteilen, wann die Prüfung stattgefunden hat. Das Registergericht hat darüber zu wachen, daß die Pflichtprüfung alljährlich stattfindet. Es kann nach Ablauf des Geschäftsjahres den Beteiligten unter Androhung einer Ordnungsstrafe aufgeben, innerhalb einer bestimmten Frist den Bericht einzureichen. Die Vorschriften der §§ 132 bis 139 des Reichsgesetzes über die Angelegenheiten der freiwilligen Gerichtsbarkeit gelten entsprechend.

(2) Ist die Vereinigung durch staatliche Verleihung rechtsfähig, so hat sie der zuständigen Verwaltungsbehörde einen Abdruck des Prüfungsberichtes zu übersenden und mitzuteilen, wann die Prüfung stattgefunden hat. Die Vorschriften des Absatzes 1 Satz 2 und 3 gelten entsprechend. Wird innerhalb der bestimmten Frist der Verpflichtung nicht genügt, so ist die angedrohte Strafe festzusetzen; gegen die Festsetzung der Ordnungsstrafe ist die Aufsichtsbeschwerde zulässig.

(3) Vereinigungen im Sinne des Absatzes 1 haben dem zuständigen Registergericht, Vereinigungen im Sinne des Absatzes 2 der zuständigen Verwaltungsbehörde ihren Geschäftsbetrieb unverzüglich anzumelden.

3. Konsumvereine

§ 11

Konsumvereine dürfen außer der Rückvergütung gemäß § 5 des Rabattgesetzes einen etwaigen weiteren Gewinn nur nach Maßgabe der Geschäftsanteile ausschütten. Der über die Rückvergütung hinaus errechnete Gewinnanteil darf erst dann ausgezahlt werden, wenn das Mitglied seinen Geschäftsanteil in voller Höhe eingezahlt hat (§ 19 des Genossenschaftsgesetzes). Entgegenstehende Satzungsbestimmungen (§ 19 Abs. 2 des Genossenschaftsgesetzes) sind insoweit unwirksam.

Zweiter Abschnitt

Sondernachlässe

§ 12 [Behördenlieferungen]

Bei Lieferungen an Behörden oder Einrichtungen des Reichs, der Länder, der Deutschen Reichsbahn-Gesellschaft[1], an die Reichsbank[2] oder an Gemeinden oder Gebietskörperschaften kann ein Sondernachlaß oder Sonderpreis gemäß § 9 Nr. 2 des Rabattgesetzes auch dann gewährt werden, wenn die Lieferung unter den von der zuständigen Beschaffungsstelle aufgestellten Bedingungen erfolgt.

Dritter Abschnitt

Treuvergütung

§ 13

(1) Bei Markenwaren, die in verschlossenen Packungen abgegeben werden, kann deren Hersteller eine Vergütung dadurch gewähren, daß er der Ware einen Gutschein beipackt und gegen eine bestimmte Anzahl gesammelter Gutscheine einen Barbetrag auszahlt (Treuvergütung). Der Reichswirtschaftsminister kann die Gewährung einer Treuvergütung nach Satz 1 untersagen, wenn sie nach Art und Umfang unter Berücksichtigung der Verhältnisse in dem Geschäfts- oder Warenzweig nicht angemessen erscheint.

(2) Die Gewährung von Preisnachlässen durch den Wiederverkäufer einer Markenware wird durch die Gewährung einer Treuvergütung nach Absatz 1 nicht berührt.

---

[1] Deutsche Reichsbahngesellschaft: Jetzt Deutsche Bundesbahn.

[2] Reichsbank: Jetzt Deutsche Bundesbank.

Vierter Abschnitt

Schlußvorschriften

§ 14 [Verjährung des Unterlassungsanspruchs]

Der Unterlassungsanspruch (§ 12 des Rabattgesetzes) verjährt in sechs Monaten von dem Zeitpunkt an, in dem der Anspruchsberechtigte von der Handlung und von der Person des Verpflichteten Kenntnis erlangt, ohne Rücksicht auf diese Kenntnis in drei Jahren von der Begehung der Handlung an.

§ 15 [Inkrafttreten]

(1) Diese Verordnung tritt am Tage ihrer Verkündung in Kraft.

(2) und (3) (gegenstandslos)

Gesetz gegen den unlauteren Wettbewerb

Vom 7. Juni 1909 (RGBl. S. 499; BGBl. III 43-1)

§ 1 [Generalklausel]

Wer im geschäftlichen Verkehr zu Zwecken des Wettbewerbes Handlungen vornimmt, die gegen die guten Sitten verstoßen, kann auf Unterlassung und Schadensersatz in Anspruch genommen werden.

§ 2 [Waren und gewerbliche Leistungen]

Unter Waren im Sinne dieses Gesetzes sind auch landwirtschaftliche Erzeugnisse, unter gewerblichen Leistungen und Interessen auch landwirtschaftliche zu verstehen.

§ 3 [Irreführende Angaben]

Wer im geschäftlichen Verkehr zu Zwecken des Wettbewerbs über geschäftliche Verhältnisse, insbesondere über die Beschaffenheit, den Ursprung, die Herstellungsart oder die Preisbemessung einzelner Waren oder gewerblicher Leistungen oder des gesamten Angebots, über Preislisten, über die Art des Bezugs oder die Bezugsquelle von

Waren, über den Besitz von Auszeichnungen, über den Anlaß oder den Zweck des Verkaufs oder über die Menge der Vorräte irreführende Angaben macht, kann auf Unterlassung der Angaben in Anspruch genommen werden.

§ 4 [Strafvorschriften für unrichtige Werbung]

(1) Wer in der Absicht, den Anschein eines besonders günstigen Angebots hervorzurufen, in öffentlichen Bekanntmachungen oder in Mitteilungen, die für einen größeren Kreis von Personen bestimmt sind, über geschäftliche Verhältnisse, insbesondere über die Beschaffenheit, den Ursprung, die Herstellungsart oder die Preisbemessung von Waren oder gewerblichen Leistungen, über die Art des Bezugs oder die Bezugsquelle von Waren, über den Besitz von Auszeichnungen, über den Anlaß oder den Zweck des Verkaufs oder über die Menge der Vorräte wissentlich unwahre und zur Irreführung geeignete Angaben macht, wird mit Freiheitsstrafe bis zu einem Jahr und mit Geldstrafe ...[1] oder mit einer dieser Strafen bestraft.

(2) Werden die im Absatz 1 bezeichneten unrichtigen Angaben in einem geschäftlichen Betriebe von einem Angestellten oder Beauftragten gemacht, so ist der Inhaber oder Leiter des Betriebs neben dem Angestellten oder Beauftragten strafbar, wenn die Handlung mit seinem Wissen geschah.

§ 5 [Gattungsnamen — Bildliche Darstellungen]

(1) Die Verwendung von Namen, die im geschäftlichen Verkehr zur Benennung gewisser Waren oder gewerblicher Leistungen dienen, ohne deren Herkunft bezeichnen zu sollen, fällt nicht unter die Vorschriften der §§ 3, 4.

(2) Im Sinne der Vorschriften der §§ 3, 4 sind den dort bezeichneten Angaben bildliche Darstellungen und sonstige Veranstaltungen gleichzuachten, die darauf berechnet und geeignet sind, solche Angaben zu ersetzen.

§ 6 [Verkauf von Waren aus Konkursmasse]

(1) Wird in öffentlichen Bekanntmachungen oder in Mitteilungen, die für einen größeren Kreis von Personen bestimmt sind, der Ver-

---

[1] Geldstrafenhöchstbetrag aufgehoben durch Artikel XIV Abs. 2 der Verordnung über Vermögensstrafen und Bußen vom 6. 2. 1924 (RGBl. I S. 44; BGBl. III 450-9); vgl. jetzt §§ 27 ff. StGB.

kauf von Waren angekündigt, die aus einer Konkursmasse stammen, aber nicht mehr zum Bestande der Konkursmasse gehören, so ist dabei jede Bezugnahme auf die Herkunft der Waren aus einer Konkursmasse verboten.

(2) Zuwiderhandlungen gegen diese Vorschrift werden mit Geldstrafe bis zu fünfhundert Deutsche Mark[1] oder mit Freiheitsstrafe bis zu sechs Wochen bestraft.

§ 6 a [Hinweis auf Hersteller- oder Großhändlereigenschaft]

(1) Wer im geschäftlichen Verkehr mit dem letzten Verbraucher im Zusammenhang mit dem Verkauf von Waren auf seine Eigenschaft als Hersteller hinweist, kann auf Unterlassung in Anspruch genommen werden, es sei denn, daß er

1. ausschließlich an den letzten Verbraucher verkauft oder
2. an den letzten Verbraucher zu den seinen Wiederverkäufern oder gewerblichen Verbrauchern eingeräumten Preisen verkauft oder
3. unmißverständlich darauf hinweist, daß die Preise beim Verkauf an den letzten Verbraucher höher liegen als beim Verkauf an Wiederverkäufer oder gewerbliche Verbraucher, oder dies sonst für den letzten Verbraucher offenkundig ist.

(2) Wer im geschäftlichen Verkehr mit dem letzten Verbraucher im Zusammenhang mit dem Verkauf von Waren auf seine Eigenschaft als Großhändler hinweist, kann auf Unterlassung in Anspruch genommen werden, es sei denn, daß er überwiegend Wiederverkäufer oder gewerbliche Verbraucher beliefert und die Voraussetzungen des Absatzes 1 Nr. 2 oder Nr. 3 erfüllt.

§ 6 b [Warenbezugsscheine]

Wer im geschäftlichen Verkehr zu Zwecken des Wettbewerbs an letzte Verbraucher Berechtigungsscheine, Ausweise oder sonstige Bescheinigungen zum Bezug von Waren ausgibt oder gegen Vorlage solcher Bescheinigungen Waren verkauft, kann auf Unterlassung in Anspruch genommen werden, es sei denn, daß die Bescheinigungen nur zu einem einmaligen Einkauf berechtigen und für jeden Einkauf einzeln ausgegeben werden.

---

[1] Höchstmaß der Geldstrafe geändert gemäß Artikel 7 Abs. 1 des Gesetzes vom 26. 11. 1964 (BGBl. I S. 921).

§ 7 [Ausverkäufe]

(1) Als Ausverkäufe dürfen in öffentlichen Bekanntmachungen oder in Mitteilungen, die für einen größeren Kreis von Personen bestimmt sind, nur solche Veranstaltungen angekündigt werden, die ihren Grund

a) in der Aufgabe des gesamten Geschäftsbetriebs oder
b) des Geschäftsbetriebs einer Zweigniederlassung oder
c) in der Aufgabe einer einzelnen Warengattung haben.

(2) Bei der Ankündigung eines Ausverkaufs ist anzugeben, welcher der im Absatz 1 unter a bis c genannten Gründe für den Ausverkauf vorliegt. Im Falle zu c ist die Warengattung anzugeben, auf die sich der Ausverkauf bezieht.

(3) Die Vorschriften im Absatz 2 gelten auch für Ankündigungen, die, ohne sich des Ausdrucks „Ausverkauf" zu bedienen, eine der im Absatz 1 bezeichneten Veranstaltungen betreffen.

(4) (aufgehoben)

§ 7 a [Räumungsverkauf]

Wer in öffentlichen Bekanntmachungen oder in Mitteilungen, die für einen größeren Kreis von Personen bestimmt sind, einen Verkauf zum Zwecke der Räumung eines bestimmten Warenvorrats ankündigt, ist gehalten, in der Ankündigung den Grund anzugeben, der zu dem Verkauf Anlaß gegeben hat. Betrifft der Verkauf nur einzelne der in dem Geschäftsbetrieb geführten Warengattungen, so sind in der Ankündigung weiterhin die Warengattungen anzugeben, auf die sich der Verkauf bezieht.

§ 7 b [Anzeigepflicht bei Ausverkäufen und Räumungsverkäufen]

(1) Die unter §§ 7, 7 a fallenden Veranstaltungen sind unter Einhaltung einer durch die höhere Verwaltungsbehörde festzusetzenden Frist vor der Ankündigung bei der von ihr bezeichneten Stelle anzuzeigen. Der Anzeige ist ein Verzeichnis der zu verkaufenden Waren nach ihrer Art, Beschaffenheit und Menge beizufügen, dessen Erneuerung von den höheren Verwaltungsbehörden für den Fall vorgesehen werden kann, daß die Veranstaltung nach Ablauf einer bestimmten Frist nicht beendigt ist. Die Anzeige muß die im § 7 Abs. 2, 3 § 7 a vorgesehenen Angaben enthalten und den Beginn, das voraussichtliche Ende und den Ort der Veranstaltung bezeichnen. Auf Verlangen der Stelle, bei der die Anzeige zu erstatten ist,

sind für die den Grund der Veranstaltung bildenden Tatsachen Belege vorzulegen.

(2) Die höhere Verwaltungsbehörde kann zur Ausführung der vorstehenden Vorschriften weitere Bestimmungen treffen. Sie kann ferner Anordnungen über die Dauer der Veranstaltung erlassen. Sie kann Veranstaltungen untersagen, die die zugelassene Dauer überschreiten, die nach der Vorschrift des § 7 Abs. 1 nicht zulässig sind oder die im Falle des § 7 a durch den angegebenen Grund nach der Verkehrsauffassung nicht gerechtfertigt werden. Vor Erlaß ihrer Anordnungen hat sie die zuständigen amtlichen Berufsvertretungen von Handel, Handwerk und Industrie zu hören.

(3) Die Einsicht in die Anzeige ist jedermann gestattet. Zur Nachprüfung der Angaben sind außer den zuständigen Behörden die amtlich bestellten Vertrauensmänner der amtlichen Berufsvertretungen von Handel, Handwerk und Industrie befugt.

§ 7 c [Sperrfrist bei Ausverkäufen]

(1) Nach Beendigung eines Ausverkaufs (§ 7) ist es dem Geschäftsinhaber, seinem Ehegatten und den nahen Angehörigen beider verboten, den Geschäftsbetrieb oder den Teil davon, dessen Aufgabe angekündigt worden war, fortzusetzen, oder vor Ablauf eines Jahres an dem Ort, an dem der Ausverkauf stattgefunden hat, einen Handel mit den davon betroffenen Warengattungen zu eröffnen. Der Fortsetzung des Geschäftsbetriebs oder der Eröffnung eines eigenen Handels steht es gleich, wenn der Geschäftsinhaber, sein Ehegatte oder ein naher Angehöriger beider sich zum Zwecke der Umgehung der Vorschrift des Satzes 1 an dem Geschäft eines anderen mittelbar oder unmittelbar beteiligt oder in diesem tätig wird. Als Geschäftsinhaber gilt auch derjenige, der an einer Handelsgesellschaft mit eigener Rechtspersönlichkeit wirtschaftlich maßgebend beteiligt ist oder auf ihre Geschäftsführung maßgebenden Einfluß hat. Nahe Angehörige sind die Verwandten in auf- und absteigender Linie und die voll- und halbbürtigen Geschwister sowie ihre Ehegatten.

(2) Nach Beginn eines Ausverkaufs ist es auch anderen als den im Absatz 1 genannten Personen verboten, mit Waren aus dem Bestand des von dem Ausverkauf betroffenen Unternehmens den Geschäftsbetrieb in denselben oder in unmittelbar benachbarten Räumen aufzunehmen.

(3) Ist der Verkauf des Warenbestandes einer unselbständigen Verkaufsstelle wegen ihrer Aufgabe gemäß § 7 a angekündigt wor-

den, so darf innerhalb eines Jahres nach Beendigung des Verkaufs keine neue Verkaufsstelle desselben Geschäftsbetriebes am gleichen Ort errichtet werden.

(4) Der Reichswirtschaftsminister kann bestimmen, daß benachbarte Gemeinden als ein Ort im Sinne der Vorschriften der Absätze 1 und 3 anzusehen sind.

(5) Die höhere Verwaltungsbehörde kann nach Anhörung der zuständigen amtlichen Berufsvertretungen von Handel, Handwerk und Industrie Ausnahmen von den Verboten in den Absätzen 1, 2 und 3 gestatten.

§ 8 [Bestrafung von Vorschieben oder Nachschieben von Waren]

Mit Freiheitsstrafe bis zu einem Jahr und mit Geldstrafe oder mit einer dieser Strafen wird bestraft:

1. wer im Falle der Ankündigung eines Ausverkaufs (§ 7 Abs. 1 bis 3) oder eines Verkaufs gemäß § 7 a Waren zum Verkauf stellt, die nur für diese Veranstaltung herbeigeschafft worden sind (sogenanntes Vorschieben oder Nachschieben von Waren);
2. wer den Vorschriften des § 7 c Absätze 1 bis 3 zuwiderhandelt.

§ 9 [Saisonschluß- und Inventurverkäufe]

Die Vorschriften der §§ 7 a, 7 b und 8 finden keine Anwendung auf Verkäufe, die auf Grund allgemeiner Zulassung um die Wende eines Verbrauchsabschnitts stattfinden. Die Zulassung kann durch den Reichswirtschaftsminister oder eine von ihm bestimmte Stelle erfolgen. Dabei kann Bestimmung über Zahl, Zeit und Dauer dieser Verkäufe, über die Art ihrer Ankündigung und über die Waren getroffen werden, die darin einbezogen werden dürfen. Auch kann das Vor- und Nachschieben von Waren (§ 8 Nr. 1) für diese Verkäufe verboten oder beschränkt werden. Macht der Reichswirtschaftsminister oder die von ihm bestimmte Stelle von dieser Ermächtigung keinen Gebrauch, so kann die höhere Verwaltungsbehörde nach Anhörung der zuständigen amtlichen Berufsvertretungen von Handel, Handwerk und Industrie die Zulassung aussprechen und die näheren Bestimmungen treffen.

§ 9 a [Verkaufsveranstaltungen besonderer Art]

Zur Regelung von Verkaufsveranstaltungen besonderer Art, die nicht den Vorschriften der §§ 7 bis 9 unterliegen, kann der Reichswirtschaftsminister Bestimmungen treffen. Sie sind im Bundesanzeiger bekanntzumachen.

§ 10 [Strafen für Zuwiderhandlungen gegen Ausverkaufsvorschriften]

Mit Geldstrafe bis zu fünfhundert Deutsche Mark[1] oder mit Freiheitsstrafe bis zu sechs Wochen wird bestraft:

1. wer es unterläßt, in der Ankündigung eines Ausverkaufs oder eines Verkaufs gemäß § 7 a die im § 7 Abs. 2, 3, § 7 a vorgeschriebenen Angaben zu machen;
2. wer den Vorschriften des § 7 b oder den auf Grund dieser Vorschriften erlassenen Anordnungen zuwiderhandelt oder bei Befolgung der Vorschriften oder Anordnungen unrichtige Angaben macht;
3. wer den von dem Reichswirtschaftsminister, der von ihm bestimmten Stelle oder der höheren Verwaltungsbehörde auf Grund des § 9 getroffenen Bestimmungen zuwiderhandelt;
4. wer den von dem Reichswirtschaftsminister auf Grund des § 9 a getroffenen Bestimmungen zuwiderhandelt.

§ 11 [Zahl-, Maß-, Gewichts- und Herkunftsangaben]

(1) Durch Beschluß des Bundesrats kann festgesetzt werden, daß bestimmte Waren im Einzelverkehre nur in vorgeschriebenen Einheiten der Zahl, des Maßes oder des Gewichts oder mit einer auf der Ware oder ihrer Aufmachung anzubringenden Angabe über Zahl, Maß, Gewicht, über den Ort der Erzeugung oder den Ort der Herkunft der Ware gewerbsmäßig verkauft oder feilgehalten werden dürfen.

(2) Für den Einzelverkehr mit Bier in Flaschen oder Krügen kann die Angabe des Inhalts unter Festsetzung angemessener Fehlergrenzen vorgeschrieben werden.

(3) Die durch Beschluß des Bundesrats getroffenen Bestimmungen sind durch das Bundesgesetzblatt zu veröffentlichen und dem Reichstag sogleich oder bei seinem nächsten Zusammentritte vorzulegen.

(4) Zuwiderhandlungen gegen die Bestimmungen des Bundesrats werden mit Geldstrafe bis zu fünfhundert Deutsche Mark[1] oder mit Freiheitsstrafe bis zu sechs Wochen bestraft.

---

[1] Höchstmaß der Geldstrafe geändert gemäß Artikel 7 Abs. 1 des Gesetzes vom 26. 11. 1964 (BGBl. I S. 921).

§ 12 [Bestechung von Angestellten]

(1) Mit Freiheitsstrafe bis zu einem Jahr und mit Geldstrafe ...[1] oder mit einer dieser Strafen wird, soweit nicht nach anderen Bestimmungen eine schwerere Strafe verwirkt wird, bestraft, wer im geschäftlichen Verkehr zu Zwecken des Wettbewerbes dem Angestellten oder Beauftragten eines geschäftlichen Betriebs Geschenke oder andere Vorteile anbietet, verspricht oder gewährt, um durch unlauteres Verhalten des Angestellten oder Beauftragten bei dem Bezuge von Waren oder gewerblichen Leistungen eine Bevorzugung für sich oder einen Dritten zu erlangen.

(2) Die gleiche Strafe trifft den Angestellten oder Beauftragten eines geschäftlichen Betriebs, der im geschäftlichen Verkehr Geschenke oder andere Vorteile fordert, sich versprechen läßt oder annimmt, damit er durch unlauteres Verhalten einem anderen bei dem Bezuge von Waren oder gewerblichen Leistungen im Wettbewerb eine Bevorzugung verschaffe.

(3) Im Urteil ist zu erklären, daß das Empfangene oder sein Wert dem Staate verfallen sei.

§ 13 [Geltendmachung des Unterlassungsanspruchs — Schadensersatz]

(1) In den Fällen der §§ 1, 3, 6 a und 6 b kann der Anspruch auf Unterlassung von jedem Gewerbetreibenden, der Waren oder Leistungen gleicher oder verwandter Art herstellt oder in den geschäftlichen Verkehr bringt, oder von Verbänden zur Förderung gewerblicher Interessen geltend gemacht werden, soweit die Verbände als solche in bürgerlichen Rechtsstreitigkeiten klagen können. Auch können diese Gewerbetreibenden und Verbände denjenigen, welcher den §§ 6, 8, 10, 11, 12 zuwiderhandelt, auf Unterlassung in Anspruch nehmen.

(1 a) In den Fällen der §§ 3, 6, 6 a, 6 b, 7 Abs. 1 und des § 11 kann der Anspruch auf Unterlassung auch von Verbänden geltend gemacht werden, zu deren satzungsgemäßen Aufgaben es gehört, die Interessen der Verbraucher durch Aufklärung und Beratung wahrzunehmen, soweit die Verbände als solche in bürgerlichen Rechtsstreitigkeiten klagen können. Das gleiche gilt in den Fällen des § 1,

---

[1] Geldstrafenhöchstbetrag aufgehoben durch Artikel XIV Abs. 2 der Verordnung über Vermögensstrafen und Bußen vom 6. 2. 1924 (RGBl. I S. 44; BGBl. III 450-9); vgl. jetzt §§ 27 ff. StGB.

soweit der Anspruch irreführende Angaben über Waren oder gewerbliche Leistungen oder eine sonstige Handlung zu Zwecken des Wettbewerbs betrifft, durch die wesentliche Belange der Verbraucher berührt werden.

(2) Zum Ersatz des durch die Zuwiderhandlung entstehenden Schadens ist verpflichtet:

1. wer im Falle des § 3 wußte oder wissen mußte, daß die von ihm gemachten Angaben irreführend sind. Gegen Redakteure, Verleger, Drucker oder Verbreiter von periodischen Druckschriften kann der Anspruch auf Schadensersatz nur geltend gemacht werden, wenn sie wußten, daß die von ihnen gemachten Angaben irreführend waren;
2. wer gegen die §§ 6, 6 a, 6 b, 8, 10, 11, 12 vorsätzlich oder fahrlässig verstößt.

(3) Werden in einem geschäftlichen Betriebe Handlungen, die nach §§ 1, 3, 6, 6 a, 6 b, 8, 10, 11, 12 unzulässig sind, von einem Angestellten oder Beauftragten vorgenommen, so ist der Unterlassungsanspruch auch gegen den Inhaber des Betriebs begründet.

§ 14 [Kreditschädigung]

(1) Wer zu Zwecken des Wettbewerbs über das Erwerbsgeschäft eines anderen, über die Person des Inhabers oder Leiters des Geschäfts, über die Waren oder gewerblichen Leistungen eines anderen Tatsachen behauptet oder verbreitet, die geeignet sind, den Betrieb des Geschäfts oder den Kredit des Inhabers zu schädigen, ist, sofern die Tatsachen nicht erweislich wahr sind, dem Verletzten zum Ersatze des entstandenen Schadens verpflichtet. Der Verletzte kann auch den Anspruch geltend machen, daß die Behauptung oder Verbreitung der Tatsachen unterbleibe.

(2) Handelt es sich um vertrauliche Mitteilungen und hat der Mitteilende oder der Empfänger der Mitteilung an ihr ein berechtigtes Interesse, so ist der Anspruch auf Unterlassung nur zulässig, wenn die Tatsachen der Wahrheit zuwider behauptet oder verbreitet sind. Der Anspruch auf Schadensersatz kann nur geltend gemacht werden, wenn der Mitteilende die Unrichtigkeit der Tatsachen kannte oder kennen mußte.

(3) Die Vorschrift des § 13 Abs. 3 findet entsprechende Anwendung.

§ 15 [Verleumdung]

(1) Wer wider besseres Wissen über das Erwerbsgeschäft eines anderen, über die Person des Inhabers oder Leiters des Geschäfts, über die Waren oder gewerblichen Leistungen eines anderen Tatsachen der Wahrheit zuwider behauptet oder verbreitet, die geeignet sind, den Betrieb des Geschäfts zu schädigen, wird mit Freiheitsstrafe bis zu einem Jahr und mit Geldstrafe ...[1] oder mit einer dieser Strafen bestraft.

(2) Werden die im Absatz 1 bezeichneten Tatsachen in einem geschäftlichen Betriebe von einem Angestellten oder Beauftragten behauptet oder verbreitet, so ist der Inhaber des Betriebs neben dem Angestellten oder Beauftragten strafbar, wenn die Handlung mit seinem Wissen geschah.

§ 16 [Verwechselungsgefahr]

(1) Wer im geschätflichen Verkehr einen Namen, eine Firma oder die besondere Bezeichnung eines Erwerbsgeschäfts, eines gewerblichen Unternehmens oder einer Druckschrift in einer Weise benutzt, welche geeignet ist, Verwechselungen mit dem Namen, der Firma oder der besonderen Bezeichnung hervorzurufen, deren sich ein anderer befugterweise bedient, kann von diesem auf Unterlassung der Benutzung in Anspruch genommen werden.

(2) Der Benutzende ist dem Verletzten zum Ersatze des Schadens verpflichtet, wenn er wußte oder wissen mußte, daß die mißbräuchliche Art der Benutzung geeignet war, Verwechselungen hervorzurufen.

(3) Der besonderen Bezeichnung eines Erwerbsgeschäfts stehen solche Geschäftsabzeichen und sonstigen zur Unterscheidung des Geschäfts von anderen Geschäften bestimmten Einrichtungen gleich, welche innerhalb beteiligter Verkehrskreise als Kennzeichen des Erwerbsgeschäfts gelten. Auf den Schutz von Warenzeichen und Ausstattungen (§§ 1, 15 des Gesetzes zum Schutz der Warenbezeichnungen vom 12. Mai 1894, Reichsgesetzbl. S. 441) finden diese Vorschriften keine Anwendung.

(4) Die Vorschrift des § 13 Abs. 3 findet entsprechende Anwendung.

---

[1] Geldstrafenhöchstbetrag aufgehoben durch Artikel XIV Abs. 2 der Verordnung über Vermögensstrafen und Bußen vom 6. 2. 1924 (RGBl. I S. 44; GBGl. III 450-9); vgl. jetzt §§ 27 ff. StGB.

§ 17 [Verrat von Betriebsgeheimnissen]

(1) Mit Freiheitsstrafe bis zu drei Jahren und mit Geldstrafe oder mit einer dieser Strafen wird bestraft, wer als Angestellter, Arbeiter oder Lehrling eines Geschäftsbetriebs ein Geschäfts- oder Betriebsgeheimnis, das ihm vermöge des Dienstverhältnisses anvertraut worden oder zugänglich geworden ist, während der Geltungsdauer des Dienstverhältnisses unbefugt an jemand zu Zwecken des Wettbewerbes oder aus Eigennutz oder in der Absicht, dem Inhaber des Geschäftsbetriebes Schaden zuzufügen, mitteilt.

(2) Ebenso wird bestraft, wer ein Geschäfts- oder Betriebsgeheimnis, dessen Kenntnis er durch eine der im Absatz 1 bezeichneten Mitteilungen oder durch eine gegen das Gesetz oder die guten Sitten verstoßende eigene Handlung erlangt hat, zu Zwecken des Wettbewerbes oder aus Eigennutz unbefugt verwertet oder an jemand mitteilt.

(3) Weiß der Täter bei der Mitteilung, daß das Geheimnis im Ausland verwertet werden soll, oder verwertet er es selbst im Ausland, so kann auf Freiheitsstrafe bis zu fünf Jahren erkannt werden.

(4) Die Vorschriften der Absätze 1 bis 3 gelten auch dann, wenn der Empfänger der Mitteilung, ohne daß der Täter dies weiß, das Geheimnis schon kennt oder berechtigt ist, es kennenzulernen.

§ 18 [Unbefugte Verwertung von Vorlagen, Zeichnungen, Modelle usw.]

Mit Freiheitsstrafe bis zu zwei Jahren und mit Geldstrafe oder mit einer dieser Strafen wird bestraft, wer die ihm im geschäftlichen Verkehr anvertrauten Vorlagen oder Vorschriften technischer Art, insbesondere Zeichnungen, Modelle, Schablonen, Schnitte, Rezepte, zu Zwecken des Wettbewerbes oder aus Eigennutz unbefugt verwertet oder an jemand mitteilt. § 17 Abs. 4 gilt entsprechend.

§ 19 [Schadensersatzpflicht bei Betriebsverrat]

Zuwiderhandlungen gegen die Vorschriften der §§ 17, 18 verpflichten außerdem zum Ersatze des entstandenen Schadens. Mehrere Verpflichtete haften als Gesamtschuldner.

§ 20 [Verleiten und Erbieten zum Betriebsverrat]

(1) Wer zu Zwecken des Wettbewerbes oder aus Eigennutz jemand zu einem Vergehen gegen die §§ 17 oder 18 zu verleiten sucht oder das Erbieten eines anderen zu einem solchen Vergehen an-

nimmt, wird mit Freiheitsstrafe bis zu zwei Jahren oder mit Geldstrafe bestraft.

(2) Ebenso wird bestraft, wer zu Zwecken des Wettbewerbes oder aus Eigennutz sich zu einem Vergehen gegen die §§ 17 oder 18 erbietet oder sich auf das Ansinnen eines anderen zu einem solchen Vergehen bereit erklärt.

§ 20 a [Im Ausland begangener Betriebsverrat]

Auf die Vergehen gegen die §§ 17, 18 und 20 findet die Vorschrift des § 4 Abs. 2 Nr. 1 des Strafgesetzbuchs für das Deutsche Reich Anwendung, wenn sich die Tat gegen das Geheimnis eines inländischen Geschäfts oder Betriebs richtet.

§ 21 [Verjährung]

(1) Die in diesem Gesetze bezeichneten Ansprüche auf Unterlassung oder Schadensersatz verjähren in vier Monaten von dem Zeitpunkt an, in welchem der Anspruchsberechtigte von der Handlung und von der Person des Verpflichteten Kenntnis erlangt, ohne Rücksicht auf diese Kenntnis in drei Jahren von der Begehung der Handlung an.

(2) Für die Ansprüche auf Schadensersatz beginnt der Lauf der Verjährung nicht vor dem Zeitpunkt, in welchem ein Schaden entstanden ist.

§ 22 [Strafantrag]

(1) Die Strafverfolgung tritt, mit Ausnahme der in den §§ 4, 6, 10, 11 bezeichneten Fälle, nur auf Antrag ein. In den Fällen der §§ 8, 12 hat das Recht, den Strafantrag zu stellen, jeder der im § 13 Abs. 1 bezeichneten Gewerbetreibenden und Verbände.

(2) Die Zurücknahme des Antrags ist zulässig.

(3) Wegen der nach § 4 strafbaren Handlungen ist ebenso wie bei den nur auf Antrag verfolgbaren Handlungen (§§ 8, 12) neben dem Verletzten (§ 374 Abs. 1 Nr. 7 der Strafprozeßordnung) jeder der im § 13 Abs. 1 bezeichneten Gewerbetreibenden und Verbände zur Privatklage berechtigt.

§ 23 [Bekanntmachung der Verurteilung]

(1) Wird in den Fällen des § 15 auf Strafe erkannt, so ist zugleich dem Verletzten die Befugnis zuzusprechen, die Verurteilung inner-

halb bestimmter Frist auf Kosten des Verurteilten öffentlich bekanntzumachen.

(2) Ist auf Grund einer der Vorschriften dieses Gesetzes auf Unterlassung Klage erhoben, so kann in dem Urteil der obsiegenden Partei die Befugnis zugesprochen werden, den verfügenden Teil des Urteils innerhalb bestimmter Frist auf Kosten der unterliegenden Partei öffentlich bekanntzumachen.

(3) Die Art der Bekanntmachung ist im Urteil zu bestimmen.

§ 23 a [Streitwertanpassung][1]

(1) Macht in bürgerlichen Rechtsstreitigkeiten, in denen durch Klage ein Anspruch auf Grund dieses Gesetzes geltend gemacht wird, eine Partei glaubhaft, daß die Belastung mit den Prozeßkosten nach dem vollen Streitwert ihre wirtschaftliche Lage erheblich gefährden würde, so kann das Gericht auf ihren Antrag anordnen, daß die Verpflichtung dieser Partei zur Zahlung von Gerichtskosten sich nach einem ihrer Wirtschaftslage angepaßten Teil des Streitwerts bemißt. Das Gericht kann die Anordnung davon abhängig machen, daß die Partei außerdem glaubhaft macht, daß die von ihr zu tragenden Kosten des Rechtsstreits weder unmittelbar noch mittelbar von einem Dritten übernommen werden. Die Anordnung hat zur Folge, daß die begünstigte Partei die Gebühren ihres Rechtsanwalts ebenfalls nur nach diesem Teil des Streitwerts zu entrichten hat. Soweit ihr Kosten des Rechtsstreits auferlegt werden oder soweit sie diese übernimmt, hat sie die von dem Gegner entrichteten Gerichtsgebühren und die Gebühren seines Rechtsanwalts nur nach dem Teil des Streitwerts zu erstatten. Soweit die außergerichtlichen Kosten dem Gegner auferlegt oder von ihm übernommen werden, kann der Rechtsanwalt der begünstigten Partei seine Gebühren von dem Gegner nach dem für diesen geltenden Streitwert beitreiben.

(2) Der Antrag nach Absatz 1 kann vor der Geschäftsstelle des Gerichts zur Niederschrift erklärt werden. Es ist vor der Verhandlung zur Hauptsache anzubringen. Danach ist er nur zulässig, wenn der angenommene oder festgesetzte Streitwert später durch das Gericht heraufgesetzt wird. Vor der Entscheidung über den Antrag ist der Gegner zu hören.

---

[1] Eingefügt durch das Gesetz zur Änderung des Gesetzes gegen den unlauteren Wettbewerb, des Warenzeichengesetzes und des Gebrauchsmustergesetzes vom 21. 7. 1965 (BGBl. I S. 625).

§ 24 [Ausschließliche Zuständigkeit für Wettbewerbsklagen]

(1) Für Klagen auf Grund dieses Gesetzes ist das Gericht zuständig, in dessen Bezirk der Beklagte seine gewerbliche Niederlassung oder in Ermangelung einer solchen seinen Wohnsitz hat. Für Personen, die im Inland weder eine gewerbliche Niederlassung noch einen Wohnsitz haben, ist das Gericht des inländischen Aufenthaltsorts zuständig.

(2) Für Klagen auf Grund dieses Gesetzes ist außerdem nur das Gericht zuständig, in dessen Bezirk die Handlung begangen ist.

§ 25 [Sicherung des Unterlassungsanspruchs durch einstweilige Verfügung]

Zur Sicherung der in diesem Gesetz bezeichneten Ansprüche auf Unterlassung können einstweilige Verfügungen erlassen werden, auch wenn die in den §§ 935, 940 der Zivilprozeßordnung bezeichneten Voraussetzungen nicht zutreffen.

§ 26 [Buße]

Neben einer nach Maßgabe dieses Gesetzes verhängten Strafe kann auf Verlangen des Verletzten auf eine an ihn zu erlegende Buße bis zum Betrag von zehntausend Deutsche Mark erkannt werden. Für die Buße haften die dazu Verurteilten als Gesamtschuldner. Eine erkannte Buße schließt die Geltendmachung eines weiteren Entschädigungsanspruchs aus.

§ 27 [Zuständigkeit der Kammern für Handelssachen]

(1) Bürgerliche Rechtsstreitigkeiten, in welchen durch die Klage ein Anspruch auf Grund dieses Gesetzes geltend gemacht wird, gehören, sofern in erster Instanz die Landgerichte zuständig sind, vor die Kammern für Handelssachen.

(2) Die Landesregierungen werden ermächtigt, durch Rechtsverordnung für die Bezirke mehrerer Landgerichte eines von ihnen als Gericht für Wettbewerbsstreitsachen zu bestimmen, wenn dies der Rechtspflege in Wettbewerbsstreitsachen, insbesondere der Sicherung einer einheitlichen Rechtsprechung, dienlich ist. Die Landesregierungen können diese Ermächtigung auf die Landesjustizverwaltungen übertragen.

(3) Die Parteien können sich vor dem Gericht für Wettbewerbsstreitsachen auch durch Rechtsanwälte vertreten lassen, die bei dem Gericht zugelassen sind, vor das die Klage ohne die Regelung nach

Absatz 2 gehören würde. Entsprechendes gilt für die Vertretung vor dem Berufungsgericht.

(4) Die Mehrkosten, die einer Partei dadurch erwachsen, daß sie sich nach Absatz 3 durch einen nicht beim Prozeßgericht zugelassenen Rechtsanwalt vertreten läßt, sind nicht zu erstatten.

§ 27 a [Einigungsstellen zur Beilegung von Wettbewerbsstreitigkeiten]

(1) Die Landesregierungen errichten bei Industrie- und Handelskammern Einigungsstellen zur Beilegung von Wettbewerbsstreitigkeiten in der gewerblichen Wirtschaft (Einigungsstellen).

(2) Die Einigungsstellen sind mit einem Rechtskundigen, der die Befähigung zum Richteramt nach dem Gerichtsverfassungsgesetz hat, als Vorsitzendem und mindestens zwei sachverständigen Gewerbetreibenden als Beisitzern zu besetzen. Der Vorsitzende soll auf dem Gebiete des Wettbewerbsrechts erfahren sein. Die Beisitzer werden von dem Vorsitzenden für den jeweiligen Streitfall aus einer alljährlich für das Kalenderjahr aufzustellenden Liste der Beisitzer berufen. Die Berufung soll im Einvernehmen mit den Parteien erfolgen. Für die Ausschließung und Ablehnung von Mitgliedern der Einigungsstelle sind §§ 41 bis 43 und § 44 Abs. 2 bis 4 der Zivilprozeßordnung entsprechend anzuwenden. Über das Ablehnungsgesuch entscheidet das für den Sitz der Einigungsstelle zuständige Landgericht (Kammer für Handelssachen oder, falls es an einer solchen fehlt, Zivilkammer).

(3) Die Einigungsstellen können bei bürgerlichen Rechtsstreitigkeiten aus § 13 von jeder Partei zu einer Aussprache mit dem Gegner über den Streitfall angerufen werden, soweit die Wettbewerbshandlungen den geschäftlichen Verkehr mit dem letzten Verbraucher betreffen. Bei sonstigen bürgerlichen Rechtsstreitigkeiten aus § 13 können die Einigungsstellen angerufen werden, wenn der Gegner zustimmt.

(4) Für die Zuständigkeit der Einigungsstellen ist § 24 entsprechend anzuwenden.

(5) Der Vorsitzende der Einigungsstelle kann das persönliche Erscheinen der Parteien anordnen. Gegen eine unentschuldigt ausbleibend Partei kann die Einigungsstelle eine Ordnungsstrafe in Geld festsetzen. Gegen die Anordnung des persönlichen Erscheinens und gegen die Straffestsetzung findet die sofortige Beschwerde nach den Vorschriften der Zivilprozeßordnung an das für den Sitz der Eini-

gungsstelle zuständige Landgericht (Kammer für Handelssachen, oder, falls es an einer solchen fehlt, Zivilkammer) statt.

(6) Die Einigungsstelle hat einen gütlichen Ausgleich anzustreben. Sie kann den Parteien einen schriftlichen, mit Gründen versehenen Einigungsvorschlag machen. Der Einigungsvorschlag und seine Begründung dürfen nur mit Zustimmung der Parteien veröffentlicht werden.

(7) Kommt ein Vergleich zustande, so muß er in einem besonderen Schriftstück niedergelegt und unter Angabe des Tages seines Zustandekommens von den Mitgliedern der Einigungsstelle, welche in der Verhandlung mitgewirkt haben, sowie von den Parteien unterschrieben werden. Aus einem vor der Einigungsstelle geschlossenen Vergleich findet die Zwangsvollstreckung statt; § 797 a der Zivilprozeßordnung ist entsprechend anzuwenden.

(8) Die Einigungsstelle kann, wenn sie den geltend gemachten Anspruch von vornherein für unbegründet oder sich selbst für unzuständig erachtet, die Einleitung von Einigungsverhandlungen ablehnen.

(9) Durch die Anrufung der Einigungsstelle wird die Verjährung in gleicher Weise wie durch Klageerhebung unterbrochen. Die Unterbrechung dauert bis zur Beendigung des Verfahrens vor der Einigungsstelle fort. Kommt ein Vergleich nicht zustande, so ist der Zeitpunkt, zu dem das Verfahren beendet ist, von der Einigungsstelle festzustellen. Der Vorsitzende hat dies den Parteien mitzuteilen. Wird die Anrufung der Einigungsstelle zurückgenommen, so gilt die Unterbrechung der Verjährung als nicht erfolgt.

(10) Ist ein Rechtsstreit der in Absatz 3 Satz 1 bezeichneten Art ohne vorherige Anrufung der Einigungsstelle anhängig gemacht worden, so kann das Gericht auf Antrag den Parteien unter Anberaumung eines neuen Termins aufgeben, vor diesem Termin die Einigungsstelle zur Herbeiführung eines gütlichen Ausgleichs anzurufen. In dem Verfahren über den Antrag auf Erlaß einer einstweiligen Verfügung ist diese Anordnung nur zulässig, wenn der Gegner zustimmt. Absatz 8 ist nicht anzuwenden. Ist ein Verfahren vor der Einigungsstelle anhängig, so ist eine erst nach Anrufung der Einigungsstelle erhobene Klage des Antragsgegners auf Feststellung, daß der geltend gemachte Anspruch nicht bestehe, nicht zulässig.

(11) Die Landesregierungen werden ermächtigt, die zur Durchführung der vorstehenden Bestimmungen und zur Regelung des Verfahrens vor den Einigungsstellen erforderlichen Vorschriften zu

erlassen, insbesondere über die Aufsicht über die Einigungsstellen, über ihre Besetzung unter angemessener Beteiligung der nicht den Industrie- und Handelskammern angehörenden Gewerbetreibenden (§ 2 Abs. 2 bis 6 des Gesetzes zur vorläufigen Regelung des Rechts der Industrie- und Handelskammern vom 18. Dezember 1956 — Bundesgesetzbl. I S. 920) und über die Vollstreckung von Ordnungsstrafen, sowie Bestimmungen über die Erhebung von Auslagen durch die Einigungsstelle zu treffen.

§ 28 [Schutz ausländischer Betriebe]

Wer im Inland eine Hauptniederlassung nicht besitzt, hat auf den Schutz dieses Gesetzes nur insoweit Anspruch, als in dem Staate, in welchem seine Hauptniederlassung sich befindet, nach einer im Bundesgesetzblatt enthaltenen Bekanntmachung deutsche Gewerbetreibende einen entsprechenden Schutz genießen.

§ 29 [Höhere Verwaltungsbehörde]

Welche Behörden in jedem Bundesstaat unter der Bezeichnung höhere Verwaltungsbehörde im Sinne dieses Gesetzes zu verstehen sind, wird von der Zentralbehörde des Bundesstaats bestimmt.

§ 30 [Inkrafttreten]

(1) **Dieses Gesetz tritt am 1. Oktober 1909 in Kraft.**

(2) (aufgehoben)

Verordnung über Wettbewerb

Vom 21. Dezember 1934 (RGBl. I S. 128)
i. d. Fassung d. Veröffentlichung im BGBl. III 1960, Folge 11 S. 147

Preise, die der Kaufkraft des Volkes entsprechen, entwickeln sich bei genügendem Angebot von Waren und Leistungen am sichersten und zuverlässigsten auf der Grundlage eines gesunden Wettbewerbs, der aber die Sicherung der Ernährung aus heimatlicher Scholle niemals beeinträchtigen darf. Außerdem kann Wettbewerb in Zeiten, in denen die Produktionsstätten und der Handel des Landes nicht in vollem Umfange ausgenutzt sind, die Gefahr heraufbeschwören, daß im Wettkampf Preise verlangt werden, aus denen Steuern und Löhne nicht gezahlt, die Gläubiger nicht befriedigt werden können.

Um die Grundlage für einen auf Leistung und Verantwortungsbewußtsein gegründeten Wettbewerb zu schaffen und damit den für die Volkswirtschaft besten Preis nach Möglichkeit zu sichern, wird auf Grund der Verordnung über die Befugnisse des Reichskommissars für Preisüberwachung vom 8. Dezember 1931 (Reichsgesetzbl. I S. 747) in Verbindung mit dem Gesetz über Bestellung eines Reichskommissars für Preisüberwachung vom 5. November 1934 (Reichsgesetzbl. I S. 1085) und mit dem Gesetz über die Erweiterung der Befugnisse des Reichskommissars für Preisüberwachung vom 4. Dezember 1934 (Reichsgesetzbl. I S. 1201) verordnet:

§ 1 [Preisunterbietung]

(1) Wer unter unlauterer Ausnutzung seines Kredits oder böswilliger Nichterfüllung seiner Verpflichtungen gegenüber dem Staate, der Gefolgschaft seines Betriebes oder seinen Gläubigern in gemeinschädlicher Weise Güter oder Leistungen zu Preisen anbietet, die seine Selbstkosten nicht decken können und den Anforderungen einer ordnungsmäßigen Wirtschaft widersprechen, wird mit Gefängnis und mit Geldstrafe in unbeschränkter Höhe oder mit einer dieser Strafen bestraft; die Strafverfolgung tritt nur ein, wenn der Schuldner seine Zahlungen eingestellt hat, oder wenn über sein Vermögen das Konkursverfahren eröffnet worden ist.

(2) Die gesetzlichen Vorschriften über unlauteren Wettbewerb und die Strafbestimmungen der Konkursordnung bleiben unberührt.

§ 2 (gegenstandslos)

§ 3 [Inkrafttreten]

Diese Verordnung tritt mit dem Tage der Verkündung in Kraft.

ERLÄUTERUNGEN

Zugabeverordnung

vom 9. März 1932
(RGBl. I S. 121; BGBl. III—43-4-1)
in der Fassung der Gesetze vom 12. Mai 1933 (RGBl. I 264), 20. Aug. 1953 (BGBl. I 939), 15. Nov. 1955 (BGBl. I 719), 25. Juni 1969 (BGBl. I 645)

Einführung

Inhaltsübersicht

I. Zum deutschen Zugaberecht

[1] **Allgemeines.** Zugaben und Werberabatte sind die markantesten Formen der Wertreklame. Sie sind, da mit zugehörigen Hauptgeschäften eng verknüpft, stets ein zum Erwerb der Hauptware oder Leistung verlockender Vorspann (Hoth GRUR 61, 562/563). Sie müssen im geschäftlichen Verkehr neben Waren oder Leistungen in Aussicht gestellt oder gewährt werden. Daß der Täter, wie es §§ 1, 2 UWG, 1 Rab.Ges. fordern, zu Zwecken des Wettbewerbs handelt, ist nicht erforderlich. Merkmale der Zugabe sind der Anschein der Unentgeltlichkeit (§ 1 Anm. 8), Kaufabhängigkeit (§ 1 Anm. 23—28) und die Eignung, durch ihren Wert den Anschein

besonderer Vorteilhaftigkeit hervorzurufen (§ 1 Anm. 16—18, 25 a). Der von Zugaben und Rabatten ausgehende Anschein besonderer Vorteilhaftigkeit soll das Publikum dazu verlocken, die angebotene Ware/Leistung zu kaufen bzw. zu bestellen, d. h. ihr vor anderen Angeboten den Vorzug zu geben.

Durch das Verbot von Zugaben und durch das auf den Bereich der letzten Umsatzstufe für den Fall des Angebots von Waren oder gewerblichen Leistungen beschränkte Verbot, Werberabatte in Aussicht zu stellen oder zu gewähren, wird nicht die Wertreklame schlechthin bekämpft und nicht jede Umsonstwerbung für unzulässig erklärt. Die Verbote richten sich nur gegen die schlimmsten Auswüchse der Wertreklame (RGZ 149, 242 — Taschenmerkbuch; BGH GRUR 59, 544 — Modenschau; BGH GRUR 61, 589/592 — Einpfennigsüßwaren; BGH GRUR 62, 415/416 — Glockenpackung). Die Wertreklame im weiteren Sinne ist, sofern nicht Sondertatbestände eingreifen, wie z. B. §§ 6, 28, 29 TabakStGes., nur nach §§ 1, 3 UWG zu beurteilen.

Wie zu jedem im Wettbewerb gezeigten Verhalten kommt es auch bei der Zugabe- und Rabattwerbung nur darauf an, wie der Vorgang vom umworbenen Publikum verstanden wird. Es ist von der Auffassung des Durchschnittspublikums auszugehen, das Werbemitteilungen nur flüchtig aufnimmt und nicht kritisch wertet. Wie nach sorgfältiger Prüfung eine Werbeäußerung zu verstehen ist oder wie sie der Werbende meint oder verstanden haben will, ist unerheblich. Die subjektive Wertung durch das nur flüchtig aufnehmende Publikum ist entscheidend. Wegen seiner Zielsetzung ist das Zugabe-Verbot dem Verbot wahrheitswidriger Werbung (§ 3 UWG) verwandt (vgl. Einf. 3).

Weder der begrifflich und sachlich nicht ganz zutreffende, dem Zugabe- und Rabattrecht nachgesagte „gewerbepolizeiliche Charakter“, noch die Bezeichnung der Zugabe-VO als „Verordnung des Reichspräsidenten zum Schutze der Wirtschaft“, dürfen dazu verleiten, bei Auslegung und Anwendung der Verbotstatbestände und der Ausnahmen, die Begriffe und Grundsätze der dem Verwaltungsrecht zugehörigen Gewerbeordnung zu übernehmen. Das gleiche gilt für die des bürgerlichen und des Handelsrechts. Sie sind nur bedeutsam, wenn gleichzeitig auch Tatbestände der genannten Rechtsbereiche erfüllt sind, z. B. die der §§ 823, 826, 1004 BGB.

[2] **Entstehungsgeschichte des Zugabeverbots.** Solange sich der Wettbewerb in gemäßigten Bahnen bewegte, spielte die Wertreklame

keine wesentliche Rolle. Erst die stürmische industrielle Entwicklung, beginnend in der zweiten Hälfte des 19. Jahrhunderts, die ständig zunehmende Zahl industrieller Erzeugnisse, für die beim Verbraucher geworben wurde und der sich damit ständig verschärfende Wettbewerb, ließen sie immer stärker in den Vordergrund treten; um die Jahrhundertwende spielte sie schon eine nicht mehr unbeachtliche Rolle. Bereits 1907 forderte der Einzelhandel, daß im Rahmen des zur Beratung stehenden UWG auch das Zugabewesen geregelt werden solle. Hiervon wurde abgesehen, weil im Verlaufe der Beratungen keine Einigkeit darüber erzielt werden konnte, wie die zulässigen Zugaben von den unzulässigen zu scheiden seien (RT-Drucks. Nr. 1109/Ses. 1907/09). §§ 1, 3 UWG hielt man für ausreichend, um Auswüchsen wirksam begegnen zu können. Wegen des völlig unzureichenden Angebots und der überragenden Nachfrage während des Ersten Weltkriegs und der Inflationszeit kam der Wertreklame, wie auch jeder anderen Werbeform, keine gesetzgeberische Maßnahmen notwendig machende Bedeutung zu. Nach Stabilisierung der Währung änderte sich dies schnell. Existenzkampf und Wettbewerb wurden schärfer; das Zugabewesen nahm immer bedrohlichere Ausmaße an. Ein zu maßloser Übersteigerung führender Zugabewettbewerb und der Zwang zur Nachahmung brachten insbesondere für den mittelständischen, ohnehin stark krisengefährdeten Einzelhandel, so erhebliche Belastungen mit sich, daß Industrie- und Handelskammern, Handwerks- und Gewerbekammern, Verbraucherorganisationen und politische Parteien immer dringender eine gesetzliche Regelung forderten (vgl. Zusammenstellung in RGZ 135, 38 = JW 32, 1012). Die mit dem Ziel vor den Gerichten anhängig gemachten Verfahren, besonders gravierende Formen der Zugabe zu unterbinden, häuften sich. §§ 1, 3, 4 UWG gaben keine ausreichende Handhabe.

Mit Geschenken den Abschluß von Hauptgeschäften zu fördern, entspricht nicht dem Ideal des Leistungswettbewerbs; es kann aber in aller Regel auch nicht als im Sinne der Tatbestände des UWG und des § 826 BGB sittenwidrig bezeichnet werden. Zu behaupten und zu beweisen, daß der Anschein eines besonders günstigen Angebots durch unrichtige Angaben hervorgerufen werde, war höchst schwierig. Die Rechtsprechung der Instanzgerichte und auch die des RG schwankte. Einzelne Gerichte erklärten die Zugabenwerbung generell für sittenwidrig (OLG München MuW 29, 140; LG Halle GRUR 29, 1317), andere stellten es wieder auf die Umstände des Einzelfalls ab (OLG Dresden MuW 29, 194; OLG Stettin MuW 29, 553); dies entsprach der Auffassung des Reichsgerichts (RGSt. 61, 61; GRUR 32, 626/627 — Fotoscheck). Es verneinte grundsätzlich Verstoß gegen §§ 1, 3, 4 UWG, 823, 826 BGB, wenn der Verkäufer seine Waren mit Zugabe zu einem Preis verkaufte, der sich innerhalb der Grenzen hielt, in denen Waren gleicher Art und Güte von Geschäften ähnlichen Rangs am gleichen Platz zur selben Zeit verkauft zu werden pflegten. Die Bezeichnung einer Zugabe als „kostenlos" sah das RG als irreführend im Sinne der §§ 3, 4 UWG an.

Nachdem bereits 1929 in Österreich (20. 6. 1929 BGBl. Nr. 227) Angebot und Ankündigung, nicht aber das Gewähren von Zugaben (Prämien) zu Waren oder Leistungen verboten worden war (vgl. Einf. 9; Anh. VII), folgte 1932 die deutsche Zugabe VO (9. 3. 1932 RGBl. I S. 121 gem. Art. 48 III Weim.RVerf.). Sie gilt auch heute noch. Vom generellen Verbot wurden nur wenige für unbedenklich erachtete Ausnahmen gemacht (§ I II lit. a-g); u. a. wurde für zulässig erklärt, Zugaben zu gewähren, wenn der Werbende sich erbot, an deren Stelle einen festen, zu benennenden Geldbetrag in bar auszuzahlen, der nicht geringer sein sollte, als der Einstandspreis der Zugabe (§ 1 II lit. e a. F.). Der als Zugabesurrogat in Aussicht gestellte Geldrabatt wurde dem echten Rabatt (§ 1 II lit. b) gleich geachtet, wie dieser für unbedenklich gehalten und auf Vorschlag des Reichswirtschaftsrats in den Katalog der Ausnahmevorschriften aufgenommen (amtl. Begr.). Sehr schnell stellte sich heraus, daß damit jeglicher Umgehung Tür und Tor geöffnet worden war. Die gemachte Ausnahme wurde wieder gestrichen (12. 5. 33, RGBl. I S. 264); gleichzeitig wurde klargestellt, daß, wenn ersatzweise für eine Sachleistungszugabe ein Geldbetrag genannt wird, diese und nicht der Geldbetrag Zugabe ist und daß eine Rechtfertigung aus § 1 II lit. b ZugVO (zulässiger Barrabatt) ausscheidet.

Durch Ges. v. 20. 8. 53 (BGBl. 1 S. 939) wurde in § 1 II Zug-VO als lit. e die Zugabe von Kundenzeitschriften an letzte Verbraucher vom Verbot ausgenommen. Die als unzureichend erkannte erste Fassung wurde durch Ges. v. 5. 11. 55 (BGBl. I S. 790) geändert.

Durch das Änd.Ges. v. 12. 5. 33 (RGBl. I S. 264) wurden gleichzeitig die Einigungsämter, die bei Wettbewerbsstreitigkeiten gem. § 27 UWG angerufen werden können, auch bei Zugabeverstößen für zuständig erklärt. Insoweit gilt die Fassung des Ges. v. 11. 3. 57 (BGBl. I S. 172/173).

[3] **Zweck des Zugabeverbots.** Es soll nicht nur unlautere Wertreklame unterbunden werden; die Zugabe VO ergänzt nicht nur die

Tatbestände der §§ 1, 3, 4, 12 UWG (sittenwidriger Wettbewerb, wahrheitswidrige Werbung, Schmiergeldverbot). Sie verfolgt auch wirtschaftspolitische Ziele und hat gewerbepolizeilichen Charakter (h. M.; Junckerstorff S. 3; Klauer-Seydel S. 12 Rz. 2; Baumbach-Hefermehl I S. 1170 Rz. 5; Reimer-Krieger S. 20 Rz. 2; Tetzner Z S. 12; Rehschreiter GRUR 1936, 697; Krieger GRUR 1953, 111).

Die amtliche Begründung (Anh. I) macht erkennbar, daß der VO-Geber sich die Auffassung der Gegner des Zugabewesens zu eigen gemacht hat. Er geht davon aus, daß Zugaben dazu bestimmt und geeignet sind, Käufer unsachlich zu beeinflussen. Diese werden verleitet, weniger auf die Güte und Preiswürdigkeit der Hauptware/Leistung zu achten und sich um der zusätzlichen, in aller Regel wertmäßig überschätzten unentgeltlichen Zuwendung willen dazu verleiten lassen zu kaufen, was sie sonst nicht erwerben würden. Der Konsument wird zu unwirtschaftlichen Ausgaben verlockt, die er sonst vernünftigerweise nicht tätigen würde.

Hinzu kommt die Gefahr der Täuschung des Publikums über Wert und Preisbemessung. Insoweit ergänzt das Zugabe-Verbot das der §§ 3, 4 UWG. Obgleich naheliegt, daß die zum Kauf verlockende Zugabe nur auf Kosten der Qualität der eigentlichen Ware geliefert werden kann, wird die Mehrzahl der Käufer dies nicht erkennen und meinen, einen besonderen Vorteil zu erlangen. Vor allem bei Waren, die in höchst unterschiedlicher Qualität auf den Markt kommen und bei denen es nicht immer leicht ist, die Qualitätsdifferenzen zu erkennen, ist zu befürchten, daß durch in Aussicht gestellte oder gewährte Zugaben unzutreffende Vorteilsvorstellungen geweckt werden. Das Verbot soll verhindern, daß durch Zugaben der Preis der Hauptware verschleiert wird. Wird durch die Art der Ankündigung oder Zuwendung der Zugabe der unrichtige Eindruck besonderer Vorteilhaftigkeit hervorgerufen, dann ist meist auch der Tatbestand der §§ 1, 3 UWG erfüllt.

Durch das Verbot soll weiter verhindert werden, daß der reguläre entgeltliche Absatz derjenigen Unternehmer beeinträchtigt wird, die den Zugaben entsprechende Waren herstellen und vertreiben bzw. gewerbliche Leistungen erbringen.

Gewichtigster Grund neben der Gefahr der Täuschung des Publikums, der Preisverschleierung und der Verleitung zu wirtschaftlich unvernünftigen Käufen ist die Gefahr der Übersteigerung. Daß das Verlocken mit außergewöhnlichen zusätzlichen Vorteilen das Publikum wesentlich stärker als Anschauungsreklame beeindruckt und insbesondere auch auf dem Gebiete der Werbung dem Trieb zur

Nachahmung entscheidende Bedeutung zukommt, ist zu befürchten, daß die massive Zugabenwerbung des einen die anderen Wettbewerber dazu verleitet, ein gleiches zu tun und darüber hinaus bemüht zu sein, den Konkurrenten zu übertrumpfen. Es drohte deshalb auch die Gefahr, daß wenn nicht dem Wettbewerb mit Zugaben ein Riegel vorgeschoben wurde, der mittelständische, insbesondere der Kleinhandel, in absehbarer Zeit ruiniert werden würde. Die Entstehungsgeschichte des Zugabeverbots zeigt, daß dies seinerzeit einer der gewichtigsten Gründe für den Erlaß des Verbots war.

Der Streit der Meinungen darüber, ob eine zugaberechtliche Regelung sinnvoll oder unsinnig ist, dauert heute noch an. Das Zugabeverbot ist existent und es kann davon ausgegangen werden, daß es auch weiterhin Bestand haben wird. Wichtig ist deshalb allein, daß die Einzeltatbestände vernünftig interpretiert werden.

[4] **Auslegung.** Die Zugabe VO verbietet aus wirtschafts- und sozialpolitischen Gründen jegliche Zugabewerbung, soweit diese nicht im Rahmen der Ausnahmetatbestände des § 1 II liegt und auch die danach zulässigen Zugaben, unter den Voraussetzungen des § 1 III. Was der Gesetzgeber für unbedenklich erachtet, machen § 1 II u. III deutlich. **Sinn und Zweck der Zugabe VO** (Einf. 1, 3) **gestatten es nicht,** durch „vorsichtige und zurückhaltende Auslegung" **im Wege der Rechtsprechung die Grenzen des Zulässigen möglichst weit zu ziehen.** Der Gesetzgeber bewertet die Interessen des kaufenden Publikums, die der Mitbewerber und die der Allgemeinheit ersichtlich höher als das Interesse eines einzelnen Unternehmers daran, durch Zugaben seine Position im Wettbewerb zu verbessern. Es ist deshalb auch eine enge Auslegung geboten (Hoth WRP 1956, 333; gl. M. Baumbach-Hefermehl I S. 1172 Rz. 11). Die Zugabe VO enthält keine Generalklausel sondern eine Reihe von Formaltatbeständen, deren Wortlaut den Auslegungsmöglichkeiten Grenzen setzt.

Sind auch die nach dem Inhalt der amtlichen Begründung offenbar werdenden Motive nicht Bestandteil des Gesetzes, so verpflichten sie dennoch dazu zu prüfen, ob ein bestimmtes Verhalten noch mit den Grundsätzen in Einklang zu bringen ist, von denen sich der Verordnungsgeber zum Zeitpunkt des Zugabeverbotes leiten ließ.

[5] **Gültigkeit der VO.** Diese wurde nach 1945 vereinzelt in Frage gestellt, sie wird jedoch heute nicht mehr bezweifelt. Die ZugVO stand nicht im Widerspruch zum alliierten Kartellverbot und sie

verstößt nicht gegen die Grundrechte (Art. 2 I, 12 GG). Der Gesetzgeber bestätigte ihren Bestand durch die Ergänzungsgesetze vom 20. 8. 53 (BGBl. I S. 993), v. 5. 11. 55 (BGBl. I S. 719) und 11. 3. 57 (BGBl. I S. 172). In Österreich wurde nach 1945 das Zugaben(Prämien-)gesetz wieder in Kraft gesetzt. Seine Gültigkeit wurde nicht bezweifelt. Das gleiche gilt für das Rab.Ges. (vgl. Vorbem. Rab.Ges.).

[6] **Sachlicher Geltungsbereich der ZugVO.** Das Anbieten, Ankündigen oder Gewähren (§ 1 Anm. 4—6) von Zugaben (allgem. Begriffsbest. § 1 Anm. 10—12, Gegenstandsbestimmung Anm. 15—25) ist im geschäftlichen Verkehr (§ 1 Anm. 2) verboten (§ 1 Anm. 14), wenn es im Zusammenhang (§ 1 Anm. 26—37) mit entgeltlichen Umsatzgeschäften geschieht (§ 1 Anm. 7), die Waren oder gewerbliche Leistungen zum Gegenstand haben (§ 1 Anm. 8, 9, 16). Entfällt eine der genannten Voraussetzungen, kommt das Verbot nicht zur Anwendung. Im privaten oder amtlichen Bereich verwirklichte Sachverhalte werden nicht erfaßt; das gleiche gilt, wenn Gegenstand des Hauptgeschäfts nicht eine Ware oder gewerbliche Leistung ist, z. B. ein einmaliges künstlerisches Erzeugnis, wie ein Ölgemälde, das sein Schöpfer verkauft. Das Verbot gilt auch nicht, wenn die Hauptware oder Leistung unentgeltlich abgegeben wird.

Der sachliche Geltungsbereich wird durch die Umgehungstatbestände des § 1 I S. 2 u. 3 nicht über den des Grundtatbestands des § 1 I hinaus ausgedehnt; denn auch für diese ist notwendige Anwendungsvoraussetzung, daß dessen Tatbestandsmerkmale zu allen Teilen erfüllt sind (vgl. § 1 Anm. 64 ff.). Er wird auch nicht durch die Ausnahmetatbestände des § 1 II eingeschränkt, die einzelne Zugabeformen vom generellen Verbot ausnehmen, es sei denn, daß sie unter den Voraussetzungen des § 1 III in Aussicht gestellt oder gewährt werden.

Zugabeverstoß ist unerlaubte Handlung. § 1 ZugVO ist Schutzgesetz im Sinne des § 823 II BGB, denn unerlaubte Handlung ist jedes objektiv rechtswidrige, einen anderen verletzende Tun, durch das ein Unterlassungsanspruch und bei Verschulden auch ein Schadensersatzanspruch ausgelöst wird (BGH GRUR 56, 279 — Olivin; Krieger GRUR 53, 109/111; Reimer zu OLG Köln GRUR 55, 309).

[7] **Räumlicher Geltungsbereich des Zugabeverbots.** Es gilt nur im Bundesgebiet und West-Berlin. Zugabeverstoß ist strafbewährte und zum Schadensersatz verpflichtende unerlaubte Handlung (§§ 2, 3). Wird im Ausland in einer den Vorschriften der ZugVO zuwider-

laufenden Weise geworben, kann der Werbende im Inland auf Unterlassung und Schadensersatz wegen dieses Verhaltens nur in Anspruch genommen werden, wenn auch ein Tatort im Inland festgestellt werden kann. Denn grundsätzlich ist bei unerlaubter Handlung vom Recht des Tatorts auszugehen (RGZ 96, 96). Dies ist der Fall, wenn an einem Ort innerhalb der Bundesrepublik oder West-Berlins ein Verhalten gezeigt wird, daß zur Verwirklichung des Zugabetatbestandes beiträgt oder wenn im Inland eine „Folge des Handelns" eintritt (vgl. Raape IPR § 52 V; Martin Wolff IPR § 31 S. 164/165; Troller IPR d. unlauteren Wettbew. R S. 68 ff.; Wengler, Zeitschr. f. ausl. u. int. PR 1954, 401). Bei Zugabenwerbung im Ausland sollte, auch wenn zu einer einzelnen Ausführungshandlung im Inland ein Handlungsort festgestellt werden kann, grundsätzlich das ausländische Recht maßgeblich sein, das heißt, es sollte nicht auf den Handlungs- sondern den Begehungsort abgestellt werden. Denn andernfalls würde sich eine Benachteiligung des deutschen Wettbewerbers im Ausland gegenüber ausländischen Mitbewerbern ergeben, die sich ohne selbst daran gebunden zu sein, auf deutsches Recht berufen könnten (BGHZ 35, 329, 336 — Kindersaugflaschen, teilweise abweichend von BGHZ 21, 266, 270 — Uhrenrohwerk; 14, 286, 291 — Farina/Belgien; BGH GRUR 55, 441 — Zahl 55; RGZ 150, 265, 271). Bei Wettbewerb mit ausländischen Unternehmen im Ausland ist das Recht des ausländischen Vertriebsortes, auch bei Herstellung und Beginn der Ausführungshandlung im Inland, entscheidend. Insbesondere bei Wettbewerbsstreitigkeiten scheidet eine Anknüpfung an den Ort des Schadenseintritts dann aus, wenn der Eintritt des Schadens nicht zum Tatbestand der Rechtsverletzung gehört. Grundsätzlich läßt sich bei Auslandswettbewerb ein inländischer Begehungsort nicht allein damit begründen, daß inländische Gewerbetreibende allgemein verpflichtet sind, auch ihren im Ausland stattfindenden Wettbewerb im Verhältnis zu inländischen Mitbewerbern schlechthin nach dem inländischen Wettbewerbsrecht einzurichten (BGHZ 40, 391, 396 — Stahlexport; a. M. RGZ 140, 25 — Hohner; 150, 265 — Steck- und Sicherheitsnadeln). Bei einem im Ausland gezeigten, am Ort der wettbewerblichen Kollision für zulässig erachteten Verhalten ist zu prüfen, ob unter Berücksichtigung des Umstandes, daß es von der ausländischen Verkehrsauffassung gebilligt wird, eine derartige ausländische Werbung noch mit den Anschauungen des anständigen deutschen Kaufmanns zu vereinbaren ist (BGH GRUR 58, 149 — VEB-Carl-Zeiss). Für den Bereich des Zugaberechts bedeutet dies, daß es weniger darauf ankommt, ob im

Inland eine zur Verwirklichung des Zugabetatbestandes beitragende Handlung begangen wird als vielmehr darauf, wo in der beanstandeten Weise geworben wird. Der Akzent liegt nicht auf dem Ort des Handelns sondern auf dem der Begehung (gl. M. Baumbach-Hefermehl I S. 1175 Rz. 20). Zutreffend weist Tetzner (Z S. 37) darauf hin, daß es zu grotesken Ergebnissen führen würde, wenn der deutsche Exporteur im Auslandsgeschäft dem Zugabeverbot unterworfen wird, insbesondere aber wenn für den ausländischen Markt, auf dem er sich bemüht, eine dem deutschen Zugaberecht ähnliche oder auch nur entfernt nahekommende Regelung nicht gilt.

[8] **Verhältnis zum BGB, UWG und zum Rabattgesetz.**

Zugabeverstoß ist unerlaubte Handlung im Sinne des § 823 II BGB. Geschützt werden die Unternehmer, die Waren herstellen oder in den geschäftlichen Verkehr bringen, die den Hauptwaren oder den Zugabegegenständen entsprechen oder die den Haupt- oder Zugabeleistungen entsprechende gewerbliche Leistungen erbringen (§ 2) und auch die Allgemeinheit. Denn der Verbraucher soll durch das Verbot vor unsachlicher Beeinflussung und Verleitung zu wirtschaftlich unvernünftigen Käufen geschützt werden. Daraus, daß die Novelle zum UWG vom 21. 7. 65 (BGBl. I, S. 625), die den Verbraucherverbänden nur bei Verstößen gegen §§ 3, 6, 7 I, 11 UWG nicht aber bei Zugabe- und Rabattverstößen Klagebefugnis einräumt, ist nicht zu schließen, daß der Verbraucherschutz nur Folge aber nicht Zweck des Verbots ist.

Verstoß gegen das Zugabe-Verbot kann wegen der damit verbundenen wettbewerblichen Beeinträchtigung **Eingriff in den eingerichteten und ausgeübten Gewerbebetrieb sein** und Ansprüche eines Mitbewerbers oder Produzenten von Waren der zugegebenen Art aus § 823 I, 826 BGB begründen. Nur Schadensersatzansprüche setzen wie die unerlaubte Handlung des BGB voraus, daß der Täter vorsätzlich oder fahrlässig handelt, nicht dagegen der Unterlassungsanspruch des § 2; für diesen genügt objektive Tatbestandsvollendung.

Die Tatbestände der ZugVO sind wettbewerbsrechtliche Normen und Teil des Wettbewerbsrechts; sie ergänzen das UWG. Aus der Entstehungsgeschichte (Einf. 3), aus dem Sinn und dem Zweck (Einf. 3) und aus der amtl. Begr. der ZugVO (Anh. I) folgt, daß durch sie den als schädlich erkannten, durch §§ 1, 3 UWG nicht erfaßten, schlimmsten Auswüchsen der Wertreklame bekämpft werden sollen. **Zugabeverstoß kann,** muß aber nicht notwendig im Sinne des

UWG **unlauter sein.** Eine **zugaberechtlich unbedenkliche Geschenkwerbung kann gegen §§ 1, 3, 12 UWG verstoßen.** Die ZugVO soll eine Lücke schließen, sie soll diejenigen Sachverhalte erfassen, die zwar sittlich indifferent sind, die den Tatbestand des § 1 UWG nicht erfüllen und die auch nicht gegen § 3 UWG verstoßen, die aber wegen der von ihnen ausgehenden unsachlichen Beeinflussung, wegen der dem Leistungswettbewerb fremden, dem Prinzip der wahren und klaren Werbung zuwiderlaufenden Elemente, unterbunden werden müssen. Ist auch grundsätzlich ein gesetzlichen Verboten zuwiderlaufender Wettbewerb nicht zu billigen, weil verbotswidrige Werbung lauterem Wettbewerbsstreben nicht entsprechen kann, so folgt hieraus noch keineswegs, daß es in jedem Fall, allein wegen der Verbotswidrigkeit, im Sinne des § 1 UWG sittenwidrig ist, Zugaben in Aussicht zu stellen oder zu gewähren. Eine Werbung, die aus unzutreffenden Verkehrsvorstellungen ihren Vorteil zieht, ist zu mißbilligen, sie erfüllt aber nicht notwendig den Tatbestand wahrheitswidriger Werbung (§ 3 UWG). Treten besondere Umstände hinzu, die das gezeigte werbliche Verhalten sittenwidrig erscheinen lassen, dann führen diese zur Unzulässigkeit gem. § 1 UWG, nicht aber die Tatsache, daß etwas zugegeben wird.

Das jüngere RabG ergänzt und ändert für seinen sachlichen Geltungsbereich (§ 1 RabG) **die ZugVO.** Es geht dem älteren Zugabeverbot vor; die gem. § 1 II lit. b u. c ZugVO zulässigen Rabatte sind beim Angebot von Waren oder Leistungen für den täglichen Bedarf an letzte Verbraucher den Beschränkungen des RabGes. unterworfen. Die nach § 1 I. S. 1 ZugVO ohne Ausnahme verbotenen Mengenrabatte zu gewerblichen Leistungen sind unter den Voraussetzungen der §§ 1, 8 RabG erlaubt. Der gem. § 1 II lit. c ZugVO uneingeschränkt zulässige Naturalrabatt ist für den sachlichen Geltungsbereich des RabG nur erlaubt, wenn er handelsüblich ist (§ 7 RabG). Da das RabG § 1 II lit. b u. c ZugVO für seinen Geltungsbereich nicht aufhebt oder ändert sondern ergänzt, müssen auch zu den dem Rabattrecht unterworfenen Preisnachlässen der Geldbetrag oder die gleichartige Warenmenge genannt werden oder auf einfache Art zu errechnen sein (§ 1 II lit. b u. c). Die dem RabG entgegenstehenden Ausnahmen vom Zugabeverbot (§ 1 II) gelten für den Anwendungsbereich des RabG nur, soweit sie mit dessen Vorschriften zu vereinbaren sind. Die gleiche Handlung kann gegen Verbote der ZugVO und des RabG verstoßen, z. B. wenn ein Gaswerk Käufern, die beim einschlägigen Fachhandel Gasgeräte kaufen und diese im Versorgungsbereich des Werkes anschließen lassen, Freigas in Aussicht stellt. Den Kunden der Fachhändler wird mit der Freigaslieferung eine Zugabe gewährt, die gleichzeitig Naturalrabatte zur Gaslieferung des Gaswerkes ist (RGZ 154, 28 — Freigas). Eine nach Rabattrecht zulässige Geldzugabe kann zugaberechtlich unzulässig sein, z. B. wenn ein Unternehmer Gutscheine verteilt, die den Anspruch auf eine nach § 1 I ZugVO verbotene Sammelzugabe (Anm. 38) und ersatzweise einen Geldbetrag verbürgen, der gegen Vorlage des einzelnen Gutscheines ausgezahlt wird und den Anforderungen des § 2 RabG nicht genügt. Ein Markenhersteller, der zu einem durch Gutscheine verbürgten Treuerabatt (§ 13 DVO RabG) erklärt, daß der Empfänger die Gutscheinsammlung zum Erwerb bestimmter, von ihm angepriesener Gegenstände verwenden soll, stellt Zugaben zum Angebot der Einzelhändler in Aussicht. Bei Geld- und wahlweiser Sach- oder Leistungszugabe ist die Zulässigkeit sowohl nach Zugabe- als auch nach Rabattrecht zu prüfen (BGH GRUR 63, 322, — Mal- und Zeichenschule II). Die Verbote des § 1 c III ZugVO (Verbot der Gratisankündigung und Zufallsabhängigkeit erlaubter Zugaben gem. § 1 II) gelten auch für Geld- und Naturalrabatte, die der Sonderregelung des RabG unterworfen sind (gl. M. Baumbach-Hefermehl I S. 931 Rz. 12; Michel-Weber-Gries S. 19/20 Rz. 9 u. S. 66 Rz. 65; a. Anm. Reimer-Krieger S. 76 Rz. 31; Tetzner R 28 Rz. 15).

Verbände zur Förderung gewerblicher Interessen können nur auf Unterlassung klagen (§ 2). Dies schließt den Gerichtsstand der unerlaubten Handlung (§ 32 ZPO) nicht aus (BGH GRUR 56, 279 = NJW 56, 911 — Olivin; Pastor, WbProzeß S. 173 u. WRP 62, 84/85).

[9] **Zugabeverbote außerhalb der ZugabeVO** kennt nur das **Tabak StG** v. 6. 5. 53 (BGBl. I 169), mehrfach geändert, zuletzt durch 9. ÄndGes. v. 19. 11. 70 (BGBl. I S. 1533). Vergl. hierzu § 1 ZugVO Anm. 126, 127. Zur Geschenk- und sonstiger Umsonstwerbung ohne Zugabecharakter beachte § 1 ZugVO Anm. 59—63.

[10] **Geschenk- und Probenwerbung.** Das Zugabeverbot regelt nicht das Recht der Wertreklame schlechthin (Einf. 3). Geschenk- und jede sonstige Umsonstwerbung wird, wenn es am Zugabezusammenhang fehlt (§ 1 ZugVO Anm. 26 ff.), vom Verbotstatbestand nicht erfaßt. Die Frage der Zulässigkeit ist ausschließlich nach Maßgabe der §§ 1, 3 UWG zu beurteilen (vgl. im einz. § 1 ZugVO Anm. 59—63).

II. Zugaberecht des Auslands

[11] **Allgemeines.** Das Zugaberecht des Auslands ist höchst unterschiedlich gestaltet. Die Brüsseler Kommission strebt deshalb für den EWG-Bereich eine einheitliche Regelung an. Gedacht wird an ein grundsätzliches, für alle Wirtschaftsstufen geltendes Verbot, von dem einzelne Ausnahmen zu machen sind, „die den geringen Wert der Zugabe hervorheben". Zugabegegenstand sollen sowohl Warenals auch Dienstleistungen sein (Arb.Dok. XIV/156/12-D v. 28. 2. 72).

[12] **Österreich.** Das Zugabewesen wurde bereits 1929 durch das sogenannte Prämiengesetz geregelt (20. 6. 1929 BGBl. Nr. 227), das 1934 durch das Zugabegesetz abgelöst wurde (3. 8. 1934 BGBl. II Nr. 196, BGBl. 1947, 145 u. 1971, 75). Wenn auch durch die deutsche ZugabeVO beeinflußt, zeigt es doch bedeutsame und überwiegend als positiv zu bewertende Abweichungen.

Zugaben sind grundsätzlich verboten. Das Verbot erfaßt auch durch Gesamt- und Scheinpreise verschleierte Zugaben; § 1 I u. II Zug.Ges.Ö entspricht § 1 I S. 1—3 ZugVO. Auch das österreichische Recht kennt Ausnahmen vom Verbot; insoweit unterscheidet es sich jedoch teilweise vom deutschen Zugaberecht. Barrabatte (§ 2 I lit. e Zug.Ges.Ö) sind zulässig, wenn der Geldbetrag genannt wird oder auf bestimmte Art zu errechnen ist und wenn er der Ware nicht beigefügt wird. „Im unmittelbaren Verkehr mit dem Verbraucher darf der Geldbetrag lediglich im Verhältnis zur Menge oder zum Preis der gekauften Ware berechnet werden", eine Regelung, wie sie das deutsche Recht nicht kennt. Daneben findet in der letzten Umsatzstufe, wenn Gegenstand des Hauptgeschäfts eine dem alltäglichen Bedarf dienende Ware oder gewerbliche Leistung ist, das österreichische Rabattgesetz Anwendung, das dem deutschen zu allen Teilen entspricht. Naturalrabatte sind zu Warenumsätzen und, im Gegensatz zum deutschen Recht, auch zu gewerblichen Leistungen erlaubt. Der Ausnahmetatbestand des § 2 I lit. b Zug.Ges.Ö entspricht § 1 II lit. c ZugVO, er erfährt jedoch durch die Gleichstellung von Waren und Leistungen in § 2 II Zug.Ges.Ö, eine bedeutsame, vom deutschen Recht abweichende Ergänzung. Auch die Zugabe von Auskünften und Ratschlägen, von handelsüblichem „Zugehör" und handelsüblichen Nebenleistungen darf in Aussicht gestellt oder gewährt werden.

Eine bedeutsame Abweichung von der deutschen Regelung stellt § 3 Zug.Ges.Ö dar. Diese erklärt unter der Voraussetzung, daß dies nicht vom Abschluß früherer Geschäfte oder von der Erfüllung anderer Bedingungen, wie z. B. von der Lösung besonderer Aufgaben, von der Zusammenstellung von Figuren oder Bildern aus Warenbestandteilen oder dergleichen abhängig gemacht wird, das Gewähren von Warenproben für zulässig. Dies gilt auch für Reklamegegenstände, die durch auffallend sichtbare und dauerhafte Bezeichnung des reklametreibenden Unternehmens gekennzeichnet sind, ohne daß sie, wie die deutsche ZugVO es fordert, auch geringwertig sein müssen. Danach ist z. B. die Zuwendung von entsprechend ausgestalteten Bierseideln, Benzinkanistern u. ä. zulässig, wenngleich gegenständlich und wertmäßig eine Einschränkung aus § 3 I lit. c Zug.Ges.Ö folgt. Dort heißt es, daß unter den genannten Bedingungen auch „geringwertige Kleinigkeiten anderer Art" zugewandt werden können. Dies wird von der Rechtsprechung dahin verstanden, daß der Wert des zugewandten Reklamegegenstandes zwar nicht geringwertig zu sein braucht (OLG Wien ÖBl. 68, 11), jedoch erheblich hinter dem Wert der Hauptware zurückbleiben muß. Die Beigabe eines Reklamegegenstandes von S. 2,80 zu einem Verkaufspreis von S 12,— wurde mit dieser Begründung für zulässig erklärt. Die Zulässigkeit der Zugabe geringwertiger Kleinigkeiten ist von der zusätzlichen Bedingung abhängig, daß „sie nicht zur Zusammenstellung bestimmt sind, die einen die Summe der Werte der gewährten Einzelgegenstände übersteigenden Wert besitzen" (§ 3 I lit. c Zug.Ges.Ö). Diese Regelung hat gegenüber der deutschen den wesentlichen Vorzug, daß es die Schwierigkeiten nicht geben kann, die in Deutschland von der Rechtsprechung bisher nicht befriedigend bewältigt werden konnten (vgl. § 1 ZugVO Anm. 38 ff., insb. 42, 43).

Verstöße gegen das Zugabeverbot sind Verwaltungsübertretungen und können von Amts wegen durch die zuständige Verwaltungsbehörde verfolgt werden (§ 4 Zug.Ges.Ö). Mitbewerber, sogenannte Interessenverbände und die in § 14 II UWGÖ genannten Körperschaften (österreichischer Arbeitskammertag, Präsidentenkonferenz der Landwirtschaftskammern Österreichs und österreichischer Gewerkschaftsbund) können aus Zugabeverstoß zivilrechtliche herzuleitende Ansprüche geltend machen (§ 5 ZugGes.).

Wegen der Einzelheiten der gesetzlichen Regelung wird auf den im Anhang abgedruckten Gesetzestext, die zugehörige amtl. Begr., Hohenecker-Friedl, „Wettbewerbsrecht", Schönherrs Kommentar zum Wettbewerbsrecht und auf die in nachfolgender Kommentierung zu § 1 ZugVO gegebenen Rechtsprechungs- und Schrifttumsnachweise verwiesen. Zur rabattrechtlichen Regelung vgl. Einf. 8 zum RabattGes.

[13] **Belgien.** Durch das „Gesetz über die Handelspraktiken" vom 14. Juli 1971 wurde das Wettbewerbsrecht in Belgien neu geregelt (vgl. auch Schricker, GRUR int. T. 1972, 184 ff.). Es trat 30 Tage nach dem 30. Juli 1971, der Veröffentlichung im belgischen Moniteur in Kraft, ausgenommen Art. 35—43 (Kap. II, Abschn. 5), die erst ab 29. August 1972 verbindlich sind. Zum Gesetzestext vgl. Bl. 1972, 121 ff.

Jedes an letzte Verbraucher adressierte gekoppelte Angebot von Waren, von Dienstleistungen und von „Titeln", die zum Erwerb von Waren, Leistungen oder sonstigen Vorteilen berechtigen, ist verboten (35/I), gleichgültig ob die Zweitware/Leistung entgeltlich oder unentgeltlich zugewandt wird.

Vom grundsätzlichen Verbot gekoppelter Angebote sind diejenigen ausgenommen, die sich nach Auffassung des Gesetzgebers in den Grenzen halten, die man als vernünftig bezeichnen kann (amtl. Begr., Senatsdokument Nr. 415 S. 34 f.; vgl. auch Schricker a. a. O. S. 195 m. Nachw.).

Es ist erlaubt, gekoppelt und zu einem Gesamtpreis Waren oder Leistungen anzubieten, die eine „Gesamtheit bilden", das heißt als Wareneinheit erscheinen (36 Art. 1). Das gekoppelte Angebot von „identischen Produkten oder Dienstleistungen" ist zulässig, wenn die einzelnen Waren oder Leistungen auch gesondert und zum gewöhnlichen Preis erworben werden können, wenn der Erwerber hiervon und von den Einzelpreisen „in klarer Weise unterrichtet wird" und wenn ein eventuell zum Kopplungsangebot zugestandener Preisnachlaß nicht höher ist als ein Drittel des Gesamtpreises (Art. 36 Nr. 2).

Das Angebot kostenloser zusätzlicher Überlassung von Warenzubehör ist zulässig, wenn es vom Hersteller der Hauptware „spezifisch angepaßt ist", wenn es zu gleicher Zeit wie diese geliefert wird und deren „Erweiterung" oder der Erleichterung ihres Gebrauchs dient (Art. 37 Nr. 1). Das Angebot zusätzlich und unentgeltlich die dem Schutze der Ware und ihrer Konditionierung dienende Verpackung oder Behältern dem Kunden zu überlassen ist zulässig, wenn sich dies, im Hinblick auf die gewählte Verpackungsart und deren Wert, in den Grenzen hält, die man als vernünftig bezeichnen kann (Art. 37 Nr. 2). Vom Verbot ausgenommen sind auch die nach

Handelsbrauch erlaubten geringwertigen Dienstleistungen, geringwertige Sachzuwendungen, die Lieferung, Aufstellung, Kontrolle und Wartung der veräußerten Waren (Art. 37 Nr. 3), die Zuwendung von aus dem Sortiment des Herstellers oder Verteilers der Hauptware stammenden Muster und Proben in Mengen und Maßverhältnissen, die für eine Beurteilung der Qualität der zugehörigen Hauptware unbedingt erforderlich sind (Art. 37 Nr. 4), Reklamegegenstände mit unzerstörbaren und deutlich hervortretenden Werbeaufschriften, die als solche im Handel nicht erhältlich sind und für die der werbende Unternehmer nicht mehr als 5 % des Verkaufspreises der Hauptware oder Leistung aufzuwenden hatte (Art. 37 Nr. 5), weiter geringwertige Farbdrucke, Bildchen und andere Abbildungen (Art. 37 Nr. 6), „Titel", die zur Teilnahme an zu Werbezwecken veranstalteten Verlosungen berechtigen, die ordnungsgemäß genehmigt worden sind (Art. 37 Nr. 7) und schließlich „Titel", die zur Teilnahme an Preisausschreiben, Spielen und anderen Wettbewerben berechtigen, mit der Einschränkung, daß, wenn der überwiegende Teil der Teilnehmer die Gewinne erlangen kann, es sich nur um Reklamegegenstände handeln darf, die im regulären Handel nicht erhältlich sind und die den oben genannten Wertvoraussetzungen entsprechen müssen (Art. 37 Nr. 8).

Die Zugabe von Gutscheinen, die einen Anspruch auf Naturalrabatt verbürgen (Ware zu Ware, Leistung zu Leistung) ist erlaubt, wenn Haupt- und Zusatzleistung völlig identisch sind und wenn der daraus folgende Preisnachlaß ein Drittel des Gesamtpreises der Haupt- und Zusatzleistung nicht übersteigt (Art. 38 Nr. 1; 36 Nr. 2). Das gleiche gilt für Gutscheine, die einen Anspruch auf Erwerb von Zugaben verbürgen, die gemäß Art. 37 Nr. 6—8 angekündigt und gewährt werden dürfen (vgl. oben; Art. 38 Nr. 2).

Barrabatte dürfen durch Ausgabe von Titeln eingeräumt werden, wenn diese den Geldwert angeben, den sie verkörpern, wenn in den dem Verkauf oder dem Erbringen der Leistung dienenden Einrichtungen der Satz oder die Höhe der angebotenen Rückvergütung deutlich angegeben ist, ebenso wie die Waren oder Dienstleistungen, zu denen die Rabattgutscheine ausgegeben werden (Art. 38 Nr. 3). Es ist jedoch verboten, eine höhere Rückvergütung zu gewähren, wenn diese ganz oder teilweise beim Kauf von Waren oder bei Inanspruchnahme entgeltlicher Dienstleistungen auf den Preis angerechnet wird (Art. 39 II). Wird die Ausgabe der eine Rückvergütung gewährleistenden Titel eingestellt oder werden die Bedingungen zu der im Lauf befindlichen Ausgabe geändert, dann kann der Inhaber, gleichviel wie hoch der Gesamtbetrag des verbürgten Anspruchs ist, während eines Jahres seit der nacherläuterten Veröffentlichung, Auszahlung an sich fordern.

Zulässig ist es auch, Sammelgutscheine auszugeben, durch die sich der Unternehmer verpflichtet, gegen Vorlage der Sammlung, deren Umfang er frei bestimmen kann, beim Erwerb gleichartiger oder ähnlicher Waren oder Dienstleistungen einen Preisnachlaß zu gewähren. Dieser darf nicht höher als ein Drittel des Preises der Hauptware oder Leistung sein. Das verbürgte Preiszugeständnis darf nur durch den die Gutscheine ausgebenden Unternehmer gewährt werden (Art. 38 Nr. 4).

Gutscheinwerbung im Rahmen des Artikels 38 darf nur treiben, wer Inhaber einer vom Minister erteilten Einschreibung ist und die nicht erteilt werden darf, wenn bestimmte Zuverlässigkeitsvoraussetzungen nicht erfüllt sind. Der Antrag auf Erteilung der Einschreibung ist mit der Verpflichtung verknüpft, den hierfür zuständigen Beamten zu gestatten, an Ort und Stelle die Einhaltung der Vorschriften zur Gutscheinwerbung zu kontrollieren und zu diesem Zwecke Dokumente, Schriftstücke oder Bücher einzusehen (Art. 40). Auszugebende Gutscheine müssen die Nr. der Einschreibung tragen. Name, Firma und Adresse sowie die Einlösebedingungen müssen in deutlich hervortretender Weise entweder auf den Gutschein selbst oder auf den für deren Sammlung bestimmten Sammelheften angegeben sein. Wird unter Hinweis auf die Gutscheinausgabe geworben, dann müssen diese Angaben gleichzeitig mit bekannt gegeben werden (Art. 41).

Die Löschung der sogenannten Einschreibung muß unverzüglich beantragt werden, wenn der Unternehmer die Ausgabe der Gutscheine einstellen will, wenn er zahlungsunfähig wird oder wenn in seiner Person Umstände eintreten, die der Erteilung der Einschreibung entgegenstehen (Art. 42, 40 II).

Durch königliches Dekret können Mindestformat und Unterscheidungszeichen für die gemäß Art. 38 Nr. 1—3 auszugebenden Gutscheine und eine besondere Veröffentlichung und deren Modalitäten für den Fall vorgeschrieben werden, daß die Gutscheinausgabe eingestellt oder geändert wird (Art. 43 § 1 Nr. 1, 2). Es kann auch der Mindestbetrag festgesetzt, Gutscheinwerbung von einer Sicherheit, der Unterhaltung einer besonderen Buchführung und von bestimmten Kontrollmaßnahmen abhängig gemacht werden (Art. 43 § 1 Nr. 3 u. 4), es können für bestimmte Waren oder Dienstleistungen, die nach Art. 36 Nr. 2, 37 Nr. 5 und 38 Nr. 4 vorgesehenen

Prozentsätze geändert, es kann der Höchstbetrag festgelegt werden, den der Wert in Anwendung dieser Vorschriften angebotenen Waren oder Leistungen oder sonstigen Vorteile erreichen darf. Im Rahmen der Ermächtigung können auch Häufigkeit und Dauer der Verkäufe und Leistungen gemäß Art. 36 Nr. 2 beschränkt werden. Die Ermächtigung schließt schließlich die Befugnis ein, das Angebot zulässiger Kopplung und von Zugaben davon abhängig zu machen, daß die angebotenen Waren oder Leistungen während mindestens eines Jahres im Sortiment des Unternehmers geführt bzw. von seinem Betriebe erbracht wurden. Schließlich können auch bestimmte Waren und Leistungen von den Verbotsausnahmen der Art. 36, 37 und 38 ausgeschlossen und das Verbot des Artikels 35 auch auf Angebote ausgedehnt werden, die Wiederverkäufern gemacht werden.

Bei Verstößen gegen das grundsätzliche Verbot kann auf Unterlassung geklagt werden. Klagebefugt ist, wer an der Unterlassung ein Interesse hat oder eine interessierte berufliche oder zwischenberufliche Vereinigung. Das Verfahren folgt dem der Einstweiligen Verfügung. Auch erstinstanzliche nicht rechtskräftige Urteile sind ohne Sicherheitsleistung vorläufig vollstreckbar, Versäumnisurteile sind den Einspruchsverfahren nicht unterworfen. Ohne Rücksicht auf den Streitwert sind Schlußentscheidungen berufungsfähig; Berufungsurteile unterliegen dem Einspruch.

[14] **Dänemark.** Das Zugabeverbot ist Teil des Wettbewerbsrecht. Es gilt nur für die letzte Umsatzstufe. Zugaben „oder was damit gleichgesetzt werden könnte", sind beim Verkauf an oder bei Arbeitsleistung für Verbraucher verboten, „es sei denn, daß die Zugabe von ganz unbedeutendem Wert ist". Das Verbot gilt auch für Naturalrabatte und „für Reklame mit Zugaben" (§ 12 Wettbew.Ges.).

Eine gesetzliche Definition des Begriffes Zugabe gibt es nicht. Nach Rechtsprechung und Lehre sind Zugaben neben einer Ware oder Leistung zusätzlich erbrachte unentgeltliche Zuwendungen. Der entgeltliche Teil des Geschäfts muß Hauptleistung sein. Strittig ist daher die Beurteilung von Kombinationsangeboten, insbesondere bei verdeckter Kopplung.

Übliche Verpackungen und üblicher Kundendienst bei Sach- und Dienstleistungen gelten nicht als Zugabe; sind sie „üblich", dann kommt es auf den Wert der Zusatzleistung nicht an. Die vom Verbot ausgenommenen Zugaben „von ganz unbedeutendem Wert" können auch in Form von Naturalrabatten gewährt werden.

Verboten ist nicht nur das Gewähren sondern auch das Ankündigen („Reklame mit Zugaben").

Die Werbung nach dem sogenannten Coupon-System verbietet § 13 I Wettbew.Ges. Das Verbot erfaßt alle Werbeveranstaltungen, die dem Schneeball-, Bon-, Anweisungs- oder ähnlichen Systemen entsprechen und bei denen der Anspruch auf Erwerb bestimmter Waren oder Leistungen von dem Besitz einer bestimmten Anzahl von Coupons (Anweisungen, Schlußzettel, Bons oder dergleichen) abhängig ist.

Zuwiderhandlungen werden mit Geldstrafe bestraft. Zugabeverstoß ist Antragsdelikt. Antragsberechtigt sind Vereine und Verbände, die vom Minister für Handel dazu ermächtigt sind. Zivilrechtliche Ansprüche auf Unterlassung und Schadensersatz können geltend gemacht werden, wenn diese Verbände der Klage zustimmen (§ 15 II Wettbew.Ges.). Ist anzunehmen, daß eine Einzelperson oder ein Geschäft einen Schaden erlitten hat, dann kann der Strafrichter dem Geschädigten auf dessen Antrag bis zu 1000,— Kr. Schadensersatz zuerkennen, auch wenn der Beweis über den Umfang des Schadens nicht geführt werden kann (§ 17 WettbewerbsGes.). Vgl. auch GRUR Abhandlungen 2, Recht des unlauteren Wettbewerbs in den nordischen Ländern.

[15] **Finnland.** Im geschäftlichen Verkehr oder im Zusammenhang damit Zugaben, Rabatte oder andere Vorteile zu gewähren, anzubieten oder zu versprechen, ist nur verboten, wenn deren Empfang von einem Zufall abhängig ist. Das Verbot gilt nicht, wenn es an der Zufallsabhängigkeit fehlt oder wenn es sich bei der Zuwendung um ein „Entgelt für die Ausführung eines Auftrags" handelt, es sei denn, daß die vom Empfänger zu erbringende Leistung im Anwerben weiterer Kunden besteht (§§ 8, 9 UWG v. 31. 1. 30). Die nach deutscher Auffassung der Zugabe nicht zuzurechnende Vergütung für Kundenwerbung, ist ebenfalls verboten.

Die Rechtsprechung wertet gewisse Arten von Zugaben als sittenwidrige Werbung, z. B. dann, wenn Kinder angesprochen werden und die bei diesen oft zu beobachtende Sammelleidenschaft ausgenutzt wird oder wenn Sammelbilder als Zugaben so verpackt werden, daß sie erst nach Öffnen der Ware zugänglich sind, insbesondere aber dann, wenn Bilder oder ähnliche Sammelgegenstände nicht jeder Warenpackung beigefügt werden, so daß das Zufallsmoment hinzukommt und hierdurch die Sammelleidenschaft verstärkt wird. Dem Verbot der wahrheitswidrigen Werbung wird es zugerechnet, wenn ein Waschmittelpaket unter Gewichtsangabe verkauft wird und, ohne daß dies erkennbar ist, die beigepackte Zugabe ins Gewicht mit eingeschlossen ist; denn dann wird sie nicht, wie der Kunde erwartet, kostenlos gewährt. Ist der Wert der Zugabe geringer, als die ihr entsprechende Gewichtsmenge des Waschmittels, dann ist dies als ein zusätzlicher täuschender Umstand zu werten.

Zufallsabhängige Zugaben sind strafbar (§ 8 UWG). Sie berechtigen, ebenso wie sittenwidrige Zugabenwerbung, zur Geltendmachung zivilrechtlicher Unterlassungs- und Schadensersatzansprüche. Letztere setzen Vorsatz oder Fahrlässigkeit voraus. Unterlassung kann auch im Rahmen eines einstweiligen Verfügungsverfahren (§ 15 UWG) gefordert werden. Strafantragsberechtigt ist jeder Gewerbetreibende derselben oder einer ähnlichen Branche. Das gleiche gilt für die Geltendmachung zivilrechtlicher Ansprüche, jedoch mit der Einschränkung, daß bei Sittenverstoß im Sinne des § 1 UWG, der sich nur gegen einen bestimmten Wettbewerber richtet, dieser allein klagebefugt ist. Aktiv legitimiert sind sowohl zum Strafantrag als auch zur zivilrechtlichen Unterlassungsverfolgung Vereinigungen und Organisationen, die die Aufgabe haben, die Berufinteressen der beteiligten Gewerbetreibenden zu fördern. Die Verjährungsfrist beträgt 2 Jahre. Für Handlungen von Beauftragten und Angestellten haftet der Unternehmer, wenn er von diesen Kenntnis hatte und nicht nachweisen kann, daß er bestrebt war, die begangenen Wettbewerbsverstöße zu verhindern.

Im Strafverfahren und bei zivilrechtlicher Verurteilung auf Unterlassung kann auf Publikation des Urteils mit Kostenlast für den Beklagten erkannt werden. Im einzelnen vgl. Keijo-Heinonen, GRUR Abhandlung 2, Recht des unlauteren Wettbewerbs in den nordischen Ländern S. 59 ff., insbesondere 80 ff.; Gesetzestext a. a. O. S. 88.

[16] **Frankreich.** Das Zugabewesen regeln das Ges. Nr. 51 v. 20. 3. 1951 (JO v. 24. 3. 1951) u. der Erlaß Nr. 71—270 v. 7. 4. 1971 (JO v. 13. 4. 1971 = WuW 1971, 420 ff.). Der Erlaß 61—861 v. 5. 8. 1961 ist außer Kraft. Die das Zugabewesen und besondere Verkaufsveranstaltungen betreffenden Vorschriften werden nicht den Regeln gegen den unlauteren Wettbewerb sondern systematisch teils dem Gewerbepolizeirecht und teils der Wirtschaftsgesetzgebung zugeordnet. Dies hat zur Folge, daß Konkurrenten und einschlägigen Verbänden jedes Recht der Verfolgung von Verstößen abgesprochen wird. Hatten nach Inkrafttreten des Gesetzes vom 20. 3. 1951 die

Instanzgerichte in Strafverfahren Mitbewerber und Berufsverbände mit Schadensersatzklagen zugelassen, so erklärte dies der Kassationsgerichtshof durch Urteil vom 5. Nov. 1959 (Ann. 1961, 351) für unzulässig, mit der Begründung, das Gesetz habe den Schutz des Allgemeininteresse und der Verbraucher zum Ziel und nicht unmittelbar oder mittelbar den Schutz des Kollektivinteresses der von Verbänden vertretenen Berufsstände (vgl. hierzu Ulmer-Krasser S. 543 Nr. 782—784). Im gleichen Sinne entschied er zur PreisVO Nr. 45-14830 v. 30. 6. 1945 durch Urteil v. 19. 11. 1959. Ob insbesondere auch zum Zugabeverbot mit einem Wandel der Rechtsprechung zu rechnen ist, bleibt abzuwarten. Ein Urteil des Kassationsgerichtshofes vom 22. 1. 1970 (Dalloz 1970, 166) läßt dies möglich erscheinen; vgl. hierzu Clèment, WuW 1971, 524 ff.

Es ist verboten an Verkäufe gekoppelte „Prämien in Natur" zu gewähren, d. h. Erzeugnisse zu verwenden, die sich von der Hauptware unterscheiden. Das Gewähren von Zugaben zu Dienstleistungen wird nicht erfaßt. Das Verbot gilt für alle von Herstellern oder Groß- oder Einzelhändlern durchgeführten Verkäufe (Erl. Nr. 71-270 v. 7. 4. 1971 Art. 1).

Zugaben sind alle Waren, die sich von denen des Hauptangebots unterscheiden, die im Zusammenhang mit einem Verkauf vom Verkäufer verteilt werden oder von ihm sofort oder zu einem späteren Zeitpunkt, bei ihm oder bei einem anderen Lieferanten erlangt werden können. Die Abgabe muß unentgeltlich oder zu einem Preis oder zu Verkaufsbedingungen erfolgen, die ausdrücklich oder stillschweigend als ein Vorteil hingestellt werden, der nur dem Käufer der Hauptware eingeräumt wird. In welcher Form und unter welchen Umständen die Zugabe zugewandt wird, ist gleichgültig. Das gleiche gilt, wenn dem Käufer die Möglichkeit eingeräumt wird, an Stelle der Zugabe einen Barrabatt zu wählen. Als Zugabe gilt es auch, wenn unter der Voraussetzung eines oder mehrerer Käufe, die Teilnahme an einem Preisausschreiben, Glücksspiel oder ähnlichen Aktionen ermöglicht wird, bei denen Preise in Gestalt von Waren verteilt werden und deren Preisfrage so leicht zu lösen ist, daß normalerweise den meisten Teilnehmern die Lösung möglich ist (a. a. Art. 2). Zu den Abweichungen von der früheren Regelung vgl. Clèment WuW 1971, 1525.

Das Verbot stellt es auf den „Verkauf mit Zugaben" ab. Weder das Zugabegesetz von 1951 noch der Erlaß Nr. 71-760 v. 7. 4. 71 enthalten eine Bestimmung, durch die das Ankündigen und das Anbieten der Zuwendung gleichgestellt werden oder die den Versuch mit Strafe bedroht. Es ist deshalb die Frage offen, ob das in Aussichtstellen ebenfalls vom Tatbestand erfaßt wird. Die Rechtsprechung hat in der Weigerung eines Einzelhändlers, die Hauptware ohne Zugabe zu verkaufen, als vollendeten Verstoß gegen das Verbot angesehen.

Vom Verbot ausgenommen ist die Zugabe geringfügiger Gegenstände von unbedeutendem Wert, die dauerhaft und augenfällig als Reklamegegenstände gekennzeichnet sind. Dies gilt auch für aus derartigen Gegenständen zu bildende Sammelergebnisse. Der Wert derartiger Gegenstände, einschl. Behälter und Verpackungen — ausgenommen die nacherörterten „üblichen Behälter und Packungen, die das verkaufte Erzeugnis enthalten" — darf nicht höher als 5 % des Nettopreises sein, „einschließlich aller Steuern der Ware oder Waren, die der die Zugabe Gewährende verkauft", keinesfalls aber höher als 10 Fr. (Erl. v. 7. 4. 1971 Art. 4). Bei Bestimmung des Höchstwertes der mit einbezogenen Behälter und Verpackungen kann der Wert des üblichen Behälters ggfs. „von dem des Werbebehälters abgeleitet werden". Der Wert einer Zugabe versteht sich bei in Frankreich hergestellten Gegenständen ab Werk und bei eingeführten Gegenständen frei Grenze (Erlaß Nr. 71—270 v. 7. 4. 17).

Als Zugaben gelten nicht die üblichen Behälter und Packungen, die das verkaufte Erzeugnis enthalten (a. a. O. Art. 3). Diese Regelung entspricht dem Ausnahmetatbestand des § 3 II lit. d) ZugabeVO. Die weitere, im Gesetz von 1951 enthaltene Ausnahme für Geschenke, die Käufern ausnahmsweise aus Anlaß von Ereignissen wie Festen, Jahrmärkten, Jubiläen oder besonderen Umständen gemacht werden, ist bereits bei der Neuregelung von 1961 (Erl. 61-861 v. 5. 8. 1961) nicht übernommen worden.

Zugabeverstöße werden mit Geldstrafe von 3000 Fr. bis 30 000 Fr. bestraft. Das Gericht kann außerdem auf Kosten des Verurteilten das Urteil veröffentlichen.

Vgl. auch bei Ulmer-Krasser S. 524 ff. Nr. 750—784, insbesondere zum Verschenken von Waren ohne Zugabenzusammenhang S. 546 Nr. 785 zum Gesetz v. 20. 3. 1951; der von Krasser miterörterte Erl. v. 5. 8. 1961 ist außer Kraft. Die Darstellungen von Hefermehl, „Das Zugaberecht in den Ländern der EWG, int. Wettbew. 1959, 53 ff. und Serig „Das Zugabeverbot im Ausland WuW 1954, 716 ff., sind durch Gesetzesänderungen überholt.

[17] **Italien.** Eine zivilrechtliche Regelung des Zugabewesens existiert nicht. Zu beachten sind die öffentlich rechtlichen Bestimmun-

gen zur Regelung der Zugaben und Preiswettbewerbe im Lotteriegesetz v. 15. 7. 1950 Nr. 588, die in das Lotteriegesetz v. 19. 10. 1938 Nr. 1933 i. F. d. Ges. v. 5. 6. 39 Nr. 972 als Art. 43—61 eingefügt wurden.

„Verkäufe von Waren ans Publikum unter Angebot von Prämien oder Geschenken in allen Formen" sind in allen Handelsstufen genehmigungspflichtig (Art. 43). Prämienveranstaltungen im Sinne des Gesetzes (Art. 44) sind Angebote von Prämien an alle, die eine bestimmte Menge von Waren der selben Firma erwerben und hierüber einen Nachweis durch Sammlung und Vorlage einer bestimmten Anzahl von Figuren, Boni, Etiketten, Abschnitten oder dergleichen zu erbringen haben und Angebote von Geschenken, die an alle ausgehändigt werden, die eine bestimmte Ware erwerben.

Nur bewegliche Gegenstände, nicht aber Geld- und Wertpapiere, dürfen als Prämien gewährt werden (Art. 51).

Prämienveranstaltungen sind genehmigungs- und gebührenpflichtig, wenn der objektive Wert der Prämien die durch ministerielles Dekret festgesetzten Wertgrenzen übersteigt (Art. 49). Eine Genehmigung kann versagt werden (Art. 54), wenn bei Durchführung des Wettbewerbs oder der Veranstaltung nicht insgesamt und vollständig „die Wahrung des öffentlichen Glaubens" gewährleistet ist. Dies ist insbesondere anzunehmen, wenn bei einer Prämienverteilung durch Sammeln von Figuren, Boni-Abschnitten und dergleichen, sogenannte „Schlüsselelemente" verwendet werden. Für die Preiszuwendung darf nicht die Art der Figuren, Boni-Abschnitte und dergleichen sondern muß deren Zahl maßgeblich sein. Die Genehmigung kann auch verweigert werden, wenn die Wettbewerbe oder Veranstaltungen Nahrungsmittel oder Waren des breiten Volkskonsums betreffen, die in einem gem. Art. 49 des Ges. zu erlassenden ministeriellen Dekret genannt werden oder wenn die in Aussicht genommenen Wettbewerbe und Veranstaltungen dem öffentlichen Interesse schaden oder den normalen Gang der Herstellung und des Handels im Inland stören können.

Die Genehmigung ist von der Hinterlegung einer Sicherheit für die effektive Ausgabe der Prämien abhängig zu machen. Sie kann nur für ein Jahr erteilt werden und ist von der Finanzverwaltung zu überwachen. Die genannten Bestimmungen finden gem. VO Nr. 1077 (25. 6. 40, Art. 106) keine Anwendung, wenn Gegenstände von minimalem Wert, wie Bleistifte, Fähnchen, Taschenmesser, Kalender und dergleichen zugegeben werden sollen und wenn deren

Zuwendung nicht von der Art und dem Umfang eines zu tätigenden Kaufes abhängig gemacht wird.

Ob Verstöße gegen die die Zugabenwerbung betreffenden öffentlich rechtlichen Normen als unlauterer Wettbewerb zu werten sind und ob sie zivilrechtliche Ansprüche auslösen können, ist streitig. Vgl. im einzelnen Ulmer-Schricker S. 282, 283 Nr. 245, 246; zur zivilrechtlichen Anspruchsgrundlage a. a. O. S. 12 ff. Nr. 14—20 und Hefermehl, Int. Wettbew. 1959, 55 ff.

[18] **Luxemburg.** Seit 1934 gibt es ein Zugabeverbot. Es ist Bestandteil des Wettbewerbsrechts. Gesetzliche Grundlage ist die Großherzogl. VO v. 15. 1. 1936 i. d. F. v. 23. 2. 1963 u. 23. 12. 1963. Das Gewähren von Zugaben ist nicht nur unerlaubter, sondern in jedem Falle auch unlauterer Wettbewerb (Art. 21 I).

Zugaben sind Sach- oder Dienstleistungen, die unentgeltlich zusammen mit entgeltlich abgegebenen Waren oder Leistungen erbracht oder angeboten werden. Zusammen mit einer Ware oder Leistung bedeutet nicht, daß Gutscheine, die einen Anspruch auf Gewährung von Zugaben verbürgen, zusammen mit der Hauptware oder bei Ausführung der Hauptleistung ausgehändigt werden müssen. Dies kann auch im voraus geschehen, wenn hierdurch der Empfänger zum Kauf veranlaßt werden soll oder gegen Vorlage des Gutscheins die Zugabe beim Kauf gewährt wird.

Das Verbot gilt für alle Umsatzstufen. Es erfaßt nicht progressive und funktionelle Preisnachlässe, die Hersteller und Wiederverkäufer nachgeordneten Wiederverkäufern einräumen.

Zugabegegenstand kann jede Sach- oder sonstige vermögenswerte Dienstleistung sein. Erfaßt werden auch Zugaben gegen Scheinentgelt oder Zugaben, die durch Gesamtpreis und durch Kopplung an die Hauptware oder Leistung verschleiert werden. Der Wert der Zugabe spielt grundsätzlich keine Rolle.

Notwendige und auf dem Gebiet der verkauften Waren übliche Beigaben, gelten nicht als verbotene Zugaben, wenn ihr Wert 1 % des Wertes des als Hauptsache anzusehenden Gegenstandes nicht überschreitet und geringwertige und handelsübliche Nebenleistungen, die „in enger Verbindung mit dem verkauften Gegenstand erbracht werden" und auf den im Einzelfall „als üblich angesehenen Zeitraum" beschränkt bleiben. Vom Verbot ausgenommen sind auch deutlich sichtbar und dauerhaft gekennzeichnete Reklamegegenstände oder Gutscheine, die ein Anrecht auf solche Gegenstände verbürgen, wenn der Wert 0,5 % des Wertes der Hauptware oder Leistung nicht übersteigt. Das luxemburgische Recht unterscheidet nicht zwischen Zugaben und Rabatten.

Zu Rechtsprechung und Schrifttum beachte Ulmer-Wunderlich S. 769 ff. Nr. 155—158. Die Darstellungen des luxemburgischen Zugaberechts von Greifelt in Int. Wettbew. 1959, 6 und von Hefermehl Int. Wettbew. 1959, 55 sind durch nachfolgende Gesetzgebung überholt.

[19] **Niederlande.** Das „Gesetz zur Beschränkung des Geschenkwesens" v. 13. 7. 1955 verbietet nicht das Werben mit Geschenken schlechthin sondern schränkt es nur ein.

Es ist verboten, bei Ausübung eines Gewerbebetriebs Geschenke in Form von Waren anzubieten oder zu verabreichen, es sei denn, daß es sich um Waren handelt, die „von derselben Art sind wie diejenigen, die bei Ausübung des Betriebs gegen Bezahlung geliefert zu werden pflegen" (Art. 2). Kaufabhängigkeit ist nicht notwendig. Es genügt, daß das Geschenk bei Ausübung eines Betriebs angeboten oder gewährt wird. Das Verbot gilt nicht, wenn der Unternehmer Geschenke unterschiedslos an Kunden und Nichtkunden in Aussicht stellt oder gewährt. Diejenigen, zu denen der Geber keine Geschäftsbeziehungen unterhält, müssen in gleicher Weise bedacht werden, wie seine Kundschaft. Dies bedeutet: Geschenkwerbung ist nur dann verboten, wenn der Empfänger bedacht wird, weil er Kunde des Werbenden ist. Das Anlocken neuer Kunden wird ebensowenig erfaßt, wie das Verteilen von Werbegeschenken auf Ausstellungen, Kongressen, Sportveranstaltungen und dergleichen.

Nur „Waren", das heißt handelbare körperliche Gegenstände, können Zugaben sein. Dabei bleibt es sich gleich, ob der Geschenkgegenstand sofort ausgehändigt oder dessen Zuwendung in Aussicht gestellt wird oder ob Gutscheine ausgegeben werden, die zum Bezug des Geschenks berechtigen. Zugaben können nur branchenfremde Artikel sein, denn es müssen Waren sein, die nicht „bei der Ausübung des Betriebs gegen Bezahlung geliefert zu werden pflegen". Verbürgt ein Gutschein einen Anspruch auf Geld oder einen branchenfremden Gegenstand, dann ist dieser und nicht der Gutschein Gegenstand des Geschenks. Derartige Gutscheinwerbung ist verboten. Dies gilt auch, wenn das verbürgte Geschenk durch einen Dritten gewährt wird. Dienstleistungen werden vom Verbot nicht erfaßt.

Der Geschenkcharakter bleibt auch erhalten, wenn für die Zuwendung offensichtlich nur zum Schein eine geringfügige Vergütung gefordert wird, wenn offensichtlich die Unentgeltlichkeit durch einen vorgeblichen Gesamtpreis verschleiert wird, wenn die Möglichkeit zur Teilnahme an Wettstreiten, an nicht unter das Lotteriegesetz fallenden Lotterien, Preisrätseln und dergleichen verschafft wird, bei denen branchenfremde Waren zu gewinnen sind und wenn das Recht eingeräumt oder die Befugnis verschafft wird, branchenfremde Waren zu benutzen.

Es kommt nur auf Branchenfremdheit und nicht auf Warenverschiedenheit an. Zum Oberhemd kann die Krawatte, zum kompletten Anzug eine Hose zugegeben werden; verboten ist nur das Verschenken von Waren, die nicht im gleichen Betrieb umgesetzt werden. Z. B. gehören elektrische Uhren zum regulären Angebot der Uhrmacher und der Elektrogerätehändler; sie dürfen von beiden verschenkt werden. Für Warenhäuser soll sich dies dahingehend auswirken, daß jede Abteilung, den gesetzlichen Branchenabgrenzungen entsprechend, gesondert zu betrachten ist. Wie es bei „Ramschläden", bei Betrieben ohne Abteilungsabgrenzung mit weitgestreutem Sortiment und auch im Warenversandhandel gehandhabt werden soll, ist offen. Für die Branchenabgrenzung sind die sogenannten Betriebsgründungsverordnungen von entscheidender Bedeutung.

Vom Zugabeverbot ausgenommen sind Gegenstände, die bei Gebrauch der gekauften Waren ge- oder verbraucht werden, die durch augenfällige dauerhafte Kennzeichen „deutlichen Reklamecharakter" aufweisen, geringwertige Kleinigkeiten und schließlich Geschenke, die „nach allgemeinem oder örtlichem Gebrauch zu bestimmten Zeiten gemacht zu werden pflegen". Auf den Wert der Reklamegegenstände und der zeitweilig ortsüblichen Geschenke kommt es nicht an. Ein Kaffeehändler kann mit seinem Firmenzeichen versehene Tasse und Untertasse, der Flaschenbierhändler Biergläser verschenken. Als zulässig anerkannt wurden Plastikkleiderbügel und Plastikeimer als Zugabe zu Waschmitteln.

Zugabeverstöße werden mit Gefängnis bis zu 6 Monaten und/oder Geldstrafe bis zu 10 000 Gulden bestraft. Es kann auf Urteilsveröffentlichung und auf eine zeitlich bis zu einem Jahr begrenzte Betriebsstillegung erkannt werden. Zur Strafbarkeit genügt Fahrlässigkeit.

Zugabeverstoß ist unerlaubte Handlung und kann deshalb zivilrechtliche Ansprüche rechtfertigen. Klagebefugt ist nur, wer zu dem durch das Ges. v. 13. 7. 1955 geschützten Personenkreis gehört. Dies sind in erster Linie Hersteller der verschenkten branchenfremden Waren und Händler, zu deren regulärem Angebot sie gehören. Ob auch der Branche angehörige Konkurrenten einen zivilrechtlichen Anspruch haben, ist umstritten.

Zur Gesetzgebung, zur Rechtsprechung und zum Schrifttum im einzelnen sowie zur Beurteilung des Geschenkwesens nach der sogenannten „ungeschriebenen Sorgfaltsnorm“, beachte Ulmer-Baeumer-van Manen S. 375 ff. Nr. 614—652 und S. 395 Nr. 653. Vgl. auch Hefermehl, „das Zugaberecht im Ausland“ WuW 54, 716 ff.

[20] **Norwegen.** Das Zugabeverbot ist Teil des Wettbewerbsrechts (§ 8 UWG). Es gilt nur für die letzte Absatzstufe. Dem Einzelhandel ist es verboten, kaufabhängige Zugaben anzubieten oder zu gewähren. Zugabe ist unentgeltliche zusätzliche Zuwendung neben einer Hauptware oder Leistung. Das Verbot gilt auch, wenn für die Zugabe „ein besonders niedriger Preis berechnet wird“. Einen Ausnahmenkatalog kennt das norwegische Recht nicht, so daß selbst im Falle der Geringfügigkeit oder bei der Zuwendung geringwertiger Reklamegegenstände, der Verbotsstand erfüllt ist. Rabattmarken, Sparmarken und dergleichen werden Zugaben gleichgestellt. Vom Verbot erfaßt wird auch die Zugabe von Waren- oder Leistungszubehör selbst für den Fall, daß es zur Gepflogenheit des Handels gehört, dies nicht gesondert zu berechnen. Entweder müssen deshalb Waren- oder Leistungszubehör Bestandteil einer einheitlichen Leistung sein oder die Einzelpreise müssen ausgewiesen werden.

Zugabeverstoß ist strafbar. Er wird mit Geldstrafe oder Gefängnis verfolgt. Die Freiheitsstrafe beträgt höchstens 3 Monate. Für die Strafbarkeit genügt Fahrlässigkeit. Verfolgbar sind nur natürliche Personen. Zivilrechtlich kann auf Unterlassung geklagt und im Falle der Schädigung Schadensersatz gefordert werden. Schadensersatzansprüche setzen mindestens Fahrlässigkeit voraus.

Aktiv legitimiert sind alle Inhaber von gleichen oder ähnlichen Gewerbebetrieben, das zuständige Ministerium und die gem. § 1 II UWG vom zuständigen Ministerium hierzu zu befugenden Vereinigungen. Die Klage eines Wettbewerbers soll vor Erhebung dem zuständigen Ministerium oder einer der von diesem gem. § 1 UWG bestimmten Vereinigung vorgelegt werden. Geschieht dies nicht und wird dennoch geklagt, dann kann das Gericht im Falle der Klageabweisung den Kläger zum Ersatz des dem Beklagten entstandenen Schadens verurteilen (§ 8 IV UWG).

Im einzelnen vergleiche Bull, Recht des unlauteren Wettbewerbs in den nordischen Ländern, GRUR Abhandlungen 2, S. 111, 112, 114.

Einf. 21 / Schweden. Das Wettbewerbsrecht wurde durch Gesetz Nr. 412/1970 vom 29. 6. 1970 neu geregelt. Die Darstellung in GRUR Abhandlungen 2 „das Recht des unlauteren Wettbewerbs in den nordischen Ländern" S. 141 ff. ist überholt.

Barzahlungsnachlässe sind zu Warenumsätzen und Dienstleistungen zulässig. Sie können auch durch Gutscheine oder Rabattmarken gewährt werden, die einen Anspruch auf Auszahlung eines dem Preisnachlaß entsprechenden Geldbetrages verbürgen. Die Zugabe von Gutscheinen, die andere Ansprüche, z. B. auf Sach- oder Dienstleistung begründen, ist verboten, es sei denn, daß es sich um Kontroll-, Reparatur- oder ähnliche Zusatzleistungen handelt, die einen sachlich begründeten Zusammenhang zur verkauften Ware oder erbrachten gewerblichen Leistung haben (§ 3 UWG).

Das gekoppelte Angebot von zwei oder mehreren Waren zu einem Gesamtpreis anzubieten ist verboten. Eine Zweitware darf nicht unentgeltlich in Aussicht gestellt oder gewährt oder zu einem besonders niedrigen Preis angeboten werden. Dies gilt nicht, wenn die Zweitware einen natürlichen Zusammenhang zur Hauptware oder Leistung hat oder wenn durch die Art des Angebots dem Konsumenten die Beurteilung des tatsächlichen Wertes des Gebotenen nicht erschwert wird.

Zuwiderhandlungen werden mit Geldstrafe oder höchstens mit einem Jahr Gefängnis bestraft.

[22] **Schweiz.** Artikel 20 des schweizerischen Wettbewerbsgesetzes ermächtigt den Nationalrat durch Verordnung Vorschriften gegen Mißbräuche im Zugabewesen zu erlassen und für den Fall vorsätzlicher oder fahrlässiger Zuwiderhandlung Bußen anzudrohen. Es handelt sich nicht um einen Auftrag an sondern um eine Ermächtigung für den Bundesrat. Eine danach zu erlassende Verordnung darf sich nur mit Mißbräuchen befassen. Sie wurde bis heute nicht erlassen und ist auch nicht in Vorbereitung. Eine entsprechende Regelung wird von der Wirtschaft überwiegend abgelehnt; dies gilt auch für Handelskammern. Man ist sich zwar der Tatsache bewußt, daß es zu Auswüchsen gekommen ist, jedoch meint man, daß eine Regelung im Verordnungswege nicht notwendig ist, denn „Zugabengewährung bindet derartige Mittel, daß sich die Grenzen stets von selbst ergeben" (v. Büren S. 42 Rz. 1). Grundsätzlich wird die Werbung der Markenartikelindustrie mit Zugaben als lauter und nicht als unlauter empfunden (vgl. Altwegg, StenBulStR 1943, 88). Zugaberechtlichen Auswüchsen kann deshalb nur im Rahmen der General-

klausel (Art. 1 I WettbewGes.) entgegengetreten werden. Als Mißbrauchsfälle werden die Täuschung über die Höhe der Leistungen, die Ansetzung von Verfallfristen für die Einlösung der Zugabe, sowie alle Maßnahmen angesehen, die dem Ziele dienen, die Bemühungen des Käufers, die Zugabe zu erlangen, zunichte zu machen. Hierzu gehört z. B. die Abhängigkeit von so zahlreichen Käufen, daß der angelockte Kunde die Bedingungen voraussichtlich nicht erfüllen kann (vgl. auch v. Büren a. a. O. Rz. 12 u. Meister, Beurteilung des Zugabewesens).

Praktische Bedeutung hat für die Zugabenwerbung nur Art. 17 I WettbewGes., der bestimmt, daß die öffentliche Ankündigung und Durchführung von Ausverkäufen oder ähnlichen Veranstaltungen, bei denen vorübergehend besondere Vergünstigungen in Aussicht gestellt werden, von der zuständigen kantonalen Behörde genehmigt werden müssen. Da die Besonderheit einer Vergünstigung bei derartiger Veranstaltung nicht aus dem Vergleich mit den früheren sondern mit den künftigen Bedingungen des Verkäufers folgt, ist nicht von dem auszugehen, was bisher im Rahmen des regulären Angebots zu erwarten war. „Vergünstigungen" sind wirtschaftliche Mehrleistungen, zu denen auch Zugaben gehören, weil auch sie praktisch auf eine Ermäßigung des Preises hinauslaufen, die entscheidendes Wesensmerkmal ist. Zugaben werden dann nicht erfaßt, wenn die erbrachten Nebenleistungen dem Käufer zwar Freude bereiten oder eine Gefälligkeit erweisen, ihn aber wirtschaftlich nicht entlasten, das heißt ihm nicht Ausgaben ersparen sollen, die er sonst gemacht hätte. Ausverkäufe und ähnliche Veranstaltungen werden nicht dadurch genehmigungspflichtig, daß bei deren Gelegenheit Taschenkalender, Luftballons an Kinder und dergleichen abgegeben werden. Zu den genannten Vergünstigungen gehört auch nicht das Gewähren von qualitativen Vorteilen (vgl. v. Büren S. 226 Rz. 10).

§ 1

(1) Es ist verboten, im geschäftlichen Verkehr neben einer Ware oder Leistung eine Zugabe (Ware oder Leistung) anzubieten, anzukündigen oder zu gewähren. Eine Zugabe liegt auch dann vor, wenn die Zuwendung nur gegen ein geringfügiges, offenbar bloß zum Schein verlangtes Entgelt gewährt wird. Das gleiche gilt, wenn zur Verschleierung der Zugabe eine Ware oder Leistung mit einer anderen Ware oder Leistung zu einem Gesamtpreis angeboten, angekündigt oder gewährt wird.

(2) Die Vorschriften in Abs. 1 gelten nicht:

a) wenn lediglich Reklamegegenstände von geringem Wert, die als solche durch eine dauerhafte und deutlich sichtbare Bezeichnung der reklametreibenden Firma gekennzeichnet sind, oder geringwertige Kleinigkeiten gewährt werden;

b) wenn die Zugabe in einem bestimmten oder auf bestimmte Art zu berechnenden Geldbetrag besteht;

c) wenn die Zugabe zur Ware in einer bestimmten oder auf bestimmte Art zu berechnenden Menge gleicher Ware besteht;

d) wenn die Zugabe nur in handelsüblichem Zubehör zur Ware oder in handelsüblichen Nebenleistungen besteht;

e) wenn Zeitschriften belehrenden und unterhaltenden Inhalts, die nach ihrer Aufmachung und Ausgestaltung der Werbung von Kunden und den Interessen des Verteilers dienen, durch einen entsprechenden Aufdruck auf der Titelseite diesen Zweck erkennbar machen und in ihren Herstellungskosten geringwertig sind, unentgeltlich an den Verbraucher abgegeben werden (Kundenzeitschriften);

f) wenn die Zugabe in der Erteilung von Auskünften oder Ratschlägen besteht;

g) wenn zugunsten der Bezieher einer Zeitung oder Zeitschrift Versicherungen bei beaufsichtigten Versicherungsunternehmungen oder Versicherungsanstalten abgeschlossen werden.

(3) Bei dem Angebot, der Ankündigung und der Gewährung einer der im Abs. 2 zugelassenen Zugaben ist es verboten, die Zuwendung als unentgeltlich gewährt (Gratiszugabe, Geschenk und dergleichen) zu bezeichnen oder sonstwie den Eindruck der Unentgeltlichkeit zu erwecken. Ferner ist es verboten, die Zugabe von dem Ergebnis einer Verlosung oder einem anderen Zufall abhängig zu machen.

Der Grundtatbestand (§ 1 Abs. 1 S. 1 Zug-VO)

Inhaltsübersicht

II. Umgehungstatbestand

Durch Scheinpreis getarnte unentgeltliche Zugaben (§ 1 Abs. 1 S. 2,3 Zug-VO).

III. Die vom Verbot ausgenommenen Zugaben

(§ 1 Abs. 2 Zugabe-VO)

[1] **Tatbestands- und allgemeine Begriffsbestimmung.** § 1 I S 1 Zug-VO **verbietet,** im geschäftlichen Verkehr aus Anlaß oder zusammen mit der Ankündigung oder dem Angebot oder dem Abschluß entgeltlicher Umsatzgeschäfte, die Waren oder gewerbliche Leistun-

gen zum Gegenstand haben, Zugaben anzukündigen, anzubieten oder zu gewähren.

Zugaben im Sinne der Verordnung sind zusätzlich neben entgeltlichen Hauptgeschäften, die Waren oder Leistungen zum Gegenstand haben, für den Fall des Erwerbes zusätzlich in Aussicht gestellte oder gewährte, zu Gegenstand und Wert eigenständige Zuwendungen, für die ein Entgelt nicht gefordert wird und die geeignet sind, einem nicht unerheblichen Teil des umworbenen Verkehrs das Hauptgeschäft besonders vorteilhaft erscheinen zu lassen.

§ 1 I S 1 Zug-VO ist Grundtatbestand. Die Umgehungsformen des § 1 I S 2 u. 3 und die Ausnahmen vom Verbot des § 1 II Zug-VO und die hierzugehörigen Verbote des § 1 III Zug-VO setzen voraus, daß der Grundtatbestand erfüllt ist. Fehlt es an einem der notwendigen Tatbestandsmerkmale, ist der Sachverhalt nur nach den Vorschriften des allgemeinen Wettbewerbsrechts zu beurteilen.

A. Allgemeine Tatbestandsvoraussetzungen

[2] **Im geschäftlichen Verkehr** (sachlicher Geltungsbereich). Der Begriff **„geschäftlicher Verkehr" ist zum Zugabe- und Rabattrecht der gleiche wie zu § 1 UWG.** Angebot oder Ankündigung zum Hauptgeschäft oder dessen Abschluß oder Ausführung müssen im geschäftlichen Verkehr erfolgen; die ihnen zugehörigen Zugaben müssen im geschäftlichen Verkehr angeboten, angekündigt oder gewährt werden.

Nicht jede auf den Austausch von Gütern gerichtete oder den Güteraustausch fördernde Tätigkeit wird im geschäftlichen Verkehr entfaltet, so nicht eine rein private oder amtliche Betätigung (RGZ 108, 272/274; RG JW 1937, 2460). **Erfaßt wird jedes Verhalten, das eigenen oder fremden geschäftlichen Interessen dient und nicht privaten oder amtlichen Charakter hat** (BGHZ 19, 299/300 = GRUR 1956, 216 Kurverwaltung; BGH GRUR 53, 293/294 Fleischbezug BGH GRUR 62, 45/47 Betonzusatzmittel). Eine auf einen geschäftlichen Betrieb gerichtete Tätigkeit ist nicht erforderlich, es genügt, wenn das gezeigte Verhalten auf die wirtschaftliche Betätigung ausgerichtet ist oder sich auf diese bezieht (RG GRUR 32, 1053 Markenschutzverband; v. Godin bei Godin-Hoth S. 32 Anm. 11 b; Baumbach-Hefermehl I S. 1190 Rz. 20 u. S. 187 Rz. 159). Durch den Begriff geschäftlicher Verkehr wird „die Außenwelt in ihrer Erwerbstätigkeit" bezeichnet (v. Godin b. Godin-Hoth a. a. O.;

Baumbach-Hefermehl a. a. O.). Jedes dieser Umwelt zugewandte Handeln wird im geschäftlichen Verkehr gezeigt, so auch ein Verhalten in privatem Kreis, das sich auf einen beliebigen Geschäftszweck bezieht (BGH GRUR 59, 488/489 Konsumgenossenschaft, Ulmer-Reimer S. 46 Nr. 69), z. B. auch abfällige Äußerungen eines Geschäftsmannes über Waren eines Mitbewerbers bei privater Unterhaltung in einer Gaststätte; das Gespräch erhält eine „geschäftliche Wendung" (BGH Fleischbezug a. a. O. BGH GRUR 1960, 384/386 Mampe halb und halb). Das gleiche hat für unberechnete Zuwendungen zu gelten, die unter gleichen oder ähnlichen Voraussetzungen im Zusammenhang mit Hauptgeschäften in Aussicht gestellt oder gewährt werden. **Nur was sich im Bereich des einzelnen außerhalb von Erwerb und Berufstätigkeit abspielt, ist ausgenommen RGSt. 66,** 380; BGHSt. 2, 403). Der Handelnde braucht selbst nicht Mitbewerber zu sein (BGH Fleischbezug u. BGH Kurverwaltung a. a. O.). Betrieb oder Unternehmen sind nicht erforderlich (BGH a. a. O.; v. Godin b. Godin-Hoth S. 33 Anm. 11 b; Baumbach-Hefermehl a. a. O.; Reimer S. 511), auch nicht mehr oder weniger andauernde Erwerbstätigkeit oder gewerbsmäßiges Handeln (st. R. h. M.; RGZ 74 S. 169 u. 99 S. 189; a. M. nur Michel-Weber-Gries zu gewerblichen Leistungen S. 38 Rz. 18 u. 50 Rz. 35 ff.), desgleichen nicht Gewinnstreben. Es genügt, wenn das Verhalten (Äußerung, Handeln) einem beliebigen Geschäftszweck dient (BGH GRUR 60, 384/386 — Mampe Halb und Halb; BGH GRUR 62 S. 45/47 Betonzusatzmittel). Auch **die Tätigkeit der freien Berufe** (Ärzte, Anwälte, Künstler, Artisten usw.) **ist nicht auszunehmen** (stR.hM; RGSt. 37, 173; RGZ 74, 169; RGZ 99, 189, 193 OGHO JBl. 53, 382 OGHÖ ÖBl. 57, 60; Baumbach-Hefermehl I S. 185 Rz. 153 u. S. 1191 Rz. 20; Godin-Hoth S. 32 Anm. 11 b; Ulmer-Reimer S. 46 Nr. 70 u. S. 811 Nr. 1074; Hohenecker-Friedl S. 18; a. M.: Michel-Weber-Gries a. a. O.). Auch Verkaufs- oder künstlerische Veranstaltungen zu Wohltätigkeitszwecken werden erfaßt; desgleichen die Geschäftstätigkeit kommunaler Betriebe, z. B. städtischer Elektrizitätswerke, Omnibusunternehmen (RG GRUR 33, 42/44), einer politischen Gemeinde, die einen Gewerbebetrieb betreibt (Schönherr Wb.R S. 120/121 Nr. 63, 66), öffentlich rechtlicher Körperschaften oder Anstalten, die trotz ihrer öffentlich-rechtlichen Natur nicht dazu berufen sind, staatliche Aufgaben zu erfüllen, sondern als wirtschaftliche Verbände ihren eigenen wirtschaftlichen Interessen im Wege der Selbstverwaltung dienen, z. B. Krankenanstalten oder Krankenkassen (RGSt. 62, 24 "RG(St.) GRUR 1935, 1000/1001;

OHGÖ Jbl. 1932, 523, JBl. 56, 57 u. JBl. 1930, 126) oder gemeindeeigene Apotheken bei Belieferung gemeindeeigener Krankenhäuser (RG GRUR 1948, 117; Godin-Hoth S. 33), staatlicher Verteilungsstelle bei Abgabe von Kraftfahrzeugen (BGHSt. GRUR 58, 27 — Beschaffungsstelle), nicht dagegen Betätigung von Regiebetrieben im engeren Sinne, z. B. eigene Reparaturwerkstatt eines öffentlichen Verkehrsbetriebes (Gütebier S. 12; beachte Püttner GRUR 1964, 359), sofern diese keine Werk- oder Dienstleistungen (Reparaturen, Wartung von Fahrzeugen) für Dritte erbringen (Behörden, öffentlich-rechtliche Anstalten, Versorgungsbetriebe). Grundsätzlich schließt Verfolgung öffentl. Aufgaben und Interessen wettbewerbliche Betrachtung nicht aus, so insbesondere nicht bei öffentlichen Leistungsträgern (beachte öffentl. Hand. u. unl. Wb. Schricker S. 105/106). Im geschäftlichen Verkehr handelt staatl. Kurverwaltung, die sich mit Unterkunftsnachweisen befaßt, wenn sie damit den wirtschaftlichen Interessen des Staatsbades zu dienen sucht (BGHZ 19 S. 303 Kurverwaltung), desgleichen öffentl.-rechtl. Körperschaft, die sich um den ihr nach öffentlichem Recht obliegenden Aufgaben zu dienen, als Gesellschafterin an einer GmbH beteiligt (BGH GRUR 1964, 210/211 Landwirtschaftsausstellung; beachte v. Gamm GRUR 1959, 303/307) oder sich in sonstiger Weise privatrechtlich betätigt, z. B. Getreidestelle, die zwecks Vorratshaltung Getreide kauft oder aus Vorräten abgibt (BGHZ 20, 77 Getreidepreis), Stadtverwaltung, die bei Betrieb des städtischen Schlachthauses Blockeis erzeugt und an private Abnehmer abgibt (BGH GRUR 62 S. 159 Blockeis I) und auch eine als Verein konstituierte politische Partei, die wirtschaftlichen Interessen Dritter zu dienen bemüht ist (OGHÖ ÖBl. 1957, 60). Zur wirtschaftlichen Betätigung der öffentlichen Hand im geschäftlichen Verkehr und deren Beurteilung im Verhältnis zu Dritten beachte H. v. Harder GRUR 68, 403 f., v. Gamm DW 69, 35 und zur Abgrenzung von öffentlichrechtlichem und privatrechtlichem Handeln für den Bereich des Wettbewerbsrechts, Mastmäcker NJW 1969, 1.

Im geschäftlichen Verkehr handeln auch Verbände des privaten Rechts, wenn ihre Tätigkeit darauf ausgerichtet ist, die wirtschaftlichen Interessen ihrer Mitglieder zu fördern oder dem gewerblichen Interesse eines Dritten zu dienen (RG GRUR 32, 1053 — Markenschutzverband; OLG Celle WRP 63, 398 — Verkehrsverein).

Verwaltungs- und betriebsinterne Dinge gehören nicht zum geschäftlichen Verkehr; sie sind nicht der Umwelt in ihrer Erwerbstätigkeit zu- sondern abgewandt (Godin-Hoth S. 32; E. Reimer

3. Aufl. S. 511 Rz. 2). Gelegentliche Einzelgeschäfte von Privatpersonen, die nicht ausschließlich in der privaten Sphäre abgewickelt werden, sind nicht auszunehmen, z. B. Verkauf von Gebrauchtwaren, wie Kraftwagen, Möbel, Musikinstrumente, Bücher u. ä.; diese werden im geschäftlichen Verkehr versilbert (a. M.: Michel-Weber-Gries S. 39 Rz. 19; Tetzner R S. 32 Rz. 28; OLG München HRR 36 Nr. 938). Das gleiche gilt für Gelegenheitsarbeiten (Schwarzarbeit). Bei derartigen Geschäften wird häufig nicht zu Zwecken des Wettbewerbs gehandelt werden (Begriff § 1 Rab.Ges. Anm.), was Anwendungsvoraussetzung für §§ 1 UWG, 1 Rab.Ges., nicht aber für § 1 Zug-VO ist. Gelegenheitsgeschäfte vom geschäftlichen Verkehr auszunehmen, wäre begriffswidrig. Auch der Gelegenheitsverkäufer handelt mit Erwerbsinteresse, er wendet sich an am Erwerb interessierte Personen, er tritt in den geschäftlichen Verkehr ein, um eine Ware gegen Geld abzusetzen. Die Annoncenteile der Tageszeitungen machen deutlich, daß der Gebrauchtwarenabsatz, der für den Verkäufer ein Gelegenheitsgeschäft ist, wettbewerblich und wirtschaftlich keineswegs bedeutungslos ist. Wer sein altes Auto an den Mann zu bringen sucht, tritt, von einem sehr ernsten wirtschaftlichen Interesse geleitet, in den geschäftlichen Verkehr ein; er ist Wettbewerber zum Gebrauchtwagenhandel. Auszunehmen ist lediglich ein Güteraustausch innerhalb des Familien- oder Freundeskreises. Mit gelegentlicher Schwarzarbeit dringt ein Arbeitnehmer (z. B. Tischler, Maurer, Schlosser, Gartenarbeiter) in den Wettbewerbsbereich der einschlägigen Unternehmer ein; auszunehmen sind gelegentliche Gefälligkeitsleistungen.

[3] Werbehandlungen — Allgemeines

Jedes Verhalten, das eine an Abnehmer der eigenen Waren oder Leistungen adressierte werbegeeignete Äußerung enthält, ist Werbehandlung. Was ein nicht unerheblicher Teil der Adressaten dieser Äußerung entnimmt, bestimmt deren Inhalt, Bedeutung und Eigenart. Maßgeblich ist die subjektive Wertung einer nicht mehr unbeachtlichen Minderheit der Adressaten. Die Auffassung des Verkehrs, insbesondere die der angesprochenen Abnehmerkreise entscheidet (BGHZ 11, 276 — Orbis; OLG Hamburg WRP 63, 26; Baumbach-Hefermehl I S. 1195 Rz. 30).

Haupt- und Zugabegeschäfte vollziehen sich im geschäftlichen Verkehr (Begriff Anm. 2); erstere sind der Anlaß zur Teilnahme am geschäftlichen Verkehr, letztere das Mittel, mit denen sie gefördert werden sollen. Für jedes irgendwie geartete Geschäft sind Angebot und Ankündigung die typischen Werbehandlungen; bei Zugabe und Rabatt tritt, ihrer Eigenart entsprechend, das Gewähren hinzu. Zum Hauptgeschäft wird durch Ankündigen oder Anbieten den Adressaten der Abschluß des Geschäfts angetragen, zur Zugabe wird durch Anbieten oder Ankündigen eine zusätzliche unberechnete Zuwendung neben der Hauptware oder Leistung in Aussicht gestellt. Mit dem Gewähren wird die Zuwendung vollzogen; aus der Eigenart der Werbehandlung folgt, daß nach den Umständen des Einzelfalls, die Zuwendungshandlung eine den Zugabezusammenhang (Anm. 26 ff.) herstellende Werbeaussage enthalten muß. **Anbieten, Ankündigen oder Gewähren der zusätzlichen unentgeltlichen Leistung muß mit dem Angebot, der Ankündigung oder dem Abschluß des Hauptgeschäfts derart verknüpft sein, daß ein Zugabezusammenhang gegeben ist** (vgl. Anm. 26—37).

Der zeitliche Zusammenhang zum Hauptgeschäft (Anm. 34) muß der Kausalfolge, Werbehandlung (beeinflußter), Kaufentschluß, Vertragsschluß, Vertragsausführung entsprechen.

Wird nachträglich gewährt, muß vorher in Aussicht gestellt sein. Hierzu genügt ein Verhalten, aus dem der Empfänger schließen konnte, daß er voraussichtlich eine Zuwendung für den Fall des Kaufes erhalten werde.

Anbieten, Ankündigen und Gewähren sind drei selbständige, voneinander begrifflich zu scheidende Werbehandlungen. **Der Begriff „Ankündigung“ ist im Verhältnis zum Angebot nicht Oberbegriff; er schließt den Fall des Angebots nicht mit ein.** Das Gewähren setzt keine Ankündigung oder ein voraufgegangenes Angebot voraus (BGH GRUR 1960 S. 558/562 — Eintritt in Kundenbestellung).

[4] **Anbieten. Eine Offerte im Rechtssinn** (§ 145 BGB ff.) **ist nicht erforderlich.** Angebot im Sinne des § 1 Zug-VO ist werbende Äußerung und nicht rechtsgeschäftliche Willenserklärung. Das gleiche Tatbestandsmerkmal findet sich mit gleichem Begriffsinhalt in § 38 II S. 3 GWB (zulässige Mittelstandsempfehlung; „bestimmte Preise ... anzubieten“). **Angebot ist jedes an bestimmte Personengruppen adressiertes Anerbieten.** Schlüssiges Verhalten, dem entnommen werden kann, daß zu Hauptgeschäften Zugaben gewährt werden, genügt, d. h. jedes Verhalten, das nach richtiger Verkehrsauffassung den Schluß rechtfertigt, daß Zugaben in Aussicht gestellt werden (OLG Wien ÖBl. 58, 42; Schönherr WbR S. 549 Nr. 12). Wie beim Ankündigen (Anm. 5) kann eine Geste ausreichen. Bisher regelmäßig dem einzelnen Kunden oder den Angehörigen bestimmter Per-

sonengruppen jeweils nach Geschäftsabschluß gemachte Zuwendungen können Angebot von Zugaben zu künftigen Geschäften sein.

Ein Verhalten, das für einen unvoreingenommenen Dritten den Schluß rechtfertigt, er werde eine Zugabe erhalten, erfüllt den Tatbestand (Baumbach-Hefermehl I S. 1195 Rz. 29; Schönherr WbR S. 550 Nr. 20). Daß der Eindruck hervorgerufen wird, bei Zustandekommen eines Hauptgeschäfts werde ein Rechtsanspruch auf Zugabe begründet, ist nicht erforderlich. Es braucht nur die ernste Absicht erkennbar werden, daß eine Zugabe gewährt werden wird (RGSt. 37, 171; Tetzner Z S. 36; Reimer-Krieger S. 39; Ulmer-Reimer S. 812 Nr. 1075).

[5] **Ankündigen. Wer einem größeren Personenkreis die Bereitschaft kund tut, bei Abschluß eines Hauptgeschäfts Zugaben zu gewähren, kündigt Zugaben an** (RGSt. a. a. O.; Godin-Hoth S. 302 Anm. 25). Das Ankündigen entspricht den öffentlichen Bekanntmachungen und Mitteilungen, die für einen größeren Kreis von Personen bestimmt sind i. S. der §§ 3 a. F., 4 UWG bzw. § 2 UWGÖ a. F. (h. M.: Godin-Hoth a. a. O.; Baumbach-Hefermehl I S. 1195 Rz. 30; Ulmer-Reimer S. 812 Nr. 1075; Tetzner Z S. 36; Reimer-Krieger S. 39; Klauer-Seydel S. 30). Es genügt jede Bekanntmachung, die dazu bestimmt und geeignet ist, von einer unbestimmten, d. h. unbegrenzten Menge von Personen zur Kenntnis genommen zu werden. Ob dies im Einzelfall geschieht, ist gleichgültig (RGSt. 40, 124; RGZ 105, 382; OGHÖ ÖBl. 1962, 6; v. Godin b. Godin-Hoth S. 90 Anm. 3 a; Baumbach-Hefermehl 9. Aufl. I 515 Rz.; Tetzner R S. 28/29 = Tetzner U S. 187 Rz. 7). Jede Kundbarmachung, die sich an das Publikum in seiner Allgemeinheit wendet, reicht aus (OGHÖ ÖBl. 1961, 17; v. Godin a. a. O.; E. Reimer III. Aufl. S. 596; Baumbach-Hefermehl I 9. Aufl. a. a. O.; Tetzner U S. 187 Rz. 6/7), gleichviel, ob sie in mündlichen, schriftlichen, bildlichen oder sonstigen Äußerungen besteht (Tetzner a. a. O.), sofern sie nur eine dem Tatbestand entsprechende Aussage erkennbar macht.

Die Erscheinungsformen sind vielfältig, z. B. Zeitungsannoncen, Säulenanschläge, Ausruf-, Theater-, Kino-, Radio-, Fernseh-, Licht-Reklame, Plakatwerbung, Warenkennzeichnung, Briefköpfe, Prospekte, Preisauszeichnungen, Ausgestaltung von Kassenbons, Flaschenetiketten, Beschriftungen von Geschäftswagen u. ä. (Reimer a. a. O.), Aufdruck auf Warenpackungen (OGHÖ a. a. O.). Selbst eine Geste kann, wenn ausreichend eindeutig, genügen (RGSt. 40, 130; Rosenthal § 3 UWG Anm. 16). Die zu §§ 3, 4 UWG getroffene

Unterscheidung zwischen öffentlichen Bekanntmachungen einerseits und Mitteilungen, die für einen größeren Kreis von Personen bestimmt sind andererseits, hat nur akademische Bedeutung (OLG München GRUR 55, 48; v. Godin a. a. O.) und steht entsprechender Beurteilung der Ankündigung des Zugabe- und Rabattrechts nicht entgegen. Mit adressierten Mitteilungen an einen großen Personenkreis wendet sich der Werbende nicht schlechthin an die Allgemeinheit, sondern nur an einen bestimmten Teil, meist an den Kundenkreis; der Kreis der Adressaten darf aber nicht von vornherein ein fest begrenzter engerer Personenkreis sein (RGSt. 63, 107/110; OLG Düsseldorf GRUR 1916, 71/72; E. Reimer III. Aufl. S. 596 Rz. 2; Hohenecker-Friedl S. 127). Der größere Personenkreis ist im Gegensatz zum geschlossenen Kreis unbestimmt, d. h. „individuell weder begrenzt noch begrenzbar" (Baumbach-Hefermehl I 9. Aufl. S. 514 Rz. 2). Bei einem sehr großen Personenkreis kann von einem geschlossenen Kreis nicht mehr die Rede sein (RG GRUR 1927, 488; Mitteilung an 19 000 Mitglieder zweier Vereine). Darauf, wer zuerst und direkt angesprochen wird, kommt es nicht an, z. B. dann nicht, wenn es sich um Mitteilungen handelt, die nur einzelnen oder den Angehörigen eines engen Kreises gemacht werden, aber dazu bestimmt sind, weiter verbreitet zu werden. Dies ist nach der Lebenserfahrung zu unterstellen, wenn ein anderer Anlaß zur Mitteilung gerade an bestimmte Personen nicht zu erkennen ist (RGSt. MuW 1931, 100; RG GRUR 1943, 304/305 Schalldämpfer; Übergabe eines Werbemanuskripts an einen einzelnen).

Mitteilungen, die nur für einzelne Personen oder einen begrenzten Personenkreis bestimmt sind, sind keine Ankündigungen sondern Angebote (vgl. Anm. 4).

[6] **Gewähren. Gewähren ist das tatsächliche Zuwenden** (OLG Wien JBl. 1938, 42). **Es ist das Ausführen dessen, was angekündigt oder angeboten wird (Ulmer-Reimer S. 812 Nr. 1075).** Bei gegenständlichen Zugaben ist es Besitz- und/oder Eigentumsverschaffung, bei nicht körperlichen Zugabegegenständen das Herbeiführen der tatsächlichen Voraussetzungen für den Vorteilsanfall beim Empfänger, z. B. Einräumen oder Verschaffen eines Rechts, etwa durch Abtretung, sowie jede sonstige geeignete Handlung, durch die der Empfänger in den Genuß des den Gegenstand der Zugabe bildenden Vorteils gelangt. Der Anfang der Ausführung genügt. Ist Zugabegegenstand ein Sammelergebnis, dann wird bereits „gewährt", wenn ein einzelner Bestandteil der Sammlung zugewandt wird, z. B.

Übergabe eines einzelnen Gutscheins (Godin-Hoth S. 303 Anm. 27; Baumbach-Hefermehl I S. 1195 Rz. 31; Reimer-Krieger S. 40 Rz. 13; Tetzner Z S. 26, 27; Hefermehl WuW 53, 267; Krieger GRUR 53, 110; Klauer-Seydel S. 30/31). Ist Zugabe eine vertraglich bedungene Nebenleistung, z. B. Garantie, Installation von Geräten, Änderung von Konfektionsware u. ä. oder Zubehör zur Hauptware, z. B. Verpackung, dann wird „gewährt", sobald nach den Konditionen des Hauptgeschäfts die Gefahr auf den Empfänger übergeht. Ist Erfüllungsort der Sitz des Leistenden, ist das Gewähren mit Absenden der Ware vollzogen. Die Übergabe an die Post, an einen Spediteur, Frachtführer u. ä. genügt (Godin-Hoth a. a. O.). Ob unverlangt oder auf Verlangen des Kunden gewährt wird, ist unerheblich.

Das Gewähren einer Zugabe setzt voraufgegangenes Angebot oder vorheriger Ankündigung nicht voraus (beachte Anm. 34), wenn zum Gegenstand (Anm. 15 ff.) und zum Zugabezusammenhang (Anm. 26 ff.) alle Voraussetzungen erfüllt sind (BGH GRUR 1960 S. 558/562 Eintritt in Kundenbestellung).

B. Das Hauptgeschäft

[7] **Hauptgeschäft. Art und Rechtsnatur. Hauptgeschäft zu Zugaben kann jedes entgeltliche Umsatzgeschäft sein, das Waren oder Leistungen zum Gegenstand hat.** Ausführung oder auch deren Beginn ist nicht erforderlich. Ankündigung oder Angebot (vgl. Anm. 3—5) genügen. Zum notwendigen Zusammenhang zwischen Hauptgeschäft und Zugabe vgl. Anm. 26 ff. Daß Gegenstand des Hauptgeschäfts ein entgeltlicher Waren- oder Leistungsumsatz sein muß, sagt die VO nicht, ergibt sich aber aus ihrem Inhalt, Sinn und Zweck (Einf. 3). Wird die Hauptware (Leistung) unentgeltlich abgegeben, dann kann die beigefügte Nebenware nicht Zugabe sein (BGH GRUR 1968, 649/650 — Rocroni-Ascher). Auf die Vertragsform des Hauptgeschäfts kommt es ebensowenig an, wie auf die Wirksamkeit des zugrunde liegenden Rechtsgeschäfts. Auch wechselseitige Realakte, so die Abgabe von Waren im Austausch gegen eine Gegenleistung ohne wirksame Vertragsgrundlage, werden erfaßt. Auf Nichtigkeit oder Anfechtbarkeit des vollzogenen oder in Aussicht genommenen Rechtsgeschäfts kommt es nicht an. Nur das rein tatsächliche Geschehen ist bedeutsam, so wie es sich äußerlich einem nicht mehr unerheblichen Teil der umworbenen Verkehrskreise darstellt. Der bürgerlich-rechtliche Hintergrund ist belanglos.

Die häufigsten Erscheinungsformen sind Kauf-, Werklieferungs- und Werkverträge, sowie Dienstleistungsverträge unter Einschluß entgeltlicher Geschäftsbesorgung, gelegentlich auch Tauschgeschäfte, wenn diese Sach- oder gewerbliche Leistungen zum Gegenstand haben.

[8] **Waren (Gegenstand des Hauptgeschäfts). Ware ist jedes handelbare Gut** (RGZ 97, 212). Der nach überwiegender Meinung als Legaldefinition zu wertende Klammerzusatz zu § 1 II Nr. 1 HGB, nach dem Waren nur bewegliche Sachen sein dürfen (str., vgl. Hoth WRP 1956, 262 m. Nachw.), gilt für das Wettbewerbsrecht nicht (gl. M. Tetzner R S. 33 Rz. 31). Jeder wirtschaftlich eigenständige Wert, der nicht Bestandteil oder Zubehör eines anderen handelbaren Gutes ist und im geschäftlichen Verkehr zum Gegenstand entgeltlicher Umsatzgeschäfte gemacht werden kann, ist Ware im Sinne des Wettbewerbsrechts (Hoth WRP 1956, 266/267; gl. M. v. Godin bei Godin-Hoth S. 87/88 Anm. 2; Tetzner U S. 180). Der Warenbegriff ist weit auszulegen; alles was nach Auffassung des Verkehrs als eigenständiger übertragbarer wirtschaftlicher Wert gehandelt werden kann, gleichviel, ob körperlicher oder nicht körperlicher Art, wird von ihm erfaßt (v. Godin a. a. O.; Rosenthal S. 293 Rz. 95; Tetzner R 33 Rz. 31). Auch Grundstücke sind nicht auszunehmen (gl. M. Baumbach-Hefermehl I S. 651 Rz. 1; v. Godin a. a. O.; E. Reimer III. Aufl. S. 623 Rz. 18); auch nicht elektrischer Strom (RGZ 67), Zeitungen, Zeitschriften, sonstige Druckerzeugnisse (Deutsch, GRUR 58 S. 66 zu § 1 WZG), Kunstwerke, soweit sie gehandelt werden (Baumbach-Hefermehl a. a. O.), auch nicht die Früchte auf dem Halm, das Holz auf dem Stamm (gl. M. Schlegelberger § 1 HGB Anm. 32; a. M.: Reimer-Krieger S. 136 Rz. 8), desgleichen Wertpapiere (Patentamt 28. 10. 1929 MuW 30, 144; Hoth WRP 1956, 263; a. M.: Reimer-Krieger a. a. O.).

Vom Warenbegriff werden auch Forderungen und Rechte an oder auf Waren oder Rechte erfaßt, die im Geschäftsverkehr als handelbare Vermögenswerte betrachtet und gehandelt werden, z. B. Pfand- und Rentenrechte, Anleihewerte, Aktien, auch Hypotheken und Grundschulden, insbesondere wenn sie verbrieft sind (gl. M.: Baumbach-Duden 11. Aufl. § 1 HGB Anm. 3 C; a. M. Schlegelberger a. a. O.). Voraussetzung ist nur, daß es sich um einen umsatzfähigen Wert handelt, dem wirtschaftliche Eigenständigkeit im geschäftlichen Verkehr zugestanden wird (gl. M. Tetzner R a. a. O.). Waren im Sinne des Wettbewerbsrechts sind danach auch Orderpapiere

(§§ 363 ff. HGB), soweit nicht durch negative Orderklausel die Übertragbarkeit ausgeschlossen ist (WG Art. 11, Scheck G. Art. 5), ferner Konossemente der Seeschiffahrt, Ladescheine der Frachtführer (§§ 444 ff. HGB, 72 Binn.Sch.Ges.), Lagerscheine von staatlich zur Ausstellung ermächtigten Lagerhäusern (§ 424 HGB) und auch Papiere zu handelbarem Gut, die an Stelle der zugehörigen Ware oder wie diese gehandelt werden (str.; vgl. Hoth WRP a. a. O.; Patentamt MuW 1930, 144 zu § 1 WZG; a. M.: RGZ 74, 161; RG JW 10, 934; OLG Hamburg HansGZ 1934 Heft 9). Orderpapiere der genannten Art vom Begriff der Ware auszunehmen, führt zu sachlich nicht gerechtfertigter unterschiedlicher Behandlung wettbewerblich und wirtschaftlich gleichgearteter Vorgänge. Vom Begriff der gewerblichen Leistungen werden sie sämtlich nicht erfaßt. Der geschäftliche Verkehr behandelt sie als handelbares Gut nur, soweit sie gehandelt werden, mithin der Ware gleichstehen. Das gleiche muß auch für sonstige Orderpapiere, insbesondere Wertpapiere gelten, da sie, auch soweit sie einen Geldanspruch verbürgen, als eigenständige handelbare Kapital- bzw. Vermögenswerte gehandelt und behandelt werden. Forderungen und Rechte, die einen Anspruch auf gewerbliche Leistungen verbürgen, sind keine Waren, auch wenn sie verbrieft und handelbar sind (gl. M. Hefermehl MA 54, 15 — Reisemarken; Baumbach-Hefermehl I S. 691 Rz. 1). Forderungen und Rechte sind grundsätzlich wie die ihnen zugehörigen Leistungen zu bewerten. Bestandteile und Zubehör von Waren sind selbst keine Waren.

Das gleiche gilt für Hilfsstoffe zu gewerblichen Leistungen. Zubehör, Einzelteile, Ersatzteile und Hilfsstoffe zu gewerblichen Leistungen sind aber dann Waren, wenn sie als selbständiges handelbares Gut an Wiederverkäufer oder Verarbeiter abgesetzt werden, z. B. für Reparaturzwecke, zur Ausführung von Werk- und Werklieferungsverträgen.

[9] **(Gewerbliche) Leistung. Gegenstand des Hauptgeschäfts.** Der Leistungsbegriff des § 1 ZugVO entspricht dem der gewerblichen Leistung des UWG und des RabGes. (h. M.). Daß der Zusatz „gewerbliche" fehlt, hat nur redaktionelle nicht sachliche Bedeutung. Wie die Ware muß auch die gewerbliche Leistung einen wirtschaftlichen, im geschäftlichen Verkehr umsetzbaren Wert haben. Dieser folgt aus dem objektiv feststellbarem Interesse Dritter an der Ausführung der Leistung und der Bereitschaft, hierfür ein Entgelt zu zahlen oder eine sonstige Gegenleistung zu erbringen (Hoth WRP

1956, 267; ähnl. Baumbach-Hefermehl I S. 652 Rz. 2; Reimer S. 648). **Gewerbliche Leistung ist jedes für einen anderen entfaltetes Tun oder Unterlassen, dessen Wert durch den damit angestrebten Erfolg bestimmt wird, der nicht beim Bewirkenden sondern bei demjenigen anfällt, für den die Leistung erbracht wird** (Godin-Hoth S. 88 Anm. 3 und S. 302 Anm. 22). Typische gewerbliche Leistungen sind entgeltliche Geschäftsbesorgung, Werk- und Dienstleistung z. B. der Makler und Agenten, Werkleistungen der Handwerker, Transport- und Beförderungsleistungen der Frachtführer und Fuhrunternehmer, Leistungen des Beherbergungsgewerbes, der Theater- und Schaustellerunternehmen, der Krankenhäuser und Sanatorien. Vom Begriff erfaßt werden auch die Leistungen der freien Berufe, Ärzte, Rechtsanwälte, Patentanwälte (RGSt. 37, 173; RG JW 08, 249; RGZ 74, 169; 99, 189; 138, 273; BGH GRUR 59, 84/86 — Dentist), desgleichen die der Apotheker, soweit sie nicht dem Warenumsatz zuzurechnen sind (v. Godin b. Godin-Hoth a. a. O.; Tetzner R S. 39 Rz. 44). Das Zugabeverbot ergreift, wie das gesamte Wettbewerbsrecht, die Erwerbstätigkeit im weitesten Sinne (seit RGZ 74, 169 stR; h. M.). Gewerbliche Leistungen im Sinne des Zugaberechts setzen keine von der Gew.O erfaßte Erwerbstätigkeit voraus (RG a. a. O.; RGZ 99, 189; Tetzner R a. a. O.; a. M:. nur Michel-Weber-Gries S. 50 Rz. 35). Die wirtschaftspolitische Zielsetzung der zum Wettbewerbsrecht gehörigen Zugabe-VO (Einf. 1), der „gewisse gewerbepolizeiliche Einschlag", gestatten es nicht, der vorzitierten herrschenden Meinung entgegen, den Begriff „gewerbliche Leistung" im Sinne des Gewerberechts zu bestimmen. Die Gew.O erfaßt die Einrichtung, Ausstattung und Ausübung eines Gewerbes, sie definiert aber weder den Begriff des Gewerbes, noch den des Gewerbetreibenden. Das Wettbewerbsrecht, unter Einschluß des Zugabe- und Rabattrechts, befaßt sich nicht mit der Einrichtung, der Ausstattung und der Ausübung eines Gewerbebetriebes, es betrifft nur ein im geschäftlichen Verkehr gezeigtes Verhalten, das dazu bestimmt und geeignet ist, für Erwerbsgeschäfte, sei es mit, sei es ohne Zusammenhang mit einem Gewerbebetrieb, zu werben.

C. Die Zugabe

Allgemeines

[10] **Zugabe. Allgemeine Begriffsbestimmung. Zugaben sind vom Verkehr wirtschaftlich eigenständig gewertete Zuwendungen, die**

zusätzlich und unberechnet neben dem Gegenstand entgeltlicher Hauptgeschäfte (Ware, Leistung) in Aussicht gestellt oder gewährt werden und die geeignet sind, dem kaufenden Publikum das Hauptangebot besonders vorteilhaft erscheinen zu lassen.

Der Verordnungsgeber setzt den Inhalt des Begriffs „Zugabe" als bekannt voraus.

Zu Unrecht, denn seit Verkündung der Verordnung ist dieser heftig umstritten. Die Frage, ob eine Zuwendung eine Zugabe ist, kann nur nach dem Wortlaut, nach dem Sinn und Zweck und nach der Entstehungsgeschichte der VO ermittelt werden (Einf. 2 ff.). Die Zugabe ist das markanteste nicht aber das einzige Werbemittel der Wertreklame. Ihr verwandt, aber nur nach UWG zu beurteilen, sind z. B. Werbegaben und -geschenke, Lockvogel- und Vorspannangebote (vgl. Hoth GRUR 1961, 562). Welche Werbeform vorliegt, hängt davon ab, wie sich der Vorgang den umworbenen Verkehrskreisen darstellt. Deren subjektive Wertung ist objektives Tatbestandsmerkmal. Für das Zugaberecht als Teil des Wettbewerbsrechts kommt es für den Unterlassungsanspruch nicht darauf an, was der Werbende meint oder wie er verstanden werden will; entscheidend ist, wie er von einem nicht unerheblichen Teil des umworbenen Publikums verstanden wird (BGHZ 11, 276 — Orbis; Baumbach-Hefermehl I S. 1184 Rz. 8).

Die Zugabe ist akzessorischer Natur, sie setzt das Angebot, die Ankündigung, den Abschluß oder die Ausführung bestimmter Hauptgeschäfte voraus. Sie muß unter Umständen in Aussicht gestellt oder gewährt werden, nach denen sie als dazu bestimmt und geeignet erscheint, den Erwerbsentschluß zum Hauptgeschäft zu beeinflussen. Die äußere Zweckbindung an und die Abhängigkeit von einem Hauptgeschäft, der „Zugabezusammenhang" (Anm. 26 ff.), ist wesentliches Tatbestandsmerkmal. Obligatorische Abhängigkeit (Bedingung im Rechtssinne) ist nicht erforderlich. **Aus dem Wortbestandteil „zu" folgt, daß es sich um eine zusätzliche Zuwendung handeln muß. Dies und das Wort „neben" bedeuten, daß es sich um eine neben der Hauptware oder Leistung wirtschaftlich eigenständige Zuwendung handeln muß. Aus beidem folgt weiter die Zweckbindung an ein Hauptgeschäft und die Abhängigkeit hiervon. Der Wortbestandteil „Gabe" macht deutlich: die zusätzliche Zuwendung wird unentgeltlich, d. h. ohne Gegenleistung erbracht.**

Der Klammerzusatz „Ware oder Leistung" ist nicht Legaldefinition des Zugabegegenstandes. Auch was nicht Ware oder gewerbliche Leistung ist, kann Zugabe sein (vgl. Anm. 15). Unselbständige Bestandteile der entgeltlichen Hauptleistung können begrifflich keine Zugaben sein. Die Zugabe muß von der Hauptware (Leistung) zu trennen und wirtschaftlich gesondert zu bewerten sein. Dies schließt nicht aus, daß sie Bestandteil einer Gesamtleistung ist, z. B. Zubehör (Verpackung). Unberechnete zusätzliche Zuwendung von Waren gleicher Art und Qualität wie die der Hauptware (unberechnete, gleichartige Mehrleistung) ist Naturalrabatt. Für diesen gilt die Ausnahme des § 1 II lit. c ZugVO (§ 2 lit. b ZugGesÖ); vgl. Anm. 49 u. 93 ff.) und, bei Abgabe von Waren oder gewerblichen Leistungen des täglichen Bedarfs an letzte Verbraucher, die der §§ 1, 7 RabGes. (auch in Österreich). Zusätzliche unberechnete Mehrleistungen zu gewerblichen Leistungen sind mangels einer § 1 II lit. c ZugVO (§ 2 I lit. b ZugGesÖ entsprechenden Vorschrift verboten; eine Ausnahme macht nur § 8 RabGes., der nur gilt, wenn es sich um gewerbliche Leistungen des täglichen Bedarfs handelt, die für letzte Verbraucher erbracht werden. Geldzugaben (Rabatte), die auch durch Gutscheine, Bons u. ä. verbrieft sein können — begrifflich sind ihnen auch Preisnachlässe zuzurechnen —, sind vom Verbot ausgenommen (§ 1 II lit. b ZugVO = § 2 I lit. a ZugGesÖ), für den sachlichen Geltungsbereich des Rabattges. jedoch nur unter den Voraussetzungen der §§ 2, 3, 4, 7, 9 RabGes.

[11] **Zusätzliche unberechnete Zuwendung. Zugabe kann nur eine** vom umworbenen Publikum gesondert bewertete **Sach- oder sonstige Leistung sein, die zusätzlich und unberechnet neben der entgeltlichen Hauptware (Leistung) erbracht wird** (BGHZ 34, 264 — Einpfennigsüßwaren; BGH GRUR 1962, 415 — Glockenpackung; OLG Stuttgart NJW 1969, 2052 — Einkaufsfahrt).

Zugabe ist eine außerhalb der vertraglichen Leistung unentgeltlich gewährte Leistung (BGH GRUR 1964, 509/510 — Wagenwaschplatz).

Im Geschäftsverkehr wird in der Regel niemand etwas verschenken; der Verkäufer kalkuliert die Hauptware unter Einschluß der ihm durch die Zugabe erwachsenen Kosten. Objektiv wird die Zugabe nicht unentgeltlich gewährt; der ihr zugehörige kalkulatorische Preisanteil am Preis der Hauptware wird nur nicht gesondert nachgewiesen bzw. nicht gesondert berechnet. Nicht auf die Kalkulation, sondern auf die Auszeichnung kommt es an (Borck WRP 1969, 10/11). Die zusätzliche, unberechnete Zuwendung erweckt nur den Anschein der Unentgeltlichkeit. Der Eindruck der Unentgeltlichkeit wird hervorgerufen, weil als Zugabe ein Gegenstand gewährt wird, der sonst anderweitig gegen Entgelt erworben werden müßte (KG AWR 39, 52). § 1 I ZugGesÖ spricht deshalb auch von „unentgeltlichen Zugaben" und stellt folgerichtig auf die subjektiven Vorstellungen der Werbeadressaten ab. Diese werten als „unentgeltlich", was nicht besonders berechnet wird (Hohenecker-Friedl S. 125). Wenn nicht objektiv, so ist die Zugabe doch dem Anschein nach eine unentgeltliche Zusatzleistung (Culemann JW 1937, 1886). Für den Begriff der Zugabe ist der „psychologische Eindruck der Unentgeltlichkeit" wesentlich; die mögliche Erkenntnis, daß der Wert der Zugabe im Kaufpreis einkalkuliert ist, wird dadurch unterdrückt (Tetzner Z S. 23), daß sie neben der entgeltlichen Hauptware zusätzlich und „ohne besondere Berechnung" in Aussicht gestellt oder zugewandt wird (BGH Einpfennigsüßwaren u. Glockenpackung a. a. O.). Dies ist stets dann der Fall, wenn, auch unter Berücksichtigung der Verkehrssitte (§ 157 BGB), nicht festzustellen ist, daß nach dem Willen der Vertragsschließenden die zusätzliche Sach- oder Leistungszuwendung unselbständige vertragliche Nebenpflicht ist (BGH WRP 69, 26 — Kaffeeverpackung), die mit abgegolten sein soll (BGH GRUR 1964, 509/510 — Wagenwaschplatz). Entscheidend ist, ob nach dem Angebot, der Ankündigung oder den im Einzelfall gegebenen Umständen der Zugabeempfänger annimmt, die geforderte Vergütung sei nur Äquivalent für die Hauptleistung und nicht auch für die Zugabe bzw. Zusatz(Neben)leistung (BGH GRUR 1958, 455/456 — Federkernmatratze; Baumbach-Hefermehl I S. 1183 Rz. 4).

Der Anschein der Unentgeltlichkeit der Zuwendung **ist** deshalb **unentbehrliche Anwendungsvoraussetzung des § 1 ZugVO** (BGH GRUR 1960, 558/562 — „Eintritt in Kundenbestellung; Reschreiter GRUR 1936, 697). Ob dieser hervorgerufen wird, ist nach der Auffassung der umworbenen Kunden zu beurteilen (BGH GRUR 63, 322/324 — Mal- und Zeichenschule; BGH GRUR 1966, 214/215 — Einführungsangebot). Ob ein Gesamtpreis wertgerecht kalkuliert ist oder aber lediglich die Unentgeltlichkeit der Zweitware i. S. des § 1 I S. 3 verschleiern soll, ist dagegen nach objektiven Gesichtspunkten und nicht nach der Auffassung der ausgesprochenen Verkehrspreise zu entscheiden (BGH GRUR 62, 415/416 — Glockenpackung u. GRUR 67, 530/531 — Mal- u. Zeichenschule; Baumbach-Hefermehl I S. 1209 Rz. 54); vgl. Anm. 74. Dies setzt jedoch voraus, daß die geforderte Vergütung als Gesamtpreis für Haupt- und Nebenware bezeichnet wird oder daß dies vom Verkehr aus der Art des Angebots entnommen wird (BGH WRP 69, 26/27 — Kaffeeverpackung).

Wird ein weder sachlich noch wirtschaftlich vom Verkehr eigenständig bewerteter Leistungsbestandteil fälschlich als Zugabe bezeichnet, so wird dieser dadurch nicht zur Zugabe (gl. M. Baumbach-Hefermehl I S. 1182 Rz. 3; beachte Anm. 18). Das gleiche gilt, wenn zwar eine gesondert zu bewertende Nebenleistung als Zugabe bezeichnet wird, der Preis aber ersichtlich auch für diese ein angemessenes Äquivalent enthält. Denn die Bezeichnung „Zugabe" enthält nicht notwendig die Behauptung der Unentgeltlichkeit (KG GRUR 1936, 896). Wird eine Ware oder Leistung nicht unentgeltlich gewährt, sondern ausdrücklich als entgeltlich bezeichnet, dann wird sie nicht dadurch zur unerlaubten Zugabe, daß möglicherweise jemand meint, er erhalte sie gleichwohl kostenlos (BGH GRUR 67, 530/531 — Mal- u. Zeichenschule).

Durch den der Zugabe eigentümlichen Anschein der Unentgeltlichkeit der zusätzlichen Leistung erscheint das zugehörige Hauptgeschäft besonders vorteilhaft.

Hierin liegt der Werbeeffekt einer jeden Wertreklame. Denn die Zugabe soll den Kunden anreizen, die zugehörige Hauptware zu kaufen (BGH Einführungsangebot a. a. O.). Das Publikum wird zwar nicht durch unrichtige Angaben getäuscht, durch das äußere Erscheinungsbild des Vorgangs werden aber Vorteilsvorstellungen zum Haupt- und Nebengeschäft geweckt, die über die tatsächlich gegebenen Vorzüge hinausgehen. Das Zugabeverbot ist deshalb den Tatbeständen verwandt, die dem Kundenfang durch irreführende Anpreisung zu begegnen suchen (§ 3 UWG; § 2 UWGÖ). **Aus den Umgehungstatbeständen des § 1 I S. 2 u. 3 (§ 1 II ZugGesÖ) ist nicht zu entnehmen, daß es auf den Anschein der Unentgeltlichkeit nicht ankommt und daß auch entgeltliche Zuwendungen vom Verbot erfaßt werden.** Durch sie wird nur klargestellt: wenn der Sachverhalt zu allen Teilen dem Grundtatbestand entspricht, ist der Scheineinwand der Entgeltlichkeit unbeachtlich. Auch das Verbot des § 1 III S. 1, zulässige Zugaben als Gratiszuwendung, Geschenk oder ähnliches zu bezeichnen — das österreichische Zugaberecht kennt einen entsprechenden Tatbestand nicht — rechtfertigt ebenfalls nicht die Annahme, daß Unentgeltlichkeit keine Anwendungsvoraussetzung für das Verbot sei. Die Behauptung, der Empfänger erhalte mit der Zugabe ein Geschenk, ist in jedem Falle objektiv unwahr. Sie ist geeignet, die objektiv unzutreffende Vorstellung von der Unentgeltlichkeit des Zugewandten, bis zur Gewißheit zu verstärken und damit durch unrichtige Angabe den Anschein eines besonders günstigen Angebots hervorzurufen. Dieser Gefahr wollte der VO-Geber begegnen (amtl. Begr. zu § 1 III ZugVO). Wird mit einer derartigen Angabe auch nur ausgesprochen, was das Publikum in der Regel annimmt, so soll über den „psychologischen Eindruck der Unentgeltlichkeit“ hinaus, dies nicht auch noch wahrheitswidrig behauptet werden. Dieser Tatbestand ist für die Frage der Anwendungsvoraussetzung der Unentgeltlichkeit bedeutungslos. Mit ihm wird ein Unterfall des § 3 UWG geregelt.

Klauer-Seydel wollen den Begriff „unentgeltlich“ nicht verwandt haben, obgleich der deutsche Verordnungsgeber und auch der österreichische Gesetzgeber ihn gebrauchen (vgl. § 1 II lit. e ZugabeVO, § 1 I ZugGesÖ: „unentgeltliche Zugaben“). Das Tatbestandsmerkmal der Unentgeltlichkeit wollen sie durch die Worte „ohne Berechnung und ohne Zuzahlung“ ersetzen (S. 27 Rz. 45; wie diese Reimer-Krieger S. 21 Rz. 5 = E. Reimer III. Aufl. S. 975; Gottschick S. 24). Hohenecker-Friedl (S. 125 Anm. 3) erläutern den Begriff „unentgeltliche Zugabe“ (§ 1 I S. 1 ZugGesÖ) als „nicht gesondert berechnete“ Zugabe. Vom Geber her gesehen trifft dies zu. Für den Werbeadressaten erscheint die Zugabe als unentgeltliche Zuwendung; nur hierauf kommt es an. Der objektive gegebene Sachverhalt interessiert nicht, wenn er nach außen nicht erkennbar wird. Denn nur die subjektive Wertung des Vorgangs durch die angesprochenen Verkehrskreise entscheidet.

[12] **Entgeltliche Zusatz-, Mehr- und Nebenleistungen sind keine Zugaben, selbst wenn nur eine geringfügige Gegenleistung gefordert wird** (BGHZ 11, 274/278 — Orbis; BGH GRUR 1962, 415 Glockenpackung u. GRUR 1963, 322, 324 — Mal- und Zeichenschule II; Godin-Hoth S. 283; Baumbach-Hefermehl I S. 1197 Rz. 12). **Dies gilt auch dann, wenn die Käufer irrig annehmen, der entgeltliche Mitgehartikel sei eine Zugabe.** Auf solche gesetzlich nicht geregelten Tatbestände kann der Anwendungsbereich der ZugVO nicht ausgedehnt werden (BGH „Glockenpackung“ a. a. O.; v. Godin-Hoth S. 284 Anm. 6; Baumbach-Hefermehl S. 1182 Rz. 3; a. M. Borck WRP 70, 299, 300). Subjektiv unrichtige Vorstellungen Dritter sind nicht geeignet, den Mangel des notwendigen objektiven Tatbestandsmerkmals der zusätzlichen unberechneten, dem Anschein nach unentgeltlichen Zuwendung zu ersetzen (Godin-Hoth a. a. O.).

Wird erkennbar ein Entgelt gefordert, ist unzutreffende Bezeichnung der Zuwendung als Zugabe nach Zugaberecht unschädlich. Die begriffswidrige Bezeichnung wird zur unrichtigen Angabe (§ 3 UWG), die den Anschein eines besonders günstigen Angebots hervorruft wenn das Publikum ihr entnimmt, daß das geringe aber echte Entgelt oder der ein echtes Entgelt enthaltende Gesamtpreis, nur zum Schein gefordert werden (vgl. Anm. 66 ff.). Mit dem Begriff Zugabe verbindet das kaufende Publikum weitaus überwiegend die Vorstellung, es erhalte etwas umsonst. Weder unglaubliche Preise noch entgeltliche Zusatz-, Mehr- oder Sonderleistungen, die angeboten, angekündigt oder gewährt werden, um andere Umsatzgeschäfte zu fördern (Vorspannangebote), werden vom Zugabeverbot erfaßt. Sie sind nur nach §§ 1, 3 und 4 UWG (§§ 1, 2 UWGÖ) zu beurteilen (vgl. Anm. 62, 74).

[13] **Zugabegeschäft. Art und Rechtsnatur sind zugaberechtlich belanglos.** Bedeutsam ist nur, wie der Vorgang nach dem äußeren Erscheinungsbild werblich zu werten ist, ob die der Zugabe eigentümlichen Vorstellungen bei den Adressaten geweckt werden können und ob die Voraussetzungen zum Gegenstand und zum Zusammenhang gegeben sind. Die Zugabe kann Geschenk, vertraglich bedungene Zusatz-, Mehr- oder Nebenleistung, Bestandteil der Preisabsprache (Rabatt) oder objektiv Bestandteil oder Zubehör der Hauptleistung sein. **Einen Geschäftstyp, dem die Zugabe zugeordnet werden könnte, gibt es ebensowenig wie ein Zugabegeschäft.** Die zahlreichen in Betracht kommenden rechtsgeschäftlichen Formen sind als solche nicht verboten. Es ist nur verboten, Zuwendungen unter Zugabevoraussetzungen anzukündigen, anzubieten oder zu gewähren. Die von Rechtsprechung und Schrifttum getroffenen Unterscheidungen, wie z. B. zum selbständigen und unselbständigen Garantieversprechen (vgl. Anm. 57) beziehen sich nur auf den Zugabegegenstand und nicht auf die rechtsgeschäftliche Natur der zwischen Geber und Nehmer festzustellenden Rechtsbeziehung. Für die wettbewerbsrechtliche Beurteilung ist die bürgerlich-rechtliche Wertung des Vorgangs unbeachtlich. Für die Frage, ob und in welchem Umfange für Sach- oder Rechtsmängel einzustehen ist, welche Gewährleistungsansprüche dem Nehmer zustehen, hat der zugaberechtlich bedeutsame Sachverhalt keine oder nur untergeordnete Bedeutung. Aus der wettbewerbsrechtlichen Wertung einer Zuwendung als Zugabe kann nicht gefolgert werden, daß grundsätzlich bei Sach- und Rechtsmängeln § 524 BGB, bei Raterteilung oder Empfehlung § 676 BGB oder bei Aufbewahrung § 690 BGB zum Zuge kommen (beachte Anm. 14).

[14] **Gesetzliches Verbot.** Das Anbieten, Ankündigen oder Gewähren von Zugaben ist verboten. Verbotsgegenstand sind Werbehandlungen, nicht rechtsgeschäftliche Erklärungen, Verbotsadressat ist der werbende Unternehmer, nicht der Empfänger der Zugabe. Das Zugabeverbot erfaßt nur, wie das gesamte Wettbewerbsrecht, das von Mitbewerbern im Wettbewerb gezeigte werbliche Verhalten und nicht die bei Ausführung der wettbewerbswidrigen Handlung zu einzelnen Werbeadressaten begründeten Rechtsbeziehungen. Aus dem Inhalt, Sinn und Zweck des Grundtatbestandes folgt, daß der entgeltliche Liefer- oder Leistungsvertrag unter Einschluß des Zugabeversprechens nicht nach § 134 BGB nichtig ist (BGH LM § 1 UWG Nr. 12 = BB 52, 702 — Stiftungsbrauerei; Baumbach-Hefermehl I S. 1236 Rz. 5; Klauer-Seydel S. 14 Rz. 10; Michel-Weber-Gries S. 59/60 Rz. 53 ff.; a. M.: Reimer-Krieger S. 105/106 u. Tetzner Z S. 73). Die gegenteilige, bei Godin-Hoth S. 303 Anm. 28 vertretene Auffassung, wird aufgegeben. Auch wenn dem Unternehmer durch Mitbewerber oder Verbände gem. § 2 ZugVO unmöglich gemacht wird, angekündigte oder angebotene Zugaben zu gewähren, wird es meist keine bürgerlich-rechtlichen Folgen haben.

Die Ankündigung (Begriff Anm. 5) ist bürgerlich-rechtlich als an die Adressaten gerichtete Aufforderung zu werten, eine rechtsgeschäftliche Offerte zu machen. Zum Werbeangebot gilt grundsätzlich das gleiche. Zuwendungen, die unter Zugabevoraussetzungen gemacht werden, ohne daß bürgerlich-rechtlich eine mit dem Hauptgeschäft verknüpfte rechtsgeschäftliche Leistungspflicht vorliegt, können nicht zurückgefordert werden (§ 817 S. 2 BGB; gl. M. Reimer-Krieger a. a. O.). Verträge, deren Ausführung im Ankündigen, Anbieten oder Gewähren von Zugaben besteht, sind nach § 134 BGB nichtig, z. B. wenn Hersteller oder Werbeagentur sich verpflichten, für einen Unternehmer zu den von ihm getätigten Hauptgeschäften Zugaben anzukündigen oder zu gewähren oder mit unzulässigen Treueprämien für ihn zu werben. Das gleiche gilt, wenn vereinbart wird, gemeinsam für oder gemeinschaftlich mit einem Dritten Zugabeverstöße zu begehen. Vertragsgegenstand ist gemeinschaftliche Vorbereitung und Durchführung einer verbotenen Werbeaktion. Ob der eine oder andere Teil Anstifter, Gehilfe oder Mittäter ist, ist für die zivilrechtlichen Unterlassungs- und Schadensersatzansprüche unerheblich (§ 830 II BGB). Verpflichtet sich ein Werbeunternehmen, für einen Hersteller von Zugabeartikeln Gutscheine an Einzelhändler zu verteilen, die zum Bezug von Zugabeartikeln berechtigen, und gehen bei Vertragsabschluß beide Teile davon aus, daß entsprechende

Zugaben zulässig sind (§ 1 II ZugVO; §§ 2, 3 ZugGesÖ), dann entfällt die Geschäftsgrundlage des Vertrages, wenn nach dessen Abschluß durch Rechtsprechung die Unzulässigkeit derartiger Zuwendungen festgestellt wird (OLG München WRP 1958, 153 = GRUR 59, 250).

D. Gegenstand der Zugabe

[15] Zugabegegenstand; allgemeine Begriffsbestimmung.
Zugabegegenstand kann jeder zuwendungsfähige wirtschaftliche Vorteil sein, der nach Auffassung der umworbenen Verkehrskreise dem Leistungsgegenstand des Hauptgeschäfts nicht notwendig zugehört und neben diesem selbständig zu bewerten ist.

[16] Zugabegegenstand (Ware oder Leistung); allgemeine Gegenstandsbestimmung. Der Klammerzusatz „Ware oder Leistung" ist nicht Legaldefinition zum Zugabegegenstand. Er hat nur beispielhafte Bedeutung und darf nicht zu Irrtümern verleiten. Zur Gegenstandsbestimmung u. zur Bedeutung des Klammerzusatzes vgl. auch Borck WRP 1971, 102 f. u. 161 f. Zugabegegenstand können nicht nur Waren oder Leistungen sein; auch jedes sonstige, wirtschaftlich eigenständig zu bewertende Gut, jede irgendwie geartete Leistung und auch jeder sonstige zuwendungsfähige wirtschaftliche Vorteil kann „zugegeben" werden (amtl. Begr.; zur Wertvoraussetzung und Wertbestimmung vgl. Anm. 19). Der Zugabebegriff erfaßt nicht nur Waren und gewerbliche Leistungen, sondern auch sonstige Vorteile (VGO ÖBl. 1957, 75 m. Anm. von Schönherr). Er setzt nur voraus, daß die Zuwendung eine selbständige von der Hauptware (Leistung) losgelöste Bedeutung hat (OGHÖ JBl. 1937, 172) und einen objektiv bestimmbaren, in Geld zu beziffernden Wert hat (OLG Wien ÖBl. 1953, 54; hierzu zweifelnd Schönherr ÖJZ 1954, 217), mag er auch noch so gering sein. Nahm der VO-Geber Zuwendungen der in § 1 II (§§ 2 u. 3 ZugGesÖ) genannten Art vom Verbot aus, dann deshalb, weil er sie begrifflich als Zugabegegenstände wertete, obgleich die wichtigsten nicht vom Begriff Ware bzw. dem der gewerblichen Leistung erfaßt werden. Weder ein Reklamegegenstand von geringem Wert, noch eine „geringwertige Kleinigkeit" (§ 1 II lit. a) kann Ware sein. Der erstere muß eindeutig als Werbeträger ausgestaltet und von so geringem Wert sein, daß ihn niemand sonderlich achtet; die letztere ist ein Gegenstand „ohne eigenen Verkehrswert".

Sie müssen so geringwertig sein, daß sie von niemandem, auch nicht von Käufern, die nur über geringe Mittel verfügen, wirtschaftlich sonderlich geachtet werden (BGHZ 11, 260 — Kunststofffiguren I; BGH GRUR 1957, 40 Puppenservice; BGH GRUR 1957, 378 — Bilderschecks; BGH GRUR 1957, 380 — Kunststoffiguren II; vgl. Anm. 77—85. Ihnen fehlt jeder Handelswert. Sie sind kein handelbares Gut, es sei denn, daß sie in größerer Menge als Werbematerial angeboten und für Werbezwecke verkauft werden. Warenzubehör ist keine Ware, die Zubehörleistung ist eine dem Warenzubehör entsprechende Leistung (Zubehörleistung; vgl. Anm. 103). Die Ausnahme vom Verbot gilt aber nur, wenn deren unberechnete Zuwendung handelsüblich ist. Geld ist keine Ware (h. M.), es kann aber Zugabegegenstand sein (§ 1 II lit. b). Der Klammerzusatz hat deshalb nur redaktionelle Bedeutung; er sollte besser fehlen. In § 1 II des jüngeren österreichischen ZugGes. findet sich ein entsprechender Zusatz nicht, dagegen in Klammern der Begriff „Prämie", der dem der Zugabe entspricht und mit dem nur klärend auf das voraufgegangene durch das ZugGes. abgelöste „Prämiengesetz" vom 20. 6. 1929 BGBl.Ö Nr. 227) Bezug genommen wurde (vgl. amtl. Begr. Ö Anh. VIII; Hohenecker-Friedl S. 117; Lukesch S. 32 u. 33; Einf. 2).

Da der Zugabebegriff nicht nur auf Waren oder gewerbliche Leistungen beschränkt ist (Schönherr WbR S. 550 Nr. 18), können Zugabegegenstand alle denkbaren Sachleistungen, Auftragsausführungen, sonstige Dienst- oder Werkleistungen, Gebrauchsüberlassungen, Nutzungsgestattungen, Eingehung oder Freistellung von Verbindlichkeiten, Eintritt in Kundenverpflichtung, Interessenförderung, Kreditverschaffung, Wettbewerbsbegünstigung aber auch durch Gutscheine oder durch Gutscheinsammlungen verbürgte Ansprüche auf entsprechende Leistungen sein, mithin jede durch Sachzuwendung oder durch ein Tun oder Unterlassen des Gebers zu bewirkende Vorteilsgewährung oder -verschaffung, die nach Auffassung des Verkehrs von wirtschaftlichem Wert ist. Ob dies im Rahmen eines Rechtsgeschäfts oder durch Realakt geschieht, ist gleichgültig (vgl. Anm. 13). Wird zu einer Sach- oder Leistungszugabe dem Empfänger freigestellt, ersatzweise auch einen Geldbetrag zu fordern, dann ist nicht die Ersatzleistung in Geld sondern die Sach- oder Leistungszuwendung Zugabegegenstand (Umkehrschluß aus dem Gesetz vom 12. 5. 1935 RGBl. I S. 264; vgl. Anm. 42, 44, 45 lit. a, 90).

[17] **Zugabegegenstand. Sachliche und wirtschaftliche Eigenständigkeit. a) Nur Gegenstände, die eine selbständige, von den Waren, denen sie beigegeben werden, losgelöste wirtschaftliche Bedeutung haben, können Zugaben sein** (OGHÖ Jbl. 1937, 172; gl. M. Tetzner Z S. 19; Godin-Hoth S. 284; a. M. Borck WRP 1970, 296, 299). Ob dies der Fall ist, entscheidet nicht nur der Vertragswille der Parteien sondern auch die Verkehrsauffassung (v. Gamm S. 141, 142). Sie müssen nicht nur einen Gebrauchswert sondern einen objektiv bestimmbaren, in Geld auszudrückenden, mithin wirtschaftlichen Wert haben (OLG Wien ÖBl. 1953, 54), der nicht derart bemessen zu sein braucht, daß der Zugabegegenstand zum selbständigen handelbaren Gut wird; denn der Zugabebegriff ist nicht auf Waren und gewerbliche Leistungen beschränkt (vgl. Anm. 16 u. VGHÖ ÖBl. 57, 75 = Schönherr WbR S. 550 Nr. 18). Ob eine Zugabe gewährt oder eine unselbständige Teilleistung erbracht wird, deren Äquivalent in der Gegenleistung mit enthalten ist, ist oft schwer zu entscheiden. §§ 93 ff. BGB (Bestandteil, Scheinbestandteil, Zubehör) helfen nicht weiter. Die Kriterien des bürgerlichen Vertrags- und Sachenrechts gelten für den Bereich des Wettbewerbsrechts nicht. **Gegenstand einer Zugabe können auch „Bestandteile des Hauptgeschäfts" oder Zubehör zur Ware** (vgl. § 1 II lit. d; Anm. 55, 99, 102) **oder vertraglich bedungene Nebenleistungen sein** (§ 1 II lit. d. ZugVO; Anm. 56—58, 103), z. B. Vermittlung der Finanzierung des gesamten Unfallschadens durch ein Mietwagenunternehmen (OLG Frankfurt WRP 1970, 72). Das Problem, ob trotz enger Verknüpfung mit der Hauptsache, ausreichende sachliche Eigenständigkeit gegeben und gesondert wirtschaftlich zu bewerten ist, steht an Schwierigkeit dem des sogen. Zugabezusammenhangs (Anm. 26—37) nicht nach. Typischer oder atypischer Vertragsinhalt hat nicht zwingende (so noch Verf. b. Godin-Hoth S. 292 u. WRP 1956, 328 ff.), sondern nur indizielle Bedeutung (gl. M. Baumbach-Hefermehl I S. 1182 Rz. 4). Z. B. kann Garantieversprechen je nach den Umständen des Einzelfalls unselbständige Teilleistung oder selbständige Zusatzleistung sein (vgl. Anm. 56). Zugabe kann auch sein, was notwendig ist, um die Hauptleistung zu erbringen oder was zur Zeit der Leistungsausführung untrennbarer Bestandteil der Leistungsgesamtheit des Hauptgeschäfts ist oder was als zusätzliche gesetzliche oder vertragliche Nebenleistung erbracht wird (a. M. Baumbach-Hefermehl a. a. O.). Werden wegen ihrer besonderen Beschaffenheit Waren nur in bestimmten Behältern geliefert (z. B. Gas in Druckbehältern, Säuren in Ballons, Bier in Fässern), die dem Kunden bis zum Ver-

brauch belassen werden müssen, weil sie nicht ab- oder umzufüllen sind, dann ist die Gebrauchsüberlassung notwendige Liefer- und Abnahmevoraussetzung. Auch Zubehör und Zubehörleistungen dürfen unentgeltlich nur in Aussicht gestellt oder gewährt werden, wenn dies handelsüblich ist (§ 1 II lit. d, § 2 I lit. d ZugGesÖ; Anm. 55, 56, 100, 104).

b) **Zugabe ist, was ohne Teil der Hauptleistung zu sein, außerhalb der vertraglichen Pflicht, zusätzlich und unentgeltlich geleistet wird** (BGH GRUR 1964, 509/510 — Wagenwaschplatz), was zusätzlich über das vom Empfänger im Handel Gewünschte hinaus zugewandt wird (Klauer-Seydel S. 26 Rz. 43), nach Elster (S. 286) jede hinzugewährte Leistung oder Lieferung, der das Merkmal eines nicht regelmäßigen Nutzens oder Gewinns anhaftet, nach Lukesch (S. 5) eine von der Hauptleistung verschiedene selbständige Leistung mit eigenem Gebrauchs- und Genußwert. Nach Baumbach-Hefermehl (I S. 1183 Rz. 4) ist Zugabe derjenige Teil einer Leistungsgesamtheit, der nicht notwendig ist, um die Hauptleistung zu erbringen und für den nach Auffassung des Kunden in der geforderten Gegenleistung ein Leistungsäquivalent nicht enthalten ist (zust. BGH GRUR 1958, 455, 456 — Federkernmatratze und nach D. Reimer (Ulmer-Reimer S. 809 Nr. 1070), was weder zur Hauptleistung gehört noch notwendig ist, um diese zu erbringen und nach Auffassung des Verkehrs neben der Hauptleistung (Ware) unberechnet und zusätzlich zugewandt oder in Aussicht gestellt wird.

In vielen Fällen werden diese Definitionen ausreichen, oft helfen sie nicht weiter. Jede objektive, sei es sachliche, technische oder funktionelle Betrachtungsweise ist unbrauchbar. Die Zugabe ist ein Werbemittel wie jedes andere. Die mit ihm geweckten subjektiven Vorstellungen des kaufenden Publikums sind entscheidend. **Alles, was nach Auffassung eines nicht unerheblichen Teils der umworbenen Abnehmerkreise neben der Hauptware gesondert zu bewerten ist, kann Zugabe sein.** Dies gilt auch, wenn es technisch und funktionell notwendig zur Hauptware oder Leistung gehört, aber dessen unberechnete Zuwendung vom Verkehr nicht erwartet wird, etwa weil das Wertverhältnis von Haupt- und Nebensache dies bei vernünftiger Betrachtung nicht vermuten läßt oder weil es nicht üblich ist, bzw. die unentgeltliche Überlassung den Gepflogenheiten des täglichen Lebens oder des Handelns zuwiderläuft. Zubehör, das bei Abgabe an den letzten Verbraucher als Zugabe erscheint, kann beim Absatz an Wiederverkäufer unselbständiger und nicht gesondert zu bewertender Bestandteil der Kauf- bzw. Wareneinheit sein, die erworben wird, um sie unverändert weiter zu veräußern (vgl. Anm. 46 lit. f u. 55).

[18] **Zugabegegenstand. Notwendige Bestandteile, unselbständige Nebenpflichten. Notwendige Teile einer vom Verkehr gewerteten Leistungsgesamtheit sind keine Zugaben, wenn auch das Entgelt als einheitliche, nicht wertentsprechende Gegenleistung für alle Leistungsbestandteile erscheint.** Dies gilt für Sach- und gewerbliche Leistungen. Ob es sich um eine Leistungseinheit und um eine diese insgesamt abgeltende Gegenleistung handelt, ist nach der Auffassung der Käuferschichten zu beurteilen, an die sich der Werbende mit seinem Angebot oder seiner Ankündigung (Anm. 4, 5) wendet. Unselbständige Leistungsbestandteile, die nach Auffassung der umworbenen Verkehrskreise sachlich und wirtschaftlich nicht eigenständig zu bewerten sind, können nicht durch die unrichtige Bezeichnung als Zugabe zur Zugabe werden (gl. M. Baumbach-Hefermehl I S. 1182 Rz. 3; beachte Anm. 11, 12). Wird der Eindruck hervorgerufen, im Preis sei der unselbständige Leistungsteil kalkulatorisch nicht enthalten, dann wird nicht eine Zugabe angekündigt, sondern nur der Anschein eines besonders günstigen Angebots hervorgerufen. Die gemachte Angabe ist unrichtig, es kommt § 3 UWG zum Zuge; § 1 Zugabe-VO scheidet aus. Dies gilt auch, wenn das Angebot in einer der Wertreklame typischen Weise zum Kauf verlockt. Mit der Zugabe-VO werden nur die Hauptauswüchse der Wertreklame bekämpft, sie stellt aber keine abschließende Regelung der Zulässigkeit oder Unzulässigkeit aller irgendwie einschlägigen Werbemaßnahmen dar (BGHZ 34, 264/269 1-Pfg.-Süßwaren; BGH GRUR 1962, 415/416 Glockenpackung I). Die **wirtschaftliche und gegenständliche Eigenständigkeit der Zugabeleistung ist notwendige Anwendungsvoraussetzung.** Nehmen die Käufer irrig an, eine unselbständige Teilleistung werde nicht berechnet und sei Zugabe, scheidet ein Zugabeverstoß aus. Die Unzulässigkeit kann aber aus §§ 1, 3 UWG folgen. Der Anwendungsbereich der Zugabe-VO kann nicht auf derartige, gesetzlich nicht geregelte Tatbestände ausgedehnt werden (BGH Glockenpackung a. a. O.). Auf das gebrauchte Wort kommt es nicht an, sondern nur darauf, was nach den Umständen des Einzelfalls ein nicht ganz unerheblicher Teil der angesprochenen Verkehrskreise der Angabe entnimmt. **Ob etwas gesondert zu bewerten ist und deshalb zugabegeeignetes Zubehör oder unselbständiger Bestandteil der Hauptware ist, ist nur nach den von den umworbenen Verkehrskreisen gehegten Vorstellungen zu beurteilen.** Diese entspre-

chen oft nicht den Begriffsbestimmungen der §§ 93 ff. BGB, aus denen deshalb auch nicht eine die Beweislast regelnde Vermutung hergeleitet werden kann. Dagegen können die alltägliche Lebenserfahrung, insbesondere aber dem Verkehr vertraute Gepflogenheiten des Handels eine zum Beweise des ersten Anscheins ausreichende Vermutung begründen.

Z. B. kündigt ein Autohändler keine Zugabe an, wenn er erklärt, der Motor oder das vierte Rad des Wagens werde zugegeben. Demontierbare Teile eines wirtschaftlich und funktionell vom Verkehr als Einheit gewerteten Gegenstandes erlangen auch durch begriffswidrige Bezeichnung in der Verbrauchervorstellung keine ausreichende gegenständliche und wirtschaftliche Eigenständigkeit. Wird die Vorstellung geweckt, der geforderte Preis sei so bemessen, daß der Kunde den Motor „praktisch umsonst" bekomme, dann bezieht sich diese Angabe auf die Preisbemessung. Sie ist nur nach §§ 1, 3 UWG und nicht nach § 1 ZugVO zu beurteilen. Bietet dagegen ein Autoschrotthändler Fahrgestell u. Karosserie eines PKW an und erklärt hierzu, der Käufer erhielte zusätzlich und unberechnet einen typenmäßig zugehörigen, selbst zu montierenden Motor oder eine Felge nebst Reifen, dann wirbt er mit Zugaben. Beim Angebot mehrerer Leistungen, von denen die eine notwendige Voraussetzung dafür ist, daß die andere erbracht werden kann oder zu Gegenständen, bei denen der Gebrauch des einen die zusätzliche Benutzung des anderen voraussetzt, kommt es auf die Umstände des Einzelfalls an. Erklärt ein Zahnarzt „das Zahnziehen mit Betäubung ist in dem Preis des Zahnersatzes mit einkalkuliert", dann stellt er keine Zugabe in Aussicht. Das Entgelt für das den Zahnersatz erst ermöglichende „Zahnziehen mit Betäubung" als Teil der Gesamtleistung, ist erkennbar im Gesamtpreis mit enthalten (KG GRUR 1935, 60; Klauer-Seydel S. 24; Reimer-Krieger S. 26; Godin-Hoth S. 284). Zugabe liegt dagegen vor, wenn für das Angebot von Zahnprothesen mit der Angabe geworben wird, eine evtl. notwendige Extraktion nebst Betäubung werde nicht besonders berechnet. Gegenstand des Angebots ist nicht eine Gesamtleistung sondern eine Hauptleistung, zu der erklärt wird, sich evtl. als notwendig erweisende Nebenleistungen würden unentgeltlich erbracht. Übernimmt ein Verkäufer die Gewähr dafür, daß zum Zeitpunkt der Lieferung die Ware die zugesicherten Eigenschaften hat, dann ist die Garantie unselbständige Nebenpflicht, auch wenn die gesetzlichen oder branchenüblichen Pflichten überschritten werden. Die Zusage, für Schäden einzutreten, die in normaler Abnutzung oder in anderen Umständen begründet sind, ist dagegen Zugabe (BGH GRUR 1958, 455 — Federkernmatratze).

[19] **Zugabegegenstand. Wertvoraussetzung, Wertbestimmung. Die Zugabe muß neben der Hauptware oder Leistung wirtschaftlich eigenständig zu bewerten sein,** sie muß neben der Hauptleistung selbständige wirtschaftliche Bedeutung haben (OGHÖ JBl. 1937, 172). **Der Wert muß beim Empfänger in Erscheinung treten** (OLG Hamburg HansGZ 1935, 570; E. Reimer III. Aufl. S. 976 = Reimer-Krieger S. 23; Godin-Hoth S. 285). Die Werteinschätzung der umworbenen Verkehrskreise entscheidet. Die Wertvoraussetzung entfällt, wenn der überlassene Gegenstand in der Hand des Käufers keinen Wert mehr hat, z. B. wertlose Wegwerfpackung. Für den Käufer wertloses Zubehör, gleichviel worum es sich handelt, ist weniger als eine geringwertige Kleinigkeit (Begriff; Anm. 83, 84). Trotz gegenständlicher Eigenständigkeit kann es nicht Zugabe sein, weil es an der weiteren Anwendungsvoraussetzung eines eigenständigen wirtschaftlichen Wertes fehlt (beachte Anm. 19, 20, 21).

Ein nur geringfügiger Wert genügt, wie z. B. der von Gegenständen, die selbst Käufer, die nur über geringe Mittel verfügen, nicht sonderlich achten (geringwertige Kleinigkeiten oder deutlich sichtbar und dauerhaft gekennzeichnete Reklamegegenstände von geringem Wert; vgl. Anm. 77 u. 83; beachte § 3 I lt. a u. b ZugGesÖ), denn § 1 III lit. a stellt eine vom grundsätzlichen Verbot gemachte Ausnahme dar, die unter den Voraussetzungen des § 1 III S. 1 nicht gilt.

Der Gegenstandswert folgt aus dem Erwerbsinteresse der angesprochenen Verkehrskreise. Die Anschaffungskosten sind unbeachtlich. **Maßgeblich ist der Gebrauchs- und Verkehrswert in der Hand des Durchschnittskunden** (BGHZ 11, 260/264 — Kunststoffiguren I; GRUR 1957, 40/43 — Puppenservice; OLG Wien ÖBl. 1954, 6 u. ÖBl. 1959, 35); maßgeblich ist der nach Auffassung der beteiligten Verkehrskreise gegebene Gebrauchs- und Verkaufswert (Baumbach-Hefermehl I S. 1215 Rz. 65; Reimer-Krieger S. 45 Rz. 17; Klauer-Seydel S. 38 Rz. 82). Andere Bewertungsmaßstäbe scheiden aus. Die Werteinschätzung durch den Geber oder ein bei ihm gegebenes dringendes Entäußerungsinteresse haben außer Betracht zu bleiben. Das Affektionsinteresse einzelner Kunden, insbesondere das von Kindern, ist unbeachtlich (BGH a. a. O.). Maßgebend ist nur die Auffassung derjenigen Verkehrskreise, an die sich der Werbende wendet; deren subjektive Werteinschätzung bestimmt die Stärke des Beeinflussungseffektes. Außer dem Geldwert können zahlreiche weitere

Momente bedeutsam sein (BGHZ 11, 260, 268 — Kunststoffiguren I), wie Art, Aufmachung, Ausgestaltung (Baumbach-Hefermehl I S. 1218 Rz. 70), Verwendungszweck (Hefermehl WuW 1953, 269 Fußn. 21), die Eignung des Gegenstandes Bestandteil einer unechten Sammlung zu sein (BGH GRUR 1957, 378 — Bilderschecks; vgl. auch Anm. 41), Art der Zuwendung, Anpreisung und schließlich auch in welcher Wirtschaftsstufe zugewandt wird (vgl. Anm. 20). Begriffswidrig ist es, nur auf einen objektiv bestimmbaren in Geld auszudrückenden Wert abzustellen, hiervon einen Gebrauchswert für den Käufer zu unterscheiden und letzteren für unbeachtlich zu erklären (a. M. OLG Wien ÖBl. 1953, 54; beachte aber OLG Wien ÖBl. 1954, 6, ÖBl. 1959, 35 u. Schönherr ÖJZ 1954, 217). Bei Reklamegegenständen ist vom Verkehrswert gleichartiger Gegenstände ohne Beschriftung auszugehen; hat diese nach Auffassung des Verkehrs wertmindernde Bedeutung, ist ein entsprechender Abschlag vorzunehmen (BGH GRUR 57, 40 — Puppenservice; E. Reimer III. Aufl. S. 991). Nicht in jedem Falle mindern Beschriftung oder Werbezeichen den Wert (gl. M. Schönherr ÖJZ 1954, 221). Man hüte sich davor, eine im Einzelfall getroffene Feststellung als allgemein gültige Norm zu werten. Eine nur im Spiel oder Sammeltrieb begründete subjektive Überbewertung einzelner Abnehmerkreise und das Affektionsinteresse von Kindern soll für die Wertbestimmung bedeutungslos sein (BGH Puppenservice a. a. O.). Hiervon in jedem Falle auszugehen, ist verfehlt. Ein derartiges Affektionsinteresse kann die wertmindernde Bedeutung einer Beschriftung aufheben. Auch machen sich oft Erwachsene die Werteinschätzung ihrer Kinder zu zugegebenem Spielzeug zu eigen (gl. M. Baumbach-Hefermehl I S. 1216 Rz. 65; Schönherr a. a. O.; a. M.: BGH Puppenservice a. a. O.). Nur was bei wirtschaftlicher Betrachtungsweise einen Wert hat, kommt als Zugabe in Betracht. Auch Gefälligkeitsleistungen haben ihren Wert. Die von einem Autohändler einem Letztverbraucher im Zusammenhang mit einem Wagenkauf gegebene Zusage, ein von ihm bereits fest bestelltes Konkurrenzerzeugnis (VW) selber abzunehmen oder kostenlos weiterzuverkaufen, wurde nur deshalb für zulässig erachtet, weil er für das, was er dem Kunden abnahm, auch einen Gegenwert erhielt. Wegen starker Nachfrage und langer Lieferfristen erwarb er eine nicht als gering einzuschätzende Verdienstmöglichkeit; es entfiel das unentbehrliche Erfordernis der Unentgeltlichkeit der Zuwendung (BGH GRUR 1960 558/562 — Eintritt in Kundenbestellung). Nur geringfügig abweichende Begleitumstände, z. B. ungünstigere Marktlage, lassen den Vorgang bei sonst gleichem Sachverhalt unzulässig werden. Wird keine Gewinnmöglichkeit erworben sondern der Bequemlichkeit des Kunden gedient, liegt immer Leistungszugabe vor (BGH a. a. O. S. 563; zust. Droste in Anm. a. a. O.). Nicht auf die Vorteilhaftigkeit schlechthin kommt es an sondern nur auf den wirtschaftlichen Wert des Zugewandten (OLG Hamm BB 1963, 112 — Haarwaschmittel). Was praktisch nützlich oder im alltäglichen Leben sogar unentbehrlich ist, kann von äußerst geringem Wert oder sogar völlig wertlos sein, z. B. Nagel, Schraube, Streichholz, 1. Glas Wasser. Wird es dem Empfänger zu einer Sach- oder Leistungszugabe freigestellt, ersatzweise auch einen bestimmten Geldbetrag zu fordern, dann hat grundsätzlich zur zugaberechtlichen Beurteilung die Ersatzleistung außer Betracht zu bleiben (BGHZ 11, 274 — Orbis; BGH GRUR 1963, 322/324 — Mal- und Zeichenschule II). Dies schließt eine Beurteilung nach Rabattrecht nicht aus, z. B. wenn zu einer nach § 1 II zulässigen Zugabe ersatzweise ein Betrag angeboten wird, der höher ist als der zum Hauptgeschäft zulässige Barrabatt gemäß § 2 RabGes.

[20] **Zugabegegenstand. Werbeeignung des Gegenstandswertes.** Für die Werbung mit Zugaben ist es, wie für jegliche Wertreklame typisch, daß die Vorstellung hervorgerufen wird, der Werbende biete über dem Gegenstand des Hauptgeschäfts hinaus einen besonderen, dem Erwerber nicht berechneten wirtschaftlichen Vorteil (BGH GRUR 1961, 588/593 — 1 Pfg. Süßwaren). **Der Wert des zusätzlichen Vorteils muß geeignet sein, das Interesse des umworbenen Kunden am Erwerb der Hauptware zu steigern.** Er muß dem Käufer als so gewichtig erscheinen, daß wegen der in Aussicht gestellten oder gewährten Vergünstigung auch der Abschluß des Hauptgeschäftes besonders vorteilhaft erscheint (RG GRUR 1937, 882/885 — Freigas). Zugabe scheidet aus, wenn der Wert der Zuwendung als Beeinflussungsmoment wegen eines anderen, mit ihr angestrebten Werbezwecks, nicht wirksam wird, so z. B. Aushändigung einer Warenprobe, um dem Kunden Gelegenheit zu geben, sich von den ihm wesentlich erscheinenden Wareneigenschaften zu überzeugen (vgl. Anm. 59). Das gleiche gilt, wenn der Gesichtspunkt neuen Kundengewinns durch die gemachte Zuwendung, angesichts der überragenden Werbekraft der eigentümlichen Hauptleistung, gänzlich in den Hintergrund tritt, z. B. wenn eine Rundfunkanstalt ihren Hörern Theaterkarten verschafft; der Werbefaktor Wert wird nicht wirksam. Nicht durch ihn, sondern durch das mit der Haupt-

leistung gebotene, läßt der Empfänger sich beeinflussen (RG „Freigas" a. a. O. S. 886; zur Abgrenzung von Zugabe u. Werbegeschenk beachte Anm. 61). Das Zugabeverbot soll verhindern, daß der Kunde von der Frage nach Güte und Preiswürdigkeit der Ware abgelenkt und unsachlich beeinflußt wird (amtl. Begr.). Deshalb kommt es auf den Beeinflussungseffekt der Zuwendung an (Baumbach-Hefermehl I S. 1217 Rz. 69), der in der geweckten, zum Kauf der Ware anreizenden Vorstellung besteht, mit dieser sei der besondere Vorteil einer zusätzlichen unberechneten Nebenleistung verknüpft (BGH GRUR 1961, 588/593 — 1-Pfg.-Süßwaren; s. Anm. 30 ff.). Das Maß der Vorteilsvorstellung wird durch den Wert der Zuwendung in der Hand des Empfängers bestimmt. **Auszugehen ist von dem Verbrauchs- und Verkehrswert** (BGHZ 11, 260 — Kunststofffiguren I; BGH WRP 1956, 305/308 — Puppenservice; Baumbach-Hefermehl I S. 1217 Rz. 69; Reimer-Krieger S. 41 Rz. 14). Dies ist der Wert, den der Kunde der Zugabe beimißt (BGH a. a. O.), d. h. den sie nach Auffassung der durchschnittlichen Angehörigen der umworbenen Abnehmerkreise hat (Hoth GRUR 1961, 563; a. M. Baumbach-Hefermehl I S. 1206 Rz. 48). Nach Klauer-Seydel soll Bewertungsmaßstab der ortsübliche Preis der Zugabeleistung sein, d. h. der Preis, den der einschlägige Handel in der fraglichen Umsatzstufe am gleichen Orte für gleichartige Erzeugnisse zu fordern pflegt (S. 32 Rz. 63). Tetzner will vom „regulären Preis" ausgehen (Z. S. 28 Anm. 7), das OLG Hamm vom wirtschaftlichen Wert (BB 1963, 112 — Haarwaschmittel). Ein aus Spiel- oder Sammeltrieb folgendes Affektionsinteresse hat außer Betracht zu bleiben (BGH Kunststofffiguren u. Puppenservice a. a. O.; str., vgl. Anm. 19, 42 u. zu Reklamegegenständen und Kleinigkeiten Anm. 81 ff.). Die Eignung Bestandteil einer unechten Sammlung zu sein, soll dagegen wertsteigernde Bedeutung haben (BGH Kunststoffiguren I u. Puppenservice a. a. O.; Kunststoffiguren II GRUR 1957, 380; GRUR 1957 S. 378) — Bilderschecks; beachte Anm. 41), obgleich im Einzelfall oft schwer zu entscheiden sein wird, ob nicht die höhere Werteinschätzung in einem Affektionsinteresse der Sammler begründet ist. Zum Begriff der Geringwertigkeit (§ 1 II lt. b ZugVO, 3 lit. c ZugGesÖ; amtl. Begr. Ö = geringfügig) ist vom absoluten, d. h. objektiven Wert auszugehen; die Relation zum Wert der Hauptware (Leistung) soll unbeachtlich sein. Dies soll selbst dann gelten, wenn die Hauptware auch geringwertig ist und wenn es zu unbilligen Ergebnissen führt (BGH Kunststoffiguren I a. a. O. S. 267 m. Hinw. auf RGZ 149, 248; Gottschick S. 32; Klauer S. 35; Grosse MA 1952 S. 108; BGH

Puppenservice a. a. O.; KG GRUR 1939, 317; GA 4/1953; Reimer-Krieger S. 45 Rz. 17 = E. Reimer III. Aufl. S. 994; Godin-Hoth S. 310 Anm. 45; Baumbach-Hefermehl I S. 1217 Rz. 69 mit Einschränkung; Tetzner Z S. 40 u. NJW 1954, 580; im einzelnen s. Anm. 81 ff.).

Nur wenn eine Zuwendung wegen ihres äußeren Zusammenhangs (Anm. 26 ff.) zu einem Hauptgeschäft und wegen ihres Wertes, die der Wertreklame eigentümlichen Vorstellungen weckt, liegt Zugabe vor. **Der objektive Wert der Zuwendung muß nach Auffassung des Verkehrs dem Hauptgeschäft zuzurechnen sein und dessen Vorteilhaftigkeit mitbestimmen.** Denn zum Wesen der Zugabe gehört es, daß der durch den nicht regelmäßigen Nutzen und Gewinn Begünstigte oder Angesprochene (zum personellen Zusammenhang vgl. Anm. 37) in seinem Erwerbsentschluß zum Hauptgeschäft beeinflußt werden kann (OLG Stettin JW 1938, 388). Eine ohne besonderes Entgelt angekündigte oder angebotene oder gewährte Leistung muß, um Zugabe zu sein, für entgeltliche Hauptgeschäfte des Werbebegünstigten mit ihrem Wert dadurch werben, daß dieser ihnen zugerechnet wird. Daß eine „absolut hochwertige" Ware oder Leistung immer den Kaufentschluß zu einem Hauptgeschäft beeinflußt, ist nicht richtig (gl. M. Tetzner Z S. 40). Die Werbekraft einer Hauptleistung kann so überragend sein, daß demgegenüber der objektiv feststellbare Wert einer unberechneten Nebenleistung bis zu völliger Bedeutungslosigkeit zurücktritt (vgl. RG GRUR 1937, 882/885 — Freigas). Der Käufer eines Kraftwagens im Werte von 20 000,— DM und mehr wird sich in der Wahl des Fabrikats nicht dadurch beeinflussen lassen, daß die einzige Werbe- und Verkaufsniederlassung eines bedeutenden Herstellerwerkes in einem größeren Verkaufsbereich zusätzlich und unberechnet einen Benzinkanister im Werte von 10,— DM mitliefert (gl. M. Tetzner Z S. 40). Es genügt nicht, daß eine ohne besonderes Entgelt angekündigte, angebotene oder gewährte Leistung für den Geber wirbt, auf ihn aufmerksam macht und das Wohlwollen des Empfängers erregt oder diesen dazu verleitet, sich besonderer werblicher Beeinflussung, z. B. bei einer Werbeveranstaltung auszusetzen. Die Zuwendung muß dem Käufer wirtschaftlich als so gewichtig erscheinen, daß er um ihretwillen das Angebot der Hauptware für besonders vorteilhaft hält und dadurch zum Kauf veranlaßt werden kann (RG GRUR 1937, 882/885 — Freigas; OLG München GRUR 1957, 384 — Schreibgarnitur). Was keine besonderen Vorteilsvorstellungen weckt, sondern nur aufmerksam macht und Wohlwollen für den Geber erregt, kann nur

Werbegeschenk oder Werbegabe nicht aber Zugabe sein. In jedem Falle kommt es auf das Beeinflussungsmoment an; die Zuwendung muß geeignet sein, den Erwerbsentschluß des Empfängers zu einer Hauptware unsachlich zu beeinflussen. Ebenso wie ein objektiv geringwertiger Gegenstand bei Zugabe zu einer geringwertigen Ware wegen des Wertverhältnisses nicht mehr als geringwertige Kleinigkeit erscheint (gl. M. KG JW 1939, 702 — Frühstücksbeutel; EA Berlin GRUR 1934, 755 f.; Baumbach-Hefermehl I S. 1217 Rz. 69; Klauer-Seydel S. 40 Rz. 85; Elster S. 294 Anm. 10; Hefermehl WuW 1953, 269, Greifelt MA 1952, 406; a. M.: BGHZ 11, 268 — Kunststoffiguren I; Reimer-Krieger S. 50 Rz. 18), kann einer, für sich allein gesehen objektiv nicht geringwertigen Zusatzleistung wegen des Wertverhältnisses zum überragenden Wert der Hauptleistung, nur ein geringfügiger oder überhaupt kein Beeinflussungswert eigen sein (gl. M. Tetzner Z S. 40; a. M.: BGH u. Baumbach-Hefermehl a. a. O.).

Fehlende Förderungseignung kann bei nur geringfügiger Veränderung des Sachverhalts existent werden. Befinden sich am gleichen Platze verschiedene Kfz-Händler, die die gleichen Fabrikate verkaufen, dann ist die Zugabe eines Kanisters geeignet, die Käufer in der Wahl des Händlers zu beeinflussen. Zu Reklamegegenständen von geringem Wert u. geringwertigen Kleinigkeiten vgl. Anm. 81 ff.

[21] **Zugabegegenstand: Wechselbeziehung zwischen Werbezweck und Werbewert. Wird ersichtlich mit der Zuwendung ein der Wertreklame** (Begriff vgl. Anm. 19, 20, 29—33) **fremder Zweck verfolgt, scheidet Zugabe aus.** Stellen Hersteller oder Großhändler Einzelhändlern Werbematerial oder Werbeanlagen zur Verfügung, damit diese für die Erzeugnisse des Gebers werben, ist im Zweifel der dem Zuwendungsempfänger zufallende werbliche Vorteil Äquivalent für die von ihm für den Geber entfaltete Werbetätigkeit. Leistung und Gegenleistung heben einander auf; eine Vorteilszuwendung, die unsachlich den Erwerbsentschluß zu Hauptgeschäften beeinflussen könnte, entfällt. Es wird nichts unentgeltlich zugewandt; vgl. Anm. 11, zum Zweckzusammenhang und zur Kausalbeziehung (Sach- und Zweckzusammenhang) Anm. 29, zur Gutscheinwerbung für Dritte Anm. 30, zu Werbehilfen für Wiederverkäufer Anm. 45, zur Überlassung von Werbeträgern Anm. 46, zu Rabattzugaben unter Einschluß von durch Dritte gewährte Treueprämien Anm. 47—50 zu Werbeveranstaltungen Anm. 52. Zur Probenwerbung vgl. Anm. 58, zum Verschenken von Waren zu Einführungszwecken und Werbe-

geschenken ohne zugehörige Hauptgeschäfte Anm. 60, zu entgeltlichen Vorspannangeboten Anm. 61. Geringfügige, offenbar bloß zum Schein geforderte Gegenleistung oder sonstige, den Zugabetatbestand verschleiernde Umstände, stehen der Verbotsfolge nicht entgegen (vgl. Anm. 62 ff.). Kann ersatzweise für eine Sachzuwendung ein Geldbetrag gefordert werden, ist nicht dieser, sondern der Hauptgegenstand die Zugabe. Der Geldbetrag ist ein — nicht zwingendes — Indiz für den Zugabewert; vgl. § 1 II lit. e alte Fassung (Ges. v. 12. 5. 33 — RGBl. S. 264), Anm. 42 zum Orbisfall, Anm. 47 zu Dekorationsbeiträgen, Anm. 47—50, 85 zu Geldzugaben.

[22] **Zugabegegenstand: Zusätzliche Mehrleistung, Naturalrabatt. Die Zugabe muß zusätzlich in Aussicht gestellt oder gewährt werden, sie muß von der Hauptware oder Leistung zu trennen sein. Verschiedenartigkeit ist nicht erforderlich** (gl. M. Reimer-Krieger S. 22 Rz. 5; Hohenecker-Friedl S. 122; a. M.: OLG Stuttgart NJW 1954, 925). Der Naturalrabatt ist Zugabe. Dies folgt im Umkehrschluß schon daraus, daß ihn der VO-Geber vom Verbot ausnahm (§ 1 II lit. c ZugVO § 2 lit. b ZugGesÖ). Leistungsrabatte sind ohne Ausnahme unzulässig. Beim Umsatz von Waren oder Leistungen des täglichen Bedarfs an letzte Verbraucher gilt die Sonderregelung der §§ 7 Abs. 2 u. 8 RabGes. Bei gleichbleibender Leistung zu geringerem Preis liegt entweder Leistungssteigerung oder Geldrabatt vor; vgl. hierzu Anm. 47—49, 86 ff.

[23] **Zugabegegenstand; Geldzugaben. Auch Geld kann Zugabegegenstand sein** (vgl. Anm. 16, 47—49 u. 86 ff.). Der Ausnahmetatbestand des § 1 II lit. b (§ 2 I lit. a ZugGesÖ) bestätigt, daß der Klammerzusatz in § 1 I S. 1 (Ware oder Leistung) im Sinne von „Waren oder sonstige Leistungen" zu verstehen ist (vgl. Anm. 16). Erlaubte der VO-Geber die „Zugabe" von Geld nur unter den Voraussetzungen des § 1 II lit. b, denn stellte er kaufabhängige Geldgeschenke und die ihnen entsprechenden Geldrabatte den sonstigen Zugaben gleich. Die an bestimmte Bedingungen geknüpfte Ausnahme des § 1 II lit. b setzt voraus, daß bei gegebenem Zugabezusammenhang (Anm. 26—37, 88, 89) Geldzuwendungen dem Verbot des Grundtatbestandes (§ 1 Abs. 1 S. 1) unterworfen sind. Der VO-Geber stellte nicht nur klar, daß er gegen Rabatte nichts einzuwenden hat (so Reimer-Krieger S. 59 Rz. 21 u. Baumbach-Hefermehl I S. 1219 Rz. 74); denn die Ausnahme erfaßt nicht nur Rabatte sondern auch sonstige kaufabhängige Geldzuwendungen, wie z. B.

Geldgeschenke und Preiszugeständnisse Dritter. Geldzugaben, gleichviel welcher Art und von wem sie gemacht werden, sind nur unter den Voraussetzungen des Ausnahmetatbestandes unbedenklich, weil nur dann der Wert der Zugabe ohne weiteres erkennbar ist. Nur dann entfällt die Gefahr einer Täuschung des Verkehrs über den Wert der Zuwendung und auch die einer Preisverschleierung (amtl. Begr.).

Geldzugabe ist nicht nur Hingabe eines Geldbetrages; auch Zahlungsversprechen, Schuldübernahme, Bürgschaft, Forderungserlaß, Preisnachlaß und sonstige, einen ausschließlichen Geldvorteil verschaffende Zuwendungen, können den Tatbestand erfüllen. Jeder Geldrabatt ist Geldzugabe, nicht aber jede Zugabe eines Geldbetrages erfüllt den Rabatt-Tatbestand. Denn es ist nicht notwendig, daß sie in Beziehung zum Preis gesetzt oder vom Lieferer der Hauptware oder Hersteller der Hauptleistung zugewandt wird. Wird Geld nur ersatzweise für andere Leistungen in Aussicht gestellt oder gewährt, dann sind diese, nicht aber der Geldbetrag Gegenstand der Zugabe, z. B. wenn über Geldbeträge lautende Gutscheine nur beim Einkauf von Waren in Zahlung gegeben werden sollen. Der genannte Geldbetrag ist dann nur Rechengröße, aus der der Wert der Sach- oder Leistungszugabe folgt. Das gleiche gilt, wenn dem Zugabeempfänger der Aufwand für eine andere Leistung erstattet wird, z. B. das Fahrgeld.

Zur Werbung mit Geldzugaben im einzelnen vgl. Anm. 47—49 und zur Ausnahme vom grundsätzlichen Verbot Anm. 86 ff.

[24] Zugabegegenstand. Vorteil zur Preisbemessung. Differenz zwischen Preis- und Verkehrswert. Nachlaß vom eigenen Preis (Normalpreis, vgl. § 1 RabGes. Anm. 25) ist Geldzugabe, bzw. Preisnachlaß (vgl. Anm. 23, 47 f.). Wird einem Kunden, für den Fall, daß er eine bestimmte Hauptware kauft, vom Lieferanten einer Zubehörware ein Preisnachlaß in Aussicht gestellt, z. B. von Filterpapier- und Kaffeelieferanten beim Kauf einer Kaffeemaschine eines bestimmten Fabrikats, dann wird zum Hauptangebot eine Geldzugabe und zum Angebot des Zubehörlieferanten ein Preisnachlaß in Aussicht gestellt. Der die Hauptware anbietende Unternehmer und derjenige, der die Zugabe in Aussicht stellt, brauchen nicht identisch zu sein (vgl. Anm. 36, 37). Zur hiervon abweichenden Regelung des RabGes. vgl. § 1 RabGes. Anm. 27. Wird für eine Ware ein Preis gefordert, der im Verhältnis zu den vom regulären Handel für gleichartige Erzeugnisse geforderten

Preisen sehr günstig, außergewöhnlich günstig oder sogar gering ist, dann werden Mitbewerber unterboten. Mangels gegenständlicher Eigenständigkeit können weder die Differenz zwischen dem Preis und dem Wert der Hauptware (Verkehrswert), noch die Differenz zwischen dem geforderten Preis dem üblichen Preis Zugabe sein. Es wird nichts zugewandt und nichts nachgelassen. Der Vorteil des Kunden ist allein die Möglichkeit, zu günstigem Preis zu kaufen. Dies gilt auch für Vorspannangebote, die wegen ihrer Entgeltlichkeit zugaberechtlicher Beurteilung entzogen und nur im weiteren Sinne der Wertreklame zuzuordnen sind. Sie sind nur nach §§ 1, 3, 4 UWG zu beurteilen (vgl. Anm. 62). Gegenstand der Zugabe oder eines Vorspannangebotes kann nur eine Ware oder eine Leistung sein, für die kein oder ein geringfügiges Entgelt offenbar bloß zum Schein gefordert wird. Die Vergünstigung, die in einem besonders niedrigen Preis liegt, rechtfertigt es noch nicht, das Entgelt als Scheinvergütung für eine Zugabe zu werten (BGHZ 34, 264/268 — Einpfennigsüßwaren; BGH GRUR 1966, 214/216 — Einführungsangebot); zur Zugabe gegen Scheinvergütung (§ 1 I S. 2 u. 3) vgl. Anm. 64 ff.

[25] **Zugabegegenstand. Aus Teilleistungen zu bildende Sachgesamtheiten (Sammelzugaben).** Nicht nur Einzelzuwendungen, sondern auch aus diesen zusammenzustellende Sachgesamtheiten (Sammelergebnisse) können Zugabegegenstand sein. Voraussetzung: Der Sammelzweck muß im Vordergrund stehen, das Erwerbsinteresse zum Einzelstück muß aus der Sammeleignung und aus dem Sammelwert des zu bildenden Sammelergebnisses folgen.

Dieses muß gegenüber dem Summenwert der Einzelstücke eigenständige werbliche Bedeutung haben (BGHZ 11, 260 — Kunststofffiguren I; BGHZ 11, 274 — Orbis; Baumbach-Hefermehl I S. 1193 Rz. 25 ff.; Reimer-Krieger S. 57). Der Werbewert der Sammlung muß als so gewichtig erscheinen, daß ein den zugewandten einzelnen Teilen evtl. innewohnender eigener Werbewert bis zur völligen Bedeutungslosigkeit zurücktritt (BGH GRUR 1957, 378 — Bilderschecks). Das Ergebnis, die Sammlung, muß ein neues Wirtschaftsgut mit höherem Wert, „eine Gesamtsache" sein (str.; vgl. Anm. 38—44; beachte § 3 lt. c ZugabeGesÖ; OGHÖ ÖBl. 55, 15; Hohenecker-Friedl, S. 134); nur dann kann der Werbewert der Sammlung einen evtl. eigenen Werbewert des einzelnen Sammelstücks bis zur Bedeutungslosigkeit zurückdrängen. Der BGH unterscheidet, nach überwiegender Meinung des Schrifttums wenig glücklich (vgl. Anm. 42 m. Nachw.), zwischen echter und unechter Sammlung. Nur die sog.

echte Sammlung kann Zugabegegenstand sein; die unechte ist eine Zusammenstellung von Einzelzugaben. Unterscheidungsmerkmale sind: Bei der echten Sammlung bestimmt der Zweck, gesammelt zu werden Art, Aufmachung und Ausgestaltung der Einzelstücke; das Sammelergebnis ist eine in sich geschlossene neue Zweckeinheit, deren wirtschaftlicher Wert höher ist, als die Wertsumme der Einzelteile. Bei der unechten Sammlung haben die Einzelstücke einen eigenen von der Sammlung unabhängigen Gebrauchs- und Anschaffungswert. Es fehlt an einer im Vordergrund stehenden im Sammelergebnis begründeten Zweckbestimmung und Zweckbindung. Sie können, müssen aber nicht gesammelt werden. Der Anreiz zum Sammeln folgt nicht aus einem dem Sammelergebnis eigenen höheren wirtschaftlichen Wert, sondern allein aus einem im Spiel- und Sammeltrieb begründeten besonderen Affektionsinteresse. Zur Werbung mit Sammelzugaben und Sammelgutscheinen sowie Rechtsprechung u. Schrifttum, vgl. Anm. 38—44.

E. Zugabezusammenhang: „Neben einer Ware oder Leistung“

[26] **Zusammenhang zwischen Zugabe und Hauptgeschäft. Allgemeines.** Das Wort „neben“ unterstreicht, was auch aus der Wortzusammensetzung **„Zu-Gabe“** folgt. Unentgeltliche Zuwendungen werden nur zugegeben, wenn sie im Zusammenhang mit, d. h. in Abhängigkeit von entgeltlichen Hauptgeschäften angekündigt, angeboten oder gewährt werden. **Die Worte „neben einer Ware oder Leistung“ sind im Sinne von „mit Rücksicht auf“ zu verstehen** (RG GRUR 1937, 882 — Freigas; BGH GRUR 1959, 544 — Modenschau; OLG München GRUR 1957, 384 — Schreibgarnitur). Die Auffassung der angesprochenen Kunden entscheidet darüber, ob dieser Zusammenhang gegeben ist (BGHZ 11, 274/276 — Orbis; BGH GRUR 1963, 322/324 — Mal- und Zeichenschule II). Es kommt darauf an, ob im geschäftlichen Verkehr der Eindruck der Abhängigkeit der Zugabe vom Hauptgeschäft erweckt wird (D. Reimer-Ullmer S. 808 Nr. 1067). Dies ist nicht der Fall, wenn ein außerhalb des Geschäftszentrums liegendes Selbstbedienungswarenhaus unterschiedslos Käufern und Nichtkäufern ganz oder teilweise gehabte Fahrtkosten erstattet (BGH GRUR 1971, 322 — Lichdi-Center). Bei Kaufabhängigkeit dagegen liegt Zugabeverstoß vor; dies gilt auch dann, wenn dem Käufer ein Rücktrittsrecht zusteht

und, falls er davon Gebrauch macht, die Zugabe behalten kann (BGH GRUR 1971, 361 — Vierfarbkugelschreiber). Ein „innerer Zweckzusammenhang“ zwischen Haupt- und unentgeltlicher Zusatzleistung kann schon dann gegeben sein, wenn bei deren tatsächlicher Abwicklung nach dem Vorstellungsbild der angesprochenen Verkehrskreise, eine Abhängigkeit besteht (BGH GRUR 1972, 603/604 — Kundeneinzelbeförderung u. Lichdi-Center a. a. O.). **Es müssen diejenigen Waren oder Leistungsumsätze gefördert werden, neben denen und zu denen die Zuwendung gemacht wird.** Das Ziel, die Zuwendungsadressaten auf den Werbenden und seine Erzeugnisse aufmerksam zu machen, genügt nicht, desgleichen nicht die Erwartung, daß sie bei ihm kaufen werden (BGH GRUR 1972, 364/365 — Mehrwert-Fahrten). Die Zugabe muß unberechnete Nebenleistung zu näher bestimmten Hauptleistungen sein. Die beide miteinander verbindende Zweckbestimmung muß in irgendeiner Weise erkennbar werden (OLG Stettin JW 1937, 2770). Die Zugabe muß „Vorspann“ für bestimmte Warenangebote sein (OLG Düsseldorf JW 1934, 2171; Hoth GRUR 1961, 562/563). Mit der Zugabe wird, der Erwartung des Kunden entsprechend, der Kaufentschluß honoriert (gl. M. Winter WRP 1963, 122). Geschenke, die unterschiedslos verteilt werden, nur um auf den Werbenden aufmerksam zu machen, sind keine Zugaben, denn **es gibt keinen Rechtssatz, nach dem Werbegaben und Zugabe einander gleichzuachten sind** (BGH GRUR 1959, 544/545 — Modenschau).

Moralischer Kaufzwang genügt nicht; der Kunde muß zum Kauf verleitet und nicht dazu genötigt werden (BGH Modenschau, Lichdi-Center, Mehrwert-Fahrten a. a. O.; BGH GRUR 1968, 649/650 — Rocroni-Aschenbecher; Baumbach-Hefermehl I S. 1186 Rz. 11; Klauer-Seydel S. 18 Rz. 23; Tetzner Z S. 21).

Der Streit darüber, wie Werbegaben und Werbegeschenke zu beurteilen sind macht deutlich, welche Schwierigkeiten es zeitweilig Rechtsprechung und Lehre das Problem bereitete.

[27] **Zugabezusammenhang. Neben einer Ware oder Leistung bedeutet: Zu jeder Zugabe gehört ein Hauptgeschäft** (Begriff: Anm. 7; Gegenstand: Anm. 8, 9), **zu dem die Zugabe,** wenn nicht im Rechtssinne, so doch wirtschaftlich, **als zusätzliche, unberechnete Nebenleistung in Aussicht gestellt oder gewährt wird.** Eine Zugabe ohne Hauptgeschäft ist begrifflich nicht denkbar. **Denn die „Gabe“ muß im geschäftlichen Verkehr nicht nur neben sondern auch „zu“ Waren oder Leistungen in Aussicht gestellt oder gewährt werden.**

Zu diesen muß ein wirtschaftlicher und werblicher Zusammenhang gegeben sein. Unterschiedslos Käufern und Nicht-Käufern gemachte Zuwendungen, mit denen der Werbende nur die Aufmerksamkeit auf sich, auf seine werblichen Veranstaltungen oder auf seine Erzeugnisse zu lenken sucht, ohne daß er die Zuwendung vom Kauf einer Ware abhängig macht, sind Werbegaben (vgl. Anm. 28 bis 33 u. 61) und keine Zugaben. Zwar werden sie zugewandt, um zu werben, sie werden aber nicht zusätzlich zu entgeltlich gelieferter Ware zugegeben. **Die Worte „neben einer" Ware oder Leistung unterstreichen das bereits aus der Wortverbindung Zu-Gabe folgende Tatbestandsmerkmal der eindeutigen Bestimmbarkeit der zugehörigen Hauptgeschäfte.** Auch eine nachträgliche Zuwendung kann Zugabe zu voraufgegangenen Hauptgeschäften sein (zum zeitl. Zusammenhang vgl. Anm. 34). Der Zugabezusammenhang entfällt aber, wenn der Käufer beim Kaufabschluß mit ihr nicht rechnen konnte. Neben entgeltlicher Waren- oder Leistungsabgabe wird eine Zugabe nur dann gewährt, wenn der Käufer mit einer unentgeltlichen Nebenleistung rechnen und durch diese zur Zeit des Kaufentschlusses unsachlich beeinflußt werden konnte. Andernfalls fehlt es am werblichen Zusammenhang (beachte 28—34 u. 36, 37). **Neben einer** Ware oder Leistung **bedeutet nicht,** daß eine Zugabe jeweils nur zu einem Hauptgeschäft angekündigt, angeboten oder gewährt werden kann. Zu mehreren Hauptgeschäften kann eine Zugabe (z. B. Sammelzugabe, vgl. Anm. 25, 38—44), zu mehreren Zugaben kann nur ein Hauptgeschäft gehören; z. B.: den Eltern wird ein Gebrauchsgegenstand, ihrem Kinde ein Spielzeug zugegeben.

[28] Zugabezusammenhang. Werbezweck und Werbewirkung. Werbehandlung im weitesten Sinne ist jedes Verhalten, das dazu bestimmt und geeignet ist, die Werbeadressaten in dem vom Werbenden gewünschten Sinne zu beeinflussen. Werbung im Sinne des Wettbewerbsrechts ist jedes im Zusammenhang mit einer Betätigung im geschäftlichen Verkehr gezeigte Verhalten, das dazu bestimmt und geeignet erscheint, die Adressaten auf den Werbenden und seine Erzeugnisse oder Leistungen aufmerksam zu machen, sie zu seinen Gunsten zu beeinflussen, sie zu bestimmen, seinen Erzeugnissen/Leistungen vor denen anderer den Vorzug zu geben oder sich zum Erwerb nach Maßgabe bestimmter Einzelangebote zu entschließen. Werbemittel und Werbeziele gibt es viele. **Das Zugaberecht betrifft nur das Werbemittel unentgeltlicher Zuwendungen, die gewährt oder in Aussicht gestellt werden, um den Erwerbsentschluß zu bestimm-**

ten Angeboten durch den Anschein besonderer Vorteilhaftigkeit zu beeinflussen (RG GRUR 1937, 882/885 — Freigas; BGHZ 34, 264/267 — Einpfennigsüßwaren; BGH GRUR 1964, 509/510 — Wagenwaschplatz; OLG München GRUR 1957, 384 — Schreibgarnitur). Nicht jedes Geschenk eines Gewerbetreibenden ist Zugabewerbung. Das Zugabeverbot stellt nicht eine abschließende Kondifizierung der Wertreklame dar; sie bekämpft nur deren Hauptauswüchse (RGZ 149, 242 — Taschenmerkbuch; BGH GRUR 1959, 544 — „Modenschau"; BGH GRUR 1961, 588/592 — Einpfennigsüßwaren; BGH GRUR 62, 415/416 — Glockenpackung). Das Verbot trifft nicht die Wertreklame schlechthin, sondern nur eine, nach Auffassung des VO-Gebers besonders gefährliche Variante, nämlich Zuwendungen, deren Gewährung von dem Abschluß eines Hauptgeschäfts abhängig ist und die ferner unentgeltlich oder gegen bloßes Scheinentgelt hergegeben werden (BGH GRUR 1968, 600/601 — Ratio-Markt II). **Zusammenhang zwischen Zuwendungen und der im geschäftlichen Verkehr ganz allgemein entfalteten Erwerbstätigkeit genügt nicht. Die Zuwendungen müssen neben Hauptangeboten gemacht oder in Aussicht gestellt werden, für die sich der Kunde um ihretwillen entschließen soll.**

Auf die Förderung des Einzelgeschäfts kommt es an. Einzelgeschäfte und allgemeine Geschäftstätigkeit sind zweierlei, insbesondere werblich. Aufmerksamkeitswerbung durch Geschenke dient der sogenannten Durchdringung, d. h. dem Bekanntwerden. Nur Zuwendungen werden erfaßt, die als zusätzliche, unentgeltliche Nebenleistungen zu bestimmten Hauptgeschäften in Aussicht gestellt oder gewährt werden und diese als besonders vorteilhaft erscheinen lassen und dadurch zum Kauf verleiten. Unterschiedslos Käufern und Nichtkäufern gemachte Zuwendungen sind nicht geeignet, einzelne Hauptgeschäfte besonders vorteilhaft erscheinen zu lassen, denn der Vorteil wird auch gewährt, wenn es nicht zum Abschluß eines Hauptgeschäfts kommt. Das gleiche gilt, wenn die Zuwendung ausdrücklich nicht vom entgeltlichen Bezug einer Hauptware abhängig gemacht wird; dies gilt auch dann, wenn in den weitaus meisten Fällen ein Kaufvertrag zustande kommt, z. B. wenn auf Bestellung ein Eßbesteck zur Probe und gleichzeitig ein Aschenbecher mit dem ausdrücklichen Bemerken geliefert wird, der Empfänger könne ihn auch behalten, wenn er das Besteck nicht kaufe (BGH GRUR 68 S. 649/650 — Rocroni-Aschenbecher). Das gleiche gilt, wenn Farbfilme in der Hoffnung verschenkt werden, daß die Empfänger sie beim Werbenden entwickeln lassen (OLG Stuttgart GRUR 1970,

192). Zugabe entfällt auch, wenn es dem beschenkten Kunden peinlich ist, ohne Kauf den Laden zu verlassen; denn ein psychologischer Kaufzwang reicht nicht aus, um den erforderlichen Zugabezusammenhang herzustellen (BGH Rocroni-Ascher a. a. O.). Überläßt der Hersteller dem Händler Werbematerial, das für diesen von Nutzen ist, mit dem aber in dessen Geschäftslokal auch, wenn nicht sogar vorwiegend, für das Erzeugnis des Gebers geworben wird, dann läßt der werbliche Vorteil nicht den Kauf der Waren des Herstellers oder Händlers vorteilhafter erscheinen; nach Auffassung des Verkehrs ist der Nutzen Vergütung dafür, daß der Händler für den Hersteller wirbt (vgl. Anm. 45/46). Warenproben (vgl. Anm. 20, 60) lassen auch bei äußerem Zusammenhang mit entgeltlichen Warenumsätzen das Angebot nicht vorteilhafter erscheinen, denn auch nach Auffassung des Verbrauchers soll mit ihnen nur dem Empfänger Gelegenheit gegeben werden, sich vom Wert und der Beschaffenheit der der Probe zugehörigen Ware zu überzeugen.

Zum Kauf einer anderen Ware kann eine Warenprobe nur verlocken, wenn der Probierzweck nicht erkennbar wird oder die Zuwendung unter Probevorwand dem Kunden neben einer Hauptware (Leistung) in Aussicht gestellt oder gewährt wird.

Dies gilt auch dann, wenn die Probe zusammen mit einer Hauptware abgegeben wird (beachte Anm. 59 u. § 3 I lt. a ZugGesÖ).

Ein äußerer räumlicher oder zeitlicher Zusammenhang genügt nicht (Anm. 34, 35); er kann aber die — widerlegliche — Vermutung begründen, daß der weiter notwendige innere (Werbe)-Zweckzusammenhang gegeben ist. Das gleiche gilt, wenn äußerer Anlaß für die Zuwendung der Abschluß, das Angebot oder die Ausführung eines Hauptgeschäfts ist. Ein ersichtlich anderer Werbezweck schließt Zugabevermutung aus (vgl. Anm. 21).

[29] Zugabezusammenhang. Das Tatbestandsmerkmal „Zugabezusammenhang" erfordert, daß zwischen der Zuwendung und bestimmten Hauptgeschäften ein innerer und äußerer Zusammenhang gegeben ist. Beide müssen vom Verkehr als zusammengehörig angesehen werden. Worauf im Einzelfall dieser Eindruck beruht, ist unerheblich. Der äußere Zusammenhang allein genügt aber nicht; notwendig ist weiter, daß ein innerer, der Wertreklame eigentümlicher werblicher Zusammenhang gegeben ist. Abstrahierende Formeln, wie „objektiv feststellbare Kausalitätseignung zur Herbeiführung eines bestimmten Werbeerfolges" (so Verf. bei Godin-Hoth S. 296) oder Begriffe wie „Zweckzusammenhang" oder „Bedingungszusammenhang", kennzeichnen nur unzureichend die Eigenart des Tatbestandes.

Ihrem Wortsinn nach bezeichnen sie jeweils nur eine von mehreren notwendigen Voraussetzungen.

Rechtsprechung und Schrifttum zum Tatbestandsmerkmal „Zugabezusammenhang": Eine Zugabe muß „in äußerlich erkennbarer Weise Beziehung zu" dem Erwerb einer Hauptware haben (BGH GRUR 1954, 167/168 — „Kundenzeitschrift"). Es muß „irgendein Abhängigkeitsverhältnis zu früherem oder später oder gleichzeitig getätigtem Warenkauf" gegeben sein (BGH GRUR 1959, 544/545 — „Modenschau"). Der Erwerb der unberechneten Nebenleistung muß als dazu bestimmt und geeignet erscheinen, den Empfänger in seiner Entschließung zum Erwerb der Hauptleistung zu beeinflussen (RGZ 154, 25/28/35 = GRUR 1937, 822/885 — Freigas; BGHZ 11, 286/289 — Kundenzeitschrift; BGH GRUR 1963 S. 197/200 — Zahnprothesenpflegemittel, GRUR 1968, 649/651 — Rocroni-Aschenbecher u. WRP 1972, 254/255 — Cognac-Portionierer; OLG Stuttgart NJW 1969, 2032 — Einkaufsfahrt; Klauer-Seydel S. 16 Rz. 18; Ulmer-Reimer S. 808 Nr. 1067). Dieser Zusammenhang muß beim Angebot der Hauptware/Leistung und der Zugabe, spätestens aber bei Ausführung des Geschäfts, offenkundig sein (gl. M. Reimer-Krieger S. 28 Rz. 9). Für den Zugabezusammenhang genügt es, wenn die außervertraglich gewährte unentgeltliche Leistung den Eindruck der Abhängigkeit vom Bezug der Hauptware oder Leistung erweckt, und geeignet ist, den Kaufentschluß des Kunden zu beeinflussen (BGH GRUR 1964 S. 509/510 — Wagenwaschplatz). Ein zeitlicher Zusammenhang zwischen der Gewährung der Nebenleistungen und dem Abschluß des Hauptgeschäfts ist nicht erforderlich; es genügt, wenn die Hingabe der Zugabe in äußerlich erkennbarer Weise Beziehung zu einer Hauptware hat (BGHZ 11, 286/289 — Kundenzeitschrift). Auch bei vorangehender unentgeltlicher Zuwendung kommt ein Zugabeverstoß nur in Betracht, wenn ein entgeltliches Geschäft über die Hauptware zustande kommt und die Gewährung der Hauptware von dem Abschluß des Geschäfts über die Hauptware abhängig ist. Es genügt nicht, daß die Hingabe der Nebenware in der Erwartung erfolgt, es werde vielleicht gerade wegen der Zuwendung ein Geschäftsabschluß getätigt werden, ohne daß dieser vom Abschluß des Hauptgeschäfts abhängig ist. Der notwendige Zusammenhang ergibt sich erst, wenn ein entgeltliches Hauptrechtsgeschäft zustande kommt und die Gewährung der Zuwendung von dessen Abschluß abhängig ist (BGH GRUR 1971, 322 — Lichdi-Center).

Auch der Umstand, daß in den weitaus meisten Fällen der Kaufvertrag später zustande kommt, gestattet keine andere rechtliche Beurteilung; maßgebend sind die dem Empfänger bekanntgegebenen Voraussetzungen, unter denen er die Zuwendung erhält (BGH Rocroni a. a. O.; BGH GRUR 1968, 600/601 — Ratio-Markt II). **Das Zugabeverbot erfaßt** nur einen Teil der sog. Wertreklame und **nur solche unentgeltlichen Zuwendungen, deren Gewährung vom Abschluß eines Hauptgeschäfts abhängig ist** (BGH Ratio-Markt II a. a. O.). Zugabe entfällt, wenn eine Nebenware unabhängig von dem entgeltlichen Bezug der Hauptware angekündigt und gewährt wird (BGH Rocroni a. a. O.), nicht dagegen, wenn beim Kauf auf Probe der Käufer vom Rücktrittsrecht Gebrauch macht und trotzdem die Zuwendung behalten darf (BGH GRUR 1971, 361 — Vierfarbenkugelschreiber). Die notwendige Abhängigkeit ist gewahrt, wenn wegen der in Aussicht stehenden Zuwendungen der Einkauf beim werbenden Unternehmer besonders vorteilhaft erscheint, etwa weil jedem Kunden, der den Laden betritt, ein Geschenk überreicht oder beim Betreten eines Tabakwarenladens jedem Kunden ein Taschenmesser überreicht wird (OLG Düsseldorf AWR 1935, 15; beachte Anm. 32). Zugabe entfällt, wenn erkennbar ein anderer als der der Zugabe eigentümlicher Werbezweck verfolgt wird, z. B. Abgabe der Warenprobe eines Konkurrenzerzeugnisses der Hauptware (BGH GRUR 63, 197/200 — Zahnprothesenpflegemittel; beachte Anm. 59). **Die Zugabe wird gewährt, weil man kauft, die Werbegabe dagegen, damit man kauft** (OLG Wien ÖBl. 1958, 42; Borck WRP 1966, 221); abzulehnen, denn nicht der gefaßte Kaufentschluß soll belohnt sondern der Kunde soll durch die Zugabe zum Kauf verleitet werden. Außer einem äußeren Zusammenhang mit Hauptgeschäften muß die Gratiszuwendung nach Auffassung der beteiligten Verkehrskreise geeignet sein, die gegebene Geschäftsverbindung irgendwie zu beeinflussen (OLG Karlsruhe WRP 1957, 261/262 — Landpost; zust. Wirth BB 62, 356/358), bzw. einen Anreiz auf den Kunden zum Vertragsschluß ausüben (BGHZ 11, 274/278 — Orbis; BGH GRUR 1963, 322/324 — Mal- und Zeichenschule I). Die Zugabe ist ein zusätzlicher, neben einer Ware oder Leistung gewährter Vorteil (OGHÖ ÖBl. 1959, 75; BGH GRUR 1966, 214/215 — Einführungsangebot). Sie muß dazu bestimmt und geeignet sein, beim Empfänger die Vorstellung zu wecken, er erlange einen zusätzlichen wirtschaftlichen Vorteil, der mit dem von ihm gewünschten Geschäft normalerweise nicht verbunden ist (OLG Stuttgart NJW 1954, 925 — Wochenendbeilage = Winkler § 1 II lit. e ZugVO,

Nr. 2 S. 7). Zur Zeit des Kaufentschlusses müssen beim Käufer durch die empfangene oder erwartete Zuwendung zu der aus Haupt- und Nebenleistung bestehenden Gesamtleistung gesteigerte Vorteilsvorstellungen geweckt werden, wie sie jeder Wertreklame eigentümlich sind (BGH GRUR 61 S. 588/593 — „Einpfennigsüßwaren"). Der zusätzliche Vorteil muß gegenüber der Werbekraft der Hauptleistung und sonstiger Bemühung als so gewichtig erscheinen, daß er geeignet ist, das umworbene Publikum in seiner Entschließung unsachlich zu beeinflussen (RG Freigas a. a. O.). Der Beeinflussungseffekt (Baumbach-Hefermehl I S. 1217 Rz. 69) ist wesentliches Merkmal der Zugabe und stellt neben der äußeren Sachbeziehung den Werbezusammenhang her. Die Zugabe ist „mit dem Hauptgeschäft derart verbunden, daß sie in den beteiligten Abnehmerkreisen einen Anreiz zum Abschluß gerade dieses Geschäfts bildet" (Lukesch S. 5). Die Zugabe ist die wichtigste Erscheinungsform der Wertreklame. Sie erweckt den Anschein besonderer Vorteilhaftigkeit durch den ihr eigenen „psychologischen Eindruck der Unentgeltlichkeit" (Tetzner Z S. 23); dieser ist unentbehrliche Anwendungsvoraussetzung für § 1 ZugVO (BGH GRUR 1960, 558/562 — Eintritt in Kundenbestellung; Reschreiter GRUR 1936, 697/701). Die dem Anschein nach unentgeltliche Zuwendung muß Vorspann zu zugehörigen Hauptangeboten sein (Hoth GRUR 1961, 562/563; OLG München WRP 1963, 413/414 — Freifahrt). Sie muß als zusätzliche unentgeltliche Nebenleistung zu einem entgeltlichen Hauptgeschäft in Aussicht gestellt oder gewährt werden, denn das Verhältnis von Haupt- und Nebenleistung ist charakteristisches Merkmal des Zugabezusammenhanges (Hohenecker-Friedl S. 122). Die Zugabe ist eine dem Anschein nach unentgeltliche Zusatzleistung zu einer Hauptware oder Leistung (Culemann JW 1937, 1886; Tetzner Z S. 20). Die Zuwendung muß neben und mit Rücksicht auf die Förderung des Absatzes der Hauptware oder Leistung in Aussicht gestellt oder gewährt werden (BGH GRZR 1961, 588/591 — Einpfennigsüßwaren; v. Gamm S. 141; Ulmer-Reimer 808 Nr. 1067). Schon der Name „Zugabe-VO" bringt zum Ausdruck, daß nur die Zugabe erfaßt wird, d. h. die Zuwendung einer Ware, die zusätzlich zu einer anderen Hauptware zugewandt wird (OLG Hamburg WRP 1963, 164/165 — Verschenken von Originalpackungen). Die Zugabe muß geeignet sein, den Erwerbsentschluß des Kunden zu beeinflussen (Baumbach-Hefermehl I S. 1183 Rz. 5; Reimer GRUR int. T. 1958, 159/160; Bussmann-Pietzcker-Kleine S. 39). Fehlt ein Zusammenhang mit einem Hauptgeschäft, liegt keine Zugabe vor (Meister

S. 53). Die Zugabe ist mit der Hauptware derart verbunden, daß sie in den beteiligten Abnehmerkreisen einen Anreiz zum Abschluß gerade dieses Geschäfts bildet (Lukesch S. 5). Klauer-Seydel (S. 16 Rż. 18) verlangen zweierlei: die Zuwendung muß geeignet sein, den Erwerbsentschluß zur Hauptleistung zu beeinflussen und weiter „objektive Verkopplung" von Hauptleistung und Zugabe, d. h. die Zuwendung muß davon abhängig gemacht werden, daß die Hauptware gekauft wird.

[30] **Zugabezusammenhang. Der notwendige enge Zusammenhang,** das Abhängigkeitsverhältnis (RGZ 154, 882 — Freigas) **setzt voraus, daß die Zuwendung nach Auffassung des Verkehrs nur unter der Bedingung eines Kaufes in Aussicht gestellt oder gewährt wird** (BGH GRUR 1968, 649/651 — Rocroni-Ascher; BGH GRUR 1968, 600/601 — Ratio-Markt II; BGH GRUR 1971, 322 — Lichdi-Center u. 1971, 361 — Vierfarbkugelschreiber; GRUR 1968, 600/601 Ratio-Markt II; Baumbach-Hefermehl I S. 1184 Rz. 7, 8; Klauer-Seydel S. 16; Godin-Hoth S. 296 Anm. 16). Es genügt nicht, daß die Zuwendung in der Erwartung gemacht wird, daß es vielleicht gerade ihretwegen zum Abschluß eines Hauptgeschäfts kommt (Ulmer-Reimer S. 808 Nr. 1068; BGH Rocroni, Lichdi-Center u. Vierfarbkugelschreiber a. a. O.).

Wegen der in Aussicht gestellten oder gewährten Vorspannleistung muß ein Hauptgeschäft besonders vorteilhaft erscheinen. Es genügt, wenn bei einer nicht mehr unerheblichen Minderheit entsprechende Vorstellungen geweckt werden. Zum objektiven Tatbestand und damit auch für den Unterlassungsanspruch (zum Schadensersatzanspruch u. zur Strafbarkeit vgl. §§ 2 II, 3 ZugVO bzw. §§ 4, 5 ZugGesÖ) ist es unerheblich, was der Täter meint oder bezweckt; der bei den angesprochenen Verkehrskreisen hervorgerufene Eindruck entscheidet (BGHZ 11, 276 — Orbis). **Auszugehen ist von dem, was der durchschnittliche Käufer bei verständiger Würdigung annehmen muß** (Baumbach-Hefermehl a. a. O.). Bei Werbemitteilungen (Ankündigungen, Angebote, vgl. Anm. 4, 5) ist von der Auffassung des flüchtigen Lesers oder Zuhörers auszugehen, der oft über den Blickfang nicht hinausliest bzw. nur Werbeschlagworte, nicht aber weitere Erläuterungen aufnimmt (OLG Hamburg WRP 1963, 26 — Röstfrisch). Eine äußere, nach Auffassung des Käuferpublikums wenn nicht rechtliche, so mindestens faktische Abhängigkeit der zusätzlichen Nebenleistung vom Hauptgeschäft reicht allein nicht aus. Denn nicht jede nicht notwendige Nebenleistung ist eine Zugabe. Zur äußeren Bindung der Zuwendung an bestimmte Hauptgeschäfte muß ein innerer, in subjektiven Vorstellungen der umworbenen Verkehrskreise begründeter Zusammenhang hinzutreten. Die unberechnete Zusatzleistung muß als Vorspann zum Hauptgeschäft gewertet werden und dieses vorteilhafter erscheinen lassen, als es normalerweise erwartet werden kann (Anm. 31).

Ist bei Zuwendung völlig ungewiß, ob der Empfänger kaufen wird, z. B. weil nicht zu erwarten ist, daß vor Erproben der Warenprobe weitere Käufe getätigt werden oder weil es aus sonstigen Gründen nicht dem typischen Geschehensablauf entspricht, daß der Umworbene wegen der Zuwendung die angepriesene Ware kaufen wird, dann fehlt der für die Zugabe notwendige Vorspannzusammenhang (OLG Hamburg WRP 1963, 164/165 — Originalpackung als Probe).

[31] **Zugabezusammenhang. Das Hauptgeschäft muß wegen der Zusatzleistung als besonders vorteilhaft erscheinen,** anderenfalls scheidet Zugabe aus. Die Hoffnung, der Kunde werde sich bei gegebenem Bedarf wegen der ihm gemachten Zuwendung moralisch zum Kauf verpflichtet fühlen, genügt nicht. **Spekulationen auf Dankbarkeitsgefühle oder darauf, daß der Bedachte einem moralischen Kaufzwang erliegen werde, sind nur nach § 1 UWG nicht nach Zugaberecht zu beurteilen** (h. M.: BGH GRUR 1959, 544/546 — Modenschau; BGH GRUR 1971, 322 — Lichdi-Center; BGH GRUR 1968, 649 — Rocroni-Ascher; OLG Karlsruhe WRP 1957, 261/262 — Landpost; OLG München WRP 1956, 341 — Schreibgarnitur u. OLG München WRP 1963, 413 — Kundenbeförderung; OLG Stuttgart NJW 1969, 2052/2053 — Einkaufsfahrt; Baumbach-Hefermehl I S. 1197 Rz. 11 u. zu § 1 UWG S. 354 Rz. 48, Hohenecker-Friedl, S. 72; Klauer-Seydel S. 17 Rz. 22; Tetzner Z S. 19 ff. u. 32; D. Reimer GRUR int. T. 1958 S. 159, 160; Burchard GRUR 1956, 163; Wirth BB 1962, 356; Winter WRP 1963, 120/121; a. M.: RGSt. GRUR 1937, 889 — Kaffeebestellung — Gesellschaftsspiel; OLG Hamm MuW 1938, 263; OLG Wien ÖBl. 1956 S. 32 = GRUR int. T. 1956, 451 m. Anm. v. Schönherr GRUR int. T. 1958, 159 r. Sp., Reimer-Krieger S. 28 ff. Rz. 10 = E. Reimer III. Aufl. S. 980 ff.). Unentgeltliche Zuwendung, durch die der Empfänger moralisch verpflichtet werden soll zu kaufen, beeinflussen den Kaufentschluß nicht durch die jeder Wertreklame eigentümliche Vorstellung, ihretwegen sei das Hauptgeschäft besonders vorteilhaft.

Durch die Zugabe wird die Begehrlichkeit angereizt und hierdurch zum Kauf verlockt nicht aber ein moralischer und sonstiger Zwang ausgeübt. **Verlockung nicht aber Nötigung zum Kauf ist für die Wertreklame typisch.** Die gegenteilige Auffassung, auch moralischer Kaufzwang stelle Zugabezusammenhang her (so nach Hoth bei Godin-Hoth S. 295 Anm. 13, S. 298, Anm. 17, S. 299 Anm. 19) wird aufgegeben. Macht ein Hersteller Angestellten eines Wiederverkäufers Zuwendungen, um sie zu intensiver Kundenbeeinflussung zu bestimmen, dann gewährt er keine Zugaben sondern honoriert besondere Bemühungen. In aller Regel wird aber gegen §§ 1, 12 UWG verstoßen (RG JW 1938, 883; RGSt. 48, 291 — Korkengeld; BGH GRUR 1971, 223/225 — Clix-Maus; Greifelt DW 1965 Nr. 1 S. 2; Leo WRP 1966, 153; a. M.: v. Harder GRUR 1967, 182).

Das gleiche gilt, wenn unter Ausnutzung eines besonderen Affektionsinteresses von Kindern deren Begehrlichkeit geweckt wird, um sie dazu aufzustacheln, ihre Eltern durch Betteln, Weinen oder sonstige entnervende Unarten zum Kauf zu nötigen, in der Spekulation darauf, daß diese im Zweifel nachgeben werden, um sich der Peinlichkeit und Qual der Situation zu entziehen. Die Angestellten werden durch Bestechung zu einseitiger Bemühung veranlaßt, die Kinder werden durch Verlockung dazu mißbraucht, als vorgespannte Werbepeiniger dem Geber zu dienen.

[32] **Zugabezusammenhang. Vorteilsvorstellung und Kaufentschluß. Die durch die Zuwendung zum Hauptgeschäft geweckten Vorteilsvorstellungen müssen den Kaufentschluß unsachlich beeinflussen** (RGZ 154, 28/35 — Freigas; BGH GRUR 1959, 544/545 — Modenschau; BGH u. GRUR 1961, 588/593 — Einpfennigsüßwaren). Treten sie gegenüber der überragenden Werbekraft der Hauptleistung bis zu völliger Bedeutungslosigkeit zurück, scheidet Zugabe aus (RG — Freigas a. a. O.). Wird jedem Kunden am Eingang eines Selbstbedienungsladens ein Gutschein über einen Gegenstand in die Hand gegeben, der an der Kasse eingelöst werden kann, oder wird am Eingang oder im Geschäftslokal ein Gegenstand (Taschenmesser, Zigarrenabschneider o. ä.) ausgehändigt, dann ist der Zusammenhang offenkundig.

Ein nicht unerheblicher Teil des Publikums wird sich auch dann zum Kauf in diesem Geschäft verleiten lassen, wenn die Preise der angebotenen Waren den üblichen Preisen entsprechen. Im Vergleich zum Angebot der anderen Händler ist dort, trotz normaler Preisstellung, der Kauf wegen der vorweg unterschiedlos gemachten Zuwendung besonders vorteilhaft. Sieht ein mehr oder weniger geringer Teil der Empfänger vom Kauf ab oder schwindet die geweckte Kaufbereitschaft wieder, wird von dem einen oder anderen Kunden gekauft, weil es ihm peinlich ist die Kasse zu passieren, ohne gekauft zu haben, dann ändert dies nichts am Zugabeverstoß (OLG Düsseldorf AWR 1935, 15: Verteilen von Taschenmessern am Eingang eines Zigarrengeschäftes; Baumbach-Hefermehl I S. 1185 Rz. 9). Zur Abgabe von Probepackungen vgl. Anm. 42. Zwar werden Warenhäuser auch nur zu Besichtigungszwecken und nicht ausschließlich in Kaufabsicht betreten, jedoch läßt dies bei gleich gelagertem Sachverhalt keine andere Beurteilung zu (a. M.: Baumbach-Hefermehl a. a. O.). Die Größe derartiger Verkaufsstätten hat nur zur Folge, daß derjenige, der nicht kauft, nicht weiter auffällt. Damit entfällt ein moralischer Kaufzwang, nicht aber die durch das in Aussicht stehende Geschenk geweckte Vorstellung, dortselbst sei der Einkauf besonders vorteilhaft. Wird erkennbar nur in der Hoffnung etwas zugewandt, der Empfänger werde deshalb geneigt sein, seine Aufmerksamkeit dem Geber vor anderen Wettbewerbern zuzuwenden, ohne daß zu getätigten oder beabsichtigten Einkäufen durch die Zuwendung der Anschein besonderer Vorteilhaftigkeit hervorgerufen wird, scheidet Zugabe aus, z. B. wenn auf einer Werbeveranstaltung, für die mit Geschenken geworben worden war, unterschiedslos Käufer und Nichtkäufer erneut beschenkt werden (OLG Düsseldorf WRP 1966, 103/104 — Wärmedecken), oder wenn nach getätigtem Kauf unerwartet ein Geschenk gemacht wird; beachte Anm. 34. Das für die Zugabe typische Beeinflussungsmoment fehlt, wenn eine Möbelfirma oder ein Fachgeschäft für Wäscheausstattungen zusammen mit anpreisenden Prospekten aufgebotenen Brautleuten „Hochzeitsgeschenke" zusendet oder beim Betreten oder Verlassen des Standesamtes aushändigen läßt.

Zwar ist ein äußerer Zusammenhang zu angestrebten Verkäufen gegeben, die Empfänger werden vielleicht auch durch die Zuwendungen bei der Wahl ihres Lieferanten unsachlich beeinflußt, aber gemachte Warenangebote können durch die Zuwendung nicht vorteilhafter erscheinen, als sie sind. Wird jungen Brautleuten, die mit dem Pkw abgeholt werden, beim Betreten des Geschäftslokals und ehe sie sich zum Kauf entschlossen haben, ein Geschenk gemacht, dann liegt Zugabe vor, wenn sie damit bei Antritt der Fahrt rechnen konnten. Ist dies nicht der Fall, dann werden sie zusätzlich einem moralischen Kaufzwang ausgesetzt, der nach § 1 UWG wettbewerbswidrig ist. Zugabeankündigung liegt vor, wenn Einladungen

„zum unverbindlichen Besuch des Möbel- und Wäschelagers" verschickt werden, in denen erklärt wird, beim Betreten des Ladens erhalte jeder Besucher ein Geschenk.

[33] **Zugabezusammenhang. Der Werbende braucht sich des Zugabezusammenhangs nicht bewußt zu sein** (BGHZ 11, 275 — Orbis; Godin-Hoth S. 296 Anm. 16; Baumbach-Hefermehl I S. 1184 Rz. 8). Dies gilt nur für die Unterlassungspflicht; zum Ersatzanspruch muß der Täter vorsätzlich oder fahrlässig handeln. Es genügt, wenn er sich bewußt naheliegender Erkenntnis verschließt. Fahrlässig handelt, wer die von ihm zu fordernde Sorgfalt und Aufmerksamkeit außer acht läßt, die auch dazu verpflichtet, sich bei sachkundigen Personen z. B. Anwälten oder Verbänden zu erkundigen. Zum subjektiven Tatbestand vgl. im einzelnen §§ 2, 3 ZugVO und die Anm. dort.

[34] **Zeitlicher Zusammenhang. „Es ist belanglos, ob die Zugaben im vornhinein, gleichzeitig mit der Ware oder Leistung oder erst später gewährt werden sollen oder gewährt werden"** (§ 1 I S. 3 ZugGesÖ). Was der österreichische Gesetzgeber ausspricht, gilt auch für die deutsche Rechtsanwendung. Zeitlicher und räumlicher Zusammenhang sind nicht erforderlich (RGZ 149, 246 — Dentistentagebuch; RGZ 154, 28/35 — Freigas; BGHZ 11, 296/289 — Kundenzeitschrift; BGH u. GRUR 1959, 544/545 — Modenschau; OLG Stettin JW 1937, 2770; OLG Hamm GRUR 1938, 447; E. Reimer III. Aufl. S. 980; Tetzner Z S. 20; Klauer-Seydel S. 17). Das gleiche gilt, wenn in Ankündigungen oder Angeboten die Zuwendung von Zugaben vor, gleichzeitig mit oder nach Abschluß des Hauptgeschäfts in Aussicht gestellt werden. Angebot und Ankündigung müssen begrifflich nicht nur dem Gewähren der Zugabe sondern auch dem Abschluß des Hauptgeschäfts voraufgehen. Nur dann können sie beim Käufer motivbestimmende Vorstellungen wecken (vgl. Anm. 28—32). Zu bereits getätigten Hauptgeschäften können keine Zugaben angeboten oder angekündigt werden. **Der notwendige Zusammenhang muß zur Zeit des Kaufentschlusses gegeben sein; in Umkehrung der Kausalfolge kann er nicht nachträglich hergestellt werden.** Werden nach Geschäftsabschluß Zuwendungen in Aussicht gestellt oder gewährt, mit denen der Käufer beim Kauf nicht rechnen konnte, scheidet Zugabe aus. Dies gilt auch für nachträgliche Zuwendungen, die den Kunden veranlassen sollen, sich bei künftigem Bedarf an das Angebot des Gebers zu erinnern und die-

sem seine Aufmerksamkeit zu schenken. Geschieht es regelmäßig oder ergibt sich aus sonstigen Umständen, daß bei künftigen Einkäufen der Kunde damit rechnen kann, nachträglich ein Geschenk zu erhalten, dann ist der Zugabetatbestand erfüllt. Denn für Angebot und Ankündigung genügt eine Geste oder ein Verhalten, das geeignet ist, bestimmte Vorstellungen zu wecken (vgl. Anm. 4, 5, 25—32).

Werbezweck der Zugabe ist es, zu bestimmten Hauptgeschäften den Erwerbsentschluß des Kunden zu beeinflussen (vgl. Anm. 15, 25 ff.). Angestrebter Werbeerfolg ist der Geschäftsabschluß, der in der Regel der Ausführung vorangeht. Die Ausführung (Abnahme der Ware oder Leistung) ist nur dessen Folge; Ausnahme: Lieferung unbestellter Ware zusammen mit einer Zugabe oder deren Ankündigung. Der Vertragsabschluß sichert den angestrebten wirtschaftlichen Erfolg des Hauptgeschäfts; **die dem Ziel und Zweck des Verbots zuwiderlaufenden und von diesem bekämpften werblichen Wirkungen müssen spätestens bei Vertragsschluß (Kaufentschluß) wirksam geworden sein.** Kommt es auch nicht auf den Zeitpunkt der Zuwendung an, **der zeitliche Zusammenhang zum Hauptgeschäft muß der Kausalfolge Werbehandlung, (beeinflußter) Kaufentschluß, Vertragsausführung entsprechen.** Angebot und Ankündigung setzen voraus, daß erst künftig gewährt werden wird. Mit dem Hinweis in einer Zeitung, daß dieser eine Beilage beigefügt sei, wird deshalb auch keine Zugabe in Aussicht gestellt (OLGÖ JBl. 1937, 234), es sei denn, daß es augenfällig auf der Titelseite geschieht und beim üblichen Zeitungsaushang vom Publikum wahrgenommen werden kann. Der auf der Warenhülle befindliche, Kinder ansprechende Aufdruck „wenn ihr die äußere Umhüllung vorsichtig entfernt, findet ihr eine Überraschung für Bastler, mit der man Häuser, ja eine ganze Stadt aus Karton aufbauen kann", ist nicht nur ein Hinweis auf die beigepackte Zugabe; gleichzeitig wird angekündigt, daß beim Kauf gleicher Waren künftig gleiche Zugaben gewährt werden (OLG Wien PBl. 1938, 12). Angebot oder Ankündigung, sei es auch nur durch schlüssiges Verhalten, ist nicht notwendig. Auch was auf Verlangen des Kunden gewährt wird ist Zugabe (BGH GRUR 1960, 558 — Eintritt in Kundenbestellung). Wird nachträglich gewährt, dann genügt es, wenn der Kunde zur Zeit des Kaufentschlusses damit rechnen kann, daß er, sei es bei dessen Ausführung, sei es danach, eine Zugabe erhalten wird. Diese Erwartung muß in Umständen begründet sein, die dem Geber zuzurechnen sind, wie z. B. Handhabung des Werbenden in der Vergangenheit (Godin-Hoth

S. 298 Anm. 17; Baumbach-Hefermehl I S. 1186 Rz. 10; Klauer-Seydel S. 17 Rz. 21). Daß eine Zuwendung „nur mit Rücksicht auf den Erwerb der Hauptware" (Baumbach-Hefermehl I S. 1184 Rz. 6) gewährt wird, genügt nicht; es muß für den Käufer zur Zeit seines Kaufentschlusses erkennbar sein.

Wird wegen eines sich über längere Zeit hinziehenden Dauerbezuges eine Zugabe gewährt, so ist Zugabezusammenhang zu allen Einzellieferungen gegeben (RGZ 149, 242 — Dentistentagebuch; Klauer-Seydel a. a. O.; Hefermehl WuW 53, 266/267). Das gleiche gilt, wenn Einzellieferungen die zu sammelnden Teile einer echten Sammlung oder Sammelgutscheine angefügt werden (vgl. Anm. 38 bis 44). Der Grundsatz, daß es auf einen zeitlichen Zusammenhang nicht ankommt (erstmals RG a. a. O.), wurde vom BGH seit der Entscheidung „Kundenzeitschrift" (BGHZ 11, 286 = GRUR 1954, 167) laufend bestätigt und vom Schrifttum ohne Gegenmeinung übernommen. Die vielfältige Kritik am Urteil „Dentistentagebuch" richtet sich nicht hiergegen (so zutreffend Seydel a. a. O.), sondern gegen die in späteren Entscheidungen wieder aufgegebene Gleichstellung von Werbegabe und Zugabe und die zum Sachzusammenhang angedeutete Möglichkeit einer extensiven Auslegung des Verbots (vgl. BGH GRUR 1959, 544/545 — Modenschau).

Je größer der zeitliche oder auch räumliche Abstand zwischen Hauptgeschäft und Zuwendung ist, um so sorgfältiger ist zu prüfen, ob die Zugabevoraussetzungen erfüllt sind. Je größer der Abstand ist, um so zweifelhafter ist der Zugabezusammenhang (v. Godin-Hoth S. 298; Klauer-Seydel S. 17 Rz. 22; Baumbach-Hefermehl I S. 1185 Rz. 8; Reimer-Krieger S. 28 Rz. 9; Ulmer-Reimer S. 809 Nr. 1069). Ein nicht unerheblicher zeitlicher Abstand spricht für Aufmerksamkeitswerbung (Anm. 27), die in der Erwartung getrieben wird, daß bei gegebenem Bedarf der Empfänger diesen beim Werbenden decken werde. Ein zeitlicher Abstand, der das für den Zugabezusammenhang charakteristische Verhältnis von Haupt- und Nebenleistung (Hohenecker-Friedl S. 122) nicht mehr erkennbar werden läßt, schließt Zugabe aus; denn für die Werbeadressaten muß die vorweg gewährte Zuwendung wirtschaftlich als zum Hauptgeschäft erbrachte Vorausleistung eines Vorspanns erscheinen (OLG München WRP 1963, 413/414 — kostenlose Freifahrt).

[35] **Räumlicher Zusammenhang** ist nicht erforderlich. Das zum zeitlichen Zusammenhang Gesagte (Anm. 34) gilt sinngemäß. Zur Rechtsprechung und Schrifttum vgl. die Nachweise dort.

[36] Personeller Zusammenhang. Veräußerer / Geber. Der Zugebende braucht nicht der Verkäufer der Hauptware (Leistung) zu sein.

Verbindet Geber und Nehmer ein wirtschaftliches Interesse, nach dem die Förderung des Umsatzes des einen auch dem Absatzinteresse des anderen dient, dann ist der Zugabezusammenhang gewahrt (Godin-Hoth 298 Anm. 18; Baumbach-Hefermehl I S. 1196 Rz. 34; a. M. Böttcher BB 1970, 689/690), z. B. wenn ein Sportartikelgeschäft den Teilnehmern an Autobusfahrten eines mit ihm zusammen arbeitenden Autobus-Unternehmens „Gratis-Skikurse" in Aussicht stellt (OGHÖ ÖBl. 1962, 114; Schönherr WRP 1963, 156/157) oder ein Gaswerk Freigas zu Gasgeräten gewährt, die von dem im Vorsorgungsbereich ansässigen Gerätehandel verkauft werden. Es ist an der Herstellung und am Umsatz der Geräte nicht beteiligt, aber wegen der damit notwendig verknüpften Folge eigener Umsatzsteigerung ist es am Geräteabsatz interessiert. Daß der Geber auf Veranlassung des Verkäufers handelt, ist nicht notwendig (RG GRUR 1937, 882/887 = RGZ 154, 28 — Freigas; BGH GRUR 1963, 322 — Mal- und Zeichenschule II; OGHÖ ÖBl. 1962, 114 — Gratis-Skikurse; Godin-Hoth S. 298/299 Anm. 18; Baumbach-Hefermehl I S. 1196 Rz. 34; Ulmer-Reimer S. 812 Nr. 1076).

Es genügt, wenn die Zuwendung des einen als Vorspann bzw. Nebenleistung zum Hauptgeschäft des anderen erscheint. Auf das äußere Erscheinungsbild des Vorgangs und nicht nur auf die inneren Zusammenhänge kommt es an (Anm. 29). Das Motiv des Gebers ist unbeachtlich, desgleichen, ob er im Einvernehmen oder auf Veranlassung des Verkäufers der Hauptware handelt. Für den Unterlassungsanspruch genügt es, daß nach Auffassung des Verkehrs die Zuwendung des einen Zugabe zur Ware des anderen ist. Der Geber braucht sich des Zugabezusammenhangs nicht bewußt zu sein, desgleichen ist Förderungsabsicht nicht erforderlich. Zu dem zur Strafe erforderlichen Vorsatz vgl. § 3 ZugVO, zu Vorsatz und Fahrlässigkeit, wie sie für den Schadensersatzanspruch erforderlich sind, vgl. § 2 ZugVO. Der Geber ist Alleintäter, wenn er ohne Kenntnis des Verkäufers der Hauptware oder gegen dessen Willen handelt. Handeln beide im Einvernehmen, sind sie Mittäter. Liefert der Dritte lediglich die Zugaben aus, die der Veräußerer gewähren will, dann ist bei eigenem Zuwendungsinteresse, wie z. B. im Freigasfall, Mittäterschaft gegeben. Zum Unterlassungs- und Ersatzanspruch ist eine entsprechende Unterscheidung bedeutungslos; Anstifter und Gehilfen stehen Mittätern gleich (§ 840 I BGB). Aus wessen Vermögen die

Zugabe stammt, ist belanglos; wer ankündigt, anbietet oder gewährt, ist Täter, wer die Zugaben finanziert, kann Anstifter oder Mittäter sein, so z. B. ein Fabrikant, der kostenlos den Händlern für Zugabezwecke entsprechende Artikel zur Verfügung stellt (BGH GRUR 1962, 415 ff. — Glockenpackung; Baumbach-Hefermehl I S. 1195 Rz. 32). Hersteller, die nur Wiederverkäufer beliefern und an Verbraucher Geschenke verteilen, gewähren grundsätzlich zu den Umsatzgeschäften der letzten Handelsstufe keine Zugaben. Zwischen Geber und Empfänger scheiden Geschäftsabschlüsse aus; ein Sach- und Werbezusammenhang zu bestimmten Umsatzgeschäften bestimmter Einzelhändler ist in der Regel nicht festzustellen (RG GRUR 1938, 207 — Persil-Paket); zu bestimmten Hauptgeschäften können keine besonderen Vorteilsvorstellungen geweckt werden (Anm. 31). Verteilen Werbebeauftragte eines Herstellers im Geschäftslokal eines Einzelhändlers Geschenke, so ist zu dessen Warenangebot Zugabezusammenhang gegeben (vgl. Anm. 45).

Werden abgepackten Markenwaren Gutscheine beigepackt, die in ausreichender Zahl vorgelegt zum Bezug oder Erwerb eines Gebrauchsgegenstandes vom Hersteller berechtigen, liegt Sammelzugabe zu den einzelnen Verkäufen verschiedener Händler vor. Das gleiche gilt, wenn zwar ein Geldbetrag verbürgt, hierzu aber erklärt wird, die Gutscheinsammlung könne als Zahlungssurrogat beim Erwerb eines wertvollen Gegenstandes benutzt werden (BGH GRUR 1963, 322 — Mal- und Zeichenschule II; vgl. auch Anm. 24, 38, 43). Mit derartigen Angeboten wird gleichzeitig gegen §§ 4 RabGes., 13 DVO RabGes. verstoßen, da sog. Treueprämien nur in Geld gewährt werden dürfen (vgl. Anm. zu § 4 RabGes.). Werden Zugaben von Angestellten oder Beauftragten des Unternehmers angekündigt, angeboten oder gewährt, kommt zum Unterlassungs- und Ersatzanspruch § 2 II ZugVO zur Anwendung. Strafverfolgung gem. § 3 ZugVO setzt voraus, daß Beauftragte und Angestellte als Mittäter oder Gehilfen tätig werden (vgl. § 3 I). **Für den österreichischen Rechtsbereich beachte §§ 4 ZugGesÖ u. 19 UWGÖ.**

[37] **Erwerber / Empfänger. Der Abnehmer zum Hauptgeschäft braucht nicht Zugabeempfänger zu sein** (st. R. u. h. M.: BGHZ 11, 274/276 — Orbis; BGH GRUR 1963, 322 — Mal- und Zeichenschule II; Reimer-Krieger S. 38 Rz. 12; Baumbach-Hefermehl I S. 1196 Rz. 33; Godin-Hoth S. 298 Anm. 18; Tetzner Z S. 36, 37; Schönherr Zug. u. R. 11). Nicht jede dem Anschein nach unentgeltliche Zuwendung ist Zugabe, auch wenn durch diese entgeltliche

Hauptgeschäfte gefördert werden, z. B. nicht Geschenke an Angestellte eines Wiederverkäufers, um diese zu bestimmen, vor Erzeugnissen von Mitbewerbern den Absatz derjenigen des Gebers zu fördern (beachte § 12 UWG u. Anm. 61).

Das gleiche gilt für Werbern gewährte Belohnungen, Prämien, Provisionen u. ä.; diese sind Tätigkeitsentgelt (vgl. Anm. 51). In all diesen Fällen ist die Zuwendung kein Anreiz zum Kauf einer Hauptware sondern Entgelt für eine den Verkauf fördernde Tätigkeit (gl. M. Baumbach-Hefermehl a. a. O.).

Das gleiche gilt für Sachzuwendungen an Sammelbesteller und Kundenwerber. Ist ihr Wert unangemessen hoch und begründen sie die Gefahr von Auswüchsen, dann wird gegen § 1 UWG verstoßen (BGH GRUR 1959, 285/286 — Bienenhonig; Baumbach-Hefermehl I S. 390 Rz. 117). Bei Zuwendungen an Dritte muß der Käufer sich den wirtschaftlichen Vorteil des Zugabeempfängers selbst zurechnen bzw. als eigenen werten. Wird einem Kind, das den Käufer begleitet, ein Geschenk gemacht, ist der Zusammenhang gewahrt (st. R. u. h. M.; vgl. auch v. Godin-Hoth S. 289/299 Anm. 18 u. S. 297 Anm. 16; Reimer-Krieger S. 38 Rz. 12; Ulmer-Reimer S. 812 Nr. 1076; Tetzner Z S. 36 f.). Grundsätzlich werten Erwachsene Zuwendungen an sie begleitende Kinder als eigenen Vorteil; in der Regel machen sie sich auch deren Werteinschätzung zu eigen (gl. M. Baumbach-Hefermehl I S. 1216 Rz. 65; Schönherr ÖJZ 1954, 221; a. M.: BGH GRUR 1957, 40 — Puppenservice; beachte Anm. 29). Das gleiche gilt für den Mann, dessen Frau beschenkt wird, für den Teilhaber der bestellt, während der andere die Zugabe erhält. Wird eine Zuwendung als Werbeentgelt, Prämie o. ä. angekündigt und geschieht dies ersichtlich nur, damit der Kunde eine Mittelsperson vorschiebt, um sich die Zuwendung zu sichern, liegt Zugabe an den Käufer vor; der Dritte wird nur als Empfangsvertreter tätig (vgl. M. Baumbach-Hefermehl I S. 1196 Rz. 33). Beachte Anm. 51.

F. Zugabewerbung im einzelnen

[38] Zugabe von Sammelgegenständen; Allgemeines. Zur Sachgesamtheit als Zugabegegenstand vgl. Anm. 25. Rechtsprechung und Schrifttum unterscheiden zwischen echter und unechter Sammlung und zu diesen zwischen notwendiger, gewillkürter, offener und geschlossener Sammlung, Aufbauserie und Sammelvorrat. Die maßgeblichen Kriterien sind strittig; vgl. nachf. 39—44 und zum Schrifttum Klauer-Seydel S. 43 ff., Reimer-Krieger S. 52 Rz. 19 ff., Baumbach-Hefermehl I S. 1192 Rz. 26, Godin-Hoth S. 287 ff., Tetzner Z S. 44, Hohenecker-Friedl S. 134/135, Gottschick S. 38, Junkerstorff Systematik S. 28, Droste MA 1952, 246, Spengler b. Forckel-Blattei, Hefermehl WuW 1953, 264/268 ff., Bussmann MA 1953, 282, Greifelt MA 1952, 406, Droste WRP 1955, 199.

In Österreich stellt § 3 I lit. c ZugGesÖ klar, ohne daß der Begriff der Sammlung gebraucht wird: **das Sammelergebnis ist nur dann Zugabegegenstand, wenn sein wirtschaftlicher Wert höher ist, als die rechnerische Wertsumme der Einzelstücke.** Die Zugabe geringwertiger Kleinigkeiten ist verboten, wenn diese für Zusammenstellungen bestimmt sind, „die einen der Summe der Werte der gewährten Einzelgegenstände übersteigenden Wert besitzt". Da Reklamegegenstände (§ 3 I lit. b ZugGesÖ) ebenso wie geringwertige Kleinigkeiten anderer Art nur gewährt nicht aber angekündigt oder angeboten werden dürfen, hat für sie, wenn es auch nicht ausgesprochen wird, entsprechendes zu gelten. Ein Umkehrschluß ist nicht angängig. Denn ist der Gegenstand der Zugabe das Sammelergebnis, wenn es ein neues Wirtschaftsgut mit höherem Wert darstellt (Hohenecker-Friedl, S. 134), dann wird mit dem Gewähren des Einzelstücks nicht nur die Zugabe der ganzen Sammlung sondern auch die Zugabe der Reklamegegenstände, die zur Vervollständigung notwendig sind, angekündigt (vgl. auch Anm. 77, 82).

[39] Zugabe von Sammelgegenständen; Notwendige Sammlung. Die Einzelstücke haben keinen eigenen Gebrauchs- und Anschauungswert; ihr gegenständlicher und wirtschaftlicher Zweck erschöpft sich darin, Bestandteil der aus ihnen zusammenzustellenden Sacheinheit zu sein. Die in Einzelteile aufgelöste Sacheinheit wird in Raten zugewandt. Sie ist Einzelzugabe zu einer mehr oder weniger großen Zahl von Hauptgeschäften (vgl. Anm. 34). **Beispiele:** es werden einzelne Teile einer einfach zusammenzufügenden Schwarzwälder-Uhr zugegeben (Klauer-Seydel S. 41; Godin-Hoth S. 288), oder Teile einer Landkarte, die nach einem Nummernsystem zusammenzustellen sind (Godin-Hoth a. a. O.; Baumbach-Hefermehl I S. 1193 Rz. 25). Eine pharmazeutische Fabrik gibt zu den Einkäufen von Ärzten, Apothekern, Hebammen Druckbögen oder einzelne Blätter eines Arzneimittel- oder sonstigen Fachbuches zu, die in einem Lose-Blatt-Ordner zusammenzustellen sind. Das einzelne Blatt ist wertlos, die Sammlung dagegen ist eine wertvolle Bereicherung der

Fachbibliothek (Godin-Hoth a. a. O.). Einzelnen Warenpackungen werden Bastelteile beigefügt, aus denen Häuser oder Spielzeugautos o. ä. zusammengefügt werden können (OLG Wien Pbl. 1938 S. 12; Reimer-Krieger S. 53). Die echte Sammlung setzt voraus, daß die Zusammenstellung der einzelnen Zugabegegenstände eine neue Gesamtsache ergeben (OGHÖ ÖBl. 55, 15 = Schönherr WbR S. 561 Nr. 32). Ist der zu sammelnde Gegenstand nicht in Einzelteile zu zerlegen, werden deshalb Gutscheine ausgegeben, gegen deren vollständige Sammlung er ausgehändigt wird, dann ist Zugabe das, was verbürgt wird, z. B. die Kaffeekanne, die Kaffeetasse, die elektrische Kaffeemühle, das Bild, das Schnittmuster, die Kinokarte, ein sonstiger Gebrauchsgegenstand oder auch eine Dienstleistung, nicht dagegen der einzelne Gutschein (BGHZ 11, 278 — Orbis; BGH GRUR 1957, 378 — Bilderschecks, GRUR 1972, 428/429 — Bilderpunkte; OLG Düsseldorf BB 1961 S. 1071 — Schnittmuster; Baumbach-Hefermehl I S. 1192 Rz. 22; Klauer-Seydel S. 42 Rz. 90; Droste GRUR 53 S. 193; Bussmann MA 53 S. 282). Zur Gutscheinwerbung im einzelnen vgl. Anm. 44.

[40] **Zugabe von Sammelgegenständen. Gewillkürte echte Sammlung.** Der echten Sammlung sind vorausbestimmte Sammelergebnisse gleichzuachten, wenn nach Auffassung des Verkehrs nicht die einzelnen Teile zugegeben werden sollen, sondern die aus ihnen zusammen zustellende Sach- oder Zweckgesamtheit. Bezeichnet der Verkehr das Sammelergebnis üblicherweise anders als die Einzelteile, dann ist dies Indiz dafür, daß Zugabegegenstand die Sammlung ist (Baumbach-Hefermehl I S. 1193 Rz. 25). Schachfiguren sind unselbständige Bestandteile des Schachspiels, einzelne Quartettkarten Teile des Zugabegegenstandes Quartett (Reimer-Krieger S. 53; Klauer-Seydel S. 42 Rz. 90; Hohenecker-Friedl, S. 134). Können aus den Einzelstücken verschiedene Einheiten zusammengefügt werden, z. B. aus Spielkarten ein Skatspiel mit 32 Blatt oder ein Bridge-Spiel mit 52 Blatt, ist mindestens die kleinere, im Zweifel die größere Einheit Zugabegegenstand. Tritt gegenüber der überragenden Werbekraft der vorausbestimmten, nach Auffassung des Verkehrs in Aussicht gestellten und zu erlangenden Sammlung ein an sich gegebener Nutz-, Gebrauchs- oder Anschauungswert des Einzelstücks bis zu völliger Bedeutungslosigkeit zurück, dann wird nicht dieses sondern das Sammelergebnis zugegeben. Dem Einzelstück wird sein eigener „Werbewert“ durch den Wert der Sammlung gänzlich genommen (BGH GRUR 1957, 378 — Bilderschecks).

Zur Aufbauserie (Lego-Prinzip) kommt es auf die Umstände des Einzelfalls an. Ihre Eigenart besteht darin, daß die einzelnen Bauelemente die wechselnde Gestaltung mannigfacher anderer Gegenstände ermöglichen, insbesondere Spielzeughäuser; durch ihre Vermehrung ist zugleich der Gebrauchszweck des Ausgangsgegenstandes zu erweitern (BGH GRUR 1964, 621/624 — „Klemmbausteine"). Ohne Zusammenhang mit der Serie ist das Einzelstück wertlos. Es hat keinen eigenen Gebrauchs- und Werbewert. Mit ihm ist nur etwas anzufangen, wenn weitere Bauteile vorhanden sind, mit denen eine mehr oder weniger ansprechende Figur zusammengestellt werden kann. Bei fortlaufender Zuwendung von einzelnen Bauelementen bei oder aus Anlaß von Warenkäufen, wird die Serie zugegeben. Dies kann zweifelhaft sein, wenn die einzelnen zugewandten Teile dazu bestimmt und geeignet sind, in vorhandenen Serien als Bauteile verwandt zu werden, aus denen aber auch behelfsmäßig eine eigene Serie zusammenzustellen ist, die aber an Vielgestaltigkeit und Gebrauchseignung nicht an die Hauptserie heranreicht. In solchen Fällen wird meist der Wert des Einzelstücks durch die Verwendungsmöglichkeit in der Hauptserie bestimmt werden, die selbst als Zugabegegenstand ausscheidet, so daß die Grundsätze zur offenen Sammlung anzuwenden sind (vgl. Anm. 41). Sind die einzelnen Bauelemente allein und auch ein aus ihnen zu bildender Sammelvorrat (Anm. 41) nur in einer vorgegebenen Aufbauserie zu verwenden, werden Einzelzugaben gewährt. Der Vertrieb und damit auch die Zugabe von maßstabgetreu nachgebildeten Bauteilen einer auf dem Markt befindlichen Aufbauserie, auch wenn sie nicht unter Sonderschutz steht (Patent, Gebrauchsmuster, Ausstattung) kann (BGH — Klemmbausteine a. a. O.), insbesondere wenn erhebliche Verwechslungsgefahr hinzukommt (Heydt GRUR 1964, 626), nach § 1 UWG unter dem Gesichtspunkt der sittenwidrigen Ausnutzung eines fremden Arbeitsergebnisses, unzulässig sein.

[41] **Unechte Sammlung; Sammelvorrat.** Mit Gegenständen, die zu einer Sammlung zusammengestellt werden können und möglicherweise auch sollen, die aber bereits für sich allein einen vom Sammelergebnis unabhängigen Gebrauchswert haben, werden Einzelzugaben gewährt, z. B. aus Kunststoff gefertigte Eisenbahnteile, wie Waggons, Tender, Lokomotiven, Signale u. a. (BGH GRUR 1954, 175 — Kunststoffiguren I), Teile eines Puppengeschirrs, wie Teller, Schüsseln, Bestecke, die gesammelt werden können, nicht aber gesammelt werden müssen und die für sich allein auch ein reizvolles Spielzeug

sind (BGH GRUR 1957, 40 — Puppenservice), Tierfiguren aus Kunststoff, die zu einem zoologischen Garten zusammengestellt werden können oder Figuren des ländlichen Lebens, wie Vieh, Bauer, Bäuerin, Bäume, kleines Bauernhaus o. ä. (BGH GRUR 1957, 380 — Kunststoffiguren II) oder Bilder zu olympischen Spielen und zur olympischen Geschichte, die in einem Album zusammengestellt werden können, die aber für Käufer, die an dem Thema überhaupt Anteil nehmen, auch für sich allein einen eigenen Anschauungswert und werbemäßigen Anreiz haben (BGH GRUR 1957, 387 — Bilderschecks, GRUR 1972, 425/429 — Bilderpunkte). **Immer wenn die Einzelstücke für sich allein verwendbar und für den Kunden von Wert und Interesse sind, werden diese und nicht die mögliche Sammlung zugegeben.** Zugabegegenstand ist die Sammlung, wenn der ihr eigene Wert den einzelnen Sammelstücken den diesen eigenen Werbewert völlig nimmt (BGH Bilderschecks a. a. O.). Dies gilt selbst dann, wenn die einzelnen Teile der Sammlung einen eigenständigen wirtschaftlichen Wert haben, der den Empfänger nicht gleichgültig lassen kann. Z. B. wurde dem Inhaber einer Gutscheinsammlung eine beachtliche Reiseleistung verbürgt; die einzelnen Gutscheine konnten aber auch zu ihrem Teilwert (50 km = 0,68 DM) ersatzweise an den Schaltern der Bundesbahn eingelöst werden. Zugabe war die Reiseleistung, die nach Auffassung des BGH dem einzelnen, 0,68 DM verbürgenden Gutschein, seinen Werbewert nahm (BGHZ 11, 274 — Orbis). Fügt ein Hersteller der abgepackten Ware Gutscheine bei, die einen bar einzulösenden Geldbetrag verbürgen und erklärt hierzu, die Gutscheinsammlung solle aber zum Erwerb eines bestimmten wertvollen Gegenstandes verwandt werden, liegt Zugabe vor. Dieser und nicht der Barbetrag wird zu den Verkäufen der Einzelhändler zugegeben. Im Zweifel ist bei derartigen Ankündigungen der Geldbetrag Ersatzleistung, die, wie im Orbis-Fall, außer Betracht zu bleiben hat. Gleichzeitig wird unzulässiger Treuerabatt gewährt (BGHZ 63, 322/324 — Mal- und Zeichenschule II). Im Einzelfall gegebene besondere Umstände können zu anderer Beurteilung nötigen, z. B. wenn im Zusammenhang mit der Rabattzuwendung oder Ankündigung eine verhältnismäßig teure Ware angepriesen und dem Kunden erklärt wird, er könne das relativ geringe Rabattguthaben mit zur Verrechnung stellen. Zugabe nicht aber Rabatt oder eine „dem Barzahlungsrabatt nahekommende Werbehandlung“ ist es, wenn Gutscheine ausgegeben werden, die bei den Mitgliedern eines Prämien-Scheck-Rings nur beim Einkauf von Ware in Zahlung gegeben werden können (a. M. VGHÖ ÖBl. 1957, 75; wie hier Schönherr WRP 1958, 173: „Dieses Erkenntnis muß leider als Fehlentscheidung bezeichnet werden").

Bilderserien sind in der Regel unechte Sammlungen; Ausnahmen von dieser Regel sind denkbar, z. B. eine Sammlung von Bildern, die das Leben und Schaffen eines bedeutenden Malers zum Gegenstand haben und die, mit Seiten- oder Blattzahlen und fortlaufendem Text versehen, in Mappen oder Ordner nach Schaffensperioden zusammenzustellen sind; mit den einzelnen Blättern wird ratenweise ein einheitliches Anschauungswerk in Lose-Blatt-Form zugegeben, das für jeden, der sich für bildende Kunst interessiert, als ganzes einen nicht unerheblichen Wert hat. Der Werbewert des Einzelstücks tritt gegenüber dem Wert der Gesamtheit bis zu völliger Bedeutungslosigkeit zurück. Das in der Orbis-Entscheidung Gesagte muß entsprechend gelten (str.; gl. M. Reimer-Krieger S. 54 Rz. 19; a. M.: BGH GRUR 1957, 378/379 — Bilderschecks; zweifelnd Baumbach-Hefermehl I S. 1193, 1194 Rz. 26). Ob das Einzelstück ein einzeln einzulösender Geldgutschein oder ein auch für sich allein der Betrachtung wertes Bild ist, sollte bei dominierendem Werbewert der Sammlung kein Unterschied sein, der es rechtfertigen könnte, in dem einen Falle echte, in dem anderen aber unechte Sammlung anzunehmen (beachte nachf. Anm. 42). Dies gilt nicht, wenn das Sammelergebnis als ganzes reizvoll und nicht mehr geringwertig ist, aber der Werbeakzent auf dem Einzelstück liegt (Klauer-Seydel S. 43 Rz. 93). Denn dieses übt einen, von der Sammlung unabhängigen, zum Kauf verleitenden Anreiz aus, wenn auch die Werteinschätzung durch die Sammeleignung eine zusätzliche Steigerung erfahren mag (Reimer-Krieger S. 53 Rz. 19). **Die Sammeleignung kann den Werbewert des Einzelstücks derart erhöhen, daß bei an sich gegebener Geringwertigkeit die Zulässigkeitsgrenze des § 1 II lit. a ZugVO überschritten wird.** In **Österreich** bedarf es einer derartigen Konstruktion nicht; § 3 I lit. e ZugGesÖ verbietet ausdrücklich die Zugabe geringwertiger Kleinigkeiten, die dazu bestimmt sind, zu Sammlungen zusammengestellt zu werden, deren Eigenwert höher ist, als der Summenwert der Einzelstücke (vgl. auch Anm. 38—42). Bei geschlossenen Sammlungen, deren Wert erst aus der Vollständigkeit folgt, ist die weitsteigernde Wirkung der Sammeleignung eher als bei sog. offenen Sammlungen anzunehmen, für die es nicht von Belang ist, ob einzelne Stücke fehlen (BGH — Kunststoffiguren II a. a. O.).

[42] Sammelzugaben. Kritische Stellungnahme. Die Unterscheidung des BGH zwischen echter und unechter Sammlung ist stark umstritten. Sie wurde vielfach aus sprachlichen, begrifflichen und sachlichen Gründen als wenig glücklich, teils sogar als fragwürdig bezeichnet (Baumbach-Hefermehl I S. 1194 Rz. 26; Godin-Hoth S. 289 Anm. 10; Klauer-Seydel S. 44 Rz. 97; Hefermehl WuW 1953 S. 268; Seydel WRP 1956, 299; Alexander-Katz NJW 1954, 1256; Junkerstorff MDR 1956, 530 u. NJW 1956, 1918, 1919). Der Streit der Meinungen entzündete sich an der Orbis-Entscheidung des BGH (BGHZ 11, 274; vgl. oben Anm. 39). Junkerstorff weist darauf hin, daß diese Unterscheidung auf die gegenständliche Sammlung abstelle und die Frage ungeklärt lasse, wie ein wirtschaftliches Ergebnis zu beurteilen sei. Baumbach-Hefermehl heben a. a. O. hervor: wenn bei der Frage der Geringwertigkeit des Einzelstücks einer unechten Sammlung das Sammelergebnis mit berücksichtigt werden solle, werde die Unterscheidung des BGH fragwürdig. Ob Sammlung oder Einzelstück Zugabe sei, sollte allein davon abhängen, ob durch das Sammelergebnis ein neues wirtschaftliches Gut mit höherem Wert geschaffen werde. Hierauf stellt der österr. Gesetzgeber folgerichtig ab (§ 3 I lit. e ZugGesÖ). Kommt es zur unechten Sammlung auf den „eigenen Werbewert" des Einzelstücks an (BGH GRUR 1957, 378 — Bilderscheck), setzt eine echte Sammlung voraus, daß Zweck und Sammeleignung dem Einzelstück den eigenen „Werbewert" völlig entziehen (BGH a. a. O.), und ist der „Werbewert" ein wirtschaftlicher (objektiver) Wert, dann ist der Orbis-Fall der unechten Sammlung zuzuordnen (gl. M. Tetzner Z S. 45; der gl. in NJW 1954, 580/582/583 u. JZ 1954, 533; Segold BB 1954, 213; Klauer-Seydel S. 45). Der wirtschaftliche, objektiv bestimmbare Einlöse- bzw. Ersatzwert der Reisegutscheine wurde auch subjektiv von den Empfängern entsprechend gewertet; ein Einzelwert von 0,68 DM, die bei Vorlage in bar ausgezahlt werden, ist so bedeutsam, daß ihn nicht nur Käufer, die über geringe Mittel verfügen, für wesentlich erachten. Die Ersatzleistung in Geld für eine in erster Linie gegen Vorlage einer Sammlung verbürgte gewerbliche Leistung, entsprach genau dem Ausnahmetatbestand des § 1 II lit. e ZugVO erster Fassung, der Zugaben für zulässig erklärte, wenn der Werbende sich erbot, an deren Stelle einen Barbetrag auszuzahlen, der mindestens dem Einstandswert der Zugabe entsprach. Diese Ausnahme wurde schon ein Jahr nach Erlaß der VO gestrichen (Ges. v. 12. 5. 1933 RGBl. I S. 264; vgl. Anh.), weil sie „das Zugabeverbot praktisch fast illusorisch machte" (Reimer 1. Aufl. S. 862).

Aus dem gestrichenen Ausnahmetatbestand folgt: nach dem Willen des Gesetzgebers sollte auch dann, wenn für die Zugabe eine

Ersatzleistung in Geld angeboten wurde, nicht der Ersatzwert sondern die angekündigte Sach- oder sonstige Leistung Zugabegegenstand sein; denn wozu sonst die Ausnahme? Aus dem Änderungsgesetz, es ist Bestandteil des geltenden Rechts, das seinen Inhalt auch aus dem gestrichenen Tatbestand empfängt, ergibt sich zwingend, daß die die Ersatzleistung in Geld für eine Zugabe nicht in den Bereich des erlaubten Rabattes (§ 1 II lit. b ZugVO, 1, 2, 4, 7, 8, 9 RabGes.) gerückt werden kann. Unklar bleibt, weshalb die „wenn auch ihrem Umfang nach zunächst unbestimmte" (Beförderungs-) Leistung dem Einzelgutschein seinen Werbewert völlig entziehen sollte, was notwendig der Fall sein muß, wenn die Sammlung als Zugabegegenstand gilt (vgl. BGH Bilderschecks a. a. O.). Der Summenwert der Gutscheine (Geldbetrag) entsprach genau dem objektiven Wert der Beförderungsleistung, denn für einen dem verbürgten Summenwert entsprechenden Preis beförderte die Bundesbahn jedermann über die gleiche Reisestrecke. Es wurde noch nicht einmal der Sammelfleiß belohnt. Das für die Entscheidung ausschlaggebende Moment war nicht ein eigener höherer Wert der Sammlung, der dem Einzelstück seinen Werbewert völlig nahm, sondern ein Affektionsinteresse, das bei der Wertbestimmung unbeachtlich sein soll (Anm. 19—21).

Zweck der Werbung mit Sammelgegenständen ist es, den Kunden zum Sammeln zu veranlassen und ihn dadurch zu bewegen, fortlaufend Waren zu kaufen, denen die Sammelteile beigefügt sind (BGH Orbis a. a. O.). Auch wenn das Einzesltück, gleichviel worum es sich handelt, außerhalb der Sammlung seinen eigenständigen Gebrauchs-, Anschauungs- oder sonstigen Nutzwert hat, muß gelten, was in der Orbis-Entscheidung zur Reisemarke gesagt wird: Daß das Einzelstück allein seinem Anschauungs- oder sonstigen Einzelwert entsprechend gebraucht wird, entspricht nicht dem bestimmungsmäßigen Verwendungszweck (BGHZ 11, 281).

Dieser besteht darin, die Zugabe zusammen mit anderen zu einer Sammlung zusammenzufügen. Ist der Gebrauchs- und Verkehrswert (objektiver Wert; vgl. Anm. 19, 20) der Sammlung in der Hand des Durchschnittskunden höher als der Summenwert der Einzelstücke, dann werden durch diesen die der Wertreklame eigentümlichen Vorteilsvorstellungen (Anm. 20, 30) geweckt und nicht durch einen etwa auch dem Einzelstück zuzuerkennenden Gebrauchs- oder Anschauungswert. Die Differenz zwischen Wert der Sammlung und Summenwert der Einzelstücke muß nach Auffassung des Verkehrs als so gewichtig erscheinen, daß demgegenüber das Interesse am Einzelstück zurücktritt. **Primär wird mit dem Wert der Sammlung** (gewillkürte echte Sammlung; Begriff Anm. 40), **mit dem Wert des Einzelstücks dagegen nur ersatzweise auch geworben.** Wenn dem umworbenen Kunden die verlockende Möglichkeit eröffnet wird, den höher eingeschätzten Wert der Sammlung zu erwerben, dann macht es werblich keinen Unterschied, ob ihm freigestellt wird, sich statt dessen mit dem geringwertigen Einzelstück oder einem ersatzweise angebotenen Geldbetrag zu begnügen. Wird mit der Sammlung ein neuer höherer wirtschaftlicher Wert geschaffen, dann wird dieser in Teilen zugegeben (gl. M. Baumbach-Hefermehl I S. 1194 Rz. 26). Die Werbewirkung der Wertreklame und der Sammeltrieb werden gleichzeitig ausgenutzt. Sind Summenwert der Teile und Verkehrswert der Sammlung annähernd gleich, spricht die Vermutung dafür, daß nicht mit der Sammlung als Zugabegegenstand sondern mit der Sammeleignung (unechte Sammlung) unter Ausnutzung des Sammeltriebs geworben wird. Diese kann ebensowenig wie jedes andere Affektionsinteresse auf den nur objektiv zu beurteilenden Wert der Sammelteile einen Einfluß haben. Ein Mehrwert der Sammlung ist unbeachtlich, wenn er nach Auffassung des Verkehrs nicht höher ist, als der Lohn für den gezeigten Sammelfleiß oder wenn er auf eigener zusätzlicher Leistung des Sammlers beruht. Denn dann wird er von diesem selbst geschaffen. Welche zusätzliche Leistung der Sammler im Einzelfall zu erbringen hat, kann deshalb bedeutsam sein.

Werden Teile eines Puzzelspieles zugegeben, das wiederholt werden kann und dessen Reiz in der Kombiantion der Einzelstücke zu einem vorweg bestimmten Spielergebnis besteht, ist das Spiel Zugabegegenstand. Wird ersatzweise für die Einzelstücke einer echten Sammlung ein Geldbetrag oder sonstiger Einlösewert angekündigt oder gewährt, der für sich allein im Rahmen des Zulässigen liegt (§ 1 II lit. a—g; §§ 2, 3 RabGesÖ), ist Zugabegegenstand die Sammlung und nicht die Ersatzleistung. Werden Einzelstücke mit eigenem Gebrauchs- und Anschauungswert ersatzweise für Sammelteile gewährt, gilt das gleiche. In dem einen und dem anderen Falle wird bei Erhaltung des Werbeeffektes des unzulässigen Werbemittels das Verbot des Grundtatbestandes umgangen.

[43] **Sammelzugaben in Österreich.** § 3 I lit. c ZugGesÖ stellt auf das durch Sammeln herbeizuführende wirtschaftliche Ergebnis ab. Geringwertige Kleinigkeiten dürften nicht zugegeben werden, wenn aus ihnen Sammlungen zusammenzustellen sind, deren Wert die Wertsumme der Einzelstücke übersteigt. Anders wie nach der deut-

schen Regelung muß — Umkehrschluß aus § 3 I lit. c. ZugGesÖ — davon ausgegangen werden, daß wenn sammelfähige Reklamegegenstände zugegeben werden, auch das Sammelergebnis eindeutig als ganzes ein Reklamegegenstand sein muß. Vgl. auch Einf. 12 u. Anh. VII § 3 I lit. b, c.

[44] **Gutscheinwerbung.** Gutscheine verbriefen dem Inhaber eine Anwartschaft oder einen Anspruch auf eine Ware, Leistung oder auf Geld. **Zugabegegenstand ist nicht der Gutschein sondern das, was mit ihm verbrieft wird** (BGHZ 11, 274/278 — Orbis; BGH GRUR 1957, 378 — Bilderschecks). Ist die Vorlage einer Sammlung von Gutscheinen erforderlich, dann ist das durch die Gutscheinsammlung verbriefte Gut Zugabegegenstand. Das zur echten Sammlung Gesagte gilt entsprechend (vgl. Anm. 38—40). Eine zum einzelnen Gutschein verbriefte Ersatzleistung, deren werbliche Bedeutung gegenüber dem Sammelergebnis zurücktritt, ist unbeachtlich (Anm. 40, 41; BGH Orbis a. a. O.; BGH GRUR 1963, 322 — Mal- und Zeichenschule II; Baumbach-Hefermehl I S. 1194 Rz. 27; Reimer-Krieger S. 55 Rz. 20; Klauer-Seydel S. 42; Droste MA 1952, 247; Krieger GRUR 1953, 110; Hefermehl WuW 1953, 264), nach BGH „Bilderschecks“ (a. a. O.) aber nur, wenn dem Einzelstück sein „Werbewert“ durch den der Sammlung völlig entzogen wird. Gutscheine sind nur „technische Verteilungsmittel“, die dazu dienen, eine entweder nicht teilbare Ware (Leistung) oder eine einheitlich gewollte Leistung aufzuteilen und ratenweise im Zusammenhang mit mehreren Hauptgeschäften zuzuwenden (AG München AWR 1938, 35 = Winkler § 1 II lit. a Zugabe-VO Nr. 12). Durch Ausgabe des Gutscheins verpflichtet sich der Geber, evtl. unter auflösender oder aufschiebender Bedingung, z. B. Vorlage einer bestimmten Zahl oder innerhalb einer bestimmten Einlösungszeit, zur Zuwendung an den jeweiligen Inhaber. Rechtsverbindlich wird nachträgliches Gewähren „angekündigt“. Die Gegenstandsvoraussetzungen (vgl. Anm. 15—25) sind nur zur verbrieften Ware oder Leistung zu prüfen. Diese wird verbindlich in Aussicht gestellt, mit ihr wird geworben, durch sie werden Vorteilsvorstellungen geweckt, durch sie soll der Kunde zum Kauf angereizt werden. Der Zugabezusammenhang (vgl. Anm. 26 bis 37) muß bei Ausgabe des Gutscheins gegeben sein (vgl. Anm. 36).

Auch durch Gutschein verbriefte Geld- und Naturalrabatte sind Zugaben; denn sie sind nur unter den Voraussetzungen des § 1 II lit. b u. c Zugabe-VO vom Verbot ausgenommen. Sind Warenmenge oder Geldbetrag nicht eindeutig bestimmt, oder nur schwierig zu errechnen, unterliegen sie dem Verbot. Die Ausnahme gilt nicht, wenn der Geldbetrag nur ersatzweise für eine in erster Linie verbürgten Ware oder Leistung in Aussicht gestellt wird. Dies war ursprünglich durch den VO-Geber vom Verbot ausgenommen worden (§ 1 II lit. e Zugabe-VO 1. Fassung). Die Ausnahme wurde dann wieder gestrichen (Ges. v. 12. 5. 53 RGBl. I S. 264). Aus der vom VO-Geber für erforderlich gehaltenen Ausnahme und deren Streichung folgt das grundsätzliche Verbot.

Beim Absatz von Waren des täglichen Bedarfs an letzte Verbraucher gilt die Sonderregelung des RabGes.; dieses läßt Gutscheinausgabe zum Naturalrabatt (§§ 7, 8 RabGes.) **nicht zu** (Godin-Hoth S. 386/387 Anm. 6; Reimer-Krieger S. 176 Rz. 5 u. S. 179 Rz. 8; Junkerstorff AWR 1936, 83; Michel-Weber-Gries S. 134/135 Rz. 25). **Naturalrabatt zu gewerblichen Leistungen ist verboten.** Eine Ausnahme wie zum Warenrabatt kennt die Zugabe-VO nicht (das gilt für Österreich; vgl. § 2 I lit. b u. II ZugGesÖ, Anh. VII; Einf. 12). Gewerbliche, durch Gutschein verbürgte Mehrleistung ist nur zulässig, wenn es sich um eine geringwertige Kleinigkeit oder um eine unselbständige Teil- oder handelsübliche Nebenleistung handelt, z. B. unselbständige Gewährleistungspflicht (vgl. Anm. 39, 40). Wird zu gesetzlich begründeter Gewährleistung ein „Gutschein" gewährt, kann Verstoß gegen das Verbot der §§ 1 III S. 1 Zugabe-VO u. 3 UWG (§ 2 UWGÖ) vorliegen.

Der Verkäufer der Hauptware braucht nicht der Verteiler der Gutscheine zu sein (vgl. Anm. 36, 37). Vom Hersteller verteilte Gutscheine, die beim Händler einzulösen sind, verbriefen Zugabe zum Händlerumsatz. Das gleiche gilt auch, wenn der Hersteller und nicht der Einzelhändler die der abgepackten Markenware beigefügten Gutscheine einlöst (vgl. Anm. 6, 35).

Die mangelnde Personengleichheit ist unbeachtlich (BGH GRUR 1963, 322/324 — „Mal- und Zeichenschule II"; Anm. 36). Wird ein „Wettbewerb" angekündigt und der einzelne Teilnehmer aufgefordert, mit der Antwort auf eine Frage „Gutscheine" einzusenden, die der Ware des Herstellers beigepackt werden, für die der Einsender „Preise" in Gestalt von Spielsachen und dergleichen erhält, liegt Zugabeverstoß vor (OGHÖ ÖBl. 1961, 17 u. Schönherr WRP 1962, 354/357). Gleichzeitig wird bei verbürgter Sachzuwendung verbotener Treuerabatt gewährt (vgl. § 13 I DVO RabGes.). Wird ein Geldbetrag genannt, aber gleichzeitig erklärt, daß wahlweise auch ein mehr oder weniger eindrucksvoll angepriesener Gegenstand auf Wunsch gegen Vorlage der Gutscheine ausgehändigt werde oder daß der verbriefte Geldbetrag zum Ankauf dieses Gegenstandes verwandt werden soll, liegt Sach- und nicht Geldzugabe vor. Der Geldbetrag ist unbeachtliche Ersatzleistung (BGH Mal- und Zeichenschule II a. a. O.; Schönherr ZuR S. 14; a. M. VGÖ ÖBl. 1957, 75). Dies gilt auch, wenn für eine Sach- oder Leistungszuwendung ersatzweise zum Einzelgutschein ein Geldbetrag verbürgt wird (BGHZ 11, 274/278 — Orbis; beachte Anm. 42). Wird durch den einzelnen Gutschein die Zugabe eines Einzelstücks verbürgt, dann gelten die Grundsätze zur Einzelzugabe. Handelt es sich um Einzelstücke, die gesammelt werden können, aber einen eigenen Anschauungs-, Gebrauchs- und Erinnerungswert haben, der nicht durch den Wert der Sammlung bestimmt wird, gelten die Grundsätze zur sog. unechten Sammlung (vgl. Anm. 41). Werden ohne Sammelvoraussetzung Gutscheine gesammelt vorgelegt, dann handelt es sich um einen Sammelvorrat und nicht um eine Sammlung (vgl. Anm. 41; Baumbach-Hefermehl I S. 1192 Rz. 24; Klauer-Seydel S. 46 u. Seydel BB 1954, 213/214). Sind die auf Einzelgutscheine ausgegebenen Einzelstücke Teile einer echten Sammlung mit eigenem Wert, gelten die Grundsätze zur echten Sammlung. Dabei bleibt es sich gleich, ob die Gutscheine einzeln eingelöst und die Teile gesammelt werden, oder ob gegen Vorlage der gesammelten Gutscheine das Sammelergebnis im Ganzen bezogen wird (vgl. Anm. 38—42).

Ein unteilbarer, gegen Vorlage der Gutscheinsammlung zu erlangender Gegenstand oder eine zu erbringende Leistung, sind Zugabe zu allen Hauptgeschäften, die getätigt werden müssen, um die erforderliche Zahl von Gutscheinen zusammenzubekommen, z. B. Kaffeekannengutscheine oder Orbis-Reisemarken; vgl. Anm. 38, 39, 40, 42; Godin-Hoth S. 288 Anm. 10; Klauer-Seydel und Seydel a. a. O.; Baumbach-Hefermehl I S. 1194 Rz. 27). Dies gilt auch, wenn ein Hersteller erklärt, neben den beim Kauf ausgegebenen Gutscheinen oder Leerpackungen mit Gutscheincharakter würden auch Zeitungsausschnitte als Gutscheine für eine in Aussicht gestellte Glasschale angenommen (OLG Wien ÖBl. 1959, 54 = GRUR int. T. 1959, 651 Nr. 1871; Schönherr WRP 1959, 299). Die Gutscheinausgabe kann zu Verkäufen verschiedener Händler erfolgen (BGH GRUR 63, 322/324 — Mal- und Zeichenschule II; Anm. 36, 37).

Die der Wertreklame eigentümliche gesteigerte Vorteilsvorstellung (vgl. Anm. 19, 20, 32) wird durch den Wert des anzusammelnden Gegenstandes geweckt. Zugabe kann deshalb nicht der rechnerisch auf den einzelnen Gutschein entfallende theoretische Wertbruchteil sein (gl. M. Reimer-Krieger S. 56 ff.; Baumbach-Hefermehl

a. a. O.; Klauer-Seydel S. 42; Gutachten Heydt/Hefermehl MA 1954, 15; BGHZ 11, 276 — Orbis; BGH GRUR 1957, 378 — Bilderschecks; a. M.: OLG Frankfurt BB 1953, 544; 1953, 9 ff. mit abl. Anm. v. Greifelt; OLG Düsseldorf GRUR 1937, 820; Tetzner Z S. 45; Tetzner NJW 1954, 581/582 u. JZ 1954, 533/534; vgl. auch die Nachw. bei Reimer-Krieger S. 57, 58). Die Gegenmeinung widerspricht dem Wesen der Wertreklame und wird deren Wirkung nicht gerecht. Das kaufende Publikum prüft zu derartigen Angeboten nicht kritisch, es stellt keine komplizierten Berechnungen darüber an, welcher Bruchteil auf den einzelnen Gutschein entfällt. Es wertet pauschal. Das gleiche gilt, wenn ein Sammelgutschein ersatzweise für einen Bruchteilswert der Gesamtleistung einen Geldbetrag verbürgt. Der Schwerpunkt der Werbung liegt beim anzusammelnden Gut (vgl. Anm. 42). Zu Gutscheinen, die vom Verbot nicht betroffene Werbegeschenke, Werbekarten und Warenproben verbürgen, vgl. Anm. 60—62, zu Gutscheinen, die zur Teilnahme an Werbeveranstaltungen berechtigen oder den Empfänger veranlassen, sollen, an derartigen Veranstaltungen teilzunehmen, vgl. Anm. 45 lit. d.

[45] Herstellerwerbung bei Wiederverkäufern und für diese erbrachte Werbehilfen.

a) Allgemeines. Jede dem Interesse eines Dritten dienende Werbung ist Werbehilfe. Wird sie gewährt, um eigenem Werbeinteresse zu dienen, dann ist der Begünstigte gleichzeitig vorgespannter Werber. Hersteller, die ihre Erzeugnisse an Wiederverkäufer absetzen, können bei Verbrauchern nicht unmittelbar für den Verkauf bzw. die Abnahme ihrer Erzeugnisse werben; zur Verbraucherwerbung sind sie — wegen des Absatzweges — ohne Mitwirkung des Einzelhandels auf eine zum Konsum anreizende und der Durchdringung dienende Rundfunk-, Fernseh-, Annoncen-, Plakat- und sonstige Wort- und Anschauungsreklame beschränkt. Deshalb werden Wiederverkäufer sog. Werbehilfen gewährt. Für den Einzelhändler ist dies oft vorteilhaft. Es erspart eigenen Werbeaufwand. Nicht selten wird es für ihn auch zur Belästigung. Oft ist massive Werbehilfe im Geschäftslokal für den Wiederverkäufer ein zweischneidiges Schwert. Eine in den Vordergrund gestellte eindringliche Werbung für die Erzeugnisse eines von mehreren Lieferanten, z. B. umfangreiche Schaufensterdekoration, weitgehende Inanspruchnahme von Verkaufsfläche für Display-Artikel von vorhandenen Werbeflächen für Transparente, Leuchtreklamen und Werbeschilder, Werbeveranstaltungen, Probenausgabe und Probevorführung, überdecken die Werbung für sonstige im Sortiment geführte Waren.

Mit Werbemaßnahmen der genannten Art, durch die auch der Absatz des Händlers gefördert wird, korrespondiert deshalb meist, wenn nicht sogar ausnahmslos, eine wesentliche, für den Hersteller erbrachte Werbeleistung oder ein Zugeständnis von erheblichem werblichen oder wirtschaftlichen Wert. Werden z. B. für Transparente und Leuchtreklamen oder Schilderwerbung Werbeflächen überlassen, erspart der Hersteller die sonst übliche Flächenmiete; außerdem kann er dort werben, wo seine Ware verkauft wird. In werblich interessanten Bereichen (lebhafte Geschäfts- und Ausfallstraßen) sind Werbeflächen oft nicht oder nur sehr teuer zu erhalten. Bei Schaufensterwerbung wird kostenlos Werberaum zur Verfügung gestellt, desgleichen bei Werbevorführungen, Probenausschank u. ä. Mit dem Hinweis auf eine Verkaufsstelle, in der eine Werbeveranstaltung durchgeführt werden soll, wird zwar auch für den Händler geworben, jedoch nur, um die eigens eingeräumten Werbemöglichkeiten voll ausnutzen zu können. Der wirtschaftliche Wert der dem Hersteller verschafften Möglichkeit entspricht oder übersteigt häufig den Wert dessen, was der Händler erhält. Die wechselseitig gewährten Vorteile heben einander auf. Die Vielzahl der Fakten, die die werbliche Interessen und den Wert von Zuwendungen und korrespondierenden Zugeständnissen bestimmen, gestatten keine Schematisierung. Sofern nicht besondere Umstände zu gegenteiliger Feststellung nötigen, ist grundsätzlich davon auszugehen, daß eine Eigenwerbung des Herstellers beim Einzelhändler nicht betrieben wird, um dessen Wareneinkäufe besonders vorteilhaft erscheinen zu lassen; es geschieht regelmäßig, um eine dem Lieferanten sonst verschlossene Werbemöglichkeit zu nutzen. Der notwendige Werbezusammenhang entfällt (vgl. Anm. 28 ff.); eine der Wertreklame eigentümlich unsachliche Beeinflussung scheidet aus (Baumbach-Hefermehl I S. 1200 Rz. 40; Klauer-Seydel S. 23 Rz. 37; Godin-Hoth S. 285, 286 Anm. 7; v. Gamm S. 125; Tetzner Z S. 23 u. 56; Culemann JW 36, 3295; Sonderland DB 52, 444). Der Hersteller will nicht den Händler, sondern dessen Kunden beeinflussen; der Händler soll für ihn werben (Hohenecker-Friedl, S. 124). Werbehilfen sind dagegen Zugaben, wenn die auf den Hersteller bezogene Werbung bis zu völliger Bedeutungslosigkeit zurücktritt. Wird der Name eines im Werbebereich bekannten und angesehenen Einzelhändlers als Vorspann für ein unbekanntes Erzeugnis benutzt, scheidet Zugabe aus. Werbezweck ist die Förderung des eigenen Umsatzes und nicht, daß wegen der damit gleichzeitig gewährten zusätzlichen Werbehilfe, dem Einzelhändler Wareneinkäufe beim Hersteller besonders vorteilhaft erscheinen. Das gleiche gilt, wenn Werbehilfe für Vertragshändler erbracht wird, die nur Erzeugnisse des Herstellers und andere Waren nur als Nebenartikel führen dürfen. Der Hersteller nimmt ihnen zwar eine eigene notwendige Werbeleistung ab, unsachliche Beeinflussung zur Wahl des Verkäufers scheidet aber wegen vertraglicher Abnahmebindung aus. Zur abzunehmenden Warenmenge wird sich der Händler im Zweifel nicht durch die Werbehilfe beeinflussen lassen, sondern den Umfang seiner Einkäufe nach seinen Absatzmöglichkeiten bestimmen. Wird die Werbehilfe von der Abnahme bestimmter Warenmengen abhängig gemacht, kann Zugabe vorliegen. Wie bedeutsam für Hersteller und Großhändler das Ausnutzen der Werbemöglichkeiten beim Einzelhandel ist, erweist das nicht selten vorkommende planmäßige Anmieten von Schaufenstern oder Außenvitrinen gegen übertrieben hohe Vergütung, das Reservieren von Ausstellungs- und Werbemöglichkeiten beim Einzelhändler über unangemessene Zeit durch Schaufensterwettbewerb, zu dem übermäßig viele und hohe Preise ausgesetzt werden. Dies ist zugaberechtlich unbedenklich, aber nach § 1 UWG unzulässiger Behinderungswettbewerb. Die mißbräuchliche Übersteigerung führt beim Einzelhändler zu wesentlicher Einschränkung oder zum Ausschluß der Werbung für die Erzeugnisse von Mitbewerbern (BGH GRUR 1959, 138/142 — Italienische Note; Baumbach-Hefermehl I S. 402 f. Rz. 138). Mietet ein Hersteller langfristig bei Einzelhändlern Schaufenstervitrinen oder Ladenregale, um dort nur seine eigene Ware auszustellen, wird gegen § 3 UWG verstoßen, wenn das Publikum irrig annimmt, der Ladeninhaber wolle für Erzeugnisse werben, die er selbst sachkundig ausgewählt habe (BGH — „Italienische Note" u. Baumbach-Hefermehl I S. 829; LG Mannheim BB 1964, 1023/1024 u. MA 1965, 30 — Regalmiete; DW 55 S. 70). Das Publikum erwartet vom Händler keine neutrale Beratung, es rechnet aber nicht damit, daß dieser sich durch sachwidrige Werbung zum Handlanger des Herstellers macht (Baumbach-Hefermehl I a. a. O.; BKA BB 69, 63).

Der Einzelhändler unserer Zeit ist sich der Härte des Herstellerwettbewerbs und auch der werblichen Bedeutung dessen bewußt, was von ihm gefordert und was von ihm gewährt wird. Er läßt sich von nüchternen geschäftlichen Erwägungen leiten und nichts vorgaukeln, er fordert das, was er bekommen kann. Ihm in Aussicht gestellte und erbrachte Werbehilfen vermag er in der Regel nach ihrem Ziel, Zweck und Wert richtig einzuschätzen. **Bei Geschäftsleuten ist die Gefahr unsachlicher Beeinflussung durch irrige Vorteilsvorstellungen wesentlich geringer, als bei letzten Verbrauchern** (gl. M. Baumbach-Hefermehl I S. 909 Rz. 74 u. 1218 Rz. 70). Es ist deshalb besonders sorgfältig zu prüfen, ob nach den im Einzelfall gegebenen Umständen der Eindruck der Unentgeltlichkeit entstehen kann (vgl. Anm. 11) und ob der erforderliche innere Zusammenhang gegeben ist (vgl. Anm. 28, insb. 32).

Zugabe durch Werbehilfe entfällt, wenn die Werbung für den Hersteller oder Großhändler im Vordergrund steht. Wird nur oder in erster Linie für den Einzelhändler geworben, tritt demgegenüber die Werbung für das Herstellererzeugnis bis zur Bedeutungslosigkeit zurück, **liegt Zugabe vor.** Erbietet sich ein Hersteller Schaufenster-, Vitrinen- oder sonstige Werbedekorationen für den Laden zur Verfügung zu stellen und wird dem Händler freigestellt statt dessen auch einen Barbetrag als Zuschuß zum Werbeaufwand zu fordern, dann spricht der Beweis des ersten Anscheins für Zugabe. Die Ersatzleistung in Geld ist unbeachtlich. Der Sachverhalt entspricht dem Tatbestand der ersten Fassung des § 1 II lit. e Zugabe-VO, der Zugaben vom grundsätzlichen Verbot des § 1 I ausnahm, wenn ersatzweise ein wertentsprechender Geldbetrag angeboten wurde. Diese Ausnahme wurde schon bald wieder gestrichen (Ges. v. 12. 5. 33 RGBl. I S. 264; vgl. Anh. u. Anm. 18, 29 e u. 69), womit entsprechendes Verhalten ausdrücklich der Verbotsregel unterworfen wurde. Ursprüngliche Ausnahme und nachfolgende Einbeziehung in das Verbot räumten auch jeden Zweifel darüber aus, daß eine Rechtfertigung über § 1 II lit. b Zugabe-VO und eine Beurteilung nach Rabattrecht bei Ersatzleistung in Geld, ausscheiden. Für den österreichischen Rechtsbereich hat im Ergebnis das gleiche zu gelten. Denn § 2 I lit. a ZugGesÖ kann nur zum Zuge kommen, wenn unter den genannten Bedingungen nur Geld und daneben nichts anderes in Aussicht gestellt wird. **Zugabe scheidet aus, wenn Dekorationsmaterial erkennbar nur oder überwiegend für den Geber werben soll** und auch, wenn ein ersatzweise in Aussicht gestellter Kostenbeitrag in Geld, mit entsprechender Verwendungsauflage zugewandt wird. Verbotswidrig ist es aber, wenn über einen Geldbetrag lautende Gutscheine abgegeben werden, die bei bestimmten Lieferanten nur für den Ankauf von Dekorationsmaterial verwandt werden können (vgl. Anm. 16). Das gleiche gilt auch, wenn auf Verlangen der im Gutschein verbürgte Geldbetrag ausgezahlt, aber durch seinen Text oder bei Zuwendung dringend anempfohlen wird, eine Ware zu beziehen (zur Gutscheinswerbung vgl. Anm. 38).

b) Leuchtreklamen, Transparente, Werbeschilder, die beim Händler im Verkaufs- und Ausstellungsraum, im Schaufenster oder an Außenflächen durch einen Hersteller installiert werden, sind keine Zugaben, wenn sie augenfällig für das Herstellerunternehmen werben. Wer die Kosten der Installation trägt, ist dann unerheblich. Direktes oder indirektes Mitwerben für den Wiederverkäufer ist unschädlich, desgleichen, wenn werblichen Interessen des Herstellers und des Händlers in gleichem Maße gedient wird. Der Händler gibt dem Hersteller die Werbemöglichkeit, dieser nutzt sie mit der Folge, daß Ersterer am werblichen Erfolg partizipiert. Der Geber stellt die Anlage, der Nehmer gibt ihm die Möglichkeit, mit ihr am Orte zu werben. **Die Werbewirkung zu Gunsten des Händlers darf nur Folge der werblichen Bemühung des Gebers, nicht aber deren Hauptzweck sein.** Der getriebene Aufwand ist unbeachtlich; es kommt nur darauf an, wo der Schwerpunkt der Werbung liegt (vgl. Spengler MA 1953, 100; Seydel BB 1954, 549; Baumbach-Hefermehl I S. 1202 Rz. 41). Wird mit dem Namen des Händlers geworben und tritt demgegenüber der werbende Hinweis auf den Geber und dessen Erzeugnisse zurück, ist die kostenlose Überlassung der Anlage Zugabe. Je nach den Umständen des Einzelfalls kann ein Kostenbeitrag, die Übernahme der Installationskosten oder die Beteiligung an Betriebskosten im Rahmen des Zulässigen liegen. Werden Geldzuschüsse zu Betriebs- oder Installationskosten in Aussicht gestellt, dann muß es sich um bestimmte oder auf bestimmte Art zu berechnende Beträge handeln (§ 1 II Lit. b Zugabe-VO = § 2 I Lit. a ZugabengesÖ; beachte Anm. 32, 70). Unzulässig ist das Erbieten, für den Fall größerer Warenabnahme eine bessere und eindrucksvollere Neonanlage zu installieren (Heinig AWR 1938 S. 182).

c) Schaufensterwerbung. Vom Hersteller gestellte Dekorationen, mit denen nur für dessen Erzeugnisse geworben wird, sind keine Zugaben (vgl. vorst. lit. a; Reimer-Krieger S. 47/48 Rz. 17; Tetzner Z S. 23/24 u. 56; Klauer-Seydel S. 23 Rz. 37; Baumbach-Hefermehl I S. 1201 Rz. 41; Seydel BB 1954, 549; LG Frankfurt MA 1953, 130; zweifelnd Heinig S. 22; a. M.: Hecht-Kümpfel S. 612). Dies gilt auch dann, wenn ein Hersteller ein ganzes Schaufenster für sich in Anspruch nimmt und mit eigenem Dekorationsmaterial von Dekorateuren ausgestalten läßt, um für seine Erzeugnisse zu werben (gl. M. Tetzner Z S. 56; a. M. Klauer-Seydel S. 23 Rz. 37; Markenverband

MA 1950, 171; Sonderland DB 1952, 444; Hecht-Kümpfel a. a. O.; Reimer-Krieger S. 66 Rz. 24 m. Hinw. auf Culemann JW 1936, 3294; Spengler MA 1953, 95/100 u. Seydel BB a. a. O.). Eine Zugabe wird aber gewährt, wenn gleichzeitig in mehr oder weniger großem Umfang auch für den Händler eine Allgemeinwerbung getrieben oder für sein sonstiges Warenangebot mitgeworben wird. Unzulässig ist das Erbieten, für den Fall umfangreicher Warenbestellung eine kostspielige und aufwendige Fensterdekoration zu stellen (Spengler a. a. O. u. OLG Düsseldorf, dortselbst zit.). Besonders günstige Werbe- und Verkehrslage eines Ladens läßt gesteigertes Interesse des Herstellers an Eigenwerbung vermuten. Dies kann übersteigerten Dekorationsaufwand und darüber hinausgehende weitere Leistungen zugaberechtlich unbedenklich erscheinen lassen. Immer müssen aber Werbeinteresse und der Wert der dem Geber eingeräumten Werbemöglichkeit in vernünftiger Relation zum getriebenen Aufwand stehen. Zur Beachtung der Vielfalt werblicher Fakten vgl. vorst. lit. a. Stellt ein Wiederverkäufer seinen ganzen Schaufensterraum zur Werbung nur für eine Ware zur Verfügung, dann schränkt er die Werbemöglichkeit für sein sonstiges Angebot erheblich ein. Dieses Zugeständnis kann nur erwartet und zugemutet werden, wenn es mit entsprechenden Vorteilen verbunden ist; es muß honoriert werden.

d) Zu **Werbeveranstaltungen** des Herstellers in den Räumen oder auf dem Grundstück eines Wiederverkäufers (Ausstellen, Vorführen, Erläutern von maschinellen Anlagen, Haushaltsautomaten, Arbeitsgeräten, Demonstrationen von Verwendungs- und Verarbeitungsmöglichkeiten bestimmter Materialien, von Konsumgütern des alltäglichen Bedarfs wie Lebensmittel, Backmittel, Reinigungsmittel, mit oder ohne Probenabgabe, Probenausschank u. ä.), gilt das zu lit. b u. c Gesagte entsprechend. Auf Werbeveranstaltungen muß vorzugsweise für Erzeugnisse des Herstellers geworben werden; werbliche Vorteile des Einzelhändlers dürfen nicht Zweck, sondern nur Folge der Aktion sein. Die Möglichkeit, das kaufende Publikum in der Verkaufsstätte direkt anzusprechen, ist für den Hersteller werblich äußerst bedeutsam. Der Einzelhändler macht in der Regel ein wesentliches Zugeständnis. Denn oft behindern derartige Veranstaltungen den normalen Geschäftsbetrieb, die Eigenwerbung und der Absatz anderer im Sortiment geführter Erzeugnisse werden beeinträchtigt. Es fehlt deshalb in der Regel an der notwendigen Anwendungsvoraussetzung des Anscheins der Unentgeltlichkeit. Steht dagegen die Werbung für die Verkaufsstätte des Händlers im Vordergrund, spricht der Beweis des ersten Anscheins für Zugabe. Der werbliche Vorteil des Händlers dominiert; der Hersteller läßt sich, um seinen Absatz zu fördern, als Werber vorspannen. Dies ist auch dann der Fall, wenn das Publikum durch mehr oder weniger spektakuläre Werbeveranstaltung mit öffentlicher Schaustellung und Darbietung (z. B. Musik-Vorführungen, Einsatz von Artisten, Betrieb von Vergnügungsgeräten, z. B. Musik- und Spielautomaten) in das Geschäftslokal des Händlers gelockt wird, während die Werbung für die Erzeugnisse des Herstellers demgegenüber weitgehend zurücktritt. Zum Verstoß gegen §§ 1, 3 UWG durch Art und Durchführung von Werbeveranstaltungen vgl. Anm. 53, zum Verteilen von Gutscheinen, die zur Teilnahme berechtigen, ebenda, zur Durchführung von Verlosungen, Ausgabe von Prämiengutscheinen, Verteilen von Waren, Warenproben und Geschenken als Werbeleistung zu Gunsten des Wiederverkäufers s. unten lit. f u. Anm. 60, 61, 62. Zur Werbung für Wiederverkäufer in Werbeveranstaltungen, die keinen Zusammenhang mit seinem Geschäftslokal haben, vgl. nachf. lit. e.

e) **Direktwerbung.** Es ist das Hauptziel einer jeden Werbung, den Absatz zu steigern. Notwendig hat deshalb auch jeder Wiederverkäufer Anteil am Erfolg der Herstellerwerbung. Wird bei Rundfunk-, Fernseh-, Annoncen-, Plakat- oder sonstiger Wort- und Anschauungsreklame auf Werbeveranstaltungen (Hausfrauen-Nachmittage, Modenschauen, Filmabende u. ä.) vom Hersteller auf Einzelhandelsgeschäfte hingewiesen, die im Werbebereich seine Erzeugnisse führen, dann geschieht es, weil der Konsument kaufen soll. Er muß wissen, wo er die angepriesene Ware erhält. Zugabe an den begünstigten Händler scheidet wegen der eindeutig andersartigen Zweckbestimmung aus (vgl. Anm. 21, 25, 29). Eine Zugabe wird angeboten, wenn sich ein Hersteller erbietet, in seiner Werbung auch auf die Verkaufsstelle des Einzelhändlers hinzuweisen, wenn dieser sich verpflichtet, ohne Rücksicht auf seine eigenen Umsatzmöglichkeiten und den daraus folgenden Bedarf, bestimmte Warenmengen abzunehmen. Dies gilt nicht, wenn Werbehinweise davon abhängig gemacht werden, daß der Händler eine Ausschließlichkeitsbindung eingeht und vom Hersteller nur Abnehmer beliefert werden, die keine Konkurrenzerzeugnisse führen. Ausschließlichkeitsbindung und Direktwerbung stehen dann im Verhältnis von Leistung und Gegenleistung. Wird für bestimmte Händler geworben, liegt bei diesen der Schwerpunkt der Werbung und wird nur daneben erwähnt, daß diese auch das Herstellererzeugnis führen (z. B. in Zeitungsanzeigen, Diapositivwerbung im Lichtspieltheater, Zeitungen oder Zeitschriftenbeilagen, Postwurfsendungen u. ä.), wird bei ausreichendem Zusammenhang zum Warenbezug (vgl. Anm. 26 ff.), gegen das Verbot verstoßen. Gleichzeitig kann die Unzulässigkeit aus § 3 UWG folgen, wenn der Eindruck entsteht, der Händler werbe und wolle bei dieser Gelegenheit aus eigener Sachkunde die Ware des Herstellers empfehlen. Das vorstehend zu lit. b a. E. Gesagte gilt entsprechend. Es gilt jedoch nicht, wenn es sich um ein berühmtes Markenerzeugnis handelt, das ohnehin vom einschlägigen Handel fast ausnahmslos geführt wird, so daß im Zweifel unsachliche Beeinflussung des Händlers beim Einkauf ausscheidet; Beispiel: Kaufen Sie in der Central-Drogerie, auch dort erhalten sie Ihre M-Creme. Derartige, auf den Lebensbereich des Werbeadressaten abgestellte Werbung ist oft eindrucksvoller als unpersönliche Großwerbung. Es kommt immer auf die Umstände des Einzelfalls an. Geringfügig voneinander abweichende Sachverhalte können unterschiedlich zu beurteilen sein. Handelt es sich um ein erst auf den Markt drängendes oder in scharfem Wettbewerb stehendes Erzeugnis, kann es sich um eine vom Kauf des Einzelhändlers abhängige Zugabe durch Werbehilfe handeln. Zugabe scheidet aber aus, wenn der Hersteller den Namen und das Ansehen eines namhaften Einzelhandelsunternehmens für seine Zwecke vorspannen will und werblich auszubeuten sucht. Die Unzulässigkeit folgt dann aus § 3 UWG; vgl. oben u. lit. b „Schaufensterwerbung" a. E.

f) **Prämienwerbung.** Vom Hersteller in verschlossenen Packungen beigepackte Prämienscheine (vgl. Anm. 44; zu Treueprämien Anm. RabGes. § 13 DVO), dienen der Eigenwerbung; sie sind keine dem Einzelhändler als Zugabe gewährte Werbehilfen. Das gleiche gilt für beigepackte Bilderschecks, Bilder, Kochrezepte, Stickmuster und sonstige Zugabegegenstände, wie Kunststoffiguren (vgl. Anm. 38 ff., 78 ff.), geringwertige Gerätschaften, z. B. Meßbecher, Meßlöffel, Eierlöffel (beachte Anm. 77 ff.), Probepackungen anderer Waren (vgl. Anm. 60), Briefmarken (vgl. Anm. 82) und Geldmünzen (vgl. Anm. 47 ff.). Der Einzelhändler bezieht vom Hersteller die aus Ware und Beipack bestehende Verkaufseinheit, er bezahlt sie als solche, er verkauft sie unverändert weiter. Kaufeinheiten sind die Warenpackungen unter Einschluß der Prämiengutscheine oder der beigepackten Zugaben. Unberechnet wird dem Händler nichts zugegeben. Das Beipack ist unselbständiger Warenbestandteil, der nur unter Verletzung und Entwertung der erworbenen und weiter abzusetzenden Verkaufseinheit zu trennen ist.

Es fehlt an der notwendigen sachlichen und wirtschaftlichen Eigenständigkeit (vgl. Anm. 17 ff.). Dies gilt auch dann, wenn der Hersteller gegen Vorlage beigepackter Gutscheine oder einer Gutscheinsammlung dem Inhaber Zuwendungen macht, die als unzulässige Treueprämie und Zugabe zu den Umsätzen des Einzelhändlers an dessen Kunden zu werten sind (vgl. Anm. 38—44). Löst der Händler im Auftrage des Herstellers beigepackte Gutscheine ein, dann gilt das gleiche. Er erhält nichts, was er nach Auffassung der beteiligten Verkehrskreise (Hersteller/Einzelhändler) nicht bezahlt hat. Er ist Mittäter zum Zugabeverstoß, nicht aber Zugabeempfänger. Zugabe durch Werbehilfe (Werbebeitrag) liegt vor, wenn dem Händler ohne besondere Berechnung Gutscheine zur Verfügung gestellt werden, die er an seine Kunden verteilen soll und die der Hersteller einlöst (im einzelnen vgl. Anm. 46 lit. h).

g) Übernahme von Nebenleistungen; Begriff vgl. Anm. 56. Zugaben werden gewährt, wenn der Hersteller oder Zulieferer es übernimmt, Nebenleistungen für den Händler oder Weiterverarbeiter auszuführen, die dieser zu erbringen hat. Derartige Leistungsübernahme ist selbständige Nebenleistung, die im Zusammenhang (Anm. 28 a ff.) mit entgeltlichen Hauptgeschäften (Anm. 7—9) zusätzlich und unberechnet (Anm. 11, 12) nur erbracht werden darf, wenn es handelsüblich ist (§ 1 II lit. d ZugVO = § 2 lit. d ZugGesÖ, Anm. 103, 104). Auf Handelsüblichkeit kommt es nicht an, wenn im Preise der Hauptleistung die Vergütung für die Übernahme der Nebenpflicht des Erwerbers erkennbar mit enthalten ist. Auf den erklärten Vertragsinhalt allein kommt es nicht an; auszugehen ist von der Auffassung derjenigen Gewerbetreibenden, denen der Käufer zugehört. Der durchschnittliche Einzelhändler und Handwerker hegt in der Regel zu gewerblichem Wareneinkauf recht genaue Vorstellungen davon, welche Leistungen durch Zahlung des Preises mit abgegolten werden.

Die für verschiedene Branchen unterschiedlich zu beantwortenden Fragen werden von I. u. H.- und Handwerkskammern meist zuverlässig beantwortet werden können, dagegen nicht von einem Gericht aus eigener Sachkunde.

Der Eintritt in unselbständige Garantiepflicht (vgl. Anm. 18 u. 57) kann, muß aber nicht unzulässig sein. Die Übernahme selbständiger Gewährleistungspflichten ist es stets. Übernahme der Gewährleistungspflicht des Herstellers aufgrund eines vom Einzelhändler auszufertigenden Garantiescheins (vgl. Anm. 101 ff.) ist ebenso handelsüblich wie die Übernahme der Kundenbetreuung und Beratung durch das Herstellerwerk bei technischen Geräten und Anlagen wie Maschinen, Haushaltsautomaten u. ä. Der Eintritt in unselbständige Gewährleistung kann unzulässige selbständige Garantie sein; z. B.: ein Tuchgroßhändler erklärt für den Fall der Abnahme einer größeren Warenmenge, in Gewährleistungspflichten des belieferten Schneiders auch dann einzutreten, wenn von dessen Kunden entsprechende Rechte nicht nur wegen mangelhafter Beschaffenheit des gelieferten Stoffes, sondern auch wegen mangelhafter Ausführung der Arbeit oder wegen Mangelhaftigkeit der verwandten Zutaten, geltend gemacht werden. Dies gilt grundsätzlich auch für jede sonstige, aus Anlaß von Warenkäufen erklärte Bereitschaft zur Risikoübernahme. Finanziert ein Hersteller Teilzahlungskredite, die von seinem Abnehmer eingeräumt werden, dann wird nicht für diesen sondern nur für die Kreditnehmer eine Leistung erbracht; der Einzelhändler wird nicht als Kreditgeber sondern als Kreditmittler tätig. Verpflichtet sich ein Händler gegenüber seinen Kunden, die durch den Kauf überflüssig gewordenen gebrauchten Gerätschaften, Maschinen oder Werkzeuge bestmöglich für sie zu veräußern und übernimmt dies für ihn der Hersteller, liegt Zugabe vor. Unzulässig ist es, wenn die Baumschule für den zum Liefern und Pflanzen verpflichteten Gärtner die Anfuhr übernimmt und die Bäume setzt.

[46] **Werbebeiträge.**

a) Allgemeines. Werbebeiträge durch zweckgebundene Geld- oder Sachzuwendungen haben mit der Werbehilfe gemeinsam, daß der vom Hersteller getriebene Werbeaufwand auch dem Einzelhändler unmittelbar zugute kommt. Bei der Werbehilfe wirbt der Hersteller für den Einzelhändler mit, **beim Werbebeitrag wirbt der Händler für den Hersteller mit den ihm zur Verfügung gestellten Mitteln. Bei der Werbehilfe besteht der Werbebeitrag des Händlers darin, daß er dem Hersteller** durch Überlassung von Werbeflächen, Werberäumen u. ä. die **Werbung im Zusammenhang mit dem Verkauf ermöglicht.** Beim Werbebeitrag wird der Händler selbst tätig; er übt für den Hersteller eine Werbefunktion aus. Dies nötigt zu einer für den einen oder anderen Fall unterschiedlichen Beurteilung; grundsätzlich hat aber das zur Werbehilfe Gesagte (Anm. 45 lit. a) entsprechend zu gelten. Der objektive Wert der Werbung für den Hersteller durch den Händler darf nicht zu gering veranschlagt werden. **Mit als Werbeträgern ausgestalteten Betriebsinventarien,**

wie Regalen, Vitrinen, Verkaufsschränken und sonstiger Betriebsausstattung (z. B. Schankgläser, Wassergläser, Aschenbecher, Tellerdeckchen, Papierservietten u. ä.) **dringt der Hersteller in den Werbebereich des Händlers ein und spannt ihn als Werber vor.** Einen wesentlichen Anhalt geben Art und Funktionszweck des zum Gebrauch überlassenen Gegenstandes. Ist er auch bei Gebrauch durch den Händler dazu bestimmt und geeignet, für den Hersteller und dessen Erzeugnisse zu werben, dann wird ein zulässiger, dem Ziel der Eigenwerbung dienender Werbebeitrag gewährt. Dies gilt nicht für Gegenstände, wie z. B. technische Ausstattungen, deren vordergründiger Zweck darin besteht, dem Betrieb des Benutzers zu dienen. Wenn überhaupt, dann wird bei ihrem Gebrauch durch eine Werbeaufschrift auch und nur nebenher mitgeworben; nach Auffassung des Verkehrs bleibt dies immer nur ein Nebenzweck.

Ob unentgeltlich oder gegen Werbeleistung etwas zugewandt wird, hängt von den Umständen des Einzelfalls ab. Das Werbeinteresse des Herstellers und das Gebrauchsinteresse des Händlers sind gegeneinander abzuwägen. Ein „überschießender Gebrauchswert" für den Händler läßt Gebrauchsüberlassung noch nicht zur Zugabe werden. Dies ist nur dann der Fall, wenn die Händlerleistung nur als geringfügig und als offenbar nur zum Schein erbracht anzusehen ist (§ 1 I S. 2 ZugVO; § 2 II ZugGesÖ; vgl. Anm. 11, 24, 68, 69). Die Differenz zwischen dem objektiven Wert des Werbebeitrages und dem der grundsätzlich als ernst gemeint und gewollt anzunehmenden Werbeleistung, kann nicht als Zugabe angesehen werden. Zugewandt wird der Werbeträger oder dessen Gebrauch, so daß es nur darauf ankommen kann, ob dies unentgeltlich geschieht oder nicht. Scheidet mangels Unentgeltlichkeit (Anm. 11) Zugabe aus, liegt Vorspannleistung vor, die nur nach **§§ 1, 3 UWG zu beurteilen ist.** Schrifttum zu Werbebeiträgen: Baumbach-Hefermehl I S. 1201/1202 Rz. 41; Klauer-Seydel S. 23 Rz. 37; Reimer-Krieger S. 65/66; E. Reimer III. Aufl. S. 1001; Tetzner Z S. 23; Heinig S. 22; v. Gamm S. 143; Culemann JW 1936, 3294; Spengler MA 1963, 100; Bussmann MA 1952, 282; Seydel BB 1954, 551.

b) **Werbeinventar.** Zur Überlassung von Leuchtreklamen, Transparenten, Werbeschildern vgl. Anm. 45 lit. b, zu Schaufensterausstattungen Anm. 45 lit. c. **Regale, Vitrinen, Verkaufsschränke,** versehen mit mehr oder weniger auffälligen Hinweisen auf den werbenden Hersteller oder dessen Erzeugnis, sind, wenn nicht betriebsnotwendige, so mindestens betriebsgeeignete Einrichtungsgegenstände.

Dies gilt auch, wenn sie mit Firmennamen, Warenzeichen oder sonstiger Werbebeschriftung versehen sind. Ob die Werbeleistung des Händlers durch Gebrauch der als Werbeträger ausgestalteten Inventarien als Gegenleistung für den Gebrauchswert erscheint, ist von Fall zu Fall, unter Berücksichtigung aller Umstände des Einzelfalls, abzuwägen.

Bedeutsam sind insbesondere Gebrauchseignung, Umstände und Art der vorgesehenen Verwendung, Minderung des Gebrauchswerts durch Reklameausstattung. Bei fehlendem oder geringem Werbeinteresse des Verleihers und hohem Gebrauchswert für den Empfänger liegt Zugabe vor, z. B. Bereitstellen von Regalen mit Werbeaufschrift, die außerhalb der Verkaufsräume oder im Lager Verwendung finden, von betriebswichtigen Schränken, Theken, Kassen u. ä. (Baumbach-Hefermehl I S. 1202 Rz. 41; Reimer-Krieger S. 66 Rz. 23; Klauer-Seydel S. 23 Rz. 37). Das Herstellerinteresse an fachgerechter Lagerung der Ware ersetzt weder das notwendige Werbeinteresse, noch die notwendige, als Entgelt zu wertende Werbeleistung des Händlers; für die Frage der Handelsüblichkeit gem. § I II lit. d ZugVO (§ 2 I lit. d ZugGesÖ) kann es erheblich sein. Leihweise Überlassung augenfällig gekennzeichneter Verkaufsschränke für Nähseide (Tetzner Z S. 23; Godin-Hoth S. 285) und für Kaffee (OLG Hamburg AWR 1936, 202; Baumbach-Hefermehl I S. 1202 Rz. 42; Klauer-Seydel S. 23 Rz. 37; a. M.: LG Frankfurt BB 1953; 185 u. Reimer-Krieger S. 66) ist zulässig, nach OLG Frankfurt (DB 1954, 885) das Verleihen von Verkaufsvitrinen für Einlegesohlen aber nur, wenn ein geringes Nutzungsentgelt gezahlt wird. Die ausdrückliche Verpflichtung des Empfängers das augenfällig als Werbeträger ausgestaltete Regal, die Vitrine oder den Verkaufsschrank im Verkaufsraum, im Eingang oder im Zusammenhang mit Schauanlagen aufzustellen und ausschließlich nur für Erzeugnisse des Gebers zu verwenden, läßt den Händler zum Werber werden; dies gilt auch dann, wenn der objektive Wert der Gebrauchseignung für den Händler höher als das echte Werbeinteresse des Herstellers ist (beachte vorst. lit. a). Auf Handels- oder Branchenüblichkeit (§§ 1 II lit. d ZugVO; 2 I lit. d ZugGesÖ) kann es nur ankommen, wenn eine als Entgelt zu wertende Werbeleistung des Händlers entfällt (vgl. Anm. 8, 9, 86, 87).

c) **Technische Geräte** sind keine Werbeeinrichtungen, die auch betrieblichen Zwecken nutzbar gemacht werden können; sie dienen ihrer Zweckbestimmung nach dem Betrieb. Die evtl. gegebene Möglichkeit, sie auch für Werbezwecke zu benutzen, hat nur sekundäre Bedeutung. **Verkaufsautomaten,** die Einzelhändlern überlassen werden, damit diese die Erzeugnisse des Gebers auch außerhalb der Verkaufsräume und der Verkaufszeiten absetzen können, sind unzulässige Verkaufshilfe und nicht Werbebeitrag. Aufstellen und Betrieb der Automaten dient dem eigenen Umsatzinteresse des Händlers; eine hierbei wirksam werdende Werbung für die Erzeugnisse und das Unternehmen des Gebers ist, vom Nehmer her gesehen, nur Folge aber nicht Zweck. Aber auch hier kommt es entscheidend darauf an, welcher Gebrauchs- und Verkehrswert in der Hand des Empfängers in Erscheinung tritt (Anm. 19, 20). Dies gilt nicht für Fremdaufsteller, die die Automaten auf eigene Rechnung betreiben, z. B. in und im Zusammenhang mit Räumen von Gaststätten, Autobahnraststätten und von Einzelhandelsgeschäften. Wird über die Person des Aufstellers irregeführt und der Eindruck hervorgerufen, der Inhaber des Geschäftslokals wolle Frische und Qualität der Automatenware gewährleisten, wird gegen §§ 1, 3 UWG verstoßen (vgl. Anm. 45 lit. a zur Irreführung bei Regalmiete). Führt ein Einzelhändler gleiche oder verwandte Erzeugnisse wie der Fremdaufsteller, spricht der Beweis des ersten Anscheins für Täuschung des Publikums. Beim Automatenverkauf in Gaststättenräumen, z. B. Süßwaren, Zigaretten, Zeitungen und Parfümerien, gilt dies nicht. Zugaben werden gewährt, wenn Brauerei oder Bierverleger Spiel- und Musikautomaten mit auffälligen Werbeschriften in Gaststätten aufstellt, dem Gastwirt die eingespielten Erlöse überläßt und ihn nur verpflichtet, die Kosten evtl. Reparaturen zu tragen. Dies gilt nicht, wenn es aufgrund eines der üblichen Aufstellerverträge geschieht und mit Rücksicht auf die Reklameaufmachung dem Gastwirt ein höherer Gewinnanteil als sonst üblich überlassen wird.

Zum Betrieb derartiger Automaten im Zusammenhang mit Werbeveranstaltungen vgl. Anm. 45 lit. d; zu anreißerischer Werbung Anm. 53. Zugabe durch Gebrauchsüberlassung wird gewährt, wenn **Kühlschränke** vom Hersteller bei Bäckern aufgestellt werden, auch wenn sie auffällig beschriftet sind und im Verkaufsraum benutzt werden. Daß die Kühlkette für den Lieferanten und Abnehmer wirtschaftlich vernünftig ist und Transportkosten erspart, ist ebeno unbeachtlich wie das Herstellerinteresse an fachgerechter Lagerung der Erzeugnisse (vgl. oben lit. b „Werbeinventar", gl. M. OLG Hamburg WRP 1959, 224; Baumbach-Hefermehl I S. 1189 Rz. 18). Für Speiseeishändler ist der Besitz einer Kühltruhe notwendige Betriebsvoraussetzung; auch wenn sie durch augenfällige

Reklamebeschriftung für den Lieferanten werben, ist deren kostenlose Gebrauchsüberlassung nicht zu rechtfertigen (gl. M. Baumbach-Hefermehl a. a. O.). Macht der Händler den Vertrieb hiervon abhängig, ist sie nicht nur geeignet, die gegebene Geschäftsverbindung irgendwie zu beeinflussen, sondern Voraussetzung dafür, daß sie überhaupt zustande kommt, dann sind alle notwendigen Merkmale des Zugabezusammenhangs gegeben (vgl. Anm. 26 ff., insbes. Anm. 28—33). Da es sich um eine Betriebsausstattung handelt, hat die Funktion als Werbeträger zu dienen, nur sekundäre Bedeutung und ist unbeachtlich. Auch handelsübliche Nebenleistung scheidet aus (vgl. Anm. 103 ff.). Auch wenn Gebrauchsüberlassung nur auf Verlangen des Kunden gewährt wird, liegt Zugabe vor (Anm. 6, 34; BGH GRUR 1960, 558 — Eintritt in Kundenbestellung). Das gleiche gilt für unberechnete Gebrauchsüberlassung von **Biertheken, Registrierkassen und sonstigen Ausstattungen, z. B. Dosiergeräten mit auffälliger Werbebeschriftung** (BGH WRP 1972, 254 — Cognac-Portionierer; Klauer-Seydel S. 24 Rz. 37; Baumbach-Hefermehl I S. 1202 Rz. 41), im Zweifel dagegen nicht für **Bücherdrehständer mit augenfälliger Verlagswerbung.**

d) **Sonstige Betriebsausstattung; Wassergläser, Aschenbecher, Tellerdeckchen, Papierservietten** in einfacher Ausführung mit augenfälliger dauerhafter Werbebeschriftung versehen, sind keine Zugaben; sie sind Werbeträger, mit denen der Geber versucht, den Empfänger als Werber vorzuspannen (h. M.). Dessen wirtschaftlicher Vorteil wird meist nur ein mittelbarer, oft sogar noch nicht einmal ein sonderlich erwünschter sein. Die Werbeleistung des Nehmers entspricht dem Werbeinteresse des Gebers; das zugabeeigene Merkmal der Unentgeltlichkeit entfällt (Anm. 11, 12). Wirbt die Beschriftung oder sonstige Ausgestaltung vorwiegend für den Nehmer, wird Zugabe gewährt. Da derartige Dinge meist in größeren Mengen überlassen werden und deshalb von deren Gesamtwert auszugehen ist, scheidet Rechtfertigung, auch bei Geringwertigkeit des Einzelstücks, z. B. Tellerdeckchen, unter dem Gesichtspunkt der Überlassung geringwertiger Reklamegegenstände (§ 1 II lit. a ZugVO) aus. Anders § 3 I ZugGesÖ, der Geringwertigkeit nicht verlangt (beachte amtl. Begr. Ö Anh. VIII). Beachte auch nachfolgend lit. h.

Wenn Hohenecker-Friedl (S. 133) Geringwertigkeit als Anwendungsvoraussetzung nennen, so bezieht sich dies offenbar nur auf den Fall der Abgabe an letzte Verbraucher. Zulässige Werbebeiträge sind auch augenfällig ausgestaltete **Würfelbecher, Kartenspiele, Zeitungshalter.** Entscheidend ist, daß für den Geber geworben wird und daß der Nehmer durch Gebrauch für diesen wirbt. Zweck der Gegenstände muß es sein zu werben; die Gebrauchseignung muß nur Folge und Voraussetzung dafür sein, daß geworben werden kann, sonst wird nicht zulässiger Werbebeitrag erbracht, sondern eine Zugabe gewährt. **Schankgläser mit Reklameaufschrift,** die sich nicht nur für die Erzeugnisse des Gebers (Brauerei, Spirituosenfabrik) eignen, sondern auch für andere Getränke benutzt werden können, sind wertvolles Betriebsinventar. Ihr Gebrauchswert dominiert. Sie werden um ihrer Zweckbestimmung Willen benutzt, nicht aber um mit ihnen zu werben.

Daß mit ihnen auch geworben wird, ist nicht Gebrauchsanlaß sondern Folge (gl. M.: Baumbach-Hefermehl I S. 1202 Rz. 41; Godin-Hoth S. 285—286; Reimer-Krieger S. 46, 48 Rz. 17; Tetzner Z S. 23/24; Klauer-Seydel S. 23, 24 Rz. 37; DW Nr. 10/1951; 7; a. M.: Spengler MA 1953, 95/100). Ist der Empfänger nicht Abnehmer der Erzeugnisse des Gebers, z. B. ein Hotelbetrieb, der mit Werbeaufschrift für Zahnpasta versehene Mundwassergläser benutzen soll, dann fehlt es schon am zugehörigen Hauptgeschäft (Anm. 26 ff.). Der Wert derartiger, vom Verbot erfaßter Werbegaben, ist unbeachtlich (Anm. 61).

e) **Aussteller und Verkaufshelfer** (Display-Artikel), z. B. Originalpackungen größerer Verkaufseinheiten, in denen, evtl. unter Verwendung einfacher Hilfseinrichtungen oder wegen besonderer Ausgestaltung die Ware ansprechend auf dem Ladentisch in Regalen, Schaufenstern und Vitrinen zur Schau gestellt werden kann, sind keine Zugaben, wenn der dem Einzelhändler damit zugewandte Nutzen ein angemessenes Äquivalent für mit der Verwendung dieser Artikel betriebenen Herstellerwerbung darstellt. Für zulässig wurde deshalb für ein Sortiment von 36 Kleinstfläschchen Eau de Cologne ein kleiner schwarzer oder roter Pappkoffer mit markierter Steppnaht, Schnappverschluß und einem an Metallbügeln befestigten Kunststoffgriff erachtet, der auf der Oberseite mit Hotelschildchen bedruckt, an den abgerundeten Vorderecken mit der Warenbezeichnung „Kölnisch Wasser" und dem Warenzeichen der Herstellerin, sowie an der einen Schmalseite mit einem Sträußchen aus Kunststoffblumen versehen war. Das Innere des Deckels war mit einem Werbeschild ausgefüllt, das neben Dom, Rhein und Schiff, augenfällig Firmenschriftzug und Ortsbezeichnung, Warenzeichen und Warenbezeichnung zeigte (LG Köln GRUR 56, 424; zust. Baumbach-Hefermehl I S. 1224 Rz. 82 u. Godin-Hoth S. 317 Anm. 63). Die nach Gebrauch verbleibende Möglichkeit, noch einige Zeit als Kinderspielzeug zu dienen, ist angemessene Werbevergütung für eine sonst unterbliebene Dekorationswerbung (a. M. LG Hamburg WRP 1967, 282).

Die kostenlose, auch nur teilweise Überlassung eines Thekenaufstellers in Form eines Kosmetikkoffers an Einzelhändler, der sich für private Zwecke verwenden läßt, ist unzulässig. Voraussetzung ist stets, daß der Aufsteller oder Verkaufshelfer vordergründig für den Hersteller wirbt. Weiter muß nach den im Einzelfall gegebenen Umständen festgestellt werden können, daß Zweitnutzen und Werbeleistung wertmäßig einander entsprechen (vgl. Seydel BB 54, 549). Verzierter Henkeltragekorb, Blumenständer mit Tragbügel, die ohne dauerhafte Warenkennzeichnung einen nicht unbeträchtlichen Gebrauchswert haben, sind verbotene Zugaben, auch wenn sie unter dem Hinweis darauf unentgeltlich überlassen werden, sie sollten zur Darbietung der Ware in den Geschäftsräumen und im Schaufenster verwandt werden (LG Frankfurt DW 66, 33/34; vgl. auch Völp WRP 66, 391 ff. u. Keinath WRP 1969, 436 ff.). Das gleiche hatte für einen Kosmetikkoffer aus Kunststoff als Aussteller für Körperspray zu gelten, dessen Deckel außen mit gobelinartigem Stoff bezogen und innen mit einer herausnehmbaren Werbetafel aus Pappe versehen war, die beim Aufklappen sichtbar wurde und hinter der sich ein Spiegel befand, der einen goldfarbenen Hinweis auf das Eigentum des Kosmetikherstellers verdeckte. Wegen des erheblichen Gebrauchswertes bei privater Nutzung, die nicht ausgeschlossen und zeitlich unbegrenzt war, lag selbst bei leihweiser Gebrauchsüberlassung Zugabe vor (LG Hamburg BB 67, 1057/1058 — Thekenaufsteller). Soweit das zur Verfügung gestellte Werbe- und Dekorationsmaterial weniger dafür bestimmt und geeignet zu sein scheint, den Absatz der Erzeugnisse des Herstellers zu fördern, als vielmehr dem Einzelhändler einen nicht unwesentlichen Gebrauchswert zukommen zu lassen, wird verbotene Zugabe gewährt, z. B.: Bei Abnahme von „G.-Deodorant" im Werte von 100,— DM, wird ein aufblasbares, über einen Meter langes Gummiboot mitgeliefert, das an 4 Stellen den Namen des Herstellers und seine Wappendarstellung trägt, zusammen mit einem Ständer, auf dem das Boot zu stellen ist und einem Holzmast und einem als Segel anzubringenden Werbeplakat, dessen Text sich auf das gelieferte Erzeugnis bezieht (OLG Hamburg WRP 68, 117 — Gummiboot). Was dem letzten Abnehmer, weil nicht geringwertig (§ 1 II lit. a) oder nicht handelsüblich (§ 1 II lit. d), nicht zugegeben werden darf, kann zulässiger

Werbebeitrag an den Händler sein, vorausgesetzt, daß es sich um Werbe- und Ausstattungsmaterial handelt, das in erster Linie den weiteren Absatz der Ware des Gebers und der Werbung für sein Unternehmen dienen soll (OLG Hamburg a. a. O.; D. W. 1956, 33). Im übrigen vgl. auch Völp a. a. O. u. MA 66, 716.

f) **Zu Verpackungsmaterial,** das auch als Dekoration verwandt werden soll, vgl. vorst. lit. d. Dem **Einzelhändler für Verpackungszwecke** überlassene Materialien, wie **Einwickelpapier, Tüten und Tragetaschen, auf denen augenfällig der Hersteller für seine Erzeugnisse wirbt,** sind zulässige Werbebeiträge und keine Zugaben, es sei denn, daß der Werbewert gegenüber dem dadurch ersparten Betriebsaufwand weitgehend zurücktritt, z. B. bei Packpapier auf Rollen zusammen mit Rollenständer. Mag auch im Einzelfall der Gebrauchswert für den Händler groß sein, der Wert der von ihm erbrachten Werbeleistung ist es nicht minder. Daß er diese wegen des auch ihm zufallenden Vorteils übernimmt, ist nur naheliegend und vernünftig, läßt aber das zur Verfügung gestellte verpackungsgeeignete Werbematerial mangels Unentgeltlichkeit nicht zu einer Zugabe werden (vgl. vorst. lit. a Anm. 35, 11, 12). Die Auffassung des LG Frankfurt (DW 1961, 25/26 — Tragetasche), es sei unbeachtlich, daß der Einzelhändler einen Werbeträger verbreite, daß er oder das Herstellerunternehmen hoffen, mit dieser Reklame den Umsatz des angepriesenen Erzeugnisses zu steigern, es käme nur darauf an, daß er in die Lage versetzt werde, einen Kundendienst zu üben, ohne derartige Taschen kaufen zu müssen, ist abzulehnen (gl. M. Baumbach-Hefermehl I S. 1200 Rz. 40 u. Wirth BB 62, 356/359). Nicht zulässiger Werbebeitrag sondern Zugaben werden dagegen mit derartigen Werbematerialien gewährt, wenn diese für die bedachten Einzelhändler werben, z. B. Frühstücksbeutel mit Bäckerwerbung, die von Kaffeeröstereien der Kaffeelieferung an Bäckereien beigefügt werden (KG GRUR 1939, 317).

g) Durch **Kataloge, Prospekte, Preislisten** wird der Einzelhändler in den Stand versetzt, ohne das Sortiment des Herstellers komplett auf Lager zu führen, seiner Kundschaft ein möglichst umfassendes Angebot zu machen. Im Rundfunk-, Fernseh-, Tongeräte- und Möbelhandel, aber auch beim Handel mit technischen und maschinellen Einrichtungen und Anlagen, ist es wegen der Vielfalt des Angebots und des hohen Wertes der Einzelstücke einem Händler unmöglich, ein umfassendes Auslieferungslager zu führen. Zur Eigenart der Verkaufshilfe durch Prospekte und Preislisten vgl.

Pastor GRUR 1959, 514/516. Daß mit derartigem Prospektmaterial den Händlerinteressen nicht unerheblich gedient wird, ist unschädlich; das Interesse des Herstellers an intensiver Händlerwerbung für seine Erzeugnisse dominiert.

h) **Sonstiges Werbematerial; Warenproben, Verteilen von Gutscheinen, die zum Bezug von Proben und sonstigen Sach-, Dienst- oder Geldleistungen berechtigen, Reklamegegenstände, Kleinigkeiten, Kundenzeitschriften.** Mit Gutscheinen, die einen Geldbetrag verbürgen und die Einzelhändler mit dem Versprechen überlassen werden, sie einzulösen, damit sie diese an ihre Kunden verteilen, wird eine verbotene Werbehilfe gewährt. Denn Gegenstand der Zuwendung ist nicht ein Geldbetrag, sondern ein geldwertes Werbemittel, durch das dem Händler die Möglichkeit eröffnet werden soll, das Publikum anzulocken. Durch die Ausgabe derartiger Gutscheine verstößt der Einzelhändler gegen das Rabattverbot, sofern nicht die Voraussetzungen der §§ 2, 4 RabGes. erfüllt sind. Unzulässige Werbehilfe wird auch durch Überlassung von Gutscheinen an den Einzelhändler zwecks Abgabe an seine Kunden gewährt, auch wenn diese nur einen Anspruch auf zulässige Zugaben (§ 1 II Zugabe-VO, §§ 2, 3 ZugabenGesÖ) verbürgen. Der Händler erhält nicht das zulässige Einzelstück, sondern den Gesamtwert des zugewandten Werbematerials. Das gleiche gilt, wenn ein Hersteller im Verkaufsbereich eines Einzelhändlers Gutscheine an Haushaltungen und Betriebe verteilt, gegen deren Vorlage dieser ihm unentgeltlich zur Verfügung gestellte Zugaben abgibt. Werden dagegen Gutscheine über Warenproben mit der Post versandt, die bei namentlich genannten Einzelhändlern eingelöst werden können, dann werden diese als Verteiler tätig; dem ihnen zufallenden werblichen Vorteil steht eine die Unentgeltlichkeit ausschließende Verteilerleistung gegenüber. Zur Werbung mit Warenproben und zum Verschenken von Waren in Originalpackung vgl. Anm. 59, 60, zu Gutscheinen, die zur Teilnahme an einer Werbeveranstaltung des Herstellers berechtigen, die dieser gemeinsam mit einem Einzelhändler oder in dessen Geschäftslokal durchführt und die von ihm verteilt werden oder die er diesem hierfür zur Verfügung stellt, s. Anm. 45 lit. d u. 53. Mit **geringwertigen Reklamegegenständen** (§ 1 II lit. a ZugVO), die nach Art und Aufmachung für das Herstellerunternehmen werben, wird Händlern, die sie an ihre Kundschaft abgeben sollen, keine Zugabe gewährt; der werbliche Vorteil des Händlers ist Entgelt für die von ihm erbrachte Werbeleistung (gl. M. I Baumbach-Hefermehl

S. 1216 Rz. 65). Wirbt dagegen die Reklameausstattung vorwiegend für den Händler, liegt Zugabe vor. Mit **geringwertigen Kleinigkeiten** (§ 1 II lit. a ZugVO, § 3 I lit. c ZugGesÖ), die zu Werbezwecken überlassen werden, wird Zugabe durch unzulässige Werbehilfe gewährt. Derartige, nicht als Reklameträger ausgestaltete Gegenstände, können jeweils nur und ausschließlich für denjenigen werben, der sie verteilt. Das gleiche gilt für **Kundenzeitschriften** (§ 1 II lit. e Zugabe-VO). Diese müssen „nach ihrer Aufmachung und Ausgestaltung der Werbung von Kunden und den Interessen des Verteilers dienen". Da der Händler Verteiler ist und die Kundenzeitschrift seinem Interesse zu dienen hat, liegt das Schwergewicht der Werbung bei ihm (vgl. Anm. 110, 111). Dies gilt nicht für Österreich; dort sind Kundenzeitschriften, die als Reklamegegenstand auffallend sichtbar und dauerhaft auf das werbende Unternehmen hinweisen, den Reklamegegenständen zuzuordnen (§ 3 I lit. a ZugGesÖ). Reklamegegenstand i. S. dieses Tatbestandes sind Zeitschriften nicht, bei denen die Werbekraft der Reklameausstattung gegenüber dem zu Gunsten des Verteilers wirkenden und werbenden übermäßigen Wert des Einzelstücks zurücktritt.

[47] **Geldzuwendungen — Allgemeines.** Auch die Zugabe von Geld setzt voraus, daß sie nur wegen und neben dem Abschluß eines Hauptgeschäfts und „unentgeltlich" in Aussicht gestellt oder gewährt wird. Wird durch die Geldhingabe eine vom Hauptgeschäft unabhängige Verpflichtung des Unternehmers erfüllt oder eine Leistung des Käufers der Hauptware oder eines Dritten honoriert (Anm. 11, 51, 52), scheidet Zugabe aus. Wird der Geldbetrag ersatzweise für eine kaufabhängige (Anm. 26—33) unentgeltliche (Anm. 11) Sach- oder sonstige Leistung in Aussicht gestellt oder gewährt, dann ist diese, nicht aber der Geldbetrag Zugabegegenstand.

Geldzugabe ist nicht nur die Hingabe eines Barbetrages sondern auch jede sonstige ihm gleich zu achtende Geldzuwendung, so die Hingabe eines Gutscheins, der die Auszahlung eines auf ihm genannten Geldbetrages durch den Geber oder einen Dritten verbürgt, Erlaß einer Geldforderung, Nachlaß vom Preis der Hauptware oder Leistung, Verzicht auf in Rechnung gestellte Kreditkosten, wie Wechselspesen und Zinsen, Übernahme einer Zahlungsschuld, Bürgschaft, sonstige Freistellung von Geldverbindlichkeiten, nicht dagegen aber zweckgebundene Geldzuwendung, z. B. für Aufstellen und Betrieb einer Werbeanlage, Ersatz der Aufwendungen für anderweitig in Anspruch genommene Leistungen und die Ausgabe von Gutscheinen, die zwar über Geldbeträge lauten, aber auf Grund gegebener Hinweise beim Warenkauf oder bei Inanspruchnahme gewerblicher Leistungen in Zahlung gegeben werden sollen; s. auch Anm. 23, 44, 86.

[48] **Bargeld und Geldgutscheine.** Auch diese können Zugabegegenstand sein (vgl. Anm. 23). Sie sind nur unter den Voraussetzungen des § 1 II lit. b vom Verbot ausgenommen (vgl. Anm. 88—92). Ist der Geber auch der Unternehmer des Hauptgeschäfts und ist der Empfänger der Erwerber der Hauptware oder Leistung, wird Rabatt im Sinne des RabGes. gewährt, das jedoch nur Anwendung findet, wenn Waren oder Leistungen für den täglichen Bedarf an Letztverbraucher im Einzelverkauf abgegeben werden (vgl. § 1 RabGes.).

Das RabGes. ist lex spezialis und geht als jüngeres Gesetz der Zugabe-VO vor. Deren Tatbestände haben deshalb bei Geldzugaben nur praktische Bedeutung, wenn Gegenstand des Hauptgeschäfts keine dem letzten Bedarf dienenden Waren oder gewerblichen Leistungen sind oder der Erwerber nicht letzter Verbraucher ist oder die Geldzuwendung nicht durch den Unternehmer des Hauptgeschäfts sondern durch einen Dritten in Aussicht gestellt oder gewährt wird. Die Frage, ob gegen §§ 1, 3 UWG verstoßen wird, ist gesondert zu prüfen. Wird z. B. Einzelhändlern bei Erteilung eines Auftrages im Wert von 656,40 DM Zug um Zug ein Betrag von 100,— DM ausgezahlt, dann wird ein gem. § 1 UWG unzulässiger moralischer Kaufzwang ausgeübt (LG Köln GRUR 1969, 225).

Nicht jede aus Anlaß eines oder mehrerer Hauptgeschäfte gemachte Geldzuwendung ist Zugabe oder Rabatt, z. B. nicht die von einer Einkaufs- oder Konsumgenossenschaft an die Mitglieder abgeführten Gewinnanteile, deren Höhe durch den Warenbezug des einzelnen Genossen bestimmt wird oder die Auskehrung des aus Provisionen für Käufe der Mitglieder angesammelten Gewinne einer Käuferorganisation. Das gleiche gilt selbst dann, wenn eine Gesellschaft für Beamtenselbsthilfe GmbH, deren erklärter Zweck es ist, nicht für sich selbst und ihre Teilhaber Gewinne zu erzielen sondern den Angehörigen eines von ihr betreuten, durch „Einkaufswegweiser" legitimierten Käuferkreises, besonders vorteilhafte Einkäufe zu ermöglichen und die durch die Käufe der betreuten Käufer erzielten Provisionen, bis auf einen zur Unkostendeckung bestimmten Teilbetrag (2,7 % von 12 %), diesen direkt gutbringen bzw. auszahlen zu lassen (BGH GRUR 1967, 371 — BSW). Erklärtes Ziel des Zugabe- und Rabattverbotes ist es, Gewerbetreibende daran zu hindern, selbst oder durch Dritte mit Mitteln der Wertreklame das Publikum zum Kauf zu verleiten, Sinn des Gesetzes ist es dagegen nicht, diese daran zu hindern, mit Hilfe einer auf der Käuferseite geschaffenen selbständigen, von den Verkaufsunternehmen unabhängigen Organisation die Möglichkeit zu besonders vorteilhaftem Kauf zu eröffnen (BGH a. a. O.). Der Geber steht dann nicht auf seiten des Unternehmers, vielmehr sucht er auf dessen Kosten dem Interesse des Käufers zu dienen. Die von ihm erbrachte Leistung ist deshalb auch nicht als eine den Tatbestand der Wertreklame erfüllende Werbemaßnahme dem Unternehmer zuzurechnen. Die von diesem an die „BSW" gezahlte Provision ist Leistungsvergütung. Dies gilt nicht, wenn die Selbsthilfeorganisation sich mit einer Provision von 2,7 % begnügt, auf eine darüber hinausgehende Vergütung verzichtet und mit den Einzelunternehmern vereinbart, daß diese den durch Einkaufsausweise legitimierten Angehörigen der betreuten Käuferkreise Preisnachlässe von 10 % einräumt (BGH GRUR 1968, 266/267 — BSW II). Zwar ist für den Käufer das wirtschaftliche Ergebnis das gleiche, jedoch wird ihm nicht der Vorteil einer ausschließlich seinen Interessen dienenden Organisation zugewandt sondern durch den Unternehmer selbst, in dem dieser den Preis um 10 % kürzt. Werden von einer Gesellschaft zur Förderung von Gewerbe, Handel und Industrie Einkaufsschecks 7 % unter dem Nennwert ausgegeben, die von angeschlossenen Handelsunternehmen in voller Höhe eingelöst werden, dann ist der Zugabetatbestand erfüllt, auch wenn die Förderungsgesellschaft gegenüber der angeschlossenen Verkaufsfirma nicht zur Gewährung des Preisvorteils verpflichtet ist und auch nicht ausdrücklich für diese handelt (BGH GRUR 1960, 495 — WIR-Rabatt). Ob und unter welchen Voraussetzungen bei im übrigen festzustellender Tatbestandsgegebenheit, trotz der mangelnden Unternehmeridentität, ein Rabatt im Sinne des Rabattgesetzes gewährt wird, ist streitig (vgl. § 1 RabGes. Anm. 60; BGH WIR-Rabatt a. a. O. S. 499 l. Sp.; Godin-Hoth S. 367 Anm. 36; Seydel GRUR 1960, 500). Zuwendungsempfänger braucht nicht der Käufer zu sein. Der Tatbestand ist erfüllt, wenn ein den Kunden begleitendes Kind aus Anlaß des Kaufs eine Geldmünze geschenkt erhält oder wenn ein Großhändler der Ehefrau eines Einzelhändlers aus gleichem Anlaß einen Barscheck aushändigt. Dies gilt nicht, wenn ein Großhändler oder Hersteller dem Angestellten des Einzelhändlers ein Schmiergeld dafür zahlt, daß er sich um den Verkauf seiner Waren bemüht. Denn die für

Kundenzuführung einem Dritten gezahlte Provision ist Leistungsvergütung, so z. B. die Zahlung einer Provision von 4 % auf die Käufe von Kunden, die Einzelhändler durch Ausgabe von Kaufkarten einem Unternehmen zuzuführen, das außer einem Selbstbedienungsgroßhandel auch einen Einzelhandel mit zahlreichen Waren, wie Elektrogeräten, Textilien, Teppichen und anderen betreibt. Auf die im Einzelfall entfaltete Mühe kommt es nicht an; die wirtschaftlich bedeutsame Leistung der Kundenzuführung wird honoriert, die Höhe des Entgelts folgt aus ihrem Wert (BGH GRUR 1968, 600/601 — Ratio-Markt II). Sofern nicht besondere Umstände des Einzelfalls zu anderer Beurteilung nötigen, liegt Leistungsvergütung und nicht Geldzugabe in Form eines Rabattes vor, wenn derartigen, als Vertreter tätigen Einzelhändlern, als zusätzliche Vergütung auch 4 % auf ihre Eigenkäufe zugestanden werden (BGH GRUR 1968, 603/604 — Ratio-Markt III). Zu Werbeprämien und Provisionen vgl. im übrigen Anm. 51.

[49] **Rabatte** sind nur dann Geldzugaben, wenn sie nicht als Leistungsentgelte anzusprechen sind. Objektiv ist dies nur der Werberabatt, durch den nicht eine Leistung des Käufers honoriert sondern das Angebot nur mit dem Anschein besonderer Vorteilhaftigkeit ausgestattet wird. **Skonto** ist keine Geldzugabe, wenn es einer Handelsgepflogenheit entspricht, bei Umsatzgeschäften der fraglichen Art ein Zahlungsziel einzuräumen; die Sofortzahlung, der Verzicht auf Zielausnutzung wird durch das Preiszugeständnis honoriert. Für den sachlichen Geltungsbereich des Rabattgesetzes interessiert dies nicht, wohl aber, wenn Abnehmer nicht letzte Verbraucher sind oder der Gegenstand des Hauptgeschäfts nicht eine für den alltäglichen Bedarf bestimmte Ware oder Leistung ist. Für den echten **Mengenrabatt,** der in betriebswirtschaftlich zu rechtfertigender Höhe wegen der Menge der bezogenen Waren oder Leistungen gewährt wird, für **Umsatzrabatte,** die gewährt werden, weil innerhalb einer bestimmten Zeit eine bestimmte Zahl von Geschäften getätigt wird, für **Gruppenrabatte,** die eingeräumt werden, weil mehrere Abnehmer gleichzeitig beziehen und schließlich für **Gesamtumsatzrabatte,** die für bei mehreren Händlern insgesamt getätigte Käufe eingeräumt werden, gilt grundsätzlich das gleiche. Der **Treuerabatt** honoriert keine Leistung sondern ist Kundenbelohnung. Von den Umständen des Einzelfalls hängt es ab, ob die für vom Verbot nicht erfaßte Werbegeschenke geltenden Grundsätze entsprechend anwendbar sind (vgl. Anm. 44). Außerhalb der Zugabe- und Rabatt-

Tatbestände liegen die sogenannten **Funktionsrabatte,** mit denen zu gebundenen oder empfohlenen Richtpreisen die Handelsspannen der einzelnen Handelsstufen gekennzeichnet werden. Es handelt sich um bloße Rechengrößen und sollten besser als „Rechenrabatte“ oder „Stufenrabatte“ bezeichnet werden (Fiekentscher, Preisunterbietung, S. 68, 69).

[50] **Ersatzweise Geldleistung. Wird ein Geldbetrag ersatzweise für eine Sach- oder Leistungszuwendung in Aussicht gestellt oder gewährt, dann wird diese und nicht das Geld zugegeben** (vgl. Anm. 42 lit. e, 44; BGHZ 11, 274 — Orbis). Zugabegegenstand ist das, was als Vorspann im Vordergrund steht. Vom Hersteller verschlossenen Warenpackungen beigepackte Geld-Gutscheine (Treuerabatt, vgl. § 13 DVO RabGes.) sind vom Verbot ausgenommene Geldzugaben zu den Umsatzgeschäften der Einzelhändler. Sollen die Gutscheine beim Kauf einer Ware in Zahlung gegeben werden, ist diese Zugabegegenstand (BGH GRUR 1963, 322/324 — Mal- und Zeichenschule II; vgl. Anm. 44). Leistung nicht Geldzugabe wird gewährt, wenn dem Kunden beim Kauf die durch Fahrausweis (Straßenbahnfahrschein o. ä.) nachgewiesenen Fahrkosten in bar oder unter Verrechnung auf den Kaufpreis vergütet werden (RGSt. JW 1933, 2522; OLG Marienwerder HRR 1935 Nr. 245; OLG Hamm GRUR 1938, 447; Baumbach-Hefermehl I S. 1220 Rz. 75; Reimer-Krieger S. 60/61 Rz. 21; Klauer-Seydel S. 28 Rz. 52; Michel-Weber-Gries S. 76/77 Rz. 3; Weber WRP 1969, 134 ff.; a. M. OLG Karlsruhe JW 1935, 719). Gegenstand der Zugabe ist die betriebsfremde Leistung unentgeltlicher Beförderung und nicht ein Geldbetrag (RGSt. a. a. O.; OGHÖ SZ XXVI S. 116). Das gleiche gilt für die Ankündigung eines Wiederverkäufers, er werde die Fahrkosten erstatten, wenn ein „entsprechender“ Auftrag erteilt werde. Zu unterschiedsloser Fahrgeldvergütung an Käufer und Nichtkäufer vgl. Anm. 54. Waren oder Leistungen, nicht aber Geld werden zugegeben, wenn Sparmarken, Rabattmarkenhefte oder Gutscheine, die über bestimmte Geldbeträge lauten, nicht in bar eingelöst sondern nur bei weiteren Einkäufen in Zahlung gegeben werden können. Der Geldbetrag wird nur als Rechengröße und deshalb genannt, um dem Kunden die Möglichkeit zu eröffnen, selbst den begehrten Zugabegegenstand auszuwählen (gl. M.: Reimer S. 976; Klauer-Seydel S. 47 Rz. 100; Reimer-Krieger S. 60 Rz. 21; a. M.: VGHÖ ÖBl. 1957, 75 m. abl. Anm. v. Schönherr). Erteilen Hersteller, Großhändler oder Wiederverkäufer zu einzelnen Lieferungen Gutschriften zu besonderem

Konto, die aber nicht zur laufenden Rechnung oder zum einzelnen Rechnungsbetrag verrechnet werden, sondern nur bei künftigen Warenkäufen auf den Kaufpreis anzurechnen sind, gilt das gleiche. Barzuwendungen an Einzelhändler für Werbezwecke sind dagegen Geldzugaben (Anm. 45 a). Mit Ratenzahlungen oder sonstigem Kredit ohne Zinsaufschlag wird nicht Geldzugabe in Höhe der Zinsersparnis gewährt, sondern eine wirtschaftlich eigenständige gewerbliche Nebenleistung erbracht (§§ 353, 354 HGB; str. vgl. Anm. 58), die handelsüblich sein kann, z. B. 30 Tage Ziel. Zur Abgrenzung gegenüber der Preisherabsetzung (gleiche Leistung, geringerer Preis) und der Leistungssteigerung (gleicher Preis bei höherer Leistung); vgl. § 1 RabGes. Anm. 28.

[51] **Werbeprämien, Provisionen** für Kundenzuführung, Verkaufsvermittlung oder sonstige Werbetätigkeit sind keine Zugaben, auch wenn sie wirtschaftlich oder rechtlich Zusammenhang mit Hauptgeschäften haben und gegen den zu zahlenden Preis verrechnet werden. Was als Vergütung gewährt wird, kann nicht unentgeltliche, zusätzliche Zuwendung sein (vgl. Anm. 11). Der Wertreklame eigentümliche, zum Kauf verlockende gesteigerte Vorteilsvorstellungen können nicht hervorgerufen werden (Anm. 32, 33).

Es ist belanglos, ob zur Tätigkeit und zur Vergütung ein Vertragsverhältnis gehört; entscheidend ist nur, daß zur Zuwendung eine Leistung gehört, die honoriert wird. Zugabe unter Vergütungsvorwand wird gewährt, wenn von dem Empfänger der als Prämie oder Provision bezeichneten Zuwendung, eine echte Gegenleistung nicht erbracht wird. Nehmen trotz erbrachter Werbeleistung die Empfänger der Prämie irrig an, die Zuwendung sei unberechnete zusätzliche Nebenleistung zu einem zugehörigen Hauptgeschäft, auch dann soll Zugabeverstoß gegeben sein, obgleich es sich objektiv um eine Vergütung handelt (so noch BGHZ 11, 276 — Orbis). Bedenklich, denn nach BGH (GRUR 1962, 415/416 — Glockenpackung I) scheidet bei irriger Annahme des Kunden, ein entgeltlicher Mitgehartikel sei Zugabe, Zugabeverstoß aus; auf solche gesetzlich nicht geregelten Tatbestände kann die Anwendung der ZugVO nicht ausgedehnt werden (BGH a. a. O.; Godin-Hoth S. 283; vgl. Anm. 12). Dies muß auch gelten, wenn ein Kunde nicht bedenkt, weshalb ihm die als Prämie oder Provision bezeichnete Zuwendung gemacht wird oder irrig annimmt, daß nicht seine Werbeleistung sondern ein Warenkauf oder der Auftrag zur Ausführung einer gewerblichen Leistung der Anlaß des Gewährens ist. Wird ein derartiger Irrtum durch mißverständliche Werbeäußerungen (Anm. 3—5) bei einem nicht unerheblichen Teil der umworbenen Abnehmer hervorgerufen, folgt die Unzulässigkeit aus §§ 1, 3 UWG. Auch die Art und Weise, in der zugewandt wird, kann unrichtige Angabe im Sinne des § 3 UWG sein. Eine mißverständliche Geste genügt; ihr Aussagegehalt kann durch das Hinzutreten äußerer Umstände unrichtig werden. Werden Einzelhändlern dafür Provisionen versprochen, daß sie durch Ausgabe von sogen. Käuferausweisen einem Großunternehmen Kunden zuführen, das neben einem Selbstbedienungsgroßhandel für Lebens- und Genußmittel auch einen Einzelhandel mit zahlreichen anderen Waren betreibt, wird echte Tätigkeitsvergütung und keine Geldzugabe gewährt (BGH GRUR 68, 600/601 — Ratio-Markt II).

Wird bei entsprechendem Tätigkeitsnachweis die Umsatzvergütung auch auf Folgekäufe gewährt, gilt das gleiche (BGH GRUR 1968, 604/603 — Ratio-Markt III). Auf die im Einzelfall entfaltete Mühe kommt es nicht an; die wirtschaftlich bedeutsame Leistung der Kundenzuführung wird honoriert. Auch Rabattverstoß zu Gunsten der Ausweisinhaber scheidet aus (§ 1 RabGes. Anm. 43; Ordemann BB 1961, 313/315), desgleichen Wettbewerbsverstoß gem. §§ 1, 3 UWG, wenn nicht besondere Umstände hinzutreten (BGH Ratio-Markt II a. a. O. S. 602; Ordemann a. a. O.; OLG Hamm BB 60 S. 801 u. BB 63 S. 166/167; OLG Oldenburg BB 1961 S. 307; OLG Karlsruhe BB 1964, 574; a. M.: OLG Köln BB 1961 S. 307). Die Empfänger sollen nicht durch den Wert der Werbeprämie zum Kauf einer Hauptware verlockt, sondern zu einer den Verkauf fördernden Tätigkeit angereizt werden. Nur wenn die Werbe- oder sonstige Tätigkeit geringfügig ist, kaum einen Wert hat und offenbar bloß zum Schein gefordert oder erbracht wird, um die Tatsache der Zugabe zu verschleiern, wird gegen das Verbot verstoßen. Denn Scheinentgelt (Scheinpreis) i. S. des § 1 I Satz 2 Zugabe-VO (§ 1 II ZugGesÖ), ist nicht nur ein zum Schein geforderter geringfügiger Kaufpreis oder Werklohn, sondern jede nur zum Schein erbrachte oder zu erbringende Gegenleistung von geringfügigem Wert (Anm. 68). Genügt offensichtliches Mißverhältnis zwischen Werbelohn und Werbeleistung auch nicht, so kann es die widerlegliche Vermutung der Scheinvergütung begründen. Wird durch unangemessen hohe Werbevergütung die Gefahr von Auswüchsen begründet, dann kann Verstoß gegen § 1 UWG vorliegen. Dies ist immer dann der Fall, wenn wegen des krassen Mißverhältnisses der Leistungsprämie zum Wert der Werbeleistung, die angesprochenen Laienwerber zu unsachlicher Kundenbeeinflussung und Belästigung verleitet werden können; Beispiel: Einsatz von Laienwerber, die für jeden geworbenen neuen Kunden, der nur ein Glas Bienenhonig im Werte von 2,50 DM bis 3,50 DM zu bestellen braucht, eine Werbeprämie in Form von Kristalltellern oder Schalen im Werte von 2,— DM bis 5,— DM erhalten und außerdem berechtigt werden, an einem Preisausschreiben mit außerordentlich verlockenden Preisen teilzunehmen (BGH GRUR 1959, 285/286 — Bienenhonig; v. Gamm S. 120; Baumbach-Hefermehl I S. 1203 Rz. 42 S. 1196 Rz. 33, sowie S. 387 Rz. 110 u. 113 zu § 1 UWG). Der systematische massenweise Einsatz von Laienwerbern, denen Werbeprämien in Aussicht gestellt werden, ist in aller Regel wettbewerbswidrig, insbesondere dann, wenn zu besorgen ist, daß unter Mißbrauch des Vertrauens oder der Hemmungen, die in persönlichen Beziehungen begründet sind, versucht wird, die Ware bei Freunden oder Bekannten unterzubringen, um in den Genuß der Prämie zu gelangen (OLG Düsseldorf NJW 1957, 187/188; Baumbach-Hefermehl S. 388 Rz. 111, 112; Tetzner UWG S. 174, 175 Nr. 150; Hefermehl NJW 1957, 187). Stellt dagegen ein Versandgeschäft für Werbung neuer Kunden 2 Tafeln Schokolade in Aussicht, so ist dies noch unbedenklich (LG Köln WRP 1957, 53). Sammelbestellern, sogenannten Hauptkunden, die als Auftragsvermittler und Warenverteiler für eine Gruppe von Abnehmern tätig werden, wird mit der üblichen Unkostenpauschale, soweit diese die tatsächlich gehabten Auslagen übersteigt, eine echte Tätigkeitsvergütung gewährt. Auch nach UWG ist grundsätzlich diese Vertriebsform nicht zu beanstanden (BGH GRUR 1963, 578 — Sammelbesteller). Sollen Käufer durch „Provisions"-ankündigungen nur veranlaßt werden, einen „Vermittler" vorzuschieben, wird durch Scheinprovision unzulässiger Rabatt oder Zugabe verschleiert, z. B. durch die Ankündigung „für jeden Kunden Vermittlungsprovision bis zu 10 % (Godin-Hoth S. 362; Baumbach-Hefermehl I S. 1203 Rz. 42 u. S. 1196 Rz. 33) oder durch das Erbieten, jedem eine Provision von 15 % der Kaufsumme zu zahlen, der mit einem von ihm vermittelten neuen Kunden im Geschäftslokal erscheint oder für einen anderen einkauft (OGHÖ ÖBl. 1960, 85; zust. Tetzner R S. 79). Entscheidend ist, wie der Verkehr die Zuwendung wertet. Wird sie als Werbe-, Vermittler- oder Verkaufsprovision verstanden, scheidet Zugabe aus.

Ein im Zusammenhang damit etwa durch die Sach- oder Geldzuwendung wirksam werdender moralischer Kaufzwang ändert am Vergütungscharakter nichts. Zugabe scheidet auch aus, wenn durch die fälschlich als Provision oder Leistungsprämie ausgegebene Sach- oder Geldzuwendung nicht die für jegliche Wertreklame typische zum Kauf anreizende Vorteilsvorstellung geweckt, sondern der Empfänger nur durch psychologischen Zwang zum Kauf genötigt wird (vgl. Anm. 29 u. 32). Hat der Vorstand eines Sportvereins es übernommen für einen Händler oder Hersteller dessen Erzeugnisse an die Mitglieder seines Vereins zu verkaufen und werden ihm dafür dem Wert der Verkaufsleistung entsprechende Sportartikel für Vereinszwecke zugewandt, wird Tätigkeitsvergütung gewährt; Zugabe entfällt (gl. M. Spengler MA 1955, S. 14; a. M. Baumbach-Hefermehl I S. 1203 Rz. 42). Dies gilt selbst dann, wenn der bedachte Vereinsvorstand sich mit Rücksicht auf die Zuwendung moralisch verpflichtet fühlt, den Bedarf des Vereins beim gleichen Lieferanten zu decken. Beschließt die Mitgliederversammlung des Vereins einen größeren Posten von Sportartikeln bei einem bestimmten Händler zu kaufen, wird der Vorsitzende angewiesen, dies für den Verein zu tun und geschieht es, weil der Händler für diesen Fall zusätzliche Leistungen in Aussicht gestellt hat, wird Zugabe gewährt. Besteht die Mehrleistung in Waren gleicher Art und Beschaffenheit, wie die der Hauptware, geschieht es in der besonderen Form des Naturalrabatts (vgl. § 1 II lit. c. ZugVO = § 2 I lit. b ZugGesÖ; Anm. 22, 93—96; § 7 RabGes. Anm. 1, 7). Werden den Mitgliedern eines Vereinsvorstandes Geld- oder Sachzuwendungen für den Fall in Aussicht gestellt, daß sie die Mitgliederversammlung des Vereins bestimmen, Einkäufe beim Geber zu tätigen, dann wird ihnen nichts zugegeben; sie werden bestochen. Verstoß gegen § 12 UWG scheidet aus; es fehlt an notwendigen Anwendungsvoraussetzungen, einem geschäftlichen Betrieb und dem Vorsatz, zu unlauterem Verhalten zu verleiten. Im Zweifel liegt aber Sittenverstoß nach § 1 UWG vor (BGH GRUR 1959, 31/32 — Feuerzeug). Das gleiche gilt für Zuwendungen an Einkäufer mit dem Ziele, diese zu bestimmen, den Geber bei Auftragserteilung zu bevorzugen (vgl. Anm. 61 u. BGH Feuerzeug a. a. O.). Wird Architekten oder beratenden Ingenieuren „Provision" für den Fall in Aussicht gestellt, daß sie ihre Auftraggeber veranlassen, die Erzeugnisse oder gewerblichen Leistungen des Gebers zu bevorzugen, entfällt zwar Zugabe, wird aber mit Rücksicht auf die geltenden Standesregeln gegen § 1 UWG verstoßen (DW 1964, 37). Gewährt eine Bank dem dispositionsbefugten Angestellten einer Kundin zu dessen persönlichen Konten höhere Habenzinsen, verstößt sie gegen § 12 UWG (BGH GRUR 1962, 466/467 — Festgeldanlage). Zugabe scheidet aus, weil nicht zu den Einlagen der

Kundin zusätzliche Vorteile gewährt werden, sondern die Bank die Treuewidrigkeit des Angestellten honoriert. Echte Tätigkeitsprovision liegt vor, wenn einem Kunden, der eine bestimmte Zahl von weiteren Abnehmern wirbt, ein Teil des Kaufpreises der von ihm bezogenen Ware zurückgezahlt oder gutgebracht wird. Dies gilt auch dann, wenn dem Abnehmer eine entsprechende Vergütung bei Lieferung der Waren für den Fall in Aussicht gestellt wird, daß er ein bestimmtes Werbesoll erfüllt. Dies gilt auch für die Vergütung, die er für den Fall weiterer Kundenwerbung, den von ihm zu werbenden Kunden im Auftrage des Unternehmens in Aussicht stellt; dann liegt jedoch ein Fall der unzulässigen sogenannten **Progressiven Kundenwerbung** vor (Schneeball-, Lawinen-, Hydra-, Gellas-System). Diese und die verwandte Form des Admirasystems sind nur nach §§ 1, 3 UWG, 286 II StGB (strafbare Ausspielung) zu beurteilen. Derart zu werben verstößt gröblich gegen die guten Sitten und ist unzulässig (BGHZ 15, 356 — progressive Kundenwerbung; Baumbach-Hefermehl I S. 380 Rz. 98; v. Gamm S. 127; Tetzner UWG S. 152/153; E. Reimer III. Aufl. S. 584/585 Rz. 4; Hohenecker-Friedl, S. 72/73; v. Büren S. 44/45; Rosenthal § 1 UWG Anm. 34; Callmann § 1 Anm. 80; Kraft, „Interessenabwägung" S. 234 u. 275). In Österreich wird neben §§ 1, 2 UWGÖ auch gegen das ausdrückliche Verbot des § 27 UWGÖ verstoßen. Zu Werbehilfen und Werbebeiträgen als Leistungsvergütung vgl. Anm. 45, 46.

[52] **Preisausschreiben, Wettbewerbe, Verlosungen. Die Möglichkeit, daran teilzunehmen und die für richtige Lösungen gewährten Gewinne, sind keine Zugaben, wenn mit der Antwort eine Leistung erbracht wird, die im Interesse des Ausschreibenden liegt,** z. B. wenn die Teilnehmer neue Warennamen, Geschäftsbezeichnungen, Warenzeichen, Werbeverse finden oder dem Betrieb oder der Unternehmerleistung dienende Verbesserungsvorschläge machen sollen. Die Preise sind echtes Leistungsentgelt; es entfällt die Anwendungsvoraussetzung der Unentgeltlichkeit (Anm. 11). Daß die Teilnahme einen Einkauf notwendig macht, ist unbeachtlich (gl. M.: Baumbach-Hefermehl I S. 1203 Rz. 43; Klauer-Seydel S. 59 Rz. 128 b). Die Preise werden dem Empfänger nicht wegen des Kaufes zugewandt; er erhält sie in Anerkennung und als Vergütung für eine ihm abgeforderte Leistung. **Preisausschreiben, an denen jedermann ohne Rücksicht auf einen Kauf teilnehmen kann,** haben keinen ausreichenden Zusammenhang zu bestimmten Hauptgeschäften; sie sind nicht geeignet, wegen der Möglichkeit der Teilnahme einen Einkauf be-

sonders vorteilhaft erscheinen zu lassen (Anm. 31, 32). Die eingeräumte Möglichkeit, am Preisausschreiben teilzunehmen und die in Aussicht gestellten Gewinne werden Zugaben, wenn der Teilnehmer eine Zeitung, eine Zeitschrift oder eine Ware kaufen muß, z. B. deshalb, weil die Lösung nur auf einem auszuschneidenden Blatt, dem Umschlag, der Titelseite oder einem Teil der Warenpackung eingesandt werden kann (gl. M. Klauer-Seydel S. 60 Rz. 129). Nicht ein evtl. gegebener Kaufzwang (a. M. Baumbach-Hefermehl a. a. O.), sondern die aus der Teilnahmemöglichkeit und den Gewinnchancen folgende Vorstellung der besonderen Vorteilhaftigkeit des getätigten Kaufes stellt den inneren, der Wertreklame eigentümlichen Zusammenhang her. Wenden sich Hersteller, die nur Wiederverkäufer beliefern, mit Werbepreisausschreiben an Letztverbraucher, entfällt der Zugabezusammenhang zu bestimmten Hauptgeschäften. Dies gilt nicht, wenn die Lösung auf einer der abgepackten Ware beigefügten Teilnehmerkarte eingesandt werden muß. Teilnahmemöglichkeit und Preise sind dann Zugabe zum Angebot des Einzelhändlers. Die Grundsätze zur Gutscheinwerbung gelten entsprechend (vgl. Anm. 44; BGH GRUR 1963, 322 — Mal- u. Zeichenschule II). Werden zu einem Herstellerwettbewerb, mit dem für Ware und Unternehmen des Veranstalters geworben wird, die Preise durch Einzelhändler verteilt, dann gilt zum Zugabezusammenhang das gleiche wie zur Herstellerwerbung für Wiederverkäufer (vgl. Anm. 45 lit. f). **Preisausschreiben, die nur der Aufmerksamkeitswerbung dienen und unabhängig von Warenkäufen veranstaltet werden,** entziehen sich zugaberechtlicher Beurteilung; es fehlt in der Regel schon der äußere Zusammenhang (Anm. 31). Es ist dann unbeachtlich, daß die Teilnahme Anreiz für spätere Einkäufe beim Werbenden sein kann (gl. M. Tetzner Z S. 22). Ist dagegen die Teilnahme nur Kunden, nicht aber sonstigen Interessenten möglich, liegt Zugabeverstoß vor.

Wettbewerbsverstoß nach § 1 UWG setzt das Hinzutreten besonderer Umstände voraus. **Preisausschreiben, die ein Unternehmen oder eine Ware bekanntmachen sollen,** sind nicht schlechthin wettbewerbsfremd (BGH GRUR 1959, 138/139 — Italienische Note u. GRUR 1959, 544/546 — Modenschau; OLG Saarbrücken GRUR 1955, 101; OLG Nürnberg BB 1960, 153; v. Godin-Hoth S. 55; Baumbach-Hefermehl I S. 371 Rz. 72; Tetzner UWG S. 154 Rz. 118; Bussmann-Pietzcker-Kleine S. 63; Hohenecker-Friedl, S. 72; Deringer WRP 1955, 117; Lüdecke BB 1952, 562; a. M.: LG Flensburg DW 1951 S. 1; GA Nr. 3/50). Muß der Teilnehmer die Teilnahmebedingungen und Preise im Geschäftslokal abholen und die Lösung dort abgeben, dann wird er einem moralischen Kaufzwang unterworfen, der zwar einen Zugabezusammenhang nicht herstellt (vgl. Anm. 32), der jedoch regelmäßig die Werbeaktion gem. § 1 UWG wettbewerbswidrig werden läßt (gl. M. Baumbach-Hefermehl I S. 374 Rz. 84; v. Godin, Tetzner UWG u. Hohenecker-Friedl, a. a. O.; Bussmann-Droste S. 122). Entscheidend sind jeweils die Umstände des Einzelfalls; man hüte sich vor Verallgemeinerung. Z. B. wurde Sittenverstoß zu einem Preisausschreiben verneint, mit dem sich der Werbende an Kinder wandte, die die geringwertigen Preise im Geschäftslokal abzuholen hatten; ein psychologischer Kaufzwang entfiel (KG GRUR 1930, 1121/1122 — Modellierbogen). Die in dieser Entscheidung weiter vertretene Ansicht, der Zwang zum Aufsuchen des Geschäftslokals sei der Verlockung durch helle Lichtreklamen u. ä. gleichzuachten, ist abzulehnen. Unbedenklich war ein von einer Schuhfabrik veranstalter Malwettbewerb für Kinder, bei dem von jeweils 5 Bildern das beste prämiiert wurde. Daß die Teilnahmebedingungen im Geschäft abgeholt und die Bilder dort abgegeben werden mußten, war ohne Belang. Kinder kaufen keine Schuhe. Der gleiche Wettbewerb von einem Hersteller von Einpfennigsüßwaren veranstaltet, ist dagegen wettbewerbswidrig; es gibt keinen Erfahrungssatz, der die Annahme rechtfertigen könnte, Kinder, gleichviel welchen Alters, seien gegenüber moralischem Kaufzwang bei derart enger Verknüpfung immun. Als weiteres, die Sittenwidrigkeit mitbestimmendes Moment, kommt hinzu, daß der Werbende sich an einen besonders schutzwürdigen Abnehmerkreis wendet. Kinder sind kaum in der Lage und gewohnt, Werbeeinwirkungen skeptisch zu begegnen und sich der beim Abholen der Preise gegebenen Verlockung zum Kauf zu entziehen.

Zum bedeutsamen Umstand der besonderen Schutzwürdigkeit kindlicher Kundschaft beachte BGH GRUR 1961, 588/593 — Einpfennigsüßwaren. Ist der **Besuch einer Werbeveranstaltung Voraussetzung für die Teilnahme an einem Preiswettbewerb** (z. B. Ausstellung von Teppichen und Möbeln, Back-, Koch- und Gerätevorführungen, Modenschau), dann werden die Teilnahmemöglichkeit und die Gewinne nicht in Aussicht gestellt, um den Teilnehmer durch geweckte Vorteilsvorstellungen zum Kauf anzureizen; er soll nur dazu verleitet werden, sich dem Einfluß anderer Werbemittel auszusetzen. Deren Einwirkung, nicht die Teilnahme am Preisausschreiben soll für künftige Käufe ursächlich sein. Es fehlt am Zugabezusammenhang (Anm. 26, 28 ff.). Wettbewerbswidrigkeit nach §§ 1, 3 UWG setzt das Hinzutreten besonderer Umstände voraus

(BGH GRUR 1959, 544/546 — Modenschau). Wird von einem Hersteller ein **Schaufensterwettbewerb** veranstaltet, bei dem die beste Dekoration und eindrucksvollste Werbeleistung für Erzeugnisse des Veranstalters prämiiert wird, liegt zugaberechtlich unbedenklicher Leistungswettbewerb vor; der „nicht einzukalkulierende Unsicherheitsfaktor" und auch der Gesichtspunkt, das Publikum werde die wahren Beweggründe des Einzelhändlers für die besonders eindrucksvolle Dekorationswerbung zu bestimmten Erzeugnissen nicht erkennen, läßt die Aktion nicht wettbewerbswidrig werden, sofern der Dekorationsaufwand vom werbenden Händler aus eigenen Mitteln aufgebracht wird (BGH GRUR 1959, 138 — Italienische Note). Ist eine derartige, groß angelegte Veranstaltung dazu bestimmt und geeignet, über längere Zeit eine Schaufensterwerbung des Einzelhandels auch für andere Erzeugnisse zu unterbinden, kann unzulässiger Behinderungswettbewerb vorliegen. Die Grundsätze zur Schaufenster- und Regalmiete gelten entsprechend (vgl. Anm. 45 lit. a). Zu **Verlosungen auf Werbeveranstaltungen** vgl. BGH GRUR 1962, 461 — Filmvorführung und Anm. 53. Werden im Zusammenhang mit Kaufangeboten **Scheinrätsel** aufgegeben, deren Lösung so einfach ist, daß sie selbst der Einfältigste zu finden vermag und zu denen die Gewinner durch das Los bestimmt werden, entfällt jegliche Teilnehmerleistung; das „Rätsel" soll nur die zufallsabhängige Zugabe verschleiern, die selbst dann unzulässig ist, wenn die in Aussicht gestellten Preise den Verbotsausnahmen der §§ 1 II ZugVO, 2, 3 ZugGesÖ entsprechen; beachte § 1 III S. 1 u. Anm. 123. In Österreich kommt Verstoß gegen § 6 ZugGesÖ u. § 1 Glücksspiel-VO hinzu. Ist die Teilnahme am Reklamepreisausschreiben nicht mit dem entgeltlichen Absatz von Waren oder Leistungen verknüpft, entfällt auch dann, wenn bei mehreren gleichen Lösungen das Los entscheidet, Verstoß gegen die GlücksspielVOÖ; Voraussetzung ist nur, daß die Veranstaltung nicht mit dem entgeltlichen Absatz von Waren oder Leistungen verknüpft wird (OHGÖ S. Z XVI S. 15).

Hat der Teilnehmer eines Preisausschreibens einen Einsatz zu zahlen — hierfür genügt es, daß er eine Ware kaufen oder sonstige Leistungen erbringen muß, (Baumbach-Hefermehl I S. 368 Rz. 72) 72) und hängt die Lösung des Preisrätsels von einem Zufall ab, dann handelt es sich um eine strafbare öffentliche Ausspielung (§ 286 StGB), wenn sie nicht behördlich genehmigt ist (RGSt. 60, 358). Zu möglichen steuerrechtlichen Konsequenzen vgl. BFH StBl. 1951 III S. 112 u. OVG Berlin BB 1953, 317).

[53] **Werbeveranstaltungen** müssen auf Einladungen als solche deutlich und unübersehbar bezeichnet werden. Die eingeräumte Möglichkeit daran teilzunehmen oder auch Gewinne oder sonstige gebotene Vorteile dürfen nicht zu der Vorstellung verleiten, gelegentlich der Veranstaltung zu tätigende Käufe oder zu erteilende Aufträge seien besonders vorteilhaft. **Verbotswidrige Zugabe wird in Aussicht gestellt, wenn die Teilnahme an einer Werbeveranstaltung mit reizvoller und interessanter Unterhaltung von Warenkäufen oder Aufträgen** zu gewerblichen Leistungen **abhängig gemacht wird.**

Ohne Zusammenhang mit Waren oder Leistungsangeboten sind derartige Veranstaltungen dagegen zugaberechtlicher Beurteilung entzogen. Wird den Teilnehmern Bewirtung mit Kaffee und Kuchen oder eine interessante Filmvorführung in Aussicht gestellt, ohne daß dies in Abhängigkeit von Warenkäufen geschieht (vgl. Anm. 32), scheidet Zugabe aus. Das gleiche gilt für Modenschauen o. ä. Veranstaltungen, zu denen sich die Besucher im Geschäftslokal des Werbenden eine Eintrittskarte abholen müssen und in deren Verlauf auch Waren verlost werden (BGH GRUR 1959, 544/545 — Modenschau). Bewirtung, sonstige **Zuwendungen oder Vorteile,** wie z. B. Teilnahme an einer Verlosung, **mit denen die Empfänger in die Veranstaltung gelockt werden sollen, sind keine Zugaben** sondern vom Verbot nicht erfaßte Werbegeschenke. Es fehlt an Hauptgeschäften, die um der gemachten Zuwendung willen besonders vorteilhaft erscheinen könnten. Verstoß gegen § 1 UWG setzt voraus, daß besondere, die Sittenwidrigkeit bestimmende Umstände hinzutreten, z. B. daß die Besucher einem moralischen Kaufzwang ausgesetzt oder über den Zweck der Veranstaltung irregeführt werden (BGH — Modenschau a. a. O. S. 546; BGH GRUR 1962, 461/465 — Filmvorführung; OLG Schleswig WRP 1864, 51 — Filmveranstaltung; OLG Stettin JW 1937, 27270; Klauer-Seydel S. 22 Rz. 34; Hohenecker-Friedl, S. 124; Spengler MA 1953 S. 100; Bussmann NJW 1952, 685). Eine Werbung, die darauf abgestellt ist, das Interesse des Publikums allein dadurch zu wecken, daß auf Vorteilszuwendungen oder Gewinnchancen hingewiesen wird, verstößt gegen § 1 UWG, wenn der Kunde erst hinterher erfährt, daß ihm etwas verkauft werden soll (OLG Düsseldorf GRUR 1962, 468/469 — HWK-Filmstudio). Wird für die Teilnahme an einem Hausfrauennachmittag mit Varietévorführung sowie Bewirtung mit Kaffee und Kuchen ein Eintrittsgeld verlangt, scheidet Zugabe aus (OLG Köln JW 1938, 2029). Es fehlt an der Anwendungsvoraussetzung der

Unentgeltlichkeit (vgl. Anm. 11, 12). Auch unentgeltliche Bewirtung ist keine Zugabe, wenn es an einem äußeren und inneren Zusammenhang zu entgeltlichen Waren- oder Leistungsangeboten fehlt (Anm. 26 ff.), z. B. Bewirtung von Mitgliedern eines Konsumvereins im Anschluß an eine Versammlung (OLG Jena JW 1937, 2772; Tetzner Z S. 22/35; Klauer-Seydel S. 22 Rz. 34; Reimer-Krieger S. 33; Spengler MA 1953, 100). Die Mitglieder sollen nicht zum Warenkauf angereizt, sondern zum Besuch der Versammlung veranlaßt werden. Werden zusammen mit der Einladung zu einer Werbeveranstaltung, auf der auch die vorzuführenden Waren zu kaufen sind, den Besuchern Zuwendungen in Aussicht gestellt, dann kommt es darauf an, weshalb dies nach Auffassung des Verkehrs geschieht. Werbeveranstaltungen haben nur dann einen Sinn, wenn sie auch besucht werden. Ist das, was in Aussicht gestellt wird, nur Anreiz dafür, der Einladung Folge zu leisten und ein Ausgleich für die vom Bedachten geopferte Zeit und seine Bereitschaft, die Werbung über sich ergehen zu lassen, scheidet Zugabe zum Warenangebot aus. Die Wertrelation zwischen Werbegeschenk und angepriesener Ware kann entscheidende Bedeutung erlangen. Mit dem Hinweis, jede Hausfrau erhalte bei Besuch einer Werbeveranstaltung, auf der Herde und Öfen mit einem durchschnittlichen Preis von 700,— DM vorgeführt, angepriesen und verkauft werden, eine Schreibgarnitur ohne Rücksicht auf getätigte Warenkäufe und ohne namentliche Erfassung, wird keine Zugabe in Aussicht gestellt, wenn der Einzelhandelspreis der Zuwendung 1,75 DM beträgt. Bei so erheblichen Anschaffungen prüfen vor Erwerb die Käufer in aller Regel sorgfältig, und informieren sich eingehend über die Eigenschaften der Ware. Ein Geschenk im Werte von 1,75 DM ist dann in aller Regel nur geeignet, zum Besuch der Veranstaltung zu verlocken, nicht aber den Kaufentschluß in einer der Wertreklame eigentümlichen Weise unsachlich zu beeinflussen (OLG München GRUR 1957, 384 — Schreibgarnitur; vgl. Anm. 20). Werden derartige Zuwendungen nur Käufern gemacht, liegt Zugabe vor. Nachträglich und unerwartet bei Verlassen der Veranstaltung gemachte Zuwendungen sind zugaberechtlich immer unbeachtlich (vgl. Anm. 34). Unerwartete Geschenke, die zu Beginn der Veranstaltung den Besuchern ausgehändigt werden, sind dagegen in der Regel Zugaben, sofern auf dieser auch Waren gekauft werden können und sollen (Anm. 33 ff.).

Sie können nur Zusammenhang zum Warenangebot haben. Gleichzeitig kann Verstoß gem. § 1 UWG vorliegen, wenn sie wegen der Art ihrer Zuwendung oder ihres Wertes geeignet sind, den Empfänger einem moralischen Zwang zum Kauf zu unterwerfen. Das Verlocken zum Besuch von Werbeveranstaltungen durch unverhältnismäßig wertvolle Zuwendungen verstößt wegen der Gefahr der Übersteigerung und Verwilderung der Wettbewerbssitten und weil Mitbewerber zu unzumutbaren Ausgaben gezwungen werden, gegen § 1 UWG (Baumbach-Hefermehl I S. 360 Rz. 59). Das gleiche gilt, wenn für die Teilnahme mit Geschenken geworben wird, die nach Auffassung des Verkehrs von nicht unbedeutendem Wert sind und nicht erkennbar wird, für welche Waren auf der Veranstaltung geworben werden soll (OLG Düsseldorf WRP 1966, 103; OLG Koblenz WRP 1966, 69/70) oder wenn Zuwendungen vorgetäuscht werden, die mindestens der überwiegende Teil der Besucher tatsächlich nicht erhält. Das gleiche gilt, für jede andere Irreführung, gleichviel, ob die Täuschung der Verkaufsförderung dient oder der Verlockung zur Teilnahme an einer Werbeveranstaltung (OLG Düsseldorf GRUR 1962, 468/469 — HWK-Filmstudio u. GRUR 1962, 461/465 — Filmvorführung; OLG München BB 1963, 408 — Raubkatzenplakette; OLG Hamm BB 1963, 710 Nr. 1093). Zu Werbehilfen für Einzelhändler durch und auf Werbeveranstaltungen vgl. Anm. 45 lit. d u. lit. e.

Zuwendungen, durch die zum Besuch eines „Wanderlagers zum Vertrieb von Waren (Feilhalten oder Aufsuchen von Bestellungen) verleitet werden soll, sind ausnahmslos verboten (§ 56 a II GwO; vgl. Anm. 133 u. Borck, WRP 1971, 408).

[54] **Kauferleichternde, zum Kauf verleitende und zum Kauf nötigende Veranstaltungen und Einrichtungen.** Kauferleichterung, mit der dem Kunden keine wirtschaftlich zu wertende, die Gefahr der unsachlichen Beeinflussung in sich tragende Leistung erbracht wird, ist zugaberechtlicher Beurteilung entzogen. Es fehlen die notwendigen Gegenstandsvoraussetzungen (vgl. Anm. 15, 16, 19 u. 21); auch bei äußerem Sachzusammenhang entfällt motivbestimmende, gesteigerte Vorteilsvorstellung (Anm. 30). Durch Beaufsichtigung und Betreuung von Kindern im **Warenhauskindergarten** während des Einkaufs der Eltern wird keine Zugabe gewährt. Die dem Kunden dadurch verschaffte Erleichterung kann nicht einzelne Käufe besonders vorteilhaft erscheinen lassen. Ersichtlicher Zweck der Einrichtung ist es, dem Kunden die Muße zu ruhiger Wahl und ruhigem Einkauf zu verschaffen, nicht aber durch gesteigerte Vorteilsvorstellungen zum Kaufe zu verleiten. Eine Abhängigkeit vom nachfolgenden Warenbezug ist nicht gewollt und wird vom kaufenden

Publikum auch nicht angenommen. Auch moralischer Kaufzwang scheidet bei Warenhäusern in der Regel aus. Der Kindergarten im Warenhaus wird als übliche Einrichtung gewertet, deren Inanspruchnahme zu nichts verpflichtet. Die Anonymität des Warenhausbesuchers läßt ohnehin eine derartige Beeinflussung kaum befürchten. **Erfrischungsräume, Kaffeeausschankstätten u. ä.**, in denen gegen Entgelt Speisen und Getränke abgegeben werden, verlocken zum Betreten der Verkaufsstätten; besonders vorteilhafte Preisbemessung ändert nichts an der Entgeltlichkeit, die Zugabeverstoß ausschließt (Anm. 8, 9). **Unverbindliche kostenlose Beförderung von Kaufinteressenten** zur Verkaufsstätte oder zum Ausstellungslager, ist keine Zugabe. Der Wert der Beförderungsleistung ist nur gewichtig genug, um zur Besichtigung, nicht aber zum Kauf zu verleiten. Werbeeignung, Werbewert und Werbezusammenhang sind nur zur Informationsbereitschaft, nicht aber zum Warenangebot gegeben. Die Hoffnung, der durch Freifahrt ins Geschäftslokal gelockte Kunde werde sich, vom Gebotenen beeindruckt, zum Kauf verleiten lassen, genügt nicht, um den Zugabezusammenhang herzustellen. (BGH GRUR 1971, 322 — Lichdi-Center, GRUR 1972, 364/365 — Mehrwertfahrten, GRUR 1972, 603/604 — Kundeneinzelbeförderung.

Dieser setzt voraus, daß die gewährte Freifahrt nach Auffassung des Kunden wirtschaftlich so gewichtig ist, daß sie als eine die Vorteilhaftigkeit des Hauptgeschäfts mitbestimmende, für den Fall eines Einkaufs erbrachte, teilweise Vorleistung des Verkäufers erscheint (gl. M.: OLG Stuttgart NJW 1969, 2052/2053 — Einkaufsfahrt; Baumbach-Hefermehl I S. 1226 Rz. 84; Klauer-Seydel S. 17 Rz. 22; Tetzner Z S. 21; a. M.: OLG Hamm MuW 1938, 263; ähnl. Winter WRP 1963, 120/122). Eine Fahrt vom Hauptgeschäft zum Möbellager am Stadtrand wird schon wegen ihres geringen Wertes den Kunden nicht verleiten können, ohne zu prüfen und ohne zu wägen, teures Mobiliar zu kaufen. Er wird nur bereit sein, sich auch über das sonstige Angebot zu unterrichten. Es handelt sich um eine nur nach § 1 UWG zu beurteilende Werbe- nicht aber um eine über § 1 II lit. d ZugVO (§ 2 I lit. d ZugGesÖ) zu rechtfertigenden Nebenleistung. Das gleiche gilt, wenn ein Verkäufer, der ein eigenes Lager nicht unterhält, seinen Kunden auf Wunsch die Besichtigung des Firmenlagers durch Fahrt dorthin ermöglicht (OLG München WRP 1863, 413 — Freifahrt zum Möbellager). Zugabe ist dagegen die zur Informationserleichterung gewährte Freifahrt, wenn sie zur Reise ausartet; z. B. der in der Großstadt domizilierende Verkäufer erklärt sich für den Fall ernstlichen Kaufinteresses bereit, die auf dem Lande wohnende Kundschaft gegen Einsendung der Werbeantwort mit dem Kraftwagen abholen zu lassen. Läßt ein Kaufhaus in einer Kreisstadt zur unentgeltlichen Kundenbeförderung einen Omnibus über die Dörfer des Landkreises fahren, scheidet bei Einmaligkeit und Unverbindlichkeit Zugabe aus, nicht dagegen, wenn die Heimfahrt von voraufgegangenem Einkauf abhängig ist oder regelmäßig nur Käufern gewährt wird. Unzulässig ist daher, das über mehrere Monate gemachte und durchgeführte öffentliche Angebot eines Kaufhauses, Interessenten von ihrem Wohnort und zurück im firmeneigenen Omnibus zu fahren (VGHÖ ÖBl. 1959, 117; Schönherr WRP 1960, 124), desgleichen kostenlose Beförderung der Fahrgäste einer privaten Kleinbahn von und zur Station in bahneigenen Kraftwagen (OLG Marienwerder HRR 1935 Nr. 245 = Winkler § 1 ZugVO Nr. 4, Fahrtkostenerstattung für den Fall eines Einkaufs (OLG Karlsruhe GRUR 1961, 300; OL Düsseldorf BB 1968, 557; a. M.: OLG Stuttgart NJW 1969, 2052 u. 1970, 242; OLG Oldenburg BB 1970, 225), und Beförderung von Fahrschülern zum Unterricht in der Fahrschule und zurück (LG Aschaffenburg WRP 1968, 379).

Auch wenn Zugabeverstoß entfällt, wird meist eine derartige Verkaufsförderung nach § 1 UWG wettbewerbswidrig sein, so unter dem Gesichtspunkt anreißerischer Werbung, wenn Kunden in deren Wohnungen aufgesucht und bedrängt werden, mit dem vor der Tür stehenden Fahrzeug zur Verkaufsstätte oder zu den Ausstellungsräumen des werbenden Unternehmens zu fahren, oder durch das Anerbieten, den Kaufinteressenten auf Anruf mit dem Kraftwagen abzuholen, zumal wenn mangels Kenntnis der jeweils neuesten Preislisten, der Kunde nicht nachprüfen kann, ob die voraufgegangene Behauptung richtig ist, das Angebot sei billiger als das der zu Listenpreisen verkaufenden Konkurrenz (OLG Karlsruhe GRUR 1961, 300 — Vergleich mit Listenpreis). Wird durch die Beförderung der Kunde einem psychologischen Kaufzwang unterworfen, z. B. wenn ein Vertreter Brautleute oder junge Ehepaare abholt und zum Möbellager fährt, die dann meinen, sich einem Einkauf nicht entziehen zu können, liegt ebenfalls Sittenverstoß nach § 1 UWG aber nicht Zugabe vor (gl. M.: Klauer-Seydel a. a. O.; Baumbach-Hefermehl I S. 357 Rz. 52 u. S. 1226 Rz. 84; a. M.: OLG Hamm MuW 1938, 263). Die Freifahrt im Hotelfahrzeug vom Bahnhof zum Hotel ist handelsübliche Nebenleistung und als solche zulässig (a. M.: v. Gamm S. 151; DW 1954, 12; vgl. Anm. 87/88), ebenso wie das Besorgen des Gepäcks durch den Hausdiener. Zur **Vergütung der**

Fahrkosten für den Fall eines Kaufes gegen Vorlage des Fahrscheines vgl. Anm. 49. Kauferleichternde, zugaberechtlicher Beurteilung entzogene Einrichtung ist auch der **Kundenparkplatz,** der unterschiedslos allen Besuchern der Verkaufsstätte zur Verfügung steht. Unerheblich ist es, ob sich der Parkplatz auf eigenem oder fremdem, gemieteten Gelände befindet.

Die unentgeltliche Bereitstellung eines Parkplatzes für Gäste einer Gaststätte ist gewerbliche Nebenleistung, die wegen ihrer Handelsüblichkeit zulässig ist (§§ 1 II lit. d Zugabe-VO, 2 I lit. d ZugGesÖ; OGHÖ JBl. 1964, 566; Schönherr WRP 1965, 218). Werden Parkscheine von fremden bewachten Parkplätzen in Zahlung genommen oder wird Parkkostenaufwand auf fremdem Parkplatz für den Fall eines Kaufs vergütet, liegt, wie bei der Vergütung von Fahrkosten, Zugabe vor; Anm. 33 gilt entsprechend. Wird **Wagenwaschplatz zur Selbstbedienung** Kunden eines Tankstellen- oder Garagenbetriebes kostenlos zur Verfügung gestellt, wird Zugabe gewährt, die auch nicht als handelsübliche Nebenleistung zu rechtfertigen ist (BGH GRUR 1964, 509/510 „Wagenwaschplatz"; LG Frankfurt BB 1962, 76; Baumbach-Hefermehl I S. 1189 Rz. 18; a. M.: OLG Frankfurt GRUR 1963, 326). **Nicht nach Zugaberecht zu beurteilende Einrichtungen und Leistungen sind** dagegen **unterschiedslos Kunden und Nichtkunden zur Verfügung stehender Tierhort,** in dem jeder Besucher der Verkaufsstätte oder der Ausstellungsräume seinen Hund abgeben kann, sowie **Warteraum,** auch mit Zeitschriftenauslagen oder mit Rundfunk- oder Fernsehübertragungen, in dem am Angebot oder auch am Kauf nicht interessierte Angehörige oder sonstige Begleiter warten können. **Auskünfte über Fahrverbindungen** von und zur Verkaufsstelle sind ebenfalls keine Zugaben, weshalb es sich erübrigt, deren Zulässigkeit gem. § 1 II lit. f Zugabe-VO (§ 2 I lit. c ZugGesÖ; vgl. Anm. 110/111) zu prüfen. Auch **Dolmetscherdienste,** die beim Informationsgespräch und beim Kauf erbracht werden, sind es nicht. Zu diesen ist aber die Gefahr besonders groß, daß der umworbene Kunde in eine moralische Zwangslage gerät und hierdurch die Bemühung nach § 1 UWG wettbewerbswidrig wird, weshalb die völlige Unverbindlichkeit unmißverständlich erkennbar gemacht werden muß.

[55] Waren- und Leistungszubehör. Nur die **handelsübliche** (Begriff Anm. 100) **unentgeltliche** (Anm. 11) **Zugabe von Waren- oder Leistungszubehör** (Begriff und Gegenstandsabgrenzung Anm. 99) **ist erlaubt** (§ 1 II lit. d = § 2 I lit. d ZugGesÖ). Zugaben unter Zubehörvorwand und handelsunübliche unentgeltliche Zubehörzuwendungen sind verboten. Zubehör ist wirtschaftlich und funktionell immer eine Nebensache, die dazu bestimmt und geeignet ist, der Hauptsache zu dienen (Baumbach-Hefermehl I S. 1223 Rz. 80; Klauer-Seydel S. 51). Hierauf allein kommt es jedoch nicht an. Was nach dem Willen der Vertragsschließenden unter Berücksichtigung der Verkehrssitte (§ 157 BGB) als unselbständiger Teil der Gesamtleistung dergestalt geschuldet wird, daß die Gegenleistung ein Äquivalent für Haupt- und Nebenleistung darstellt, ist zugaberechtlicher Beurteilung entzogen. Es fehlt an den Anwendungsvoraussetzungen der Unentgeltlichkeit und wirtschaftlichen Eigenständigkeit der Teilleistung. Was zugaberechtlich als Zubehör anzusprechen ist, bestimmt nicht § 97 BGB sondern der Vertragswille und im übrigen die Verkehrsauffassung. Was nicht nur der Hauptsache dient sondern auch oder insbesondere ihren Sach- und Funktionswert und ihre Eigenart mitbestimmt, ist Warenbestandteil und nicht Zubehör. Beim Umsatz in den übergeordneten Handelsstufen kann deshalb Warenbestandteil sein, was beim Absatz an den letzten Verbraucher als Zubehör erscheint. Über die Zubehöreigenschaft entscheidet die Auffassung derjenigen Abnehmer, an die der Werbende sich wendet. Bei technischen Geräten kann übliche Mindestausstattung, je nach Auffassung des Verkehrs, unselbständiger Bestandteil der Wareneinheit oder Zubehör sein (gl. M. v. Gamm S. 149). Das Reserverad des Kraftwagens ist technisch Zubehör, wirtschaftlich unselbständiger Bestandteil der Wareneinheit Pkw, ebenso wie der Schlüssel zum Schloß oder der Deckel zum Topf.

Auch ohne daß die Gegenleistung als Gesamtpreis bezeichnet wird, geht der Verbraucher davon aus, daß das Äquivalent für derartige Teile der Gesamtleistung im genannten Preis enthalten ist. Werden mehrere Gegenstände, deren Verbindung weder sach- noch zweckgerecht erscheint, zusammen angeboten, dann handelt es sich um das gekoppelte Angebot von zwei selbständigen Waren, auch wenn die eine behelfsmäßig und nicht ihrer dominierenden Zweckbestimmung entsprechend, vorübergehend für Zubehörzwecke verwandt wird. Bei Unentgeltlichkeit der Zweitware liegt Zugabe unter Zubehörvorwand vor. Haarwasser beigepackte Seife ist ebensowenig Zubehör, wie eine Plastikmappe, in die ein Karton mit Fruchtsaftmischungen hinein getan ist (OLG Wien ÖBl. 1959, 57 u. 1959, 35 = Schönherr WRP 1969, 299). Trotz Zuordnung zu einer Hauptsache und trotz der dienenden Funktion des Zubehörs muß sachliche und wirtschaftliche Eigenständigkeit gegeben sein, andernfalls scheidet Zugabe aus (vgl. Anm. 17). Zur Zugabe von Zubehör und Zugabe unter Zubehörvorwand vgl. im einzelnen Anm. 99—102.

[56] **Zusatz-, Neben- und Teilleistungen.** Zum Begriff „Leistung" vgl. Anm. 5 lit. b. **Die gewerbliche Nebenleistung entspricht der Zubehörleistung.**

Zu unterscheiden sind: a) selbständige Zusatzleistung; diese wird neben und zusätzlich zu einer Hauptware oder Leistung erbracht; **b) Nebenleistung** (Zubehörleistung), die neben einer Hauptware oder Leistung erbracht wird, um deren Zweckbestimmung zu dienen; **c) unselbständige Teilleistung;** sie ist Teil einer wirtschaftlichen Leistungseinheit und eigenständiger Wertung (vgl. Anm. 17) entzogen. **Zusatzleistung und Nebenleistung sind wirtschaftlich eigenständig** und neben der Hauptware/Hauptleistung gesondert zu bewerten; **die unselbständige Teilleistung ist es nicht.**

Die Zugabe handelsüblicher Nebenleistungen ist erlaubt; handelsunübliche sind verboten (§ 1 II lit. d ZugVO = § 2 I lit. d ZugGesÖ; vgl. Anm. 103—105). **Gleichartige Zusatzleistungen, d. h. Naturalrabatte zu gewerblichen Leistungen, sind stets unzulässig,** gleichviel ob es einer Handelsgepflogenheit entspricht, sie unentgeltlich zu erbringen oder nicht. **Unselbständige Teilleistungen können mangels wirtschaftlicher Eigenständigkeit keine Zugaben sein,** auch wenn sie fälschlich als Zugabe bezeichnet werden.

Die **Nebenleistung** gehört wie das Zubehör (vgl. Anm. 55, 99) räumlich, wirtschaftlich und funktionell zu einer Hauptware/Hauptleistung; sie ist ihr zu- und untergeordnet und hat die Aufgabe, die vertragsgerechte Erfüllung des Hauptgeschäfts zu gewährleisten (Hoth WRP 1956, 328/330; im einzelnen vgl. Anm. 103—105). Fehlt eine dieser Voraussetzungen, wird nicht eine Nebenleistung sondern eine selbständige Zusatzleistung erbracht; deren Zugabe ist verboten. Die Frage der Handelsüblichkeit ist nicht zu prüfen (BGH GRUR 64, 509/511 — Wagenwaschplatz). **Zusatz- und Zubehörleistung sind Zugaben.** Sie stehen sachlich und wirtschaftlich eigenständig neben der Hauptleistung (vgl. Anm. 17, 18). **Unselbständige vertragliche Nebenpflichten sind** dagegen **zugaberechtlicher Beurteilung entzogen,** z. B. das Zusenden der Ware beim Versendungskauf (§§ 444, 448 BGB), das Übersenden von Geld (§ 270 BGB), Reparaturen, die der Vermieter an der Mietsache ausführen läßt, Nachbesserungen aus Gewährleistungspflicht durch einen Werkhersteller u. ä.; zu Garantieversprechen vgl. Anm. 40.

Unselbständige Bestandteile einer Leistungseinheit sind alle Teilleistungen, die sich zwangsläufig aus der zu Grunde liegenden typischen Vertragsform ergeben (vgl. Hoth WRP 1956, 330/331). Das gleiche gilt auch für Leistungen, die dem jeweiligen Vertragstyp zwar nicht eigentümlich sind, die aber, ebenso wie unselbständige Bestandteile einer Wareneinheit (Anm. 55), vom Verkehr wirtschaftlich als unselbständige Teile einer Gesamtleistung gewertet werden. **Ob etwas unselbständige Nebenpflicht oder zugabegeeignete Neben- oder Zusatzleistung ist, bestimmt die Verkehrsauffassung.** Der Begriffsinhalt ist nicht objektiv zu bestimmen; die subjektive Wertung der angesprochenen Verkehrskreise ist allein entscheidend. Unselbständige Teilleistung liegt vor, wenn nach Auffassung des Publikums zur Lieferung einer Ware oder zu einer gewerblichen Leistung eine Verrichtung gehört, die als selbstverständlicher Teil einer Leistungsgesamtheit erwartet werden kann, so z. B. wenn der Zahnarzt seinem Patienten durch vorhergehende Betäubung die mit dem Zahnziehen verbundenen Qualen erspart. Zwei selbständige, wenn auch in natürlichem Zusammenhang stehende Leistungen werden dagegen mit der Erklärung angeboten: „Das Zahnziehen mit Betäubung ist im Preis zum Zahnersatz mit einkalkuliert." Zugabe scheidet aber aus, weil erkennbar die vorbereitende Leistung des Zahnziehens durch den klar als Gesamtentgelt geforderten Preis mit abgegolten wird (vgl. Anm. 6; beachte Anm. 71 ff., insbesondere 73, 74). Oft ist es nicht leicht, die **selbständige Zusatzleistung** von der bei Handelsüblichkeit zulässigen gewerblichen Nebenleistung (Zubehörleistung) zu unterscheiden. **Gewerbliche Nebenleistungen sind** das Anschließen eines verkauften Gasherdes oder eines Fernsehgerätes, die Montage der gelieferten Antenne, das Aufhängen verkaufter Beleuchtungskörper, Montage eines verkauften neuen und Demontage des defekten alten Kessels und auch das Einsetzen verkaufter Obstbäume durch die Baumschule. Werden sie unentgeltlich erbracht, dann wird mit ihnen eine Zugabe gewährt. Diese kann zulässig sein, vorausgesetzt, daß Gegenstand und Unentgeltlichkeit handelsüblich sind (vgl. Anm. 103—105).

Zusatz- und nicht Nebenleistungen sind der Fahrunterricht zum verkauften Auto (Klauer-Seydel S. 54 Rz. 116), die Vermittlung der Finanzierung aller Unfallschäden durch ein Mietwagenunternehmen (OLG Frankfurt WRP 1970, 72), das Nähen und Aufhängen von Gardinen aus dem verkauften Stoff (Godin-Hoth S. 284; Baumbach-Hefermehl I S. 1227 Rz. 84). Auch die vom Hersteller dem Einzelhändler gewährten Werbehilfen und Werbebeiträge sind begrifflich selbständige Zusatz- und nicht gewerbliche Nebenleistungen, die neben Hauptwaren/Hauptleistungen erbracht werden; der mit ihnen angestrebte Werbeerfolg, gleichviel wem er zugute kommt, hat zu den gelieferten Erzeugnissen keine dem Zubehör entsprechende Beziehung, wie z. B. die Neonleuchtenanlage mit Brauereiwerbung zum Bier. Unberechnet erbracht, sind es verbotene Zugaben. Auf Handelsüblichkeit kommt es nicht an. Zulässigkeit folgt meist aus mangelnder Unentgeltlichkeit; beachte Anm. 45, 46. Vorteile, die dem umworbenen Kunden durch kauferleichternde Einrichtungen und Veranstaltungen zuteil werden, z. B. die Freifahrt zum Ladenlokal oder zum Lager oder der dem Tankstellenkunden unentgeltlich zum Selbstbedienen zur Verfügung gestellte Wagenwaschplatz, sind ebenfalls keine Zubehörleistungen. Nur bei fehlendem Zugabezusammenhang oder mangelnder Unentgeltlichkeit scheidet Zugabeverstoß aus (vgl. Anm. 54, 103). Zur Unterscheidung zwischen selbständigen und unselbständigen Garantie- und Kreditleistungen vgl. Anm. 57/58, zu sonstigen Kundendienstleistungen Anm. 59, zur Gebrauchsüberlassung von Verwahrgefäßen, wie z. B. Bierfässer, Gasflaschen, Kühlbehälter, in denen die Ware angeliefert wird, Anm. 103, 104.

[57] **Garantiezusagen.** Eine den **gesetzlichen** Vorschriften entsprechende **Gewährleistungspflicht** bedarf keiner besonderen Zusage.

Sie **ist unselbständige Teilpflicht,** nach der der Verkäufer dafür einzustehen hat, daß z. Z. der Lieferung die verkaufte Ware die zugesagten oder die nach Art und erkennbarer Beschaffenheit oder nach gemachter Anpreisung vom Publikum erwarteten Eigenschaften hat. **Mit ihr wird nichts Zusätzliches gewährt.** Es wird nur sichergestellt, daß der Kunde erhält, was er bezahlt. Angaben über Art und Umfang der gesetzlichen Pflicht zur Gewährleistung dürfen nur den Kunden über die ihm zustehenden Rechte aufklären. Wird zu gesetzlicher oder eingeschränkter Garantieverpflichtung beim rechtsunkundigen Publikum der Eindruck hervorgerufen, der Kunde erhalte mehr, als er von Gesetzes wegen zu beanspruchen habe, wird gegen das Verbot wahrheitswidriger Anpreisung verstoßen (§§ 1, 3 UWG; 1, 2 UWGÖ). Die irrige Annahme, mit dem Versprechen einer der gesetzlichen Gewährleistung entsprechenden Garantie werde eine Zugabe gewährt, läßt die Anpreisung nicht zusätzlich zum Zugabeverstoß werden. Auch **die Zusage für zugesicherte Eigenschaften über die gesetzliche Gewährleistungspflicht hinaus einstehen zu wollen, ist unselbständige Nebenpflicht, wenn dies nach der**

Beschaffenheit der Ware sachlich gerechtfertigt ist, so z. B. die Garantie, daß gelieferte Matratzen-Federkerne bei ordnungsgemäßer Benutzung 25 Jahre mängelfrei sein werden. Zum Zeitpunkt der Lieferung muß die Ware von entsprechender Beschaffenheit sein; nach den z. Z. des Hauptgeschäfts gegebenen Umständen muß nach der Erfahrung des Lebens als gewiß erscheinen, daß während der Garantiefrist die Inanspruchnahme des Gewährleistenden auch möglich sein wird. Dem Kunden wird dann nicht mehr zugesagt und garantiert, als er bezahlt (BGH GRUR 1958, 455 — Federkernmatratzen). Erscheint es zweifelhaft, daß der Verkäufer oder das für die Gewährleistungspflicht einstehende Herstellerunternehmen die Garantiefrist überdauern werden, wird gegen §§ 1, 3 UWG (§ 2 UWGÖ) verstoßen. Sind unselbständige Garantien nicht zugabegeeignet, dann kann auch die Frage, ob sie handels- oder branchenüblich sind, nicht interessieren.

Eine Garantiezusage, die länger gelten soll, als die voraussichtliche Lebensdauer der verkauften Ware, ist nicht gewerbliche Nebenleistung sondern Zusatzleistung, die stets, ohne Rücksicht auf Handels- oder Branchenüblichkeit, unzulässig ist (Anm. 55). Mit entsprechender Zusage wird gleichzeitig gegen § 3 UWG (§ 2 UWGÖ) verstoßen, weil Mängelfreiheit und Lebensdauer in einem der tatsächlichen Beschaffenheit nicht entsprechenden Umfang behauptet wird, wodurch das Angebot als besonders günstig erscheint. Die Zusage einer übermäßig langen Garantiefrist ist unzulässig, wenn nach deren Dauer davon ausgegangen werden kann, daß neben den Mängeln, die schon z. Z. der Lieferung bestehen, auch Schäden unter die Gewährleistung fallen werden, die in normaler Abnutzung begründet sind (GA 2/50; Baumbach-Hefermehl I S. 1228 Rz. 85), z. B. Garantie von 10 Jahren auf einen Wecker im Werte von 5,— DM, von 20 Jahren auf einen Füllfederhalter, von 25 oder gar 50 Jahren auf versilberte Bestecke (EA Solingen AWR 1938, 200; DW 1949, 8; Baumbach-Hefermehl I S. 734, Rz. 144). **Wenn ein Garantieversprechen Schäden erfaßt, die in anderen Umständen begründet sind, als in der Beschaffenheit der Ware z. Z. der Lieferung, wird gegen das Zugabeverbot verstoßen** (Godin-Hoth S. 291; Reimer-Krieger S. 67 Rz. 23; GA 2/50). Unzulässig sind Gewährleistungsversprechen, die sich nicht auf die Beschaffenheit der verkauften Ware oder auf den Wert und die Qualität der Werkleistung beziehen und auch Zusagen des Verkäufers zu untypischen Risiken (Godin-Hoth a. a. O.; Gottschick S. 936; Klauer-Seydel S. 25 Rz. 40; Reimer-Krieger a. a. O.; EA Frankfurt/M. AWR 1936 S. 159, 160),

z. B. wenn nicht nur für die zugesicherte Beschaffenheit der Ware die Gewähr der Mängelfreiheit sondern auch die Verpflichtung übernommen wird, für Schadensfälle Ersatz zu leisten, die in anderen Umständen, als in den Eigenschaften der Ware begründet sind. Mit ihnen wird weder eine unselbständige Nebenpflicht übernommen, noch eine gewerbliche Nebenleistung zugesagt.

Derartige Gewähr ist Zusatzleistung, die stets, auch bei entsprechender Handelsgepflogenheit, unzulässig ist (vgl. Anm. 55). Sie ist ohne Zugabezusammenhang nicht denkbar. Unzulässig sind Ersatzlieferung eines Regenschirms innerhalb eines Jahres, falls dieser abhanden kommt (OLG Düsseldorf DB 1951, 835), das Versprechen, für Automobilsicherheitsglas in allen Schadensfällen kostenlos Ersatz zu leisten, auch wenn es im Verkehr bei Unfällen zu Bruch geht (OLG Düsseldorf a. a. O.; Klauer-Seydel S. 25 Rz. 40; Baumbach-Hefermehl I S. 1228 Rz. 85; a. M.: KG GRUR 1937 S. 649/651 — Sekurit-Glas). Mit dem Abschluß einer Schadensversicherung, z. B. Diebstahls-Schadensversicherung zum Fahrrad, Schirmversicherung für den Fall des Abhandenkommens, wird keine Gewährleistungspflicht übernommen sondern neben der Ware ein Versicherungsanspruch zugewandt. Da es sich nicht um eine gewerbliche Nebenleistung handelt, scheidet Rechtfertigungsmöglichkeit aus § 1 II lit. d ZugVO aus (gl. M. OLG Düsseldorf DB 1951 S. 835; Reimer-Krieger S. 67; Klauer-Seydel S. 25 Rz. 40; Tetzner Z S. 56). **Die** im Versandhandel oft gemachte **Zusage: „Rücknahme" bei Nichtgefallen gegen Vergütung des Preises"** ist kein Garantieversprechen (gl. A.: Richter JW 1936, 2605; a. M.: Klauer-Seydel a. a. O.; Baumbach-Hefermehl I S. 1227 Rz. 85); der Verkäufer übernimmt nicht die Gewähr für eine bestimmte Beschaffenheit der Ware. Er bietet sie nur zum Kauf unter den besonderen Bedingungen des § 495 BGB zum **Kauf auf Probe** an. Die Rücknahmepflicht ist unselbständiger Vertragsbestandteil und zugaberechtlicher Beurteilung entzogen (Anm. 17, 56). Die Frage der Handelsüblichkeit interessiert nicht. Eine Zugabe wird mit der Zusage in Aussicht gestellt, der Käufer könne, wenn ihm die gekaufte Ware nicht gefalle, diese gegen eine andere eintauschen, die besser und teurer sei. Entsprechendes Angebot an letzte Verbraucher verstößt gleichzeitig gegen das Rabattverbot.

Die tatsächliche oder vermeintliche Besserstellung im Verhältnis zu anderen Käufern läßt die in Aussicht gestellte Verlängerung der angekündigten oder allgemein eingeräumten Gewährleistungsfrist nicht zur Zugabe werden, wenn die Qualität der Ware auch die verlängerte Frist rechtfertigt. Unzulässig ist auch die beim Verkauf von Gebrauchtwaren (Kraftwagen, maschinelle Anlagen) gegebene Zusage, die Reparaturkosten oder die Kosten der Erneuerung einzelner Teile werde übernommen, wenn der Kaufpreis der üblichen Taxe entspricht und erfahrungsgemäß nach dem Abnutzungsgrad derartige Reparaturen und Ersatzleistungen innerhalb der Gewährleistungsfrist zu erwarten sind. Unzulässig ist auch das Versprechen, dafür einzustehen, daß durch die angebotene maschinelle Anlage der Stromverbrauch des gesamten Fabrikationsbetriebes verringert werde (GA 2/1950), wenn es gewährleistet wird als Zugabe und nach § 3 UWG, wenn ein solcher Leistungserfolg nicht in den technischen Eigenschaften der Anlage sondern in vorgegebenen betrieblichen Voraussetzungen begründet ist, in die sie hineingestellt wird. Gegen § 3 UWG verstößt auch die Ankündigung eines Malermeisters „10 Jahre Werksgarantie", zu Außenanstrichen, wenn der Kunde einen unmittelbaren Gewährleistungsanspruch gegen den Hersteller nach den Lieferbedingungen des Werkes nicht erlangt und nur den Handwerker nach den mit diesen vereinbarten Lieferungsbedingungen in Anspruch nehmen kann (LG Hamburg WRP 1966, 421/423).

[58] **Kreditversprechen; Kreditverschaffung.** Kredit ist jede wirtschaftliche Hilfe, die einem anderen dadurch gewährt wird, daß man ihm Geld oder sonstige umsatzfähige wirtschaftliche Werte zur freien Verfügung mit der Verpflichtung sie zurückzugewähren, überlassen werden (Godin-Hoth S. 291; Hoth WRP 1956 328 ff.; Reimer-Krieger S. 68 Rz. 23; Tetzner Z S. 56; Krieger GRUR 1952 S. 380, 382; Borck WRP 1957, 194, 196). Die häufigsten Kreditformen sind Warenkredite oder Gelddarlehen (§ 607 I BGB), Zielabsprachen, Schuld- und Kaufpreisstundung, Akzeptkredite, Deckungszusagen, Haftungsübernahme, Anspar- und Vorkassegeschäfte, Schuldänderung, Raten- und sonstige Tilgungsabsprachen. Zu den gebräuchlichsten Kreditformen bei Außenhandelsgeschäften vgl. Kämmer, Außenhandelsfinanzierung 1960.

Kredit kann nur unselbständige Teilleistung oder selbständige Zusatzleistung, nicht aber gewerbliche Nebenleistung (Zubehörleistung) sein (vgl. Anm. 17). Ob eine selbständige oder unselbständige Leistung erbracht wird, entscheidet die Verkehrsauffassung und im Einzelfall auch der gewollte Vertragsinhalt. Überlieferte Handelsgepflogenheiten können Indiz für unselbständige Teilleistung sein. Die Grundsätze zur Unterscheidung von selbständigen und unselbständigen Garantiezusagen gelten entsprechend (vgl. Anm. 57). Gleiches gilt für die zugaberechtliche Beurteilung, soweit sich aus der andersartigen Leistungsform nicht ein anderes ergibt.

Unselbständiger Kredit kann, ebensowenig wie unselbständige Garantie, Zugabe sein. Unselbständig ist eine Kreditleistung, wenn aus der typischen Geschäftsform folgt, daß mit ihr ein der Ausführung des Geschäfts dienendes, übliches oder für die Geschäftsform typisches Zugeständnis gemacht wird, z. B. mit Skontozusagen gekoppelte branchenübliche Zielabsprachen, Zahlungsfrist, die dem Käufer nach Treu und Glauben zu gewähren ist, Tilgungsfristen beim echten Teilzahlungskauf, nicht dagegen wenn durch Warenkreditbank oder ein ähnliches Finanzierungsinstitut ein Kredit gewährt wird, der „in Raten" zu tilgen ist. Der Preis von Liefer- und Leistungsverträgen, die unselbständige Kreditleistung mit einschließen, ist wegen der damit erbrachten größeren Gesamtleistung und wegen der kalkulatorisch zu berücksichtigenden Kreditkosten, höher als der Preis des Bar-Kasse-Geschäfts. Die volle Inanspruchnahme des Zahlungsziels bezahlt der Käufer mit dem Verlust der Skontogutschrift. Beim Teilzahlungskauf ist, wie dem Publikum überwiegend vertraut, der Endpreis höher als der Barpreis. Der Ratenpreis erscheint deshalb als ein durch die Geschäftsart bedingter Normalpreis. Der Ankündigung **„Teilzahlung ohne Aufschlag"** entnimmt der Verkehr deshalb, daß auf den Ratenpreis ein Nachlaß (Rabatt) in Höhe der Differenz zum Bar-Kassepreis gewährt wird. Zur rabattrechtlichen Problematik vgl. § 1 RabGes. Anm. 37. Unzulässiger Rabatt ist bei abweichender Handelsgepflogenheit auch die Ankündigung „30 Tage Ziel und trotzdem Skonto".

G. Umsonstwerbung außerhalb des Zugabeverbots

[59] **Werbung mit Warenproben.** Der Begriff „Warenprobe" bedeutet nach alltäglichem Sprachgebrauch und damit für den Bereich des Wettbewerbs das gleiche, wie nach bürgerlichem und Handelsrecht (§§ 494 BGB, 418 HGB; vgl. RG GRUR 1938, 207/210 — Persilpaket). **Probe ist die Menge oder Stückzahl einer Ware, die benötigt wird, um deren Eigenschaften zu prüfen.** Die Menge oder Stückzahl folgen aus dem Probierzweck; sie darf nicht auch durch das Streben mitbestimmt sein, der Bedarfsdeckung zu dienen (RG a. a. O.; RG GRUR 1938, 849/850 — Eiformbrikett; RGZ 160,

385/389 — Lockenwickler; BGH GRUR 1957, 365/366 — Suwa; BGH GRUR 1959, 326/328 — Kaffeeversandhandel; BGH NJW 1963, 107 — Tablettenprobe; BGH GRUR 1963, 197/200 — Zahnprothesen-Pflegemittel). Welche Menge oder Stückzahl für die Probe erforderlich ist, hängt von Art und Beschaffenheit der Ware und von den Verwendungsvoraussetzungen des Einzelfalls ab. Um ein Waschmittel zu erproben, benötigt die Hausfrau eine geringere Menge als eine Großwäscherei. Als Röstkaffeeprobe sind 1 bis 2 Tassen bzw. 15 bis 20 g Röstkaffee unbedenklich (OLG Hamburg WRP 1958, 27/28 — Kaffeeversandhandel). Probeeigenschaft entfällt nicht schon, wenn die erforderliche Mindestmenge überschritten oder mit der Warenprobe gleichzeitig in mehr oder weniger beschränktem Umfange auch der Bedarf des Empfängers gedeckt wird. **Bedarfsdeckung darf nur nicht Haupt- oder Nebenzweck der Zuwendung sein.** Das durch den Probezweck bestimmte Maß wird noch gewahrt, wenn eine mehr oder weniger geringfügige Bedarfsdeckung erkennbar nur ein Anreiz dafür sein soll, daß der Empfänger sich auch der Mühe der Probe unterzieht. In der Branche übliche und dem Verkehr vertraute Probepackungen grenzen in der Regel die Warenprobe hinreichend von der handelsüblichen Verkaufseinheit ab. **Bei der „typischen Probepackung" ist der Probierzweck offenkundig.** Sie entspricht nach Art, Menge und Aufmachung in der Regel dem Erprobungszweck und läßt Probeeigenschaft vermuten. Die Größe der Normalpackung dagegen wird durch die für die Bedarfsdeckung benötigte Menge bestimmt. **Originalpackung spricht gegen Probeeigenschaft;** dies gilt auch, wenn sie als „Probepackung", „unverkäufliches Muster" oder ähnliches gekennzeichnet wird (vgl. Anm. 43).

Die Probe soll den Empfänger nur über Art und Beschaffenheit der angebotenen Ware unterrichten und, wie das Publikum weiß, durch deren Güte werben (RG — Persil a. a. O.; BGH GRUR 57, 363/364 — Sunil). Sie wirbt nicht mit ihrem Wert, der als Werbefaktor nicht wirksam wird, sondern nur mit ihren Eigenschaften. Der mit der Probe hingegebene Warenwert ist nach Auffassung des Verkehrs notwendiges Opfer dafür, daß die Eigenschaften der Probe in der Hand des Kunden für die Ware werben können. Die Warenprobe wirbt ausschließlich mit Mitteln des Leistungswettbewerbs; Probenwerbung ist wohl die sachlichste Art der Werbung überhaupt (OGHÖ ÖBl. 1956, 54 — Omo). Auch für die Probenwerbung ist entscheidend, wie der Verkehr die Zuwendungen wertet. Die echte Warenprobe kann, auch bei äußerem Zusammenhang mit entgeltlichen Hauptgeschäften, nicht den für die Zugabe typischen Werbeeffekt gesteigerter Vorteilsvorstellung hervorrufen, wenn sie erkennbar nur zu Probezwecken abgegeben wird. Dies ist dann nicht zweifelhaft, wenn die Probemenge auf das für den Probierzweck erforderliche Maß begrenzt ist oder typische Probepackungen unterschiedslos an Käufer und Nichtkäufer abgegeben werden (gl. M. Baumbach-Hefermehl I S. 1199 Rz. 37 a. E. 38). Händigt ein Einzelhändler einem Kunden beim Kauf einer Ware die Probe eines Konkurrenzerzeugnisses aus, dann ist offenkundig, daß nur eine Probe und nicht eine Zugabe gewährt wird; offenkundig ist es selbst dann, wenn die abgegebene Packung etwas mehr als die zur Probe erforderliche Mindestmenge enthält. Eine Leodentprobe kann nicht dazu bestimmt und geeignet sein, dem Empfänger den Kauf des gleichartigen Kukidenterzeugnisses besonders vorteilhaft erscheinen zu lassen; es fehlt am inneren „Zweckzusammenhang" (BGH GRUR 1963, 197/200 — Zahnprothesen-Pflegemittel; Baumbach-Hefermehl S. 1199, 200 Rz. 39; vgl. auch Anm. 27—39). Dienen unentgeltlich abgegebene Proben als Vorspann für das Angebot anderer Waren, liegt Zugabe vor. Die Probe darf nicht ein zum Kauf einer Ware verlockender Mitgehartikel sein; dann hat der vorgebliche oder tatsächliche Probierzweck nur noch sekundäre Bedeutung (Godin-Hoth S. 294; E. Reimer III. Aufl. S. 589 u. 986 = Reimer-Krieger S. 37 Rz. 11; Klauer-Seydel S. 20 Rz. 31; Baumbach-Hefermehl 1199 Rz. 39; Tetzner Z S. 33 Anm. 9; OLG Hamm JW 1937, 1263; Culemann GRUR 1937 S. 245; Meyer GRUR 1951, 149; Spengler MA 1953, 95/98). **Die echte Warenprobe ist von einem Verkaufsgeschäft unabhängig** (Baumbach-Hefermehl a. a. O.), was nicht ausschließt, daß sie auch bei Gelegenheit oder aus Anlaß von Warenkäufen gewährt werden kann, ohne zur Zugabe zu werden. Können im Einzelfall ein bei Abgabe gegebener äußerer Zusammenhang (Begriff Anm. 24) und auch eine mit Rücksicht auf den Probierzweck nicht zu vermeidende, mehr oder weniger geringe Eignung zur Bedarfsdeckung, den der Zugabe eigentümlichen Werbezweck vermuten lassen, so darf dies nicht zur Verallgemeinerung und entsprechender Unterstellung zu Lasten des Täters verleiten. Stets kommt es auf die Umstände des Einzelfalls an. Unzulässig ist es, wenn ein Ofengroßhändler den von ihm belieferten Einzelhändlern zusammen mit jedem gelieferten Ofen einen Gutschein für 10 l Heizöl mit der Verpflichtung zur Weitergabe an den letzten Abnehmer überläßt, die ausreichen, einen 100 m² großen Raum bei — 5° für 24 Stunden zu heizen (OGHÖ ÖBl 1969, 139 = Schönherr WRP 1970, 166 V). **Zu**

engherzig ist die Ansicht, Zugaben würden gewährt, wenn nur jeder 5. oder 10. Packung von Kaffee-Ersatz 5 g Bohnenkaffee als Probe beigefügt werden (gl. M. GA 6/50 GRUR 1950 S. 588; a. M. Baumbach-Hefermehl I S. 893 Rz. 39; E. Reimer III. Aufl. S. 986 = Reimer-Krieger S. 37 Rz. 11; Spengler MA 1933, 95/98; Meyer GRUR 1951, 149). Nur wenn über einen längeren Zeitraum allen Warenpackungen derartige Proben beigefügt werden und der Käufer wegen der früheren Zuwendung damit rechnen kann, auch künftig eine zu erhalten, erlangen die beigepackten Proben Zugabecharakter. **Zu weitherzig** dagegen ist die Auffassung des OGHÖ (ÖBl. 1964, 102 — Pril Flüssig; beachte § 4 ZugGesÖ), daß echte Warenproben und keine Zugaben gewährt worden seien, als in ganz Österreich, im Rahmen einer auf 14 Tage begrenzten Aktion, den Haushaltspackungen von Persil (3¼ kg) und Dixan (3 kg) je eine Flasche „Pril flüssig" mit einem Wert von 11,90 S beigefügt wurde.

Die Begründung, von einer Bedarfsdeckung durch die zugewandte Probemenge könne nicht die Rede sein, weil es sich um eine für den schnellen Verbrauch bestimmte Ware gehandelt habe und die Werbeaktionszeit eng begrenzt worden sei, überzeugt nicht. Der Wert der andersartigen „Probe", die gekoppelt, mithin in Kaufabhängigkeit gewährt wird, ist offensichtlich Vorspannartikel. Rascher Verbrauch und zeitliche Begrenzung schließen Bedarfsdeckung und unsachliche Beeinflussung beim Kauf der Hauptware nicht aus. Zeitliche Begrenzung kann, wenn diese für den Kunden erkennbar wird („solange der Vorrat reicht"), wie eine Sonderveranstaltung einen zusätzlichen, die unsachliche Beeinflussung verstärkenden Kaufanreiz ausüben. Die Abgabe einer Tafel „Espresso-Schokolade" — Wert 2,— S — beim Kauf von 250 g Kaffee, ist unzulässig, sie erscheint als Mitgehartikel, der für eine andere Ware werben will und nicht als Warenprobe, durch deren Abgabe in einer zur Erprobung erforderlichen Menge, die Einführung einer neuen Ware gefördert werden soll (OLG Wien ÖBl. 1965, 123 — Espresso-Schokolade; Schönherr WRP 1966, 249/IV). Zulässig ist das Verteilen von Probepackungen durch Einzelhändler oder Warenhäuser vor der Tür, im Eingang oder im Geschäftslokal, wenn Abgabe unterschiedslos an Käufer und Nichtkäufer erfolgt. Der Probierzweck der Werbeaktion ist offenkundig. Deshalb gilt nicht, was zur Abgabe von Zugabeartikeln unter gleichen Umständen gesagt wurde (vgl. Anm. 31, Aushändigung von Taschenmessern an der Ladentür eines Tabakwarengeschäfts). Unzulässig ist es dagegen, die Proben als Geschenke anzupreisen und dadurch den Kunden in den Laden zu locken oder reguläre Handelseinheiten (Waren in Originalpackung) abzugeben, z. B. 0,7 l Weinflaschen an Kunden eines Einzelhandelsgeschäfts (OGHÖ ÖBl. 1965, 16). Dies gilt auch dann, wenn die Abgabe der Originalware nicht ausdrücklich von einem Kauf abhängig gemacht wird. Unbedenklich ist die Tassenprobe bei Eröffnung eines Kaffeegeschäfts als Einführungswerbung, sofern Kaufunabhängigkeit gewährleistet ist.

Mit der Warenprobe muß eindeutig erkennbar für ein bestimmtes Produkt geworben werden. Dieses braucht keine Markenware zu sein. Auch für jedes sonstige Handelgsut kann mit Proben geworben werden. Wer diese verteilt, der Hersteller, der Groß- oder Einzelhändler oder von diesen beauftragte Werber, ist gleichgültig. Es muß nur erkennbar sein, für welche Ware geworben wird. Ist nicht zu erkennen, welches Produkt dem Empfänger durch die Probe empfohlen werden soll, spricht bei Abhängigkeit von entgeltlichen Hauptgeschäften (Anm. 27—32) die Vermutung für Zugabe. Überläßt ein Hersteller einem Einzelhändler Warenproben, damit er sie an Verbraucher verteilt (vgl. auch Anm. 46), dann darf er sie nicht als Zugabeartikel zu anderen Waren verwenden (RG GRUR 1938, 849 — Eiformbrikett). Bei echter Probe ist es unschädlich, wenn der Kunde die Ware bereits kennt oder eine Probe schon einmal erhalten hat. Der Werbende ist nicht verpflichtet, dies zu überprüfen (BGH GRUR 1963, 197/200 — Zahnprothesenpflegemittel). Ist die Probiermenge übersetzt und äußerer Zusammenhang zum Angebot anderer Hauptwaren gegeben, folgt die Zugabeeigenschaft aus der Möglichkeit zu mindestens teilweiser Bedarfsdeckung. Dies gilt nicht, wenn die über das notwendige Mindestmaß hinausgehende Warenmenge den Empfänger nur zu verleiten vermag, zu probieren, nicht aber eine andere Ware zu kaufen. Immer wenn der Probezweck offenkundig ist, spricht, auch bei äußerem Zusammenhang mit anderen Angeboten, der erste Anschein gegen Zugabe. Anders als bei sonstiger Geschenkwerbung scheidet dann auch moralischer Kaufzwang als sittenwidriges Moment im Sinne des § 1 UWG aus (BGH GRUR 1957, 600 — Westfalenblatt). Die Ankündigung „Geschenk gegen Gutschein" zu geringwertigen Warenproben stellt keine Gratisprobe in Aussicht, sie wirbt mit der Geschenkidee und verstößt bei Zusammenhang mit Hauptgeschäften gegen das Zugabeverbot. Handelt es sich um geringwertige Kleinigkeiten, folgt Unzulässigkeit aus § 1 III S. 1 ZugVO, nach KG JW 1937, 326 aus § 3 UWG (vgl. Anm. 120, 121; ebenso Klauer-Seydel S. 21 Rz. 32). Anreißerisches Aufdrängen von Warenproben verstößt gegen § 1 UWG (gl. M.

Baumbach-Hefermehl I S. 1200 Rz. 39 u. S. 345 Rz. 34). Wird mit den Eigenschaften der Warenprobe eine bessere als tatsächlich gegebene Beschaffenheit der zugehörigen Ware vorgetäuscht, folgt der Wettbewerbsverstoß aus §§ 1, 3 UWG; mit der Abgabe als Probe wird gleichzeitig behauptet, die Hauptware habe die gleichen Eigenschaften. Unzulässig nach § 1 UWG ist es auch, wenn Warenproben (oder Probengutscheine) hochwertiger Erzeugnisse oder bekannter Markenwaren verteilt werden, obgleich sie im Laden des werbenden Händlers nicht erhältlich sind. Das Publikum wertet die Aufforderung zur Probe als Angebot einer in größeren Mengen vorrätigen Ware. Jegliches Scheinangebot, durch das die Kunden in den Laden gelockt werden, ist verwerflich (gl. M. Baumbach-Hefermehl I S. 585 Rz. 129).

Gebrauchsgegenstände, die auf unbegrenzte Zeit **zur Erprobung** ihrer Eigenschaften abgegeben werden, sind keine Warenproben; bei Zusammenhang mit anderen Umsatzgeschäften wird gegen das Zugabeverbot verstoßen (OGHÖ ÖBl. 1954, 45 — Corona abstimmbar; Schönherr ZuR S. 20; Hohenecker-Friedl, S. 124). Unzulässig war die Abgabe von Lockenwicklern, die einer dauernden Bedarfsdeckung dienen konnten (RGZ 160, 385 — Lockenwickler; Klauer-Seydel S. 21 Rz. 32; Tetzner Z S. 33; Baumbach-Hefermehl I S. 366 Rz. 69; a. M.: E. Reimer III. Aufl. S. 986 = Reimer-Krieger S. 37). Ein Aschenbecher, der aus dem gleichen Metall wie das als Hauptware feilgehaltene Besteck hergestellt und dem Kunden mit der Aufforderung überlassen wird, an ihm einen Säuretest vorzunehmen oder ihn in feuchter Erde zu vergraben, ist keine Warenprobe sondern in erster Linie Gebrauchsgegenstand (OLG Düsseldorf WRP 1966 S. 218/220 — Metallaschenbecher). Um die Widerstandsfähigkeit gegenüber Säureeinwirkung und Korrosionsfestigkeit zu prüfen, genügt ein Stückchen Metall. Daß ein auch nur kurzfristig zu Probe benutzter Gebrauchsgegenstand zur alten Ware wird (so E. Reimer a. a. O.) Anm. 59 Bl. 6 a E. ändert nichts daran, daß eine Ware verschenkt wird, damit der Empfänger oder eine ihm zugehörige Person eine andere Ware kauft. Kann bei Kauf auf Probe der Kunde den als (zusätzliche?) Probe oder Werbegeschenk bezeichnete Ascher behalten, auch wenn die Hauptware zurückgegeben wird, dann scheidet nach BGH GRUR 1968, 649 (Rocroni-Ascher) Zugabe aus (bedenkl.). Ohne erkennbaren ernstzunehmenden Probezweck ist zu prüfen, ob die Werbeaktion der nach § 1 UWG unzulässigen Lockmittelwerbung zuzurechnen ist (BGH a. a. O. S. 651). Das gleiche gilt für Porzellanfilter, die verteilt werden, damit die Empfänger Filterpapier erproben können. Verteilt werden dem Haushaltsbedarf dienende Gebrauchsgegenstände (KG GRUR 39, 314/316 — Melitta-Filter; Baumbach-Hefermehl a. a. O.), die neben ihrem sonstigen Gebrauchswert auch dazu benutzt werden können, die Filtriereigenschaften eines angepriesenen Papiers zu erproben. Ebenso wie die Abgabe von Originalpackungen zur Probe ist die Abgabe von Gebrauchsgegenständen zu Probezwecken nicht nach den für die Probenwerbung geltenden Grundsätzen zu beurteilen; vgl. Anm. 60.

[60] **Verschenken von Waren.** Werden handelsübliche Warenpackungen oder Verkaufseinheiten, die dem normalen Kundenbedarf entsprechen zur Probe oder zur Einführung unentgeltlich abgegeben, dann spricht der erste Anschein dafür, daß nicht mit Warenproben (Anm. 59), sondern mit dem Verschenken der Ware selbst geworben wird (RG GRUR 1938, 207/210 — Persil-Paket u. GRUR 1938, 849 — Eiform-Brikett; BGHZ 23, 365/369 — Suwa). Diese Vermutung ist widerleglich. Ist die Ware nur unter normalen Konsumbedingungen zu erproben, kann auch die reguläre Verkaufseinheit noch Probe sein, z. B. bei selbsttätigen Waschmitteln, deren Tauglichkeit auch im Haushalt nur in einem normalen Waschvorgang zu prüfen ist, für den, wegen der durch den Normalbedarf bestimmten Größe des Waschkessels oder des Fassungsvermögens der Waschmaschine, eine reguläre Handelspackung benötigt wird (RG Persil-Paket u. BGH Suwa a. a. O.). Wird die Konsumpackung als Probe abgegeben, gelten die Grundsätze zur Warenprobe (vgl. Anm. 59) nur mit Einschränkung. Bei äußerem Zusammenhang mit entgeltlichen Waren- oder Leistungsangeboten, wird die zur Probe abgegebene Originalpackung zum Zugabevorspann (vgl. Anm. 27—33), z. B. wenn die Ware im Eingang oder im Geschäftslokal dem Eintretenden oder dem sich dort aufhaltenden Kunden ausgehändigt wird (vgl. Anm. 29; die hierzu gemachte Einschränkung in Anm. 59 gilt nicht). Dies gilt selbst dann, wenn „zur Probe“ ein mit der Hauptware konkurrierendes Erzeugnis dem Kunden ausgehändigt wird. Das Geschenk der einen Ware läßt den Kauf der anderen als besonders vorteilhaft erscheinen.

Entspricht es auch nicht den Grundsätzen des Leistungswettbewerbs, mit dem Verschenken der Ware selbst zu werben (RGZ 149, 242 — Dentisten-Tagebuch; RG GRUR 1936, 810 = JW 1936, 2073 = Winckler § 1 I ZugVO Nr. 22 — Diamantine; RG GRUR 1938, 207/209 — Persilpaket u. GRUR 1939, 862 — Lockenwickler) und ist es auch das Ideal wettbewerbsgerechten Verhaltens, mit der

Qualität und Preiswürdigkeit der Ware selbst zu werben, so bedeutet dies nicht, daß jede Werbung unlauter ist, die mit anderen Mitteln auf das Käuferpublikum einzuwirken sucht (BGHZ 15, 356/365 — progressive Kundenwerbung; BGHZ 34, 264/270 — 1-Pfg.-Süßwaren; BGH GRUR 1959, 138/139 — Italienische Note, GRUR 1959, 285/286 — Bienenhonig u. GRUR 1962, 415/417 — Glockenpackung). Hält sich das Verschenken von Originalware im Rahmen des Erprobungszwecks, ist dies grundsätzlich nicht zu beanstanden. Wettbewerbswidrig wird es dann, wenn zeitlich und örtlich konzentriert, die Ware in einem so erheblichem Umfange abgegeben wird, daß der Bestand des Wettbewerbs mindestens vorübergehend aufgehoben wird (BGHZ 23, 365 — Suwa; hierzu kritisch mit gwichtigen Argumenten v. Harder GRUR 1962, 439, Koenigs NJW 1961, 1041 u. Döll BB 1965, 173). Ist die Folge der Marktsättigung durch das Verschenken der Ware und die damit verbundene Verdrängung der Mitbewerber allein nicht geeignet, die Werbemaßnahme wettbewerbswidrig werden zu lassen, so ist andererseits im Rahmen der nach § 1 UWG immer gebotenen Gesamtwürdigung im Einzelfall zu prüfen, ob die ernstliche Gefahr einer erheblichen Schädigung der Interessen der Allgemeinheit oder einer erheblichen Behinderung der Wettbewerber begründet ist, etwa deshalb, weil mit Nachahmung gerechnet werden muß. Im Zweifel sind auch die zu erwartenden Auswirkungen auf das künftige Verhalten der Mitbewerber zu berücksichtigen (BGH GRUR 1965 S. 489/491 — Kleenex gegen Döll a. a. O.). Derartige Gefahren drohen nicht bei jeder Warenart und nicht in jedem Einzelfalle in gleichem Maße. Es kommt stets auf die Umstände an, unter denen die Ware verschenkt wird. Einzelne Aktionen können zulässig sein, ihre Wiederholung kann zur Unzulässigkeit führen (BGH a. a. O.). Wirtschaftspolitische Erwägungen haben außer Betracht zu bleiben; es ist weder Ziel des Wettbewerbsrechts noch Aufgabe der Mitbewerber, im Wege der Popularklage wirtschaftspolitische Ziele zu verwirklichen. Unbeachtlich sind deshalb objektiver Verstoß gegen anerkannte betriebswirtschaftliche Grundsätze und der Gesichtspunkt, daß der Werbende sich selbst schädigt und Nachahmer sich in gleichem Maße Schaden zufügen werden. Auch daß mittlere und kleinere Mitbewerber wirtschaftlich nicht in der Lage sind, sich derselben Werbemethode zu bedienen, hat außer Betracht zu bleiben (BGH Kleenex a. a. O.). Kostenlose Abgabe von Anzeigenblättern mit redaktionellem Teil soll gem. § 1 UWG unzulässig sein, wenn dies zu einer ernstlichen Gefährdung des wirtschaftlichen Bestandes der übrigen Tageszeitungen führt; denn im Hinblick auf den verfassungsrechtlichen Schutz der Presse (Art. 5 GG) müsse eine solche Werbemaßnahme als sittenwidrig gewertet werden (BGHZ 19, 392/396 — Freiburger Wochenbericht; BGH GRUR 1969, 287/290 — Stuttgarter Wochenblatt). Dem Gesichtspunkt der Verfassungsgarantie des Art. 5 GG kommt nach neuester Auffassung des BGH aber unter wettbewerbsrechtlichen Gesichtspunkten doch nicht die ursprünglich angenommene Bedeutung zu; als maßgeblich wird offenbar der Gesichtspunkt des Schutzes der Allgemeinheit vor einer Beeinträchtigung des freien Wettbewerbs durch progressive Übersteigerung angesehen, d. h. „ob die werbliche Maßnahme zu einer gemeinschaftsschädlichen Störung der Wirtschaftsordnung führt" (BGH GRUR 1971, 477/478 — Stuttgarter Wochenblatt II). Dies ist nur der Fall, wenn das Pressewesen als solches und der Wettbewerb der Presse schlechthin gefährdet wird. Gefährdung einer Zeitung genügt nicht, kann aber bedeutsames Indiz sein (gl. M. Hefermehl GRUR 1971, 779/780). Zur wettbewerbsrechtlichen Bedeutung der Interessen der Allgemeinheit vgl. Schwarze GRUR 1969, 322 ff. und Samwer GRUR 1969, 326 ff.; beachte auch Anm. 61.

[61] **Werbegeschenke. Es gibt keinen Rechtssatz, der es gestattet, jedes Werbegeschenk als Zugabe zu werten** (BGH GRUR 1959, 544/545 — Modenschau). Fehlt der für jede Zugabe notwendige Vorspannzusammenhang, scheidet Zugabe aus (zum Zugabezusammenhang vgl. Anm. 28—33). Die gegenteilige Auffassung, ein Förderungszusammenhang zu bestimmten Hauptgeschäften sei nicht erforderlich, Zweck des Zugabeverbots sei es, das Geschenk als Werbemittel auszuschließen und die Werbung im Wirtschaftsleben auf die übrigen Werbemittel (Außenreklame, Werbeschriften, Vertreterbesuche usw.) zu beschränken (so Reimer-Krieger S. 31), es reiche aus, daß die Empfänger Kunden seien oder werden könnten (RGZ 149, 242/249 — Dentisten-Tagebuch), hat sich nicht durchgesetzt.

Eine im weiteren Sinne dem Gebiet der Wertreklame zuzurechnende Werbung (einschl. Geschenkwerbung) hat nicht schon deshalb als erlaubt zu gelten, weil sie nicht gegen die Zugabe-VO verstößt. Mit dieser sollte das Gebiet der Wertreklame nicht abschließend kodifiziert werden; deren Hauptauswüchse wollte man bekämpfen (RGZ — Dentisten-Tagebuch a. a. O., S. 250; BGH Modenschau a. a. O. u. GRUR 1961, 588/592 — 1-Pfg.-Süßwaren). Wegen mangelnden Zusammenhangs zu Hauptgeschäften nicht dem Zugabeverbot unterliegende Zuwendungen sind nur nach §§ 1 u. 12 UWG zu beurteilen. Überholt ist wohl die Ansicht, daß nur dann, wenn in einer durch § 1 I ZugVO ausdrücklich erlaubten Weise mit Geschenken geworben wird, besondere Unlauterkeitsmerkmale festgestellt werden müssen, um den Vorwurf wettbewerbswidrigen Verhaltens zu erheben (BGH 1-Pfg.-Süßwaren a. a. O. u. GRUR 1957, 40/43 — Puppenservice), außer zu Probezwecken sei das Verschenken von Ware auch ohne Vorliegen besonderer Umstände (mindestens aber häufig) wettbewerbswidrig (OLG München GRUR 1959, 364/365 — Schreibgarnitur; Spengler MA 1955, 89). Entspricht es auch dem Wesen des freien Leistungswettbewerbs, daß der Unternehmer — zumindest in erster Linie — mit der Güte und mit der Preiswürdigkeit seiner Waren und gewerblichen Leistungen wirbt, so kann nicht schlechthin jede Werbung, die mit anderen Mitteln auf die umworbenen Abnehmerkreise einzuwirken sucht, als unlauter bezeichnet werden. Dies gilt auch dann, wenn die angewandten Mittel nicht üblich oder für die Mitbewerber unbequem oder sogar schädlich sind (BGHZ 15, 356, 364, 366 — progressive Kundenwerbung; Baumbach-Hefermehl I S. 352 Rz. 46; Bussmann NJW 1962, 868). Für Geschenkwerbung gilt das gleiche, auch wenn es sich nicht um Warenproben oder die Abgabe von Probewaren handelt und wenn sie wegen fehlenden Zugabezusammenhangs außerhalb der Erlaubnistatbestände des § 1 II ZugVO liegt. Denn **die Unentgeltlichkeit einer Werbezuwendung macht sie noch nicht sittenwidrig** (RG JW 1928, 2364 — Brehms-Tierleben, JW 1936, 1687 — Schiller-Ausgabe u. GRUR 1930, 1204/1205 — Verschenken von Losen; OGHÖ Rechtspr. 1934, 306 = Schönherr WbR S. 194 Nr. 746; BGH GRUR 1957, 600 — Westfalenblatt u. GRUR 1965, 489/492 — Kleenex; OLG Wien ÖBl. 1958, 42; Burchardt GRUR 1956, 163/169; D. Reimer GRUR int. T. 1958, 159/164; Klaka GRUR 1959, 34 zu BGH GRUR 1959, 31 — Feuerzeug; Würdinger WuW 1955, 71 ff.; Spengler MA 1953, 95/98, anders aber in MA 1955, 87/94 ff.; a. M.: RG JW 1936, 2073 — Diamantine, GRUR 1938, 200 — Persilpaket, GRUR 1938, 849 — Eiformbrikett u. GRUR 1939, 862 — Lockenwickler; E. Reimer III. Aufl. 588/589 Rz. 10; Grandt GRUR 1955, 327/331; Spengler MA 1955, 87/94 ff.). Auch ein nicht mehr unerheblicher Gebrauchswert kann unschädlich sein (BGH GRUR 1959, 31 — Feuerzeug). Die Umstände, unter denen die Werbegabe angekündigt oder gewährt wird, sind für die Frage entscheidend, ob sie wettbewerbsfremd ist oder nicht (OLG München GRUR 1957, 384/386 — Schreibgarnitur). Wie jede andere Wettbewerbshandlung kann sie nur unter Berücksichtigung aller Umstände des Einzelfalls („in die sie hineingestellt ist") als wettbewerbsfremd oder als wettbewerbsgerecht qualifiziert werden; hierzu können auch die zu erwartenden Auswirkungen auf das künftige Verhalten der Wettbewerber gehören. Die allgemeinen Grundsätze zur Aufmerksamkeitswerbung, unter Einschluß alleatorischer Werbemittel, haben entsprechend zu gelten (BGH GRUR 1965, 489/490 — Kleenex). **Deshalb wird auch Geschenkwerbung erst unzulässig, wenn besondere erschwerende Umstände hinzukommen, die den Einsatz dieses Werbemittels unlauter erscheinen lassen** (RGZ 115, 320 — Kinderwettbewerb; BGH GRUR 1959, 138/139 — Italienische Note, GRUR 1959, 544 — Modenschau u. GRUR 1962, 461/465 — Werbeveranstaltung; E. Reimer III. Aufl. S. 586 Rz. 6; Baumbach-Hefermehl I S. 353 Rz. 46; v. Godin b. Godin-Hoth S. 55 Anm. 22; Tetzner UWG S. 154/155 Rz. 118; Hohenecker-Friedl, S. 72; v. Büren S. 38 Rz. 6). Häufig ist der zum Sittenverstoß führende Umstand moralischer (psychologischer) Kaufzwang. Der Kunde wird durch das Geschenk zum Kauf gefügig gemacht, indem er in eine moralische Zwangslage versetzt wird (Schönherr GRUR int. T. 1958, 170; Hohenecker-Friedl S. 123, OLG Wien ÖBl. 1958, 42 u. OGHÖ = Schönherr WbR S. 197 Nr. 774).

Auszugehen ist vom Normalempfinden des Durchschnittsmenschen. Ob dieser meint, sich dem moralischen Zwang nicht entziehen zu können, ist nach den Umständen des Einzelfalls zu entscheiden (gl. A. Baumbach-Hefermehl I S. 354 Rz. 45; Tetzner UWG S. 153, 154 Rz. 117; D. Reimer GRUR int. T. 1958, 166; Klaka WuW 1957, 45, 47). Unzulässig ist z. B. das Verschenken von Losen, wenn die als wertvoll angepriesenen Gewinne im Geschäftslokal abgeholt werden müssen; viele Preisempfänger werden sich genieren, den Laden zu verlassen, ohne gekauft zu haben. Hierzu weist Tetzner (a. a. O.) zutreffend darauf hin, daß der Wert des Gewinns entscheidend auch das Maß des „Gewissenszwangs" bestimmen wird. Der Sittenverstoß kann auch unter dem Gesichtspunkt der „anreißerischen Werbung" darin begründet sein, daß in belästigender Weise das Geschenk aufgedrängt wird. Werbegeschenke können auch deshalb wettbewerbswidrig sein, weil durch sie in unsachlicher Weise, z. B. durch übermäßigen Wert einer „Werbeprämie", die Kaufbereitschaft gesteigert oder der Empfänger dazu verleitet werden soll, in persönlichen Beziehungen begründete Umstände, wie besonderes Vertrauen für den Geber, auszubeuten (vgl. Anm. 51). Unlauter sind auch Geschenke, durch die Spielleidenschaften aufgestachelt oder der Empfänger bestochen wird (vgl. a. a. O.) oder durch die in sonstiger, das normale Anstandsgefühl verletzender Weise der Bedachte zugunsten des Werbenden beeinflußt werden soll. Zur sittenwidrigen Umsonstwerbung auf oder für Werbeveranstaltungen z. B. „Filmvorführungen" — vgl. Anm. 53. Zu Wettbewerbsverstößen durch unentgeltliche Kundenbeförderung, durch Vergütung von Fahrkosten oder durch sonstige in unlauterer Weise zum Kauf verleitende oder nötigende Einrichtungen, beachte Anm. 54.

[62] **Entgeltliche Vorspannangebote.** Vorspannangebote im weiteren Sinne sind alle Angebote, die durch einen von ihnen ausgehenden besonderen Anreiz dazu bestimmt und geeignet sind, den Kunden zum Erwerb anderer Waren oder Leistungen zu verleiten (Hoth GRUR 1961, 562). Hat der Kunde die Vorspannware/Leistung zu bezahlen, dann wird deren Angebot vom Zugabeverbot nicht erfaßt, auch wenn der Preis besonders günstig ist (vgl. Anm. 11). Vorspannwerbung ist auch keineswegs schlechthin i. S. des § 1 UWG sittenwidrig. Dies gilt auch für Sondervergünstigungen, die nur Kunden gewährt werden. Sie gehören der Wertreklame im weiteren Sinne zu, weil mit ihnen die für jede Wertreklame typische Vorstellung verknüpft ist, mit dem Vorspann werde etwas besonders Vorteilhaftes geboten (BGH GRUR 1961, 588/592/593 — Ein-Pfenning-Süßwaren). Bedurfte es, selbst um die Hauptauswüchse der Wertreklame bekämpfen zu können des Zugabeverbots (BGH — Ein-Pfennig-Süßwaren a. a. O., GRUR 1959, 544 — Modenschau; RGZ 149, 242/250 — Dentistentagebuch), dann folgt hieraus bereits, daß auch nach Auffassung des Gesetzgebers, entgeltliche Vorspannwerbung nicht allein schon wegen des von der Vorteilhaftigkeit des Lockangebots ausgehenden Anreizes sittenwidrig sein kann. **Grundsätzlich ist es nicht zu beanstanden, wenn im Zusammenhang mit dem Angebot eines Hauptartikels, für den ein ständiger Nachholbedarf besteht, besonders vorteilhaft eine Vorspannware angeboten wird,** gleichviel ob der Erwerb der einen von dem der anderen abhängig ist, oder ob es sich um branchenverwandte oder branchenfremde Artikel handelt, z. B. Tee als Hauptware und Teetasse nebst Untertasse als Vorspannartikel (BGH GRUR 1962, 415/417 — Glockenpackung; Baumbach-Hefermehl I S. 1213 Rz. 61). Mit anderen Mitteln als der Qualität und der Preiswürdigkeit der zu fördernden Ware zu werben und der Versuch hierdurch auf den Ent-

schluß des Kunden zum Kauf einzuwirken, ist noch nicht unlauter (Baumbach-Hefermehl a. a. O.; BGH GRUR 1959, 138 — Italienische Note; u. GRUR 1959, 285 — Bienenhonig). Es kann einem Kaufmann nicht verwehrt werden, sich betriebswirtschaftlich gerechtfertigter und für die Allgemeinheit unschädlicher Werbemittel zu bedienen (BGH GRUR 1959, 545/546 — Modenschau; RGZ 160, 385 — Lockenwickler). Deshalb kann er auch nicht in jedem Falle gehindert sein, reguläre Warenangebote mit besonders günstigen branchenverwandten oder branchenfremden Vorspannangeboten und damit sein Geschäft zu fördern. Allein wegen der besonderen Preiswürdigkeit der Zweitware und der hiervon ausgehenden Verlockung, kann die Vorspannwerbung nicht schlechthin der Wertreklame im weiteren Sinne zugeordnet werden. Die jedem besonders günstigen Angebot eigentümliche und zutreffende Vorstellung, daß etwas besonders vorteilhaft erworben werden kann, hat grundsätzlich nichts mit der für die Wertreklame typischen Vorstellung zu tun, daß ohne Gegenleistung ein besonderer Vorteil zugewandt wird. **Die Vorstellung von einem besonders vorteilhaften Kauf ist von der Vorstellung zu unterscheiden, daß ohne besondere Gegenleistung, mindestens aber ohne wertentsprechende Vergütung, ein Vorteil zugewandt werden soll. Letztere ist typisch für die Wertreklame, erstere ist typisch für den Leistungswettbewerb.** Das Angebot einer ordnungsgemäß kalkulierten Erstware, zusammen mit einer besonders preiswürdigen Zweitware, wird im Zweifel dem Leistungswettbewerb zuzurechnen sein. Es kommt deshalb stets auf die Umstände des Einzelfalles an. Die besondere Vorteilhaftigkeit des Vorspannangebots allein, kann nicht zum Sittenverstoß führen, ebensowenig wie dies schlechthin von jeder Werbung angenommen werden kann, die mit anderen Mitteln auf den Kunden einzuwirken sucht, als mit denen des Leistungswettbewerbs. Dies gilt selbst dann, wenn das Werbemittel nicht üblich oder für die Mitbewerber lästig und unbequem oder sogar schädlich ist (BGHZ 15, 356/364 ff. — Progressive Kundenwerbung; Baumbach-Hefermehl S. 367 Rz. 70 u. S. 1213 Rz. 61; Bussmann NJW 1952, 686). Da weder die Abhängigkeit des Erwerbs der Vorspannware/-leistung vom Kauf der Hauptware, noch ihr besonders günstiger Preis, das Angebot sittenwidrig werden lassen, müssen besondere Umstände hinzutreten, um es als wettbewerbsfremd zu qualifizieren (BGH GRUR 1965, 489/492 — Kleenex; Baumbach-Hefermehl I S. 421 Rz. 174; v. Büren S. 59 Rz. 46). Unschädlich ist es, wenn die Preise gleichzeitig oder gemeinsam angebotener Waren unterschiedlich kalkuliert werden, um die eine durch ihre besonders günstige Preisbemessung, zum Vorspann für eine andere teurere Ware werden zu lassen (Baumbach-Hefermehl a. a. O.). Derartige Mischkalkulation ist auch dann nicht zu beanstanden, wenn sie als Waffe im Wettbewerb des Mehrproduktunternehmens gegen den Einproduktunternehmer oder im Wettbewerb der Absatzwege eingesetzt wird, selbst wenn der Kostenpreis der als Vorspann und Lockartikel dienenden Ware unterschritten wird (Fikentscher, „Preisunterbietung" S. 28). Auch **ein für einen Vorspannartikel gefordertes geringfügiges Entgelt** (§ 1 I S. 2, Anm. 67) **kann echte,** aus den verschiedensten Gründen **wirtschaftlich vertretbare Vergütung sein.** Ein Umstand, der die Forderung eines verhältnismäßig geringen Preises wirtschaftlich vertretbar erscheinen läßt und der auch der Annahme entgegensteht, das Entgelt werde offenbar nur zum Schein verlangt, ist die Neueinführung von Waren. Das damit zugaberechtlicher Beurteilung entzogene Angebot ist allein wegen seiner Preisgestaltung nicht unlauter, es müssen besondere Umstände hinzutreten, die die Sittenwidrigkeit begründen, z. B. Schleuderpreise oder Übersteigerung, die zum Ausschluß schwächerer Wettbewerber vom Wettbewerb führt u. ä. (BGH GRUR 1966, 214/216/217 — Einführungsangebot; BGH GRUR 1960, 331/334 — Schleuderpreise; BGHZ 23, 365/370 — Suwa; BGH GRUR 1965, 489/492 — Kleenex). Zulässig — nach ZugVO u. § 1 UWG — war das Angebot von zwei Schallplatten zu einem Preis, der nur der Hälfte der Selbstkosten entsprach und durch das die Empfänger dazu verleitet werden sollten, Mitglied eines Schallplattenclubs zu werden und die Verpflichtung einzugehen, für die Dauer der Mitgliedschaft jährlich 4 Langspielplatten zum Preise von je 16,90 DM abzunehmen (BGH — Einführungsangebot a. a. O.).

Gem. § 1 UWG unzulässig waren dagegen die neben Einpfennig-Süßwaren vom Hersteller Händlern gemachten Lockangebote von branchenfremden Gebrauchsgegenständen — z. B. Haushalts- und Spielwaren, Textilien, Musikinstrumente, Uhren — unter den üblichen Endverbraucherpreisen. Durch die von diesen ausgehende, in besonders günstiger Preisstellung und in mangelnder Qualitätskenntnis der umworbenen Händler begründeten und auch aus der zusätzlichen Werbebehauptung folgenden Zugkraft, der Aufwand hierfür könne bei Weitergabe an nachgeordnete Handelsstufen abgeschrieben werden, wurde der Grundsatz der Sachlichkeit der Werbung in wettbewerbswidriger Weise verletzt. Es wurde die Gefahr begründet, daß die umworbenen Händler es zum Nachteil besonders schutzwürdiger Endverbraucher — kritikunfähiger Kinder —

wegen der gebotenen Vorteile verabsäumen könnten, die Güte der Ware mit wünschenswerter Strenge zu prüfen (BGH — Ein-Pfennig-Süßwaren a. a. O. unter Hinw. auf Callmann UWG S. 136, 138; kritisch Hoth GRUR 1961, 562 ff.). Diese auf die besonderen Umstände des Einzelfalls abgestellte Entscheidung gestattet keine Verallgemeinerung. Daß mit Güte und Preiswürdigkeit einer Zweitware gleichzeitig für ein im Rahmen des üblichen liegendes Hauptangebot geworben wird, stellt nicht notwendig ein Abweichen vom Leitbild des Leistungswettbewerbs dar (a. M. Baumbach-Hefermehl I S. 382 Rz. 102); aber selbst wenn man dies annimmt, folgt hieraus noch nicht die Wettbewerbswidrigkeit des Verkaufssystems der Vorspannwerbung (gl. M. Baumbach-Hefermehl a. a. O.). **Abweichen vom Grundsatz der Sachlichkeit genügt nicht; dies muß in wettbewerbswidriger Weise geschehen,** z. B. dadurch, daß durch unrichtige Angaben der Anschein eines besonders günstigen Angebots hervorgerufen wird (§ 3 UWG), daß in sonstiger Weise der Wahrheitsgrundsatz verletzt wird oder daß durch das Hinzutreten besonderer Umstände das gezeigte Verhalten i. S. des § 1 UWG sittenwidrig erscheint. Ebensowenig wie ein Unternehmer verpflichtet ist, sich an die handelsüblichen Absatzwege zu halten (BGHZ 28, 54/58 — „Direktverkäufe"), kann ihm die Freiheit genommen werden, das Sortiment seiner Angebote selbst zu bestimmen und, etwa weil er sich auf andere Weise gegenüber massiver Markenwerbung nicht durchsetzen kann, attraktive Zweitwaren in sein Angebot aufzunehmen. Eindeutiger Vorspanncharakter eines „Sonderangebots" spricht gegen die Annahme, daß es sich um eine unzulässige Sonderveranstaltung i. S. des § 1 I AO dRWM vom 4. 7. 1935 handelt (vgl. § 9 a UWG u. AO d. RWM betr. Sonderveranstaltungen v. 4. 7. 35 RAnz. Nr. 158 v. 10. 7. 35). Diese setzt voraus, daß das gemachte Angebot der Beschleunigung des Umsatzes gerade derjenigen Ware dient, auf die sich nicht nur die Ankündigung bezieht, sondern für die auch der Eindruck der Gewährung besonderer Kaufvorteile hervorgerufen wird. Dies ist nicht der Fall, wenn zu einer als Vorspann dienenden Nebenware und nicht zur Hauptware, besondere Vorteile in Aussicht gestellt werden (BGH — Einführungsangebot a. a. O. S. 217). Zu Kopplungsangeboten vgl. Anm. 63.

[63] **Offene und verdeckte Kopplungsangebote. Begriff:** Mehrere wirtschaftlich und funktionell eigenständige Waren oder Leistungen (Ware mit Ware, Ware mit Leistung, Leistung mit Leistung) werden zusammen angeboten oder angekündigt. Notwendige Waren- oder

Leistungszusammenhänge wie Hauptsache und Zubehör, Sachgesamtheiten und aus mehreren Teilen gebildete Wareneinheiten, werden vom Begriff nicht erfaßt, z. B. Tontruhe mit Radio- u. Bandgerät, Schallplattenfach u. Plattenspieler, Reisenecessaire, komplette Zimmereinrichtungen u. ä. Man unterscheidet **echte Kopplung:** Der Erwerb einer Ware (Leistung) ist nur zusammen mit einer anderen möglich. **Unechte Kopplung:** Mehrere Waren (Leistungen) werden gemeinsam angeboten; auch ein auf gemeinsamen Erwerb agestelltes Angebot schließt nicht aus, daß die einzelnen Waren einzeln erworben werden können.

Offene Kopplung: Die Einzelpreise der in echter oder unechter Kopplung angebotenen Waren werden genannt. **Verdeckte Kopplung:** Für die gekoppelt angebotenen Waren wird ein Gesamtpreis genannt (Begriff Anm. 74), der die Einzelpreise nicht erkennen läßt. **„Unechte offene Kopplung"**, die einem eine Zugabe verschleiernden Gesamtpreisangebot i. S. des § 1 I S. 3 gleichzuachten sein soll, liegt nach OLG Karlsruhe (NJW 1958, 913 ff.) z. B. vor, wenn der handelsübliche Preis der Hauptware 15,— DM beträgt, diese aber, bei gleichbleibender aber auch entsprechend verminderter Menge, für 14,— DM und ein Mitgehartikel für 1,— DM angeboten wird (abzulehnen; vgl. m. Nachw. Anm. 73 a. E.).

Der Grundtatbestand des Zugabeverbots (§ 1 I S. 1 ZugVO = § 1 I ZugGesÖ) erfordert nur einen Vorspannzusammenhang (Anm. 27, 33); Kopplung ist nicht erforderlich. Dies gilt auch dann, wenn die Unentgeltlichkeit der Zuwendung (Anm. 11) durch Scheinpreis (geringfügiges, offenbar bloß zum Schein gefordertes Entgelt; vgl. Anm. 67, 68) verschleiert wird. **§ 1 I S. 3 ZugVO setzt voraus, daß Ware/Leistung und Zugabe zu einem Gesamtpreis angeboten, angekündigt oder gewährt werden.** Der Tatbestand erfaßt nur die als Zugabevorwand dienende und deshalb vorgetäuschte spezielle, durch den Gesamtpreis charakterisierte Form der verdeckten Kopplung und nicht jede Kopplung schlechthin (Hoth GRUR 1961, 563). Notwendige Anwendungsvoraussetzungen für das Zugabeverbot sind Unentgeltlichkeit und Vorspannzusammenhang. Zugabe scheidet aus, wenn Haupt- und Vorspannartikel in echter oder unechter, offener oder verdeckter Kopplung angeboten werden, die Zweitware aber zu bezahlen ist. **Ein gekoppeltes Angebot ist nur verboten, wenn durch die Kopplung eine Zugabe verschleiert werden soll.** Ein Zugabegeschäft muß objektiv vorliegen, es genügt nicht, wenn das Publikum irrig annimmt, mit der gekoppelt angebotenen Zweitware werde eine Zugabe gewährt (BGH GRUR 1962, 415/416 — Glockenpackung; LG Darmstadt AWR 1935, 38 = Winkler § 1 I ZugVO Nr. 12; Godin-Hoth S. 283 Anm. 3).

Zur Zugabe gegen Scheinpreis beachte Anm. 64, 65, 67, 68, 73.

Zulässigkeit nach Zugaberecht schließt Unzulässigkeit nach UWG nicht aus. Kopplung allein ist nicht wettbewerbswidrig. Dies gilt auch dann, wenn gekoppelt mit einer Hauptware, für die ein ständiger Nachholbedarf besteht, ein Nebenartikel als Vorspann besonders vorteilhaft angeboten wird, dieser nur zusammen mit der Hauptsache erworben werden kann und es sich um einen branchenfremden Artikel handelt, z. B. Tee als Hauptware und Porzellan-Teegedeck als gekoppelter Vorspannartikel (BGH GRUR 1962, 415/417 — Glockenpackung; Baumbach-Hefermehl I S. 1213 Rz. 61; Hoth GRUR 1961, 562/564 ff.). Wird allein durch Kopplung und Preisbemessung der allgemeine Eindruck eines günstigen Angebots hervorgerufen, so kann darin selbst dann nichts Unlauteres gegenüber dem Publikum gefunden werden, wenn dieser Eindruck dadurch verstärkt wird, daß als Vorspann ein branchenfremder Artikel dient. Durch die Neuartigkeit derartiger Kombinationsangebote wird auf den Kunden ein Anreiz ausgeübt, wie er von jeder anderen Werbung auch ausgeht, die nicht versucht, mit der Qualität und Preiswürdigkeit der zu fördernden Ware auf die Entschließung des Kunden einzuwirken. Hierin ist nichts Unlauteres zu sehen (Baumbach-Hefermehl a. a. O.; BGH GRUR 1959, 138 — Italienische Note u. GRUR 1959, 285 — Bienenhonig). Entspricht es auch dem Wesen des freien Leistungswettbewerbs, daß der Unternehmer mit der Güte und Preiswürdigkeit seiner Ware/Leistung wirbt, so kann nicht schlechthin jede Werbung, die mit anderen Mitteln einzuwirken sucht, als unlauter bezeichnet werden, selbst wenn diese nicht üblich oder für die Mitbewerber unbequem, lästig oder sogar schädlich sind (BGHZ 15, 356/364 — Progressive Kundenwerbung; Baumbach-Hefermehl I S. 367 Rz. 70 u. S. 1213 Rz. 61; Bussmann NJW 1952, 686). **Wie jede andere Wettbewerbshandlung kann ein besonders preisgünstiges gekoppeltes Vorspannangebot nur unter Berücksichtigung aller Umstände des Einzelfalls als wettbewerbsgerecht oder wettbewerbsfremd qualifiziert werden.** Gekoppelte entgeltliche Warenabgabe mit dem Ziel, die eine als Vorspann für die andere dienen zu lassen und durch günstige Preisstellung den Kunden für diese und andere Waren anzulocken, ist grundsätzlich zulässig (Baumbach-Hefermehl I S. 421 Rz. 174; v. Büren S. 59 Rz. 46). Auch wenn durch Kopplung der von Vorspannangeboten ausgehende Anreiz verstärkt wird, gelten die Grundsätze zur Vorspannwerbung.

Nur zusätzliche besondere Umstände können zum Sittenverstoß führen; vgl. Anm. 62. Verstoß gegen § 3 UWG setzt voraus, daß konkrete, sachlich nachprüfbare Angaben gemacht werden. Daran fehlt es, wenn in offener Kopplung zwei Waren angeboten werden, denn weder die Kopplung noch die kaufmännisch richtige Preisstellung für die eine der beiden gekoppelten Waren stellen als solche und für sich allein gesehen, Angaben i. S. des § 3 UWG dar (BGH GRUR 1962, 415/417/418 — Glockenpackung). Wird ein Gesamtpreis genannt, der für beide Waren ein echtes Entgelt enthält, womit eine notwendige Anwendungsvoraussetzung für den Zugabeverstoß entfällt (vgl. Anm. 11 u. 73), dann kann das Angebot gem. § 1 UWG wettbewerbswidrig sein, wenn die Gefahr besteht, daß das Publikum infolge des fehlenden oder schwer möglichen Preisvergleichs und durch die Art der Preisangabe zu der falschen Vorstellung verleitet werden kann, es erhalte ein besonders günstiges Preisangebot (BGH — Glockenpackung a. a. O.). Dies gilt nicht, wenn die Vorstellungen zur Vorteilhaftigkeit des Angebots den Tatsachen entsprechen. Werden unrichtige Angaben gemacht, die dazu verleiten, sich mit dem gemachten Angebot, das sonst nicht weiter beachtet worden wäre, näher zu befassen, folgt die Unzulässigkeit aus § 3 UWG (BGH GRUR 1955, 251/252 — Silberaal; BGH GRUR 1970, 425/426 — Melitta-Kaffee) und, wegen Verletzung des Wahrheistgrundsatzes, auch aus § 1 UWG. Dasgleiche gilt, wenn nicht durch unrichtige Angaben aber durch das Ausbeuten besonderer Nebenumstände, in die die Werbung hineingestellt wird, das Publikum zu der unzutreffenden Vorstellung verleitet wird, das gemachte Angebot sei besonders vorteilhaft. Jede Irreführung, gleichviel mit welchen Mitteln sie bewirkt wird, verstößt gegen die guten Sitten, ohne Rücksicht darauf, ob sich der Werbende der Irreführung bewußt ist oder nicht. Die Sicherheit des redlichen Geschäftsverkehrs zwingt zu dieser Folge (Hoth GRUR 1961, 567; BGH GRUR 1957, 491/493 — Wellaform; v. Godin bei Godin-Hoth S. 57 Anm. 25). Vorspannwerbung in verdeckter Kopplung mit branchenfremden Artikeln trägt die Gefahr einer Irreführung in erhöhtem Maße dann in sich, wenn auffällige Umstände hinzutreten, die das günstig erscheinende Angebot noch vorteilhafter erscheinen lassen; Beispiel: ein Süßwarenfabrikant vertreibt gekoppelt mit den von ihm hergestellten Erzeugnissen Handel mit Textilien, Musikinstrumenten, Fotoapparaten, Uhren und anderen Gebrauchsgegenständen, mit und ohne Hinweis darauf, daß er sich in dieser für ihn fremden Betriebsform nur betätigt, weil sich die Möglichkeit eröffnet habe, seinen Abnehmern besondere Vorteile zu verschaffen. Bei offener Kopplung ist die Gefahr geringer, jedoch darf sie nicht in einer Form erfolgen, nach der sie der verdeckten gleichzuachten ist. Eine Anpreisung ist so zu werten, wie sie der flüchtige Durchschnittskunde aufnimmt. Der verdeckten Kopplung ist es deshalb gleichzuachten, wenn ein Summenpreis auffällig und die Einzelpreise nur versteckt genannt werden, wenn eine Japan-Tasse nebst Untertasse und 50 g Tee in einem Cellophanbeutel angeboten werden, auf dem der Gesamtpreis für alle Teile genannt wird und der Teepreis sich nur auf der Teepackung im durchsichtigen Beutel befindet. Gleichzeitig wird gegen § 2 I Nr. 2 Lebensmittelkennzeichnungs-VO verstoßen.

II. Umgehungstatbestände
Durch Scheinpreis getarnte unentgeltliche Zugaben

A. Allgemeines

[64] **Umgehung des Verbots. Zugaben sind auch verboten, wenn deren Unentgeltlichkeit durch Scheinpreise verschleiert wird,** z. B. durch geringfügiges, offenbar bloß zum Schein gefordertes Entgelt oder durch einen zum Schein als „Gesamtpreis" ausgegebenen Preis der Hauptware. Zu entgeltlichen Vorspannangeboten vgl. Anm. 62, zu offenen und verdeckten Kopplungsgeschäften Anm. 63.

Durch § 1 I S. 1 u. 2 (§ 1 II ZugGesÖ) werden nicht besondere Formen entgeltlicher Vorspannangebote wegen einer von ihnen ausgehenden, der Zugabe gleich kommenden werblichen Wirkung in das Zugabeverbot mit einbezogen. Der österreichische Gesetzgeber sagt klarer, was der deutsche VO-Geber meint: „... das Zugabeverbot gilt auch dann, wenn die Unentgeltlichkeit der Zugabe ... durch Scheinpreise ... verschleiert wird". Es wird nur klargestellt, daß ein Scheinpreis und der hieraus hergeleitete Scheineinwand der Entgeltlichkeit, unbeachtlich sind. Die Anwendungsvoraussetzung der Unentgeltlichkeit ist auch erfüllt wenn, um den Zugabencharakter des Mitgehartikels zu verschleiern, für eine Zugabe im Sinne des

Grundtatbestandes (§ 1 I S. 1), offenbar bloß zum Schein, ein geringfügiges Entgelt gefordert oder für die Hauptware und Zugabe ein Gesamtpreis genannt wird.

Aus § 1 I S. 2 u. 3 folgt nicht, daß andere als die genannten Scheineinwände unbeachtlich sind. Der Täter kann sich der Verbotsfolge nicht dadurch entziehen, daß er, um die Tatsache einer auch nach Auffassung des Verkehrs gewollten Zugabe zu bemänteln, z. B. Zubehör (Begriff vgl. Anm. 55 u. 99) zu einer Hauptware unentgeltlich zugibt oder in Aussicht stellt und begriffswidrig als Warenbestandteil bezeichnet oder mehrere zusammen angebotene Haupt- und Zubehörgegenstände als „Wareneinheit" deklariert.

Die irrige Annahme der Käufer, eine gekoppelt an eine Hauptware angebotene Nebenleistung werde unentgeltlich zugegeben, läßt diese noch nicht zur Zugabe werden. Unrichtige subjektive Vorstellungen der Käufer sind nicht geeignet, Sachverhalte in das Zugabeverbot mit einzubeziehen, die es seinem Wortlaut, Sinn und Zweck nach nicht erfaßt (BGH GRUR 1962, 415/416 — Glockenpackung; GRUR 1967, 530/531 — Fahrschule; Godin-Hoth S. 282 Anm. 3; Baumbach-Hefermehl I S. 1206 Rz. 49; vgl. Anm. 11, 62, 64). Auch die getarnte Zugabe muß objektiv und nach Auffassung des Verkehrs ohne besondere Berechnung in Aussicht gestellt oder gewährt werden. Die Tatsache der Scheinvergütung muß offenkundig (handgreiflich) sein. Die Tatbestände des § 1 I S. 2 u. 3 ZugVO sollen verhindern, daß Zugaben durch Scheinpreise getarnt werden (gl. M. Baumbach-Hefermehl I S. 1204 Rz. 45); sie sind aber nicht dazu bestimmt, besonders vorteilhafte oder außergewöhnlich preiswerte Zusatzleistungen zu unterbinden, auch wenn diese an ein Hauptangebot gekoppelt sind und deren Preisbemessung als kaufmännisch unvernünftig zu bezeichnen ist.

[65] **Beweislast und Beweisführung bei Scheinvergütung. Wer Zugabe behauptet, muß beweisen, daß alle Voraussetzungen des Grundtatbestandes erfüllt sind** (§ 1 I S. 1 = § 1 I ZugGesÖ; Hoth GRUR 1961, 562/564). Wer durch Scheinpreis verschleierte Zugabe behauptet, muß darüber hinaus beweisen, daß objektiv und nach Auffassung des Verkehrs das für den Mitgehartikel geforderte Entgelt im Verhältnis zu seinem Wert geringfügig ist und daß weder er, noch die Werbeadressaten, es als ernstlich gewollte Gegenleistung werten. Bei Gesamtpreis hat der Kläger nachzuweisen, daß dieser objektiv und auch nach Auffassung des Verkehrs dem Preis der

Hauptware entspricht oder diesen nur so geringfügig überschreitet, daß der Verkehr meint, der Mitgehartikel werde nicht berechnet (BGH GRUR 1971, 582/583 — Kopplung im Kaffeehandel).

„Der Nachweis, daß das für den Mitgehartikel geforderte Entgelt“ (bei Gesamtpreis der auf diesen entfallende Preisanteil **„erheblich geringer als der übliche Endverbraucherpreis ist, genügt nicht“** (BGH GRUR 1961, 588/591 — Ein-Pfennig-Süßwaren), desgleichen nicht der Nachweis, daß die geringe Höhe der Vergütung einen Verdienst des Werbenden ausschließt (BGH GRUR 1962, 415/416 — Glockenpackung I). Wird vom Kläger bewiesen, daß das für die Zuwendung verlangte Entgelt (Einzelvergütung oder Anteil eines Gesamtpreises) in krassem Mißverhältnis zum Wert der Vorspannware steht, dann kann dies Scheinpreis vermuten lassen. Je krasser das Mißverhältnis ist, um so stärker ist die Vermutung (BGH GRUR 1966, 214/216 — Einführungsangebot; Baumbach-Hefermehl I S. 1206 Rz. 49; Klauer-Seydel S. 32 Rz. 63; Reimer-Krieger S. 41 Rz. 14). Sie kann so stark sein, daß der Beklagte seine Kalkulation offenlegen muß, um Zugabe auszuschließen (BGH — Kopplung im Kaffeehandel a. a. O.). Zur Entscheidung aus eigener Sachkunde reicht es nicht aus, daß der Richter als unbefangener Durchschnittskäufer das Entgelt für geringfügig und für eine offenbar bloß zum Schein geforderte Vergütung hält, denn damit ist nur die Verkehrsauffassung, das Tatbestandsmerkmal „offenbar bloß zum Schein“, erwiesen. Die weiteren Anwendungsvoraussetzungen der objektiv festzustellenden Geringfügigkeit der Vergütung, die Verschleierungsabsicht und die des Zugabezusammenhangs (Anm. 27—37), müssen außerdem bewiesen werden. Entscheidung aus eigener Sachkunde ist nur zulässig, wenn das Gericht ausreichend branchenkundig ist, um beurteilen zu können, ob wirtschaftlich vertretbare Gründe für die Geringfügigkeit der Vergütung auszuschließen sind. Der einer solchen Feststellung zugrundeliegende Erfahrungssatz und die Tatsachen, aus denen er hergeleitet wird, sind anzugeben. Der allgemeine Hinweis auf die Kenntnisse und Erfahrungen der Spezialgerichte reicht nicht aus. Der Beweis des ersten Anscheins setzt voraus, daß aus allgemein bekannten oder unstreitigen oder erwiesenen Umständen ein Erfahrungssatz herzuleiten ist, der keine andere Feststellung, als die zu Lasten des Täters zuläßt (BGHZ 7, 200/201). Er ist nicht erbracht, wenn von zwei erfahrungsgemäß in Betracht zu ziehenden Möglichkeiten — Zugabe gegen Scheinentgelt oder Vorspannangebot mit außergewöhnlich günstigem Preis — die eine wahrscheinlicher erscheint als die andere (BGHZ 24, 312/313).

Geringfügigkeit der Vergütung kann ein gewichtiges Indiz sein; es reicht aber in der Regel nicht aus, um festzustellen, daß durch Scheinvergütung eine Zugabe verschleiert werden soll. Sind Umstände erkennbar, die es möglich erscheinen lassen, daß ein verhältnismäßig geringer Preis aus wirtschaftlich vertretbaren Gründen gefordert wird, verliert das Indiz „Geringfügigkeit" jeden Beweiswert. Ein solcher Umstand ist z. B. die Neueinführung von Waren (BGH GRUR 1966, 213/216 — Einführungsangebot) und auch jedes andere wirtschaftlich vernünftige Motiv. Der Anscheinsbeweis kehrt die Beweislast nicht um. Ist aus Geringfügigkeit und sonstigen Nebenumständen auf Zugabe gegen Scheinvergütung zu schließen, dann genügt es, wenn der Beklagte nachweist, daß es wirtschaftlich nicht unvernünftig zu sein braucht, zusammen mit einer Hauptware einen Nebenartikel gegen nur geringfügige Vergütung oder zu einem Gesamtpreis abzugeben, der für die Zweitware nur ein geringfügiges Äquivalent enthält. Die Kalkulation offenzulegen kann einem Unternehmer nur zugemutet werden, wenn dies aus schwerwiegenden Gründen unter Abwägung aller Umstände des Einzelfalles, vertretbar erscheint. Wenn es einen Anscheinsbeweis zu entkräften gilt, wird dies in aller Regel nicht der Fall sein.

B. Durch geringfügiges Scheinentgelt getarnte Zugabe (§ 1 I S. 2 Zugabe-VO)

[66] **„Eine Zugabe liegt auch dann vor"**, wenn für eine Zuwendung, die alle Begriffsmerkmale einer Zugabe aufweist, offenbar bloß zum Schein (Anm. 68) ein geringfügiges Entgelt (Anm. 67) gefordert wird. Eine für eine Zugabe offenbar bloß zum Schein geforderte geringfügige Vergütung ist kein echtes Entgelt. Sie ändert an der Unentgeltlichkeit nichts (vgl. Anm. 63, 65, 68). Wird durch unrichtige Angaben der Eindruck hervorgerufen, ein für die Zweitware geforderter wertgerechter Preis sei geringfügig, er werde nur zum Schein für eine unentgeltlich gewollte Zuwendung gefordert, dann wird keine Zugabe gewährt, wohl aber gegen § 3 UWG verstoßen.

Zugabe scheidet aus, wenn das Publikum aus anderen Gründen, z. B. wegen eines außergewöhnlich vorteilhaften Preises, irrig annimmt, das geringfügig anmutende Entgelt werde nur zum Schein gefordert. Unrichtige subjektive Vorstellungen der Käufer sind nicht geeignet, Sachverhalte in das Zugabeverbot mit einzubeziehen, die es nach Wortlaut, Sinn und Zweck, nicht erfaßt (BGH GRUR 1962, 415/416 — Glockenpackung u. GRUR 1967, 530/531 — Fahrschule; Godin-Hoth S. 283 Anm. 3; Baumbach-Hefermehl I S. 1206 Rz. 49; vgl. Anm. 11, 62, 64, 65). **Entgeltliche Vorspannangebote** (Anm. 62) sind nur nach §§ 1, 3 UWG (§§ 1, 2 UWGÖ) zu beurteilen, gleichviel wie vorteilhaft sie sind. Ein echter Preis, mag er auch noch so gering sein, schließt Zugabe aus.

[67] **Geringfügiges Entgelt. Entgelt ist jede irgendwie geartete, vom Empfänger des Mitgehartikels zu erbringende Gegenleistung.** Es kann ein Barpreis, aber auch eine sonstige in Geld zu bewertende Leistung sein, z. B. Tauschware, in Zahlung genommene Altware, vom Teilnehmer eines Wettbewerbs für den Unternehmer gefundener Werbespruch, vom Einzelhändler dem Hersteller eingeräumte Möglichkeit, in oder in Verbindung mit seinem Verkaufslokal zu werben u. a. (beachte Anm. 45, 46, 51, 52, 53).

Geringfügig ist ein Entgelt, wenn es in krassem Mißverhältnis zum Wert des Mitgehartikels steht (BGH GRUR 1966, 214/216 — Einführungsangebot). Es muß nicht nur gering, sondern im Verhältnis zum Wert des Zugabegegenstandes geringfügig sein (gl. M. Baumbach-Hefermehl I S. 1205 Rz. 48; Godin-Hoth S. 305 Anm. 32, Reimer-Krieger S. 41; Tetzner Z S. 28; Klauer-Seydel S. 32 Rz. 63). **Geringfügig ist, gemessen am Wert der Zweitware (Zugabe), im Sinne von wirtschaftlich belanglos zu verstehen.** Das Wertverhältnis zwischen Haupt- und Nebenware hat außer Betracht zu bleiben. Dies kann nur bedeutsam werden, wenn das Entgelt für den Mitgehartikel geringfügig ist und wenn wegen der überragenden Werbewirkung der Hauptleistung, die Zuwendung nicht geeignet ist, das Hauptangebot besonders vorteilhaft erscheinen zu lassen und das Publikum unsachlich zu beeinflussen (vgl. Anm. 19, 20, 28—30). Geringfügig ist ein Entgelt nur, wenn es weit unter dem liegt, was der Werbende unter Berücksichtigung aller Umstände des Einzelfalles vernünftigerweise für die angebotene Zweitware mindestens fordern müßte (kalkulierte Vergütung) und wenn es in krassem Mißverhältnis zu dem Preis steht, den ein durchschnittlicher Angehöriger der umworbenen Verkehrskreise zu zahlen bereit ist (Marktwert). Im Zweifel entscheidet das Abnehmerinteresse.

Eine Legaldefinition für den Begriff „geringfügiges Entgelt" gibt es nicht. Das Merkmal der Geringfügigkeit setzt einen Verhältnis-

wert voraus; denn nur im Verhältnis zu einem anderen Wert kann das Entgelt geringfügig sein. **Wie er zu ermitteln ist, ist streitig.** Vergleichbare Preise des Einzelhandels werden oft nicht festzustellen sein; denn als Zugabe dienende Artikel sind meist im gewöhnlichen Handelsverkehr der letzten Umsatzstufe nicht zu haben. Gibt es entsprechende Handelsware, dann wird auch am gleichen Platz die Preisbemessung nicht gleich sein. Bei jedem Unternehmer sind andere, die Kalkulation mitbestimmende Faktoren gegeben, möge sie bei gleicher Betriebsart auch ähnlich sein. Schon unterschiedliche Unternehmensgröße setzt andere Maßstäbe. Dies gilt in verstärktem Maße für unterschiedliche Betriebsformen (üblicher Einzelhandel, Fachhandel, Discounter, Selbstbedienungs- und Kleinpreisgeschäfte, Versand-, Automaten-, Kiosk- und ambulanter Handel). Die strukturellen und individuellen Unterschiede sind so vielfältig, daß es keine Norm gibt, die als Richtschnur dienen könnte. Bei Artikeln, die nicht preisgebunden sind, ist in der Regel die Spanne zwischen Minimal- und Maximalpreis erheblich. Dies schließt die Möglichkeit aus, von einem „üblichen Preis" oder von einem im Einzelfall anzunehmenden „kalkulierten Preis" auszugehen. **Baumbach-Hefermehl** (Bd. I S. 1205 Rz. 48) **nennen als Maßstab den Verkehrswert.**

Was darunter zu verstehen ist, wird nicht gesagt. **Reimer-Krieger** (S. 41 Rz. 14), u. ebenso **Godin-Hoth** (S. 305 Anm. 32), **definieren diesen als den Preis der Ware, der üblicherweise für gleichartige Waren bezahlt wird, Tetzner** (Z S. 28 Anm. 7) **als regulären Preis, die amtl. Begr. als ortsüblichen Preis.** Von den Wertvorstellungen der durchschnittlichen Angehörigen der umworbenen Verkehrskreise auszugehen (so Verf. GRUR 1961, 561/563) halten Baumbach-Hefermehl (a. a. O.) für bedenklich; sie meinen, man dürfe nicht ohne andere Maßstäbe anzubieten, rein subjektive Verbrauchervorstellungen zugrunde legen (h. M.).

Der aus Angebot und Nachfrage folgende, im geschäftlichen Verkehr zu erzielende **Mindestpreis bestimmt den Marktwert einer Ware. Nur von diesem kann ausgegangen werden.** Bei Erzeugnissen, die regulär nicht zu haben sind, sondern nur als Mitgeh- oder Zugabeartikel abgegeben werden, ist von dem Preis auszugehen, den unter Berücksichtigung aller Umstände des Einzelfalles der Durchschnittsverbraucher aufzuwenden bereit wäre, um den Zugabegegenstand zu erhalten. Zur Ermittlung wird eigene Sachkunde des Gerichts in der Regel nicht ausreichen. Fehlendes Regulärangebot läßt vermuten, daß der Mitgehartikel keine marktgängige Ware ist und zu regulär kalkuliertem Preis im Zweifel nicht abgesetzt werden kann. Deshalb kann auch von einem hypothetischen, aus Selbstkosten und Kalkulationszuschlag gebildeten „echten Preis" nicht ausgegangen werden. Es kommt nicht darauf an, was der Unternehmer bei regulärer Kalkulation fordern müßte; maßgeblich kann nur der Preis sein, der mindestens für den Zugabeartikel zu erzielen ist (a. M. OLG Hamburg BB 1963, 1155 — Schmuckdose).

Ausnahmepreise, für die der Grund genannt wird oder offenkundig ist, z. B. Ausverkauf, Räumungsverkauf, Fehlerhaftigkeit der Ware, unmoderne Modeartikel, **lassen,** auch wenn sie äußerst niedrig oder geringfügig sind, **Scheinpreis nicht vermuten. Das gleiche gilt,** wenn **für** noch unbekannte Waren besonders günstige **Einführungspreise** gefordert (BGH GRUR 1966, 214/216 — Einführungsangebot) oder wenn einem Kunden aus besonderen Gründen, z. B. Großeinkauf, für einzelne Waren **Sonderpreise** eingeräumt werden. Bei Verkauf in der letzten Umsatzstufe kann aber Rabattverstoß vorliegen. Beachte § 1 RabGes.

[68] **Offenbar bloß zum Schein** wird ein Entgelt gefordert, wenn es nicht ernst gemeinte Gegenleistung, sondern nur Vorwand für eine unentgeltliche Zuwendung sein soll. Eine Vergütung, die gefordert wird, um einen Aufwand zu entschädigen, den der werbende Unternehmer nicht unentgeltlich erbringen will, ist kein Scheinentgelt. Daß etwas verdient wird, ist nicht erforderlich (BGHZ 34, 264 — Ein-Pfennig-Süßwaren; GRUR 1962, 415/417 — Glockenpackung I). Scheinvergütung scheidet auch aus, wenn eine Ware, um sie einzuführen, gekoppelt mit anderen Waren oder gewerblichen Leistungen unter den Anschaffungskosten abgegeben wird; die Einführung eines neuen Warenangebots kann es im Einzelfall gerechtfertigt erscheinen lassen, eine Ware auch zu einem erheblich unter dem üblichen Endverbraucherpreis liegenden Entgelt abzugeben (BGH GRUR 1966, 214/216 — „Einführungsangebot"). Dies muß auch dann gelten, wenn aus anderen wirtschaftlich vernünftigen Erwägungen von einem Unternehmer eine Vergütung gefordert wird, die den Anschaffungswert unterschreitet. Liegt der geforderte Preis erheblich unter dem üblichen Preis des Einzelhandels, deckt er aber die Anschaffungskosten, dann ist er weder geringfügig, noch wird er offenbar bloß zum Schein gefordert. Die Vergünstigung, die darin liegt, daß die Ware erheblich billiger ist als sonst üblich, rechtfertigt es nicht, das geforderte Entgelt als geringfügig und offenbar bloß zum Schein verlangt zu werten (BGHZ 34, 264/268 — Ein-Pfennig-Süßwaren; OLG Frankfurt BB 1954, 913).

Echtes und nicht Scheinentgelt ist eine Vergütung, mit der im wesentlichen die Aufwendungen ersetzt werden. § 1 I S. 3 verpflichtet nicht zur Anpassung an die Preisbemessung der Mitbewerber und enthält kein Verbot des Verlustgeschäfts und der sogen. Mischkalkulation, sondern stellt nur klar, daß Zugaben im Sinne des Grundtatbestandes (§ 1 I S. 1) auch verboten sind, wenn für sie **offenbar bloß zum Schein ein geringfügiges Entgelt gefordert wird.** Jedes ernstliche wirtschaftliche Interesse des Werbenden am geforderten Entgelt genügt, um Scheinvergütung auszuschließen, so z. B. das Bestreben, mit dem geforderten Preis die gehabten Aufwendungen wieder hereinzubringen (a. M. Baumbach-Hefermehl S. 1206 Rz. 49). **Geringfügigkeit eines Preises bedeutet noch nicht, daß er zum Schein gefordert wird** (gl. M. Klauer-Seydel S. 32 Rz. 63). Ein krasses Mißverhältnis zwischen gefordertem Entgelt und Verkaufswert der Zuwendung, kann aber ein Anzeichen dafür sein, daß es bloß zum Schein gefordert wird; dies hat um so stärker zu gelten, je krasser das Mißverhältnis ist (BGH Einführungsangebot a. a. O.; Reimer-Krieger S. 41). Der aus der Geringfügigkeit des Entgeltes folgende Anschein kann vom Ankündigenden durch den Nachweis entkräftet werden, daß er ein ernstzunehmendes wirtschaftliches Interesse an der Vergütung hat (BGH a. a. O.). Es genügt deshalb nicht, daß das Entgelt geringfügig ist und nach Auffassung des Verkehrs nur zum Schein gefordert wird. Es muß auch nach dem Willen des Werbenden nur Scheinvergütung für eine Zugabe sein. Dies ist der Fall, wenn ein Entgelt so gering ist, daß der Charakter einer gewollten Gegenleistung überhaupt entfällt und die Umgehungsabsicht handgreiflich ist. **Ob ein Entgelt kalkulierte Vergütung ist oder lediglich die unentgeltliche Zuwendung der Nebenware verdecken soll, ist nach objektiven Gesichtspunkten und nicht nach Auffassung der angesprochenen Verkehrskreise zu entscheiden** (BGH GRUR 1967, 530/531 — „Fahrschule").

Offenbar nur zum Schein muß die geringfügige Vergütung gefordert werden. **Es muß offen zu Tage liegen;** es muß sich nach Auffassung der umworbenen Verkehrskreise offensichtlich um ein nur zum Schein für eine Zugabe gefordertes geringfügiges Entgelt (Anm. 67) handeln. Diese Annahme des Verkehrs muß auch den Tatsachen entsprechen. **Offenbar heißt offenkundig, handgreiflich** (OLG Frankfurt DB 54, 885). Erkennt der Verkehr nicht, daß die Vergütung nur zum Schein gefordert wird, scheidet auch bei Zugabeabsicht des Werbenden Zugabeverstoß aus; denn ob neben einer Ware oder Leistung eine Zugabe angeboten, angekündigt oder gewährt wird, hängt davon ab, wie der Verkehr das Angebot beurteilt (BGHZ 11, 274/276 — Orbis). Zur Beurteilung der Verkehrsauffassung reicht bei Angeboten, die dem täglichen Bedarf dienen, regelmäßig das Wissen des Richters aus. Nur besondere Umstände können im Einzelfall Beweiserhebung erforderlich machen (BGH GRUR 1969, 299/300 — Probierpaket).

[69] **„Wenn . . . gewährt wird"** bedeutet nicht, daß nur das Gewähren (Anm. 6) von Zugaben gegen Scheinentgelt erfaßt wird (gl. A. Baumbach-Hefermehl I S. 1207 Rz. 50). § 1 I S. 1 verbietet das Anbieten, Ankündigen und Gewähren von Zugaben; S. 2 stellt nur klar: Der Verbotsfolge ist nicht dadurch auszuweichen, daß der Empfänger die Zuwendung nur erhält, wenn er ein offensichtlich nur zum Schein gefordertes geringfügiges Entgelt zahlt (vgl. Anm. 64).

[70] **Subjektiver Tatbestand.** Die Absicht, das Zugabeverbot zu umgehen, ist notwendige Anwendungsvoraussetzung. Das Entgelt muß zum Schein gefordert werden; es muß jedes ernstliche wirtschaftliche Interesse des Werbenden am geforderten Entgelt fehlen. Spricht Geringfügigkeit für Scheinvergütung, ist die Möglichkeit des Entlastungsbeweises gegeben (vgl. Anm. 68). Auch der Unterlassungsanspruch setzt voraus, daß der Zuwendende durch Bagatellvergütung die Unentgeltlichkeit verschleiern will. Der Beweis des ersten Anscheins für die Umgehungsabsicht des Werbenden ist erbracht, wenn nachgewiesen wird, daß es sich nicht um eine kalkulierte Vergütung sondern um ein Entgelt handelt, das, gemessen am Wert der Ware (vgl. Anm. 67), so gering ist, daß der Charakter einer gewollten Gegenleistung überhaupt entfällt.

C. Durch Angabe eines Gesamtpreises verschleierte Zugaben (§ 1 Abs. 1 S. 3 Zugabe-VO)

[71] **Das gleiche gilt . . .** bezieht sich auf die Worte: „Eine Zugabe liegt auch dann vor, wenn . . ." Wie § 1 I S. 2 setzt auch S. 3 voraus, daß alle Tatbestandsmerkmale des Grundtatbestandes (§ 1 I S. 1, vgl. Anm. 64) erfüllt sind; Anm. 66 gilt entsprechend. Wesentliche Anwendungsvoraussetzung ist die Unentgeltlichkeit des Mitgeh-

artikels und die, trotz der als „Gesamtpreis“ ausgegebenen Vergütung, beim Verkehr geweckten, für Zugabenwerbung eigentümliche Vorstellung von der Unentgeltlichkeit des Zugewandten (vgl. Anm. 11).

[72] **„Eine Ware oder Leistung mit einer anderen Ware oder Leistung“** bedeutet nicht, daß getarnte Zugaben im Sinne des § 1 I S. 3 nur Waren oder gewerbliche Leistungen sein können. Es wird nur wiederholt, was in S. 1 mit dem Klammerzusatz („Ware oder Leistung“) zum Ausdruck gebracht werden soll. Auch hier handelt es sich nicht um eine Legaldefinition zum Zugabegegenstand, die eine Einschränkung des Grundtatbestandes bedeuten würde. Was Zugabe ist, sagt § 1 I S. 1. Die Umgehungstatbestände der S. 2 u. 3 stellen nur klar, daß auch durch Scheinpreis getarnte Zugaben vom Verbot erfaßt werden. Anm. 16 gilt entsprechend.

[73] **Gesamtpreis. Ein Gesamtpreis setzt das gekoppelte Angebot mehrerer Waren voraus. Er ist die Summe von Einzelpreisen** (Anm. 63). Die Preise der Einzelwaren bzw. die Additionswerte, aus denen der Summenpreis gebildet wird, werden nicht offenbart (verdeckte Kopplung); werden bei „gekoppelten“ Angeboten die Einzelpreise der Waren genannt (offene Kopplung), handelt es sich selbst dann nicht um ein Gesamtpreisangebot, wenn als Endpreis die Summe der offen gelegten Preise ausgewiesen wird (beachte Anm. 63). Bei Angabe der Einzelpreise sind die Zugabevoraussetzungen nach § 1 I S. 2 zu prüfen. Kriterium der offenen Kopplung ist nur, daß Einzelpreise genannt werden (Godin-Hoth S. 306 Anm. 36; Hoth GRUR 1961, 562/564; Baumbach-Hefermehl I S. 1907 Rz. 51; Nastelski MA 62, 322).

Ein Gesamtpreis ist nur bei gekoppeltem Angebot mehrerer Waren denkbar.

Er ist die geforderte Gegenleistung für das gesamte Angebot und verschleiert die Einzelpreise. § 1 I S. 3 verbietet nicht verdeckte Kopplungsgeschäfte schlechthin; **zugaberechtlich relevant ist eine Gesamtpreisangabe nur, wenn sie die Zugabe einer Nebenware oder Nebenleistung bemänteln soll.** Gesamtpreis im Sinne des § 1 I S. 3 ist, soweit er auch eine Zugabe mit einbezieht, ein unechter Gesamtpreis; denn eine Zugabe wird nur gewährt oder in Aussicht gestellt, wenn der genannte Preis für sie ein Äquivalent nicht enthält oder nur ein geringfügiges, offenbar bloß zum Schein gefordertes Entgelt (gl. M. Baumbach-Hefermehl I S. 1209 Rz. 54; vgl. Anm. 67, 68).

Zum „gespaltenen" Gesamtpreis bzw. zur unechten Kopplung vgl. Anm. 74, zu Kopplungsgeschäften im übrigen Anm. 63.

[74] **Zur Verschleierung der Zugabe.** Das geforderte Entgelt muß als Gesamtpreis für Haupt- und Nebenware bezeichnet sein oder aus der Art des Angebots muß der Verkehr entnehmen, daß es ein Gesamtpreis sein soll. Ist dies nicht der Fall, scheidet § 1 I S. 3 aus. Das Angebot ist nach § 1 I S. 1 ZugVO zu beurteilen (BGH WRP 1969, 26/27 — Kaffeeverpackung). Der Gesamtpreis (Anm. 73) muß eine Zugabe im Sinne des Grundtatbestands (§ 1 I S. 1; vgl. Anm. 10) derart verschleiern, daß ihre werbliche Wirkung erhalten bleibt. **Wie bei Zugabe gegen Scheinentgelt, muß für die Werbeadressaten der Zugabecharakter der Zuwendung offenkundig sein.** Es muß erkennbar sein, daß der genannte Preis für die Zweitware (Nebenleistung) kein Äquivalent oder nur ein geringfügiges offenbar bloß zum Schein gefordertes Entgelt enthält (Anm. 67, 68, 73). Denn notwendige Anwendungsvoraussetzung für das Zugabeverbot ist Unentgeltlichkeit der Zuwendung (BGH GRUR 1960, 697 — Eintritt in Kundenbestellung; Reschreiter GRUR 1936, 697). Nur ein vorgeblicher, nicht aber ein echter Gesamtpreis kann eine Zugabe verschleiern; denn dieser ist der Anschein der Unentgeltlichkeit eigentümlich (BGH a. a. O.; beachte Anm. 11). Ein wegen einer Zugabe als Gesamtpreis ausgegebener Preis kann nur der Preis der Hauptleistung oder die Summe des Preises der Hauptleistung und eines für die Zugabe in Ansatz gebrachten geringfügigen offenbar bloß zum Schein geforderten Entgeltes sein (vgl. Anm. 66—70). Entspricht der Gesamtpreis dem Wert der Hauptware und dem des Mitgehartikels, der diesem gemeinhin zuerkannt wird (beachte Anm. 67), scheidet Zugabeverstoß aus (BGH GRUR 1962, 415/418 — Glockenpackung). Ein dem Tatbestand des § 1 I S. 3 entsprechendes Angebot ist kein echtes Gesamtpreisangebot (verdeckte Kopplung entgeltlich angebotener Waren); es wird nur vorgetäuscht. Nicht echte Gesamtpreisangebote sind unzulässig, nur das durch unzutreffende Gesamtpreisangabe getarnte Angebot von Hauptware und Zugabe ist verboten. Nimmt das Publikum irrigerweise an, mit dem Mitgehartikel werde eine Zugabe gewährt, obgleich der genannte Gesamtpreis einen nicht mehr geringfügigen, annähernd wertgerechten Preisanteil enthält, scheidet Zugabe aus (BGH — Glockenpackung a. a. O. u. GRUR 1967, 530/531 — Fahrschule; Godin-Hoth S. 283 Anm. 3; Baumbach-Hefermehl I S. 1206 Rz. 49; vgl. Anm. 11, 62, 64; a. M. OLG Hamburg BB 1963, 1154/1155 — Kaffeeschmuckdose). **Ob der**

Gesamtpreis für die Zweitware/-leistung ein kalkuliertes Entgelt enthält, oder ob dieser lediglich eine unberechnete Zuwendung verdecken soll, ist nach objektiven Gesichtspunkten zu entscheiden (BGH Fahrschule a. a. O.). Ist diese Voraussetzung erfüllt, dann hängt die Entscheidung, ob mit der zusätzlichen unberechneten Leistung eine Zugabe in Aussicht gestellt oder gewährt wird, davon ab, wie der Verkehr das Angebot beurteilt (BGHZ 11, 274/276 — Orbis). Bei Angeboten, die dem täglichen Bedarf dienen, reicht zur Beurteilung der Verkehrsauffassung regelmäßig das Wissen des Richters aus. Nur besondere Umstände können im Einzelfall Beweiserhebung erforderlich werden lassen (BGH GRUR 1969, 290/300 — Kaffeeprobierpaket).

Gesamtpreisangebot mehrerer Waren begründet nicht notwendig die Vermutung, daß durch Scheinpreis Zugabe verschleiert werden soll. Dies gilt auch dann, wenn eine von ihnen als Nebenware erscheint. Die Auffassung des Verkehrs entscheidet darüber, ob die Sach- oder Leistungsmehrheit Verkaufseinheit mit eigenem Preis ist, der die Vergütung für alle Teile des Angebots darstellt oder ob es sich um das gekoppelte Angebot mehrerer Waren handelt. Die Verkaufseinheit mit einheitlichem Preis ist zugaberechtlicher Beurteilung entzogen. Was der Verkehr als Teil einer Wareneinheit wertet, ist unselbständiger Teil eines einheitlichen Angebots; der genannte Preis ist Vergütung für alle Teile der Verkaufseinheit. Dies gilt auch dann, wenn bei anderer Gelegenheit einzelne Teile als selbständige Waren gehandelt werden, z. B. Reserverad des Kraftwagens, Kuchenblech eines Elektroherdes, Schlüssel zum Schloß oder zur Uhr, Blumentopf zum Blumenständer, Rasierapparat mit Klingen und einer Tube Rasiercreme, Radiogerät und Plattenspieler in der Tontruhe, die Einzelteile eines Reisenecessaire, Geschirr im Picknickkoffer, zur Damenhandtasche gehörige Geldbörse, die einzelnen Teile einer einheitlichen Schlafzimmereinrichtung (Baumbach-Hefermehl I S. 1208, 1209 Rz. 53, 54; Godin-Hoth S. 307 Anm. 37; Tetzner Z S. 29; Reimer-Krieger S. 42, 43; Klauer-Seydel S. 32, 33). Entsprechendes hat für kombinierte Leistungsangebote sowie die Kombination von Waren und Leistungen zu gelten, so insbesondere bei Werklieferungsverträgen. Der Zusammenhang der einzelnen Leistungsteile folgt aus der sach- und wesensmäßigen Zusammengehörigkeit der Gegenstände (Leistungen) und wird nicht durch den Gesamtpreis nur äußerlich geschaffen. Ist die Zweitware/-leistung im Verhältnis zur Hauptware/-leistung branchenfremd, dann hängt es von der Art des Angebots und der Bemessung des Gesamtpreises ab, ob der Verkehr diesen als echten Preis für alle Teile des Angebots wertet oder annimmt, daß durch ihn eine Zugabe verschleiert werden soll. Die irrige Annahme des Verkehrs, die Zweitware werde zugegeben, genügt nicht. Der Mitgehartikel muß auch objektiv unberechnet abgegeben werden.

Für die Frage, ob der Gesamtpreis einen nicht nur zum Schein geforderten Preisanteil für die Zweitware enthält, gelten die Grundsätze zum Scheinentgelt entsprechend (Anm. 67, 68). Bei Berechnung des Mitgehartikels liegt Vorspannangebot vor, das nur nach §§ 1, 3 UWG, nicht aber nach Zugaberecht zu beurteilen ist (vgl. Anm. 62).

Die verdeckte Kopplung von Waren, die im regulären Handel nicht gemeinsam gehandelt werden, ist allein kein Zugabeindiz; es muß ungewöhnliche Preisbemessung, ein grobes Mißverhältnis zwischen Gesamtpreis und Wert der angebotenen Waren hinzukommen (zur Wertbestimmung vgl. Anm. 67). Da der Preis wertgerecht kalkuliert war, wurde nach Zugaberecht das Angebot von 20 Rasierklingen und einem Kugelschreiber oder einem Taschenmesser für 1,34 DM an Drogisten, für zulässig erachtet (OLG Frankfurt NJW 1951, 534). Zugaberechtlich hat entsprechendes auch zu gelten, wenn gleiche oder ähnliche Angebote Letztverbrauchern vom Einzelhandel gemacht werden. Ob derart handelsunübliche Kopplung wegen Preisverschleierung gegen §§ 1, 3 UWG verstößt, hängt von den Umständen des Einzelfalls ab. Bei wertgerechtem Preis ist weder die Angabe des Gesamtpreises noch die Kopplung unrichtige Angabe im Sinne des § 3 UWG. Die Angabe eines Gesamtpreises, der die Preisanteile der einzelnen Waren nicht erkennen läßt, so daß ein nicht unerheblicher Teil des Publikums zu der irrigen Vorstellung verleitet werden kann, das Angebot sei besonders preisgünstig, verstößt gegen § 1 UWG, z. B. Angebot von 50 g Tee in einer Japan-Tasse, zusammengefaßt in einem Cellophanbeutel und ausgezeichnet nur mit einem Gesamtpreis von 2,75 DM (BGH GRUR 1962, 415/418 — Glockenpackung; Baumbach-Hefermehl I S. 1211 Rz. 57).

Daß der Gesamtpreis als solcher bezeichnet wird, ist nicht erforderlich. Es genügt, daß für Hauptware und Mitgehartikel ein einheitlicher Preis genannt und die verschleiernde Gesamtpreisvorstellung durch die Art der Kombination geweckt wird. Unzulässig gem. § 1 I S. 3 ist deshalb z. B. das Angebot einer Schreibmaschine mit eingebauter aber leicht demontierbarer Armbanduhr (LG Düsseldorf WRP 1961, 53).

Der gespaltene Preis bei unechter offener Kopplung ist kein Gesamtpreis, durch den eine Zugabe verschleiert wird. „Verschleiert durch Gesamtpreis" ist notwendige Anwendungsvoraussetzung für § 1 I S. 3. Sie ist nicht gegeben, wenn der handelsübliche Preis einer Hauptware 15,— DM beträgt, diese aber gekoppelt mit einem branchenfremden Mitgehartikel für 14,— DM angeboten und für die Zweitware der wertgerechte Preis von 1,— DM genannt wird. **Entscheidendes Kriterium für offene Kopplung ist die Angabe von Einzelpreisen; für die verdeckte Kopplung ist es die Angabe eines Gesamtpreises, der Preisansätze für die einzelnen Teile des Angebots nicht erkennen läßt** (gl. M. Baumbach-Hefermehl I S. 1207 Rz. 51; Nastelski MA 1962, 322). Ob es sich um einen Gesamtpreis handelt, wenn neben den Einzelpreisen auch die Preissumme genannt wird, ließ zu Recht der BGH dahin stehen; die Angabe von Einzelpreisen schließt Verschleierung unberechneter Zugaben und Irreführung zur Preisbemessung der Einzelware durch Gesamtpreis aus (BGH GRUR 1962, 415/416 — Glockenpackung). Die Angabe „unechter" Einzelpreise kann nicht einer durch Gesamtpreis getarnten Zugabe gleich geachtet werden; denn Mittel der Tarnung ist dann nicht ein Gesamtpreis. Der Umstand, daß der Erwerber wirtschaftlich so gestellt wird, wie er stehen würde, wenn er für die Hauptware den handelsüblichen Preis zahlen müßte und den Mitgehartikel umsonst erhielte, schließt die Tatbestandslücke nicht. Ist der bei „unechter offener Kopplung" für den Mitgeh- bzw. Vorspannartikel genannte Preisanteil nicht geringfügig, dann wird eine Zugabe auch nicht durch geringfügiges offenbar bloß zum Schein gefordertes Entgelt verschleiert (vgl. Anm. 67, 68). Es handelt sich um ein Angebot, dessen werbliche Wirkung in der besonders günstigen Preisbemessung zur Hauptware und in der Besonderheit des gekoppelt angebotenen Vorspannartikels liegt; es ist nach UWG (vgl. Anm. 68), nicht aber nach Zugaberecht zu beurteilen (Hoth GRUR 1961, 562/564; a. M. OLG Karlsruhe NJW 1958, 913; Kern Süßwaren Z 58, 529 u. Ernährungswirtschaft 1959, 237 ff.). Die Tatbestände der Zugabe-VO sind Formaltatbestände; deshalb und auch wegen ihres Strafcharakters, sind sie nicht auf einen Sachverhalt, wie den der unechten offenen Kopplung, analog anzuwenden (gl. M. Baumbach-Hefermehl I S. 1213 Rz. 60). Ebensowenig wie irrige Vorstellungen der Käufer geeignet sind, Sachverhalte in das Zugabeverbot mit einzubeziehen, die es nach Wortlaut, Sinn und Zweck nicht erfaßt (BGH GRUR 1962, 415/416 — Glockenpackung u. GRUR 1967, 530/531 — Fahrschule), können eine Nachkalkulation und der Vorteil des Käufers im Vergleich zu Angeboten mit „handelsüblichem Preis" dies rechtfertigen. Der BGH hat den Fall der sogenannten unechten Kopplung mit gespaltenem Preis noch nicht entschieden sondern das Problem offengelassen; er scheint aber nicht der vom OLG Karlsruhe u. Kern vertretenen Auffassung zuzuneigen (vgl. BGH — Glockenpackung a. a. O.; BGHZ 34, 264/269 — Ein-PfennigSüßwaren u. Stellungnahme hierzu Hoth GRUR 1961, 562/564).

III. Die vom Verbot ausgenommenen Zugaben (§ 1 II ZugVO)

[75] **Allgemeines.** § 1 II lit. a—g nennt die vom generellen Verbot des Grundtatbestandes ausgenommenen Zugaben. Dieser Ausnahmekatalog hat nicht beispielhafte Bedeutung, er ist erschöpfend. Extensive Auslegung ist unzulässig. **Nur wenn die Merkmale der Ausnahmetatbestände** (II lit. a—g) **erfüllt sind, gilt das generelle Verbot des Grundtatbestandes nicht** (BGHZ 11, 260/263 — Kunststoff-Figuren I u. GRUR 1957, 40/41 — Puppenservice), es sei denn, daß gegen die Verbotsnormen des § 1 III S. 1 u. 2 verstoßen wird. Die geringe Zahl der Ausnahmen und die hierzu gehörige Einschränkung des Abs. 3 unterstreichen die Strenge der Verbotsregel. Dies zwingt zu enger Auslegung (gl. M. Baumbach-Hefermehl I S. 1214 Rz. 62; Klauer-Seydel S. 34; Reimer-Krieger S. 44; Junkerstorff GRUR 1936, 852 u. NJW 54, 904; a. M. Tetzner Z S. 38). Analogie zu Gunsten des Täters ist nur zulässig, soweit dies dem ersichtlichen Willen des Verordnungsgebers entspricht. Handelsgewohnheiten sind nur zu berücksichtigen, soweit das Gesetz auf Handelsüblichkeit abstellt (§ 1 II lit. d: handelsübliches Zubehör u. handelsübliche Nebenleistungen). Unter Kaufleuten ist zwar bei Beurteilung der Bedeutung und Wirkung von Handlungen und Unterlassungen auf die im Handelsverkehr geltenden Gewohnheiten und Gebräuche Rücksicht zu nehmen, jedoch gilt dies nicht gegenüber zwingendem Recht (BGH LM § 675 BGB Nr. 3; BGH BB 1966, 9; Baumbach-Duden § 346 HGB Anm. 1 D).

Gegenüber der zwingenden Vorschrift des § 1 I ZugVO kann deshalb **§ 346 HGB nicht zu einer Ausweitung der vom Zugabe-Verbot vorgesehenen Ausnahmen führen** (BGH GRUR 1957, 40/41 — Puppenservice). Durch das Zugabeverbot wollte der VO-Geber den zum Unwesen entarteten Zugabebrauch des Handels unterbinden und nur noch die für unbedenklich erachteten wenigen Ausnahmen des § 1 II zulassen (amtl. Begr. Anh. I). Handelsüblichkeit wird nur in II lit. d für beachtlich erklärt. Der Umkehrschluß sowie Entstehungsgeschichte, Sinn und Zweck des Verbots erweisen, daß im übrigen Handelsbräuche unbeachtlich sind. Handelsbräuche können nur Vorrang haben, wenn der Zweck eines Gesetzes ihnen nicht entgegensteht (BGH BB 1966, 9; OLG Celle BB 1961, 1341).

In § 1 II lit. a, f u. g wird nur die Werbehandlung des Gewährens genannt (lit. a: „kann ... gewährt werden", lit. f: „Erteilung von Auskünften"; lit. g: „wenn Versicherungen abgeschlossen werden"). Dennoch ist auch das Anbieten und Ankündigen derartiger Zugaben erlaubt, wie der Umkehrschluß aus III S. 1 ergibt, der das Anbieten von erlaubten Zugaben verbietet, wenn sie als unentgeltliche Zuwendungen bezeichnet werden (KGJW 1936, 2657; OLG Naunburg JW 1936, 2246; Godin-Hoth S. 309 Anm. 40; Baumbach-Hefermehl I S. 1214 Rz. 62; Reimer-Krieger S. 45; Tetzner Z S. 38).

In **Österreich** sind Kundenzeitschriften im Ausnahmekatalog nicht enthalten, dafür werden Warenproben genannt. Diese, Reklamegegenstände und geringwertige Kleinigkeiten anderer Art anzubieten oder anzukündigen, ist verboten (§ 3 II ZugGesÖ; Anh. VI). Die entsprechend § 1 II lit. b, c, d u. f ZugVO erlaubten Zugaben des § 2 I ZugGesÖ (Anh. VI) dagegen dürfen auch angekündigt und angeboten werden.

[76] **Unzulässigkeit erlaubter Zugaben.** Eine nach § 1 II zulässige Zugabe kann aus anderen Gründen unzulässig sein, so nach III, wenn sie über den ohnehin gegebenen Anschein der Unentgeltlichkeit hinaus, ausdrücklich als unentgeltlich bezeichnet oder in sonstiger Weise deren Unentgeltlichkeit betont wird (vgl. Anm. 118—121) oder wenn ihre Zuwendung vom Ergebnis einer Verlosung oder von einem Zufall abhängig gemacht wird (Anm. 122—125).

Unzulässigkeit erlaubter Zugaben **nach § 1 UWG setzt** regelmäßig **das Hinzutreten besonderer Umstände voraus** (BGH GRUR 1957, 40/43 — Puppenservice I; Baumbach-Hefermehl I S. 1214 Rz. 68; Godin-Hoth S. 309 Anm. 40; Reimer-Krieger S. 45); sie kann aber auch dann gegeben sein, wenn eine geringwertige, nach II lit. a erlaubte Zugabe, neben einer ebenfalls nur geringwertigen Hauptware zugegeben wird (BGH a. a. O. u. BGHZ 11, 260/269 — Kunststoff-Figuren I). Daß mit einer in Aussicht gestellten oder gewährten Zugabe die Vorstellung der Unentgeltlichkeit und deshalb die von besonderer Vorteilhaftigkeit des angetragenen Geschäfts geweckt wird, läßt unerlaubte Zugaben nicht unlauter im Sinne des § 3 UWG werden. Auch insoweit müssen besondere Umstände hinzutreten, z. B. die unzutreffende Behauptung, daß ein den Voraussetzungen des § 1 II lit. a entsprechendes Einzelstück dazu bestimmt und geeignet sei, Bestandteil einer reizvollen Sammlung (Anm. 38—43) zu sein.

Rabattzugaben (II lit. b u. c) gem. § 1 II lit. b u. c sind beim Angebot von Waren und gewerblichen Leistungen für den täglichen Bedarf dem Verbot des § 1 RabGes. unterworfen. Zu den Ausnahmen vgl. §§ 2, 3, 7, 8, 9 RabGes. u. § 13 DVO RabGes.

Zugaben zu Tabakwaren sind der Sonderregelung des Tabaksteuer-Ges. unterworfen. Vgl. hierzu Anm. 126—130.

A. Reklamegegenstände von geringem Wert (§ 1 II lit. a)

[77] **Reklamegegenstand. Gegenstandsbestimmung.** Jeder Gegenstand, der seiner Bestimmung, Eignung und Ausgestaltung nach als Träger einer Wort-, Bild- oder sonstigen Anschauungswerbung dient, ist Reklamegegenstand. Art und Aufmachung müssen in dieser Zweckbestimmung begründet sein. **Durch Kennzeichnung eines Gegenstandes mit einer Fabrikmarke oder dem Herstellernamen wird dieser noch nicht zum Reklamegegenstand** (Anm. 78), z. B. nicht ein durchsichtiger Plastikbecher, der als Verpackungsbehälter dient und am Boden mit einem auch als Warenzeichen geschützten Namen versehen ist, der bei gewöhnlicher Benutzungslage nur schwer erkennbar ist und den ein unbefangener Benutzer für den Namen des Verpackungsherstellers halten kann (OLG Hamburg WRP 1962, 414/416 — Plastikbecher). Der Gegenstand muß „reklamemäßig gestaltet" und dadurch für jeden erkennbar in erster Linie als Reklamegegenstand gekennzeichnet sein. Dies ist nicht der Fall, wenn in einen Metallaschenbecher ein Firmenname derart eingestanzt ist, daß er sich unaufdringlich und geschmacklich ansprechend in das Gesamtbild einfügt und ein zugehöriges Bildzeichen eher als dekoratives neutrales Emblem wirkt (OLG Düsseldorf WRP 1966, 218/220 — Metallaschenbecher; vgl. Anm. 78, 79). Die Werbefunktion muß unübersehbare dominierende Zweckbestimmung des Gegenstandes sein. Er muß nicht verwendbar sein, ohne daß der

Benutzer die auffallende Werbekundgebung wahrnimmt (OGHÖ bei Schönherr WbR S. 559 Nr. 9; OLG Wien ÖBl. 1960, 94; Hohenecker-Friedl S. 133). **Die bestimmungsmäßige Eigenart des Gegenstandes Werbeträger zu sein, muß im Vordergrund stehen** (Godin-Hoth S. 309 Anm. 41), was nicht ausschließt, daß es sich um Gebrauchsgegenstände handeln kann (Baumbach-Hefermehl I S. 1214 Rz. 63). Entspricht es der Gepflogenheit der einschlägigen Branche, die auf den Markt gebrachten Erzeugnisse augenfällig mit Firmennamen, Warenzeichen und sonstigen Werbehinweisen zu versehen, dann läßt derartige Aufmachung das Einzelstück nicht zum Reklamegegenstand werden, z. B. Beschriftung des Griffs einer Zahnbürste mit dem Markennamen einer vom gleichen Hersteller vertriebenen Zahnpasta. **Der Gebrauchswert muß gegenüber der Aufgabe, als Werbeträger zu dienen, von nachgeordneter Bedeutung sein.** Verbrauchsgüter, die alsbaldiger Bedarfsdeckung dienen, insbesondere Lebens- und Genußmittel (z. B. Zigaretten, Napolitains, Bonbons) werden durch Reklameaufdruck nicht Reklamegegenstände. Ihre unentgeltliche Abgabe ist nur zulässig, wenn es sich um geringwertige Kleinigkeiten (vgl. Anm. 83 ff.) oder um Warenproben (Anm. 59) handelt. **Die Aufgabe, demonstrativ zu werben, muß den Sach- und Gebrauchswert des Gegenstandes negativ beeinflussen,** weshalb an die Geringwertigkeit des Reklamegegenstandes (Anm. 81) auch weniger strenge Anforderungen gestellt werden, als bei den als Zugaben erlaubten geringwertigen Kleinigkeiten (Anm. 83). Die Aufgabe, Werbeträger zu sein, setzt gewisse Lebensdauer voraus. Als typische Beispiele nennt die amtliche Begründung (Anh. I) Fähnchen und Luftballons mit Firmenaufdruck, Taschenkalender mit gleicher Reklameaufschrift, Kundenzeitschriften.

[78] **„... als solche durch ... Bezeichnung der reklametreibenden Firma gekennzeichnet“.** Durch einfache Beschriftung mit dem Namen der Firma oder versehen mit ihrem verkehrsbekannten Warenzeichen, wird ein Gegenstand noch nicht zum Reklamegegenstand. Da durch die Bezeichnung der werbetreibenden Firma der Reklamegegenstand „als solcher gekennzeichnet“ sein soll, muß die Bezeichnung des werbenden Unternehmens derart erfolgen, daß sie die Werbeeignung des Gegenstandes zur dominierenden Gegenstandseigenschaft werden läßt. Typischer, durch Bezeichnung der reklametreibenden Firma gekennzeichneter „geborener“ Reklamegegenstand (vgl. Tetzner Z S. 40), ist die Anstecknadel mit Fabrikzeichen, z. B. Mercedes-Stern, BMW, NSU, anderen Herstellermar-

ken, Arag-Plaketten, oder sonstigen Unternehmenskennzeichen. Nach Eignung und Zweckbestimmung sind derartige Gegenstände ausschließlich Reklameträger. Wird ein Gebrauchsgegenstand als Werbeträger gewählt („gekorener Reklamegegenstand", vgl. Tetzner a. a. O.), dann muß die Firmenangabe derart erfolgen, daß er dadurch nach Auffassung des Verkehrs in erster Linie „Werbeträger" ist, daß diese Funktion dominiert und daß demgegenüber die sonstige Gebrauchseignung zurücktritt. **Auch wenn sie deutlich sichtbar** und dauerhaft (Anm. 80) **erfolgt, genügt die Firmenbezeichnung allein nicht,** weil es üblich und dem Verkehr vertraut ist, daß Markenhersteller ihre Erzeugnisse mit Warenzeichen und Firmennamen versehen in den Verkehr bringen, z. B. Mont Blanc-Füllhalter, Pelikan-Kugelschreiber, Dr. Best-Zahnbürsten u. ä. Wird die Vorstellung geweckt, daß es sich um die übliche Warenkennzeichnung handelt, dann wird nicht ein Reklamegegenstand sondern die Ware selbst zugegeben. Mehr oder weniger unauffällig-gefällige Einprägung des Firmennamens in einer Ecke des zugegebenen Notizbuches (Klauer-Seydel S. 35 Rz. 73), das Wortzeichen des werbenden Unternehmens am Boden eines durchsichtigen Plastikbechers, der als Verpackung dient (OLG Hamburg WRP 1962, 414/415 — Plastikbecher), der sich zurückhaltend und geschmacklich ansprechend in das Gesamtbild einfügende, in einem Ascher eingeprägte Firmenname und das gleichfalls eingeprägte, wie ein dekoratives neutrales Emblem wirkende Warenzeichen (OLG Düsseldorf WRP 1966, 218/220 — Metallaschenbecher) genügen nicht, um die Eigenschaft „Reklamegegenstand" herzustellen. **Der Gegenstand muß nicht auch, sondern in erster Linie Reklameträger sein.** Sinn einer evtl. Gebrauchseignung muß es sein, den Empfänger wegen des praktischen Nutzens dazu zu verleiten, durch Gebrauch als vorgespannter Werber tätig zu werben, z. B. durch Aufhängen eines auffällig zu Werbezwecken ausgestalteten Wandkalenders. Mit der mit auffälliger Reklameaufschrift versehenen Warenkleinpackung, z. B. von Waschpulver, Zigaretten, Seife, Back- oder Puddingpulver wird nicht ein Reklamegegenstand, sondern die darin befindliche Ware selbst zugegeben. Als Warenprobe kann dies zulässig sein (vgl. Anm. 59), aus § 1 II lit. a ist es nicht zu rechtfertigen. Der Firmenaufdruck auf der Zugabe muß so groß und reklamemäßig derart gestaltet sein, daß der Gegenstand für jeden sogleich erkennbar in erster Linie ein Reklamegegenstand ist, gleichviel welche Gebrauchseignung er sonst auch noch hat (OLG Düsseldorf a. a. O.). **Die Firmenbezeichnung muß nicht nur kennzeichnende, sondern auch gegenstandsgestaltende**

Wirkung haben. Führt dies einerseits zur „Verramschung des Zugabewesens" (Tetzner Z S. 41), so wird andererseits der naheliegenden Tendenz entgegengetreten, durch eine, wenn auch deutlich sichtbare, aber unauffällige Beschriftung das Verbot zu umgehen (BGH grur 1957, 40/41 — Puppenservice).

[79] **Kennzeichnung der reklametreibenden Firma.** Firma ist nicht im Sinne von § 17 HGB zu verstehen (gl. M. Tetzner Z S. 42). Der VO-Geber meint den Namen, unter dem das werbende Unternehmen oder ein Gewerbetreibender im Geschäftsverkehr auftritt.

Es braucht sich nicht um den Geschäftsbetrieb eines Voll- oder Minderkaufmanns zu handeln. Für alle, gegen die dem Verbot unterworfen sind, haben auch die Erlaubnistatbestände des § 1 II a—g zu gelten (Art. 2 u. 3 GG). Firma im Sinne von II lit. a kann deshalb auch der Name eines Künstlers, einer Artistengruppe, eines Wohltätigkeitsvereins, eines Kommunalverbandes, einer politischen Partei oder einer Kurverwaltung sein (vgl. Anm. 2).

Der Name des reklametreibenden Unternehmens braucht nicht vollständig genannt zu werden. Jede ausreichend individualisierende, auf einen bestimmten Betrieb, eine bestimmte Person oder Personengruppe hinweisende namensgleiche Angabe genügt, z. B. Firmenabkürzungen und schlagwortartige Bezeichnungen, die einen verständlichen und eindeutigen Hinweis auf die reklametreibende Firma enthalten (BGH GRUR 1957, 40/41 — Puppenservice), desgleichen Warenzeichen, wenn sie vom Verkehr als Hinweis auf ein bestimmtes Unternehmen verstanden werden, z. B. Osram, AEG, KaDeWe u. ä. Das gleiche gilt für allgemein eingeführte Wort- und Bildzeichen mit einem nach den Vorstellungen und Kenntnissen des Verkehrs ausreichend individualisierenden Aussagegehalt. Ein neutrales Emblem, das sich zurückhaltend und geschmacklich ansprechend in das Gesamtbild einfügt, z. B. das in einen Metallascher eingeprägte Bild eines Schmiedes, genügt nicht (OLG Düsseldorf WRP 1966, 218/220 — Metallaschenbecher). Handelt es sich um ein jedermann vertrautes Warenzeichen, kommt es auf die Art der Verwendung an. Berühmte Marken werden häufig auch als Dekor und nicht als Firmenhinweis benutzt. Ist die Art der Verwendung zweifelhaft, ist § 1 II lit. a unanwendbar.

Reklametreibende Firma ist das Unternehmen, für das durch den Reklamegegenstand geworben wird. Der reklametreibende Unternehmer muß bezeichnet werden; dies braucht nicht derjenige zu sein, der die Zugabe in Aussicht stellt oder gewährt (Baumbach-Hefermehl S. 1215 Rz. 64; Hohenecker-Friedl S. 133; Tetzner S. 42; Schönherr ÖJZ 1954, 221; a. M.: Reimer-Krieger S. 45 Rz. 17; Klauer-Seydel S. 35 Rz. 73). Denn die Firma, die wirbt, bzw. für die der Reklamegegenstand als solcher und nicht als Zugabe werben soll, muß kenntlich gemacht werden und nicht derjenige, der die Zugabe gewährt. Der Einzelhändler kann deshalb Reklamegegenstände des Herstellers verteilen. Die Hauptware, zu der die Zugabe gewährt wird, braucht auch nicht ein Erzeugnis des auf dem Reklamegegenstand bezeichneten Unternehmens zu sein (gl. M.: Tetzner Z S. 42; Baumbach-Hefermehl I S. 1215 Rz. 64; Schönherr ÖJZ 1954, 221; a. M.: Klauer-Seydel S. 35; Reimer-Krieger S. 45 Rz. 17). Eine derartige Akzessorietät ergibt sich weder aus dem Wortlaut noch aus dem Zweck der vom VO-Geber geforderten dauerhaften und deutlichen Bezeichnung der werbenden Firma. „Reklamegegenstände, die als solche ... durch Bezeichnung der reklametreibenden Firma gekennzeichnet sind“ bedeutet nur, daß durch sichtbare Bezeichnung die Eigenschaft „Reklamegegenstand“ zu begründen ist (vgl. Anm. 78). Der Gegenstand soll geringwertig sein und ist nur deshalb mit einem Hinweis auf die Firma, für die er werben soll, zu versehen, weil ihm dadurch wirtschaftlich jede wesentliche Bedeutung genommen wird und eine Beunruhigung des lauteren Geschäftsverkehrs dann nicht mehr zu befürchten ist (amtl. Begr. Anh. I). Zur Überlassung geringwertiger Reklamegegenstände durch das auf diesen gekennzeichnete reklametreibende Unternehmen an Einzelhändler vgl. Anm. 46 lit. h.

[80] **„Dauerhafte und deutlich sichtbare Bezeichnung“.** Die Bezeichnung der reklametreibenden Firma (Anm. 79) muß auf dem Reklamegegenstand (Anm. 77/78) dauerhaft und deutlich sichtbar erfolgen. **Sie muß so dauerhaft und so augenfällig sein, daß auch ein Gebrauchsgegenstand dadurch zum Reklamegegenstand wird** (Anm. 78). Deutlich sichtbar ist die Firmenbezeichnung (Anm. 79), wenn sie bei gewöhnlicher Betrachtungs- oder Verwendungsweise unschwer erkennbar (Baumbach-Hefermehl I S. 1215 Rz. 64), in der Gebrauchslage des Gegenstandes sichtbar (Reimer-Krieger S. 47), d. h. bei gewöhnlicher Betrachtungsweise augenfällig ist (Godin-Hoth S. 309 Anm. 42). Sie muß so auffällig sein (Klauer-Seydel S. 35 Rz. 73), daß sie den „Eigenwert“ der Zugabe mindert (Tetzner Z S. 42). Der österreichische Gesetzgeber meint das gleiche, wenn er auffallend sichtbare Bezeichnung fordert, d. h. daß sie bei normaler Betrachtung des Gegenstandes und bei dessen üblichem Gebrauch auf

den ersten Blick — also auch bei nur flüchtigem Hinsehen — ins Auge fällt (OGHÖ SZ XXIV, 253 — Puppenservice = PBl. 1951, 145; Hohenecker-Friedl S. 133). Deutlich sichtbar soll die Bezeichnung sein, um zu verhindern, daß sie unauffällig und versteckt erfolgt, z. B. auf der Unterseite einer Tasse, auf der Rückseite eines Kalenders oder an einer Stelle, die sie bei normaler Handhabung des Gegenstandes nicht sichtbar werden läßt (Reimer-Krieger a. a. O.; Godin-Hoth a. a. O.; Tetzner Z S. 42; Klauer-Seydel S. 35 Rz. 73). Die Bezeichnung muß so angebracht sein, daß der Gegenstand nicht benutzt werden kann, ohne daß sie bemerkt wird. Ist der Reklamegegenstand klein, z. B. Puppengeschirr, dann ist die hierdurch bedingte geringe Größe der Bezeichnung unschädlich, wenn sie als Reklameaufschrift erkennbar bleibt und nicht der Eindruck entstehen kann, daß es sich um die Marke des Herstellers handelt (BGH GRUR 1957, 40/41 — Puppenservice). Die Bezeichnung muß nicht nur deutlich, sondern auffällig und derart beschaffen sein, daß sie den Eigenwert der Zugabe mindert; denn durch sie muß der Gegenstand, gleichviel welche Gebrauchseignung ihm inne wohnt, zum Reklamegegenstand werden (Anm. 77).

Dauerhaft ist die Bezeichnung nur, wenn sie bei Anwendung normaler Mittel nicht ohne besondere Schwierigkeiten zu entfernen ist (Hohenecker-Friedl S. 133). Dies ist der Fall, wenn die Reklameschrift nicht ohne wesentliche Beschädigung des Zugabe-Gegenstandes entfernt werden kann (BGH GRUR 1957, 40/41 — Puppenservice; Klauer-Seydel S. 35 Rz. 73). Sie darf nicht ohne Zerstörung oder wesentliche Beeinträchtigung des Zugabe-Gegenstandes mit den vernünftigerweise in Frage kommenden Mitteln zu beseitigen sein (Tetzner Z S. 41). Der Tatbestand ist nicht erfüllt, wenn die Firmenbezeichnung leicht und ohne schädliche Wirkung abzuwaschen, abzukratzen oder abzubürsten ist (Baumbach-Hefermehl S. 1215 Rz. 64; Hohenecker-Friedl a. a. O.). Die Dauerhaftigkeit der Bezeichnung braucht nicht der Lebensdauer des Reklamegegenstandes zu entsprechen. Es genügt ein so nachhaltiger Bestand, daß sie nicht verblaßt und zu entfernen ist, solange vernünftigerweise zu vermuten ist, daß der Gegenstand für den Empfänger von Interesse ist. Dies wird von seiner Gebrauchseignung abhängen. Übermäßiger Aufwand zwecks Gewährleistung der Dauerhaftigkeit ist zumal bei fast wertlosen Kleinigkeiten nicht zu fordern. Das ihnen vom Verkehr entgegengebrachte Interesse ist in der Regel gering und schwindet schnell. Für den für die Dauerhaftigkeit der Bezeichnung zu treibenden Aufwand kommt es darauf an, was dem werbenden

Unternehmer unter Berücksichtigung der Umstände des Einzelfalls im Rahmen des Möglichen vernünftigerweise im Hinblick auf das Ziel, den Zweck und den Sinn des Tatbestandes zuzumuten ist.

[81] **Von geringem Wert. Auszugehen ist von dem Wert, den der Zugabegegenstand nach Auffassung der umworbenen Verkehrskreise hat.** Die Herstellungs- oder Anschaffungskosten und der Wert, der dem Reklamegegenstand nach Auffassung des werbenden Unternehmers zuzuerkennen ist, sind unbeachtlich. Maßgeblich ist allein der objektive Verkehrswert, der durch die Werteinschätzung des Durchschnittskunden bestimmt wird (BGH GRUR 1957, 40/47 — Puppenservice; BGHZ 11, 260/265-269 — Kunststoffiguren I; OLG Düsseldorf 1966, 218/220 — Metallaschenbecher; Baumbach-Hefermehl S. 1215 Rz. 65; Reimer-Krieger S. 45 Rz. 17; Klauer-Seydel S. 35 Rz. 74; Godin-Hoth S. 310 Anm. 45; Hefermehl WuW 1953, 269). Für die Ermittlung des objektiven Wertes von Reklamegegenständen gelten die gleichen Grundsätze wie bei Feststellung des Wertes geringwertiger Kleinigkeiten (BGH Puppenservice a. a. O.; vgl. Anm. 83). Der sogenannte objektive Wert ist der wirtschaftliche Wert des Gegenstandes; das zur Ermittlung des Gegenstandswertes einer Ware in Anm. 50 Gesagte gilt entsprechend. **Die objektive,** vom Wert der Hauptware unabhängige **Wertfeststellung hat selbst dann zu erfolgen, wenn es im Einzelfall zu einem unbilligen Ergebnis führt,** z. B. wenn die Hauptware, zu der der Reklamegegenstand gewährt wird, ebenfalls nur geringwertig ist. Unzulässigkeit kann aber aus § 1 UWG folgen, weil „in aller Regel wettbewerbsfremde Beweggründe" in derartigen Fällen anzunehmen sind (BGHZ 11, 260/269 — Kunststoff-Figuren I; a. M.: KG GRUR 1939, 317; Baumbach-Hefermehl I S. 1217 Rz. 69; Reimer-Krieger S. 50 Rz. 18; Klauer-Seydel S. 39, 40 Rz. 85; Hefermehl WuW 1953, 269; Seydel BB 1954, 212). Ein dem Leistungswettbewerb nicht zuzuordnender werblicher Beweggrund läßt ein im Wettbewerb gezeigtes Verhalten noch nicht sittenwidrig im Sinne des § 1 UWG werden. Ist eine Werbezuwendung allein wegen ihrer Unentgeltlichkeit nicht sittenwidrig (BGH GRUR 1957, 600 — Westfalenblatt u. GRUR 1965, 489/492 — Kleenex; vgl. d. weit. Nachweise Anm. 61), dann ist auch eine wegen ihres geringen objektiven Wertes als Zugabe nicht zu beanstandene Zuwendung nicht allein deshalb als sittenwidrig zu qualifizieren, weil sie als Vorspann für eine ebenfalls geringwertige Hauptware dient (gl. A. KG, Baumbach-Hefermehl, Reimer-Krieger a. a. O.). Lehnt man jede Berücksichtigung der Wertrelation zwi-

schen Reklamegegenstand und Hauptware ab, wofür gute Gründe sprechen (beachte Anm. 20/21), dann muß man das im Hinblick auf den Zweck des Zugabe-Verbots unbefriedigende Ergebnis der Zulässigkeit einer Zugabe von geringem Wert zu ebenfalls geringwertiger Hauptware als Folge gesetzgeberischer Unzulänglichkeit hinnehmen. Ein unbefriedigendes Ergebnis ist nicht notwendig unbillig.

Mit Reklameaufschrift versehene Reklamegegenstände müssen nicht wertlos sein; denn auch ein objektiv geringer Verkehrswert ist wirtschaftlich nicht völlig unbeachtlich und keinesfalls der Wertlosigkeit gleichzuachten. Deshalb ist es bedenklich, wenn in BGH GRUR 1957, 40/43 (Puppenservice) davon ausgegangen wird, daß mit Reklameaufschriften versehenen Reklamegegenständen „in aller Regel kein selbständiger Verkehrswert" zukommt, bzw. daß „für diese Gegenstände kein Verkehrswert besteht". Der zulässige Wertbereich ist bei ihnen nicht so eng begrenzt, wie bei geringwertigen Kleinigkeiten, die nicht nur geringwertig, sondern auch gegensätzlich belanglos sein müssen (BGH a. a. O.). Eine Wertgrenze, bis zu der eine Zugabe als geringwertig angesehen werden kann, wurde von Rechtsprechung und Schrifttum bisher nicht festgelegt. **Maßgeblich ist, ob der Gegenstand als so geringwertig angesehen werden kann, daß er von niemandem, auch nicht von Käufern, die nur über geringe Mittel verfügen, wirtschaftlich sonderlich geachtet wird** (BGH Puppenservice a. a. O. m. Hinw. auf BGHZ 11, 260/265—269 — Plastikfiguren I; OLG Düsseldorf WRP 1966, 218/220 — Metallaschenbecher). In welchem Maße nach Auffassung des Verkehrs der wirtschaftliche Gegenstandswert noch beachtlich ist, hängt vom Substanz- und Gebrauchswert des Gegenstandes und von Art und Ausmaß der Reklameaufschrift und der daraus folgenden wertmindernden Wirkung ab. Vom regulären Handel angebotene, **nicht mehr geringwertige Gebrauchsgegenstände können durch die dauerhafte und deutlich sichtbare Reklameaufschrift** (Anm. 72, 80) **ausreichend entwertet werden.** Ins Gewicht fallende Entwertung scheidet aus, wenn der Firmenname schlecht sichtbar am Boden eines Plastikbechers angebracht wird (OLG Hamburg WRP 1962, 414/415 — Plastikbecher) oder der Gegenstand derart beschriftet wird, daß der Eindruck eines Herstellerhinweises entsteht oder wenn Firmenname und Warenzeichen so zurückhaltend und geschmacklich ansprechend gestaltet und angeordnet werden, daß sie eher eine dekorative als reklamehafte entwertende Bedeutung haben (OLG Düsseldorf WRP 1966, 218/220 — Metallaschenbecher; vgl. Anm. 78—80). Nicht nur deutlich sichtbare und dauerhafte Unternehmenskennzeichnung, sondern auch die reklamehafte entwertende Aufmachung charakterisiert den Reklamegegenstand von geringem Wert.

Besondere Umstände des Einzelfalls oder die Eigenart des Gegenstandes — z. B. Kundenzeitschrift, Whiskyglas, Brauereigläser — **können zur Folge haben, daß eine deutlich sichtbare und dauerhafte Reklamebeschriftung keine oder eine nicht ins Gewicht fallende wertmindernde Wirkung haben** (BGH GRUR 1957, 40/43 — Puppenservice; BGH 11, 296/297 — Kundenzeitschrift). Insbesondere bei Druckerzeugnissen und Gegenständen von besonderem Gebrauchswert ist dies zu beachten. Eine ausreichende Wertminderung durch Reklameaufdruck entfällt z. B., wenn die deutlich sichtbare dauerhafte Bezeichnung der werbenden Firma gegenüber dem Gebrauchshinweis „Taschenfahrplan der Zeitung X" zurücktritt, ein Whiskyglas mit Bild und Namen einer berühmten Whisky-Marke oder die lederne Schlüsseltasche für Autoschlüssel mit Namen und Zeichen der Automarke versehen ist. Derartige Firmenkennzeichnung wird eher als attraktiv denn als wertmindernd empfunden. Anders kann es sein, wenn der Händlername nebst Anschrift hinzugefügt wird.

Anders als bei geringwertigen Kleinigkeiten ist bei Ermittlung des dem Reklamegegenstand beizumessenden **Wertes nicht nur dessen Gebrauchswert sondern auch die Eigenschaft, Reklameträger zu sein, zu berücksichtigen.** Scheidet eine andere Feststellungsmöglichkeit aus, dann kann vom Verkehrswert unbeschrifteter Artikel gleicher oder vergleichbarer Art ausgegangen und von diesen ein der wertmindernden Wirkung der Reklamebeschriftung entsprechender Abschlag vorgenommen werden (BGH Puppenservice a. a. O.; Godin-Hoth S. 311 Anm. 46; Baumbach-Hefermehl S. 1215/1216 Rz. 65).

Auch wenn Kinderspielzeug zugegeben wird, ist allein von der Auffassung des wirtschaftlich denkenden Erwachsenen auszugehen, der geworben werden soll. Daß Kindern wegen einer Reklameaufschrift das Spielzeug nicht weniger begehrenswert erscheint, als ein unbeschriftetes, ist für die Frage der Geringwertigkeit unbeachtlich (BGH Puppenservice a. a. O.; a. M. Baumbach-Hefermehl S. 1216 Rz. 65 u. Schönherr ÖJZ 1954, 221). **Jedes nicht wirtschaftlich motivierte besondere Affektionsinteresse hat außer Betracht zu bleiben,** z. B. eine im Spiel- oder Sammeltrieb begründete gesteigerte Begehrlichkeit.

Dann geht der werbliche Anreiz nicht vom wirtschaftlichen Wert der in Aussicht gestellten oder gewährten Zuwendung, sondern von einer wirtschaftlichen Wertung entzogenen besonderen Gebrauchseignung des Gegenstands aus.

Der Wert des einzelnen Reklamegegenstandes ist maßgeblich. Werden mehrere gleichzeitig zugewandt oder in Aussicht gestellt, dann ist vom Gesamtwert auszugehen, wenn die Beschaffenheit der Einzelstücke es rechtfertigt, sie als Teile einer notwendigen oder gewillkürten Sachgesamtheit anzusehen, z. B. Lokomotive mit drei Waggons, Puppenbesteck bestehend aus Messer, Gabel, Löffel u. ä. Zur Gegenstandsbestimmung bei Sachgesamtheiten vgl. Anm. 25. Wird ein als Zugabegegenstand ausgestaltetes Einzelstück einer notwendigen Sammlung (Begriff u. Beispiele Anm. 39) zugegeben, ist allein deren Wert maßgeblich; auf die Geringwertigkeit des Einzelstücks kommt es nicht an. Gleiches gilt für Teile einer sogenannten gewillkürten echten Sammlung, z. B. Quartettkarten, Schachfiguren (Begriff u. Beispiele Anm. 40). Bei Teilen einer Aufbauserie (Lego-Prinzip) kommt es auf die Umstände des Einzelfalls an (vgl. Anm. 40). Sind Reklamegegenstände zum Sammeln geeignet, und möglicherweise auch dazu bestimmt, haben sie aber auch für sich allein einen vom Sammelergebnis unabhängigen Gebrauchswert (unechte Sammlung Begriff u. Einzelfälle Anm. 41), dann ist die Sammeleignung unbeachtlich. Ein im Sammeltrieb begründetes besonderes Affektionsinteresse hat grundsätzlich keine wertsteigernde Wirkung. **Gutscheine können** auch bei reklamehafter Ausgestaltung **nicht Reklamegegenstände sein**; denn nicht diese sondern das, worauf sie ein Anrecht verschaffen, ist Zugabegegenstand. § 1 II lit. a kann nur Anwendung finden, wenn mit dem Gutschein lediglich ein Anspruch auf einen Reklamegegenstand verbrieft wird. Zur Gutscheinwerbung im einzelnen vgl. Anm. 44.

Werden von Herstellern oder Großhändlern Wiederverkäufern für Werbezwecke geringwertige Reklamegegenstände zur Verfügung gestellt, dann ist Zugabegegenstand der mit ihrer Gesamtheit erbrachte Werbebeitrag. Hierzu und zu sonstigen Werbebeiträgen (Gebrauchsüberlassung von Werbeinventar, Verkaufshelfer, als Werbeträger ausgestaltete Würfelbecher, Kartenspiele, Zeitungshalter, Schankgläser, Aussteller, Verkaufshelfer, Displayartikel, Verpackungsmaterial, Kataloge, Prospekte, Preislisten, Kundenzeitschriften) vgl. im einzelnen Anm. 46.

[82] **Geringwertige Reklamegegenstände; Einzelfälle. Unzulässig:** Kugelschreiber mit Reklameaufschrift (Ausschuß für Wettbewerbsfragen GA Nr. 10/1951 DW Nr. 2 1950 S. 6; Reimer-Krieger S. 46; Klauer-Seydel S. 36), Taschenmesser mit Reklameaufdruck (OLG Düsseldorf JW 34, 2171; Klauer-Seydel S. 36), für Kinder bestimmte

mit Firmenaufdruck versehene Martinsfackeln mit Kerze u. Stock (EA Duisburg/Wessel GRUR 1935, 325), Kaffeelot aus vernickeltem Weißblech mit Firmenaufdruck (OLG Hamm GRUR 34, 45), Hausfrauenzeitschrift im Wert von —,30 bis —,40 DM (BGHZ 11, 286), Plastiktrinkbecher mit schlecht sichtbaren, am Boden des Bechers befindlichen Firmennamen, der auch für den Namen des Herstellers gehalten werden kann (OLG Hamburg WRP 1962, 414), Metallaschenbecher mit sich zurückhaltend und geschmacklich ansprechend in das Gesamtbild einfügenden Firmenangabe und Warenzeichen, das wie ein neutrales dekoratives Emblem wirkte (OLG Düsseldorf WRP 1966, 218/220).

Zulässig: Fähnchen und Luftballons mit Reklameaufschrift (amtl. Begr.), Mundwassergläser, einfache Notizbücher, Kinderlaternen mit auffälliger Firmenaufschrift (Ausschuß für Wettbewerbsfragen GA Nr. 5/1950). Auffällig beschriftete Kalender, Bleistifte, kleine Gummibälle, kleine Stickereibeilagen (LG Mannheim AWR 1936, 96; Baumbach-Hefermehl S. 1216 Rz. 66).

Puppengeschirr wie Messer, Möbel, Gabel, Löffel u. ä. aus Preßstoff mit aufgeprägtem Firmennamen (BGH GRUR 1957, 40).

Zündholzhefte mit Reklameaufdruck sind zulässige Zugaben (OLG Hamburg WRP 1956, 255; KG BB 1962, 786); zu Tabakwaren dürfen sie jedoch nicht zugegeben werden (vgl. Anm. 126—130).

Beispiele für Sammelzugaben s. bei Anm. 37—43 und für **Gutscheinwerbung** bei Anm. 44.

B. Geringwertige Kleinigkeiten (§ 1 II lit. a)

[83] **Geringwertige Kleinigkeit. Gegenstandsbestimmung.** Die Zugabe muß eine Kleinigkeit sein. Sowohl Sach- als auch Dienstleistungen werden erfaßt. „Der Ton ruht auf dem Wort Kleinigkeit" (BGHZ 11, 260/268 — Kunststoff-Figuren I). Nicht nur der Geldwert (vgl. Anm. 84) sondern auch der Gegenstand als solcher muß eine Kleinigkeit sein. Zur wirtschaftlichen Belanglosigkeit muß die gegenständliche hinzukommen. Dies ist nur bei Zugaben der Fall, die von niemandem, auch nicht von Käufern, die nur über geringe Mittel verfügen, wirtschaftlich und als Gegenstand sonderlich geachtet werden (BGH a. a. O.; BGH GRUR 1964, 509/510 — Wagenwaschplatz; Baumbach-Hefermehl S. 1216 Rz. 68; Reimer-Krieger

S. 49). Es kommt nicht nur auf den Verkehrswert (Anm. 84), sondern vor allem auch auf die sachliche Bedeutung der Zuwendung an, die nach ihrem Gebrauchs- bzw. Nutzwert zu beurteilen ist.

Auszugehen ist dabei von der Auffassung des durchschnittlichen erwachsenen Käufers. Die als geringwertige Kleinigkeit erlaubte Zugabe darf keinen sonderlichen Gebrauchs- oder Nutzwert haben und nur geringe Beachtung finden. Abzustellen ist stets auf die Auffassung derjenigen Verkehrskreise, an die sich der Werbende wendet; dies sind die Käufer, die durch die Ware geworben werden sollen; auch wenn Kinderspielzeug zugegeben wird, entscheidet die Auffassung des umworbenen wirtschaftlich vernünftig denkenden Erwachsenen. Das besondere Affektionsinteresse der Kinder hat außer Betracht zu bleiben. Auch Herstellungs- und Anschaffungswert sind unbeachtlich, desgleichen die Bedeutung, die nach Auffassung des werbenden Unternehmers die Zugabe für den Empfänger hat. Es kommt ausschließlich auf die von den Werbeadressaten gehegten Vorstellungen an. Ein nicht wirtschaftlich und sachlich, sondern z. B. im Spieltrieb oder der Sammelleidenschaft begründetes Affektionsinteresse ist zugaberechtlich bedeutungslos. Seine wettbewerbsrechtliche Beurteilung hat nach §§ 1, 3 UWG zu erfolgen. Eine besonderen Neigungen angepaßte Ausgestaltung geringwertiger Kleinigkeiten, die nur dem Ziel dient, die Aufmerksamkeit des Empfängers auf das werbende Unternehmen und dessen Erzeugnisse hinzulenken, wird in aller Regel nicht zu beanstanden sein, es sei denn, daß niedrige Regungen, wie z. B. bei Zugabe pornographischer Bilder oder systematischem Anheizen der Spielleidenschaft, angesprochen werden; dann wird gegen § 1 UWG verstoßen. Zugaberechtlich wird auch nicht mehr von einer geringwertigen Kleinigkeit die Rede sein können, wenn eine Gewinnchance eingeräumt wird.

[84] **Geringwertige Kleinigkeiten. Wertbestimmung.** Im Gegensatz zu Reklamegegenständen, die durch Art, Aufmachung und Ausgestaltung, insbesondere durch Reklameaufdruck werben sollen, werden geringwertige Kleinigkeiten zugegeben, damit sie durch ihren Wert und ihre Gebrauchseignung — gegebenenfalls unter Ausnutzung eines besonderen Affektionsinteresses — den Erwerbsentschluß des Zugabeempfängers beeinflussen. Der Entwurf der Zugabe-VO sah vor, daß neben Reklamegegenständen von geringem Wert auch Gegenstände ohne eigenen Verkehrswert vom Verbot ausgenommen werden sollten. Reimer-Krieger (S. 48) schließen hieraus, daß „geringwertige Kleinigkeiten" das gleiche bedeuten wie

„Gegenstände ohne eigenen Verkehrswert". Sie übersehen, daß völlige Wertlosigkeit der Zuwendung diese zugaberechtlicher Beurteilung entzieht (vgl. Anm. 29, 20, 21). **Geringwertig ist ein Gegenstand (Leistung), wenn er einen Wert hat, den der Verkehr gering einschätzt. Er braucht** noch **nicht** einmal **unbedeutend zu sein. Es genügt, wenn er so bemessen ist, daß der Charakter wirtschaftlicher und gegenständlicher „Kleinigkeit" erhalten bleibt.** Geringwertig darf nicht mit wertlos verwechselt werden (gl. M. Hohenecker-Friedl, S. 134). Es muß sich in jeder Beziehung um eine „Kleinigkeit" (Anm. 83), eine wirtschaftlich und gegenständlich nicht sonderlich zu beachtende Belanglosigkeit handeln, deren Gebrauchs- und Verkehrswert die Wertvorstellung des Kunden bestimmt (ebenso BGH GRUR 1957, 40/43 — Puppenservice BGH GRUR 1964, 509/510 — Wagenwaschplatz u. Gottschick S. 38). Auszugehen ist von dem nach Auffassung des vernünftigen Durchschnittskäufers der Zugabe zuzuerkennenden objektiven Wert. Das Wertverhältnis zwischen Zugabe und Hauptware ist unbeachtlich. Dies hat selbst dann zu gelten, wenn es im Einzelfall zu unbilligen Ergebnissen führt, z. B. wenn die geringwertige Kleinigkeit zu einer Hauptware zugegeben wird, die selbst nur einen geringen Wert hat (BGHZ 11, 260/269 — Kunststoffiguren I.). Für die Wertermittlung haben bei der geringwertigen Kleinigkeit die gleichen Grundsätze zu gelten, wie bei Reklamegegenständen (BGH GRUR 1957, 40/43 — Puppenservice); vgl. hierzu Anm. 81. Bei der Wertbestimmung ist zusätzlich zu beachten, daß die Zugabe auch wegen ihrer Geringwertigkeit eine Kleinigkeit zu sein hat. Deutlich sichtbare und dauerhafte Reklamebeschriftung, ohne Hinweis auf das werbende Unternehmen, ist wie bei Reklamegegenständen, als wertmindernder Faktor zu berücksichtigen.

Auch bei der Wertbestimmung kommt es nicht nur auf den Geldwert an, der wie beim Reklamegegenstand zu ermitteln ist. Neben der Gebrauchseignung kann auch eine Vielzahl weiterer Momente für die Frage bedeutsam sein, ob eine Zugabe als geringwertige Kleinigkeit zu werten ist. Erst eine Betrachtung des im Einzelfall in Frage kommenden Zugabestücks ermöglicht ein abschließendes Urteil (BGHZ 11, 260/270 — Kunststoff-Figuren I). Gestehungskosten können nur bedeutsam sein, wenn das Publikum weiß, wie gering sie sind und deshalb den Wert des Zugabegegenstandes entsprechend gering einschätzt. Geringe Kosten, auch wenn sie dem Verkehr bekannt sind, schließen hohen Verkehrswert nicht aus, z. B. ist der Verkehrswert der von einer Tankstelle den Kunden eingeräumten

Möglichkeit zur Wagenwäsche, als erheblich anzusehen, weil viele Städte und Gemeinden das Waschen von Wagen auf öffentlichen Straßen und Plätzen unterbinden (BGH GRUR 1964, 509/510 — Wagenwaschplatz).

[85] **Einzelfälle. Geringwertige Kleinigkeiten** sind meist Gegenstände, die nicht gehandelt werden oder die einen so geringen Handels- und Verkehrswert haben, daß sie in aller Regel nicht einzeln angeboten und in den Verkehr gesetzt werden, z. B. eine Schreibfeder beim Einkauf von Schulheften, beim Wareneinkauf der Eltern den Kindern zugewandte einzelne Zuckerwerkstückchen, gewebte Etiketten, Wappen, Flaggen, wie sie in der Vorkriegszeit Zigarettenpackungen in aller Regel beigefügt wurden (amtl. Begr. Anh. I), Bonbons, Abziehbilder und geringwertige Bilder mit eigenem Anschauungswert (amtl. Begr. ZugGesÖ Anh. VII).

Der besondere Reiz geringwertiger Kleinigkeiten besteht meist in ihrer **Sammeleignung.** Dies ist unschädlich, wenn es sich um **Teile einer** sogenannten **unechten Sammlung** handelt. Das Einzelstück hat einen eigenen Gebrauchs- und Anschauungswert, der durch den Anreiz, gesammelt zu werden, keine Steigerung erfährt (vgl. Anm. 41 u. 43). Auf die Geringwertigkeit des Einzelstücks kommt es nicht an, wenn es **Teil einer notwendigen Sammlung** ist (Begriff Anm. 39), z. B. numerierter Teil einer Landkarte, die aus mehreren gleichartigen Stücken zusammengesetzt werden muß. Das gleiche gilt für **Teile einer gewillkürten echten Sammlung** (Begriff u. Beispiele Anm. 40), wie Spielkarten, Schachfiguren u. ä. Bei derartigen Sammelstücken ist der Wert der Sammlung und nicht der der Einzelstücke maßgeblich (Anm. 40 m. Nachw.). Für zulässig erachtet wurden geringwertige (Anm. 80 u. 84) zu einem Eisenbahnzug zusammenzustellende, aus Kunststoff gepreßte Eisenbahneinzelteile wie Lokomotiven, Tender, Güter- oder Personenwagen (BGHZ 11, 260 ff. — Kunststoff-Figuren I), Teile eines Puppenservices (BGH GRUR 1957, 40), Kunststoff-Figuren des ländlichen Lebens wie Bauer, Bäuerin, Tiere, Häuser, Schuppen und dergl. (BGH GRUR 1957, 380 — Kunststoff-Figuren II; a. M. OLG Neustadt NJW 1954, 1250), zum Sammeln geeignete geringwertige Bilder mit eigenem Anschauungswert (Tetzner JZ 54, 533 u. Baumbach-Hefermehl S. 1218 Rz. 71), Bilderschecks, die zum Bezug derartiger Bilder berechtigen (GRUR 1957, 378/379 — Bilderschecks). Zu Sammelzugaben im einzelnen vgl. Anm. 38—43, zur Gutscheinwerbung Anm. 44. **Ist die Zuwendung einzelner Teile unechter Sammlungen**

unbedenklich, so gilt dies nicht, wenn mehrere zusammengehörige Teile zugegeben werden, z. B. aus Kunststoff gepreßte einzeln geringwertige Lokomotiven, Tender, Waggons; dann wird ein „Eisenbahnzug" zugegeben; maßgeblich ist der Gesamtwert.

Geringwertige Kleinigkeiten sind keinesfalls stets unnütze oder nur Kindern, nicht aber wirtschaftlich vernünftig denkenden Erwachsenen reizvoll erscheinende Gegenstände.

Ein als Reklamegegenstand dienender, nicht deutlich und dauerhaft mit dem Namen einer werbenden Firma versehener Gegenstand (Anm. 79, 80), kann geringwertige Kleinigkeit sein; bei der Wertfeststellung ist die wertmindernde Beschriftung zu berücksichtigen. Das hierzu in Anm. 81 Gesagte hat entsprechend zu gelten. Bei gewerblichen Leistungen kommt es auf alle Umstände des Einzelfalls an. Wird dem tankenden Kunden die Windschutzscheibe gereinigt, wertet dies der Verkehr als geringwertige Kleinigkeit; dies gilt nicht für die kostenlose Überlassung eines Wagen-Waschplatzes für Kunden einer Tankstelle (BGH GRUR 1964, 509— Wagenwaschplatz; a. M. OLG Frankfurt GRUR 1963, 326). Geringwertige Kleinigkeit ist nicht die kleine Kissenpackung eines Haarwaschmittels mit einem Wert von —,25 DM (a. M. OLG Hamm BB 1963, 112; Baumbach-Hefermehl S. 1218 Rz. 72). Sowohl der Geld- als auch der Gebrauchswert (eine Kopfwäsche) schließen dies aus. Als Warenprobe kann eine derartige Zuwendung zulässig sein; beachte Anm. 59. Waren- und Leistungszubehör ist in aller Regel auch bei geringem Wert keine „Kleinigkeit" mehr, wenn es für sachgerechten Gebrauch der Hauptware oder den Nutzwert der gewerblichen Leistung notwendig ist. Das gleiche gilt für Garantiezusagen, Stundungskredite über längere Zeiträume (Anm. 57, 58). Ein Taschenmerkbuch mit nicht mehr unbedeutendem Gebrauchswert ist keine geringwertige Kleinigkeit (RGZ 149, 242/247 — Dentistentagebuch), auch nicht ein Rollfilm (DW 1949, 8), ein Stück Kernseife (DW 1950, 4), ein Frühstücksbeutel (KG GRUR 1939, 317), unter Probevorwand zugegebene 20 g Röstkaffee (OLG Hamburg WRP 1959, 118), Zollerlaubnisscheine im Werte von —,70 DM, die den Kunden eines Öllieferanten überlassen werden (DW 1959, 22), desgleichen nicht neben einer Kundenzeitschrift zusätzlich durch Gutschein gewährleistete zweimalige Qualitätskontrolle für Fleischproben durch die Fleischerinnung im Werte von 20,— DM (DW 1965, 37).

Das Behüten von Kindern im Warenhauskindergarten, das Bereitstellen von Kundenparkplätzen, die Auskunft über Fahrverbindungen und Dolmetscherdienste beim Einkauf sind dagegen zugaberechtlicher Beurteilung entzogen (vgl. Anm. 54). Zu Preisausschreiben, Werbeveranstaltungen, auch in Form von Werbebeiträgen und Werbehilfen, Veranstaltungen und Einrichtungen zur Verkaufsförderung und zu gewerblichen Nebenleistungen vgl. Anm. 52—56.

C. Geldrabatt (§ 1 II lit. b)

[86] **Zugabe eines Geldbetrages. Daß ein Geldbetrag genannt wird, genügt nicht. Dieser muß Zugabegegenstand sein** (vgl. Anm. 23). Ist er Entgelt für eine Leistung des Empfängers, scheidet Zugabe aus, denn er muß ohne Gegenleistung in Aussicht gestellt oder gewährt werden. Wird dem Empfänger offenbar bloß zum Schein eine Leistung abgefordert, die für den Zuwendenden ohne wirtschaftlichen Wert ist, dann wird eine Zugabe gewährt. § 1 I S. 2 gilt sinngemäß (vgl. Anm. 66—70). Ist der genannte Geldbetrag nur Rechengröße, aus der der Wert einer Sach- oder sonstigen Leistung folgt oder wird er nur ersatzweise für eine andere, das Interesse des Empfängers bestimmende Sach- oder sonstige Leistung in Aussicht gestellt oder gewährt, dann ist diese und nicht der Geldbetrag Zugabe. Eine Rechtfertigungsmöglichkeit nach § 1 II lit. b scheidet aus. Zur Werbung mit Geldzugaben und Geldgutscheinen, zur Abgrenzung gegen andere Zugabeformen und Leistungsentgelte, Prämien, Provisionen vgl. Anm. 47—50.

Gemäß § 1 II lit. b zulässiger Barrabatt kann nach § 1 UWG unzulässig sein. Wird Einzelhändlern bei Erteilung eines Auftrages zum Fabrikabgabepreis von DM 456,40 eine Zug um Zug erfolgende Zahlung in Höhe von DM 100,— in Aussicht gestellt, dann wird damit ein gem. § 1 UWG unzulässiger psychologischer Kaufzwang wirksam, dem der Abnehmer kaum widerstehen kann (LG Köln GRUR 1969, 225 — Wertrabatt).

Skonto ist Vergütung für sofortige Barzahlung, damit reine Zahlungsbedingung (gl. M. Baumbach-Hefermehl § 1 S. 621 Rz. 547) und deshalb zugaberechtlicher Beurteilung entzogen. Sind Skonto und Barrabatte durch Preisbindungsvertrag gem. § 16 GWB ausgeschlossen und wird durch lückenloses Preisbindungssystem für die gebundenen Händler eine konforme Wettbewerbssituation geschaffen, dann handelt der vertragsbrüchige Händler im Verhältnis zu seinen Mitbewerbern im Sinne des § 1 UWG unlauter; denn die

Spekulation auf die Vertragstreue der anderen mit dem Ziel vor diesen einen Vorsprung zu erlangen, ist sittenwidrig (BGH GRUR 1958, 247/248 — Verlagserzeugnisse; BGH WuW 1960, 193 — Elektrogeräte II; BGH GRUR 1960, 331/335 — Schleuderpreise).

Zum Rabattverbot bei Abgabe von Tabakwaren im Kleinhandel vgl. Anm. 126, 127 u § 2 RabGes. Anm. 7.

Wird wahlweise ein Geldbetrag oder eine wertentsprechende Sach- oder gewerbliche Leistung in Aussicht gestellt, scheidet Rechtfertigung nach § 1 II lit. b aus; vgl. Anm. 50.

[87] **Bestimmter Geldbetrag** ist eine zahlenmäßig bestimmte Summe (GA 1/49; Reimer-Krieger S. 60 Rz. 21; Ulmer-Reimer S. 819 Nr. 1084). Beim Publikum dürfen über die Höhe des Betrages keine Zweifel aufkommen. Für Zugabeverstoß genügt es, daß ein nicht unerheblicher Teil des Verkehrs die gemachte Angabe als unklar oder mehrdeutig empfindet (Godin-Hoth S. 312 Anm. 55). Wird nicht eine bestimmte Summe genannt, dann muß der Betrag an Hand genannter Bezugsgrößen leicht zu errechnen sein (vgl. Anm. 88).

Aus dem Erfordernis eindeutiger Bestimmbarkeit folgt, daß die auf Gutscheinen und in Ankündigungen gemachte Angabe zu allen Teilen ausreichend erkennbar sein muß. Sie muß deutlich sichtbar und in deutscher Sprache erfolgen. Nur die den Geldbetrag erkennbar machende Angabe muß inhaltlich eindeutig sein. Unklare Angaben darüber, unter welchen Voraussetzungen die Geldzugabe gewährt wird, sind nur nach §§ 1, 3 UWG zu beurteilen. § 1 II lit. b wird Genüge getan, wenn angekündigt wird: „Auch Sie erhalten 1,— DM, wenn Sie die Kaufbedingungen erfüllen. Näheres erfahren Sie in unseren Niederlassungen." Eine derartige, den Kunden in das Geschäftslokal lockende Werbung verstößt jedoch in aller Regel gegen § 1 UWG. Unzulässig sind Werbeangaben wie „Riesenrabatt", „bei Barzahlung angemessener Rabatt", „es werden die handelsüblichen Barbeträge vergütet", „Gute Kunden erhalten gute Rabatte", „je mehr Sie kaufen, um so mehr Geld bekommen sie zurück".

[88] **Auf bestimmte Art zu berechnender Geldbetrag.** Wird der Geldbetrag nicht durch eindeutige Zahlenangabe bezeichnet, muß er auf Grund der bei Ankündigung oder Zuwendung gemachten Angaben leicht zu berechnen sein. Es ist nicht notwendig, daß Bezugsgrößen die Menge der Ware oder deren Preis sind. Der Unternehmer

kann sie frei bestimmen; sie brauchen keine Beziehung zu den wechselseitigen Leistungen des Hauptgeschäfts zu haben. Bezugsgrößen können z. B. auch das Alter des Kunden, die Zahl seiner Kinder, die Zahl seiner Lebensjahre, seine Hausnummer, das Tagesdatum oder sonstige eindeutigen Zahlenangaben sein. **Der Zugabebetrag muß aber ohne irgendwelche Hilfsmittel,** wie z. B. Tabellen oder Nachschlagewerke, **mühelos zu errechnen sein** (Baumbach-Hefermehl I S. 1220 Rz. 75); Junkerstorff S. 32; Reimer-Krieger S. 60 Rz. 21; Ulmer-Reimer S. 819 Nr. 1084). Jeder mögliche Zweifel über die Höhe der Zuwendungen muß ausgeschlossen sein. Ist Bezugsgröße der Preis der Hauptware oder Leistung, genügt Angabe eines Prozentsatzes. Nur die Berechnungsart muß eindeutig erkennbar gemacht werden, dagegen braucht die Höhe des Zugabebetrages nicht im voraus bestimmbar zu sein (BGH GRUR 68, 600/601 — Ratio-Markt II). Kann der Werbeadressat den Zugabebetrag unschwer errechnen, dann ist es gleichgültig, auf welche Weise ihm dies ermöglicht wird; z. B. genügt die Angabe: „Auf alle Einkäufe bei Barzahlung 3 % Rabatt" (beachte §§ 1, 2 RabGes. u. Anm. 86). Werden Rabattstaffeln genannt, dann muß auch gesagt werden, unter welchen Voraussetzungen jeweils der einzelne Rabatt eingeräumt wird. Der Kunde muß erkennen können, welche Berechnungsart anzuwenden ist. Unterschiedliche Behandlung einzelner Kunden ist, wenn hierdurch keine Unklarheiten geschaffen werden, nicht zu beanstanden, es sei denn, daß das RabGes. Anwendung findet und der Tatbestand des verbotenen Sondernachlasses erfüllt wird (§ 1 II RabGes.). Ankündigungen wie: „Wir gewähren 3 % Rabatt und auf Großeinkäufe 5 %", sind unzulässig; die Angabe „Großeinkäufe" läßt nicht erkennen, welche Voraussetzungen der Kunde erfüllen muß, um den erhöhten Rabatt zu erhalten. Zulässig ist dagegen die Ankündigung: „Auf Großeinkäufe ab 1000,— DM 5 % Rabatt"; beachte §§ 1, 2 RabGes.

In **Österreich** muß, wenn nicht ein bestimmter Geldbetrag genannt wird, dieser im Verhältnis zur Menge oder zum Preis der gekauften Ware berechnet werden. Berechnungen nach der Menge oder dem Wert künftig zu kaufender Waren ist unzulässig (OLG Wien JBl. 37, 60 = Schönherr WbR S. 554 Nr. 5); zulässig ist dagegen das Versenden von Gutscheinen über bestimmte Beträge, die bei künftigen Einkäufen während einer bestimmten Zeit in Zahlung genommen werden können; denn steht die Höhe der Geldzugabe summenmäßig fest, dann kommt es auf das Verhältnis zur Einkaufsmenge oder zum Preis nicht an; vgl. § 2 I lit. a ZugGesÖ, Anh. VI).

Nicht zu beanstanden ist die Ankündigung, daß am Ende des Jahres ein bestimmter Prozentsatz, der während dieses Zeitraums getätigten Einkäufe zurückvergütet werde (OLG Wien ÖBl. 68, 16 = Schönherr WbR S. 554 Nr. 6).

[89] Geldzugabe. Sachzusammenhang; personeller Zusammenhang.

a) Sachzusammenhang: Die unter den Bedingungen des § 1 II lit. b zulässige Geldzugabe muß wie jede andere zu bestimmten Hauptgeschäften in Aussicht gestellt (angekündigt, angeboten Anm. 4, 5) oder gewährt (Anm. 6) werden. Alle Voraussetzungen zum Zugabezusammenhang müssen gegeben sein (Anm. 26—33). Ein darüber hinausgehender sachlicher Zusammenhang ist nicht erforderlich. Sie braucht insbesondere nicht Preisbestandteil sein (Anm. 69), wie der Rabatt im Sinne des RabGes. (vgl. § 1 RabGes. Anm. 23, 27). Auch eine irgendwie geartete Relation zur Warenmenge oder zur Höhe des Preises ist nicht erforderlich.

b) Personeller Zusammenhang: Die Geldzugabe braucht nicht, wie der Preisnachlaß i. S. des RabGes. (vgl. § 1 RabGes. Anm. 27) vom Unternehmer des Hauptgeschäfts in Aussicht gestellt oder gewährt werden. Es ist auch nicht erforderlich, daß, wenn ein Dritter die Geldzugabe in Aussicht stellt oder gewährt, es für den Unternehmer geschieht und dieser mit dem Geber einverständlich und in wirtschaftlicher und rechtlicher Verbundenheit mit dem Ziel zusammenwirkt, dem Kunden einen Preisnachlaß zukommen zu lassen. Ist dies der Fall, dann kommt bei Abgabe von Waren oder Leistungen des täglichen Bedarfs an letzte Verbraucher das RabGes. zum Zuge (str.; vgl. BGH GRUR 60, 495/498/499 — WIR-Rabatt; Seydel GRUR 60, 500; Godin-Hoth S. 367 Anm. 36; v. Gamm S. 158/159; Baumbach-Hefermehl I S. 1276 Rz. 51). Sind Sachzusammenhang (Anm. 26—33) und objektive Werbeeignung (Anm. 20, 21) gegeben, dann erfüllt auch das Geldgeschenk eines Dritten den Tatbestand. Nur ein ersichtlich anderer, als der für die Wertreklame typische Zweck der Verleitung zum Kauf, schließt Zugabecharakter aus. Dies ist der Fall, wenn eine Käufer-Selbsthilfeorganisation mit Einzelhändlern für die Zuführung von Kunden Provisionen aushandelt und die hierdurch gezogenen Gewinne an die betreuten Käufer ausschüttet, um ihnen damit im Ergebnis einen wirtschaftlich vorteilhaften Einkauf zu ermöglichen (BGH GRUR 67, 271/273 — BSW), oder wenn ein Kinderfreund auf dem Jahrmarkt einem Kind, dessen Geld nicht für eine Karussellfahrt reicht, den fehlenden Differenzbetrag schenkt. Typische Geldzugabe eines Dritten ist der Treuerabatt des Herstellers; vgl. § 13 DVO RabGes. (§ 4 RabGes. Anm. 7 ff.).

[90] **Geldzugabe; räumlicher und zeitlicher Zusammenhang.** Die Geldzugabe unterscheidet sich von anderen Zugaben nur durch den Gegenstand. Zum räumlichen und zeitlichen Zusammenhang gilt keine Besonderheit, vgl. Anm. 35—37.

In **Österreich** ist räumlicher Zusammenhang unzulässig; der Geldbetrag darf der Ware nicht beigefügt sein (§ 2 I lit. a ZugGesÖ).

[91] **Geldzugabe; Verhältnis zum Rabattgesetz.** Durch das Rabattgesetz wurden für dessen sachlichen Geltungsbereich § 1 II lit. b u. c nicht außer Kraft gesetzt; die Geldzugabe wurde nur unter den in § 1 RabGes. genannten Umsatz- und Angebotsvoraussetzungen weiteren Einschränkungen unterworfen.

Beim Absatz von Waren oder gewerblichen Leistungen für den alltäglichen Bedarf an den letzten Verbraucher in Aussicht gestellte oder eingeräumte Geldrabatte müssen den Voraussetzungen des RabGes. und denen des § 1 II lit. b genügen. Wird nicht ein Geldbetrag genannt, dann muß eindeutig, d. h. in einer jeden Zweifel ausschließenden Weise gesagt werden, auf welche Art der Rabattbetrag zu berechnen ist. Dies muß leicht und ohne Hilfsmittel möglich sein (vgl. Anm. 87, 88). Die zur Höhe mißverständliche Ankündigung eines gem. § 2 RabGes. zulässigen Barrabatts verstößt gegen § 1 II lit. b ZugVO. Daß Preisnachlässe im Sinne des § 1 II RabGes. „nur nach Maßgabe der nachfolgenden Vorschriften angekündigt oder gewährt werden" dürfen, bedeutet nicht, daß für dessen sachlichen Geltungsbereich die der eindeutigen Bestimmbarkeit des Rabatts dienenden und einer Irreführung des Verbrauchers entgegenwirkenden Bezeichnungserfordernisse des § 1 II lit. b, keine Anwendung finden.

[92] **Geldzugabe; Verhältnis zum GWB.** Rabatte im Sinne des Rabattgesetzes sind echte Preisbestandteile (h. M. BGHZ 36, 370 — Agfa-Film; Müller-Henneberg-Schwarz S. 446 Rz. 56 m. Nachw.); Geldzugaben beachte Anm. 69 sowie 47—50. Der Barrabatt des Unternehmers ist Nachlaß vom Preis, Geldzugaben Dritter sind es nicht. Skonto ist Entgelt für sofortige Zahlung. Bei Preisbindung gem. § 16 GWB dürfen Barrabatte oder Geldzugaben die als Preiszugeständnis erscheinen, nur gewährt werden, wenn die Preisbin-

dungsabsprache dies zuläßt. Ist dies der Fall, dann wird deren Einräumung die Lückenlosigkeit der Preisbindung noch nicht gefährdet (BGH a. a. O.; RGZ 150, 271/278 — Rabatt bei Markenartikeln). Die Lückenlosigkeit ist nicht mehr gewährleistet, wenn die Preisbindungsabsprache die Höhe der zulässigen Geldzugaben nicht festlegt.

Zu der vom Automatenaufsteller an den Einzelhändler zu zahlenden Automatenprovision beachte BGHZ 54, 227/235 (Preisbindung beim Automatenaufstellvertrag). Preisbindungsverstoß scheidet aus, wenn die Geldzugabe nicht vom Unternehmer sondern von einem Dritten in Aussicht gestellt oder gewährt und nicht erkennbar wird, daß beide einverständlich mit dem Ziel zusammenwirken, dem Endverbraucher einen Nachlaß vom Kaufpreis zukommen zu lassen.

Zu von Dritten gewährte Geldzugaben vgl. Anm. 89 zum Wettbewerbsverstoß gem. § 1 UWG durch Mißachtung einer Preisbindungsabsprache Anm. 86.

D. Naturalrabatt (§ 1 II lit. c)

[93] **Naturalrabatt. Allgemeines.** Die Zugabe von Waren, die von gleicher Art und Beschaffenheit wie die Hauptware sind, ist zulässig, wenn deren Menge eindeutig bezeichnet oder auf bestimmte Art zu berechnen ist; beachte Anm. 22. Naturalrabatt zu gewerblichen Leistungen ist nur für den sachlichen Anwendungsbereich des Rabattgesetzes erlaubt (§ 8 RabGes.) und im übrigen verboten. Der Werklieferungsvertrag, der die Lieferung einer vom Lieferanten herzustellenden Ware zum Gegenstand hat, entspricht dem Kauf. Auch für ihn gilt die Ausnahme vom Verbot (Baumbach-Hefermehl I S. 1220 Rz. 76; Klauer-Seydel S. 49 Rz. 106; Godin-Hoth S. 313 Anm. 54; Reimer-Krieger S. 61 Rz. 22; Junkerstorff S. 43).

§ 1 II lit. c ZugVO entspricht § 2 II lit. b ZugGesÖ (Anh. VI), der vom Verbot die Zugabe einer bestimmten oder lediglich nach Bruchteilen zu berechnenden Menge der gleichen Ware ausnimmt, die Gegenstand des Hauptgeschäfts ist.

[94] **Naturalrabatt. Gleiche Ware.** Die zusätzlich ohne besonderes Entgelt gelieferte Ware muß von gleicher Art und Beschaffenheit wie die Ware des Hauptgeschäfts sein. Qualität und Sorte müssen

übereinstimmen; die äußere Gestalt kann unterschiedlich sein (OGHÖ ÖBl. 1954, 45). Es ist völlige Identität erforderlich; Ähnlichkeit genügt nicht (OLG Wien ÖBl. 1956, 32). Gleich muß die Beschaffenheit sein, auf Menge, Größe und äußere Aufmachung kommt es dagegen nicht an (gl. M. Tetzner Z S. 49). Zum großen Stück Seife kann eine kleine, zur Tafel Schokolade ein Riegel zugegeben werden. Besondere Umstände können zu anderer Beurteilung nötigen; z. B. sind Kniestrümpfe und Knöchelsocken, trotz gleicher Qualität, verschiedene Waren. Zu allen wesentlichen, die Eigenart der Ware bestimmenden Eigenschaften, muß völlige Identität gegeben sein (gl. M. Reimer-Krieger S. 62 Rz. 22; Baumbach-Hefermehl I S. 1220 Rz. 76; Godin-Hoth S. 314 Anm. 57; Tetzner a. a. O.). Nur Ähnlichkeit, Gleichartigkeit oder Betriebsverwandtheit genügen nicht. Bei Schnittware muß die zusätzlich gelieferte Ware vom gleichen Stück wie die Hauptware sein (Tetzner Z S. 49). Bei Waren, die sortenmäßig unterschieden werden, wie z. B. Kaffee und Tee, ist Sortengleichheit erforderlich (Baumbach-Hefermehl a. a. O.). Wird beim Einkauf von 12 Paar Strümpfen unterschiedlicher Qualität „ein weiteres Paar im Durchschnittswert der ersten 12" zugegeben, ist dem Gleichheitserfordernis nicht Genüge getan (Reimer-Krieger a. a. O.; Gottschick S. 42; Junkerstorff S. 33; Klauer-Seydel S. 48). Das gleiche gilt, wenn beim Einkauf von Seifenwaren ein sonst im Handel nicht erhältliches Stück „Lilienmilch-Seife" zugegeben wird (LG Köln GRUR 52, 428; Tetzner u. Baumbach-Hefermehl a. a. O.). Bei Markenwaren, für die mit der Behauptung besonderer Eigenart und Qualität geworben wird, muß auch Markenidentität gegeben sein, da bei unterschiedlichen Marken der Verkehr auf unterschiedliche Beschaffenheit schließt.

Es kommt nicht auf die Warenkenntnis des Fachhandels, sondern nur auf die Beschaffenheitsvorstellungen der umworbenen Verkehrskreise an. Eine bei gewerblichen Abnehmern gegebene Sachkunde ist bei Letztverbrauchern nicht zu erwarten. Diese schließen von unterschiedlichem Preis in aller Regel auf unterschiedliche Qualität. Unzulässig ist deshalb die Zugabe einer Tafel X-Schokolade, die für DM 1,10 im Einzelhandel erhältlich ist, zu 10 Tafeln Y-Schokolade, die DM 14,— kosten, auch wenn die Voraussetzungen des § 7 RabGes. erfüllt sind (a. M. Reimer-Krieger S. 62 Rz. 22). Unzulässig ist z. B. auch die Zugabe von Knochen zum Fleisch (a. M. Reimer-Krieger a. a. O.). Die Zugabe von Zubehör zur Ware ist unter dem Gesichtspunkt des Warenrabatts nicht zu rechtfertigen (gl. M. Klauer-Seydel S. 48 Rz. 103).

Bei Verkauf von Waren für den alltäglichen Bedarf an letzte Verbraucher gilt § 7 RabGes. Der dort verwandte Begriff „Verkaufte Ware" entspricht dem der „gleichen Ware". Zur Gleichartigkeit und Qualitätsidentität stimmen beide Tatbestände überein; nach Rabattrecht darf Naturalrabatt nur unter den Voraussetzungen des Mengenrabatts gewährt werden; im einzelnen vgl. bei § 7 RabGes. Anm. 2—5.

[95] **Naturalrabatt; bestimmte Menge.** Bestimmte Mengenangabe ist nur durch Bekanntgabe der Stückzahl, des Gewichts oder des üblichen Mengenmaßes möglich. Die Mengenangabe muß der Eigenart der Ware entsprechen, z. B. bei der Zugabe von Meterware muß die Meterzahl genannt werden, beim Verkauf von Bananen nach Gewicht genügt im Zweifel die Angabe, daß 2 Stück zugegeben werden, bei Weintrauben dagegen dürfte dies nicht ausreichen. Im übrigen gilt Anm. 87 sinngemäß.

[96] **Naturalrabatt. Auf bestimmte Art zu berechnende Menge.** Anm. 88 gilt sinngemäß. In der Wahl der Berechnungsart, der Bezugsgröße und der Mengenbezeichnung (Stückzahl, Gewicht, Hohlmaß) ist der Unternehmer frei. Die Menge muß aber einfach und ohne besondere Hilfsmittel zu errechnen sein; die Bezugsgröße muß der Warenart entsprechen und zweifelsfreie Rückschlüsse auf die Menge zulassen. Eine zu errechnende Stückzahl genügt nicht, wenn es auf das Gewicht ankommt und hierzu Unklarheiten übrig bleiben.

[97] **Naturalrabatt. Sachlicher, persönlicher, örtlicher und zeitlicher Zusammenhang.** Anm. 89, 90 gelten entsprechend. § 1 II lit. c findet auch Anwendung, wenn nicht der Verkäufer der Hauptware, sondern z. B. dessen Großhändler oder der Hersteller gegen Vorlage eines Gutscheins der Hauptware entsprechende Waren unberechnet zuwenden. Voraussetzung ist nur, daß ausreichender Zugabezusammenhang gegeben ist; vgl. Anm. 26—33, 36, 37. Es ist nicht erforderlich, daß gleichzeitig oder in räumlichem Zusammenhang mit der Lieferung der Hauptware auch die zugegebene gleiche Ware dem Kunden ausgehändigt wird; vgl. Anm. 23, 24.

[98] **Verhältnis zum Rabattgesetz und GWB.** **Naturalrabatt** ist beim Verkauf von Waren an letzte Verbraucher, die dem alltäglichen Bedarf dienen, nur unter den Voraussetzungen des § 7 RabGes. zu-

lässig. Zusätzlich müssen die Erfordernisse des § 1 II lit. c erfüllt sein. **In Österreich** gilt das Gebot des § 2 I lit. b ZugGesÖ (Anh. VI). Die Mehrlieferung muß mengenmäßig genau bestimmt werden, entweder durch Angabe von Maß-, Gewichts- oder Stückzahl oder durch Bekanntgabe einer Berechnungsart, die leicht und mühelos den Umfang der Mehrlieferung erkennbar macht. Anm. 91 gilt entsprechend.

Für den Bereich des Kartellrechts entspricht in seiner wirtschaftlichen Konsequenz der Naturalrabatt ebenso, wie für andere Rechtsbereiche, dem Barrabatt. Unentgeltliche Mehrlieferung identischer Ware bedeutet Minderung des Preises für die Gesamtmenge. Deshalb wird übereinstimmend im Schrifttum angenommen, daß Naturalrabatt ebenso wie der Barrabatt als Preisbestandteil zu behandeln und seine Einräumung, sofern vertraglich nicht ausdrücklich zugestanden, Preisbindungsverstoß ist (vgl. Müller-Henneberg-Schwarz, S. 447 Rz. 56; Völp, Preisbindung S. 94). Ob Mengenrabatte gem. § 7 RabGes., ebenso wie Barrabatte gem. § 2 RabGes., nicht als Leistungsentgelt sondern als Preisbestandteile zu behandeln sind, während Skonti, Mengen- und Umsatzrabatte in natura, Leistungsvergütung und deshalb nicht geeignet sind, Teil von Preisbindungsverträgen zu sein, wurde bisher nicht entschieden. Bei Unterscheidung zwischen Barrabatt einerseits und Skonto andererseits scheint mir dies nur folgerichtig zu sein.

E. Handelsübliches Zubehör (§ 1 II lit. d)

[99] **Zubehör zu Waren und gewerblichen Leistungen. Begriffsbestimmung** (beachte Anm. 17, 18, 55). Die **Zubehöreigenschaft** i. S. des Zugaberechts folgt nicht aus § 97 BGB, der dem Grundstücksrecht zugehört (anders OGHÖ: „dem ZugGes. ist der gleiche Begriff des Zugehörs zu Grunde zu legen, wie § 294 ABGB"; PBl. 1934, 126 = Schönherr WbR S. 544 Nr. 17). Objektive Maßstäbe haben außer Betracht zu bleiben; von der subjektiven Wertung der umworbenen Verkehrskreise ist auszugehen.

Bürgerlich-rechtlich kann Hauptsache zum Zubehör nur ein körperlicher Gegenstand sein, zugaberechtlich dagegen auch eine gewerbliche Leistung (Begriff Anm. 8). Zubehör sind auch Hilfsstoffe, die bei Ausführung gewerblicher Leistungen mitverbraucht werden

(Godin-Hoth S. 315). **Nur Zubehör, daß nach Auffassung der beteiligten Verkehrskreise gegenständlich und wirtschaftlich eigenständig zu werten ist, kann Zugabe sein** (vgl. Anm. 17, 18). Zubehör kann deshalb nur ein wirtschaftlich eigenständiger, zuwendungsfähiger Gegenstand sein (Anm. 15—20, insbes. 17), der dazu bestimmt und geeignet ist, einer zugehörigen Hauptsache zu dienen. Zubehör ist nur, was ohne Bestandteile der veräußerten Waren zu sein, deren wirtschaftlichen Zwecken dienen soll; zum wirtschaftlichen Zusammenhang zwischen Haupt- und Nebenware muß Zweckgebundenheit hinzukommen (BGH GRUR 1968, 53/55 — Probetube; OGHÖ PBl. 52, 62 = Schönherr — WbR S. 556 Nr. 18). Äußerer Sach- und Zweckzusammenhang zu einer Ware oder Leistung reicht nicht aus. Zubehöreigenschaft setzt enge räumliche und wirtschaftliche Beziehung zur Hauptware und im Verhältnis zu dieser, wirtschaftlich und funktionell untergeordnete Bedeutung des Zubehörgegenstandes voraus. Er muß Neben-Sache sein. Er muß dazu bestimmt und geeignet sein, der Hauptsache zu dienen (Baumbach-Hefermehl I S. 1223 Rz. 80; Klauer-Seydel S. 51); er darf nicht selbständiges handelbares Gut (Ware) sein. Gemeinschaftliches Angebot mehrerer Gegenstände, deren Verbindung weder sach- noch zweckgerecht erscheint, sind nicht Hauptware und Zubehör, sondern gekoppelt angebotene selbständige Waren. Dies gilt auch dann, wenn die eine behelfsmäßig und vorübergehend für Zubehörzwecke verwandt wird. Alles, was einen eigenen Sach- und Funktionswert hat, der nicht aus der Bestimmung folgt, einer anderen Sache zu dienen, ist eigenständige Ware, auch wenn sie als Zubehör ausgegeben wird. Haarwasser beigepackte Seife ist ebensowenig Zubehör wie eine Plastikmappe, in die ein Karton mit Fruchtsaftmischungen hineingetan wird (OLG Wien ÖBl. 59, 57 u. 59, 35 = Schönherr WRP 59, 299), desgleichen nicht Zahnpasta zur Zahnbürste, Farbe zum Pinsel und umgekehrt.

Was nicht nur der Hauptware dient, sondern auch oder insbesondere deren Sach-, Funktions- oder Leistungswert mitbestimmt, ist Bestandteil und nicht Zubehör. Was beim Absatz an den letzten Verbraucher Zubehör sein kann, ist in der Regel beim Umsatz in den übergeordneten Handelsstufen Warenbestandteil. Der Ware beigefügte, nur unter Verletzung der Wareneinheit zu trennende Gegenstände, sind beim Absatz an Wiederverkäufer Bestandteile der Wareneinheit, bei Abgabe an letzte Verbraucher dagegen Zubehör- oder Mitgehartikel. Ob etwas unselbständiger Warenbestandteil, Zubehör oder Mitgehartikel ist, bestimmt die Auffassung derjenigen

Abnehmer, an die der Werbende sich wendet. Verpackung, ob sachgerecht oder nicht, ist stets Zubehör, desgleichen Zubehör zur Verpackung wie z. B. Öffner für Fischkonserven. Sie sind mit der Ware nur verbunden, um ihr bei zweckentsprechender Verwendung zu dienen. **Ob** nach Auffassung des Verkehrs **die Gegenleistung auch ein Äquivalent für das Zubehör enthält, ist eine** andere, **von der nach der Zubehöreigenschaft zu trennende Frage;** zu Verpackungen vgl. Anm. 102. Was nach alltäglichem Sprachgebrauch oder technisch-funktionell als Zubehör zu bezeichnen ist, kann, braucht aber nicht zugaberechtlich Zubehör zu sein. Ein bei zweckentsprechender Verwendung aus der Wechselbeziehung einzelner Teile folgender organischer Sachzusammenhang schließt Zubehöreigenschaft aus; es handelt sich in aller Regel um eine vom Verkehr als Wareneinheit aufgefaßte Sachgesamtheit. Bei technischen Geräten entscheidet die Verkehrsauffassung darüber, ob Teile der üblichen Mindestausstattung unselbständige Bestandteile der Wareneinheit oder Zubehör sind (gl. M. v. Gamm S. 149). Das Reserverad des Kraftwagens ist technisch Zubehör, aber wirtschaftlich unselbständiger Bestandteil der Wareneinheit PKW, ebenso wie das Kuchenblech des Elektroherdes, der Deckel zum Topf oder zur Kaffeekanne, der Schlüssel zum Schloß oder zur Uhr. Gleiches kann auch bei einzelnen Teilen von Sachgesamtheiten der Fall sein, wie z. B. die einer Radiotruhe oder eines Reisenecessaire u. ä. Werden sachlich oder funktionell zusammengehörige Gegenstände als geschlossene Wareneinheit angeboten, spricht die Vermutung dafür, daß das Einzelstück unselbständiger Warenbestandteil ist, der bestimmungsgemäß keine wirtschaftliche Eigenständigkeit hat und nicht Zugabegegenstand sein soll. Der Umstand, daß ein Zubehör bei zweckbestimmtem Gebrauch der Hauptware nicht entbehrlich ist, läßt es noch nicht zum Warenbestandteil werden, wie z. B. Zusatzgeräte zum Diktiergerät, wie Mikrofon, Fußschalter, Kopfhörer oder Lautsprecher zum Stereosteuergerät.

Hilfsstoffe, die bei Ausführung gewerblicher Leistungen mitverbraucht werden, z. B. die Farbe zu Malerarbeiten, die Schmierstoffe bei Autoinspektionen, Reinigungsmaterial des Fensterputzers, des Autowäschers, der Wäscherei, **sind Leistungszubehör.** Bei Reparaturen verwandte Ersatzteile sind es dagegen in aller Regel nicht. Sie sind nach Gegenstand und Wert selbständige Waren. Kleinmaterial, z. B. Dichtungsringe, Klemmen und sonstige Kleinigkeiten, die bei jeder Kfz- oder Geräteinspektion benötigt werden oder Garn und Knöpfe, wie sie der Schneider bei Reparaturen oder Änderungen braucht, ist Leistungszubehör. Ob es berechnet werden muß, hängt davon ab, was handelsüblich ist (Anm. 100, 101).

Enthält nach erklärtem Vertragswillen, nach Auffassung des Verkehrs oder nach verkehrsbekannter, branchenüblicher Kalkulation, der Preis auch das Entgelt für das Zubehör oder wird für Zubehör- und Hauptware ein echter Gesamtpreis gefordert, dann scheidet Zugabe aus. Dies gilt auch dann, wenn Käufer irrig annehmen, daß Zubehör werde zugegeben (vgl. Anm. 63 ff.). Solche gesetzlich nicht geregelten Tatbestände sind auch über die Vorschriften des § 1 I S. 2 u. 3 ZugVO (§ 1 II ZugGesÖ) nicht in das Verbot mit einzubeziehen (BGH GRUR 62, 415 — Glockenpackung; a. M.: OLG Hamburg BB 63, 1154/1155 — Kaffeeschmuckdose: „Wenn nur ein nicht völlig unbeachtlicher Teil der Käufer trotz der Verwendung des Wortes „Gesamtpreis" in dem Preis keinen echten Gesamtpreis sieht, sondern die Beigabe der (Verpackungsdose) gleichwohl für eine unentgeltliche Zugabe hält, dann liegt ein Verstoß gegen § 1 I S. 1 ZugVO vor"; beachte Anm. 12, 65, 67, 68, 73. Der Strafcharakter des Verbots schließt analoge Anwendung zu Lasten des Täters aus. Der gewollte Vertragsinhalt, so wie er sich nach der gemachten Ankündigung oder Angabe bei vernünftiger Betrachtung dem unbefangenen Kunden darstellt, ist maßgeblich. Grundsätzlich ist davon auszugehen, daß mit einem Preis nach Auffassung des Verkehrs nur diejenigen Teile einer Warenlieferung oder gewerblichen Leistung abgegolten werden, für die er erkennbar gefordert wird. Was darüber hinaus der Werbende nach Auffassung des Verkehrs ohne zusätzliches Entgelt zu liefern bereit ist oder liefert, ist Zugabe.

[100] **Handelsübliches Zubehör.** Der VO-Geber nahm handelsübliches Zubehör und handelsübliche Nebenleistungen vom Zugabeverbot aus, weil er „dadurch einer bestehenden unbedenklichen Gepflogenheit im geschäftlichen Verkehr Rechnung tragen" wollte. Er meinte, daß „eine dem üblichen entsprechende Verpackung der Ware, eine Nebenleistung wie die unentgeltliche Zusendung der Ware und dergl.", nicht zu beanstanden seien; lasse man sie zu, dann werde damit kein Anlaß zum Mißbrauch gegeben (amtl. Begr., Anh. I). Handelsüblichkeit setzt nicht einen bestehenden Handelsbrauch voraus (BGH GRUR 1969, 299/300 — Probierpaket u. GRUR 1964, 509/511 — Wagenwaschplatz; OLG Celle GRUR 1961, 96/97 — Kanister). Der Rechtsgedanke des § 346 HGB, daß „in Ansehung der Bedeutung und Wirkung von Handlungen und Unterlassungen . . . auf die im Handelsverkehr geltenden Gewohn-

heiten und Gebräuche Rücksicht zu nehmen" ist, wird für den Bereich des Zugaberechts, soweit dies bedenkenfrei geschehen kann, Rechnung getragen. Es kommt dabei nicht auf allgemeine und bereits geltende Gewohnheiten an; entscheidend ist vielmehr, ob die Zubehörzuwendung, gemessen an den Gepflogenheiten der Gewerbetreibenden, wie sie wirtschaftlich vernünftiger Auffassung der beteiligten Verkehrskreise entsprechen, als unbedenklich anzusehen ist (BGH — Probierpaket a. a. O.). Die im Einzelfall gewählte Gebrauchsform des Zubehörs braucht dem Handel nicht geläufig sein; auch neuartige Gestaltungsformen können handelsüblich sein (OLG Celle — Kanister a. a. O.; LG Köln GRUR 1956, 424 — Verpackung in Kofferform). Auf festzustellende tatsächliche Gepflogenheiten kann es nicht ankommen. Zum einen haben bei der Feststellung der Handelsüblichkeit geschäftliche Mißbräuche und die Gewöhnung hieran außer Betracht zu bleiben (RGSt. 63, 24), zum anderen soll das Erfordernis der Handelsüblichkeit nicht dem durch technischen Fortschritt bedingten Aufkommen neuer Zubehörformen, insbesondere Verpackungsarten, entgegenstehen (GA der RWK GRUR 1936, 30; 1937, 607; vgl. Anm. 101, 102). Dem Handel muß die Möglichkeit erhalten bleiben, sich werbe- und wettbewerbsmäßig zu entfalten und die Grenzen lauteren Handelns durch die Bestimmung dessen, was handelsüblich ist, selbst festzulegen (Godin-Hoth S. 316 Anm. 61; Kamin WRP 56, 214; Hoth WRP 1956, 328/331 f.). Handelsüblich ist, was dem Sinn und Zweck des Zugabeverbots nicht zuwider läuft und kaufmännischer Vernunft und kaufmännischem Anstand entspricht. Es genügt, daß eine neuartige Zubehörzugabe sich in den Grenzen hält, die den Gepflogenheiten anderer Gewerbetreibender in vergleichbaren Fällen anderer Art entsprechen und im Rahmen wirtschaftlich vernünftiger Auffassung der beteiligten Verkehrskreise bleibt (BGH GRUR 1964, 509/511 — Wagenwaschplatz u. GRUR 1969, 299/300 — Probierpaket). **Handelsüblich ist deshalb jedes Verhalten, das der wirtschaftlichen und vernünftigen Auffassung des Handels entspricht, die Grundsätze kaufmännischen Anstands achtet und dem Gesetz, den guten Sitten und der Zielsetzung des Zugabeverbots nicht zuwider läuft.** Die Beachtung der Grundsätze kaufmännischer Vernunft allein genügt nicht (BGH — Wagenwaschplatz a. a. O. u. BGH GRUR 1968, 53/55 — Probetube; Ulmer-Reimer S. 820 Nr. 1086). Handels- und Branchengepflogenheiten, Liefer- und Zahlungsbedingungen von Industrieverbänden, wirtschaftlichen Vereinigungen und ähnlichen Interessengruppen sowie gutachtliche Äußerungen der Industrie- und Handelskammern können wesentliche Anhaltspunkte dafür geben, was handelsüblich ist. Was branchenüblich ist, kann handelsüblich sein. Handelsüblichkeit entspricht jedoch nicht der Branchenüblichkeit (Godin-Hoth S. 316 Anm. 61; Klauer-Seydel S. 50 Rz. 107; Seydel BB 1954, 550; Hoth WRP 1956, 328/331; a. M. LG Frankfurt BB 52 S. 185; Tetzner Z S. 50). Dies schließt nicht aus, daß deren Besonderheiten für die Beurteilung von wesentlicher Bedeutung sein können (entspr. Baumbach-Hefermehl I S. 1224 Rz. 80; Ulmer-Reimer a. a. O.). Sie als Feststellungsgrundlage für die Handelsüblichkeit oder die -unüblichkeit einer Zubehör-Zugabe zu werten, ist bedenklich (a. M. OLG Hamburg WRP 1956, 142/145). Motiv und Anlaß von Abkommen, die den Beteiligten Beschränkungen beim Werben auferlegen, ist nicht nur der Wunsch nach Lauterkeit und kaufmännischer Vernunft im Wettbewerb. Fehlt es wegen der Neuheit der Maßnahme an einem entsprechenden Handelsbrauch, dann muß sie wenigstens geeignet sein, sich zu einem Handelsbrauch zu entwickeln (OLG Oldenburg BB 1959, 1040; Ulmer-Reimer a. a. O.).

[101] **Handelsübliches Zubehör; sachliche Beziehung und Wertverhältnis zur Hauptware. Handelsüblich** (Anm. 100) **muß nicht nur die Bestimmung des Gegenstands zum Zubehör einer Hauptware, sondern auch dessen unentgeltliche Zuwendung sein.**

Aus der begrifflich die Zubehöreigenschaft bestimmenden Funktion des Gegenstandes, die zweckbestimmte Verwendung der Hauptware zu gewährleisten, zu fördern oder zu erleichtern, folgt notwendig eine enge wirtschaftliche und funktionelle Zweckbindung und räumliche Beziehung zwischen Zubehör und Hauptsache. Eine derart enge Wechselbeziehung setzt Branchengleichartigkeit voraus. Branchenfremde Artikel sind deshalb und weil es nach allgemeiner Auffassung der beteiligten Verkehrskreise nicht kaufmännisch vernünftigem Verhalten entspricht, diese als Zubehör für die angebotenen Erzeugnisse zu verwenden, nicht handelsüblich (gl. M. Baumbach-Hefermehl I S. 1224 Rz. 80; Klauer-Seydel S. 50 Rz. 108), z. B. geschliffenes Weinglas als Verpackung für Senf, Weckglas für Kaugummi-Pastillen, Schmuckkassette für Schreibmaschinenbänder. Räumliche Trennung steht zweckgerechter Verwendung des Zubehörs entgegen und schließt Handelsüblichkeit der Zuwendung aus, wenn sie nicht vorübergehender Natur ist und den Zusammenhang nicht zerstört, wie etwa bei getrennter Versendung. Nur vorübergehende Zweckverbindung ist unschädlich, wenn das Zubehör nach Art und Zweckbestimmung nur vorübergehend zu verwenden ist und verwandt werden soll (Verpackung). Daß es ständig der Hauptsache dient, ist nicht notwendig; auch nur gelegentlich gegebene Verwendung genügt (Staubhülle für Radiogerät).

Wegen seiner der Hauptware untergeordneten Zweckbestimmung darf das Zubehör den umworbenen Verkehrskreisen nicht wie eine selbständige Ware (Begriff Anm. 8) angepriesen werden, andernfalls handelt es sich um das gekoppelte Angebot zweier selbständiger Waren. Dadurch, daß die eine Ware mehr oder weniger behelfsmäßig mit einer anderen derart verbunden wird, daß sie zubehörähnliche Funktionen ausübt, wird sie noch nicht zum handelsüblichen Zubehör. Die Gebrauchseignung eines Zubehörgegenstandes braucht sich nicht darin zu erschöpfen, einer Hauptware als Zubehör zu dienen. Mögliche Zweitverwendung ist unschädlich, wenn nach Auffassung des Verkehrs und bei natürlicher Betrachtung die Aufmachung und Ausgestaltung, der getriebene Aufwand und der verwandte Werkstoff angesichts des Verwendungszwecks in erster Linie als Zubehör zu dienen, sachlich und wertmäßig gerechtfertigt erscheinen. Ein derart beschaffenes, im Rahmen des handelsüblichen liegendes Zubehör, ist nicht geeignet, den Kaufentschluß unsachlich dadurch zu beeinflussen, daß die Vorstellung geweckt wird, es werde ein zusätzlicher wirtschaftlicher Vorteil zugewandt, der mit dem in Aussicht genommenen Geschäft normalerweise nicht verbunden ist (vgl. Anm. 29). Ist nach der Erfahrung des alltäglichen Lebens davon auszugehen, daß es in gleich gelagerten Fällen vernünftigen kaufmännischen Gepflogenheiten entsprechen würde, ein zusätzliches Entgelt zu fordern, scheidet Handelsüblichkeit der Zubehör-Zugabe aus (entspr. BGH GRUR 1964, 509/511 — Wagenwaschplatz). Das gleiche gilt, wenn der Zubehörgegenstand wegen seiner nach Erledigung des Zubehörzwecks gegebenen anderweitigen Verwendbarkeit oder wegen des Wertverhältnisses zwischen Zubehör und Hauptware, nicht mehr als Nebensache anzusprechen ist.

Was unwirtschaftlich ist, kann nicht handelsüblich sein; nur wirtschaftliches Denken hält sich im Rahmen kaufmännischer Vernunft. Der Wert des Zubehörs muß in einem wirtschaftlich vernünftigen Verhältnis zum Wert der Hauptleistung stehen (LG Köln GRUR 1956, 424/425; Baumbach-Hefermehl I S. 1224; Rz. 80; Godin-Hoth S. 315/317 Anm. 62). Handelsüblichkeit der Zugabe eines Zubehörs setzt voraus, daß es im Hinblick auf den Zubehörzweck praktisch brauchbar und vernünftig kalkuliert ist und wenn sein Wert in einer vertretbaren Relation zum Wert der Hauptware steht (OLG Hamburg BB 1963, 664/665 — Kaffeeschmuckdose). Dies ist nicht der

Fall, wenn der Aufwand für Werkstoff und Ausstattung sich mit dem Verpackungszweck allein nicht mehr rechtfertigen läßt, sondern durch einen anderen, einen besonderen Anreiz gebenden Verwendungszweck, veranlaßt wurde (OLG Hamburg WRP 1962, 414/415 — Plastikbecher; OLG Celle GRUR 1961, 96/97 — Kanister). Ein durch den Zubehörzweck nicht mehr gerechtfertigter, wegen einer anderen, als Vorspann dienenden Gebrauchseignung getriebener Aufwand ist handelsunüblich. Übertriebener Aufwand, der nach Auffassung der Angehörigen der Branche als noch vertretbar angesehen wird, etwa weil der angestrebte Erfolg unsachlicher Beeinflussung des Kaufentschlusses und die dadurch erreichte Umsatzsteigerung zusätzliche Kosten gerechtfertigt erscheinen lassen, kann nach Auffassung der Allgemeinheit und der Zielsetzung des Zugabeverbots über die Grenze des Zulässigen hinausgehen.

Ein zum Kauf eines Probierpakets verleitender, nicht wegen der Zubehöreignung, sondern wegen der späteren Verwendbarkeit des Zubehörs als Haushaltsgeschirr (Gewürzdosen) besonderer übertriebener Aufwand und Wert, sind nicht vertretbar (a. M. BGH GRUR 1969, 299/300 — Probierpaket; wie hier Seydel GRUR 1969, 300/301). Denn derartige Lockwerbung ist mit dem Zweck des Zugabeverbots nicht zu vereinbaren (vgl. Einf. 3).

§ 1 II lit. d ist insbesondere für die Verpackungswerbung bedeutsam; vgl. im einzelnen Anm. 102.

[102] **Handelsübliches Warenzubehör; Verpackungsmaterial.** Verwahr- und Transportbehälter sowie sonstige Emballagen sind Warenzubehör; zum Begriff Zubehör vgl. Anm. 99 und zur Handelsüblichkeit Anm. 100, 102. Werden sie nicht mitverkauft und muß sie der Kunde zurückgeben (Sackmiete, Fässer, Kisten), scheidet Zugabe in Form von Sachzuwendung aus; bei Gebrauchsüberlassung ist diese Zugabe, wenn sie durch den Preis der Hauptware nicht mit abgegolten wird; vgl. Anm. 104. Bei Abreden wie „brutto für netto" und ähnlichen Handelsklauseln gilt die Verpackung als mitverkauft. Geht der Verkehr davon aus, daß der Preis Entgelt für Ware und Verpackung ist, scheidet Zugabe aus (vgl. Anm. 11, 12). Ist die Verpackung wertlos, weil sie bei Entnahme der Ware zerstört wird, fehlt es an der notwendigen Wertvoraussetzung und Werbeeignung (Anm. 19, 20). Ob die dem Kunden überlassene Verpackung zugegeben wird, ergeben die Umstände des Einzelfalls, insbesondere Handelsbrauch, der Parteiwille und die danach festzustellende Verkehrsauffassung. Z. B. gilt bürgerlich-rechtlich bei „Flaschenpfand"

die Flasche als mitverkauft. Der Verkäufer ist verpflichtet, diese oder eine gleiche Flasche zurückzukaufen (gl. M. Baumbach-Duden HGB § 380 Anm. 2); der Käufer ist nicht verpflichtet, sie zurückzugeben. Ein nicht unerheblicher Teil der Verbraucher nimmt dagegen Leihe gegen Sicherheit an; vgl. Anm. 103.

Verpackung ist weder sachlich noch nach Auffassung des Verkehrs Warenbestandteil; sie ist gegenständlich gesondert zu wertende, der Ware dienende Zutat (Anm. 17, 18, 55, 101). Dies hat auch dann zu gelten, wenn sie sogenannte Warenausstattung oder notwendiges Zubehör ist. Auch der Gesetzgeber geht hiervon aus (§ 380 HGB); dies gilt insbesondere bei Bedarfsgütern, die an letzte Verbraucher abgegeben werden. § 2 Nr. 1 LMG bezeichnet Verpackung und zur Aufbewahrung von Lebensmitteln dienende Gegenstände als „Bedarfsgegenstände"; die amtliche Begründung hierzu sagt, daß sie „neben den Lebensmitteln" den Vorschriften dieses Gesetzes unterworfen sind. § 2 I Nr. 2 u. 3 LM Kennzeichnungs-VO sprechen beim Verkauf von alkoholischen und alkoholfreien Getränken in Flaschen vom „Nenninhalt", bei fest abgepackten Waren oder deren Füllgewicht davon, daß diese „auf den Packungen oder Behältnissen" nach handelsüblicher Bezeichnung und nach deutschem Maß oder Gewicht anzugeben sind.

Die Überlassung von Warenausstattung und notwendiger Verpackung (notwendigen Zubehörs) sind zugaberechtlicher Beurteilung entzogen, wenn sie nach Auffassung des Verkehrs oder nach erklärtem Parteiwillen, unselbständige Bestandteile der Wareneinheit sind und der vereinbarte Preis die Vergütung für sie mit einschließt. Bei gesetzlichem Verpackungszwang und abgepackten Markenwaren ist dies regelmäßig zu vermuten, es sei denn, daß eine ungewöhnliche Verpackungsform, der getriebene Aufwand oder eine offensichtlich gewollte und nicht mehr nur behelfsmäßige Möglichkeit der Zweitverwendung, dies ausschließen.

Erst wenn eine Verpackung über das hinausgeht, was der Verkehr als vertraglich geschuldet erwartet, und mit dem Preis nicht als abgegolten ansieht, wird sie zur Zugabe (BGH GRUR 1969, 299/300 — Probierpaket; Baumbach-Hefermehl I S. 1222 Rz. 79; Helm WRP 1969, 102). Zur Abgrenzung vergleiche auch Anm. 18, 55.

Wird Verpackung unberechnet in Aussicht gestellt oder unentgeltlich zugewandt, dann muß sowohl dies als auch der Verpackungsgegenstand handelsüblich sein.

Handelsüblich ist eine Verpackung nur, wenn Werkstoff, Form und Ausstattung aus dem Verpackungszweck folgen und dieser den

Kostenaufwand rechtfertigt. Die Verwendung eines Gebrauchsgegenstandes als Verpackung darf nicht als Zugabevorwand dienen.

Zur sachgerechten Funktion einer Verpackung gehört es, Werbeträger zu sein und die verpackte Ware ansprechend erscheinen zu lassen. Hierfür getriebener Aufwand ist stets funktionsbedingt und hat bei zugaberechtlicher Beurteilung außer Betracht zu bleiben, auch wenn er nach Auffassung von Verpackungstechnikern, Werbefachleuten und nach den Grundsätzen einer vernünftigen Kalkulation, unvernünftig hoch ist. Zweck des Zugabeverbots ist es nicht, Gewerbetreibende vor wirtschaftlich unvernünftigem Werbeaufwand zu bewahren (ähnlich OLG Hamburg WRP 1956, 142/145 — Teedose).

Nicht zu beanstanden sind Kartonage-Packungen für Kosmetika, Pralinen, Kekse und Spirituosen. Wird durch die Größe derartiger Packungen oder durch den getriebenen Aufwand der unzutreffende Eindruck einer größeren Warenmenge oder einer tatsächlich nicht gegebenen Qualität hervorgerufen, scheidet Handelsüblichkeit wegen Verletzung des Wahrheitsgrundsatzes aus. Gleichzeitig wird gegen §§ 1, 3 UWG verstoßen.

Behälter und Umhüllungen, die beim Öffnen nicht zerstört werden, sind nach Erledigung der Verpackungsfunktion geeignet, für andere Zwecke weiter verwandt zu werden. Mögliche Zweitverwendung und der damit für den Kunden gegebene Gebrauchswert stehen der Handelsüblichkeit der gewährten Verpackungsform nicht entgegen, solange sie nur funktionsbedingte Folge sind. Voraussetzung ist nur, daß Gebrauchsform und Kosten durch den Verpackungszweck und nicht durch anderweitige Gebrauchseignung allein oder wesentlich mitbestimmt werden. Wegen der Möglichkeit zur Zweitverwendung zusätzlich aufgewandte Kosten müssen im Rahmen vernünftiger kaufmännischer Kalkulation bleiben. Der Mehraufwand darf auch nicht zur Folge haben, daß die gewählte Verpackungsform zu einer als Vorspann dienenden Nebenware wird, die geeignet ist, den umworbenen Kunden durch ihren Wert, durch den Anschein ihrer unentgeltlichen Zuwendung und durch den damit hervorgerufenen Eindruck besonderer Vorteilhaftigkeit des Angebots, von der Qualität und Preiswürdigkeit der Hauptware abzulenken und seinen Kaufentschluß unsachlich zu beeinflussen. Daß eine Zweitverwendung nur behelfsmäßig möglich ist, fordert das Gesetz nicht. Die ZugVO verlangt nicht, daß nur sog. verlorene Packungen verwandt werden (gl. M. Baumbach-Hefermehl I S. 1222 Rz. 79); sie verbietet nur, daß unter Verpackungsvorwand betriebsfremde Mitgehartikel zugegeben und daß die Gebrauchsform der Verpackung branchenfremden Mitgehartikeln derart angenähert wird, daß sie diesen gleichzuachten und geeignet sind, die Käufer zum Kauf zu verleiten. Das Gesetz will nicht eine, den Bedürfnissen des Verkehrs nach lebendiger und fortschrittlicher Warenausstattung und Werbung angepaßte Entwicklung von ständig neuen und wechselnden Umhüllungen verhindern (LG Köln GRUR 56, 424/425; Hoth bei Godin-Hoth S. 317 Anm. 63).

Eindrucksvoll und zweckmäßig zu verpacken, ist ein Gebot wirtschaftlicher Vernunft. Deshalb ist auch die Wahl einer dem jeweiligen Stand der technischen Entwicklung und den Lebensgewohnheiten des Durchschnittskonsumenten gerecht werdende Verpackungsform selbst dann handelsüblich, wenn sie dem Verkehr noch nicht vertraut ist, insbesondere wenn sie ohne einen mit dem Verpackungszweck nicht mehr zu vereinbarenden Aufwand, der notwendigen Folge möglicher Zweitverwendung, in sinnvoller Weise Rechnung trägt (ähnl. Tetzner Z S. 52—54). Es ist deshalb auch nicht zu beanstanden, wenn in geschickter Anpassung an die in Büros häufige Gepflogenheit, Bakelitdosen für Schreibmaschinenbänder und deren Deckel als Ascher zu benutzen, diese mit Ausbuchtungen versehen werden (Godin-Hoth S. 317 Anm. 63; a. M. Zugabeausschuß GA Nr. 1, DW 56, 1 Nr. 1). Materialaufwand und Herstellungskosten sind annähernd gleich. Die Eignung als Verpackung zu dienen, wird nicht beeinträchtigt. Der erhöhte Gebrauchswert ist nicht so wesentlich, daß er in unsachlicher Weise den Kaufentschluß beeinflussen könnte. Der im Vordergrund stehende Verpackungszweck bleibt auch nach Erledigung erkennbar und wird von der zusätzlichen verbesserten Gebrauchseignung nicht verdrängt (gl. M. Baumbach-Hefermehl I S. 1224 Rz. 80). Nicht mehr zu vertreten sind Salatschüsseln und Blumenübertöpfe als Kaffeeverpackung. Es handelt sich nach Auffassung des Verkehrs nicht um Verpackungsformen, sondern um branchenfremde Mitgehartikel, die unter Verpackungsvorwand zugegeben werden. In solchen Fällen kommt es auch nicht darauf an, ob die Kosten für die als Verpackung benutzen Gebrauchsgegenstände denjenigen der üblichen sachgerechten Kunststoff- oder Blechdosenverpackungen entsprechen (a. M. LG Hamburg WRP 1969, 246; Schönherr, Festschrift für Hefermehl S. 170).

Einzelfälle: unzulässig sind Einweckglas als Verpackung für Suppenwürfel oder Kaugummipastillen (LG Köln 54, 213), Senf in geschliffenem Glas oder Weinglas (Baumbach-Hefermehl I S. 1224

Rz. 81), Margarine, Lebensmittel und Gewürze in Henkelgläsern, Kochtöpfen oder sonstigem Haushaltsgeschirr (GA Zugabeausschuß Nr. 2 DW 56, 6 Nr. 1), Schreibmaschinenbänder in Schmuckkasten oder Reißverschlußtasche, Kulturbeutel (LG Düsseldorf; vgl. b. Spengler 53, 95/96).

Das gleiche gilt für wertvolle Porzellandosen als Verpackung für Konfitüren (Reimer-Krieger S. 36 Rz. 23), für Spielzeugautos als Verpackung für Rauchtabak (DW 56, 84 Nr. 8), für Porzellanvasen als Teeverpackung, für Zierdosen aus Blech, die nach Form und Größe nicht auf die lose eingelegten Teepackungen abgestimmt sind (OLG Hamburg WRP 1956, 142 = Winkler § 1 II lit. d ZugVO S. 8/14 — Teedose), für Kanister aus technisch ungeeignetem Kunststoff, als Verpackung für Backaromen und Essenzen, auf deren vielfältige Verwendungsmöglichkeiten nach Erledigung des Verpackungszwecks in Prospekten hingewiesen wird (OLG Celle GRUR 1961, 96/97 — Kanister). Unzulässig sind auch Schmuckdosen ohne Reklameaufdruck als Kaffeeverpackung, deren Kosten das vertretbare Maß überschreiten (Anm. 100, 101) und so attraktiv ausgestaltet sind, daß sie ersichtlich im Haushalt als Gebrauchs- und Dekorationsgegenstände dienen sollen (OLG Hamburg BB 63, 664/665 u. BB 63, 1154/1155 — Kaffeeschmuckdosen), desgleichen Spinnstoffbeutel als Verpackung für Bohnenkaffee, Hülsenfrüchte und Salz, die nach dem Auftrennen einer Naht, bestimmungsgemäß als Taschentücher, Servietten, Hand- und Tischtücher zu benutzen und entsprechend ausgestaltet sind (IHK Dresden AWR 1935, 18; Bork WRP 1956, 263 ff.; Baumbach-Hefermehl I S. 1224 Rz. 8; a. M.: Tetzner Z S. 52/54). Der Dt. IHTg (WRP 1596, 284) macht die Einschränkung, daß der Versand in derartiger Verpackung ab 5 kg nicht zu beanstanden sei, also zum Beispiel 10 kg Kaffee im Kopfkissenbezug, 15 kg im Bett- oder Überschlaglaken. Die Abgabe von 4 Kaffeesorten zur Probe in 4 Gewürzdosen (je 125 g), deren Kosten dem Aufwand einer unzulässigen Schmuckdose (OLG Hamburg BB 1963, 1154/1155) entsprechen, soll im Hinblick auf das Werbeziel, Verbraucher zur Erprobung des Kaffees zu veranlassen, vertretbar sein (BGH GRUR 1969, 299/300 — Kaffeeprobierpaket); abzulehnen, da jede zum Kauf anreizende unsachliche Beeinflussung dem Ziel und Zweck des Zugabeverbots zuwider läuft (vgl. Einf. 3 u. § 1 Anm. 101 a. E.; wie hier Seidel GRUR 1969, 300).

Zulässig ist die Abgabe von Marmelade in Blecheimern und in üblichen Schraubgläsern, nicht dagegen in Einmachgläsern (Baumbach-Hefermehl I S. 1224 Rz. 82), von Kaffee, Tee, Tabak und

Keksen in fest schließenden Plastik- oder Blechdosen, deren Abmessungen auf die Menge und Beschaffenheit der Ware abgestimmt sind und deren Kosten im Rahmen des vertretbaren liegen (vgl. Anm. 101; gl. M. Baumbach-Hefermehl I S. 1224 Rz. 82; a. M. OLG Oldenburg DW 1955, 39 Nr. 5), die Lieferung eines Sortiments von Kölnisch-Wasser-Reiseflaschen (36 Stück) an Wiederverkäufer in einer als roter Pappkoffer aufgemachten Kartonage, die auch dazu bestimmt und geeignet ist, als Aufsteller zu dienen (LG Köln GRUR 1956, 424). Dagegen ist die Lieferung in einem schwarzen Kunststoffkoffer, dessen Oberseite mit einem gobelinartig gemusterten Stoff bezogen ist, in dem sich auf einer herausnehmbaren Pappeinlage kosmetische Artikel befinden und der an der Innenseite des Deckels hinter einer ebenfalls herausnehmbaren Papptafel mit Werbetext, mit einem Spiegel ausgestattet ist, nicht zulässig (LG Hamburg GRUR 1968, 56/57 — Thekenaufsteller). Zu sogenannten Ausstellern und Verkaufshelfern (Display-Artikeln) vgl. Anm. 46 lit. e und die dortigen Nachweise.

F. Handelsübliche gewerbliche Nebenleistung (§ 1 II lit. d)

[103] **(Gewerbliche) Nebenleistung. Nur gewerbliche Nebenleistungen, nicht aber gewerbliche Zusatz- und unselbständige Teilleistungen** (vgl. Anm. 18, 56) **werden vom Tatbestand erfaßt.** Die gewerbliche Nebenleistung wird nicht nur „neben" einer Hauptware/Hauptleistung erbracht, sie muß wie das Zubehör (vgl. Anm. 99, 56), „in einer über den bloßen Zugabebegriff hinausgehenden Weise zur Hauptware oder -leistung gehören", eine Zubehörleistung bilden (BGH GRUR 1964, 509/511 — Wagenwaschplatz; Godin-Hoth S. 318 Anm. 64; Baumbach-Hefermehl I 1225 Rz. 83). Eine Zuwendung, die mit der Hauptleistung nichts zu tun hat, ist keine Nebenleistung (BGH a. a. O.; KG GRUR 39, 317/319 — Kundenfrühstücksbeutel; E. Reimer III. Aufl. S. 999 = Reimer-Krieger S. 63 Rz. 23). Die Nebenleistung muß wirtschaftlich und funktionell vom Gegenstand des Hauptgeschäfts abgrenzbar sein. Sie muß nach Auffassung des Verkehrs geeignet sein, die Durchführung der Hauptleistung sachlich zu ermöglichen oder sie irgendwie zu fördern (zust. BGH — Wagenwaschplatz a. a. O.; Hoth WRP 56, 328/330). Wie das Zubehör gehört die gewerbliche Nebenleistung räumlich, wirtschaftlich und funktionell zu einer Hauptware/ oder-leistung;

sie ist ihr zu- und untergeordnet und hat die Aufgabe, die vertragsgerechte Erfüllung des Hauptgeschäfts zu gewährleisten. Sie muß nach dem Vertragsinhalt und nach dem Vertragszweck in ihrer wirtschaftlichen Bedeutung gegenüber einer anderen, im gleichen Geschäft begründeten Leistung zurücktreten; sie hat sich darauf zu beschränken, die Erfüllung der Hauptleistung zu fördern oder ihr dienlich zu sein (Godin-Hoth a. a. O.). Dem Vertragsinhalt und Vertragszweck kommt deshalb entscheidende Bedeutung zu. Zur Begriffsbestimmung und zur Abgrenzung gegenüber den bei Unentgeltlichkeit unzulässigen Zusatzleistungen und den vom Tatbestand nicht erfaßten unselbständigen Teilleistungen vgl. Anm. 56.

Die Nebenleistung muß unentgeltlich in Aussicht gestellt oder erbracht werden; denn nur wenn sie „zugegeben" wird, ist sie zugaberechtlicher Beurteilung unterworfen (vgl. Anm. 75). Zugabe scheidet aus, auf die Frage, ob die erbrachte oder in Aussicht gestellte Nebenleistung handelsüblich ist, kommt es nicht an, wenn nach dem Vertragswillen, nach branchenüblicher Kalkulation und nach Auffassung des Verkehrs das Entgelt eine Vergütung für die Nebenleistung mit einschließt.

Es müssen die gleichen Voraussetzungen wie beim Zubehör erfüllt sein; Anm. 99 gilt sinngemäß.

Zu Rechtsgeschäften gehörige typische Nebenpflichten sind keine gewerblichen Nebenleistungen im Sinne des § 1 II lit. d, sondern unselbständige Teilleistungen, z. B. Übersendungspflicht des Verkäufers beim Versendungskauf (§§ 444, 447 BGB), Übersendung von Geld (§ 270 BGB), Leistungen zur Wiederherstellung oder zur Erhaltung des vertragsgemäßen Zustandes von Mietsachen oder Leistungen, die im Rahmen gesetzlicher Gewährleistungspflichten erbracht werden. Zur Abgrenzung der vom Tatbestand erfaßten gewerblichen Nebenleistung gegen die grundsätzlich unzulässige Zusatzleistung und die für eine Zugabe ungeeignete unselbständige Teilleistung vgl. Anm. 18 u. 56.

Entspricht der Wert der zusätzlich erbrachten Leistung dem Wert der Hauptleistung oder überwiegt er, dann handelt es sich in aller Regel um eine zweite Hauptleistung; § 1 Abs. 2 lit. d scheidet aus. Auf Handelsüblichkeit kommt es dann nicht mehr an, die bei festzustellender Unverhältnismäßigkeit ohnehin ausscheidet. Das in Anm. 100/101 Gesagte gilt sinngemäß. Vgl. auch Anm. 104.

[104] **Gewerbliche Nebenleistung; handelsüblich.** Gem. § 1 II lit. d (§ 2 I lit. d ZugGesÖ, Anh. VI) zulässige Nebenleistungen (Anm. 103,

vgl. auch Anm. 18, 56) müssen handelsüblich sein. Da sie räumlich, wirtschaftlich und funktionell dem handelsüblichen Zubehör entsprechen (vgl. Anm. 103), können sie auch nur unter den gleichen Voraussetzungen als handelsüblich anerkannt werden. Handelsgepflogenheit ist nicht erforderlich. Handelsmißbräuche haben außer Betracht zu bleiben. Es muß sich um eine echte, der Hauptware oder Leistung dienende Zubehörleistung handeln. Der getriebene Aufwand und die Unentgeltlichkeit der Zuwendung müssen mit den Grundsätzen kaufmännischer Vernunft in Einklang zu bringen sein; im einzelnen vgl. Anm. 100.

[105] **Handelsübliche Nebenleistungen. Einzelfälle.**

a) **Gebrauchsüberlassung.** Ist die vom Verkäufer zu stellende Verpackung einer auf Gefahr des Käufers reisenden Ware zurückzugeben, dann ist die Bereitstellung des Verpackungsbehälters gewerbliche Nebenleistung. Dies gilt auch dann, wenn die Verwahrbehälter bis zum Verbrauch der Ware dem Käufer belassen werden, etwa weil es technisch nicht möglich oder der Ware abträglich oder unwirtschaftlich wäre, sie unmittelbar nach Empfang umzufüllen (z. B. Gasflaschen, Bier-, Öl-, Benzin-, Asphaltfässer, Säureballons). Nur unentgeltliche Bereitstellung wird vom Tatbestand erfaßt. Ob unberechnet überlassen wird, folgt aus dem ausdrücklich oder stillschweigend erklärten Vertragsinhalt, kann aber auch aus Handelsbrauch folgen. Branchengepflogenheiten kommt entscheidende Bedeutung zu. Z. B. ist es branchenüblich und zugaberechtlich unbedenklich, daß dem Gastwirt für die Belassung des Bierfasses bis zum Verbrauch des Inhalts und des Flaschenkastens bis zur nächsten Lieferung, keine Nutzungsgebühr berechnet wird. Bei Lieferung von Sauerstoff und Azetylengas geht der Verkehr, falls keine besonderen Abreden getroffen werden, davon aus, daß die Entschädigung für Belassung der Stahlflaschen einschl. Druckanzeige im Kaufpreis mit enthalten ist. Bei Verwahrgefäßen, die vom Lieferanten mit technischen Zusatzgeräten ausgestattet sind und dem Käufer eigene Betriebseinrichtungen ersparen, ist Leihe grundsätzlich unzulässig (Godin-Hoth S. 319 Anm. 65). Sofern sich aus den Umständen ein anderes nicht ergibt, ist die Entschädigung für die vom Spediteur bereitgestellten Kisten in der Vergütung für die Speditionsleistung mit enthalten.

b) **Gebrauchsüberlassung von Betriebsinventar, Werbeeinrichtungen** und sonstigen, nicht der Hauptware oder Hauptleistung unmittelbar dienenden Ausstattungen und Einrichtungen, ist keine gewerbliche Nebenleistung. Sie ist weder dazu bestimmt, noch geeignet, die Durchführung der Hauptleistung sachlich zu ermöglichen oder irgendwie zu fördern; sie erfolgt um anderer werblicher Ziele willen. Wird sie unentgeltlich in Aussicht gestellt oder gewährt, ist der Tatbestand der Zugabe erfüllt. Vgl. zur Überlassung von Leuchtreklamen, Transparenten, Werbeschildern und Schaufensterdekorationen Anm. 45 lit. b u. c, zu Werbeinventar, wie z. B. Regalen, Vitrinen, Verkaufsschränken Anm. 46 lit. b, zu technischen Geräten, wie Verkaufsautomaten, Kühlschränken, Biertheken mit Brauereikennzeichnung, Registrierkassen, Bücherdrehständern und sonstigen Ausstattungen Anm. 46 lit. c und zu sogenannten Aufstellern und Verkaufshelfern Anm. 46 lit. e. Allen derartigen Einrichtungen, auch soweit sie unmittelbar im Zusammenhang mit dem Verkauf der Ware benutzt werden, z. B. Verkaufsvitrinen und Aufsteller oder solche, die der Verwahrung der Ware dienen (Kühlschränke) ist gemeinsam, daß sie nicht bei Ausführung des einzelnen Geschäfts Hilfsfunktionen erfüllen; sie sind dazu bestimmt und geeignet, den Händlern bei ihrem Bestreben, die Ware an den Mann zu bringen, zu unterstützen und ihm evtl. notwendige Betriebsanschaffungen zu ersparen.

c) **Werk- und Dienstleistungen. Zulässig:** Hauszustellung von Waren, z. B. Lebensmittel und Delikatessen durch Feinkostgeschäfte, Blumen, Teppiche, Gardinen, Möbel und ähnliches, wenn es am gleichen Ort geschieht (Baumbach-Hefermehl I S. 916 Rz. 89; Godin-Hoth S. 319 Anm. 66 lit. b), das Zusammensetzen von Möbeln, die für den Transport auseinander genommen wurden, Auskünfte über Art und Beschaffenheit der verkauften Ware und über deren Verwendungsmöglichkeit, Gebrauchsanweisungen, Rezepte, übliche Service-Leistungen der Tankstellen, wie Scheibenwaschen, Prüfen des Luftdrucks, Kontrolle des Öl- und Wasserstandes (BGH GRUR 1964, 509/511 — Wagenwaschplatz; Baumbach-Hefermehl a. a. O.), Freifahrt im Hotelfahrzeug vom Bahnhof zum Hotel (a. M.: v. Gamm S. 151; DW 1965, 12; vgl. auch Anm. 54).

Unzulässig: Überlassung eines Wagenwaschplatzes zur Selbstbedienung an Kunden (BGH GRUR 1964, 509/511 — Wagenwaschplatz; a. M.: OLG Frankfurt GRUR 1963, 326), die Ankündigung „bei Ölwechsel Abschmieren kostenlos“ (DW 1965, S. 37), desgleichen kostenlose Bremsprüfung für Kraftfahrzeuge beim Treibstoffkauf (OLG Stuttgart DW 1967, 26 Nr. 5), die Gratiswagenwäsche (LG

Hamburg DW 1967, 28 Nr. 6) und Kfz-Prüfung bei Abnahme von je 500 l Vergaserkraftstoff (DW 1966, 11 Nr. 3). Handelsunübliche Zusatzleistungen sind weiter das Nähen von Gardinen (Baumbach-Hefermehl a. a. O.), das Zuschneiden des verkauften Stoffes (DW 1964, 65 Nr. 2), das Einfassen von Teppichen, das Verlegen von Bodenbelägen (DW 1966, 20 Nr. 5), das Reinigen von Bettfedern (Godin-Hoth a. a. O.), kostenlose Kundenbeförderung für den Fall eines Kaufes, der die Erstattung des Fahrgeldes gleichzuachten ist; vgl. hierzu und zu sonstigen verkaufsfördernden, verkaufserleichternden und zum Kauf nötigenden Veranstaltungen Anm. 54 u. die dortigen Nachw. Die Demontage eines defekten Kessels ist ebenso unzulässig, wie das Aufstellen eines neuen (DW 1950, 7 Nr. 5), desgleichen das Anschließen eines verkauften Gasherdes (DW 1954, S. 8 Nr. 10), das Anerbieten, die angepriesenen Fernsehgeräte auch kostenlos anzuschließen (DW 1956 S. 94 Nr. 9), das kostenlose Anlegen einer Antenne beim Kauf von Rundfunk- und Fernsehgeräten (LG Fulda, DW 65, 30 Nr. 6), das Anerbieten eines Transportunternehmers, sämtliche Sendungen bis zum Gewicht von 25 kg ohne besondere Berechnung gegen Transportschäden und Diebstahl zu versichern (DW 1956, 16 Nr. 12), Fahrunterricht zum verkauften Auto (Godin-Hoth a. a. O.), Einsetzen der verkauften Obstbäume durch die Baumschule (Tetzner Z S. 55) und auch die Vermittlung der Regulierung aller Unfallschäden durch ein Mietwagenunternehmen (OLG Frankfurt WRP 1970, 72); vgl. Anm. 57.

d) Teilzahlung ohne Aufschlag; Stundungs-, Ziel- oder sonstige Kreditzusagen. Teilzahlungskauf ist kombinierter Kauf- und Kreditvertrag. Der Kredit ist selbständige Zusatzleistung und nicht Zubehörleistung. Ihn unentgeltlich einzuräumen oder unentgeltlichen Teilzahlungskredit anzukündigen, ist nicht handelsüblich. Nicht nur der Verkehr sondern auch der Gesetzgeber gehen grundsätzlich von Entgeltlichkeit aus.

Das Gesetz zur Änderung des Abzahlungsgesetzes vom 1. 9. 1969 (BGBl. I S. 1541/1542) verpflichtet bei Teilzahlungskauf den Verkäufer, die Differenz zwischen Barzahlungs- und Kreditpreis im Verkaufsprospekt erkennbar zu machen. Auch sonstige Kreditleistungen sind grundsätzlich Zusatz- und nicht Zubehörleistungen. Die kreditähnliche Vorteilsverschaffung durch Einräumung handelsüblicher Zahlungsziele ist unselbständige Teilleistung und als solche zugaberechtlicher Beurteilung entzogen. Zu Kreditleistungen im übrigen und zum Rechtsprechungs- und Schrifttumsnachweis vgl. Anm. 58.

G. Kundenzeitschrift (§ 1 II lit. e)

[106] **Kundenzeitschrift. Allgemeines.** Die Abgabe der Zeitschrift muß unter Zugabevoraussetzungen erfolgen. **Nur die kaufabhängige Zuwendung einer Zeitschrift wird erfaßt.** Unterschiedslose Abgabe an Käufer und Nichtkäufer ist zugaberechtlicher Beurteilung entzogen (vgl. Anm. 26—32); dann erübrigt es sich, die nach dem Ausnahmetatbestand notwendigen Zulässigkeitsvoraussetzungen zu prüfen. Es genügt nicht, daß die Kundenzeitschrift dem Kunden in der Erwartung ausgehändigt wird, daß er vielleicht deshalb kaufen werde (BGH 1968, 649/651 — Rocroni-Ascher; BGH GRUR 1968, 600/601 — Ratiomarkt II; Ulmer-Reimer S. 808 Nr. 1068). Die Abgabe nur an Stammkunden oder Neukunden, um sie zu Stammkunden zu machen, genügt (BGHZ 11, 292 = GRUR 1954, 167 — Kundenzeitschrift; Baumbach-Hefermehl I S. 1229 Rz. 87); dann ist die Abgabe nur unter den Voraussetzungen des § 1 II lit. e zulässig. Beachte auch Anm. 30.

Werden Druckschriften dagegen von dem Geschäftslokal oder auf der Straße, ohne Rücksicht auf einen Wareneinkauf, jedem interessierten Passanten ausgehändigt oder ist die Zeitschrift aus einer am Eingang oder im Geschäftslokal befindlichen Ablage von Käufern und Nichtkäufern zu entnehmen, dann ist wettbewerbsrechtliche Beurteilung nur nach §§ 1 UWG, 823, 826, 1004 BGB möglich; beachte hierzu Anmerkungen 59—61.

Die Zulässigkeit der Zugabe von geringwertigen, wie Reklamegegenstände ausgestalteten Kundenzeitschriften, folgt bereits aus § 1 II lit. a (vgl. Anm. 77—82); sie werden auch beispielhaft in der amtlichen Begründung (Anh. I) zu diesem Tatbestand genannt. Die Zugabe einer § 1 II lit. e nicht entsprechenden Zeitschrift kann nicht nach § 1 II lit. a gerechtfertigt werden, wenn deren Inhalt und Aufmachung sich nicht wesentlich von üblichen Hausfrauenzeitschriften unterscheidet, die im Handel für 0,30 DM bis 0,40 DM zu erwerben sind. Die Geringwertigkeitsgrenze ist dann überschritten (BGHZ 11, 286 — Kundenzeitschrift).

Durch Gesetz vom 15. 11. 1955 (BGBl. I S. 719) wurde auch die Zugabe von Kundenzeitschriften vom Verbot ausgenommen, die nicht mehr als geringwertige Reklamegegenstände angesprochen werden können. Deren Zugabe ist zulässig, wenn sie einen belehrenden und unterhaltenden Inhalt haben, nach Aufmachung und Inhalt der Werbung von Kunden und den Interessen des Verteilers dienen, wenn dieser Zweck durch Aufdruck auf der Titelseite erkennbar gemacht wird, wenn ihre Herstellungskosten gering sind und wenn sie an letzte Verbraucher abgegeben werden. Der Gesetzgeber wollte damit „dem mittelständischen Einzelhandel eine wirksame Werbemöglichkeit und den einkommensschwächeren Bevölkerungsteilen den Zugang zu gutem unentgeltlichen Lesestoff offenhalten". Durch die Bedingungen, von denen die Zulässigkeit abhängig gemacht wird, soll der Gefahr begegnet werden, daß der Zeitschriftenhandel durch das Überhandnehmen unentgeltlich abgegebener Verlagserzeugnisse beeinträchtigt und das Zugabeverbot durch allzu aufwendige Gestaltung ausgehöhlt wird (BGH GRUR 1966, 338/339 — Drogistenillustrierte).

[107] **Aufmachung der Kundenzeitschrift.** Diese kennzeichnet die äußere Gestaltungsform des Druckerzeugnisses, insbesondere des Titelblattes, auf dem der Zweck Kunden zu werben und den Interessen des Verteilers zu dienen, durch Aufdruck erkennbar zu machen ist; vgl. Anm. 109.

Das Druckerzeugnis braucht auf der Titelseite nicht als „Kundenzeitschrift" oder gleichsinnig bezeichnet zu werden. Der beim Kunden durch die äußere Gestaltung, namentlich durch die des Titelblattes hervorgerufene Eindruck ist entscheidend. Der Hinweis auf Namen und Anschrift des Verteilers, zusammen mit einem Zeitschriftentitel, wie z. B. „Drogistenillustrierte", „Fleischerzeitung", „Die Apotheke", „Die kluge Hausfrau — EDEKA", zusammen mit Abbildungen wie Drogistenmörser, Apothekertiegel, Apothekenzeichen u. a., sowie der Umstand, daß derartige Zeitschriften beim Wareneinkauf unentgeltlich abgegeben werden, vermittelt mit hinreichender Deutlichkeit die Vorstellung von einer Kundenzeitschrift, die den vom Gesetz geforderten Zwecken zu dienen hat (BGH GRUR 1966, 338/339 — Drogistenillustrierte). Die Bezeichnung als „Hauszeitschrift" eines bestimmten Unternehmens oder eines namentlich genannten Fachhandels, zusammen mit dem augenfälligen Aufdruck der werbenden Händlerfirma, kann ausreichen. Auch Nebenumstände können bedeutsam sein, so z. B., in welchem Maße die „Ausgestaltung" (Anm. 108) und die Umstände der Abgabe den durch die Aufmachung hervorgerufenen Eindruck verstärkt, daß es sich um eine Kundenzeitschrift handelt, die den vom Gesetz genannten Werbezielen dient (BGH Drogistenillustrierte a. a. O.; BGH GRUR 1967, 655/667 — Fernsehprogramm; OLG Hamburg WRP 1965, 112/115 — Programmzeitschrift). Es genügt, wenn die Gesamtheit der die Aufmachung bestimmenden Faktoren zusammen mit den zu berücksichtigenden Nebenumständen den erkennbar zu machenden Zweck hinreichend deutlich machen. Dann ist es unschädlich, wenn z. B. der Titel der Zeitschrift für sich allein gesehen nicht darauf schließen läßt, daß es sich um eine Kundenzeitschrift handelt (OLG Hamburg a. a. O.); beachte auch Anm. 108. Zur Notwendigkeit, durch Aufdruck auf der Titelseite den Zweck der Kundenwerbung und Förderung der Verteilerinteressen zu dienen, vgl. Anm. 109.

[108] **„Ausgestaltung".** Die äußere Aufmachung (Anm. 107) als Kundenzeitschrift genügt nicht; auch die Ausgestaltung muß der Eigenart des Druckerzeugnisses entsprechen und erkennbar den Zweck verfolgen, Kunden zu werben und den Interessen des Verteilers zu dienen (Anm. 109). Mit der „Ausgestaltung" ist der Inhalt der Zeitschrift gemeint (Ulmer-Reimer S. 824 Nr. 1092). Innere und äußere Form bilden eine Einheit (Baumbach-Hefermehl I S. 1229 Rz. 88). Beide zusammen müssen dem Zweck der Kundenwerbung und den Interessen des Verteilers dienen. Es genügt, wenn sich dies aus der Wechselbeziehung von äußerer Gestaltungsform und dem Inhalt der Zeitschrift ergibt. Daß dieser Zweck bereits beim ersten flüchtigen Eindruck für den Empfänger erkennbar wird, ist nicht notwendig (BGH BB 1967, 385 — Fernsehprogramm). Eine Zeitschrift kann auch dann der Werbung von Kunden und den Interessen des Verteilers dienen, wenn mittelbar, z. B. durch die Art und den Inhalt der Beiträge, um Kunden geworben und das Interesse des Verteilers verfolgt wird (BGH Fernsehprogramm a. a. O. u. BGH GRUR 66, 338/340 — Drogistenillustrierte). Daß der werbende Teil der Zeitschrift überwiegt, ist nicht notwendig, auch brauchen die unterhaltenden und belehrenden und die indirekt oder direkt um Kunden und für Verteilerinteressen werbenden Teile, einander nicht die Waage zu halten. Es genügt, daß der auf Werbung ausgerichtete Teil die Eigenart der Zeitschrift derart mitbestimmt, daß der Charakter der Kundenzeitschrift erhalten bleibt. Unterhaltung und Belehrung dürfen nicht derart vorherrschen, daß die Werbung demgegenüber weitgehend in den Hintergrund tritt (gl. M. Ulmer-Reimer S. 824/825 Nr. 1092). Dies ist nicht notwendig schon dann der Fall, wenn der unterhaltende und belehrende Inhalt überwiegt (a. M. Baumbach-Hefermehl I S. 1229 Rz. 88; v. Gamm S. 152); der Gesamteindruck ist entscheidend. Für diesen kommt es nicht notwendig auf das quantitative Verhältnis der werbenden Ausgestaltung und unter-

haltenden Teil an. Dieser darf nur nicht derart dominieren, daß die werbende Funktion in den Hintergrund gedrängt wird (OLG Hamburg WRP 1963, 410/412 — Drogistenillustrierte; Godin-Hoth S. 322 Anm. 69; Reimer-Krieger S. 69/70 Rz. 24). Alle Umstände des Einzelfalls sind zu berücksichtigen. Bei relativ geringer Werbeintensität der Ausgestaltung kann der Werbecharakter und die Eigenart einer Kundenzeitschrift durch die Aufmachung und den auf den Werbezweck hinweisenden Aufdruck auf der Titelseite, erhalten bleiben.

[109] **Durch Aufdruck auf der Titelseite kenntlich zu machender Werbezweck: Kundenwerbung, Förderung der Verteilerinteressen.** Aufmachung und Ausgestaltung müssen objektiv geeignet sein, für Einzelhändler Kunden zu werben. Es muß erkennbar sein, wessen Kunden die mit der Kundenzeitschrift angesprochenen Verbraucher werden sollen. Die Einzelhändler, für die geworben wird, müssen namentlich genannt oder es muß unmißverständlich auf deren Geschäftslokale hingewiesen werden. Eine allgemeine, auf Förderung einzelner Wirtschaftszweige ausgerichtete Werbung, genügt nicht. Druckerzeugnisse, deren Werbeziel sich darin erschöpft, den Einzelhändler vor der Konkurrenz der Warenhäuser oder der des Versandhandels zu schützen, sind nur im Rahmen des § 1 II lit. a zulässig (vgl. Anm. 77—85), z. B. Werbung unter dem Motto: „Kauft beim Fachhändler, meidet Warenhäuser“ u. ä. (Godin-Hoth S. 323 Anm. 70).

Förderung der Verteilerinteressen bedeutet nicht, daß der Verteiler Kunden für sich selbst werben muß. Es genügt, wenn Aufmachung und Ausgestaltung für ein Wettbewerbsinteresse werben, das der Verteiler um eines ihm mittelbar zufallenden Nutzens willen oder deshalb zu fördern bemüht ist, weil er sich dies zur Aufgabe gemacht hat. Zum Beispiel reicht der mittelbare Werbenutzen eines Elektrizitätswerks aus, das für Einzelhändler in seinem Versorgungsbereich durch eine von ihm verteilte Kundenzeitschrift Käufer für Elektroherde, Elektroöfen oder sonstige den Stromumsatz fördernde Geräte zu werben sucht; das gleiche gilt für eine Händlervereinigung, die satzungsgemäß durch eine von ihr oder durch Beauftragte unter Zugabevoraussetzungen verteilte Kundenzeitschrift Kunden für ihre Mitglieder zu werben bestrebt ist. Zum personellen Zusammenhang vgl. Anm. 111.

Der Werbezweck muß auf der Titelseite durch Aufdruck erkennbar gemacht werden. Er muß auf den ersten Blick erkennbar sein.

Das Gesetz sagt nur, daß der Zweck kenntlich gemacht werden muß, in welcher Weise dies zu geschehen hat, sagt es dagegen nicht. Welche Druckgestaltung und Anordnung zu fordern ist, hängt von den Umständen des Einzelfalls ab (BGH GRUR 1967, 665/668 — Fernsehprogramm). Die Zeitschrift muß bei Abgabe an den Kunden mit dem Aufdruck versehen sein. Wer die Titelseite damit versieht, ist gleichgültig. Der Hersteller der Zeitschrift genügt seiner Vertragspflicht, wenn er auf der Titelseite an auffälliger Stelle Raum für einen von dem von ihm belieferten Händer vorzunehmenden Werbeaufdruck läßt. Er ist nicht verpflichtet, den Verteiler darauf hinzuweisen, daß die Kundenzeitschrift nur zugegeben werden darf, wenn er an dem dafür vorgesehenen Platz auch den Werbeaufdruck anbringt (BGH GRUR 1966, 338/339 — Drogistenillustrierte). Dies kann durch Gummistempel geschehen. Ein „entsprechender Aufdruck" kann auch der Titel selbst sein, wenn er als Bestandteil der Aufmachung (Anm. 107) bereits den Werbecharakter der Zeitschrift klarstellt. Auch jeder andere Aufdruck, der dem durchschnittlichen Empfänger darüber Aufschluß gibt, daß die Zeitschrift Werbezwecken dient, reicht aus (BGH GRUR 1967, 665/668 — Fernsehprogramm; BGH GRUR 1966, 338/341 — Drogistenillustrierte; Godin-Hoth S. 322/323 Anm. 70), desgleichen jede Wort- oder Bildaussage, die sich in die Gesamtgestaltung der Titelseite einfügt, wenn sie geeignet ist, dem durchschnittlich intelligenten Empfänger den Zweck der Kundenwerbung und Interessenförderung erkennbar zu machen. Dies ist nicht der Fall, wenn nur ein besonders sachkundiger oder überdurchschnittlich intelligenter Leser den Zweck der Zeitschrift erkennt (Godin-Hoth a. a. O.).

[110] **Geringwertige Herstellungskosten.** Die Wortwahl des Gesetzgebers ist wenig glücklich. Gemeint ist: die Herstellungskosten müssen gering sein. Von Geringwertigkeit kann nur im Zusammenhang mit Gegenständen und Leistungen (Reklamegegenstände von geringem Wert, geringwertige Kleinigkeiten) gesprochen werden. Auch sachlich ist der Tatbestand mißglückt. Da es auf die Herstellungskosten, die entscheidend durch die Höhe der Auflage bestimmt werden und es nicht auf den Wert des Einzelexemplars ankommt, kann dieser, trotz geringen Kostenaufwands, nicht unbedeutend und geeignet sein, den Kaufentschluß des Kunden unsachlich zu beeinflussen. Baumbach-Hefermehl (Bd. I S. 1230 Rz. 91) bezeichnen die Anwendungsvoraussetzung der „geringwertigen Herstellungskosten" als fragwürdig, Klauer-Seydel (S. 53 Rz. 119) kenn-

zeichnen sie als unglücklich und MA 1953, 408 als bedauerliches Redaktionsversehen infolge übereilter Behandlung im Bundestag. Ersichtlich wurde auch nicht bedacht, daß nicht organisierte Einzelhändler, die sich eine hohe Auflage nicht leisten können, z. B. Fachhändler, gegenüber Warenhäusern, Kaufhauskonzernen, aber auch Handelsketten und Genossenschaften in grober Weise benachteiligt sind.

Auch im Verhältnis zum Wert der Hauptware ist der Wert des Einzelstücks unbeachtlich, desgleichen ein durch den unterhaltenden Teil des Inhalts geschaffener „immaterieller Qualifikationswert"; aus den Gründen, die Anlaß für die Zulassung waren, ist er sogar erwünscht (vgl. Anm. 106). Maßgeblich sind die auf das Einzelexemplar entfallenden Herstellungskosten und nicht die Herstellungskosten der gesamten Auflage; diese sind niemals gering (gl. M. Baumbach-Hefermehl a. a. O.; Reimer-Krieger S. 70 Rz. 24). Die Herstellungskosten müssen im Verhältnis zu denen der marktgängigen, im Zeitschriftenhandel erhältlichen Illustrierten, wie z. B. Stern, Quick u. a., gering sein (BGH GRUR 1967, 665/669 — Fernsehprogramm). DM 0,14 bis DM 0,16 Herstellungskosten je Exemplar wahrten s. Z. die Geringwertigkeitsgrenze, ohne daß dies als absoluter Maßstab angesehen werden kann.

In jedem Einzelfall sind die für eine objektive Beurteilung maßgeblichen Begleitumstände zu prüfen (BGH Fernsehprogramm a. a. O.); diese können zu unterschiedlicher Beurteilung nötigen. Ob nur von den Kosten der technischen Herstellung oder auch von den redaktionellen Aufwendungen, einschl. Autorenhonoraren und dergleichen, auszugehen ist, wurde vom BGH offen gelassen (BGH Fernsehprogramm a. a. O. u. GRUR 1966, 338/342 — Drogistenillustrierte). Gibt auch der Sprachgebrauch des Verlagsgewerbes keinen Aufschluß, so muß, da allein eine wirtschaftliche Betrachtungsweise gerechtfertigt erscheint, von allen, die Kalkulation der Auflage bestimmenden Aufwendungen und Kosten ausgegangen werden, zu denen insbesondere auch die Aufwendungen für Redaktion und Honorare gehören. Versandkosten und ähnliche Nebenaufwendungen dagegen haben außer Betracht zu bleiben; sie gehören nicht zur Herstellung sondern zum Vertrieb (Godin-Hoth).

[111] **Sachlicher, räumlicher, personeller Zusammenhang. Verteiler, Empfänger der Kundenzeitschrift. Zusammenhang zu Hauptgeschäften.** Für die Zugabe von Kundenzeitschriften gilt das gleiche wie für alle anderen Zugaben. Die Zuwendung muß kaufabhängig sein. Sie

kann vor, bei und nach Abschluß des Hauptgeschäfts erfolgen. Dies braucht nicht durch denjenigen geschehen, bei dem der Kauf getätigt wird. Voraussetzung ist nur, daß dieser durch den werbenden Inhalt der Kundenzeitschrift mitbegünstigt wird. Je größer der räumliche und zeitliche Zusammenhang zwischen Hauptgeschäft und Zuwendung ist, um so zweifelhafter erscheint es, daß der Eindruck der Kaufabhängigkeit entsteht. Nur letzte **Verbraucher** sollen durch die Zulassung der Kundenzeitschrift als Zugabe begünstigt werden; die Abgabe darf nur an sie erfolgen.

Werbung mit Kundenzeitschriften bei Wiederverkäufern ist verboten, es sei denn, daß sie im Rahmen des § 1 II lit. a liegen (vgl. Anm. 77—81, 83, 84). Diese Voraussetzungen werden in aller Regel nicht erfüllt sein. Große praktische Bedeutung hat die Begrenzung des Empfängerkreises nicht. Die Übersendung von Werkzeitschriften an Einzel- und Großhändler, die in Kundenlisten geführt werden, ohne Rücksicht darauf, ob im Einzelfall gekauft wird oder nicht, ist ohnehin zugaberechtlicher Beurteilung entzogen, da Kaufabhängigkeit entfällt.

Verteiler muß derjenige sein, dessen Interessen erkennbar nach Aufmachung und Ausgestaltung gefördert werden sollen; dies bedeutet nicht, daß die vom Gesetz geforderte Kundenwerbung für ihn betrieben werden muß. Dies kann der Einzelhändler selbst oder auch ein Dritter sein. Mittelbarer Werbenutzen genügt (vgl. Anm. 109). Dieser kann darin bestehen, daß durch die Werbung von Kunden für Einzelhändler der Absatz der eigenen Markenware gefördert wird. Auch jedes andere sonstige Werbeinteresse genügt, so z. B. dem eigenen Namen oder Leistungszeichen Verkehrsgeltung zu verschaffen. Das tatbestandsnotwendige eigene Werbeinteresse schließt bei Kundenwerbung für Dritte Zugabe des Verteilers in Form von Werbehilfen aus (vgl. Anm. 32 lit. g).

H. Auskünfte und Ratschläge (§ 2 II lit. f)

[112] **Allgemeines.** Kaufabhängige unberechnete Auskünfte und Ratschläge wurden mit Rücksicht auf die alte Gepflogenheit des Zeitungsgewerbes zugelassen, Anfragen von Abonnenten zu beantworten und diese zu beraten (amtl. Begr.). Meist geschieht es schriftlich oder in Beratungsstellen im Verlagsgebäude, aber auch durch

Veröffentlichung in der Zeitung oder Zeitschrift („Briefkastenonkel"; „in allen Lebenslagen Frau Helga fragen"; „Sie fragen, wir antworten"). Für Fachzeitschriften und Zeitungen sind Auskunft und Raterteilung häufig Voraussetzung für die Aufnahme und Aufrechterhaltung des Bezugs (amtl. Begr., Anh. I; Reimer-Krieger S. 71/72 Rz. 25; Tetzner Z S. 58; Klauer-Seydel S. 54 Rz. 115).

§ 1 II lit. f regelt nur die zugaberechtliche Zulässigkeit. Die Ausnahme vom Zugabeverbot schließt nicht aus, daß Auskünfte und Ratschläge im Einzelfall aus anderen Gründen verboten sind. Rechtsberatung ist nur im Rahmen des Rechtsberatungsmißbrauchsgesetzes zulässig (BGH GRUR 1957, 226/228 — Sprechsaal; OLG Hamburg MDR 1951, 305). Zugaberechtliche Zulässigkeit setzt nicht voraus, daß die Auskunfts- oder Raterteilung wertmäßig als geringwertige Kleinigkeit oder als handelsübliche Nebenleistung anzusehen ist. Auskünfte, die nach Auffassung des Verkehrs regelmäßig vertragsgemäß geschuldet werden, sind keine Zugaben, z. B. die Gebrauchsanweisung für technisches Gerät, die sich auf oder in der Verpackung befindet, die bei Textilien aus modernen Kunstfasern als selbstverständlich erwartete Waschanleitung, das mit der Maschine oder dem Kfz gelieferte Kundendienstheft, mit dem Auskunft über wesentliche, bei Betrieb zu beachtende Einzelheiten, notwendige Inspektionen sowie Anschriften und Telefonnummern von Kundendienststellen, erteilt werden; sie sind unselbständige Teilleistungen. Der Verkehr erwartet, daß für den zu zahlenden Preis der Verkäufer nicht nur die Ware, sondern auch die notwendigen Hinweise dafür zu liefern hat, was bei Gebrauch zu beachten ist. Meist wird bei Garantiepflicht auch Gewährleistung von der Beachtung gegebener Gebrauchshinweise abhängig gemacht. In diesen Fällen fehlt es an der Anwendungsvoraussetzung der Unentgeltlichkeit und gegenständlichen Eigenständigkeit (vgl. Anm. 11, 17, 18).

[113] **Auskünfte und Ratschläge. Auskunft** ist nur die Mitteilung tatsächlichen oder abstrakten Wissens, ohne zusätzliche Meinungsäußerung oder Belehrung und Erläuterung (Godin-Hoth S. 324 Anm. 74; Tetzner Z S. 59; Finger MuW 1932, 371). **Ratschläge** erteilt, wer im Hinblick auf einen bestimmten Sachverhalt ein bestimmes Verhalten empfiehlt (Finger u. Godin-Hoth a. a. O.). Die Begriffe Auskunft und Ratschläge sind eng auszulegen (h. M.; vgl. z. B. Baumbach-Hefermehl I S. 1231 Rz. 93; Klauer-Seydel S. 54 Rz. 116; Reimer-Krieger S. 72 Rz. 25). Die Ausnahme vom Verbot wird nicht davon abhängig gemacht, daß Auskunft oder Rat sich auf

den Gegenstand der Hauptware oder Leistung beziehen; der Wortlaut ist eindeutig. Der Strafcharakter der Zug-VO gestattet es nicht sonstige Auskünfte u. Ratschläge dem Verbot und der Strafsanktion (§§ 3, 4) zu unterwerfen (gl. M. Elster UWG S. 343; a. M. Baumbach-Hefermehl a. a. O.; Klauer-Seydel S. 54 Rz. 116; Reimer-Krieger S. 72 Rz. 25). Weshalb die Beratungsstelle im Redaktionsgebäude einer Zeitung für Abonnenten anders beurteilt werden soll als die Auskunftsstelle eines Warenhauses, ist nicht einzusehen (a. M. Baumbach-Hefermehl a. a. O.), insbesondere da der Wortlaut des § 1 II lit. f keine Anhaltspunkte für derart unterschiedliche Behandlung gibt; vgl. auch Anm. 114. Auskünfte und Ratschläge dürfen nicht zum Unterricht, zur Unterweisung oder zu eingehender Belehrung werden. Diese sind nur unter den Voraussetzungen von § 1 II lit. d (handelsübliche Nebenleistungen; vgl. Anm. 103—105) zulässig.

Zulässig sind z. B. Auskünfte über die technischen Besonderheiten einer Maschine, eines Pkws oder einer sonstigen technischen Vorrichtung (Godin-Hoth S. 324 Anm. 74; Reimer-Krieger S. 72 Rz. 25), über die Funktion einer technischen Einrichtung, die bei Gebrauch und Reinigung zu beachtenden besonderen Materialeigenschaften einer Ware, wie Waschanleitung zu Textilien, Anschriften und Rufnummern von Kundendienststellen, Wahl des Urlaubsortes, Auskünfte über Fahrverbindungen, Ratschläge zur Haushaltsführung, Kindererziehung, und auch, in Gestalt einer Druckschrift, zu Lebensmitteln, Kochrezepte (Baumbach-Hefermehl I S. 920 Rz. 96).

Unzulässig sind Auskünfte und Unterweisungen, die zum Unterricht werden, z. B. Kraftfahr- oder Schreibmaschinenunterricht (Godin-Hoth a. a. O.), eine beim Kauf einer Nähmaschine erfolgende Aufklärung über Handhabung und Pflege der Maschine, die zum Nähunterricht ausartet.

[114] **Zusammenhang zum Hauptgeschäft.** Dieser muß dem Zugabezusammenhang des Grundtatbestandes (§ 1 I S. 1) entsprechen (vgl. Anm. 26—37). Fehlt er, scheidet zugaberechtlich Beurteilung aus.

Ein spezieller Sachzusammenhang wie bei gewerblichen Nebenleistungen ist nicht erforderlich (vgl. Anm. 114; wie hier Godin-Hoth S. 324 Anm. 75; Elster UWG S. 343; a. M. Baumbach-Hefermehl S. 1231 Rz. 93; Klauer-Seydel S. 54 Rz. 116; Reimer-Krieger S. 72 Rz. 25).

J. Abonnentenversicherung (§ 1 II lit. g)

[115] **Versicherungsmittler.** Der Versicherungsvertrag muß von einem Verlag oder einem sich mit dem Vertrieb von Zeitungen und Zeitschriften befassenden Unternehmer (Lesezirkel, Zeitschriftenvertrieb) zu Gunsten des Beziehers (Anm. 116) abgeschlossen werden. Der den Versicherungsvertrag Abschließende braucht nicht unmittelbar Vertragspartner des Beziehers der Zeitung oder Zeitschrift zu sein. Es muß sich jedoch um einen Verlag oder um ein Vertriebsunternehmen handeln, das mindestens mittelbare Beziehung zum Bezugsvertrag des Begünstigten hat (Godin-Hoth S. 324 Anm. 78).

[116] **Versicherungsbegünstigter muß der Bezieher einer Zeitung oder Zeitschrift sein.** Daß er das Blatt regelmäßig kauft, genügt nicht. Zeitung oder Zeitschrift müssen auf Grund vertraglicher Verpflichtung bezogen werden (Godin-Hoth S. 325 Anm. 76; Tetzner Z S. 59). Ziel der Ausnahme ist es, Versicherungsgeschäfte zu ermöglichen, die von Zeitungs- und Zeitschriftenunternehmen zu Gunsten der Bezieher der Zeitungen oder Zeitschriften abgeschlossen werden (amtl. Begr. Anh. I). Bezieher ist nicht, wer eine Zeitung oder Zeitschrift regelmäßig kauft, ohne sich zum laufenden Bezug verpflichtet zu haben. Begrifflich ist nur derjenige „Bezieher", der entweder auf Grund üblichen Abonnementvertrages eine Zeitung oder eine Zeitschrift laufend bezieht oder wer sie, ohne sie im Rahmen einer laufenden Abnahmeverpflichtung zu erwerben, auf Grund eines mit einem Lesezirkel abgeschlossenen Vertrages erhält (Godin-Hoth S. 325 Anm. 77; Baumbach-Hefermehl S. 1232 Rz. 94; Tetzner Z S. 59; Reimer-Krieger S. 73 Rz. 26; a. M. Klauer-Seydel S. 55 Rz. 117).

[117] **Versicherungsgeber** muß ein beaufsichtigtes Versicherungsunternehmen oder eine beaufsichtigte Versicherungsanstalt sein. Es muß der Aufsicht des Bundesaufsichtsamtes für Privatversicherungen und Bausparkassen in Berlin unterstehen. Die Aufsicht zur Bezieherversicherung wurde 1950 verschärft (AO ü. Zeitschriften-Versicherungen, Versicherungswirtschaft 1950, 240). Seither sind Verlags- und Versicherungsgeschäft scharf getrennt. Es muß sichergestellt sein, daß der Bezieher der Zeitschrift das Abonnement oder den Bezugsvertrag aufgeben, trotzdem aber die Versicherung fort-

setzen kann. Versicherungsprämie und Preis der Zeitschrift sind getrennt anzugeben (im einzelnen vgl. Benken, Versicherungswirtschaft 1950, 252). Die durch § 1 II lit. g eröffnete Möglichkeit hat seither kaum noch praktische Bedeutung (Klauer-Seydel S. 55 Rz. 117).

IV. Einschränkung der Ausnahmen vom Verbot (§ 1 III)

A. Allgemeines

[118] **Zweck der Einschränkung. Allgemeine Anwendungsvoraussetzungen.** Es ist verboten, zulässige Zugaben (§ 1 II lit. a—g) beim Ankündigen oder Gewähren als unentgeltliche Zuwendungen zu bezeichnen oder derartige Zugaben von einem Zufall abhängig zu machen. Ist nicht der Tatbestand einer der Ausnahmevorschriften erfüllt, folgt bei Kaufabhängigkeit der Zuwendung die Unzulässigkeit bereits aus § 1 I. Auf die Behauptung der Unentgeltlichkeit oder die der Zufallsabhängigkeit kommt es dann nicht an. Für sonstige, vom Zugabeverbot nicht erfaßte Geschenkwerbung (vgl. Anm. 59—63) gilt § 1 III nicht.

Die Ausnahmen des § 1 II wurden auf Vorschlag des Reichswirtschaftsrates eingeschränkt. Zwar ist Anwendungsvoraussetzung für das Zugabeverbot, daß zur kaufabhängigen Zuwendung der Anschein der Unentgeltlichkeit erweckt wird (vgl. Anm. 8 m. Nachw.), jedoch ist in aller Regel der Gegenwert im Preis der Hauptware oder Leistung enthalten. Die Kosten der Zugabenwerbung werden, wie der Aufwand für jede andere Reklame, bei der Kalkulation der Preise des Hauptangebots berücksichtigt. **Das Verbot, erlaubte Zugaben als unentgeltliche Zuwendungen zu bezeichnen, soll verhindern, daß die durch die unberechtigte Zuwendung geweckte, in aller Regel irrige Vorstellung von der besonderen Vorteilhaftigkeit des Angebots, durch die unzutreffende Behauptung der Unentgeltlichkeit, noch verstärkt wird.**

Daß die von einem Unternehmer in Aussicht gestellten oder gewährten Zugaben bei der Kalkulation der Preise des Hauptangebots berücksichtigt wurden, bedarf nicht des Beweises; dies entspricht der Lebenserfahrung und folgt auch aus dem Bestreben, aus der entfalteten Erwerbstätigkeit, trotz der zu einzelnen Angeboten gewährten Zugaben, Gewinn zu ziehen. Deshalb verstößt auch die Behauptung der Unentgeltlichkeit einer Zugabe regelmäßig gegen §§ 3, 4 UWG (gl. M. Baumbach-Hefermehl I S. 1232 Rz. 96 u. S. 168, 121). Praktische Bedeutung hat § 1 III 1 deshalb nur für den Fall, daß es sich bei der Zugabe um ein (kaufabhängiges) echtes Geschenk handelt. Dies ändert nichts an der Unzulässigkeit; denn es kommt nicht darauf an, ob tatsächlich unentgeltlich gewährt oder dies nur wahrheistwidrig behauptet wird. **Die Bezeichnung als unentgeltlich ist ohne Rücksicht auf den Wahrheitsgehalt unzulässig.**

Das Verbot der Zufallsabhängigkeit von Zugaben wurde aufgenommen, weil der hierin begründeten zusätzlichen unsachlichen Beeinflussung nach Auffassung des VO-Gebers **entgegengetreten werden muß.** Man hielt es zur Erhöhung der Rechtssicherheit für notwendig, denn nicht jede den Tatbestand erfüllende Veranstaltung ist verbotene Ausspielung im Sinne des § 286 StGB; sie verstößt auch nicht notwendig wegen der von ihr ausgehenden besonderen Verlockung gegen § 1 UWG. **Darauf, ob in sittenwidriger Weise die Spielleidenschaft ausgenutzt oder ein psychologischer Kaufzwang ausgeübt wird oder ob die Maßnahme als anreißerisch zu werten ist, kommt es nicht an** (amtl. Begr., Anh. I; Godin-Hoth S. 328 Anm. 84; Baumbach-Hefermehl S. 1223 Rz. 98). Hauptsächlich wurde daran gedacht, diejenigen Fälle zu unterbinden, in denen dem Käufer z. B. versprochen wird, daß in jedem fünften Paket eine Zugabe enthalten sei oder daß bei einem Einkauf über einen bestimmten Betrag hinaus durch Ziehung eines Loses ein Gewinn erlangt werden kann und dergl. (amtl. Begr. Anh. I).

In Österreich ist das Ankündigen oder Gewähren von zufallsabhängigen Zugaben und die Beihilfe hierzu gemäß § 6 ZugGesÖ (Anh. VI), §§ 28, 29 II, 34 UWGÖ, 1, 3 GlücksspielVO verboten. Das gleiche gilt auch für den entgeltlichen Vertrieb von Waren oder Leistungen in glücksspielähnlicher Form (vgl. Schönherr WbR S. 34, 35, 53; Hohenecker-Friedl S. 70/71).

[119] **Rechtsfolgen des Verbots.** Anm. 14 (gesetzliches Verbot) gilt sinngemäß. Ein Verstoß löst die zivil- und strafrechtlichen Folgen der §§ 2 und 3 aus. Das Verbot ist Schutzgesetz im Sinne des § 823 II BGB zu Gunsten der gem. § 2 I S. 1 anspruchsberechtigten Unternehmer.

B. Gratisankündigung erlaubter Zugaben (§ 1 III S. 1)

[120] **Bezeichnung als unentgeltlich.** Es kommt nur darauf an, daß Unentgeltlichkeit behauptet wird; mit welchen Worten es geschieht, ist belanglos. „Gratiszugabe" und „Geschenk" werden nur als Beispiele genannt. Unzulässig ist auch die Bezeichnung als „kostenlos", „umsonst", „ohne Aufschlag", „ohne Berechnung", „Werbegeschenk", „Werbegabe" (Godin-Hoth S. 326 Anm. 80; Baumbach-Hefermehl I S. 1232 Rz. 97; Tetzner Z S. 61; Reimer-Krieger S. 73 Rz. 27). Wird eine als unentgeltlich bezeichnete Zuwendung dem Kunden berechnet, bleibt ihm dies aber wegen eines Gesamtpreises, der als Scheinpreis verstanden wird, verborgen, dann wird gegen §§ 1, 3 UWG verstoßen. Die Bezeichnung als „Zugabe" und in Österreich auch als Prämie, ist unbedenklich, diese in Deutschland dagegen nur, wenn es sich um eine Belohnung für eine erbrachte Leistung handelt (vgl. Anm. 51; Baumbach-Hefermehl I S. 1223 Rz. 97). In Österreich entspricht der Begriff der Prämie dem der Zugabe. Es kommt nicht auf den gewählten Ausdruck an, entscheidend sind die beim Publikum geweckten Vorstellungen. Deshalb sind auch Handelsklauseln wie „frei Haus", „frei Grenze" zu handelsüblichen Transportleistungen des Verkäufers (§ 1 II lit. d) unbedenklich.

Zitate aus Kundenzuschriften können ausreichen, z. B. „ihre Gratisdose macht mir viel Freude" (Gottschick S. 52; Reimer-Krieger a. a. O.). Immer wenn der Eindruck der Umsonstankündigung hervorgerufen und dies als Lockmittel benutzt wird, ist der Tatbestand erfüllt (Tetzner Z S. 60). Dies gilt auch dann, wenn es sich nicht aus der Aussage unmittelbar ergibt, aber durch die Wortwahl zusammen mit den Gesamtumständen des Angebots ein entsprechender Eindruck hervorgerufen wird (vgl. Anm. 121). Es genügt, wenn bei einem nicht mehr unerheblichen Teil der Werbeadressaten derartige Vorstellungen geweckt werden.

[121] **Sonstwie den Eindruck der Unentgeltlichkeit einer Zugabe zu erwecken.** Dürfen Zugaben nicht als unentgeltliche Zuwendungen bezeichnet werden (Anm. 120), dann versteht es sich von selbst, daß auch in anderer Weise entsprechendes nicht zum Ausdruck gebracht werden darf. Auch jede Umgehung des Verbots soll erfaßt sein. Was

der Täter sagen wollte, ist unbeachtlich; die beim Publikum geweckten Vorstellungen sind entscheidend. Verboten sind Ankündigungen wie „Kaufen sie mit unseren Gutscheinen, ohne einen Pfennig Bargeld auszugeben", „denken Sie daran, daß gespartes Geld verdientes Geld ist", „durch Sammeln unserer Wertmarken können Sie ohne jede besondere Baraufwendung in den Besitz eines wundervollen Gebrauchsporzellans gelangen", „die Sparkasse der Hausfrau", „Wertreklame, Sparmaßnahme", „Abgabe zu Portokosten" (Godin-Hoth S. 326 Anm. 81; Gottschick S. 53; Reimer-Krieger S. 74 Rz. 28; RG GRUR 1937, 889).

Es genügt, wenn der Geschenkcharakter der angekündigten Zuwendung durch genannte Besonderheiten mittelbar erkennbar wird. Die Ankündigung, daß bis zu einem bestimmten Zeitpunkt „jedes Kind in Begleitung Erwachsener" ein Fangspiel erhält, ist auch dann unzulässig, wenn dieses den Erfordernissen des § 1 II lit. a entspricht; denn nicht den Käufern, sondern den sie begleitenden Kindern wird etwas versprochen. Diesen pflegt der Kaufmann etwas zu schenken und nicht etwas zu verkaufen (vgl. LG Hirschberg AWR 1935, 160; Junckerstorff AWR 1936, 25; Reimer-Krieger S. 74 Rz. 28). Unter dem Gesichtspunkt der Gratiszuwendung ist dagegen die Ankündigung „3½ Pfund für den Preis von 3 Pfund" unbedenklich; es wird nicht die Vorstellung hervorgerufen, daß etwas verschenkt werde, sondern daß dem Käufer ein erheblicher Naturalrabatt (II lit. c) eingeräumt wird, der bei Umsatzgeschäften mit letzten Verbrauchern nur nach dem Rabattgesetz zu beurteilen ist (a. M. Reimer-Krieger a. a. O.). Da jeder Zugabe der Anschein der Unentgeltlichkeit anhaftet und eine Zugabe, soweit sie erlaubt ist, auch als solche bezeichnet werden darf, widerspricht es sinngerechter Auslegung, die Ankündigung eines Unternehmens, das Autos an schuldlos Unfallgeschädigte vermietet und die Finanzierung der damit verbundenen Kosten vermittelt, „... ohne Sie mit Mehrkosten zu belasten", bereits als unzulässig anzusehen. Es liegt näher anzunehmen, daß evtl. mit der Finanzierung verbundene Mehrkosten durch den Preis der Hauptleistung mit abgegolten werden sollen. Dies hat selbst dann zu gelten, wenn man annimmt, daß es als Ankündigung einer Zugabe, einer nicht gesondert berechneten Zusatzleistung verstanden wird. Denn ist die Bezeichnung als Zugabe zulässig, dann hat dies für alle gleichsinnigen Angaben zu gelten, die nur die Vorstellung von „nicht besonders berechnet" und nicht im Sinne von „geschenkt" und „unentgeltlich" verstanden werden (a. M. OLG Frankfurt WRP 1970, 72; Baumbach-Hefermehl I S. 1223 Rz. 97).

C. Verbot zufallsabhängiger erlaubter Zugaben (§ 1 III S. 2)

[122] **Zufallsabhängigkeit; Allgemeines.** Es ist verboten, die Zuwendung einer nach § 1 II erlaubten Zugabe von einem Zufallsentscheid abhängig zu machen.

Die Zufallsabhängigkeit muß beim Anbieten oder Ankündigen erkennbar sein. Bei nachträglicher überraschender Zuwendung scheidet Zugabe aus, z. B. wenn dem 1000. Käufer eines Elektroherdes nach getätigtem Kauf oder dem 1000. Besucher einer Veranstaltung nach Erwerb der Eintrittskarte ein Geschenk überreicht wird (vgl. Anm. 34, 123/124). Es handelt sich um Werbegeschenke, für die die Einschränkungen des § 1 III nicht gelten (Anm. 118). Der Kunde wird dagegen vor seiner Entschließung zum Erwerb der Eintrittskarte sowohl von einer möglichen Zugabe als auch vom Zufallsspiel unterrichtet, wenn ein Kabarett im Aushang oder in Anzeigen ankündigt, jeder 10. Besucher werde von den auftretenden Künstlern ein Geschenk erhalten.

Für die Ausnahmen des § 1 II lit. d (handelsübliches Zubehör und handelsübliche Nebenleistungen, vgl. Anm. 98—105) hat das Verbot der Zufallszugabe keine praktische Bedeutung. Denn handelsüblich müssen nicht nur Gegenstand und Unentgeltlichkeit, sondern auch die sonstigen Umstände sein, unter denen die Zugabe gewährt wird. Derartige Zubehörleistungen vom Zufall abhängig zu machen, entspricht nicht den Gepflogenheiten ordentlicher Kaufleute und ist handelsunüblich.

[123] **Vom Ergebnis einer Verlosung** abhängige Zugaben. Ob der Erwerber der Hauptware/-leistung die in Aussicht gestellte Zugabe erhält, ist ungewiß; darüber entscheidet nach einem vom Unternehmer festgelegten Spielplan das Los. Die Verlosung entspricht der Ausspielung (§§ 763 BGB, 286 StGB). Der Einsatz des Zugabeempfängers ist als kalkulierter Anteil im Preis der Hauptware/-leistung enthalten. Denn dieser wird durch die Kosten der Zugabenwerbung ebenso wie durch die Kosten jeglicher Reklame mitbestimmt.

Strafbare Ausspielung scheidet jedoch aus, weil wegen des für die Zugabe typischen und vom Werbenden gewollten Anscheins der Unentgeltlichkeit, der Täter nicht davon ausgeht, daß die durch die Ankündigung der Zufallszugabe angesprochenen Verkehrskreise sich der Tatsache bewußt sind, mit dem Kaufpreis auch einen Spielbeitrag zu erbringen. Das Bewußtsein der Spieler einen Beitrag zu zahlen, ist jedoch notwendige Anwendungsvoraussetzung für § 286 StGB (OLG Düsseldorf NJW 1958, 760). Der Einsatz muß bewußt für die Beteiligung an den Gewinnaussichten geopfert werden (Schönke-Schröder StGB 14. Aufl., § 286 StGB Anm. 4 S. 1416). Trägt der Unternehmer die Kosten der Veranstaltung allein in der Hoffnung, daß diese für ihn eine Umsatzsteigerung bringen wird, scheidet verbotene Ausspielung ebenfalls aus (RGSt. 65, 196; RGSt. 67, 400; BGHSt. 3, 104; Schönke-Schröder StGB a. a. O.). Verbotene Ausspielung und Zufallszugabe schließen einander aus. Denn nehmen die Käufer es bewußt in Kauf, daß der vereinbarte Preis nicht nur Entgelt für die Hauptware/-leistung, sondern auch für die Teilnahme an der Ausspielung ist, also mit ihm auch ein Einsatz gezahlt wird, dann scheidet Zugabe aus. Denn mit dem Einsatz werden die Teilnahme an der Gewinnchance und diese selbst honoriert, z. B. wenn es den Abnehmern einer Ware frei steht, diese mit oder ohne Gewinnchance zu unterschiedlichem Preis zu erwerben. Wird das Recht zur Teilnahme an Lotterien oder Ausspielungen eines Dritten verschafft, z. B. durch die Ausgabe von Losen, dann ist nicht das Zufallsergebnis, sondern das verschaffte Teilnahmerecht Zugabegegenstand; § 1 III S. 2 scheidet aus. Ist dies verschaffte Teilnahmerecht wegen der Geringwertigkeit der Preise oder der geringen Gewinnchance als geringwertige Kleinigkeit zu werten (II lit. a), dann kann, wegen Ausnutzung der Spielleidenschaft oder sonstiger sittenwidriger Nebenumstände, Unzulässigkeit gem. § 1 UWG gegeben sein. Die Auslobung im Sinne der §§ 657 ff. BGB ist zugaberechtlicher Beurteilung entzogen, auch wenn sie im Zusammenhang mit Hauptgeschäften durchgeführt wird. Die „Belohnung" ist Entgelt für eine vom Teilnehmer vorzunehmende Handlung. Zu Preisausschreiben und Wettbewerben, die nur als Vorwand für eine Verlosung oder Ausspielung dienen vgl. Anm. 52.

[124] **Sonstige Zufallsabhängigkeit.** Zufällig ist ein Ergebnis, wenn es nach höchstmöglicher menschlicher Erfahrung ungewiß ist und wenn es durch Umstände bestimmt wird, die der menschliche Wille weder gestalten noch beeinflussen kann (Reimer-Krieger S. 76 Rz. 30; Junckerstorff S. 21). Überwiegende Zufallsabhängigkeit genügt; wann sie vorliegt, ist streitig (vgl. Rechtspr. u. Literatur zu §§ 284, 286 StGB). Die subjektive Theorie stellt es auf die Erkennbarkeit des Ursachenverlaufs (RGSt. 27, 94 u. 34, 140) und die objektive darauf ab, inwieweit diese durch den Teilnehmer beeinflußt werden kann (BGHSt. 2, 139; OLG Frankfurt BB 1953, 544). Als Zufall ist das

Wirken einer unberechenbaren, der entscheidenden Mitwirkung der Beteiligten in ihrem Durchschnitt entzogenen Ursächlichkeit anzusehen (RGSt. 62, 165; Schöne-Schröder StGB § 284 Anm. 2). „Zufällig" ist ein Erfolg dann, wenn er weder vom zielbewußten Handeln oder der Geschicklichkeit des Leistungsanwärters, noch allein vom Belieben des Leistungspflichtigen abhängt, sondern noch weitere Bedingungen hinzutreten müssen, die außerhalb des Willens dieser beiden Personen liegen (OGHÖ MuW 1928, 282; Hohenecker-Friedl S. 71). Erkennbarkeit des Kausalverlaufs bedeutet nicht, daß er beeinflußbar ist; dies ist nur dann der Fall, wenn der Teilnehmer die Möglichkeit hat, auf die Gestaltung der Kausalreihe einzuwirken (a. M. Baumbach-Hefermehl I S. 1232 Rz. 99). Ausschließliche Zufallsabhängigkeit ist nicht erforderlich; es genügt, wenn die Zufallsmomente überwiegen (Godin-Hoth S. 329 Anm. 86; Baumbach-Hefermehl a. a. O.). Ist die Zuwendung weitgehend von einer Geschicklichkeitsleistung, von der Findigkeit oder von sonstigen vom Empfänger zu erfüllenden Voraussetzungen abhängig, scheidet Zufallszugabe aus (vgl. Anm. 51, 52). Wird die Zugabe von der Lösung einer Aufgabe abhängig gemacht, die so geringe Schwierigkeiten bereitet, daß der weitaus überwiegende Teil der Teilnehmer, wenn nicht alle, in der Lage sind, sie mühelos zu lösen und gleichzeitig erklärt wird, daß bei mehreren richtigen Lösungen das Los entscheidet, dann liegt durch Preisrätsel getarnte verbotene Zugabe vor (Godin-Hoth S. 329 Anm. 88 b; Klauer-Seydel S. 59 Rz. 128 b).

[125] **Zufallszugabe. Einzelfälle. Unzulässig** ist es anzukündigen: in jeder tausendsten Kaffeepackung ist ein Geldbetrag versteckt, jeder tausendste Besucher der Ausstellung, Theaterveranstaltung erhält einen Preis, eine Prämie, eine hübsche Aufmerksamkeit, jeder zehnte Käufer erhält einen guten Rat, jeder tausendste Besteller einen Gewinn von 100,— DM, wer bis zu einem bestimmten Zeitpunkt die meisten Gutscheine einsendet, erhält eine Belohnung (Godin-Hoth 329 Anm. 88 a; Baumbach-Hefermehl I S. 1234 Rz. 100; Reimer-Krieger S. 76 Rz. 30; Tetzner Z S. 61/62; amtl. Begr. Anh. I).

Ist die Zuwendung dem Empfänger beim Kaufentschluß unbekannt, wird er überraschend nach getätigtem Kauf, nach Bestellung oder Abschluß des Kaufvertrages beschenkt, scheidet Zugabe aus; es fehlt der notwendige Zugabezusammenhang; vgl. Anm. 29—34. Auf die Zufallsabhängigkeit kommt es dann nicht an.

Wird Sammelfleiß, Geschicklichkeit oder Findigkeit honoriert oder sind diese entscheidende Voraussetzung für die Zuwendung, fehlt es an der erforderlichen Zufallsabhängigkeit; dies gilt auch dann, wenn der Sammler nicht weiß, wieviele Stücke er sammeln muß, um bester Sammler zu werden (gl. M. Baumbach-Hefermehl a. a. O.; Klauer-Seydel S. 58 Rz. 126; Droste MA 1952, 248; a. M. Grosse, MA 1952, 112). Verbotene Zufallsabhängigkeit ist jedoch gegeben, wenn Einzelstücke einer Sammlung in unterschiedlicher Zahl und teilweise in so geringer Menge ausgegeben werden, daß es ungewiß ist, ob es dem einzelnen Sammler gelingt, das Ergebnis zu erreichen (Klauer-Seydel S. 58 Rz. 25; Baumbach-Hefermehl I S. 1234 Rz. 100) oder wenn demjenigen eine Zugabe in Aussicht gestellt wird, der bis zu einem bestimmten Zeitpunkt die meisten Umhüllungen einer bestimmten Ware vorzulegen vermag (OGHÖ JBl. 1928 S. 96). Unzulässige Zufallzugabe wird angekündigt oder gewährt, wenn ein Verkaufsautomat für Zuckerwaren mit einem Spielautomaten derart gekoppelt wird, daß nach Einwurf eines bestimmten Kaufbetrages gleichzeitig die Möglichkeit gegeben ist, durch Betätigung von Kugeln außer der Ware auch noch einen Spielgewinn zu erzielen (OLG Wien MuW 1928, 282 = Schönherr WbR S. 415 Nr. 4 zu § 28 UWGÖ). Das gleiche gilt, wenn für Einzelhändler, die Waren der Veranstalter kaufen, eine Verlosung durchgeführt wird (OLG Wien GRUR int. 1968, 343); geschieht es zur Belohnung dafür, daß die teilnehmenden Einzelhändler in ihrem Geschäftslokal für die Ware des Veranstalters werben, scheidet Zugabe wegen fehlender Unentgeltlichkeit aus (vgl. Anm. 11, 12, 46 lit. a u. b).

V.
Sonderregelung von Zugaben- und Geschenkwerbung außerhalb der Zugabe-VO und des UWG

A. Tabaksteuergesetz

in der Fassung der Bekanntmachung vom
1. 9. 1972 BGBl. I 1633 (III 612-1)

[126] Allgemeines. Es ist verboten, im Kleinhandel (Begriff Anm. 127) **zu Tabakwaren** (Begriff a. a. O.) **„Gegenstände“ zuzugeben sowie Umsatzrückvergütungen und Rabatte zu gewähren** (§§ 9, 17, II TabStG Anh. III). Die dem BMdF durch das TabStG a. F. eingeräumte Befugnis, den beim Hersteller vollständig zu verschließenden, verkaufsfertigen Kleinverkaufspackungen branchenübliches Zubehör zuzupacken und dessen Zugabe auch im Kleinhandel zuzulassen (§ 6 II S. 2; § 29 II TabStG a. F.) wurde durch das 10. Änderungsgesetz ersatzlos gestrichen. Die im Rahmen dieser Ermächtigung zugelassene Ausnahme zu Zigarren in vollen Packungen im Kleinhandel mit Zigarren, Zigarrenspitzen von geringem Wert und zu Kaufeinschnitt geringwertige kleine Dosen zuzugeben wurden zu gesetzlichen Ausnahmetatbeständen (§ 18 IV TabStG § 27 Tab StGDB). Handelsübliche Barrabatte bis zu 3 % bei Abgabe von Zigarren in vollen Packungen und Preisnachlässe zu Tabakwaren schlechthin in unbegrenzter Höhe, können durch den BMdF oder die von ihm bestimmten Stellen genehmigt werden, wenn sie sich im Falle des Konkurses oder bei einer erheblichen Wertminderung der Ware als notwendig erwiesen (§ 18 TbStG).

Das generelle Rabatt- und Zugabeverbot bei Abgabe von Tabakerzeugnissen an letzte Verbraucher zum Kleinverkaufspreis, gilt auch für Personenvereinigungen, Gesellschaften, Anstalten und natürliche oder juristische Personen, die ohne ein Handelsgewerbe zu betreiben, Tabakerzeugnisse und Zigarettenhüllen entgeltlich abgeben. Die Abgabe an Bund und Länder zur Durchführung öffentlicher Aufgaben wird vom Verbot nicht erfaßt. Das gleiche gilt, wenn ein Hersteller Tabakerzeugnisse oder Zigarettenhüllen an Verbraucher abgibt, „die ihm aus persönlichen Gründen eng verbunden sind“ (§ 17 IV TabStG).

Für alle Umsatzstufen gilt das Verbot des § 6 TabStG, verkaufsfertige, fest verschlossene Kleinverkaufspackungen in den Verkehr zu bringen und feilzuhalten, die neben Tabakwaren auch andere Gegenstände enthalten oder diesen äußerlich beigepackt sind.

§§ 9, 17 TabStG schränken für ihren sachlichen Geltungsbereich die Ausnahmen des § 1 II ZugVO drastisch ein. § 47 a TabStDB begründet die gesetzliche Vermutung, daß die Voraussetzungen des § 1 II lit. d) ZugVO erfüllt sind. In der letzten Absatzstufe darf sonstiges handelsübliches Zubehör nicht zugegeben werden. Beim Gewähren von Preisnachlässen im Rahmen des § 18 TabStG sind auch die Vorschriften des RabGes. und des § 1 II lit. d) ZugVO zu beachten. Beim Handel mit Tabakerzeugnissen in den übergeordneten Handelsstufen sind neben der Einschränkung des § 9 TabStG die Vorschriften der ZugVO zu beachten. Ein vom TabStG nicht verbotenes werbliches Verhalten kann nach Zugaberecht unzulässig sein. Die Praxis zeigt, daß dies nicht immer hinreichend bedacht wird.

[127] **Verpackungszwang; Verpackungszugaben.** Tabakwaren (Begriff Anm. 128) sind strengem Verpackungszwang unterworfen. „Tabakerzeugnisse dürfen nur in vollständig geschlossenen, verkaufsfertigen Kleinverkaufspackungen aus dem Herstellungsbetrieb entfernt oder zum Verbrauch im Herstellungsbetrieb entnommen werden". Das gleiche gilt für Zigarettenpapier (vgl. Anm. 128, § 12 II TabStG). Wie die Verpackung (Umschließung) auszugestalten ist, schreibt das Gesetz nicht vor. Die Zulässigkeit der gewählten Verpackungsform ist allein unter zugaberechtlichen Gesichtspunkten nach § 1 ZugVO zu beurteilen. Dies gilt insbesondere auch für Umschließungen von Tabakwaren, die so ausgestaltet sind, daß sie nach Erledigung des Verpackungszwecks anderweitig verwertet werden sollen, z. B. Spielzeugautos, Aschenbecher, Federschalen, Geld- und Tabakbeutel. Diese sind zulässig, wenn sie sich in den durch § 1 II lit. d) ZugVO gezogenen Grenzen halten (vgl. Anm. 55, 99 ff. insb. 102). Die Regelung derartiger Verpackungsformen wurde in das TabStG nicht mit aufgenommen, weil es nicht Sache der Zollverwaltung sein kann zu entscheiden, ob die gewählte Form oder ihre Verwendungsmöglichkeit über den Charakter einer sich vorwiegend oder ausschließlich im Verpackungszweck dienenden Umschließung hinausgeht.

Das Verbot, verkaufsfertige, festverschlossene Kleinverkaufspackungen in den Verkehr zu bringen und feilzuhalten, die neben Tabakwaren auch andere Gegenstände enthalten oder diesen „äußerlich beigepackt" sind (§ 9 TabStG) — hierzu gehören z. B. auch abzulösende Teile der Umschließung (Verpackung) die als Reisegutscheine ausgestaltet und einzulösen sind — gilt für alle Umsatzstufen; das Verbot des § 28 II TabStG, neben Tabakwaren Zugaben anzukündigen und zu gewähren, gilt dagegen nur bei Abgabe an Verbraucher.

[128] **Kleinhandel mit Tabakerzeugnissen.** Den Begriff **„Kleinhandel"** verwendet die Neufassung des Gesetzes nicht mehr. Er bezeichnet die gewerbsmäßige Abgabe von Tabakerzeugnissen an Verbraucher. Abgabe im Rahmen einer gewerbeähnlichen Betätigung genügt; daß ein Handelsgewerbe betrieben wird, ist nicht erforderlich (§ 17 III TabStG). Anwendungsvoraussetzung ist auch nicht, daß „der Händler" vorwiegend mit Tabakerzeugnissen Handel treibt. Jede entgeltliche gewerbsmäßige und nicht private Abgabe reicht aus. Auch ein Hersteller, der nur gelegentlich Tabakwaren unmittelbar an Verbraucher abgibt, ist Händler im Sinne des Gesetzes, wie

der Umkehrschluß aus § 17 IV S. 1 TabStG ergibt. Dies gilt nicht, wenn dieser Tabakerzeugnisse an Verbraucher veräußert, „die ihm aus persönlichen Gründen eng verbunden sind“. Wann dies anzunehmen ist, wird oft nicht einfach festzustellen sein. Für Groß- und Einzelhändler gilt unter gleichen Voraussetzungen die Ausnahme nicht. Es ist zu hoffen, daß die als mißglückt zu bezeichnende Fassung dieses Ausnahmetatbestandes bei nächster Gelegenheit durch eine brauchbare ersetzt wird. Zum Kleinhandel mit Tabakerzeugnissen gehört auch die Abgabe von Tabakwaren durch staatliche oder kommunale Einrichtungen, durch Vereinigungen, Gesellschaften und Anstalten und auch der Verkauf in größeren Mengen an Behörden oder gewerbliche Unternehmen, die z. B. für Repräsentationszwecke erwerben. Letzte Verbraucher sind auch öffentliche Kranken-, Pflege-, Wohlfahrts- und Heilanstalten, die Tabakerzeugnisse für Verpflegungszwecke erwerben, es sei denn, daß sie diese gegen Entgelt an Arbeitnehmer und Patienten weiterveräußern. Dies ist auch dann der Fall, wenn die Abgabe der Tabakwaren Teil der Verpflegung ist, für die der Patient einen Tagespauschalsatz zahlt. Es ist nicht notwendig, daß die Abgabe der Tabakerzeugnisse erfolgt, um Gewinn zu erzielen. Nicht erfaßt wird die Veräußerung von Tabakerzeugnissen an Organe des Bundes und der Länder, soweit sie diese zur Durchführung öffentlicher Aufgaben beziehen (§ 17 IV TabStG).

Großhändler, die Tabakerzeugnisse zum Großhandelspreis (unter Endverbraucherpreis) abgeben oder zu Tabakwaren Zugaben gewähren oder Rabatte einräumen, müssen sich vergewissern, daß ihre Abnehmer Wiederverkäufer sind. Wer dies verabsäumt, verstößt mindestens fahrlässig gegen das Verbot des § 17 TabStG, wenn sich nachträglich herausstellt, daß der Abnehmer Letztverbraucher war; vgl. Anm. 130.

Sammelbesteller sind Beauftragte der einzelnen Abnehmer und nicht Wiederverkäufer; die Besteller sind deshalb im Zweifel letzte Verbraucher. Einem als Verkaufsmittler tätig werdenden Sammelbesteller können seine Auslagen vergütet werden. Belohnungen in Gestalt von Sachzuwendungen sind zulässig; vgl. auch Anm. 129.

[129] **Zugeben; beipacken.** § 17 II TabStG verbietet es, bei der Abgabe von Tabakerzeugnissen und Zigarettenhüllen an Verbraucher Gegenstände zuzugeben. Vollständig geschlossene, verkaufsfertige Kleinverkaufspackungen, die den Herstellungsbetrieb verlassen, dürfen keine anderen Gegenstände als Tabakwaren enthalten. Diese dürfen auch nicht „beigepackt“ werden. **Auch die Zugabe des**

TabStG setzt voraus, daß sie kaufabhängig und unentgeltlich zugewandt wird. Die Zugabe des TabStG entspricht der Zugabe der ZugVO. Für den sachlichen Geltungsbereich des § 17 II TabStG müssen die gleichen Anwendungsvoraussetzungen wie zu § 1 I S. 1 ZugVO erfüllt sein. Vgl. bei § 1 ZugVO zum Zugabebegriff Anm. 10—13, zum Zugabegegenstand 15—25, zum Zugabezusammenhang 26—37, zur Zugabenwerbung im einzelnen Anm. 38 ff.

§ 9 TabStG stellt klar, daß, wenn sich in der fest verschlossenen Kleinverkaufspackung außer den Tabakwaren noch andere Gegenstände befinden, wie z. B. Gutscheine, geringwertige Kleinigkeiten, Reklamegegenstände u. ä., es sich nicht um unselbständige Bestandteile der Verkaufseinheit handelt, für die der Kleinverkaufspreis gezahlt wird. Dieser ist Entgelt nur für die Tabakwaren und ihre Umschließung; alles was darüber hinaus als Inhalt oder beigepackt zugewandt wird, ist Zugabe. Das Verbot des § 9 TabStG wendet sich nicht gegen das Gewähren der Zugabe. Es erfaßt über § 17 III TabStG hinaus ein besonders vom Hersteller zu verwirklichendes Verhalten, das je nach den Umständen des Einzelfalls sich als Beginn der Ausführung der verbotenen Zugabe, mittelbarer Täterschaft, Vorbereitung eines Mittäters oder Anstiftung zum Zugabeverstoß darstellt.

Das Verbot des § 17 TabStG erstreckt sich auf alle Zugabeformen. Es ist die Zugabe schlechthin und nicht nur das gleichzeitige Gewähren mit der Hauptware (Beipack) verboten. Kaufabhängige unberechnete Zuwendungen von Gegenständen jeglicher Art, im vornhinein, gleichzeitig und nachträglich sind verboten. Zum räumlichen und zeitlichen Zusammenhang vgl. bei § 1 ZugVO Anm. 34, 35, zum Ankündigen oder Anbieten vgl. Anm. 130.

Geber und Empfänger der Zugabe brauchen nicht der Händler und der Käufer zu sein. Die vom Hersteller oder Großhändler dem Kunden des Kleinhändlers gewährte Zugabe ist ebenso unzulässig, wie die Aushändigung der Zugabe durch den Einzelhändler an das Kind des Käufers. Zum personellen Zusammenhang vgl. bei § 1 ZugVO Anm. 36, 37.

Zugabe-„Gegenstände“. Der im TabStG verwandte Begriff „Gegenstände“ bedeutet nicht, daß nur körperliche Sachen Zugabegegenstand sein können. Nicht nur die Zugabe von Sachen, wie Zündholzhefte, Kunststoffiguren, Bildern u. ä. sondern auch die von Gutscheinen, die einen Anspruch auf Dienstleistung verbürgen, z. B. Orbis Reisemarken, sind verboten. Die Gegenstandsbestimmung zu § 1 I S. 1 ZugVO gilt sinngemäß; vgl. dort Anm. 15—25.

[130] **Zuwiderhandlungen.**

a) Gewähren; zugeben. § 17 I u. II TabStG verbieten dem Händler, bei der Abgabe von Tabakerzeugnissen und Zigarettenhüllen an Verbraucher Rabatt zu „gewähren" und Gegenstände zu-„zugeben". Nur das tatsächliche Einräumen des Preisnachlasses und die Zuwendung von Zugabegegenständen werden vom Verbot und der Strafsanktion erfaßt, nicht aber das Anbieten und Ankündigen. Für diese gelten nur die Einschränkungen, die sich aus dem Zugabe- und Rabattverbot der ZugVO und des RabGes. und aus denen des allgemeinen Wettbewerbsrechts ergeben. Eine extensive Auslegung des TabStG ist nicht möglich, da es sich um strafbewehrte Verbote handelt. Anm. 55 zu § 1 RabGes. gilt sinngemäß.

b) Strafsanktion. Zugabe- und Rabattverstöße gem. § 17 TabStG sind Ordnungswidrigkeiten. Die Geldbuße kann bis zu DM 10 000,— betragen. §§ 446, 447, 449 RAO gelten sinngemäß (§§ 33 I Nr. 3 b, 34 Nr. 1 TabStG). Der vorsätzliche oder „leichtfertige" Verstoß gegen das Verbot des § 6, Kleinverkaufspackungen mit Tabakerzeugnissen oder mit Zigarettenhüllen (vgl. § 12 II TabStG) in den Verkehr zu bringen, ist eine Ordnungswidrigkeit im Sinne des § 407 RAO. Die Geldbuße beträgt bis zu DM 10 000,—.

Es ist zu beachten, daß im Gegensatz zum Zugabeverbot gemäß § 17 II, III TabStG und dem Verbot des § 9 in Verbindung mit § 12 II TabStG das Rabattverbot des § 17 I TabStG bei Abgabe von Zigarettenhüllen keine Anwendung findet. Im Gegensatz zu den übrigen Verbots- und Steuertatbeständen, die Zigarettenhüllen der gleichen Regelung unterwerfen wie Tabakerzeugnisse, werden diese in § 17 I nicht genannt. Aus § 17 IV S. 1 TabStG, der sich ausschließlich auf die Abgabe von Tabakerzeugnissen und Zigarrettenhüllen durch den Hersteller an ihm aus persönlichen Gründen eng verbundene Personen bezieht, kann nicht im Umkehrschluß hergeleitet werden, daß auch verboten und strafbar sei, was nicht ausgesprochen wird.

B. Sonstige, die Wertreklame betreffende Verbotstatbestände
(§ 56 a GewO, § 5 Heilmittelwerbegesetz)

[131] **Allgemeines.** Außer der ZugVO, dem RabGes., der hierzu gehörigen DVO und dem TabStG kennt die deutsche Rechtsordnung keine speziell auf Zugaben und Rabatte bezogenen Verbote. Die Wertreklame im weiteren Sinne wird jedoch durch § 56 a GewO

und auch durch das Verbot des § 5 Heilmittelwerbeges. unmittelbar betroffen. Erstgenannter Tatbestand will verhindern, daß das Publikum durch in Aussicht gestellte unentgeltliche Zuwendungen verlockt wird, die Verkaufsveranstaltung eines Wanderlagers aufzusuchen. Durch letztgenannten Tatbestand soll unterbunden werden, daß durch Inaussichtstellen von Vorteilen besonderer Art für Arzneimittel, Behandlungsverfahren sowie Gegenstände und Mittel geworben wird, die der Gesundheitsförderung dienen. Beiden verbotenen Werbeformen ist gemeinsam, daß sie durch das Inaussichtstellen von besonderen Vorteilen einen bestimmten Werbeerfolg zu erzielen suchen, ohne daß ein unmittelbarer Zusammenhang zu bestimmten Umsatzgeschäften gegeben ist und ohne daß Umsätze erzielt werden müssen. Sie sind deshalb, im letztgenannten Falle zusätzlich, weil es sich um eine Tätigkeitsvergütung handelt, zugaberechtlicher Beurteilung entzogen. Ob auch gegen §§ 1, 3 UWG verstoßen wird, hängt von den Umständen des Einzelfalls ab.

[132] **Verlockung zum Besuch von Verkaufsstellen oder anderen Einrichtungen des Wandergewerbes.** § 56 a II GewO bestimmt:

„(2) Die Veranstaltung eines Wanderlagers zum Vertrieb (Feilhalten oder Aufsuchen von Bestellungen) von Waren ist 10 Tage vor Beginn der für den Ort der Veranstaltung zuständigen unteren Verwaltungsbehörde anzuzeigen, wenn auf die Veranstaltung durch öffentliche Ankündigung hingewiesen werden soll; in der öffentlichen Ankündigung ist die Art der Ware, die vertrieben wird, anzugeben. **„Im Zusammenhang mit Veranstaltungen nach Satz 1 dürfen unentgeltliche Zuwendungen (Waren oder Leistungen) einschließlich Preisausschreiben, Verlosungen und Ausspielungen nicht angekündigt werden."**

Beachte hierzu auch Anm. 51, 52, 61.

Wird gegen das Verbot der Ankündigung unentgeltlicher Zuwendungen verstoßen, kann die zuständige Behörde die Veranstaltung des Wanderlagers untersagen (§ 56 a III GewO). Gleichzeitig wird eine Geldstrafe von DM 5,— bis DM 500,— verwirkt (§ 148 I Nr. 7 GewO).

[133] **Werbegaben für Heilmittelwerbung.** Es ist verboten, die Werbung für die Verschreibung oder Anwendung von Arzneimitteln, Verfahren, Behandlungen, Gegenständen oder anderen Mitteln dadurch zu fördern, daß demjenigen, der sich zu entsprechenden

Empfehlungen bereit findet, „Werbegaben“ (Waren oder Leistungen) als Entgelt in Aussicht gestellt oder gewährt werden. Es handelt sich um eine Leistungsvergütung, die dafür gewährt wird, daß sich ein Dritter im Interesse des Werbenden durch Empfehlungen bemüht. Zugaberechtliche Beurteilung scheidet aus. Das Verbot richtet sich gegen jegliche Werbung, die dem Ziele dient, Dritte insbesondere auch Laienwerber, medizinisches Personal und sonstige einschlägig beschäftigte Personen zu veranlassen, um der in Aussicht gestellten besonderen Vorteile willen, Dritte zu verleiten, dem von ihnen angepriesenen Verfahren, oder der Behandlung oder medizinischen Gebrauchsgegenständen den Vorzug gegenüber anderen Erzeugnissen zu geben oder diese ohne ärztlichen Rat als Heilmittel zu verwenden. Meist wird eine derartige Werbung auch gemäß § 1 UWG unzulässig sein, denn grundsätzlich verstößt es gegen die guten Sitten und ist es unlauter, seinen werblichen Vorteil in einer Weise zu suchen, die die Gefahr der Gefährdung der Volksgesundheit in sich trägt (vgl. Baumbach-Hefermehl I S. 834 Rz. 2). Beachte auch Anm. 51, 61.

Wer vorsätzlich oder fahrlässig gegen das Verbot einer mit Werbegaben verbundenen Werbung verstößt, handelt ordnungswidrig und verwirkt eine Geldstrafe bis zu DM 50 000,— (§ 13 I Nr. 2, II HeilmittelwerbeGes.).

§ 2

(1) Wer den Vorschriften des § 1 zuwider handelt, kann von jedem, der Waren oder Leistungen gleicher oder verwandter Art, wie die Haupt- oder Zugabewaren oder Haupt- oder Zugabeleistung herstellt oder in den geschäftlichen Verkehr bringt, sowie von Verbänden zur Förderung gewerblicher Interessen, soweit sie als solche in bürgerlichen Rechtsstreitigkeiten klagen können, auf Unterlassung in Anspruch genommen werden. Ist die Zuwiderhandlung im Geschäftsbetriebe von einem Angestellten oder Beauftragten vorgenommen worden, so ist der Unterlassungsanspruch auch gegen den Inhaber des Betriebes begründet.

(2) Wer vorsätzlich oder fahrlässig gegen die Vorschriften des § 1 verstößt, ist zum Ersatz des durch die Zuwiderhandlung entstehenden Schadens verpflichtet.

(3) Ansprüche, die wegen der Gewährung von Zugaben auf Grund anderer Vorschriften, insbesondere des Gesetzes gegen den unlauteren Wettbewerb, begründet sind, bleiben unberührt. Die in Abs. I u. II bezeichneten Ansprüche auf Unterlassung oder Schadensersatz verjähren in 6 Monaten von dem Zeitpunkt an, in welchem der Anspruchsberechtigte von der Handlung und von der Person des Verpflichteten Kenntnis erlangt, ohne Rücksicht auf diese Kenntnis in 3 Jahren von der Begehung der Handlung an. Für die Ansprüche auf Schadensersatz beginnt der Lauf der Verjährung nicht vor dem Zeitpunkt, in welchem der Schaden entstanden ist.

Inhaltsübersicht

[1] **Allgemeines; Zivilansprüche.** Die ZugVO ist Teil des Wettbewerbsrechts (vgl. Einf. 8). Ankündigen, Anbieten und Gewähren von Zugaben sind Wettbewerbshandlungen, die dem Ziel dienen, vor den Wettbewerbern mit der notwendigen Folge ihrer Beeinträchtigung einen Vorsprung im Wettbewerb zu erlangen. Deshalb wird ihnen, ebenso wie Verbänden zur Förderung gewerblicher Interessen, entsprechend § 13 UWG, ein Abwehrrecht zuerkannt

(vgl. Anm. 3, 4). Wettbewerber sind nicht nur gewerbsmäßig oder gelegentlich oder aus sonstigem Anlaß sich im gleichen Geschäftszweig wie der Beklagte betätigende Personen, sondern auch Hersteller, Dienstleistungs- und Handelsbetriebe, die sich mit der Produktion und dem Absatz von Waren oder dem Erbringen von Leistungen befassen, die denen entsprechen oder verwandt sind, die als Zugaben in Aussicht gestellt oder gewährt werden. Auch kann der Erzeuger der Ware des Hauptgeschäfts sowohl gegenüber dem die Zugabe in Aussicht stellenden und gewährenden Unternehmer als auch gegenüber dem Hersteller der Zugabe, Unterlassungs- und bei Vorsatz oder Fahrlässigkeit, auch Schadensersatzansprüche geltend machen.

[2] **Allgemeines. Korrespondierende Tatbestände des UWG u. RabGes.** Bei Wettbewerbs-, Zugabe- und Rabattverstößen kann der werbebegünstigte Unternehmer auch auf Unterlassung in Anspruch genommen werden, wenn die den Tatbestand erfüllenden Handlungen in seinem Geschäftsbetrieb von einem Angestellten oder Beauftragten vorgenommen wurden (vgl. Anm. 6). Handeln diese als Mittäter oder Gehilfen, haften sie und der Unternehmer gemäß § 2 I S. 2 unmittelbar; eine Prüfung gemäß § 2 I S. 2 erübrigt sich. Leugnet der Unternehmer eigene Täterschaft und Verantwortung, so haftet er nach **§ 2 I S. 2,** der die Beweislast des Klägers auf den Nachweis der Angestellten- oder Beauftragtenbindung beschränkt. **Er entspricht § 13 III UWG.**

Das durch Änderungsgesetz vom 21. 7. 1965 (BGBl. I, 625) eingeführte **Klagerecht der Verbraucherverbände** (§ 13 I a UWG) **gilt** nur für Verstöße gegen §§ 3, 6, 6 a, 6 b, 7 u. 11 UWG, **nicht** dagegen **für Zugabe- und Rabattverstöße.**

§ 23 II UWG, der für jeden Fall der Veruteilung auf Unterlassung wegen Verstoßes gegen eine Vorschrift des UWG dem Kläger das Recht zuerkennt, auf Kosten des Beklagten das Urteil innerhalb einer bestimmten Frist zu veröffentlichen, **gilt nicht für Zugabeverstöße.**

Die durch Änderungsgesetz vom 21. 7. 1965 (BGBl. I S. 625) eingefügte **Bestimmung des § 23 UWG** zur sogenannten **Streitwertanpassung zugunsten der wirtschaftlich schwächeren Partei, ist auf Verfahren, die ausschließlich Ansprüche aus Zugabe- und Rabattverstoß und unerlaubter Handlung zum Gegenstand haben, nicht anwendbar.**

Auch **§ 24 UWG gilt** nur für Asprüche, die aufgrund der Vorschriften des UWG geltend gemacht werden, **nicht** dagegen **für den Fall des Zugabe- oder Rabattverstoßes.** Dieser Zuständigkeitsregelung kommt ohnehin nur untergeordnete Bedeutung zu; denn in jedem Fall ist der Gerichtsstand der unerlaubten Handlung (§ 32 ZPO) nach ständiger Rechtsprechung und herrschender Lehre gegeben. Hiervon wird in aller Regel Gebrauch gemacht.

§ 27 I UWG, der für Verfahren, die auf Verstöße gegen Vorschriften des UWG begründet werden, die **Zuständigkeit der Kammern für Handelssachen** bestimmt, **findet keine Anwendung, wenn ausschließlich Ansprüche aus Zugabe- oder Rabattverstoß geltend gemacht werden** und darüber hinaus der Kläger seine Rechte nach Maßgabe der Tatbestände zur unerlaubten Handlung des BGB verfolgt.

Die Ermächtigung des Landesgesetzgebers gemäß § 27 II—IV UWG für die Bezirke mehrerer Landgerichte in für Wettbewerbsstreitigkeiten zuständiges Gericht zu bestimmen, **gilt** für alle Verfahren, die begrifflich dem Wettbewerbsrecht zuzurechnen sind und damit **auch für** Ansprüche, **die aus Zugabe- oder Rabattverstößen hergeleitet werden.**

§ 25 UWG, der für eine wegen Verstoßes gegen Vorschriften des UWG geforderte einstweilige Regelung im einstweiligen Verfügungsverfahren die Glaubhaftmachung der Dringlichkeit nicht für erforderlich erklärt, weil sie in aller Regel zu vermuten ist, **gilt nicht für Ansprüche aus Zugabe- und Rabattverstößen.** Für diese wird die Dringlichkeit einer einstweiligen Verfügung nicht fingiert; sie muß glaubhaft gemacht werden (§ 942 ZPO). Die Praxis neigt mit Recht dazu, aus der Tatsache, daß Zugabeverstöße in aller Regel zu Wettbewerbszwecken begangen werden und eine unmittelbare Beeinträchtigung der Mitbewerber darstellen, die Dringlichkeit einer einstweiligen Regelung nach den Grundsätzen des Beweises vom ersten Anschein als nachgewiesen anzusehen. Es ist deshalb auch grundsätzlich Sache des Antragstellers, dies zu entkräften; in aller Regel wird es ihm nur durch Unterwerfungserklärung mit Strafgedinge gelingen.

[3] **Aktivlegitimation.** Aktiv legitimiert ist jeder, „der Waren oder Leistungen gleicher oder verwandter Art für die Haupt- oder Zugabeware oder Haupt- oder Zugabeleistung herstellt oder in den geschäftlichen Verkehr bringt". Klagebefugt sind daher nicht nur

Mitbewerber aus gleichen oder verwandten Geschäftskreisen des Hauptgeschäfts, sondern auch diejenigen, die sich damit befassen, Waren gleicher oder verwandter Art herzustellen oder zu vertreiben — entsprechendes gilt für gewerbliche Leistungen —, die den in Aussicht gestellten oder gewährten Zugaben entsprechen oder ihnen verwandt sind.

Jede irgendwie geartete im geschäftlichen Verkehr entfaltete Tätigkeit wird vom Verbot erfaßt (§ 1 Anm. 2). Ein Zusammenhang zu einem Gewerbebetrieb ist nicht erforderlich. Auch Angehörige der freien Berufe können Unterlassungs- und Schadensersatzansprüche geltend machen, wenn Zugaben zu einer Tätigkeit gewährt oder in Aussicht gestellt werden, die der ihrigen entspricht oder nahekommt oder wenn dies zu den in Aussicht gestellten oder gewährten Zugaben festgestellt werden kann. Die möglichen Zweifel, die sich aus der in § 13 I UWG findenden Kennzeichnung des aktiv legitimierten Mitbewerbers als „Gewerbetreibenden" ergeben, gelten für den Anwendungsbereich der ZugVO nicht. Diese erklärt ausdrücklich „jeden" für klagebefugt, der Waren oder Leistungen gleicher oder verwandter Art wie die des Haupt- oder Zugabegeschäfts herstellt oder in den geschäftlichen Verkehr bringt. Daß der Kläger auch völlig andere Artikel vertreibt oder Leistungen erbringt, als der Beklagte, ist unbeachtlich (OLG Hamburg WRP 1964, 247). Kläger und Beklagter brauchen nicht auf der gleichen Wirtschaftsstufe zu stehen und sich auch nicht an den gleichen Abnehmerkreis wenden (BGH GRUR 1955, 598 — praktischer Ratgeber). Kläger und Beklagter brauchen nicht der gleichen Wirtschaftsstufe anzugehören; auch mittelbare Wettbewerbsbeeinträchtigung genügt. Dies macht die Prüfung der Frage, ob dem Kläger ein ausreichendes Rechtsschutzinteresse zuzuerkennen ist, nicht überflüssig. Ein schutzwürdiges Interesse setzt voraus, daß derjenige, der Unterlassungs- oder Schadensersatzansprüche geltend macht, in einem die Aktivlegitimation gemäß § 2 begründenden Geschäftskreis tätig ist, das heißt daß er zur Zeit der Klageerhebung branchengleiche oder verwandte Waren oder gleiche oder verwandte gewerbliche Leistungen wie der Beklagte erbringen muß (Pastor, Wettbewerbsprozeß, S. 196/197 Rz. 6).

Entfällt durch Aufgabe des Gewerbebetriebes oder Einstellung der Geschäftstätigkeit in dem die Aktivlegitimation begründenden Geschäftszweig die Klagebefugnis, dann ist der Rechtsstreit in der Hauptsache für erledigt zu erklären (RG MUW 1940, 32; Pastor

a. a. O.). Am notwendigen Rechtsschutzinteresse fehlt es, wenn weder eine unmittelbare noch mittelbare Wettbewerbsbeeinträchtigung des Klägers angenommen werden kann, z. B. wenn ein Stuttgarter Schuhwareneinzelhändler mit durchschnittlichem Sortiment und Umsatz durch Klage Unterlassung von Zugaben zu Schuhwaren von einem Einzelhändler in Düsseldorf fordert. Betreibt er dort oder in näherer Umgebung eine Filiale oder steht deren Eröffnung in absehbarer Zeit bevor, kann ein schutzwürdiges Interesse nicht geleugnet werden. Wird eine am Orte des Beklagten bisher betriebene Zweigniederlassung aufgegeben, kann während des Rechtsstreits Erledigung zur Hauptsache wegen Fortfalls des Verfolgungsinteresses eintreten. Wird diese nicht erklärt, ist die Klage abzuweisen. Ein Rechtsschutzbedürfnis entfällt nicht schon deshalb, weil bereits ein anderer Mitbewerber oder Verband Unterlassungsklage erhoben hat. Mitbewerber und Verbände können gleichzeitig oder nebeneinander klagen; der Hinweis auf ein anderes gleichartiges Verfahren rechtfertigt weder die Einrede der Rechtshängigkeit noch, falls dieses bereits durch Urteil rechtskräftig abgeschlossen ist, die der rechtskräftigen Entscheidung (BGH GRUR 1960, 379 — Zentrale; RGZ 120, 47/49; Baumbach-Hefermehl I S. 965 Rz. 5). Ein Unterlassungskläger braucht deshalb vor Klageerhebung auch nicht Nachforschungen darüber anzustellen, ob bereits anderweitig Klage erhoben wurde. Dies schließt nicht aus, daß im Einzelfall eine rechtskräftige anderweitige Verurteilung für andere Klageberechtigte das Rechtsschutzinteresse ausräumt; die Klage ist dann als unzulässig abzuweisen (BGH Zentrale a. a. O.; Baumbach-Hefermehl a. a. O.; Pastor Wettbewerbsprozeß S. 64 Anm. 3/DD u. Fn. 26/27).

Eine eigene anspruchsbegründende Geschäftstätigkeit scheidet aus, wenn der Kläger nur geldlich nicht aber als tätiger Teilhaber am Erwerbsgeschäft eines anderen beteiligt ist, z. B. stiller Teilhaber aber auch von der Geschäftsführung ausgeschlossene Kommanditisten oder OHG-Gesellschafter (a. M. OLG Dresden MuW 1941, 207; Baumbach-Hefermehl I S. 966 Rz. 8). Nur das Unternehmen, nicht aber der stille Teilhaber oder von der Geschäftsführung ausgeschlossene OHG-Gesellschafter oder Kommanditisten bringen Waren oder Leistungen gleicher oder verwandter Art in den geschäftlichen Verkehr, ebensowenig wie dies durch den Gesellschafter einer GmbH geschieht. Mit dem Wesen und der Bedeutung der Kommanditgesellschaft nach heutiger Sicht, ist es nicht vereinbar, nicht tätige Gesellschafter wie tätige Mitbewerber zu befugen.

[4] **Verbände zur Förderung gewerblicher Interessen,** die als solche in bürgerlichen Rechtsstreitigkeiten klagen können, sind neben Wettbewerbern aktiv legitimiert, jedoch nur zur Geltendmachung von Unterlassungsansprüchen. Einzelne Verbandsmitglieder können unter Berufung auf ihre Mitgliedschaft nicht klagen; ein ihnen als Mitbewerber gegebenes eigenes Klagerecht bleibt unberührt. Die Klagebefugnis der Verbände soll der Wahrung des allgemeinen Interesses neben dem durch Wettbewerben zu verfolgenden Individualinteressen dienen (BGH GRUR 1956, 279 — Olivin; BGH GRUR 1964, 397/398 — Damenmäntel). Der Einräumung des Klagerechts auch für Verbände lag der Gedanke zugrunde, daß wegen gefürchteter Kosten und sonstiger Nachteile Mitbewerber vielfach vor klageweisem Vorgehen zurückschrecken werden und daß durch das Einschreiten angesehener und sachkundiger Körperschaften die Eigenkontrolle der Wirtschaft verstärkt werden könnte.

Die Klagebefugnis setzt voraus, daß der Verband satzungsgemäß der Förderung gewerblicher Interessen dient. Es genügt, wenn der Satzung hinreichend deutlich entnommen werden kann, daß der Verband auch der Förderung gewerblicher Interessen dienen soll (BGH GRUR 1965, 485/486 — Versehrtenseife). Satzungsmäßige Bestimmung genügt aber allein nicht; es ist auch eine der Förderung gewerblicher Interessen dienende Tätigkeit notwendig (KG JW 1930, 1743; Baumbach-Hefermehl I S. 968 Rz. 13). Daß die Bemühung branchenverbundenen Interessen dient, ist nicht erforderlich, desgleichen nicht, daß Mitbewerber des Beklagten Verbandsangehörige sind (BGH GRUR 1965, 485/486; OLG Hamburg GRUR 1969, 483; Godin-Hoth S. 159 Anm. 2 lit. c; Baumbach-Hefermehl I S. 998 Rz. 13; a. M. RGZ 99, 191; Wilke GRUR 1969, 468). Erforderlich ist aber, daß „die Verfolgung der Wettbewerbshandlung überhaupt in den Bereich der gewerblichen Interessen fällt, zu deren Förderung der Verband berufen ist und daß die Verfolgung nicht schlechthin außerhalb dieser Interessen liegt (RG JW 1935, 3157; RG JW 1936, 808; OLG Hamburg GRUR 1954, 588). Ein Verstoß, der zu den satzungsmäßigen Aufgaben des Verbandes keinerlei Beziehung hat und völlig außerhalb des Verbandszwecks liegt, schließt ein schutzwürdiges Verfolgungsinteresse aus (RG ST 45, 360; RGZ 105, 380; Godin-Hoth a. a. O.; Baumbach-Hefermehl I S. 998 Rz. 14).

Rechtsfähigkeit des Verbandes ist notwendige Voraussetzung der Klagebefugnis (RGZ 60, 418); ein nicht eingetragener Verein, der lediglich beklagt werden kann, ist nicht aktiv legitimiert.

[5] **Passivlegitimation.** Wer den Vorschriften des § 1 zuwider handelt, ist zur Unterlassung und bei Verschulden zum Schadensersatz verpflichtet. Passiv legitimiert ist, wer allein oder gemeinsam mit anderen — diese als Mittäter oder Gehilfen — einen der Tatbestände des § 1 I oder III erfüllt. Jede, der Vollendung des Tatbestands dienende Mitwirkung genügt. Nicht nur der Unternehmer, der Zugaben in Aussicht stellt oder gewährt ist verpflichtet, sondern auch wer zur Vollendung des Tatbestands beiträgt, z. B. der Einzelhändler, der abgepackte Markenwaren verkauft, denen Gutscheine des Herstellers beigefügt sind, gegen deren Vorlage — einzeln oder als Sammlung — die in Aussicht gestellten Zugabegegenstände oder Leistungen gewährt werden. Der Hersteller, der dem Einzelhändler zusammen mit den von ihm gelieferten Waren Zugabeartikel zur unentgeltlichen Abgabe an das kaufende Publikum zur Verfügung stellt, kann auf Unterlassung in Anspruch genommen werden, weil er den Einzelhändlern in Gestalt von Werbematerial Zugaben gewährt, weil er sie zur Zugabenwerbung anstiftet und weil er bei deren Zugabeverstoß durch Bereitstellung der Zugaben mitwirkt. Zeitungs- und Zeitschriftenverlage und deren Redakteure können auf Unterlassung in Anspruch genommen werden, wenn sie die Ankündigung verbotswidriger Zugaben veröffentlichen. Das gleiche gilt für Unternehmer, die für andere die in Aussicht gestellte Zugaben gewähren, z. B. Ausführung von Foto-Arbeiten, oder zu zufallsabhängigen Zugaben Durchführung der Verlosung.

Ist das die Zugaben gewährende oder in Aussicht stellende Unternehmen eine juristische Person, dann ist diese auch zum Anspruch auf Unterlassung passiv legitimiert. Zur strafrechtlichen Haftung vgl. § 3.

[6] **Die Haftung des Unternehmers für Dritte** ohne eigenes Tätigwerden und Verschulden — § 2 I S. 2 entspr. § 13 III UWG, § 12 II RabGes. — ist eine Besonderheit des Wettbewerbsrechts. Der Geschäftsherr hat für Wettbewerbsverstöße seiner Verrichtungsgehilfen (Angestellte, Beauftragte) nicht nur unter den Voraussetzungen des § 831 BGB sondern schon dann einzustehen, wenn nachgewiesen ist, daß sie die den Tatbestand des Zugabeverstoßes vollendenden Handlungen in seinem geschäftlichen Betriebe vorgenommen haben. Ob dies mit seinem Wissen oder gegen seinen Willen geschah, ist unerheblich. Dadurch soll verhindert werden, daß sich der Inhaber eines Geschäftsbetriebs bei wettbewerbswidrigem Verhalten seiner Mitarbeiter hinter diesen verschanzt (stR: RGZ 151, 287/292 —

Alpina-Uhren; BGH GRUR 1955, 411/414 — Zahl 55; BGH GRUR 1957, 606 — Heiltee; BGH GRUR 1963, 434 — Reiseverkäufer). § 2 II S. 2 ist nur für Unterlassungs- und Beseitigungsansprüche (Anm. 7) bedeutsam, die Verschulden nicht voraussetzten. Bei Kenntnis des Unternehmers und damit gegebener Haupt- oder Mittäterschaft, folgt die Unterlassungs-, Beseitigungs- und Ersatzpflicht unmittelbar aus § 2 I S. 1, II.

Angestellter ist, wer vertraglich zur Dienstleistung verpflichtet ist; auf Entgeltlichkeit kommt es nicht an. Es genügt jede gesetzlich oder vertraglich begründete Verpflichtung im Geschäftsbetrieb des Unternehmers tätig zu sein, z. B. Dienst-, Werk-, Geschäftsbesorgungsvertrag, Auftrag. Jede irgendwie geartete Mitgliedschaft zur Betriebsorganisation genügt, selbst wenn diese auch nur in der Verpflichtung zur Mitarbeit von Kindern und Ehegatten gemäß §§ 1356, 1619 BGB begründet ist. Auch die Tätigkeit von Lehrlingen und Arbeitern wird erfaßt. Hat ein Arbeitnehmer seine vertraglich gebundene Tätigkeit noch nicht aufgenommen, wird aber bereits von ihm für den Unternehmer eine den Tatbestand des § 1 ZugVO erfüllende Handlung begangen, so reicht dies aus (RGSt. 50, 131; Baumbach-Hefermehl I S. 979 Rz. 39).

Beauftragter ist, wer ohne Angestellter in vorgenanntem Sinne zu sein, sich im oder für den Geschäftsbetrieb eines anderen betätigt. Wer dauernd beauftragt und laufend tätig ist, gilt im Zweifel als Angestellter. Gelegentliche Tätigkeit genügt, selbst einmalige Betätigung ist ausreichend. Ein Auftragsverhältnis im bürgerlichrechtlichen Sinne (§ 662 BGB) ist nicht erforderlich. Ausreichend ist vielmehr, daß das Ergebnis seiner Bemühung dem geschäftlichen Betrieb zugute kommt. Erforderlich ist weiter, daß die Betriebsleitung die Möglichkeit und Macht hat, auf das Verhalten des Beauftragten einen bestimmenden Einfluß auszuüben und ihren Willen durchzusetzen (h. M.; vgl. z. B. RGZ 151, 287/291 — Alpina-Uhren; RG GRUR 1939, 557/560 — Hohlscheren; BGH GRUR 1959, 38/44 — Buchgemeinschaft II; BGH GRUR 1964, 263/267 — Unterkunde). Beauftragte können sowohl selbständige Kaufleute als z. B. auch von der Geschäftsführung und Vertretung ausgeschlossene Gesellschafter einer Handelsgesellschaft oder GmbH sein, die zur Förderung des von ihr betriebenen Unternehmens tätig werden, nicht dagegen Zwischenhändler, es sei denn, daß sie als Glied einer Vertriebsorganisation tätig werden, deren Leitung in der Lage ist, ihnen gegenüber ihren Willen durchzusetzen. Passivlegitimiert war eine Uhreneinkaufsgenossenschaft für wettbewerbswidrige Handlungen ihrer Genossen, obwohl diese selbständige Unternehmer waren (RGZ 151, 287/291 — Alpina-Uhren) und ein Verlag, der Bücher an eine feste Lesergemeinde vertrieb, für Wettbewerbsverstöße der als Betreuer fungierenden Sortimentsbuchhändler und der von ihnen eingesetzten Werber (BGH GRUR 1959, 38/44 — Buchgemeinschaft II). Auch vorgespannte Laienwerber, die durch Werbeprämien oder Provisionen veranlaßt werden, für das Angebot des Unternehmers zu werben, sind Beauftragte (Baumbach-Hefermehl I S. 980 Rz. 39). Es ist nicht erforderlich, daß der Beauftragte ausschließlich für den zugabebegünstigten Unternehmer tätig wird. Auch ein sich für verschiedene Unternehmen bemühender Handelsvertreter ist Beauftragter (OLG Düsseldorf GRUR 1950, 434). Auch ist es nicht erforderlich, daß nach außen eine Zugehörigkeit zur betrieblichen Organisation erkennbar wird (BGH GRUR 1963, 438/440 — Fotorabatt). Zur Haftung des Betriebsinhabers für Wettbewerbsverstöße von Angestellten und Beauftragten gemäß §§ 13 III UWG, 2 I S. 2 ZugVO, 12 II RabGes. vgl. auch Ulmer-Reimer S. 108 Nr. 150, Pastor, Wettbewerbsprozeß, S. 211 ff., Godin-Hoth § 13 Anm. 9, 10, Baumbach-Hefermehl I S. 978 ff. Rz. 35—46.

[7] **Unterlassungsanspruch.** Dieser setzt Verschulden des Beklagten nicht voraus. Er kann auch geltend gemacht werden, wenn nicht der beklagte Unternehmer, sondern in dessen Gewerbebetrieb bzw. für ihn Angestellte oder Beauftragte den Zugabenverstoß begangen haben (vgl. Anm. 6). Bei Verschulden sind der Unterlassungsanspruch und insbesondere auch die vorbeugende Unterlassungsklage zusätzlich aus §§ 823, 826, 1004 BGB zu rechtfertigen.

Gegenstand eines gerichtlichen Verbots aufgrund des § 2 kann jeweils nur eine konkrete Verletzungshandlung sein, die tatsächlich stattgefunden hat oder zumindest ernstlich zu befürchten ist (vgl. m. Nachw. b. Pastor, Wettbewerbsprozeß, S. 329 ff.). Diese muß im Antrag und Urteilstenor genau bezeichnet werden. Für ein darüber hinausgehendes Unterlassungsverlangen fehlt die Anspruchsgrundlage und auch ein schutzwürdiges Verfolgungsinteresse. Denn § 1 verbietet die Vornahme bestimmter Handlungen, § 2 begründet nur einen Anspruch darauf, daß Unterlassung derjenigen Handlung gefordert wird, die jeweils begangen wurde oder zu befürchten ist. Gemäß § 308 ZPO darf ein Urteilsspruch und folglich auch ein Klageantrag sachlich nicht über das hinausgehen, was zuerkannt werden kann. Bei Unterlassungsansprüchen ist deshalb auf die Formulierung des Antrags und des Urteilstenors größte Sorgfalt zu verwenden und ebenfalls darauf zu achten, daß nicht durch eine zu weite Fassung die Gefahr der Teilabweisung riskiert oder dem Beklagten durch zu enge Fassung die Möglichkeit der Umgehung eröffnet wird. Zur Vollstreckung vgl. Pastor, „Die Unterlassungsvollstreckung nach § 890 ZPO".

[8] **Schadensersatzanspruch.** Jeder Mitbewerber (Anm. 3), nicht dagegen ein klagebefugter Verband (Anm. 4), kann Schadensersatz für den Fall des Zugabeverstoßes verlangen. Zu den Anspruchsgrundlagen im einzelnen vgl. Anm. 10.

Schadensersatz setzt Schadenszufügung durch eine der genannten Zugabehandlungen — Ankündigen, Anbieten oder Gewähren von Zugaben — voraus. Passiv legitimiert sind Haupt- und Mittäter. Der Kläger muß durch die Werbehandlungen beeinträchtigt worden sein und hierdurch eine materielle Einbuße erlitten haben. Schaden ist jede Beeinträchtigung des gegenwärtigen Vermögens, etwa durch dessen Minderung oder durch Beeinträchtigung der Chance es zu vermehren (entgangener Gewinn). Zugabenwerbung als Wettbewerbshandlung begründet grundsätzlich die Vermutung einer Wettbewerbsbeeinträchtigung der Mitbewerber und damit auch die einer Schadenszufügung. Das Betreiben der Feststellung einer Ersatzpflicht dem Grunde nach bereitet deshalb in aller Regel keine Schwierigkeit. Der Nachweis zur Höhe dagegen ist meist nicht einfach zu führen; die Schadensfeststellung zur Höhe wird auch im Rahmen des § 287 ZPO oft erst nach Auskunft durch den Beklagten möglich sein (vgl. Anm. 9).

[9] **Schadensersatz; Anspruchsgrundlagen.** § 2 ZugVO ist zur Schadensersatzpflicht § 1 UWG nachgebildet. Er ist selbständige Anspruchsgrundlage. Daneben hat der Verletzte den Anspruch aus § 823 II BGB und bei Vorsatz und Sittenwidrigkeit auch den aus §§ 1 UWG, 826 BGB. Der Täter muß schuldhaft handeln; schon leichte Fahrlässigkeit genügt. Beachtlicher Verbotsirrtum schließt nicht nur die Strafbarkeit sondern auch die Schadensersatzpflicht aus, z. B. wenn der Täter auf den Bestand einer Rechtsprechung vertraute, die in dem zu entscheidenden Fall aufgegeben wird.

Mittäter haften als Gesamtschuldner (§ 840 BGB). Bei mitwirkendem Verschulden, z. B. auch infolge unterlassener Abwehr, finden §§ 846, 254 BGB Anwendung. Auch handelt arglistig und rechtfertigt den entsprechenden Einwand, wer durch stillschweigendes Hinnehmen der Beeinträchtigung den Eindruck der Duldung erweckt.

Für die Ersatzpflicht gelten grundsätzlich §§ 249 ff. BGB. Sofern für die Schadensermittlung Kenntnis vom Umfang der verbotenen Werbung erforderlich ist, hat der Geschädigte einen entsprechenden Auskunftsanspruch (BGH GRUR 1965, 313/314 — Umsatzauskunft). Die Auskunft des Beklagten wird, evtl. zusammen mit weiteren Umständen, in aller Regel eine Schätzung des konkreten Schadens im Rahmen des § 287 ZPO ermöglichen. Die Art der zu erteilenden Auskunft und deren Umfang sind unter Abwägung der Interessen der Parteien zu bestimmen; hierbei ist insbesondere dem Bedürfnis des Verletzten Rechnung zu tragen, ausreichende Feststellungsgrundlagen für die Höhe des ihm zugefügten Schadens zu erhalten (BGHZ 10, 385/387). Das Auskunftsverlangen darf nur dem Ziel der Schadensfeststellung und nicht dem der Ausforschung geschäftlicher Interessen dienen.

[10] **Verjährung.** Die Verjährungsfrist beträgt sechs Monate vom Zeitpunkt der Kenntnis an, ohne Rücksicht hierauf drei Jahre, gerechnet vom Zeitpunkt der Begehung. Wird ausschließlich gegen § 1 ZugVO verstoßen, kann eine längere Verjährungsfrist aus § 823 II BGB nicht hergeleitet werden. Dieser ist unselbständige Blankettvorschrift; das verletzte Schutzgesetz bestimmt Charakter, Inhalt und Ausmaß der unerlaubten Handlung, den Umfang der Ersatzansprüche und auch die Verjährung. § 852 BGB findet deshalb keine Anwendung.

[11] **Zuständigkeit.** § 1 ZugVO ist unerlaubte Handlung. Neben dem allgemeinen Gerichtsstand des Beklagten ist der des § 32 ZPO gegeben. § 24 UWG findet keine Anwendung, desgleichen nicht § 27 UWG, der die sachliche Zuständigkeit der Kammern für Handelssachen bestimmt. Soweit Landesregierungen von der Konzentrationsbefugnis des § 27 UWG Gebrauch gemacht haben, ist das für die Bezirke mehrerer Landgerichte für zuständig erklärte Gericht für Wettbewerbssachen anzurufen.

[12] **Einigungsstellen.** Die Einigungsstellen des § 27 a UWG können auch bei Zugabeverstößen angerufen werden, vorausgesetzt, daß es sich um Verstöße handelt, die sich im geschäftlichen Verkehr mit dem letzten Verbraucher ereignet haben. Andernfalls kann die Zuständigkeit nur mit Zustimmung des Antragsgegners begründet werden. § 27 a UWG bestimmt:

§ 27 a [Einigungsstellen zur Beilegung von Wettbewerbsstreitigkeiten]

(1) Die Landesregierungen errichten bei Industrie- und Handelskammern Einigungsstellen zur Beilegung von Wettbewerbsstreitigkeiten in der gewerblichen Wirtschaft (Einigungsstellen).

(2) Die Einigungsstellen sind mit einem Rechtskundigen, der die Befähigung zum Richteramt nach dem Gerichtsverfassungsgesetz hat, als Vorsitzendem und mindestens zwei sachverständigen Gewerbetreibenden als Beisitzern zu besetzen. Der Vorsitzende soll auf dem Gebiete des Wettbewerbsrechts erfahren sein. Die Beisitzer werden von dem Vorsitzenden für den jeweiligen Streitfall aus einer alljährlich für das Kalenderjahr aufzustellenden Liste der Beisitzer berufen. Die Berufung soll im Einvernehmen mit den Parteien erfolgen. Für die Ausschließung und Ablehnung von Mitgliedern der Einigungsstelle sind §§ 41 bis 43 und § 44 Abs. 2 bis 4 der Zivilprozeßordnung entsprechend anzuwenden. Über das Ablehnungsgesuch entscheidet das für den Sitz der Einigungsstelle zuständige Landgericht (Kammer für Handelssachen oder, falls es an einer solchen fehlt, Zivilkammer).

(3) Die Einigungsstellen können bei bürgerlichen Rechtsstreitigkeiten aus § 13 von jeder Partei zu einer Aussprache mit dem Gegner über den Streitfall angerufen werden, soweit die Wettbewerbshandlungen den geschäftlichen Verkehr mit dem letzten Verbraucher betreffen. Bei sonstigen bürgerlichen Rechtsstreitigkeiten aus § 13 können die Einigungsstellen angerufen werden, wenn der Gegner zustimmt.

(4) Für die Zuständigkeit der Einigungsstellen ist § 24 entsprechend anzuwenden.

(5) Der Vorsitzende der Einigungsstelle kann das persönliche Erscheinen der Parteien anordnen. Gegen eine unentschuldigt ausbleibende Partei kann die Einigungsstelle eine Ordnungsstrafe in Geld festsetzen. Gegen die Anordnung des persönlichen Erscheinens und gegen die Straffestsetzung findet die sofortige Beschwerde nach den Vorschriften der Zivilprozeßordnung an das für den Sitz der Einigungsstelle zuständige Landgericht (Kammer für Handelssachen, oder, falls es an einer solchen fehlt, Zivilkammer) statt.

(6) Die Einigungsstelle hat einen gütlichen Ausgleich anzustreben. Sie kann den Parteien einen schriftlichen, mit Gründen versehenen Einigungsvorschlag machen. Der Einigungsvorschlag und seine Begründung dürfen nur mit Zustimmung der Parteien veröffentlicht werden.

(7) Kommt ein Vergleich zustande, so muß er in einem besonderen Schriftstück niedergelegt und unter Angabe des Tages seines Zustandekommens von den Mitgliedern der Einigungsstelle, welche in der Verhandlung mitgewirkt haben, sowie von den Parteien unterschrieben werden. Aus einem vor der Einigungsstelle geschlossenen Vergleich findet die

Zwangsvollstreckung statt; § 797 a der Zivilprozeßordnung ist entsprechend anzuwenden.

(8) Die Einigungsstelle kann, wenn sie den geltend gemachten Anspruch von vornherein für unbegründet oder sich selbst für unzuständig erachtet, die Einleitung von Einigungsverhandlungen ablehnen.

(9) Durch die Anrufung der Einigungsstelle wird die Verjährung in gleicher Weise wie durch Klageerhebung unterbrochen. Die Unterbrechung dauert bis zur Beendigung des Verfahrens vor der Einigungsstelle fort. Kommt ein Vergleich nicht zustande, so ist der Zeitpunkt, zu dem das Verfahren beendet ist, von der Einigungsstelle festzustellen. Der Vorsitzende hat dies den Parteien mitzuteilen. Wird die Anrufung der Einigungsstelle zurückgenommen, so gilt die Unterbrechung der Verjährung als nicht erfolgt.

(10) Ist ein Rechtsstreit der in Absatz 3 Satz 1 bezeichneten Art ohne vorherige Anrufung der Einigungsstelle anhängig gemacht worden, so kann das Gericht auf Antrag den Parteien unter Anberaumung eines neuen Termins aufgeben, vor diesem Termin die Einigungsstelle zur Herbeiführung eines gütlichen Ausgleichs anzurufen. In dem Verfahren über den Antrag auf Erlaß einer einstweiligen Verfügung ist diese Anordnung nur zulässig, wenn der Gegner zustimmt. Absatz 8 ist nicht anzuwenden. Ist ein Verfahren vor der Einigungsstelle anhängig, so ist eine erst nach Anrufung der Einigungsstelle erhobene Klage des Antragsgegners auf Feststellung, daß der geltend gemachte Anspruch nicht bestehe, nicht zulässig.

(11) Die Landesregierungen werden ermächtigt, die zur Durchführung der vorstehenden Bestimmungen und zur Regelung des Verfahrens vor den Einigungsstellen erforderlichen Vorschriften zu erlassen, insbesondere über die Aufsicht über die Einigungsstellen, über ihre Besetzung unter angemessener Beteiligung der nicht den Industrie- und Handelskammern angehörenden Gewerbetreibenden (§ 2 Abs. 2 bis 6 des Gesetzes zur vorläufigen Regelung des Rechts der Industrie- und Handelskammern vom 18. Dezember 1956 — Bundesgesetzbl. I S. 920) und über die Vollstreckung von Ordnungsstrafen, sowie Bestimmungen über die Erhebung von Auslagen durch die Einigungsstelle zu treffen.

§ 3 Strafvorschrift

(1) Wer vorsätzlich den Vorschriften des § 1 zuwiderhandelt, wird, sofern die Tat nicht nach anderen Vorschriften mit schwererer Strafe bedroht ist, mit Geldstrafe bestraft.

(2) Die Strafverfolgung tritt nur auf Antrag ein. Das Recht, den Strafantrag zu stellen, hat selbstverständlich jeder der im § 2 Abs. 1 bezeichneten Gewerbetreibenden und Verbände. Die Zurücknahme des Antrags ist zulässig.

(3) (aufgehoben)

[1] **Allgemeines.** Zuwiderhandlungen gegen § 1 I S. 1—3 u. III sind strafbar. Zum Strafmaß vgl. Anm. 3. Die ursprünglich gegebene Möglichkeit, auf Veröffentlichung des Urteils zu erkennen, wurde ersatzlos durch Art. 85 Nr. 6 des I. Gesetzes zur Reform des Strafrechts vom 25. 6. 1969 (BGBl. I S. 645) mit Wirkung vom 1. 4. 1970 gestrichen. Der Zugabeverstoß blieb Strafgesetz, obgleich ohne Gegenmeinung der Zugabeverstoß weder kriminelles Unrecht noch sittlich verwerflich ist; es handelt sich um eine Ordnungsnorm, durch die weitgehend gewerbepolizeiliche und wirtschaftspolitische Ziele verfolgt werden (vgl. Einf. 2, 3). Es handelt sich um eine Ordnungswidrigkeit, die mit Kriminalstrafe bedroht ist.

Die Tat ist Vergehen. § 3 entspricht den Strafbestimmungen der §§ 4, 15, 22 u. 23 UWG. Zum objektiven Tatbestand vgl. §§ 1 I S. 1—3, III, vgl. die dortigen Anmerkungen.

Der Täter muß vorsätzlich handeln. Dolus eventualis genügt. Der Versuch und der fahrlässige Zugabeverstoß sind straffrei.

[2] **Subsidiäre Bedeutung.** Bei Verstoß auch gegen andere Straftatbestände mit schwererer Strafe erfolgt die Bestrafung aus dem anderen Gesetz (§ 3 I: „... sofern nicht ..."), z. B. bei Verstoß gegen das Zugabeverbot und das der Ausspielung aus § 286 StGB, bei Gesetzeskonkurrenz mit Betrug aus § 263 StGB oder bei gleichzeitiger Vollendung des Tatbestands der strafbaren irreführenden Werbung aus § 4 UWG (Reimer-Krieger S. 118; Baumbach-Hefermehl I S. 1237; Tetzner S. 77; Godin-Hoth S. 332; a. M.: Klauer-Seydel S. 69, dessen Hinweis, daß dann die Publikation gemäß III ausscheiden müsse, durch Gesetzesänderung gegenstandslos geworden ist; vgl. Anm. 1).

[3] **Die Strafe ist Geldstrafe.** Sie beträgt mindestens DM 5,—, höchstens DM 10 000,— (§ 27 II Nr. 1). Handelt der Täter gewinnsüchtig, was bei Zugabenverstößen zu Zwecken des Wettbewerbs regelmäßig anzunehmen ist, kann die Geldstrafe auf DM 100 000,—

erhöht werden (§ 27 a StGB). An Stelle der Geldstrafe kann für den Fall der Uneinbringlichkeit ersatzweise auf Haft erkannt werden, deren Dauer mindestens einen Tag, höchstens aber sechs Wochen zu betragen hat (§ 29 I, II StGB).

[4] **Antragsdelikt.** Die Strafverfolgung setzt einen Strafantrag voraus. Antragsberechtigt sind die in § 2 I 1 S. 1 genannten Gewerbetreibenden und Verbände. Nur bis zur Verkündung eines auf Strafe lautenden Urteils kann der Antrag zurückgenommen werden (§ 64 StGB).

[5] **Beweislast im Strafverfahren.** Alle den Straftatbestand erfüllenden Tatsachen, unter Einschluß des alle Tatbestandsmerkmale umfassenden Vorsatzes, müssen dem Angeklagten nachgewiesen werden. Nachzuweisen ist auch, daß die angekündigte, angebotene oder gewährte Zugabe nicht in den Rahmen der Ausnahmetatbestände des § 1 II lit. a bis g gehören. Der Angeklagte braucht sich nicht auf einen der Ausnahmetatbestände zu berufen und den entsprechenden Nachweis zu führen.

[6] **Irrtum.** Der Verbotsirrtum schließt die Strafbarkeit grundsätzlich nicht aus (strafrechtlich unbeachtlicher Rechtsirrtum). Nur wenn der Täter auch bei gehöriger Anspannung des Gewissens das Unrechtmäßige seines Tuns nicht hatte erkennen können, wird eine Schuld und damit die Strafbarkeit ausgeschlossen (BGHSt. 2 S. 204; 4 S. 1). Der Irrtum muß unvermeidbar sein. Er ist es nicht, wenn er durch Erkundigungen hätte vermieden werden können (Baumbach-Hefermehl a. a. O.).

Der Tatsachenirrtum ist stets beachtlich (§ 58 StGB). Z. B.: Irrtum über den Wert des Zugabegegenstandes, Irrtum über die Werbeeignung, über die den Zusammenhang zum Hauptgeschäft herstellenden Umstände, über die Zubehöreigenschaft u. ä.

§ 4

Vergehen gegen § 3 können im Wege der Privatklage verfolgt werden. Die allgemeinen Vorschriften über die Privatklage finden Anwendung.

[1] § 4 entspricht § 22 UWG. Auch branchenverwandte Mitbewerber und Wirtschaftsverbände sind zur Privatklage legitimiert (Baumbach-Hefermehl S. 1238; Reimer-Krieger S. 112; Klauer-Seydel S. 71; a. M.: Tetzner S. 79).

[2] Bei öffentlicher Klage sind die zur Privatklage Berechtigten befugt, als Nebenkläger aufzutreten (§ 395 ff. StPO).

Zur gleichzeitigen Geltendmachung von Ersatzansprüchen im Adhäsionsverfahren vgl. § 403 ff. StPO. Nur bei Verstößen leichter Art und nur bei Verletzung der Interessen eines eng umgrenzten Personenkreises ist auf den Weg der Privatklage zu verweisen. Grundsätzlich ist, von Ausnahmefällen abgesehen, ein öffentliches Interesse an der Strafverfolgung von Zugabeverstößen gegeben.

§ 5

Die Vorschriften dieses Teiles treten drei Monate nach der Verkündung in Kraft . . .

Als Übergangsvorschrift gegenstandslos.

Gesetz über Preisnachlässe (Rabattgesetz)

vom 25. November 1933
(RGBl. I 1011)

in der Fassung der Gesetze vom 21. 7. 54 (BGBl. I 212), 11. 3. 57 (BGBl. I 172) und der Entsch. des BVerfG vom 11. 4. 67 (BGBl. I 626)

Einführung

[1] **Entstehungsgeschichte des Gesetzes.** Die Rabattgewährung ist eine „uralte Geschäftsgewohnheit" (Begr. zum UWG von 1909), „ein uraltes Mittel — vor allem zu Zeiten scharfen Wettbewerbs — um Kundschaft anzulocken" (Baumbach-Hefermehl 10. Aufl. Übersicht RabattG Rz 4). Im Rahmen des UWG hielt man eine Regelung des Rabattwesens über die sich aus §§ 1, 3 UWG (sitten- und wahrheitswidrige Werbung) und dem Verbot besonderer Verkaufsveranstaltungen (§§ 7—9 UWG) ergebenden Schranken hinaus nicht für erforderlich und bei Erlaß der ZugabeVO die Regelung des § 1 II lit. b, c für ausreichend. Schon bald zeigte sich, daß statt nunmehr verbotener Zugaben in steigendem Maße Rabatte gewährt wurden. Umfang und Höhe der im Einzelhandel gewährten Preisnachlässe nahmen bedenkliche Ausmaße an.

Die Höhe der gewährten Rabatte (bis zu 10 %) entsprach nicht mehr einer normalen kaufmännischen Kalkulation, das wirtschaftlich vertretbare Maß wurde überschritten. Außerdem war, soweit Rabatte in Form von Sparmarken (Gutscheinen) gewährt wurden, deren Einlösung, insbesondere auch durch Rabattsparvereine, vielfach nicht ausreichend gesichert. Der Gesetzgeber sah sich veranlaßt einzugreifen, weil die Lebensfähigkeit vieler mittelständischer Einzelhandelsbetriebe durch den zu maßloser Übersteigerung werdenden Rabattwettbewerb bedroht war.

§ 1 RabG verbietet generell Preisnachlässe (Begriff Anm. 27 § 1 RabG), Sondernachlässe und Sonderpreise (Begriff Anm. 48 § 1 RabG). Der Barrabatt (§ 2), handelsübliche Mengennachlässe (§§ 7, 8) und die Sondernachlässe (Sonderpreise) des § 9 sind Ausnahmen von der Regel des Verbots, die jedoch für Konsumvereine nur mit Einschränkungen (§ 5) gelten und für Warenhäuser, Einheits-, Klein- oder Serienpreisgeschäfte (§ 6) ursprünglich nicht bezüglich des Barrabatts galten.

Durch das Gesetz zur Änderung von Vorschriften des Gesetzes betreffend die Erwerbs- und Wirtschaftsgenossenschaften und des Rabattgesetzes vom 21. 7. 1954 (BGBl. I 212) wurden § 5 RabG neu gefaßt, nachdem er nach dem 2. Weltkrieg durch Einzelgesetze bzw. -verordnungen der Länder aufgehoben worden war, und in § 6 RabG die Konsumvereine gestrichen. Durch Gesetz zur Änderung des UWG, des Gesetzes über das Zugabewesen und des Rabattgesetzes vom 11. März 1957 (BGBl. I 172) wurde § 13 neu gefaßt und die sachliche Zuständigkeit der Einigungsstellen im Sinne des § 27 a UWG auf bürgerliche Rechtsstreitigkeiten aus dem RabG ausgedehnt.

Aufgrund der im § 17 RabG enthaltenen Ermächtigung wurden drei Durchführungsverordnungen erlassen; die 1. DVO vom 21. Februar 1934 (RGBl. I 120); die 2. DVO vom 19. Februar 1935 (RGBl. I 208) und die 3. DVO vom 29. 7. 1938 (RGBl. I 981).

Im Saarland gilt seit Ablauf der Übergangszeit (5. 7. 1959) wieder das deutsche RabG (§ 1 des Gesetzes vom 30. 6. 59 [BGBl. I 313]).

§ 6 RabG, dessen Aufhebung die Bundesregierung bereits anläßlich der Beratungen des Gesetzes zur Änderung von Vorschriften des Gesetzes betr. die Erwerbs- und Wirtschaftsgenossenschaften und des Rabattgesetzes vom 21. Juli 1954 vorgeschlagen hatte, wurde vom BVerfG für mit dem Grundgesetz nicht vereinbar und in vollem Umfang für nichtig erklärt (Beschl. v. 11. 4. 1967 — BGBl. I 626; GRUR 1967, 605).

[2] **Die Gültigkeit des Gesetzes.** Die Rechtsgültigkeit des RabG bzw. einzelner Vorschriften ist in der Zeit nach dem 2. Weltkrieg gelegentlich in Zweifel gezogen worden; vergl. zu den Gründen hierfür Reimer-Krieger Vorbem. § 1 RabG S. 116; Michel-Weber-Gries 2. Aufl. S. 28 ff. Rz 2—4 § 1 RabG. Rechtsprechung und Literatur sind nunmehr einhellig der Auffassung, daß das RabG gültig ist, BVerfG GRUR 1967, 605 (Warenhaus-Rabatt); BGH GRUR 1961, 367/368 (Schlepper); GRUR 1959, 326 (Kaffeeversandhandel); GRUR 1958, 487 (Antibiotica); GRUR 1958, 555 (Elektrogeräte); Baumbach-Hefermehl 10. Aufl. S. 1241 Rz 7 Übersicht RabG; Michel-Weber-Gries Rz 2 § 1 RabG; Nastelski MA 1962, 312, 325; Reimer-Krieger Vorbem. zu § 1 RabG S. 116; Ulmer-Reimer III Nr. 1098; Tetzner § 1 Anm. 10 S. 25.

Durch das Gesetz zur Änderung von Vorschriften des Gesetzes betreffend die Erwerbs- und Wirtschaftsgenossenschaften und des Rabattgesetzes vom 21. Juli 1954 (BGBl. I S. 212) und das Gesetz vom 8. Februar 1957 (BGBl. I S. 172) hat das RabG auch durch den Gesetzgeber eine ausdrückliche Bestätigung erfahren (vergl. BVerfG GRUR 1967, 605 — Warenhaus-Rabatt).

Nur § 6 RabG ist vom BVerfG in vollem Umfang für nichtig erklärt worden. In seinem Beschluß „Warenhaus-Rabatt" (GRUR 1967, 605) hat das BVerfG die herrschende Meinung bestätigt, wonach das RabG weder als „typisch nationalsozialistisches Recht" gegenstandslos geworden ist (so schon Meyer MA 1951, 105; OLG Köln, MA 1951, 108; OLG Düsseldorf GRUR 1952, 426) noch gegen die Preisgesetze der Nachkriegszeit, insbesondere gegen die Preisfreigabeverordnung vom 25. Juni 1948 (so schon AG Nürnberg MDR 1950, 230 = BB 1949, 672) oder gegen die Dekartellierungsgesetze der Besatzungsmächte verstieß (so schon Bußmann MA 1951, 147 und Gleiss BB 1949, 479 und 1951, 800). Zur Gültigkeit der Durchführungsverordnungen siehe die Anmerkungen zu den einzelnen Vorschriften der DVO.

Das Rabattgesetz wurde erlassen, um aufgetretene Mißbräuche zu beseitigen. Ob für diese gesetzliche Sonderregelung auch heute noch eine wirtschaftliche Notwendigkeit besteht, wird gelegentlich bezweifelt; Koenigs (NJW 1961, 1041), Tetzner (Einl. S. 9 ff. Anm. 7 ff.) und Baumbach-Hefermehl (S. 1242 Rz 9 Übersicht RabG) meinen, gäbe es kein Rabattgesetz, würde man es wohl heute kaum erlassen; vergl. auch Hefermehl Anmerkung zum Beschl. BVerfG GRUR 1967, 605/608. Ein Kaufmann, der seine Waren preisgünstig verkaufen will, wird durch das RabG daran nicht gehindert. Es ist ihm lediglich verwehrt, einzelnen Kunden seine Waren zu einem niedrigeren als seinem Normalpreis zu verkaufen, wenn nicht die Voraussetzungen eines der gesetzlich erlaubten Preisnachlässe bestehen. Daher ist nicht ersichtlich, wie durch das RabG generell Verbraucherinteressen geschädigt werden könnten. Dem einzelnen Käufer mag gelegentlich eine günstige Einkaufsmöglichkeit entgehen, weil der Verkäufer gehindert ist, gerade ihm einen Preisnachlaß zu gewähren, den er gern eingeräumt hätte, um das Geschäft zu tätigen. Bei dem starken Anreiz, den jeder Preisnachlaß auf den Käufer ausübt, wiegt die Gefahr des Mißbrauchs und einer Übervorteilung bzw. Irreführung vieler Käufer jedoch schwerer. Wenn die Zielsetzung des RabG in erster Linie auch eine andere war, so schützen seine Vorschriften doch auch in großem Maße den Letztverbraucher vor Irreführung über die Preisbemessung, vgl. Baumbach-Hefermehl S. 1242 Rz 9 Übersicht RabG; Reimer-Krieger Vorbem. § 1 RabG S. 117, Ulmer-Reimer III Nr. 1099.

Im übrigen zeigt die Entwicklung im Einzelhandel, daß die Gewährung von Rabatten durch einen oder wenige Unternehmer zunächst die Wettbewerber veranlaßt gleichzuziehen. Gewähren dann alle Wettbewerber gleichmäßig Rabatte, schwindet das Interesse, Kunden durch Rabatte anzulocken. Bei vielen Einzelhandelsunternehmen ist heute das Bestreben zu erkennen, gleich zu ermäßigten Nettopreisen zu verkaufen. Der Rabattwettbewerb wird wieder zum reinen Preiswettbewerb.

[3] **Zweck und Ziel des Rabattgesetzes.** Wie Entstehungsgeschichte und amtliche Begründung zeigen, werden mit dem RabG sowohl wirtschaftspolitische als auch gewerbepolizeiliche Ziele verfolgt. Das RabG läßt die Gewährung eines Preisnachlasses an den letzten Verbraucher nur in den ausdrücklich genannten Fällen nach dem grundsatz zu: „Kein Preisnachlaß ohne Gegenleistung" (Amtl. Begründung, Reichsanzeiger Nr. 184 vom 5. Dezember 1933, abgedruckt im Anhang II nach § 17 RabG). Zugleich wird die Höhe der danach noch zugelassenen Rabatte einheitlich für alle Wettbewerber auf ein wirtschaftlich vernünftiges Maß beschränkt. Damit soll verhindert werden, daß die Unternehmen beim Verkauf an den letzten Verbraucher sich mit dem werbewirksamen Mittel des Rabatts jenseits der Grenze der Wirtschaftlichkeit gegenseitig zu übertrumpfen suchen und dabei ihre Existenz gefährden. Außerdem werden beim Erlaß des RabG geübte Praktiken unmöglich gemacht, bei denen die spätere Einlösung von Rabattmarken nicht genügend gesichert ist.

Im Interesse der Mitbewerber und der Verbraucher wird der Preisnachlaß als Mittel des Wettbewerbs unter Ausschaltung von Mißbräuchen und Auswüchsen auf ein vom Gesetzgeber für angemessen gehaltenes Maß beschränkt (vgl. BGH GRUR 1960, 495/498 — WIR-Rabatt; GRUR 1959, 329/331 — Teilzahlungskauf).

Nachdem das BVerfG den § 6 RabG für nichtig erklärt hat, wird man heute weniger davon ausgehen können, das RabG bezwecke in erster Linie den Schutz mittelständischer Betriebe, auch wenn dieses Ziel beim Erlaß des RabG eine Rolle gespielt hat (vgl. Baumbach-Hefermehl S. 1242 Rz 8 Übers. vor § 1 RabG, BVerfG GRUR 1967, 605/606). Mit der Begrenzung der zugelassenen Preisnachlässe wird vielmehr auch der Gefahr entgegengewirkt, daß Verbraucher mit hohen Rabatten zum Kauf angereizt werden, nachdem zuvor der Preis angehoben wurde. Schließlich kann kein Kaufmann etwas verschenken. Hohe Rabatte verdunkeln nur zu leicht das Verhältnis von Leistung und Gegenleistung (vgl. Angehrn MA 1972, 177/192).

Zweck des RabG ist nicht, den Preiswettbewerb auf der Einzelhandelsstufe einzuschränken (vgl. BGH GRUR 1961, 367/368 — Schlepper). Aus den genannten Gründen soll der Unternehmer lediglich an seinen eigenen Normalpreis gebunden werden und hierauf nur in den gesetzlich bestimmten Ausnahmen einen Rabatt gewähren dürfen (BGH a. a. O.). Das RabG hindert den Unternehmer nicht, seine Preise allgemein, d. h. für jeden Käufer herabzusetzen.

Insofern wirkt das RabG wie ein allgemeines Diskriminierungsverbot zugunsten aller Endverbraucher (Baumbach-Hefermehl S. 1242 Rz 8 Übers. RabG).

Das RabG ist nicht darauf ausgerichtet, ein unlauteres Verhalten zu unterbinden (so auch BGH GRUR 1960, 495/499 — WIR-Rabatt; Ulmer-Reimer III Nr. 1100).

[4] **Auslegung des Gesetzes.** Bei den in § 1 RabG näher umschriebenen Umsatzgeschäften mit letzten Verbrauchern dürfen zu Zwekken des Wettbewerbs Preisnachlässe (Rabatte) nur nach Maßgabe der §§ 2 ff. RabG angekündigt und gewährt werden. Ein Preisnachlaß, der nicht alle Voraussetzungen eines der Tatbestände der §§ 2 ff. RabG und/oder der dazugehörigen Durchführungsbestimmungen erfüllt, ist unzulässig.

Auch für die Auslegung des RabG ist in erster Linie der im Gesetzestext zum Ausdruck kommende objektivierte Wille des Gesetzgebers maßgebend, wie er sich aus Gesetzeswortlaut und Sinnzusammenhang ergibt, in den die auszulegende Vorschrift hineingestellt ist (vgl. BVerfG 11, 126/130; 10, 234/244; 1, 299/312 und Larenz, Methodenlehre 2. Aufl. S. 305 ferner BGH GRUR 1962, 423/424 — Rollfilme). Die Bestimmungen des RabG sind so auszulegen, daß sie ausgehend vom möglichen Wortsinn und unter Berücksichtigung des möglichen Bedeutungszusammenhanges den erkennbar vom Gesetzgeber gewollten Zweck, nämlich die Ausschaltung von Mißbräuchen bei der Gewährung von Preisnachlässen, so weit als möglich verwirklichen, zweckwidrige Entscheidungen aber vermieden werden (vgl. Larenz, Methodenlehre S. 312). Dabei darf die Auslegung von Einzelvorschriften nicht zu Widersprüchen führen, so daß bei der Auslegung stets die Gesamtheit der rechtlichen Regelung des Rabattwesens (glA Tetzner S. 8 Rz 5; Larenz, Methodenlehre S. 315) und auch der Zusammenhang mit den übrigen wettbewerbsrechtlichen Vorschriften zu berücksichtigen ist. Daraus ergibt sich folgende Regelung:

1. Zulässigkeit von Preisnachlässen bis an die Grenzen der Unlauterkeit im Sinne des UWG; 2. Einschränkung dieser Zulässigkeit in § 1 I ZugVO; 3. Wiederherstellung der Zulässigkeit durch § 1 II lit. b und c ZugVO; 4. Einschränkung bzw. Beschränkung der Zulässigkeit durch das RabG (vgl. Seydel Anm. zu BGH GRUR 1968, 707/708 Rheinkaffee).

Der Rückgriff auf die Entstehungsgeschichte der Rabattregelung ist eine zulässige Auslegungshilfe, die die Richtigkeit einer ermittelten Auslegung bestätigen oder Zweifel beheben kann, die anders nicht ausgeräumt werden können. Dabei ist zu beachten, daß die ursprünglichen Zielvorstellungen des Gesetzgebers durch eine Veränderung der wirtschaftlichen Verhältnisse überholt sein können; so kann sich z. B. der Begriff des täglichen Bedarfs (vgl. Anm. 7 § 1) oder die vom Gesetzgeber angenommene Wettbewerbslage der betroffenen Unternehmen verändern (vgl. BVerfG GRUR 1967, 605 — Warenhausrabatt). Bei der Berücksichtigung solcher Veränderungen im Wege der Auslegung ist jedoch Vorsicht geboten. Auf keinen Fall darf bei der Gesetzesanwendung im Hinblick auf Art. 20 III, 97 GG, § 1 GVG unter Zugrundelegung wirtschaftspolitischer Gesichtspunkte der im Gesetzeswortlaut zum Ausdruck kommende Gesetzeszweck verändert werden (glA Baumbach-Hefermehl S. 1243 Rz 10 Übers. RabG).

Für die Frage, ob die rechtliche Gestaltung eines Angebots oder Kaufgeschäfts den Tatbestand eines Rabattverstoßes erfüllt, ist nicht ausschlaggebend, daß dem Käufer ein wirtschaftlicher Vorteil, z. B. der Verkauf einer Sache zu einem reduzierten Preis zugewendet wird. Vielmehr ist in erster Linie der Weg entscheidend, auf dem dieses wirtschaftliche Ergebnis erzielt wird, also nicht das Ergebnis selbst (BGH GRUR 1968, 266/267 — BSW II; GRUR 1967, 371/372 — BSW I). Der Rabattbegriff ist daher ein formaler. Es müssen sich zwei Preise gegenüberstehen, ein (höherer) beibehaltener Normalpreis (Begr. s. Anm. 25 § 1) und ein davon nach unten abweichender Ausnahmepreis (BGH GRUR 1961, 367/368 — Schlepper; Nastelski MA 62, 312/325).

Es handelt sich bei den Vorschriften des RabG um Formaltatbestände, nicht um an einem bestimmten wirtschaftlichen Zweck orientierte Generalklauseln (vgl. Baumbach-Hefermehl S. 1243 Rz 10 Übers. vor § 1 RabG). Die Anwendung des Gesetzes wird daher nicht dadurch ausgeschlossen, daß derselbe wirtschaftliche Erfolg sich möglicherweise auch auf einem anderen, rechtlich zulässigen Weg hätte herbeiführen lassen (BGH GRUR 1968, 266/267 — BSW II).

Auch wenn es sich bei den Vorschriften des RabG mithin um formale Tatbestände handelt, würde eine rein formale Betrachtungsweise bei der Auslegung des RabG Sinn und Zweck des Gesetzes verfehlen (BGH GRUR 1960, 495/498 — WIR-Rabatt). Da das RabG wirtschaftliche Zwecke verfolgt, sind vielmehr bei seiner Auslegung auch wirtschaftliche Gesichtspunkte mit zu berücksichtigen (BGH GRUR 1960, 495/498 — WIR-Rabatt; GRUR 1967, 371/372 — BSW I; GRUR 1968, 266/267 — BSW II). Dagegen rechtfertigt der gewerbepolizeiliche Charakter einiger Vorschriften des Rabattrechts nicht die Anwendung von Begriffen und Grundsätzen der dem Verwaltungsrecht zugehörigen Gewerbeordnungen (vgl. Einf. I ZugVO).

Die Frage, ob es sich bei der Regelung des RabG um ein grundsätzliches Verbot mit Ausnahmetatbeständen handelt, ist für die richtige Auslegung des Gesetzes ebensowenig hilfreich wie die Unterscheidung zwischen enger und weiter Auslegung von Ausnahmen (vgl. hierzu Larenz, Methodenlehre, S. 327 ff.; P. Ulmer, Festschrift für Hefermehl, S. 205; BGH GRUR 1962, 423/425 — Rollfilme; Lieberknecht, GRUR 1962, 425), da das RabG nicht einmal eindeutig erkennen läßt, was als Regel oder Ausnahme anzusehen ist. Selbst wenn das der Fall wäre, bliebe offen, im Verhältnis zu welchem Bezugspunkt (Wortsinn; Bedeutungszusammenhang, Gesetzeszweck) eine Auslegung weit oder eng sein kann. § 1 RabG läßt Preisnachlässe nur nach Maßgabe der nachfolgenden Vorschriften zu, enthält seinem Wortlaut nach kein prinzipielles Rabattverbot; vielmehr wird bestimmt, daß die Ankündigung und Gewährung von Rabatten nur in begrenzter Höhe und auf ganz bestimmten, gesetzlich vorgeschriebenen Wegen erlaubt ist.

[5] **Verhältnis zur ZugVO, zum UWG und BGB. Das jüngere RabG ergänzt und ändert für seinen sachlichen Geltungsbereich** (§ 1 RabG) **die ZugVO.** Es schränkt im Rahmen seines sachlichen Geltungsbereiches die ZugVO ein, soweit diese mit ihm nicht vereinbar ist (BGH GRUR 1959, 326/327 — Kaffeeversandhandel). Nach § 1 II lit. b und c ZugVO zulässige Geld- und Mengenrabatte sind

beim Angebot von Waren und Leistungen für den täglichen Bedarf an letzte Verbraucher den Beschränkungen des RabG unterworfen. Werden sie nicht letzten Verbrauchern angekündigt oder gewährt, sind sie zulässig, auch wenn die Voraussetzungen der §§ 2—9 RabG nicht erfüllt sind. Das gleiche gilt, wenn Gegenstand des Hauptgeschäfts nicht Waren oder gewerbliche Leistungen des täglichen Bedarfs sind. Nach § 1 I S. 1 ZugVO ausnahmslos verbotene Mengenrabatte zu gewerblichen Leistungen sind unter den Voraussetzungen der §§ 7, 8 RabG erlaubt. Der gem. § 1 II lit. c ZugVO uneingeschränkt zulässige Natural-(Mengen-)rabatt ist für den sachlichen Geltungsbereich des RabG nur erlaubt, wenn er handelsüblich ist (§ 7 RabG); siehe auch Einf. 8 ZugVO.

Im Verhältnis zum UWG ist das RabG Sondergesetz und geht diesem vor (RG GRUR 1936, 517; Baumbach-Hefermehl S. 1243 Rz 11 Übers. RabG).

Die Anwendung des einen Gesetzes schließt die Anwendung des anderen nicht aus. Beide Gesetze ergänzen sich. Was rabattrechtlich erlaubt ist, kann dennoch unzulässig nach UWG sein (Ulmer-Reimer III Nr. 819, 1100; RG GRUR 1938, 207/210). Ein rabattrechtlicher Verstoß ist nicht per se unlauter im Sinne des UWG, sondern nur wenn besondere Umstände hinzutreten, die zur Anwendung der §§ 1, 3, 6—9 führen.

Das **RabG** dient dem Schutze bestimmter Personenkreise (vgl. BVerfG GRUR 1967, 605/606 — Warenhausrabatt) und ist damit **Schutzgesetz i. S. des § 823 Abs. 2 BGB** (so auch BGH GRUR 1964, 88, 90 — Verona-Gerät; Michel-Weber-Gries S. 156 Rz 1 § 12; Reimer-Krieger Rz 2 S. 198). Geschützt sind die Mitbewerber des den unzulässigen Rabatt ankündigenden oder gewährenden Unternehmers. Obwohl die Bestimmungen des RabG auch im Interesse der Verbraucher Mißbräuche bei der Rabattgewährung ausschalten und den Preisnachlaß auf ein angemessenes Maß beschränken sollen, können nicht alle Vorschriften des RabG als Schutzgesetz i. S. des § 823 II BGB zugunsten der Verbraucher angesehen werden, sondern nur die Vorschriften, die die Einlösung von Gutscheinen und die Gleichbehandlung aller letzten Verbraucher sicherstellen sollen (weitergehend Tetzner Rz 1 § 12).

Das Ziel des RabG, den Unternehmer an seine eigenen Normalpreise zu binden, wird durch die Preisauszeichnungsverordnung vom 18. September 1969 (BGBl. I 1733) — abgedr. in Anhang VI —

unterstützt (vgl. Hootz WRP 1969, 429). Wer nach den Vorschriften der Preisauszeichnungsverordnung zur Preisauszeichnung verpflichtet ist, hat die von ihm allgemein geforderten Preise anzugeben. „Allgemein geforderter Preis" bedeutet Normalpreis im Sinne des RabG (Amtl. Begr. zur PreisauszeichnungsVO, BAnz 1969 Nr. 178 S. 3).

[6] **Räumlicher Geltungsbereich.** Das RabG gilt — wie die ZugVO — im Bundesgebiet und West-Berlin; vgl. daher zum örtlichen Geltungsbereich Einf. 7 ZugVO. Rabattverstoß ist eine strafbewehrte und zum Schadensersatz verpflichtende unerlaubte Handlung (vgl. Anm. 10 § 12). Für die international-privatrechtliche Behandlung einer unerlaubten Handlung ist das materielle Recht des Tatortes maßgebend (BGH NJW 1964, 2012; MDR 1957, 31; RGZ 96, 96/98; OLG Düsseldorf NJW 1970, 1008). Kündigt ein im Ausland ansässiges Unternehmen durch Anzeigen in Tageszeitungen, die in der Bundesrepublik vertrieben werden, unzulässige Rabatte an, dann wird in Deutschland gegen das RabG jedenfalls dann verstoßen, wenn die Werbung sich auf den deutschen Markt auswirken kann (OLG Düsseldorf a. a. O.). Unerheblich ist, daß die Wettbewerbshandlung nach dem Heimatrecht des Ausländers zulässig ist (vgl. auch Hoth, GRUR Int. 1972/Heft 12).

[7] **Gesetzliches Verbot.** Das Ankündigen und Gewähren von im RabG nicht zugelassenen Preisnachlässen ist verboten. Dieses Verbot erfaßt nur das von Mitbewerbern im Wettbewerb gezeigte Verhalten, nicht die zivilrechtliche Gültigkeit eines unter Begehung eines Rabattverstoßes abgeschlossenen Kaufvertrages oder Vertrages über die Ausführung gewerblicher Leistungen (vgl. Anm. 61 § 1; Anm. 14 § 1 ZugVO).

[8] **Rabattrecht des Auslands**

Österreich hat ebenso wie die Bundesrepublik Deutschland ein rabattrechtliches Sondergesetz. Es gilt das (deutsche) Gesetz über Preisnachlässe vom 25. November 1933 (Rabattgesetz) i. d. F. vom 16. 2. 1940 RGBl. I 399 (GBlÖ Nr. 35) mit den DVOen vom 19. 2. 1935 (RGBl. I 208), 29. 6. 1938 (RGBl. I 981) und 16. 2. 1940 (RGBl. I 399). Die gesetzliche Regelung stimmt weitgehend mit der deutschen überein (Literatur: Hohenecker-Friedl, Wettbewerbsrecht; Lukesch, Zugabe- und Rabattwesen; Schönherr, Wettbewerbsrecht 4. Aufl.; ders. Zugaben und Rabatte nach österreichischem Recht; Tetzner, Rabattgesetz; vgl. auch Einf. 12 ZugVO).

Belgien hat im „Gesetz über die Handelspraktiken“ (Loi sur les pratiques du commerce) vom 14. Juli 1971 (Moniteur Belge vom 30. Juli 1971 S. 9087 ff.; deutsche Übersetzung GRUR Int. 1972, 202; vgl. hierzu Schricker GRUR a. a. O., S. 184 ff.) in den Artikeln 32—34 den Verkauf zu herabgesetzten Preisen geregelt, soweit es sich nicht um Schluß- oder Ausverkäufe handelt. Der Rabatt i. S. des deutschen RabG wird damit nicht geregelt und bleibt weiterhin grundsätzlich zulässig. Es wird lediglich — wie bereits früher für Zugabemarken — nun auch für die Ausgabe von Rabattmarken (droit à une ristourne en espèces) eine Regelung getroffen, Art. 38 Ziff. 3 u. 4. Auf der Marke müssen der Geldbetrag und beim Verkauf der Rückvergütungssatz angegeben werden. Im übrigen gelten einige Einzelvorschriften fort, die unrichtige Angaben bei der Rabattgewährung und versteigerungsähnliche Verkäufe, bei denen Preisabschläge gewährt werden, verbieten (vgl. im einzelnen Ulmer-Schricker UnlWb II, 1. S. 609 ff. und Spengler, Intern. Wettbewerb 1959, 37/41/43).

Frankreich hat kein RabG, jedoch Sonderregeln für Zugaben, die Bestimmungen mit rabattrechtlichem Charakter enthalten (vgl. Einf. 16 ZugVO). Die Gewährung von Preisnachlässen ist grundsätzlich zulässig. Jedoch enthalten die in Einf. 16 ZugVO genannten Gesetze und der Erlaß vom 17. Oktober 1962 Einschränkungen, die insbesondere irreführende Ankündigungen von Preisnachlässen betreffen (vgl. Spengler Intern. Wettbewerb 1959, 37 ff.; Ulmer-Krasser UnlWb IV S. 524 ff.; Focsaneaun Doctr. [1972] 2483 ff.).

Italien hat kein Sondergesetz, mit dem die Ankündigung und Gewährung von Preisnachlässen geregelt wird. Rabatte können unbeschränkt gewährt werden. Jedoch regelt die VO vom 25. Juli 1940 No. 1077 die Gewährung von Rabatten in Form von Bons, Marken etc. (vgl. Ulmer-Schricker UnlWb V S. 284).

Luxemburg hat die Rabattgewährung durch Großherzogliche VOen vom 23. 2. und 23. 12. 1963 geregelt. Nach Art. 2 i IV ist es in den Handelszweigen, in denen Nahrungsmittel den wesentlichen Teil des Umsatzes ausmachen, erlaubt, Preisnachlässe — auch durch Ausgabe von Marken, Coupons etc. — zu gewähren; sie dürfen jedoch 3 % nicht überschreiten. Nachlässe an Mitglieder von Vereinigungen oder Gesellschaften sind unzulässig. Es muß klar angegeben werden, auf welche Waren Rabatte gewährt werden, Art. 7 (Gesetzestext siehe Ulmer-Wunderlich UnlWb II, 1 S. 779 ff.; siehe auch Wunderlich a. a. O., S. 773; vgl. ferner Spengler Intern. Wettbewerb 1959, 37 ff.).

Die **Niederlande** haben kein die Gewährung von Preisnachlässen regelndes Sondergesetz. Das Geschenkwesen wird durch „Gesetz zur Beschränkung des Geschenkwesens vom 13. Juli 1955" geregelt. Preisnachlässe sind danach zulässig (vgl. Ulmer-Baeumer UnlWb II, 2 S. 381; Spengler Intern. Wettbewerb 1959, 42).

Norwegen. Das Gesetz über illoyale Konkurrenz von 1921 verbietet Zugaben (vgl. Einf. 20 ZugVO). Rabattmarken, Sparmarken etc. werden als Zugabe angesehen (§ 8: Likeså regnes rabattmerker, sparemerker, og lignende som tilgift). Aufgrund des § 24 des Gesetzes über Preise, Gewinne und Konkurrenzverhältnisse v. 1953 kann der König zur Beeinflussung der Preisentwicklung jedoch Bestimmungen u. a. über Rabatte treffen. Das ist geschehen, so daß Rabatte gewährt werden. Eine Revision des Gesetzes über illoyale Konkurrenz wird beraten. Sie soll gleichzeitig eine Rechtsangleichung in den vier skandinavischen Ländern bringen.

Die **Schweiz** hat kein Sondergesetz über die Gewährung von Rabatten. Jedoch können Rabatthandlungen den Tatbestand unlauteren Wettbewerbs erfüllen; z. B. die Gewährung hoher Rabatte nach vorheriger Erhöhung des Preises (SchwBG 82 IV 55; v. Büren Komm. zum UWG S. 43).

Dänemark. Das dänische Gesetz Nr. 80 gegen unlauteren Wettbewerb und unlautere Warenbezeichnung vom 31. März 1937 bestimmt in § 12 II, daß Rabatt- oder Sparmarken an Verbraucher nur ausgegeben werden dürfen, wenn der Minister für Handel, Industrie und Seefahrt dies erlaubt hat. Übertretungen werden mit Geldstrafe bestraft. Die Strafverfolgung kann von Vereinen und Verbänden beantragt werden (vgl. auch Einl. 14 ZugVO).

Finnland. Die Ankündigung und Gewährung von Rabatten ist erlaubt, darf jedoch nicht vom Zufall, d. h. einer Ausspielung o. dgl. abhängig gemacht werden, § 8 UWG vom 31. 1. 30; vgl. auch Einl. 15 ZugVO.

Erster Teil
Preisnachlässe

§ 1

Werden im geschäftlichen Verkehr Waren des täglichen Bedarfs im Einzelverkauf an den letzten Verbraucher veräußert oder gewerbliche Leistungen des täglichen Bedarfs für den letzten Verbraucher ausgeführt, so dürfen zu Zwecken des Wettbewerbs Preisnachlässe (Rabatte) nur nach Maßgabe der nachfolgenden Vorschriften angekündigt oder gewährt werden.

Als Preisnachlässe im Sinne dieses Gesetzes gelten Nachlässe von den Preisen, die der Unternehmer ankündigt oder allgemein fordert, oder Sonderpreise, die wegen der Zugehörigkeit zu bestimmten Verbraucherkreisen, Berufen, Vereinen oder Gesellschaften eingeräumt werden.

Inhaltsübersicht

I. Allgemeines

[1] **§ 1 als Grundtatbestand.** § 1 I RabG verbietet für den sachlichen Geltungsbereich (Anm. 4 ff.) des Gesetzes Preisnachlässe (Begriff § 1 II, Anm. 23 ff.), soweit sie durch die nachfolgenden Bestimmungen des ersten bis dritten Abschnitts und die DVO zum RabG nicht zugelassen sind. Danach sind nur zulässig: **sofort zu gewährende Barrabatte** (§§ 2—4) bis zu 3 % des Rechnungsbetrages, **handelsübliche Mengenrabatte** (§§ 7, 8) und **Sondernachlässe** für bestimmte Personen (§ 9). Von mehreren zulässigen Rabatten dürfen nur zwei gleichzeitig gewährt werden (§ 10).

Der sachliche Geltungsbereich des RabG (siehe Anm. 4 ff.) ist erheblich enger als der des UWG und der ZugVO. **Der gesetzlichen Definition des § 1 II nicht entsprechende oder außerhalb des sachlichen Geltungsbereichs** (Anm. 4—10) **angekündigte oder gewährte Preisnachlässe sind nur nach UWG und ZugVO zu beurteilen.** Auf den vorhergehenden Wirtschaftsstufen sind bei Lieferung an Wiederverkäufer Bar- und Natural-(Mengen-)rabatte unter den Voraussetzungen des § 1 II lit. b und c ZugVO (s. Anm. 86 ff., 93 ff. ZugVO) zulässig; Leistungsrabatte sind dort ausnahmslos verboten (vgl. Burmann, Recht der Wertreklame 420 II S. 1; Anm. 22 § 1 ZugVO).

[2] **Verhältnis zur ZugVO.** Abweichend vom Zugabeverbot setzt ein Rabattverstoß entsprechend §§ 1, 3 UWG ein Handeln zu Zwecken des Wettbewerbs (Begriff s. Godin-Hoth, Wettbewerbsrecht Anm. 11 § 1 UWG) voraus; wird im geschäftlichen Verkehr (Begriff Anm. 2 § 1 ZugVO) gehandelt, ist dies zu vermuten. Aus anderen Gründen gewährte Rabatte sind unter den Voraussetzungen des § 1 II lit. b und c ZugVO zulässig, es sei denn, daß es sich um Naturalrabatte zu gewerblichen Leistungen (Begriff Anm. 9 § 1 ZugVO) handelt (vgl. Anm. 1 § 8 RabG, Anm. 22 § 1 ZugVO). **Das RabG ist Ergänzungsgesetz zum UWG und im Verhältnis zur ZugVO lex specialis** (OLG Hamburg WRP 1958, 27).

Der nach § 1 II lit. b und c ZugVO zulässige Geld- und Warenrabatt wird, soweit er der Begriffsbestimmung des § 1 I RabG entspricht und die Zugabe- bzw. Rabatthandlungen zu Wettbewerbszwecken vorgenommen werden, für den sachlichen Geltungsbereich des RabG (s. Anm. 4 ff.) nur nach Maßgabe der §§ 2—7 und 9 erlaubt. Der nach Zugaberecht verbotene Leistungsrabatt wird unter den Voraussetzungen des § 8 RabG gestattet. Das RabG ist also Änderungsgesetz zur ZugVO und geht dieser vor. § 1 III S. 1 u. 2 ZugVO entsprechende Verbotstatbestände kennt das RabG nicht. Sie sind auch überflüssig.

[3] **Preisnachlässe i. S. des RabG.** Die Begriffsbestimmungen des § 1 II (Preisnachlaß Anm. 23 ff.; Sondernachlaß und Sonderpreis Anm. 48) gelten nur für den Anwendungsbereich des RabG. Zur Auslegung von Tatbeständen anderer Gesetze können sie nicht herangezogen werden. Eine engere Begriffsverwendung im allgemeinen Sprachgebrauch — z. B. rechnet dieser den Sonderpreis nicht zum Rabatt — ist unbeachtlich. Das gleiche gilt für Begriffsbestimmungen anderer Gesetze.

II. Sachlicher und personeller Geltungsbereich

A. Allgemeine Abgrenzung des sachlichen Geltungsbereichs

[4] **Allgemeines.** Im geschäftlichen Verkehr (Begriff Anm. 5) müssen die Waren veräußert oder die Leistungen ausgeführt werden. Gegenstand des Hauptgeschäfts müssen Waren oder gewerbliche Leistungen des täglichen Bedarfs (Begriff Anm. 6—10), und die Erwerber müssen letzte Verbraucher (Begriff Anm. 13—18) sein.

Der Umsatz muß im Einzelverkauf (Begriff Anm. 19) getätigt werden.

[5] **Im geschäftlichen Verkehr** bedeutet hier das gleiche wie in den §§ 1, 3, 5, 6 a, 6 b, 12, 13, 14, 16 und 18 UWG, 1 ZugVO. Zur Bestimmung und Abgrenzung dieses Begriffes kann daher auch die Literatur zum UWG und zur ZugVO herangezogen werden. Beachte daher oben Anm. 2 § 1 ZugVO; vgl. ferner Godin-Hoth Anm. 11 b § 1 UWG; Baumbach-Hefermehl S. 187 Rz 159—162 Einl. UWG. Das Hauptgeschäft muß im geschäftlichen Verkehr getätigt werden. Betätigung im privaten oder betriebsinternen Bereich wird nicht erfaßt, vgl. im einzelnen Anm. 2 § 1 ZugVO.

B. Waren und gewerbliche Leistungen des täglichen Bedarfs

[6] **Ware und gewerbliche Leistungen sind im weitesten Sinne zu verstehen** (h. M.; vgl. Godin-Hoth Anm. 2 und 3 § 2 UWG; Baumbach-Hefermehl S. 652 Rz 2 § 2 UWG). Der Warenbegriff des RabG reicht weiter als die Legaldefinition des § 1 II Ziff. 1 HGB; er entspricht dem der ZugVO; vgl. dort Anm. 8 § 1. Der Begriff gewerbliche Leistung entspricht dem der Leistung i. S. des § 1 I ZugVO, vgl. dort Anm. 9 § 1. Die den Gegenstand des Liefer- oder Leistungsgeschäfts bildenden Waren oder gewerblichen Leistungen müssen dem täglichen Bedarf (Begriff Anm. 7, 8) der letzten Verbraucher (Begriff Anm. 13 ff.) dienen.

[7] **Täglicher Bedarf (Allgemeines).** Der Begriff „Gegenstände des täglichen Bedarfs“ stammt aus der Zeit der Zwangsbewirtschaftung während des 1. Weltkrieges. Er kam in einer Reihe von Kriegs- und Inflationsgesetzen bzw. Verordnungen vor (s. die Zusammenstellung bei Michel-Weber-Gries S. 40 Rz 20 § 1 RabG; vgl. auch Reimer-Krieger S. 134 und Baumbach-Hefermehl S. 1247 Rz 3 § 1 RabG). Der Begriff „Gegenstände des täglichen Bedarfs“ hatte in den Kriegsgesetzen seine besondere Bedeutung. Wegen des völlig anderen Zusammenhangs der Begriffsverwendung geben diese jedoch keinen Aufschluß über den Inhalt des rabattrechtlichen Begriffs „täglicher Bedarf“ (glA Baumbach-Hefermehl a. a. O.). Das RabG erläutert ihn nicht. Auch die amtliche Begründung geht nicht darauf ein, was der Gesetzgeber darunter verstanden wissen will. Nach überwiegender Ansicht ist ein innerer Grund für die Beschränkung des Rabattverbotes auf Geschäfte, die Waren oder gewerbliche Leistungen des täglichen Bedarfs zum Gegenstand haben, nicht zu erkennen (vgl. Reimer-Krieger S. 134). Dennoch liegt sie vor und ist zu beachten.

Die Fragestellung, ob eine weite Auslegung des Begriffes „täglicher Bedarf" zulässig ist oder nicht, führt nicht weiter. **Es kommt darauf an, was zum Zeitpunkt der Entscheidung dem täglichen Bedarf der Letztverbraucher zuzurechnen ist** (glA OGHÖ ÖBl. 68, 69). Bei Heranziehung älterer Rechtsprechung und Literatur beachte deshalb etwaige Änderungen des Lebensstandards des Durchschnittskonsumenten. Die Gesetzesanwendung hat in Anpassung an den Wandel der Verkehrsanschauungen zu erfolgen (glA Baumbach-Hefermehl S. 1248 Rz 5). Zimmermann (NJW 1956, 1262) will, ggf. auch abweichend vom Wortlaut des Gesetzes, auf den wahren Willen des früheren Gesetzgebers abstellen, auch wenn dieser nicht erklärt ist. Dies geht zu weit, denn der wahre oder vermeintliche Grundgedanke eines Gesetzes erlangt damit Vorrang gegenüber dem Wortlaut. Der Wille des Gesetzgebers kann aber nur Berücksichtigung finden, wenn er auch im Wortlaut des Gesetzes seinen Ausdruck gefunden hat (vgl. Einf. 4 und Hefermehl in Soergel-Siebert 10. Aufl. Rz 40 § 133 BGB).

[8] **Täglicher Bedarf (Begriff). Waren des täglichen Bedarfs sind alle Gegenstände, für die in weiten Kreisen der Bevölkerung ein täglicher Bedarf vorliegen kann** (so OLG Hamburg JW 1938, 511 unt. Hinweis auf RGSt 50, 81/82; 53, 117, h. M.; Baumbach-Hefermehl S. 1247, Rz 3; Michel-Weber-Gries S. 41 Rz 22; Reimer-Krieger S. 133 Rz 8; Ulmer-Reimer III Nr. 1105; OLG Düsseldorf BB 1967, 143). Gleichgültig ist, ob es sich um privaten oder gewerblichen Bedarf handelt (glA Baumbach-Hefermehl S. 1247 Rz 3 § 1 RabG). **Täglich bedeutet nicht jeden Tag.** Es genügt, wenn für irgend jemanden an jedem beliebigen Tag ein Bedürfnis auftreten kann (glA OLG Hamburg JW 1938, 511; Baumbach-Hefermehl S. 1247 Rz 4). Dieses braucht nicht in Permanenz zu bestehen (RGSt 51, 408; RGZ 153, 142 — Heizstoffe); die regelmäßige Wiederkehr zu bestimmten Zeiten oder Gelegenheiten genügt (so auch Reimer-Krieger S. 134 Rz 8 § 1; a. M. P. Ulmer, Festschrift für Hefermehl S. 219). Waren des täglichen Bedarfs können daher auch Dinge sein, die nur zu Festen oder sonstigen feierlichen oder fröhlichen Anlässen verbraucht werden, z. B. Genußmittel, die nicht alltäglich genossen werden, wie Schaumwein, ausländische Früchte, der Festbraten u. ä. (a. M. Tetzner S. 34 Rz 33 § 1 RabG).

Der Begriff der „Ware des täglichen Bedarfs" geht über den des notwendigen Lebensbedarfs und des hauswirtschaftlichen Verbrauchs hinaus (OLG Hamburg JW 1938, 511; OGHÖ ÖBl. 1964, 13). **Zum**

täglichen Lebensbedarf gehört alles, was nach den jeweiligen Zeitverhältnissen dem durchschnittlichen, normalen und angemessenen Lebensstandard dient. Außergewöhnliche Zeitverhältnisse, etwa infolge von Notständen, Katastrophen oder Krieg **haben grundsätzlich außer Betracht zu bleiben,** es sei denn, daß sie zu einer dauernden grundlegenden Veränderung der allgemeinen Lebensverhältnisse führen und die Verkehrsanschauung und damit den Begriffsinhalt entscheidend verändern.

Täglicher Bedarf bedeutet nicht unentbehrlicher Bedarf. Besondere Bedürfnislosigkeit oder wirtschaftliches Unvermögen einzelner Bevölkerungsgruppen haben außer Betracht zu bleiben. Es genügt, wenn ein ständiger Bedarf besteht, weil die Ware oder gewerbliche Leistung der allgemeinen Lebenshaltung größerer Bevölkerungskreise dient (ähnl. OLG Hamburg JW 1938, 511). **Zum täglichen Bedarf gehören deshalb auch Waren, die vorwiegend von einkommensstärkeren Kreisen gekauft werden;** denn sie dienen der Befriedigung ständig wiederkehrender Bedürfnisse eines nicht unerheblichen Bevölkerungsteil (vgl. OLG Hamburg a. a. O.; Michel-Weber-Gries S. 41 Rz 24).

Der tägliche Bedarf umfaßt: i. d. R. alles, was im mittelständischen Gewerbe hergestellt oder vertrieben wird (Michel-Weber-Gries S. 40 Rz 21); Markenwaren (so schon Harmsen Bl. f. Rpfl. 1934, 73, 75; Reimer-Krieger S. 136 Rz 8); Waren der industriellen Serienproduktion, wie Kraftwagen, Wohnwagen, Rundfunk- und Fernsehgeräte, Musikinstrumente (OLG Hamburg WRP 1958, 29; Baumbach-Hefermehl S. 1248 Rz 4; Tetzner S. 34 Rz 33 § 1 RabG). Zum täglichen Bedarf gehören nicht nur die kurzlebigen Verbrauchsgüter, wie Nahrungsmittel, Getränke, Kraftstoffe etc., sondern auch langlebige Gebrauchsgegenstände, wie Pelzwaren, Möbel etc., Sportgeräte sowie Gegenstände und Einrichtungen, die der Freizeitgestaltung dienen. Lebensdauer und Anschaffungspreis sind nicht entscheidend (glA OLG Hamburg JW 1938, 511; a. M. Tetzner Anm. 33 § 1 RabG). Die Höhe des Preises kann aber Indiz dafür sein, daß es sich um einen Luxusgegenstand handelt (ähnl. OLG Düsseldorf DB 1966, 1964). **Nur vereinzelt auftretender Bedarf ist kein täglicher Bedarf** i. S. des RabG. Hierzu gehört, was nur dem Luxus, der Übertreibung und der Ausschweifung dient. **Luxus ist, was seiner Eigenart nach von der Allgemeinheit für überflüssig gehalten** wird und die äußere Lebensgestaltung auf eine Stufe hebt, die auffällig von der durchschnittlichen Lebenshaltung abweicht.

Dem täglichen Bedarf letzter Verbraucher dienen auch nicht Spezialmaschinen, -einrichtungen, technische Anlagen sowie sonstige Gegenstände, für die nur selten ein Bedarf auftritt und die nur ganz vereinzelt veräußert werden. Bei Großumsätzen (Gegenstand, Menge, Preis), die nicht dem Geschäftskreis des Einzelhandels zuzurechnen sind, beachte Anm. 19 „Einzelverkauf".

[9] **Waren des täglichen Bedarfs. Einzelfälle:** Zum Warenbegriff vgl. oben Anm. 6 und § 1 ZugVO Anm. 8; zum Begriff „täglicher Bedarf" s. Anm. 7, 8. Alle Waren des täglichen Bedarfs aufzuzählen ist nicht möglich. **Markenwaren und serienmäßig gefertigte Industrieerzeugnisse dienen in aller Regel dem täglichen Bedarf** (vgl. Anm. 8), z. B. Nahrungs- und Genußmittel, Süßwaren, Seifen, Waschmittel, Kosmetika, Kurzwaren, Textilien, Kraftfahrzeuge, Fahrräder, Fahrzeugersatzteile und -reifen, Papier- u. Haushaltswaren, wie Porzellan, Steingut, Kochtöpfe, Möbel, Wäsche, Kleider, Bücher (ausgenommen kostspielige Spezialliteratur), Zeitungen, Zeitschriften, Obstbäume, Sträucher, sonstige Gartengewächse, (ausgenommen ausgefallenes Pflanzgut, z. B. Orchideen), Pflanzen, Düngemittel, Saatgut. **Dem täglichen Bedarf dienen auch Gegenstände, die nur aus besonderem Anlaß erworben werden,** sofern dieser dem Lebensbereich des durchschnittlichen Konsumenten zuzurechnen ist, z. B. Brautkleid, Festanzug, Trauergarderobe, Taufkleider, Weihnachtsbäume.

Aus der neueren **Rechtsprechung:** Ackerschlepper (BGH GRUR 1961, 367), Arzneimittel (BGH GRUR 1958, 487), Brockhaus Enzyklopädie (BGH WRP 1971, 264), Bücher (OLG München WRP 1955, 214); elektrische Geräte, Beleuchtungskörper, Herde (BGH GRUR 1958, 555); Elektromotoren (OGHÖ ÖBl. 1969, 68); Fernsehgeräte (LG Frankfurt BB 1959, 902); Fotoapparate, optische Artikel (BGH GRUR 1963, 438); Gemüse- und Blumensamen (OLG Düsseldorf GRUR 1961, 370); Kaffee (BGH GRUR 1959, 326; OGHÖ ÖBl. 1956, 45); Kohlen, Briketts (OLG Neustadt GRUR 1963, 382); Kraftwagen, sofern serienmäßig hergestellt (OLG Hamburg WRP 1958, 29; OLG Koblenz NJW 60, 2246); Lederwaren (BGH GRUR 1960, 495); Möbel (BGH GRUR 1970, 563; 1969, 362); Motorsägen (OGHÖ ÖBl. 1964, 13); Oberbekleidung (OLG Köln GRUR 1960, 337); Pelze, ausgenommen besonders wertvolle Stücke (OLG Düsseldorf BB 1967, 143; LG Hannover WRP 1960, 243; OLG Wien ÖBl. 1955, 31); Rundfunk- und Fernsehgeräte (BGH GRUR 1959, 329; 1964, 88); Sachbücher (OLG München WRP 1955, 214); Spielautos (OGHÖ ÖBl. 1968, 69); Tageszeitungen (OLG Düsseldorf GRUR 1969, 227); Tiefkühltruhen (OGHÖ ÖBl. 1965, 17); Treibstoffe (OLG Hamm DB 1969, 570; BB 1968, 265; LG Bremen BB 1960, 644); Uhren (KG GRUR 1957, 446); Vibrations-Massage-Kissen (BayObLG MDR 1966, 610); seriengefertigte Wohnwagen-Anhänger (DW 1966, 30).

Luxusgegenstände sind keine Waren des täglichen Bedarfs, z. B. Rennwagen, Rennpferde, kostbarer Schmuck und Gegenstände von besonderem künstlerischen oder Sammlerwert, von Künstlern gefertigte einzelne Möbelstücke, auch solche, die auf Kunstauktionen versteigert werden (OLG Karlsruhe DW 1968, 28), kostbare Erstauflagen und Drucke, Gemälde alter Meister, teure wissenschaftliche Werke, außerhalb der Serienarbeit hergestellte teure Spezialmaschinen, Luxus-Motorbotte und -Yachten, weitere Beispiele, insbesondere auch aus der älteren Literatur und Rechtsprechung s. bei Michel-Weber-Gries Rz 20 ff., insbes. Rz 33 § 1 RabG; Reimer-Krieger S. 133 Rz 8.

Bei einer Reihe von Waren ist **umstritten,** ob sie dem täglichen Bedarf dienen. Elektr. Strom ist eine Ware des täglichen Bedarfs (a. M. Reimer-Krieger S. 136; vgl. Baumbach-Hefermehl S. 651 Rz 1 § 2 UWG). Gleiches gilt für Wärmelieferungen durch Fernheizwerke. Es wäre nicht logisch und unbillig, Strom- und Wärmelieferungen für gewerbliche oder Haushaltszwecke von den Beschränkungen des RabG freizustellen, während die Lieferanten von Gas und Kohle ihnen unterworfen sind. Unkörperliche Gegenstände, wie gewerbliche Schutzrechte, Grundstücke, Gebäude, Grundpfandrechte, Wechsel, Schecks, in- und ausländische Zahlungsmittel, Wertpapiere rechnet die h. M. nicht zu den Waren des täglichen Bedarfs (vergl. Baumbach-Hefermehl S. 1249 Rz 6; Michel-Weber-Gries S. 43 Rz 28; Reimer-Krieger S. 136 Rz 8). Hinsichtlich der Behandlung der Früchte eines Grundstücks, des Grundstückszubehörs und der wesentlichen Bestandteile gehen die Meinungen auseinander (vgl. dazu Baumbach-Hefermehl a. a. O. und Michel-Weber-Gries a. a. O. einerseits und Reimer-Krieger a. a. O. andererseits). Eine generalisierende Einordnung erscheint nicht zweckmäßig. Die Umstände des Einzelfalls müssen entscheiden. So wäre es vertretbar, bei der Aufteilung eines Grundstückes in Siedlerparzellen das RabG anzuwenden; im übrigen vgl. zur Wareneigenschaft § 1 ZugVO Anm. 8 und Hoth WRP 1956, 261/265.

[10 a] **Gewerbliche Leistung für den täglichen Bedarf ist jede Tätigkeit oder Verrichtung und jede Gebrauchsüberlassung** (Miete,

Leasing), **die für einen anderen einen wirtschaftlichen Wert hat und für die in weiten Kreisen der Bevölkerung täglich ein Bedarf auftreten kann** (vgl. Anm. 8).

[10 b] **Alltägliche Dienstleistungen.** Hierzu gehören: Leistungen von Handwerkern, z. B. Reparaturarbeiten an Maschinen (OGHÖ ÖBl. 1969, 68); die der Transportunternehmer (Beförderung von Personen und Gütern; beachte § 22 II GüterkraftverkehrsG) des Hotel- und Gaststättengewerbes, soweit es sich nicht um Warenumsätze handelt (s. hierzu oben Anm. 7—9); die Vermittlungsdienste der Reisebüros (OLG Stuttgart BB 1960, 1359), die Tätigkeit von Werbeagenturen und Werbemittlern im Anzeigengeschäft (vgl. KG BB 1969, 151; BGH GRUR 1970, 572; OGHÖ ÖBl. 1962, 17); der Druck und die Verbreitung von Anzeigen jeder Art (gl.A Bussmann ZV 1951 Nr. 7/8 S. 10; Baumbach-Hefermehl S. 1249 Rz 7; Michel-Weber-Gries S. 51 Rz 36; LG Essen ArchPR 1970, 116 — Traueranzeigen); chemische Reinigung (LG Frankfurt WRP 1960 S. 78); Sport-, Autofahr-, Sprach-, Tanz- und sonstiger Unterricht, es sei denn, daß der Unterrichtsgegenstand einem Wissens- oder Fertigkeitsbedürfnis dient, das seiner Eigenart nach dem täglichen Bedarf nicht zugerechnet werden kann; Leistungen der Auskunfteien (vgl. Baumbach- Hefermehl S. 1249 Rz 7).

[10 c] **Die Tätigkeit der freien Berufe ist gewerbliche Leistung im Sinne des RabG für den täglichen Bedarf** (vergl. Anm. 6 oben und Anm. 9 § 1 ZugVO), insbes. die der Ärzte, Anwälte, Wirtschaftsprüfer, Steuerberater, Architekten und, wenn auch mit Einschränkungen, die der Künstler. Das Gesetz stellt weder auf den Wert noch auf die Bedeutung der Leistung noch darauf ab, ob sie vertretbar ist (Reimer-Krieger S. 137 Rz 9). Es kommt nur darauf an, ob sie dem täglichen Bedarf dient (glA Reimer-Krieger a. a. O.; Tetzner S. 39 Rz 44; a. M. Baumbach-Hefermehl S. 1249 Rz 7; Michel-Weber-Gries S. 52 Rz 38; Schönherr Anm. 5 § 1 RabGÖ; Hohenecker-Friedl Wettbewerbsrecht(Ö) S. 141). Nur ungewöhnliche Leistungen wissenschaftlicher oder künstlerischer Art, die einem vereinzelten, besonderen und ausgefallenen Zweck dienen oder sich auf ungewöhnliche Gegenstände beziehen, sind ausgenommen. Musische Darbietungen, die der Befriedigung eines breiten kulturellen Bedürfnisses dienen, sind Leistungen für den täglichen Bedarf. Nicht dagegen die Wiedergabe schwer verständlicher Musikwerke, für die nur ein kleiner Kreis besonders interessierter und vorgebildeter Musikfreunde Liebe und Verständnis zeigt.

[10 d] **Gutachten und wissenschaftliche Forschungsarbeiten,** die sich auf einen abseits vom Alltäglichen liegenden Gegenstand beziehen, sind keine Leistungen für den täglichen Bedarf. Ob der Gegenstand dieser Arbeit für das tägliche Leben bedeutsam werden kann, ist belanglos. Maßgeblich ist immer die den täglichen Bedarf bestimmende allgemeine Lebenshaltung, wie sie zur Zeit der Leistung festzustellen ist.

[10 e] **Leistungen der Kreditinstitute können dem täglichen** Bedarf dienen, soweit sich aus der Art und aus den Umständen, unter denen sie erbracht werden, nichts anderes ergibt. (glA Tetzner S. 41 Rz 46 § 1 RabG; einschränkend Baumbach-Hefermehl S. 1249 Rz 7).

Bei der Überlassung von Geld zu zeitlich begrenzter Nutzung des darin steckenden Wertes sind als Normalpreis i. S. des RabG (vgl. Anm. 24, 25) die Zinsen anzusehen, denn sie sind die Gegenleistung für die zeitweilige Kapitalnutzung (BGH WM 1967, 321). Gleichgültig ist, in welcher Form (Teilzahlungs-, Kontokorrent-, Lombardkredit, Bauspardarlehen etc.) der Kredit eingeräumt wird. Dem täglichen Bedarf dienen Kredite für Teilzahlungskäufe, die dem täglichen Bedarf zuzurechnende Waren (vgl. Anm. 7—9) und Leistungen (vgl. Anm. 10 ff.) zum Gegenstand haben. Zu unterscheiden ist bei Teilzahlungskrediten, ob der Nachlaß (vgl. Anm. 23, 25, 27) auf den Kaufpreis, die Kreditsumme oder die Kreditkosten (Zinsen, Bearbeitungsgebühr etc.) und vom Kreditinstitut allein oder im Zusammenwirken mit dem Verkäufer der Ware gewährt wird (zur Rabattgewährung im Zusammenwirken mit Dritten s. Anm. 60).

[10 f] **Versicherungsleistungen** können gewerbliche Leistungen des täglichen Bedarfs sein. **Sie dienen einem täglichen Sicherungsbedürfnis und damit dem täglichen Bedarf, wenn die versicherten Risiken oder Interessen im Rahmen durchschnittlicher Lebensführung liegen.** Die Amtl. Begründung z. RabG (s. Anhang II nach § 17 RabG) will Versicherungsleistungen eines Versichers aufgrund von Versicherungsverträgen von der Anwendung des RabG ausnehmen, weil es sich nicht um gewerbliche Leistungen i. S. des RabG handeln soll. Gemeint ist offenbar, daß die Leistungen eines Versicherers nicht zu den gewerblichen Leistungen des *täglichen* Bedarfs gehören. Die Begründung ist nicht Bestandteil des Gesetzes und deshalb auch nicht geeignet, Rechtsbegriffen bei Anwendung des Gesetzes einen ihnen nicht entsprechenden Sinn zu geben. **Versicherungsleistungen**

sind gewerbliche Leistungen i. S. des Wettbewerbsrechts (vgl. Anm. 9 ZugVO). Sie dienen fast immer einem täglichen Sicherungsbedürfnis und damit dem täglichen Bedarf; auszunehmen sind z. B. Schadens- und Diebstahlsversicherungen von Kunstwerken etc. Bei Lebensversicherungen kann dies im Einzelfall zweifelhaft sein. Sie werden häufig nicht zur Sicherung des Alters oder der Hinterbliebenen abgeschlossen, sondern dienen der Kapitalanlage und Sicherung von steuerlichen Vorteilen. Bei Rentenversicherungen scheiden Zweifel über die Deckung eines täglichen Sicherungsbedürfnisses aus. Sie sind ebenso dem täglichen Bedarf zuzurechnen, wie die Sozialversicherung. Bestätigung hierfür sind die Anerkennung des Gesetzgebers durch die steuerliche Vergünstigung, Versicherungsprämien als Sonderausgaben zu behandeln und der Schadensfreiheitsrabatt der Kfz-Versicherer (vgl. Anm. 10 g) und in Zusammenhang mit Lebensversicherungen die Bemühungen, Vermögensbildung durch gesetzliche Maßnahmen zu ermöglichen. Kraftfahrzeug-, gewerbliche und private Haftpflichtversicherungen für Personen-, Sach- und Vermögensschäden dienen der Abwendung täglich drohender Haftungsrisiken. Das gleiche gilt für Transportversicherungen, es sei denn, daß das versicherte Transportgut eine Ware ist, die nicht täglichen Bedürfnissen dient. Die Versicherung kostbarer Kunstwerke, von Luxusgegenständen sowie gegen Risiken, die nicht im Rahmen alltäglicher Lebenshaltung liegen, scheiden dagegen aus.

[10 g] **Schadensfreiheitsrabatte der Kfz-Versicherer** sind keine Rabatte i. S. des RabG. Sie sind Gegenleistung des Versicherers für die Bemühungen des Versicherungsnehmers durch entsprechendes Verhalten im Verkehr, das Haftungsrisiko zu reduzieren, und für die Bereitschaft, Bagatellschäden selbst zu regulieren (vgl. Anm. 39).

C. Veräußerer und Erwerber
(personelle Abgrenzung des sachlichen Geltungsbereiches)

[11] **Unternehmer.** Ein Rabattverstoß setzt voraus, daß ein Unternehmer beteiligt ist (BGH GRUR 1963, 438 — Fotorabatt). Mit dem Sammelbegriff „Unternehmer" bezeichnet § 1 II den Verkäufer von Waren des täglichen Bedarfs bzw. den gewerblichen Leistungen des täglichen Bedarfs Ausführenden (glA BGH GRUR 1960, 495/498 — WIR-Rabatt). Das RabG gilt nur für den „Unternehmer der letzten Handelsstufe" (OLG Hamburg WRP 1962, 203/204; BGH GRUR 1958, 487/490 — Antibiotica; RGZ 150, 271/

275; OLG Frankfurt GRUR 1971, 123); vgl. Anm. 13. **Unternehmer ist, wer gewerbsmäßig an Letztverbraucher Waren des täglichen Bedarfs verkauft oder gewerbliche Leistungen des täglichen Bedarfs bewirkt** (BGH a. a. O.; RGZ a. a. O.). Unternehmer i. S. des § 1 II ist auch, wer nicht Eigentümer der Ware ist, sondern unter Eigentumsvorbehalt seines Lieferanten stehende Ware an letzte Verbraucher weiterveräußert. Der Lieferant (Hersteller, Zwischenhändler) des an letzte Verbraucher veräußernden Unternehmers wird vielfach gar nicht die Absicht haben, Umsatzgeschäfte unmittelbar (direkt) mit letzten Verbrauchern zu tätigen. Auch Handelsvertreter und Kommissionäre können daher Unternehmer i. S. des § 1 II sein (glA OLG Hamm DB 1969, 570; a. M. Baumbach-Hefermehl S. 1276 Rz 50).

An einem Rabattverstoß können mehrere Personen mitwirken; mindestens eine von ihnen muß Unternehmer sein (BGH GRUR 1964, 88/89 — Verona-Gerät). Die anderen Beteiligten können als (Mit-)Täter oder Teilnehmer ebenfalls nach § 12 I haften, auch wenn sie nicht Unternehmer sind (BGH GRUR 1964, 88/89 — Verona-Gerät; GRUR 1963, 438 — Fotorabatt).

[12] **Erwerbsgeschäft des Unternehmers. Ein Gewerbebetrieb braucht nicht vorhanden zu sein. Ein Erwerbsgeschäft genügt,** d. h. eine im Wirtschaftsleben, insbesondere im Handel und Verkehr betriebene Tätigkeit von gewisser Dauer, die sich durch Austausch von Leistung und Gegenleistung vollzieht (BGHSt 4, 296 zu § 12 UWG). Gewinnziehung oder Gewinnabsicht sind nicht erforderlich. Es genügt, daß gewerbsmäßig an den letzten Verbraucher Waren verkauft oder Leistungen bewirkt werden (Amtl. Begr. Anhang II). Geschäfte, die dem unter Begehung eines Rabattverstoßes abgeschlossenen gleich oder ähnlich sind, müssen auch mit anderen Abnehmern tatsächlich ausgeführt werden. Eine beabsichtigte oder vorbereitete, jedoch nicht zur Ausführung kommende Geschäftstätigkeit, auch wenn sie bereits angekündigt ist, reicht nicht aus. Dies folgt **a)** aus dem Gesetzeswortlaut: „werden ... veräußert oder ... ausgeführt, so dürfen ...", **b)** aus der Amtl. Begr. (Anhang II): „gewerbsmäßig verkaufen oder bewirken", **c)** aus der nach BGH a. a. O. für die Unternehmereigenschaft notwendigen Tätigkeit von gewisser Dauer und **d)** daraus, daß die nach § 1 II zur Rabattfeststellung erforderlichen „angekündigten oder allgemein geforderten Preise" (Begriff vgl. Anm. 25) eine über das Einzelgeschäft hinausgehende Geschäftstätigkeit voraussetzen. Eine stetige andauernde

Umsatztätigkeit ist nicht erforderlich. Auch eine unregelmäßige Betätigung (z. B. Saisongeschäft) genügt. Der Tätigkeitszusammenhang zwischen den einzelnen Umsatzgeschäften darf aber nicht unterbrochen werden. Der Preisnachlaß muß bei einem Geschäft gewährt oder angekündigt werden, das im Rahmen der geschäftlichen Betätigung liegt, die die Unternehmereigenschaft begründet. **Gelegentliche Einzelgeschäfte werden nicht erfaßt.** Dies gilt auch für Einzelgeschäfte eines Unternehmers, die mit seiner Unternehmertätigkeit nichts zu tun haben. Zum Beispiel: ein Lebensmittelhändler verkauft sein Klavier, um vom Erlös ein Radiogerät zu erwerben; der Geschäftsführer eines Textilgeschäfts verkauft ein zur Sicherheit übereignetes Auto, um seine Firma wegen einer Forderung zu befriedigen; wegen Auswanderung wird ein Haushalt aufgelöst, die Möbel werden verkauft. Geschieht dies durch einen beauftragten Möbelhändler, ist dieser allerdings Unternehmer. Ihm ist es verboten, Preisnachlässe zu gewähren.

Veräußernder Unternehmer i. S. des § 1 II ist die (natürliche oder juristische) Person, die das Preise ankündigende oder allgemein fordernde Erwerbsgeschäft betreibt. Sie ist der Unternehmer, auf dessen Normalpreis durch den Unternehmer selbst, durch Angestellte oder Beauftragte ein Preisnachlaß gewährt wird. Für Rabattverstöße seiner Angestellten und Beauftragten (vgl. Anm. 5 § 12) kann der Unternehmer als Inhaber des Betriebes gem. § 12 II auf Unterlassung in Anspruch genommen werden. Strafrechtlich verantwortlicher Täter i. S. des § 11 ist die das Erwerbsgeschäft repräsentierende Person.

[13] **Letzter Verbraucher (Allgemeines). Das RabG gilt** — im Gegensatz zur ZugVO (vgl. Anm. 2 § 1 ZugVO) — **nur für die letzte Umsatzstufe. Preisnachlässe auf vorhergehenden Wirtschaftsstufen werden nicht erfaßt,** „weil sowohl die Bedingungen, unter denen sie zustande kommen, wie ihre wettbewerbsmäßigen Auswirkungen grundsätzlich anders sind als beim Preisnachlaß des Einzelhandels an den Verbraucher" (s. Amtl. Begr. abgedr. im Anhang II nach § 17). Auf Umsätze mit Wiederverkäufern oder ihnen gleich zu achtenden Abnehmern von Waren und gewerblichen Leistungen findet das RabG keine Anwendung. Die Begriffe „letzter Verbraucher" und „im Einzelverkauf" (vgl. Anm. 14—19) einerseits und „Ware des täglichen Bedarfs" bzw. „gewerbliche Leistungen des täglichen Bedarfs" (vgl. Anm. 7 ff.) andererseits stehen zueinander in Wechselbeziehung (glA OLG Hamburg WRP 1962,

203/204). Deshalb gilt das RabG auch für Umsätze von Herstellern und Großhändlern mit letzten Verbrauchern. **Letzter Verbraucher einer Ware des täglichen Bedarfs ist, wer diese erwirbt, ohne den Willen zu haben, sie nochmals** — auch nicht nach Be- oder Verarbeitung — **gewerbsmäßig gegen Entgelt umzusetzen** (vgl. RGZ 153, 139, BGH GRUR 1968, 595 — Wiederverkäufer). Der Begriff „Verbraucher" i. S. des RabG ist nicht aus § 92 BGB abgeleitet (h. M.). Der Umsatz aller Waren wird erfaßt, auch solcher, die nicht dem Verbrauch, sondern dem Gebrauch dienen, also einer Nutzung ohne Eingriff in die Substanz (glA Baumbach-Hefermehl S. 1252 Rz 11; Michel-Weber-Gries S. 53 Rz 41; Tetzner S. 45 Rz 44 a. E.). **Der „letzte Verbraucher" kann jeder Wirtschaftsstufe angehören.** Letzter Verbraucher ist stets, wer Waren erwirbt oder gewerbliche Leistungen in Anspruch nimmt, um seinen persönlichen (privaten) Lebensbedarf zu decken; **letzter Verbraucher kann aber auch ein Gewerbetreibender sein** (h. M., vgl. BGH GRUR 1969, 362/363 — Rabatt für branchefremde Wiederverkäufer). Dies ergibt sich aus § 9 Ziff. 1. Entscheidend ist, ob die erworbene Ware selbst nochmals Gegenstand der Güterherstellung, z. B. einer Be- oder Verarbeitung oder der Güterverteilung ist (glA Michel-Weber-Gries S. 53 Rz 41; Baumbach-Hefermehl S. 1251 Rz 11). Letzter Verbraucher ist der letzte Erwerber im geschäftlichen Verkehr. **Letzter Erwerb einer Ware liegt vor, wenn die Reihe der entgeltlichen Umsatzgeschäfte vom Hersteller zum Verbraucher abgeschlossen ist und für einen gewerbsmäßigen Weiterverkauf der Ware — auch nach einer Be- oder Verarbeitung — kein Raum mehr ist** (RGZ 153, 139/142; Baumbach-Hefermehl S. 1252 Rz 11; Michel-Weber-Gries S. 55 Rz 43; Reimer-Krieger S. 138). Es kommt nicht darauf an, ob der letzte Erwerber einer Ware diese selbst ge- oder verbraucht oder ob er sie einem anderen überläßt (glA Baumbach-Hefermehl S. 1252/53 Rz 11 und 13; Reimer-Krieger S. 138). Letzter Verbraucher ist daher auch, wer eine erworbene Ware verschenkt (BGH GRUR 1968, 595, 597 — Wiederverkäufer; Baumbach-Hefermehl S. 1252 Rz 11; Tetzner S. 46 Rz 58).

[14] **Letzter Verbraucher einer Ware ist, wer sie** — auch nach Be- oder Verarbeitung — **nicht entgeltlich weiterveräußert.** Letzte Verbraucher sind daher auch Groß- und Einzelhändler, Handwerker und Industriebetriebe, die Papierwaren für den Bürobedarf, Fahrzeuge, Treib- und Brennstoffe, Maschinen, Werkzeuge und andere Arbeitsmaterialien kaufen, um sie im eigenen Betrieb zu verwenden

(glA Kathrein und Reinecke DB 1961, 1217; Vorwerk WRP 1962, 155; Baumbach-Hefermehl S. 1253 Rz 13; Michel-Weber-Gries S. 54 Rz 41; Tetzner S. 46 Rz 59 § 1 RabG); dies gilt nicht, wenn Materialien zur Be- und Weiterverarbeitung erworben werden (vgl. Anm. 15). Letzte Verbraucher sind Mitglieder einer Genossenschaft beim Kauf einer Maschine von der Genossenschaft (OGHÖ ZgGenW 20, 93). An letzte Verbraucher wendet sich, wer in wahllos versandten Rundschreiben branchefremden Wiederverkäufern (z. B. Friseure, Bäcker, Kolonialwarenhändler, Schlosser) Möbel anbietet, von denen zu erwarten ist, daß sie diese für den eigenen Bedarf erwerben und nicht weiterveräußern (BGH GRUR 1969, 362 — Rabatt für branchefremde Wiederverkäufer). Ein Einzelhändler erwirbt als letzter Verbraucher, wenn er ohne selbst ein Umsatzgeschäft tätigen zu wollen, von einem privaten Käufer nur als Vermittler beim Bezug der Ware eingeschaltet wird (vgl. Anm. 17; BGH GRUR 1968, 595/597 — Wiederverkäufer). Dies gilt nicht, wenn die Einschaltung eines Händlers (Kaufscheinausgebers) dazu führt, daß dieser das volle wirtschaftliche Risiko übernimmt und der Käufer ihn nicht als Vermittler, sondern als eine selbständige Handelsstufe ansieht. Dann ist nicht der Händler, sondern der Privatkäufer letzter Verbraucher (OLG Düsseldorf BB 1966, 997). Letzte Verbraucher sind Betriebsangehörige eines Großbetriebs, die vom Großhändler, zu dessen Kunden der Betrieb gehört, Elektrogeräte beziehen (LG Köln GRUR 1954, 78). Letzte Verbraucher sind: Fahrzeughalter des Verkehrsgewerbes, die Kraftfahrzeuge (DW 1956, 50) kaufen (zum Kauf von Samen durch Erwerbsgärtner beachte Anm. 15); Landwirte, die Futtermittel für die Ferkelaufzucht beziehen (DW 1963, 15); der Testkäufer von Waren (glA Tetzner S. 45 Rz 56 § 1 RabG); Rechtsanwälte, Steuerberater, Wirtschaftsprüfer, die Bücher für ihre Praxis kaufen; Gastwirte und Hoteliers, die Möbel, Porzellan etc. zur Einrichtung ihrer Gast- und Wirtschaftsräume kaufen (glA Baumbach-Hefermehl S. 1253 Rz 13); der Arzt, der medizinisch-technische Apparate für seine Praxis (glA Baumbach-Hefermehl S. 1253 Rz 13) bezieht, nicht aber der Apotheker, der Arzneimittel einkauft (BGH GRUR 1958, 487, 490 — Antibiotica).

[15] **Letztverbrauch scheidet aus, wenn die Reihe der Umsatzgeschäfte noch nicht beendet ist, d. h. wenn gekaufte Waren verarbeitet oder bearbeitet weiterveräußert oder wenn Halbfertig- oder Fertigware eingebaut, eingearbeitet oder eingesetzt und dann mitveräußert werden.** Da sich eine weitere Umsatzstufe anschließt, sind nicht

letzter Verbraucher: der Handwerker beim Kauf von Materialien zur Be- und Verarbeitung (LG Bielefeld WRP 1958, 30; Kathrein und Reinecke DB 1961, 1217; Vorwerk WRP 1962, 155; Baumbach-Hefermehl S. 1252 Rz 12); Erwerbsgärtner, Landwirte beim Bezug von Samen für den Gemüseanbau (OLG Düsseldorf MDR 1961, 61; a. M. DW 1954, 17); Bäcker, die Zutaten für von ihnen herzustellende Backwaren beziehen, denn sie vertreiben nach Verarbeitung die Fertigwaren (LG Bielefeld WRP 1958, 30). Das gleiche gilt für Malermeister, die Farbe und Tapeten, und Schneider, die Stoffe und sonstige Zutaten kaufen. Sie verarbeiten diese Stoffe und setzen sie zusammen mit ihrer gewerblichen Leistung an letzte Verbraucher ab (vgl. auch Tetzner S. 47 Rz 59 § 1 RabG).

[16] **Letzter Verbraucher einer Ware ist auch, wer sie erwirbt, aber nicht oder nicht in erster Linie selbst nutzt, sondern Dritten entgeltlich zum Gebrauch überläßt.** Entscheidend ist, daß die erworbene Ware nicht wie bei der Ver- oder Bearbeitung nochmals umgesetzt wird. Letzter Verbraucher ist der Hauswirt, der Koks für sein Miethaus bezieht, um die von ihm vermieteten Wohnungen zu beheizen (RGZ 153, 139), denn der Koks ist nicht mehr Gegenstand eines Umsatzgeschäftes. Letzter Verbraucher ist der Taxenunternehmer, der einen Personenkraftwagen erwirbt, um damit Fahrgäste zu befördern. Ebenso der Mietwagen-Unternehmer, der Kraftwagen kauft, um sie an Selbstfahrer zu vermieten (glA Baumbach-Hefermehl S. 1253 Rz 13; a. M. Tetzner S. 50 Rz 64 § 1 RabG) und der Käufer von Spielautomaten, der sie in Gaststätten betreibt. Sie werden von ihm in seinem Gewerbebetrieb ebenso wie das Kraftfahrzeug vom Taxenunternehmer genutzt. Die Spieler, die den Automaten benutzen, erwerben keinen Automaten, sondern sind Nutznießer einer gewerblichen Leistung des Automatenaufstellers (glA Meyer-Christian WRP 1962, 294; Ulmer-Reimer Nr. 1106; Baumbach-Hefermehl S. 1253 Rz 13; a. M. OLG Hamburg WRP 1962, 203; Tetzner JR 1963, 216 und S. 49 Rz 63 § 1 RabG). Das Krankenhaus und der Arzt, die Arzneimittel für die Behandlung ihrer Patienten beziehen, sind dagegen keine letzten Verbraucher, denn die Arzneimittel werden als Hilfsstoffe zu entgeltlichen Dienstleistungen weiterveräußert (vgl. auch Anm. 15; a. M. Baumbach-Hefermehl S. 1253 Rz 13; Ulmer-Reimer Nr. 1106); BGH (GRUR 1958, 487/490 — Antibiotica) läßt die Frage offen; Tetzner (S. 47 Rz 61 § 1 RabG) unterscheidet danach, ob dem Patienten ein Arzneimittel gesondert in Rechnung gestellt wird oder nicht (so auch

Elster AWR 1937, 174). Hierauf kommt es nicht an; abgesehen davon ist diese Unterscheidung wenig praktikabel.

[17] **Wer im eigenen Namen für Rechnung eines Dritten erwirbt, erwirbt als letzter Verbraucher,** denn ein weiteres Umsatzgeschäft führt er nicht aus. Wer aufgrund einer Vollmacht, eines Auftrages, aus Gefälligkeit oder im eigenen Namen, aber für Rechnung eines Letztverbrauchers kauft, ist nur Erwerbsgehilfe und nicht Erwerber. Dies ist derjenige, für den er tätig wird. Letztverbraucher ist z. B. ein Verein, der für Mitglieder, ein Betrieb, der für Betriebsangehörige als Sammelbesteller einkauft; sie sind es jedoch nicht, wenn z. B. der Verein oder der Betrieb im eigenen Namen und für eigene Rechnung erwerben, um bei einem späteren Bedarf der Mitglieder die Waren gegen Zahlung des Gegenwertes weiter zu veräußern, denn in diesem Falle schließt sich noch eine weitere Umsatzstufe an (glA Baumbach-Hefermehl S. 1253 Rz 14; Michel-Weber-Gries S. 74 Rz 91, DW 1954, 6; Winter DB 1955, 41).

[18] **Letzter Verbraucher gewerblicher Leistungen.** Auch gewerbliche Leistungen können Gegenstand weiterer Umsatzgeschäfte sein. Nicht jeder, für den ein geldwertes Tun oder Unterlassen erbracht wird, ist Letztverbraucher. **Letzter Verbraucher einer gewerblichen Leistung ist derjenige, der diese Leistung so in Anspruch nimmt, daß sie nicht mehr weiter vermittelt werden kann.** Der Subunternehmer, der im Auftrage des Hauptunternehmers Pfähle für eine Pfahlgründung rammt, erbringt eine gewerbliche Hilfeleistung für einen anderen Gewerbetreibenden, aber nicht für den letzten Verbraucher. Wird von einer Baufirma ein Installateur als Subunternehmer beschäftigt und ihm das erforderliche Material zur Verfügung gestellt, so wird die gewerbliche Leistung für den Hauptunternehmer erbracht und von diesem als eigene weitergegeben. Er ist nicht letzter Verbraucher. **Leistungen von Erfüllungsgehilfen sind grundsätzlich keine Leistungen für Letztverbraucher.** Warenhersteller, die Zwischenmeister beschäftigen oder Lohnaufträge vergeben und das erforderliche Material zur Verfügung stellen, sind dagegen letzte Verbraucher der Lohnarbeit. Sie setzen nicht wie bei vorstehendem Beispiel der Bauunternehmer die gewerbliche Leistung weiter um, sondern den Leistungserfolg, der bei ihnen und nicht beim Erwerber der Ware anfällt. Handlungsagenten (Handelsvertreter), Makler, Kommissionäre erbringen Leistungen gegenüber letzten Verbrauchern, es sei denn, daß ihre Auftraggeber sich Dritten gegenüber zu entsprechenden Leistungen verpflichtet haben (z. B. Autovertreter,

Zwischenmakler) und sich zu deren Ausführung eines Agenten, Maklers oder Kommissionärs bedienen. Das gleiche gilt für Leistungen der Frachtführer und Spediteure: Werden Waren im Auftrage des Verkäufers zum Erfüllungsort befördert, dann ist dieser letzter Verbraucher (a. M. Reimer-Krieger S. 138 Rz 10). Hat der Lieferant sich zusätzlich verpflichtet, die Waren vom Erfüllungsort zum auswärtigen Wohnsitz des Käufers zu transportieren und beauftragt er damit einen Frachtführer, dann ist dieser Erfüllungsgehilfe; seine Transportleistung wird nicht mehr für den Käufer (Letztverbraucher) erbracht. **Letzte Verbraucher gewerblicher Leistungen sind:** Hotel-, Fahr- und Fluggäste; Teilnehmer eines Fahrschulkurses (OLG Hamburg WRP 1965, 229; DW 1962, 84); Besucher von Varietévorstellungen, von Kino-, Theater- und Konzertaufführungen, professionellen Sportveranstaltungen, Badeanstalten; die Kurgäste in Ansehung der Kurleistungen eines Badeortes; der Besteller eines Maßanzuges, es sei denn, daß es sich um einen Werklieferungsvertrag handelt (dann wird eine Ware geliefert); die Hausfrau, die ihre Wäsche zur Wäscherei gibt, ihren Kuchen beim Bäcker abbacken läßt; die Kunden der Friseure, der Flickschuster und Flickschneider; die Mandanten der Rechtsanwälte, Wirtschaftsprüfer und Steuerberater (a. M. Michel-Weber-Gries S. 52 Rz 38); die Patienten der Ärzte, Heilpraktiker und sonstigen Heilberufe, Masseure; Bauherren im Verhältnis zum Architekten; Hauswirte zu Reparaturleistungen von Handwerkern usw. Bei der Inanspruchnahme wissenschaftlicher Institute kommt es auf den Einzelfall an. Wird im Auftrage eines Arztes eine Harn-, Blut- oder bakteriologische Untersuchung vorgenommen, dann ist der Auftraggeber nicht Letztverbraucher. Die Leistung des Instituts ist Hilfs- und Teilleistung zur Leistung des Arztes und wird mit dieser zusammen weitergegeben. Beauftragt der Patient selbst das Institut, etwa mit der Weisung, das Untersuchungsergebnis dem behandelnden Arzt mitzuteilen, dann ist Auftraggeber der Letztverbraucher. Beim Druck und der Verbreitung von Anzeigen, bei der Sendung von Fernseh-Werbespots und der Vorführung von Werbefilmen in Lichtspieltheatern sind letzte Verbraucher die Werbungstreibenden, und zwar sowohl wenn der Anzeigenauftrag direkt zwischen Werbungstreibenden und Werbungsdurchführendem (Verlag) als auch wenn er durch Vermittlung einer Werbeagentur abgeschlossen wird (glA BKA GRUR 1962, 486 — Preislistentreue; Fikentscher, Preislistentreue im Recht der Werbeagenturen 1968 S. 31; Baumbach-Hefermehl S. 1252 Rz 12; Löffler, Allgemeines Presserecht 2. Aufl. Bd. I S. 567 Rz 31). Im

Anzeigenstreugeschäft erbringen Werbeagenturen und Vermittler gewerbliche Leistungen; der Werbungtreibende ist letzter Verbraucher (glA KG DB 1969, 122).

D. Wettbewerbsbereich, Geschäftsführung, Geschäftsform (Einzelverkauf, Gegenleistung in Geld)

[19] **Einzelverkauf.** Der Begriff „Einzelverkauf" wird im Gesetz nicht erläutert. Nur für Geschäfte, die den Wettbewerbsvoraussetzungen dieser Umsatzform entsprechen, findet das RabG Anwendung. Für gewerbliche Leistungen (vgl. Anm. 18) fehlt ein entsprechendes Merkmal. Der Begriff **„Einzelverkauf" ist nicht im Sinne von Einzelhandel auszulegen** (glA Baumbach-Hefermehl S. 1250 Rz 8; Reimer-Krieger S. 137 Rz 10; Tetzner S. 43 Rz 51 § 1 RabG; Ulmer-Reimer Nr. 1106). Gleichgültig ist, in welche Wirtschaftsstufe das Erwerbsgeschäft oder der Gewerbebetrieb des Veräußerers einzuordnen ist. Dieser kann Einzel-, Groß- und Versandhändler, Handwerker, Importeur oder Hersteller sein (Amtl. Begr. RabG Anhang II; Baumbach-Hefermehl S. 1250 Rz 8; Reimer-Krieger S. 137 Rz 10; Michel-Weber-Gries S. 54 Rz 43; Schönherr Wettbewerbsrecht Anm. 3 § 1). Die Betriebsform ist nicht entscheidend. **Auch Direktverkäufe des Herstellers oder Großhändlers** an letzte Verbraucher **unterliegen dem RabG**, sofern es sich um Einzelverkäufe handelt. Direktverkäufe eines Großhändlers an Letztverbraucher fallen auch dann in den Geltungsbereich des RabG, wenn sie nicht in dem neben dem Großhandel betriebenen Einzelhandelsgeschäft ausgeführt werden (BGH GRUR 1958, 555/556 — Elektrogeräte; glA Baumbach-Hefermehl S. 1250 Rz 8; Tetzner S. 43 Rz 51 § 1 RabG.) „Einzelverkauf" an den letzten Verbraucher liegt auch vor, wenn ein Großhändler Waren an Betriebsangehörige eines zu seinen Kunden gehörenden Großbetriebes liefert (LG Köln GRUR 1954, 78). **Nicht jeder Verkauf an den letzten Verbraucher ist ein Einzelverkauf** (glA Tetzner a. a. O.; a. M. Baumbach-Hefermehl S. 1250 Rz 8; Reimer-Krieger S. 137 Rz 10; Michel-Weber-Gries S. 54 Rz 43). Von der Gegenmeinung wird dem Begriff keine besondere Bedeutung beigemessen und jeder mit einem letzten Verbraucher getätigte Umsatz als Einzelverkauf gewertet, gleichviel unter welchen Voraussetzungen und unter welchen Umständen er getätigt wird. Wortsinn, Zusammenhang und Amtl. Begr. erweisen, daß es sich um ein wichtiges Tatbestandsmerkmal handelt. Wenn dies nur den Sinn hätte klarzustellen, daß das RabG sich nicht auf die Ver-

käufe des berufsmäßigen Einzelhandels beschränkt, sondern den Anwendungsbereich des Gesetzes auch auf Direktverkäufe der Hersteller, Großhändler etc. erstreckt, wäre es überflüssig. Dies wäre schon durch das Merkmal „letzte Verbraucher" erreicht. Nach der Wortzusammensetzung sind Einzelumsätze von Waren gemeint. Eine Wert- und Mengenbeschränkung folgt hieraus allerdings nicht. Dies ergibt sich aus den §§ 7, 8 und 9 RabG. Nach der Amtl. Begr. zu den §§ 7 und 8 gilt das RabG auch für den Kauf von Dauer- und Reihenkarten. Der Begriff „Einzelverkauf" schließt daher die Anwendung des RabG auf den Abonnement-Verkauf einer Tageszeitung nicht aus (OLG Düsseldorf GRUR 1969, 227 — WAZ).

Die Amtl. Begr. erläutert die Beschränkung auf den Geschäftskreis „Einzelverkauf" damit, daß diese Geschäfte unter bestimmten Voraussetzungen getätigt werden und bestimmte wettbewerbliche Auswirkungen haben. Diese Erläuterung deckt sich mit dem Sinngehalt des Wortes, dem Zusammenhang seiner Verwendung und dem Sinn und Zweck des Gesetzes (vgl. Einf. 3 vor § 1 RabG). **Es werden nur Umsatzgeschäfte erfaßt, die denen des Einzelhandels entsprechen** (glA Tetzner S. 43, vgl. OLG Düsseldorf a. a. O. — WAZ). Es kommt nur auf die Erscheinungsform des Geschäftes selbst an. **Nicht wer als, sondern wer wie ein Einzelhändler verkauft, fällt unter das RabG.** Unter welchen wettbewerbsmäßigen Bedingungen das Geschäft zustande kommt und welche wettbewerbsmäßigen Auswirkungen es hat, ist entscheidend. Die gesetzliche Regelung sieht bewußt davon ab, die beim Warenverkehr zwischen den verschiedenen Wirtschaftsstufen üblichen Preisnachlässe in ihr Anwendungsgebiet einzubeziehen, weil sowohl die Bedingungen, unter denen sie zustande kommen, wie ihre wettbewerbsmäßigen Auswirkungen grundsätzlich anders sind als beim Preisnachlaß des Einzelhandels an den Verbraucher. Deshalb beschränkt sich das Gesetz auf den in § 1 bezeichneten Geschäfts- und Personenkreis (Amtl. Begr. Anhang II). Der betroffene Geschäftskreis wird damit eindeutig gekennzeichnet. Diesem können nur Umsätze zugerechnet werden, die in ihrer Ausführung den Bedingungen des Einzelhandels entsprechen und bei denen die wettbewerbsmäßigen Auswirkungen von Preisnachlässen die gleichen sind wie bei Preisnachlässen des Einzelhandels. Nur eine derartige Auslegung läßt die Begriffsverwendung vernünftig erscheinen. Die amtliche Begründung rechtfertigt sie und bestätigt sie zwingend. Eine andere Auffassung ist nur vertretbar, wenn man davon ausgeht, daß der Gesetzgeber sich bei

Verwendung des Begriffs nichts gedacht hat und daß das Wort ein redaktionelles Versehen ohne gedanklichen Hintergrund ist. Der Inhalt der amtlichen Begründung läßt eine derartige Unterstellung nicht zu. Einzelverkäufe sind Warenumsätze, die denen des Einzelhandels entsprechen. Der Veräußerer tritt in Wettbewerb mit dem Einzelhandel. Der Preisnachlaß wird unter Umständen angekündigt oder gewährt, durch die die wettbewerbsmäßigen Auswirkungen die gleichen sind, wie sie bei Ausführung des Geschäfts durch einen Einzelhändler vorliegen würden.

Warenverkäufe an Letztverbraucher, die nach Art, Umfang oder Gegenstand nicht in den Geschäftskreis des Einzelhandels gehören, vielmehr nur vom Großhandel oder von Industrieunternehmen ausgeführt werden, erfaßt das RabG nicht. Die Umstände des Zustandekommens und die Ausführung derartiger Geschäfte nötigen dazu, sie den höheren Wirtschaftsstufen zuzurechnen. Z. B.: Verkauf von umfangreichen maschinellen Anlagen, die nur von den einschlägigen Herstellerwerken, nicht aber über den Einzelhandel zu erwerben sind, Lieferung von Industriekohle in Schiffsladungen, etwa an Elektrizitäts- und Fernheizwerke, Lieferung von chemischen Hilfsstoffen für Industriebetriebe, z. B. Säuren in 10 000-l-Behältern, Treibstoffe für große stationäre Anlagen oder Schiffsmaschinen in Tankzügen oder Schiffen. Derartige Geschäfte haben ein Ausmaß, wie es der Einzelhandel nicht bewältigen kann. Der Erwerber kauft nur beim Großhandel oder Hersteller. Preisnachlässe kommen unter Umständen zustande, wie sie der Einzelhandel nicht kennt. Wettbewerblich werden sie nur in den höheren Wirtschaftsstufen wirksam. Negative Auswirkungen scheiden für den Einzelhandel aus (glA Tetzner S. 43, 44).

Die Begriffe „größere Menge“ (§ 7) und „Großverbraucher“ (§ 9) sind nur im Zusammenhang mit dem Begriff „Einzelverkauf“ zu verstehen. Liefert der Verkäufer eine größere Menge gleichartiger Ware zu einem niedrigeren Preis, so kann es sich um einen Mengen- oder Großverbrauchernachlaß handeln (vgl. hierzu Anm. 2, 3 zu § 7 und 4 zu § 9. Zu gewerblichen Leistungen vgl. Anm. 20).

[20] **Unterschiedliche Behandlung von Waren- und Leistungsumsätzen.** Hauptbestandteil der Wortzusammensetzung Einzelverkauf ist der Rechtsbegriff „Kauf“. Dieser wird in § 433 BGB eindeutig bestimmt. Nur Sachen oder Rechte können verkauft werden. Bei wirtschaftlichen Werten, die den Sachen im Handelsverkehr gleich

zu achten sind, gelten die Kaufbestimmungen entsprechend. Auf gewerbliche Leistungen sind sie nicht anwendbar (vgl. Hoth WRP 1956 S. 261 ff. mit Nachw.). Anm. 19 gilt deshalb nur für Warenumsätze. Für Leistungsumsätze fehlt es an einer entsprechenden Einengung des sachlichen Geltungsbereichs. Art, Umfang, die Umstände des Zustandekommens der Geschäfte und die wettbewerblichen Wirkungen von Preisnachlässen sind unbeachtlich. Auch bei Großaufträgen, die ihrer Natur nach dem Geschäftskreis des dem Einzelhandel entsprechenden Handwerks entzogen sind, dürfen Rabatte nur im Rahmen des RabG in Aussicht gestellt oder gewährt werden (glA Tetzner S. 44 Rz 53 § 1 RabG). Zur unterschiedlichen Behandlung von Waren und gewerblichen Leistungen nach Zugaberecht vgl. Anm. 93 § 1 ZugVO.

[21] **Geschäftsform.** Einzelverkauf von Waren heißt, daß das Veräußerungsgeschäft ein Kaufvertrag sein muß. Der Rechtsbegriff „Kauf" läßt Zweifel über seinen Inhalt nicht zu (vgl. Anm. 20). Die Gegenleistung des Käufers ist der „Kaufpreis" (§ 433 II BGB). Der Kaufpreis muß in Geld bestehen, andernfalls liegt kein Kaufvertrag vor. Die Währungseinheit ist gleichgültig. **Tauschgeschäfte werden vom RabG deshalb nicht erfaßt.** In der Gegenleistung liegt der wesentliche Unterschied zwischen Kauf und Tausch (§ 433 ff. BGB, 373 ff. HGB und § 515 BGB). Beim Tausch bestehen Leistung und Gegenleistung in der Hingabe individueller Werte (Mot. II BGB 366; RGZ 161, 3; h. M.). Die sich auf den Preis beziehenden Bestimmungen des Kaufrechts, insbesondere die der §§ 433 II, 452 bis 455 BGB, sind nicht entsprechend anwendbar (h. M.). Es muß deshalb auch die entsprechende Anwendung des RabG auf Tauschgeschäfte ausgeschlossen sein (a. M. Baumbach-Hefermehl S. 1250 Rz 8; Michel-Weber-Gries S. 31 Rz 5; Reimer-Krieger S. 121 Rz 3).

Auch **die Gegenleistung für gewerbliche Leistungen muß in Geld bestehen.** Das RabG geht davon aus, daß die Gegenleistung beim Erwerb von Waren und gewerblichen Leistungen der vereinbarte Preis ist (angekündigter oder allgemein geforderter Preis, Preisnachlaß, Sonderpreis. Vgl. auch Anm. 23 ff.). Der Tausch (Austausch) von gewerblichen Leistungen wird vom RabG nicht erfaßt.

Nicht jeder Leistungsaustausch (Ware gegen Ware, Ware gegen Leistung, Leistung gegen Leistung, Leistung gegen Ware) ist ein Tauschgeschäft. Wird beim Verkauf einer neuen Sache ein gebrauchter Gegenstand (z. B. ein Kraftfahrzeug) mit einem festbezifferten Wert auf den Kaufpreis angerechnet, dann wird die Gegenleistung in Geld erbracht. Dasselbe gilt, wenn in Wirklichkeit kein Tausch, sondern ein Doppelkauf, also zwei selbständige Geschäfte gewollt waren (vgl. zur Abgrenzung RGZ 161, 3). **Bei Inzahlungnahme gebrauchter Gegenstände und Doppelkauf sind daher die Gegenleistungen Preise,** die nicht bar bezahlt, sondern als gegenseitige gleichartige Geldleistungen gegeneinander aufgerechnet werden. Die Möglichkeit, einen individuellen Wert in Geld zu bewerten, schließt den Tauschcharakter des Geschäftes allerdings nicht aus und gestattet nicht, die Gegenleistung einer Geldleistung gleichzustellen. Überwiegt die Geldleistung, so spricht dies für Kauf; der Gegenbeweis kann geführt werden (vgl. RGZ 88, 364). Die Unterscheidung von Doppelkauf und Doppelleistung vom Tauschgeschäft ist häufig schwierig (vgl. RGZ 161, 3; BGH NJW 1968, 104). Tausch liegt vor, wenn nach dem Vertragsinhalt die Leistung eines jeden Teils im Verschaffen des Gegenstandes besteht (BGH a. a. O.). Die Gegenmeinung beruht möglicherweise darauf, daß Inzahlungnahme und Doppelkauf dem Tausch zugerechnet werden.

Auf unentgeltliche Geschäfte (Umsonstlieferungen) **findet das RabG keine Anwendung.** Ein Rabatt kann begrifflich nur bei einem entgeltlichen Geschäft gegeben sein. (glA OLG Stettin JW 1938, 386 für die unentgeltliche Überlassung des 3000. Elektroherdes durch das verkaufende E-Werk, OLG Hamburg WRP 63, 164/165; BGH GRUR 1965, 489 — Kleenex; RG GRUR 1938, 207; OLG München GRUR 1957, 384/386; OLG Frankfurt WRP 1963, 142/144; Baumbach-Hefermehl S. 1250 Rz 8 § 1; Tetzner S. 50 Rz 66 § 1 RabG; Spengler MA 1955, 88 a. M. Michel-Weber-Gries S. 36 Rz 14, wenn die Umsonstlieferung nur gelegentlich und in Einzelfällen vorgenommen wird; OLG Celle AWR 1935, 177 zur Gratislieferung von Schuhcreme nebst Sparsieb an Inhaber von Gutscheinen).

[22] **Werden Waren veräußert oder gewerbliche Leistungen ausgeführt.** Zum Begriff „Veräußern" vgl. Anm. 4 zu § 7: Kaufverträge müssen tatsächlich im Geschäftsverkehr abgeschlossen und durch den Verkäufer erfüllt werden. Ausführen hat zu gewerblichen Leistungen entsprechende Bedeutung. Die tatsächliche Ausführung von Waren oder Leistungsumsätzen im geschäftlichen Verkehr auch mit anderen Letztverbrauchern ist Anwendungsvoraussetzung (vgl. Anm. 12). Das äußere Erscheinungsbild genügt. Die Gültigkeit oder Ungültigkeit des obligatorischen Teils der Geschäfte ist unbeachtlich. Es kommt nur auf die tatsächliche Ausführung an.

III. Preisnachlaß

[23] **Allgemeines.** § 1 II bestimmt den Rabattbegriff (Preisnachlaß, Sonderpreis). Er gilt nur für den sachlichen Geltungsbereich des RabG (vgl. Anm. 3). Preisnachlässe i. S. dieses Gesetzes sind Unterfälle der erlaubten Geld- und Mengen-(Waren-)rabatte gem. § 1 II lit. b und c und des nach § 1 I ZugVO verbotenen, hier unter den Voraussetzungen des § 8 erlaubten Leistungsrabatts. **Abweichend von den Rabattatbeständen der ZugVO müssen sich zur Feststellung eines Preisnachlasses zwei Preise gegenüberstehen:** a) der vom Unternehmer angekündigte oder allgemein geforderte Preis (= Normal- oder Grundpreis) und b) der herabgesetzte Preis oder Sonderpreis (Ausnahmepreis). Die **Differenz zwischen Normalpreis und niedrigerem Ausnahmepreis ist der Rabatt** (Preisnachlaß) i. S. des RabG (glA GRUR 1961, 367/368 — Schlepper; OGHÖ ÖBl. 1961, 74). Rabatt i. S. der ZugVO ist die neben der Hauptleistung gemachte zusätzliche Zuwendung eines bestimmten Geldbetrages oder einer bestimmten Warenmenge. Rabatt i. S. des RabG ist die Herabsetzung des Normalpreises, der Verzicht des Täters auf einen Teil des von ihm grundsätzlich geforderten Kaufpreises. Der Rabatt des Zugaberechts muß in dem für die Zugabe notwendigen Zusammenhang zur Hauptleistung stehen; der Preisnachlaß i. S. des Rabattrechts muß dagegen in rechtlichem und tatsächlichem Zusammenhang zur Gegenleistung, dem angekündigten oder allgemein geforderten Preis stehen (vgl. Anm. 24). Er ist damit immer notwendiger Bestandteil der Preisabrede, z. B. gem. § 433 II BGB. Bei Rabatt*zugaben* ist dies nicht erforderlich. Wer den allgemein geforderten Preis (Begriff vgl. Anm. 25) von Fall zu Fall bzw. in bestimmten Fällen herabsetzt und dadurch dem Käufer einen wirtschaftlichen Vorteil zuwendet, gewährt einen Preisnachlaß. Auch wer allen Kunden einen Nachlaß auf den angekündigten oder allgemein geforderten Preis stehen (vgl. Anm. 25). Er ist damit immer not-Preissenkung „in den Mantel eines unzulässigen Preisnachlasses hüllt" (glA BGH GRUR 1967, 433 — Schrankwand; GRUR 1961, 367 — Schlepper; Reimer-Krieger S. 122; Pastor GRUR 1959, 514; Ulmer-Reimer Nr. 1101). Nur letzteres, nicht die Preissenkung, will das RabG verhindern. **Nicht das wirtschaftliche Ergebnis** — der ermäßigte Preis — **ist entscheidend, sondern der Weg, auf dem dieses Ergebnis erzielt wird** (vgl. BGH GRUR 1968, 266/267 — BSW II; GRUR 1967, 371/372/374 — BSW mit zust. Anm. Seydel). Das RabG will nicht die Preisherabsetzungen erschweren oder verhin-

dern, sondern nur den Mißbrauch der starken Werbekraft einer bestimmten Art der Preisherabsetzung, nämlich des Preisnachlasses, einschränken.

Das Ankündigen und Gewähren von Preisnachlässen (Ausnahmepreisen) von angekündigten oder allgemein geforderten Preisen (Normalpreisen) sind daher **formale Tatbestände** (vgl. BGH GRUR 1961, 367/368 — Schlepper; Baumbach-Hefermehl Rz 10 Übersicht u. Rz 17 § 1; vgl. auch Spengler, Internationaler Wettbewerb 1959, 37). Wirtschaftliche Gesichtspunkte können zwar zur Beurteilung eines Sachverhalts herangezogen werden (vgl. BGH GRUR 1959, 329/331 — Teilzahlungskauf; GRUR 1960, 495/498 — WIR-Rabatt), doch darf dies nicht zu einer Überschreitung des formalen Rabattbegriffes führen (BGH GRUR 1967, 371/372 — BSW). Andererseits wird die Anwendung des Gesetzes nicht dadurch ausgeschlossen, daß derselbe wirtschaftliche Erfolg sich möglicherweise auch auf einem rechtlich zulässigen Wege herbeiführen läßt (vgl. BGH GRUR 1968, 266/267 — BSW II). Nicht jede Umgehung des Rabattverbotes fällt in den Bereich des RabG, denn das RabG will nicht die Preisermäßigung, also einen bestimmten wirtschaftlichen Erfolg, sondern nur die Preisherabsetzung auf bestimmtem Wege verhindern.

Die Zugabe von Waren oder gewerblichen Leistungen ist deshalb nur dann Rabatt, wenn Gattungs- und Qualitätsidentität gegeben ist (vgl. Anm. 94 zu § 1 ZugVO; Rz 7 zu § 7 und Rz 5 zu § 8 RabG). Werden nicht gattungs- und qualitätsgleiche Waren zugegeben, so sind sie Zugaben gem. § 1 I ZugVO. Das gleiche gilt für gewerbliche Leistungen.

[24] **Preis** (Begriff) ist Hauptbegriff des § 1 II. Alle anderen Bezeichnungen sind durch Zusätze gebildete Unterbegriffe. Der Preis gehört zum Kauf. Er ist die Gegenleistung des Käufers. Sie muß in Geld oder in einer der Zahlung in Bargeld gleichzuachtenden Form erbracht werden (Palandt-Putzo 31. Aufl. Anm. 3 A § 433 BGB; Soergel-Siebert 10. Aufl. Vorbem. 2 vor § 433 und Rz 43 § 433; Staudinger-Ostler 11. Aufl. Rz 32 § 433). Ob dies in inländischer oder fremder Währung geschieht, ist gleichgültig (RGZ 107, 110; Palandt-Putzo a. a. O.; Soergel-Siebert a. a. O.; Staudinger-Ostler a. a. O.). Das RabG gilt daher auch bei Preisen in ausländischer Währung (glA Tetzner S. 25 Rz 8 § 1 RabG). Die Gegenleistung beim Tausch ist kein Preis (vgl. oben Anm. 21). Die Gegenleistun-

gen für gewerbliche Leistungen werden im Rechts- und Geschäftsverkehr als Lohn, Vergütung, Provision oder durch Verbindung des Begriffs „Geld“ mit der Leistungsbezeichnung (Lagergeld, Frachtgeld) gekennzeichnet.

§ 1 Abs. 2 verwendet auch bei gewerblichen Leistungen den Begriff „Preis“. Vergütungen für gewerbliche Leistungen müssen deshalb auch in Geld gewährt werden. Die gesetzlichen Bestimmungen zu Leistungsentgelten bestätigen dies. Vergütung (§§ 611 ff. BGB, Dienstvertrag; § 689 BGB Verwahrung), Werklohn (§§ 631, 632 BGB), Mäklerlohn (§§ 652, 653 BGB, 99 HGB), Provision (§§ 354, 396 HGB), Kommission, Spediteurvergütung, Preis, Provision (Speditionsvertrag §§ 407, 409, 354 HGB, 20, 21 ADSp), Lagergeld (§ 420 HGB), Frachtgeld (§§ 426 Abs. 2 Ziff. 7, 436, 440 HGB) sind Geldleistungen, wenn nichts anderes vereinbart ist. Verwendet das RabG nur den Preisbegriff, dann ist ein Preisnachlaß auch nur Nachlaß von einer in Geld zu erfüllenden Gegenleistung. Tauschgeschäfte (Leistung gegen Ware, Leistung gegen Leistung) werden nicht erfaßt. Vergleiche zum Unterschied von Preis- und Tauschleistung oben Anm. 21.

[25] **Angekündigter Preis, allgemein geforderter Preis, Normalpreis.** Zum Begriff „ankündigen“ vgl. Anm. 5 zu § 1 ZugVO. Zum Begriff „Preis“ vgl. Anm. 24. **Der angekündigte Preis** ist die vom Unternehmer in Ankündigungen (z. B. in Anzeigen, auf Preisschildern, auf Preislisten, in Katalogen, durch Preisaufdrucke auf der Ware oder Packung, auf Plakaten und Zetteln) für seine Ware oder gewerblichen Leistungen verlangte Gegenleistung. **Der allgemein geforderte Preis** ist die geldliche Gegenleistung, die der Unternehmer allgemein für Waren oder gewerbliche Leistungen der gleichen Art zu fordern pflegt. Seine Feststellung setzt voraus, daß der Unternehmer gleiche Waren oder Leistungen in einem Umfange umsetzt, der es ermöglicht, einen Normalpreis festzustellen. Dieser Normalpreis ist Voraussetzung für die Ermittlung eines Preisnachlasses. **Normalpreis ist der Preis, den der Unternehmer letzten Verbrauchern gegenüber als seinen Preis erkennbar macht** (angekündigter Preis) **oder in der Mehrzahl der Fälle von letzten Verbrauchern verlangt** (allgemein geforderter Preis) (vgl. RGZ 150, 271, 276; BGH GRUR 1958, 555/556 — Elektrogeräte; GRUR 1961, 367/368 — Schlepper; GRUR 1965, 96 — 20 % unter dem empfohlenen Richtpreis). Der Normalpreis ist aufgrund der Preisangaben des Unternehmers festzustellen.

Sind diese irreführend und wird gegen § 3 UWG verstoßen, schließt dies die Annahme eines Rabattverstoßes nicht aus. **Entscheidend dafür, ob und welchen Normalpreis der Unternehmer ankündigt oder allgemein fordert, ist die Auffassung der angesprochenen Verkehrskreise und nicht, wie der Unternehmer den angekündigten Preis verstanden wissen wollte** (h. M. vgl. BGH GRUR 1969, 620/621 — Auszeichnungspreis; GRUR 1964, 88/90 — Verona; GRUR 1961, 367/368/369 — Schlepper; GRUR 1959, 329 — Teilzahlungskauf; GRUR 1958, 555/557 — Elektrogeräte; OLG Düsseldorf MA 1966, 848). Es kommen die Grundsätze über die Bedeutung der Verkehrsauffassung bei der Beurteilung wettbewerbsrechtlicher Tatbestände des § 3 UWG zum Zuge. Die Auffassung eines nicht unerheblichen Teils der angesprochenen Verkehrsreise reicht zur Annahme eines Rabattverstoßes aus (glA BGH GRUR 1961, 367/369 — Schlepper). In der Regel wird der Verkehr das Wort Rabatt so verstehen, daß der Unternehmer einen Preisnachlaß von einem Normalpreis einräumt. Ein Unternehmer, der in einer Anzeige das Wort „Rabatt" verwendet, muß damit rechnen, daß zumindest ein nicht unerheblicher Teil der Verbraucher hierunter eine preisliche Vergünstigung gegenüber einem weiter gültigen höheren „Normalpreis" versteht (BGH GRUR a. a. O. — Schlepper). Ein Großhändler, der sein Verkaufslager Endverbrauchern zum Zwecke des Direktverkaufs zugänglich macht, muß damit rechnen, daß seine Preisauszeichnung an Gegenständen seines Warenlagers mit Hilfe von Zetteln von einkaufenden Endverbrauchern als Ankündigung eines Normalpreises aufgefaßt wird (BGH GRUR 1958, 555/557 — Elektrogeräte). Eine Preisauszeichnung kann ihren Charakter als Ankündigung eines Normalpreises verlieren, wenn die Käufer hinreichend darauf hingewiesen werden, daß der ausgezeichnete Preis nur Berechnungsgrundlage ist (glA LG München WRP 1956, 253; BGH GRUR 1958, 555/557 — Elektrogeräte). Nicht entscheidend ist, ob der Unternehmer überhaupt einen von ihm angekündigten oder allgemein geforderten Normalpreis hat. Erweckt er den Eindruck, er habe einen Normalpreis, von dem er einen Rabatt gewährt, so muß er sich rabattrechtlich daran festhalten lassen (glA BGH GRUR 1961, 367/369 — Schlepper; Baumbach-Hefermehl S. 1256 Rz 18; Tetzner S. 61 Rz 91 § 1 RabG; Ulmer-Reimer Nr. 1101 S. 830). Dabei kommt es nicht darauf an, ob und welche konkreten Vorstellungen sich die Adressaten einer Preisankündigung von dem Normalpreis des Unternehmers machen (glA BGH GRUR 1961, 367/369 — Schlepper; Tetzner S. 61 Rz 91

§ 1 RabG). Für verschiedene Mengen derselben Ware kann der Unternehmer unterschiedliche Normalpreise festsetzen. Entscheidend ist auch hier, ob die Verkehrskreise die für verschiedene Verkaufseinheiten angekündigten oder allgemein geforderten Preise als Normalpreise ansehen. Das RabG zwingt den Unternehmer nicht, bei verschiedenen Verkaufseinheiten für die größeren jeweils das Vielfache der kleineren Verkaufseinheiten zu fordern (vgl. Anm. 45 c § 1 und Anm. 1 § 7).

Der Unternehmer setzt durch seine Preisbestimmung sich selbst die Norm, die er zu beachten hat (BGH GRUR 1958, 487/491 — Antibiotica; OLG Frankfurt GRUR 1971, 123 — Doppelgebinde); „denn Sinn und Zweck des RabG ist es, den Unternehmer an seinen eigenen Normalpreis zu binden, nicht allgemein gebundene Preise herbeizuführen" (h. M. OLG Koblenz NJW 1951, 661; LG Hamburg MDR 1956, 358; BGH GRUR 1958, 555/556 — Elektrogeräte). In der Bestimmung des Normalpreises ist der Unternehmer frei. Bestimmt er ihn, so ist er gebunden. Er kann den Preis nicht mehr von Fall zu Fall willkürlich ändern (glA Baumbach-Hefermehl S. 1254 Rz 15; DW 1960, 13). Er darf aber generell die von ihm angekündigten oder allgemein geforderten Preise herabsetzen. Der Unternehmer verändert dann im Rahmen seiner Bestimmungsfreiheit die Norm. Ebensowenig hindert das RabG den Unternehmer, die Preise seiner Wettbewerber zu unterbieten (BGH GRUR 1958, 487/490 — Antibiotica), oder den Großhändler, zu Großhandelspreisen an letzte Verbraucher zu verkaufen, vorausgesetzt, daß es sich hierbei um seine Normalpreise handelt. Werden bestimmte Preise nicht angekündigt oder allgemein gefordert, sondern je nach dem Einzelfall unterschiedliche Preise zum Ausgangspunkt eines Aushandelns des Preises mit dem Kunden gemacht, dann ist die Feststellung eines Normalpreises ausgeschlossen. Das RabG ist nicht anwendbar (glA Tetzner S. 60 Rz 90 § 1 RabG). Aus der Vielzahl verschiedener Preise einen Durchschnitts- oder Höchstpreis zu ermitteln und diesen zum allgemein geforderten Preis zu erklären, ist nicht möglich. Der allgemein geforderte Preis ist deshalb erheblich schwieriger festzustellen als der angekündigte Preis. Seine Ermittlung erfordert erhöhte Sorgfalt, insbesondere bei gewerblichen Leistungen und wenn eine Verpflichtung zur Preisauszeichnung nicht besteht.

[26] **Stammt die Preisangabe nicht vom Unternehmer,** entsteht aber durch die von ihm geschaffenen Voraussetzungen bei den Käu-

fern der Eindruck, der Preis werde von ihm angekündigt, so kommt es auf seinen entgegengesetzten Willen nicht an (BGH GRUR 1958, 555/557 — Elektrogeräte; GRUR 1969, 620/621 — Auszeichnungspreis; OLG Düsseldorf WRP 1971, 430). Wird z. B. eine vom Hersteller mit einem Preisaufdruck versehene Ware im Schaufenster ausgestellt, dann ist der aufgedruckte Preis der angekündigte Normalpreis des Händlers (glA RGZ 150, 271; Reimer-Krieger S. 142 Rz 13; Baumbach-Hefermehl S. 1257 Rz 19; Ulmer-Reimer Nr. 1101; OLG Hamm BB 1963, 11; Döll BB 1963, 319; Gleiss-Hootz NJW 1963, 627). Wer sich auf einen fremden Preis bezieht oder einen fremden Preis so nach außen hin sichtbar macht, daß die Verbraucher annehmen müssen, der Unternehmer sei bereit, die Ware zu diesem Preis zu verkaufen, kündigt den fremden Preis als eigenen an. Bezugnahme durch schlüssiges Verhalten genügt (vgl. BGH GRUR 1964, 88/90 — Verona). **Nur wenn für die Käufer eindeutig erkennbar ist, daß nicht ein in Bezug genommener oder sichtbar gemachter fremder Preis, z. B. empfohlener Richtpreis, sondern ein eigener, hiervon abweichender Normalpreis gefordert wird, ist die Bezugnahme auf fremde Preisangaben rabattrechtlich ohne Bedeutung.** Ist eindeutig erkennbar, daß der ausgezeichnete Preis nur Berechnungsgrundlage sein soll, wird er nicht als eigener Normalpreis angekündigt (vgl. LG München WRP 1956, 253). Der Hinweis „unverbindlicher Richtpreis, nur gültig als Verrechnungsbasis an den Handel“ reicht nicht aus, um den genannten Preisen den Charakter eines eigenen Normalpreises zu nehmen (BGH GRUR 1969, 620/622 — Auszeichnungspreis), ebensowenig der Hinweis auf einen Listenpreis, wenn blickfangmäßig hervorgehoben „bis zu 30 % Rabatt“ angekündigt werden (LG Bremen DW 1963, 33; Baumbach-Hefermehl S. 1256 Rz 18). Sind in einem Möbel-Musterlager ausgestellte Möbelstücke mit Preisen versehen, so kündigt die Einzelhandelsfirma, die ihren Kunden Einkaufsausweise erteilt und die Besichtigung des Musterlagers vermittelt, die Lager-Preise jedenfalls gegenüber den Kunden als ihre eigenen an, die nicht nach einem Katalog mit anderen Preisen kaufen. Durch abweichende mündliche Hinweise des Verkaufsperspnals der Einzelhandelsfirma auf niedrigere Katalog-Preise werden von den an den Möbelstücken angebrachten Preisen abweichende eigene Normalpreise nicht angekündigt (OLG Hamburg WRP 1970, 184). Dasselbe gilt für den Hinweis „das sind nicht meine Preise, ich kalkuliere anders“ (LG Bamberg WRP 1970, 406) und „Die Ware ist mit Hersteller-Richtpreisen ausgezeichnet. Meine Preise erfahren Sie durch meine Mitarbeiter", wenn ein Großhändler allen Letztverbrauchern Zutritt zu seinen Geschäftsräumen gewährt (OLG Düsseldorf WRP 1971, 430). Will der Unternehmer den fremden Preis nicht als eigenen Normalpreis gelten lassen, muß er dies durch Bekanntgabe eines eigenen Normalpreises oder durch Beseitigung des fremden Preises klarstellen (glA Baumbach-Hefermehl S. 1257 Rz 19; Reimer-Krieger S. 142 Rz 13). Wenn ein Einzelhändler neben dem aufgedruckten Preis einen abweichenden eigenen Preis anbringt, muß erkennbar sein, daß dies sein Normalpreis ist (vgl. OLG Hamburg BB 1963, 1235). Die Bezugnahme auf Listenpreise des Herstellers ist unschädlich, wenn diese eindeutig nicht als eigene Preise angekündigt werden (BGH GRUR 1965, 96 — 20 % unter dem empfohlenen Richtpreis; OLG München NJW 1969, 1258).

Ob ein fremder Preis durch Bezugnahme zum eigenen Normalpreis wird, hängt von den bei den angesprochenen Verkehrskreisen geweckten Vorstellungen ab (glA BGH GRUR 1964, 88/90 — Verona-Gerät). Unklarheiten werden im Zweifel zu Lasten des den fremden Preis nicht beseitigenden Unternehmers gehen.

[27] **Nachlaß vom angekündigten oder allgemein geforderten Preis ist jedes für den letzten Verbraucher erkennbare Abweichen vom Normalpreis nach unten** (glA BGH GRUR 1961, 367/368 — Schlepper; Michel-Weber-Gries S. 30 Rz 5; zum Begriff Normalpreis vgl. Rz 25). **Nachlassen heißt im Preis nachgeben.** Der Erwerber muß erkennen können, daß zwischen dem Normalpreis und dem letztlich zu zahlenden Preis eine Differenz besteht, weil nur dann die Preisvergünstigung, d. h. der Preisnachlaß werbewirksam werden kann. Der Preisnachlaß kann auf Einzelpreise, Gesamtpreise oder auf die Summe mehrerer Einzel- oder Gesamtpreise gewährt werden.

Der Preisnachlaß kann eingeräumt werden: a) durch Kürzung des Normalpreises um einen bestimmten Prozentsatz, durch Abschlag eines Geldbetrages (negativer Rabatt); b) durch Zugabe eines Geldbetrages, durch Lieferung einer größeren Warenmenge als sie verkauft wurde (Bar- und Naturalrabatt), durch zusätzliche gewerbliche Leistungen über den vereinbarten und zu bezahlenden Umfang hinaus (positiver Rabatt). Rabatt kann in Geld und in natura gewährt werden. Voraussetzung ist nur, daß die Rabattleistung den Normalpreis verändert (vgl. Anm. 23, 24 und 26). Zu unterscheiden sind: a) nach dem Gegenstand: Geldrabatt (vgl. Anm. 32); Warenrabatt (vgl. Anm. 7 zu § 7); Leistungsrabatt (vgl. Anm. 5 zu § 8); b) nach dem Anlaß: Sonderrabatt (vgl. unten Anm. 48 u. Anm. zu § 9); Preisnachlässe aus sonstigem Anlaß.

Auch der **Sonderpreis** ist ein Preisnachlaß. Er ist ein Ausnahmepreis, mit dem wegen der Zugehörigkeit des letzten Verbrauchers zu bestimmten Verbraucherkreisen vom Normalpreis abgewichen wird (vgl. dazu im einzelnen unten Anm. 48).

Grundsätzlich setzt der Preisnachlaß Identität zwischen Verkäufer und Rabattgewährendem voraus; dies schließt nicht aus, daß ein Dritter den Preisvorteil anstelle des Verkäufers gewährt (glA BGH GRUR 1960, 495/498 — WIR-Rabatt; Baumbach-Hefermehl S. 1276 Rz 51; Reimer-Krieger S. 126 Rz 4; zur Rabattgewährung durch Dritte siehe unten Anm. 60). Jedoch ist für den Preisnachlaß nicht begriffswesentlich, daß der Unternehmer den Nachlaß wirtschaftlich trägt (glA BGH a. a. O. WIR-Rabatt).

Zum Verhältnis von Preisherabsetzung und Leistungssteigerung zum Preisnachlaß vgl. Anm. 28.

[28] **Preissenkung, Leistungssteigerung und Rabatt. Das wirtschaftliche Ergebnis von Preissenkung und Rabatt ist für den Letztverbraucher das gleiche.** Sie unterscheiden sich nur in der Form, in der die Preisermäßigung dem Letztverbraucher zugute kommt. **Rabatt ist die Abweichung nach unten vom weiter bestehenden Normalpreis. Preissenkung ist die allgemeine, stets für alle Kunden geltende Herabsetzung des Normalpreises.** Sie kann zeitlich beschränkt sein (glA v. Gamm, Wettbewerbsrecht S. 157), z. B. bei saisonbedingten Preisermäßigungen, Abschnitts- und Schlußverkäufen oder Subscriptionspreisen der Verlage. Keine Preisnachlässe i. S. des RabG sind die herabgesetzten Preise bei Sonderveranstaltungen, von Sonderangeboten, die ermäßigten Preise bei Nachmittagsveranstaltungen und dergl. Beachte hierzu Anm. 45 und die §§ 6, 7 ff. UWG, die VO des BWM über Sommer- und Winterschlußverkäufe vom 13. 7. 50 (Bundesanzeiger Nr. 135, abgedr. im Anhang V), die AO des RWM betr. Sonderveranstaltungen vom 4. 7. 35 (Reichsanzeiger Nr. 158, abgedr. im Anhang IV). Derartige **unechte Sonderpreise als Rabatte zu bezeichnen ist unzulässig.** Der Preisnachlaß setzt voraus, daß die vom Unternehmer angekündigten oder allgemein geforderten Preise unverändert aufrechterhalten werden. Wird ein Preis nicht ausnahmsweise, sondern generell herabgesetzt, entfällt die notwendige Rabattvoraussetzung: Es stehen sich nicht Normal- und rabattierter Preis gegenüber, sondern alter und neuer Normalpreis (glA Baumbach-Hefermehl S. 1255 Rz 17; Michel-Weber-Gries S. 30; BGH GRUR 1961, 367/368 — Schlepper; GRUR 1966, 382/383 — Jubiläum; GRUR 1967, 433/434 —

Schrankwand). Der herabgesetzte Preis ist der neue, von allen Kunden geforderte Normalpreis. Allgemeine Preisherabsetzungen werden vom Rabattgesetz weder erfaßt (so schon die amtl. Begr. Anhang II; h. M., BGH GRUR 1967, 433 — Schrankwand; ebenso das ÖRabG; vgl. Hohenecker-Friedl S. 142) noch erschwert. Sie müssen für den Letztverbraucher eindeutig als solche erkennbar sein und dürfen nicht in den Mantel eines unzulässigen Preisnachlasses gehüllt werden (glA BGH GRUR 1961, 367/368 — Schlepper; Reimer-Krieger S. 122; Reimer 3. Aufl. S. 1020; Tetzner S. 60 Rz 88 § 1 RabG). Der echte leistungsbezogene Wettbewerb bei der Preisgestaltung wird nicht eingeschränkt. Lediglich der starke Anreiz eines 3 % überschreitenden Rabatts soll ausgeschaltet werden und rechtfertigt die unterschiedliche rechtliche Behandlung verschiedener Formen von Preisermäßigungen (Preissenkung, Preisnachlaß). Ein Rabattverstoß liegt auch dann vor, wenn ein Unternehmer allen und nicht nur einzelnen Abnehmern eine Preisermäßigung im Wege eines Nachlasses auf den angekündigten Normalpreis einräumt, wenn er wirtschaftlich gesehen also eine Preissenkung vornimmt (BGH GRUR 1961, 367/369 — Schlepper; Pastor GRUR 1959, 514; Ulmer-Reimer Nr. 1101 S. 832; Reimer-Krieger S. 122; OLG Hamm DB 1969, 613).

In welcher Form der Normalpreis anzukündigen oder zu fordern und seine Herabsetzung bekanntzugeben ist, bestimmt das Rabattgesetz nicht (beachte die PreisauszeichnungsVO v. 18. 9. 1969 [BGBl. I 1733], Anhang VI; das Eichgesetz v. 11. 7. 1969 [BGBl. I 759] und die FertigpackungsVO v. 16. 12. 1971 [BGBl. I 2000]). In der Form der Bekanntgabe der Preisherabsetzung ist der Unternehmer weitgehend frei; er muß darauf achten, daß die Preisherabsetzung für den Letztverbraucher als solche eindeutig erkennbar ist und daß der durch die Ankündigung bei den ansprochenen Verkehrskreisen hervorgerufene Eindruck und nicht sein Erklärungswille den Normalpreis bestimmt (vgl. Anm. 25). Wird in einer Ankündigung eine Preisherabsetzung unter Angabe des alten und des neuen Preises mitgeteilt, aber gewollt oder ungewollt der Eindruck hervorgerufen, als werde der alte Preis grundsätzlich beibehalten und als sei der neue nur ein Ausnahmepreis, dann wird ein Rabatt angekündigt (glA BGH GRUR 1961, 367/368 ff. — Schlepper; Baumbach-Hefermehl S. 1259 Rz 21; Reimer-Krieger S. 122, 123; Licht NJW 1953, 832; Greifelt DW 1952, 7; DW 1955, 23; OLG Düsseldorf NJW 1952, 348; OLG Freiburg i. Br. NJW 1953, 1267/1269; Pastor GRUR 1959, 514; OLG Karlsruhe BB 1954, 822; Ulmer-Reimer

S. 832); denn wie der Inhalt der Ankündigung in bezug auf den Normalpreis verstanden wird, ist entscheidend; welcher Preis tatsächlich gefordert wird, ist dann belanglos.

Wird beim Geschäftsabschluß ein geringerer Preis eingeräumt als er angekündigt wurde, gilt das gleiche (vgl. BGH GRUR 1967, 433 — Schrankwand). Dem Unternehmer steht es frei, während des Verkaufsgespräches den Preis für eine Ware herabzusetzen, z. B. wenn er feststellt, daß diese nicht mehr einwandfrei ist — der Kunde ist hierauf hinzuweisen — oder wenn er meint, daß eine Anpassung an die Preise seiner Wettbewerber geboten ist. Für den Kunden muß eindeutig erkennbar sein, daß es sich nicht um eine ihm aus persönlichen Gründen eingeräumte, sondern um eine generelle Preisermäßigung handelt, die für alle Interessenten gilt, und daß der alte Normalpreis damit seine Gültigkeit verloren hat (glA Tetzner S. 61 Rz 92 § 1 RabG; v. Gamm S. 157; OGHÖ ÖBl. 1959, 37; 1965, 151; im Ergebnis ebenso Ulmer-Reimer Nr. 1101 S. 832). Unzulässig ist es, einem einzelnen Kunden einen ermäßigten Preis einzuräumen, etwa weil dieser auf niedrigere Preise der Wettbewerber hinweist (glA Tetzner S. 61 Rz 92 § 1 RabG).

Zur Feststellung, ob ein Preisnachlaß oder eine Preissenkung vorliegt, kommt es ausschließlich darauf an, welche Vorstellungen durch die Ankündigung zum Normalpreis bei den angesprochenen Verkehrskreisen hervorgerufen werden (glA BGH GRUR 1961, 367/369 — Schlepper; GRUR 1966, 382/384 — Jubiläum; Baumbach-Hefermehl S. 1255 Rz 17; Tetzner S. 62 Rz 93 § 1 RabG). Die subjektive Wertung der Verbraucher ist objektives Tatbestandsmerkmal. Die Verwendung des Wortes „Rabatt" ist nicht allein entscheidend (glA BGH GRUR 1964, 274 — Möbelrabatt); ein nicht unbeträchtlicher Teil der Verkehrskreise wird aber bei Verwendung des Wortes „Rabatt" in der Regel auf einen Nachlaß von einem höheren Normalpreis schließen (BGH GRUR 1966, 382/384 — Jubiläum). Ob der geringe Preis ein Ausnahme- oder ein herabgesetzter Preis ist und ob die Differenz zwischen altem und neuem Preis ein Preisnachlaß im Sinne des Gesetzes ist oder nicht, ist dagegen eine Rechtsfrage (glA Seydel in der Anmerkung zu BGH GRUR 1960, 500 — WIR-Rabatt; a. M. BGH a. a. O. 499). Subjektive Vorstellungen der Verbraucher sind hierbei unbeachtlich. Denn Preisnachlaß ist die objektiv festzustellende Differenz zwischen angekündigtem oder allgemein gefordertem Normalpreis und einem geringeren Ausnahmepreis und nicht das, was die beteiligten

Verkehrskreise als Rabatt werten. Effektive Preissenkungen werden durch das Rabattgesetz nur betroffen, wenn durch unrichtige Angaben falsche Vorstellungen über den Normalpreis hervorgerufen und hierdurch der Anschein einer Rabattgewährung erweckt wird. Wird dieser Eindruck in anderer Weise hervorgerufen, ist die Frage der Zulässigkeit nur über §§ 1, 3 UWG und in Zusammenhang mit der Veräußerung einer Konkursmasse oder mit Ausverkäufen nach §§ 6, 7—9 UWG zu beantworten.

Die **Leistungssteigerung** steht zum Waren- und Leistungsrabatt (vgl. Anm. 2, 3 §§ 7 und 3 zu § 8 RabG) im gleichen Verhältnis wie die Preisherabsetzung zum Preisnachlaß. Wirtschaftlich ist die Erhöhung des Leistungswertes ohne entsprechende Veränderung des Normalpreises (Begr. Anm. 25) — (mehr Ware, qualitativ bessere Ware, größere gewerbliche Leistung bei gleichbleibendem Preis) — das gleiche, wie die Herabsetzung des Preises bei gleichbleibendem Leistungswert. Das oben zur Preissenkung Gesagte hat deshalb auch für die Leistungssteigerung zu gelten (vgl. auch Anm. 29 ff.). Die Auffassung der Verbraucher ist entscheidend. Wird für eine größere Warenmenge oder eine gewerbliche Leistung der beibehaltene Normalpreis geringerer Leistungen angekündigt oder gefordert, liegt Mengenrabatt vor. Bei Lieferung besserer Ware zum Normalpreis von Waren geringerer Qualität ist Normalpreis der für die bessere Ware angekündigte oder allgemein geforderte Preis und Ausnahmepreis der Normalpreis der Ware von geringerem Wert.

[29] **Preissenkung — Allgemeines.** Ermäßigt der Unternehmer seinen Preis gegenüber allen Abnehmern, indem er ihn aufhebt und einen neuen, niedrigeren festsetzt, und macht er in der Ankündigung eindeutig erkennbar, daß dies ohne Ausnahme geschieht, dann ist die Preisermäßigung kein Nachlaß vom Preis, sondern dessen Herabsetzung. Die Preisherabsetzung kann durch Gegenüberstellung von altem ungültigem Normalpreis und neuem Normalpreis, durch Angabe von Prozentsätzen und von bestimmten Geldbeträgen, um die der alte Normalpreis ermäßigt wird, erkennbar gemacht werden. **Nicht die Preissenkung** (dies ist ein Rechtsbegriff wie der Preisnachlaß), **sondern ein neuer Normalpreis ist erkennbar zu machen.**

[30] Die **Gegenüberstellung von altem und neuem Normalpreis** ist zulässig, wenn eindeutig klargestellt wird, daß der alte Normalpreis aufgehoben ist. Z. B.: „Bisher 160,— DM, jetzt 144,— DM" (glA Baumbach-Hefermehl S. 1260 Rz 22; Michel-Weber-Gries S. 34 Rz 11; Ulmer-Reimer Nr. 1101 S. 832; OLG München WRP 1955,

214/216). Beachte jedoch das Verbot des § 3 der VO des BWM über Sommer- und Winterschlußverkäufe vom 13. 7. 1950, wonach Preisgegenüberstellungen anläßlich von Schlußverkäufen außerhalb der Verkaufsräume unzulässig sind. Die Gegenüberstellung von neuem und **durchstrichenem** früheren **Preis** ist zulässig (glA BGH GRUR 1966, 382/384 — Jubiläum; OLG München WRP 1955, 214; DW 1958, 22). Es ist nicht erforderlich, den alten Normalpreis sofort zu beseitigen, wenn nur klargestellt wird, daß er nicht mehr gilt (glA OLG Düsseldorf GRUR 1952, 426; OLG München WRP 1955, 214/216; Michel-Weber-Gries Rz 11; Tetzner S. 62; Ulmer-Reimer S. 832; Reimer-Krieger S. 122).

[31] **Preissenkungen in prozentualer Form anzukündigen ist zulässig** (str.), **wenn diese als solche eindeutig erkennbar sind** (glA Baumbach-Hefermehl S. 1259 Rz 21; Tetzner S. 61, 80, Rz 93, 123 § 1 RabG; Reimer-Krieger S. 123; K. Droste DB 1957, 649; Weber NJW 1960, 172; KG NJW 1952, 1058, GRUR 1957, 446; OLG Düsseldorf GRUR 1952, 426; OLG Oldenburg NJW 1960, 303; LG Berlin DB 1952, 592; LG Hannover BB 1950, 650; GRUR 1966, 385; **a. M.** Michel-Weber-Gries S. 34 Rz 11; GA 4/54; OLG Freiburg NJW 1953, 1268; OLG Karlsruhe BB 1954, 822; OLG Köln NJW 1959, 1974; OLG Hamburg WRP 1958, 29; OLG Celle BB 1964, 16; Greifelt DW 1952, 7; Licht NJW 1953, 832; Spengler MA 1958, 800; Sonderland DB 1954, 593). Es kommt auf die Umstände des Einzelfalles an. Wird mit der Ankündigung zum geänderten Normalpreis eindeutig klargestellt, daß der alte Normalpreis aufgehoben ist, bestehen keine Bedenken, die Ankündigung von Preissenkungen in prozentualer Form zuzulassen. Das Rabattverbot gilt für alle Nachlässe auf angekündigte oder allgemein geforderte Preise ohne Rücksicht darauf, ob sie sich für den Unternehmer als Rabatt oder als Auswirkung einer allgemeinen Herabsetzung seiner Preise darstellen (glA Reimer-Krieger S. 122; vgl. oben Anm. 28). Es kommt nur auf die Verkehrsauffassung an. Es darf nicht der Eindruck erweckt werden, eine Ware mit einem an sich höheren Preis werde ausnahmsweise zu einem ermäßigten Preis abgegeben. **Zulässig** ist danach die Ankündigung einer Preissenkung, wenn neben dem Wort „Preissenkung" oder „Preisherabsetzung" deren Höhe im Prozentsatz des aufgehobenen alten Normalpreises angegeben wird; z. B. „ab sofort 10 % Preissenkung" (glA Reimer-Krieger S. 123; KG NJW 1952, 1058; OLG Düsseldorf NJW 1952, 348; OLG Hamm BB 1957, 349; OGHÖ ÖBl. 1956, 8; OLG Wien GRUR Int. 1967, 216; Reimer 3. Aufl. S. 1020; Tetzner Rz 93 § 1 RabG; Baum-

bach-Hefermehl Rz 21; v. Gamm S. 157; Ulmer-Reimer S. 832); die Ankündigung „unser gesamtes Warenlager ist bis zu 20 % im Preise herabgesetzt" im Rahmen eines zulässigen Jubiläums-Verkaufs, zumal wenn gleichzeitig an der Einzelware der neue Preis dem durchgestrichenen früheren Preis gegenübergestellt und damit hinreichend deutlich gemacht wird, daß es sich um eine — möglicherweise nur vorübergehende — allgemeine Herabsetzung der bisher gültigen Normalpreise handelt (BGH GRUR 1966, 382/384 — Jubiläum m. zust. Anm. Seydel; a. M. Weber NJW 1960, 172). Dasselbe gilt, wenn die Preise für verschiedene Waren mit unterschiedlichen Prozentsätzen gesenkt werden, z. B. „Generelle Preissenkung. Sie beträgt für die Fabrikate der Firmen A, B und C 20 %, bei allen anderen Waren 33⅓ %" (KG GRUR 1957, 446). Die Gegenmeinung (Nachweise vgl. oben) geht davon aus, daß der durchschnittliche Adressat einer prozentualen Preisherabsetzung nicht annimmt, daß der Unternehmer seinen bisherigen Preis endgültig aufgegeben hat, und deshalb davon ausgehe, die angebotene Ware habe einen höheren Wert. Auf die Vorstellungen der Adressaten vom Wert kommt es nicht an, sondern entscheidend ist allein, ob der Verkehr erkennt, daß der frühere Normalpreis seine Gültigkeit verloren hat. Der neue Normalpreis braucht nicht genannt zu werden. Rabattrechtlich genügt es, wenn der Betrag oder der Prozentsatz genannt wird, um den der bisherige Preis sich ermäßigt. Zulässig z. B. „X-Maschinen ab sofort 50,— DM billiger" (beachte die Vorschriften über die Preisauszeichnung, vgl. oben Anm. 28). Eine rabattrechtlich zulässige Ankündigung einer Preissenkung kann aus wettbewerbsrechtlichen Gründen unzulässig sein, z. B. weil die Preissenkung zu lange zurückliegt, § 3 UWG.

Unzulässig ist, eine allgemeine Preissenkung lediglich als „Nachlaß" oder „Rabatt" unter Hinzufügung eines Prozentsatzes anzukündigen, weil zumindest ein Teil der angesprochenen Verkehrskreise aus den Worten „Nachlaß" oder „Rabatt" schließt, daß der alte Normalpreis weiter gilt (glA Baumbach-Hefermehl S. 1259, 1263 Rz 28, 21). Unzulässig daher z. B. „Landwirte Achtung! Schlepper-Einkauf aller PS-Klassen leicht gemacht. Bis auf 2 Jahre und darüber 10 % Rabatt. Skonto 3 %. Bis 28. Februar 1959 2 % Winter Rabatt" (BGH GRUR 1961, 367 — Schlepper; ebenso Baumbach-Hefermehl S. 1259 Rz 21; Pastor GRUR 1959, 514); die Ankündigung „wir gewähren auf die jetzt gültigen Preise in Preisgruppe A — 40 % Nachlaß" (OLG Oldenburg MA 1960, 217; weitergehend, jedoch abzulehnen OGHÖ ÖBl. 1956, 67). Unzulässig ferner: „Räumungsverkauf bis zu 50 % unter Preis" (a. M. Tetzner S. 62; DW 1960, 13). Zulässig dagegen: „Räumungsverkauf. Alle Preise um 20—50 % herabgesetzt". Dann handelt es sich um unechte Sonderpreise. Die Verbraucher dürfen nicht annehmen können, daß die alten Preise fortbestehen und im Einzelfall über den Preis verhandelt werden kann. Nicht hinreichend eindeutig ist die Ankündigung „Unsere Preisermäßigungen sind für die Preisgruppen A, B, C bis 40, 30 und 20 % von diesen Preisen. Also ziehen Sie von diesen Preisen die Prozente ab" (a. M. OLG Oldenburg MA 1960, 217). „Preisermäßigung" ist mehrdeutig. Das Wort „Prozente" ist gängiger Ausdruck für Rabatt. Preissenkung und nicht Preisnachlaß wird angekündigt mit „30 % Rabatt auf Vorführ-Fernsehgeräte" (glA Tetzner S. 62; a. M. DW 1958, 95); es sei denn, daß die Behauptung „Vorführgerät" ein Rabattvorwand ist, denn erkennbar handelt es sich um ein gebrauchtes Gerät, für das deshalb auch nur ein herabgesetzter Preis gefordert wird. Keine Ankündigung einer Preissenkung und daher unzulässig ist: „Die neuesten Fernseh-Modelle liefert mit hohen Preisnachlässen Firma X" (OLG Düsseldorf BB 1964, 985). Die Ankündigung einer Preissenkung unter Nennung prozentualer Abschläge kann unzulässig sein, obgleich die Worte „Nachlaß" oder „Rabatt" nicht verwendet werden, z. B. „160,— DM minus 10 %"; es ist nicht erkennbar, daß der alte Normalpreis endgültig aufgehoben ist (glA Baumbach-Hefermehl S. 1259 Rz 21; DW 1958, 23). Dasselbe gilt für die blickfangmäßig hervorgehobene Ankündigung „bis zu 30 % Rabatt", auch wenn im weiteren kleingedruckten Text ein Hinweis auf einen Listenpreis erscheint (LG Bremen DW 1963, 33; zust. Baumbach-Hefermehl S. 1256 Rz 18). Unzulässig auch „Wer jetzt bei uns kauft, kauft billig. Sie erhalten: ca. 20 % Nachlaß. Trotzdem auch Teilzahlung bis 24 Monatsraten sowie vollen Kundendienst" (OLG Nürnberg WRP 1959, 330; zust. Baumbach-Hefermehl S. 1260 Rz 21).

[32] Der **Geldrabatt** wird entweder **a)** durch **Kürzung der Gegenleistung** (Preis = Geldleistung vgl. Anm. 24 ff.) oder **b)** durch **Zugabe eines Geldbetrages** verwirklicht. Der nach Kürzung gem a) verbleibende effektive Preis muß Ausnahmepreis sein, andernfalls liegt Preissenkung vor (vgl. Anm. 29). Wird der Ausnahmepreis eingeräumt, weil der Kunde einem bestimmten Verbraucherkreis angehört, ist es ein verbotener Sonderpreis (vgl. Anm. 29). Der Geldrabatt darf nicht mehr als 3 % vom Normalpreis (Begr. Anm. 25) betragen (§§ 2 ff.), es sei denn, daß die Voraussetzungen der §§ 7, 8 und 9 des RabG erfüllt sind

(handelsüblicher Mengenrabatt und erlaubte Sonderpreise). Zur Zugabe eines Geldbetrages s. Anm. 46.

[33] Die **Kürzung der Gegenleistung** kann auf verschiedene Weise angekündigt bzw. verwirklicht werden: **a)** durch **prozentuale Kürzung:** Beispiel: „160,— DM minus 10 % Rabatt". 160,— DM erscheint als Normalpreis. Der um 10 % geringere ist Ausnahmepreis, der aus im einzelnen nicht erkennbaren Umständen eingeräumt wird. Wird die Preisermäßigung mit einem Zusatz angekündigt, aus dem sich ergibt, daß es sich um eine generelle Preisreduzierung handelt, die fälschlich als Rabatt bezeichnet wird, dann liegt eine nach § 3 UWG unzulässige Ankündigung vor; z. B.: „160,— DM minus 10 % Rabatt ab sofort für jedermann" (vgl. Anm. 28); **b)** durch **Abschlag eines bestimmten Geldbetrages** vom Normalpreis. Beispiel: „Bei Textileinkäufen von mehr als DM 10,— wird Montag und Freitag ein Nachlaß von DM 2,— gewährt"; **c)** durch **Gegenüberstellung von Normalpreis und Ausnahmepreis;** neben dem Normalpreis wird ein geringerer Ausnahmepreis genannt, der als solcher erkennbar ist. Beispiel: „1 Pfund dieser herrlichen Kaffeemischung kostet diese Woche nicht DM 10,—, sondern DM 8,—" oder „Heute DM 8,—, sonst DM 10,—". Es entsteht der Eindruck, als werde auf den unveränderten Normalpreis an einem Tag oder während einer Woche ein Nachlaß von DM 2,— gewährt. Zur Abgrenzung Preisnachlaß/Preissenkung s. Anm. 28 ff.

Einzelfälle. Unzulässig: Ein Möbeleinzelhändler nennt aus einer Preisliste zunächst den Bruttopreis und dann den Preis, zu dem verkauft wird (BGH GRUR 1964, 274 — Möbelrabatt); „Schlepper-Einkauf leicht gemacht. Bis auf 2 Jahre und darüber 10 % Rabatt, Skonto 3 %, ..." (BGH GRUR 1961, 367 — Schlepper); unzulässig ist ferner die Ankündigung von 3 % überschreitenden Barzahlungsrabatten; z. B. „bei Barzahlung Höchstrabatt" (OLG Düsseldorf DW 1960, 57; LG Hamburg WRP 1958, 275, das Verstoß gegen § 3 UWG annimmt); „ungeahnte Großrabatte bei Barzahlung" (DW 1960, 57; a. M. OLG Karlsruhe WRP 1969, 120). Im vom OLG Karlsruhe entschiedenen Fall lag ein Rabattverstoß schon im Anzeigentext, in dem es u. a. hieß: „Möbel, z. B. statt DM 100,— nur DM 85,—". Diese Ankündigung konnten die Interessenten nur als eine Gegenüberstellung von Normal- und Ausnahmepreis verstehen (vgl. oben unter c und Anm. 35).

[34] **Bezugnahme auf fremde Richt- und Listenpreise.** Ausgangspunkt: Wer sich auf einen fremden Preis bezieht oder einen frem-

den Preis so nach außen hin sichtbar macht, daß die Verbraucher — bzw. ein nicht unerheblicher Teil von ihnen — annehmen müssen, der Unternehmer verkaufe normalerweise zu diesem Preis, kündigt den fremden Preis als eigenen an (vgl. Anm. 26). Ein entgegenstehender Wille des Unternehmers ist unbeachtlich. Entscheidend ist die Verkehrsauffassung. Zulässig ist die Ankündigung **„20 % unter dem empfohlenen Richtpreis"** (BGH GRUR 1965, 96 m. zust. Anm. Seydel; ebenso Baumbach-Hefermehl S. 1259 Rz 20; Ulmer-Reimer Nr. 1102; OLG München BB 1964, 902; a. M. OLG Hamm BB 1964, 941). Dem Begriff „empfohlener Richtpreis" stehen „unverbindlicher Richtpreis" und „empfohlener Preis" gleich (BGH a. a. O., zust. Seydel). Bei Verwendung dieser Begriffe ist für den Verkehr erkennbar, daß der „empfohlene Richtpreis" ein fremder, unverbindlicher Preis ist, der nicht als unabänderliche Größe vorgeschrieben, sondern lediglich als Richtlinie für die eigene, selbständige Preisbemessung des Händlers gedacht ist. Besondere Umstände können zu einer anderen Beurteilung führen, da bei Angabe von Prozentzahlen leicht der Eindruck entstehen kann, es werde ein Nachlaß von einem Normalpreis gewährt. Dieser Eindruck kann schon bei blickfangartiger Hervorhebung des Prozentsatzes erweckt werden (vgl. BGH a. a. O. S. 101).

Anders als der Hinweis „20 % unter de empfohlenen Richtpreis" ist es zu beurteilen, wenn ein Händler die vom Hersteller empfohlenen Richtpreise, mit denen einzelne Möbelstücke ausgezeichnet sind, stehen läßt und nur durch Plakate am Eingang und im Verkaufsraum darauf hinweist: „Die angeschriebenen Preise sind unverbindliche Richtpreise"; denn von den empfohlenen Richtpreisen abweichende eigene Normalpreise kündigt der Händler nicht an. Niedrigere Preise des Händlers sind daher Ausnahmepreise vom empfohlenen Richtpreis (OLG Stuttgart BB 1967, 974).

Anders zu beurteilen ist auch die Bezugnahme auf **Listen-, Brutto-, Katalog- und Anrechnungspreise.** Der Wortsinn des Begriffes „Listenpreis" ist vieldeutig (BGH a. a. O., S. 97; Ulmer-Reimer Nr. 1102). Fehlt der eindeutige Hinweis auf die Unverbindlichkeit, wird ein nicht unbeachtlicher Teil der Verkehrskreise in der Ankündigung „15 % unter Listenpreis" die Ankündigung eines Normalpreises sehen, von dem 15 % Nachlaß gewährt werden. Für den Verkehr ist nicht erkennbar, welche Bedeutung der Hinweis auf einen Listenpreis haben könnte, wenn nicht den, daß dies der Preis sei, den der Unternehmer allgemein fordere. Die Ankündigung

„15 % unter Listenpreis" wird daher als Ankündigung eines Preisnachlasses verstanden (glA Baumbach-Hefermehl S. 1258 Rz 20; OLG Köln GRUR 1959, 551 (Listenpreis I); 1960, 337 (Listenpreis II) m. w. Nachweisen; OLG Hamburg WRP 1958, 29; OLG München BB 1961, 1349; LG Frankfurt BB 1959, 392; GA 4/59; Pastor GRUR 1959, 514; Spengler MA 1958, 797; a. M. OLG Oldenburg GRUR 1959, 288; Tetzner S. 64 Rz 95 § 1 RabG; Ulmer-Reimer Nr. 1102). Entsprechendes gilt für Brutto-, Katalog- und Verrechnungspreise.

Schickt ein Möbelhändler seine Kunden in ein Musterlager des Herstellers, so werden sie die dort an den ausgestellten Möbeln befindlichen Preisschilder als Normalpreise des Händlers und nicht als Berechnungsgrundlage des Herstellers für seine Verrechnung mit dem Händler auffassen (BGH GRUR 1969, 620 — Auszeichnungspreis; Baumbach-Hefermehl S. 1258 Rz 20). Ein Hinweis auf den Preisschildern „Unverbindliche Richtpreise, nur gültig als Verrechnungsbasis an den Handel" reicht nicht aus, um den Eindruck zu beseitigen, der ausgezeichnete Preis sei der vom Kunden zu zahlende (BGH a. a. O., S. 622). Hieran ändert auch ein den Kunden ausgehändigtes Merkblatt nichts, in dem die Funktion der ausgezeichneten Preise zwar hinreichend deutlich erklärt wird, aber von den Kunden nicht ernsthaft zur Kenntnis genommen wird, weil derjenige, der sich zum Möbelkauf in ein Fabrikauslieferungslager schicken läßt, in der Regel damit rechnet, dort einen Nachlaß zu bekommen (vgl. auch Anm. 26).

Dasselbe gilt, wenn ein Einzelhändler Ware nicht vorrätig hat, seine Kunden mit Einkaufsausweisen zu seinem Lieferanten schickt und erklärt, er werde einen 5—12 % geringeren Preis berechnen als den vom Lieferanten noch zu nennenden Richtpreis (OLG Hamburg WRP 1961, 14; 1967, 326; ebenso Baumbach-Hefermehl S. 1258 Rz 20; a. M. Tetzner S. 65 Rz 97 § 1 RabG). Zwischen Händler und Kunden ist der Richtpreis des Lieferanten die einzige Berechnungsgrundlage und damit der Normalpreis des Händlers.

[35] **Direktverkäufe von Herstellern und Großhändlern** unterliegen dem RabG, wenn an letzte Verbraucher Waren des täglichen Bedarfs im Einzelverkauf veräußert oder gewerbliche Leistungen des täglichen Bedarfs ausgeführt werden (vgl. Anm. 19). Unter diesen Voraussetzungen fallen Direktverkäufe eines Großhändlers auch dann unter das RabG, wenn sie nicht in dem neben dem

Großhandel betriebenen Einzelhandelsgeschäft ausgeführt werden (BGH GRUR 1958, 555/556 — Elektrogeräte; Baumbach-Hefermehl S. 1250 Rz 8; Tetzner S. 43 Rz 51 § 1 RabG; vgl. ferner Ordemann BB 1962, 204; K. Droste WRP 1963, 253).

Beim Direktverkauf an letzte Verbraucher sind Hersteller und Großhändler nicht verpflichtet, den üblicherweise im Einzelhandel geforderten Preis (Kleinverkaufspreis, Endverbraucherpreis, Ladenpreis) zu berechnen. Etwas anderes gilt bei preisgebundenen Waren, vgl. Anm. 51. Hersteller und Großhändler können daher zum Fabrik- bzw. Großhandelspreis Waren an letzte Verbraucher veräußern und dabei die Kleinverkaufspreise anderer Unternehmer unterbieten, es sei denn, daß Preisbindungsverträge oder Vertriebsbindungen dies ausschließen. Hersteller und Großhändler, die die Preise ihrer Konkurrenten einschließlich der Einzelhändler — auch wenn sie diese beliefern — unterbieten, indem sie zum Großhandelspreis an Letztverbraucher verkaufen, verstoßen damit noch nicht gegen das RabG (BGH GRUR 1958, 487/490 — Antibiotica; GRUR 1958, 557 — Direktverkäufe; LG Hamburg MDR 1956, 358). Sinn und Zweck des RabG ist es nicht, allgemein gebundene Preise herbeizuführen, sondern den Unternehmer an seine eigenen Normalpreise zu binden (vgl. Einf. 3 u. Anm. 25). Ein Rabattverstoß liegt bei Direktverkäufen eines Herstellers oder Großhändlers vor, wenn der Unternehmer einen unzulässigen Preisnachlaß (Begr. Anm. 27) von seinem Normalpreis (Begr. Anm. 25) ankündigt oder gewährt. Z. B. wenn der Großhändler bei Direktverkäufen an Letztverbraucher zunächst den Einzelhandelspreis in Rechnung stellt und dann von Fall zu Fall unterschiedliche Abschläge im Rahmen der Handelsspanne gewährt (vgl. LG Köln GRUR 1954, 78). Welchen Preis der Unternehmer letzten Verbrauchern als seinen Normalpreis ankündigt oder gewährt, entscheidet sich nach der Auffassung der Verkehrskreise (vgl. Anm. 25 und BGH GRUR 1958, 55/557 — Elektrogeräte). Ein Großhändler, der sein Verkaufslager Endverbrauchern zum Zwecke des Direktverkaufs zugänglich macht, muß damit rechnen, daß eine Preisauszeichnung an den Gegenständen seines Warenlagers von den einkaufenden Endverbrauchern als Ankündigung eines Normalpreises aufgefaßt wird (BGH a. a. O., S. 557 — Elektrogeräte; OLG Düsseldorf WRP 1956, 286). Ist der ausgezeichnete Ladenpreis branchenübliche Berechnungsgrundlage für den Großhandelspreis und wird der im Direktverkauf erwerbende Verbraucher hinreichend darauf und auf den wahren Normalpreis hingewiesen, dann ist der geringere Preis nicht Ausnahme-, sondern Normalpreis und die Differenz kein Rabatt (LG München MDR 1956, 436 m. zust. Anm. Neumann).

Die bloße Nennung zweier Preise z. B.: „Möbel, z. B. statt DM 100,— nur DM 85,—“ wird vom Verkehr als Gegenüberstellung eines Normal - und Ausnahmepreises aufgefaßt. Hieran ändert auch der Hinweis des den Einkauf in einem Möbellager vermittelnden Händlers nichts, er verkaufe allgemein 15 % unter dem handelsüblichen Preis (a. M. OLG Karlsruhe WRP 1969, 120; vgl. auch Anm. 26, 33 und 34). Unterhält ein Unternehmer örtlich getrennte Verkaufsstellen, brauchen die Preise nicht in beiden gleich zu sein. Ein Großhändler kann im Geschäft A zu Großhandelspreisen und im Geschäft B zu höheren Kleinverkaufspreisen verkaufen. Die im Geschäft A kaufenden Kunden dürfen die im B-Geschäft geforderten Preise nicht für seine in beiden Geschäften geltenden Normalpreise halten können. Kein Rabattverstoß liegt vor, wenn der Großhändler einem Letztverbraucher nur den von diesem zu entrichtenden Preis nennt, der aus Nettopreis zuzüglich Umsatzsteuer und Provision des Kundenwerbers gebildet wird (OLG Oldenburg GRUR 1962, 369 — Käuferhinweise; Baumbach-Hefermehl S. 1273 Rz 43).

Zur Werbung mit der Hersteller- und Großhändlereigenschaft beachte § 6 a UWG.

[36] **Umsonstlieferungen** s. Anm. 21.

[37] **Teilzahlung ohne Aufschlag.** Teilzahlungskauf (Abzahlungsgeschäft) ist kombinierter Kauf und unentgeltlicher Kreditvertrag (vgl. Anm. 105 d ZugVO; Palandt-Putzo 31. Aufl. Vorbem. 2 § 1 AbzG S. 2080), bei dem die Kreditgewährung eine gesonderte Leistung mit eigenem Wert darstellt (vgl. Hoth WRP 1956, 328). Den ersparten Zins (Kreditentgelt) generell als Rabatt zu werten, ist ebensowenig möglich wie die Umsonstlieferung einer mit der Hauptware nicht identischen Ware als Preisnachlaß (vgl. Anm. 21 § 1 RabG und Anm. 105 d u. 58 § 1 ZugVO). Es ist vom angekündigten oder geforderten Normalpreis der Ware auszugehen und nicht von einem hypothetischen Gesamtpreis für Ware und gewerbliche Leistung, der sich aus dem Warenpreis und dem Kreditentgelt zusammensetzt und auf den ein Nachlaß in Höhe des ersparten Zinses gewährt wird (vgl. Hoth WRP 1956, 328/329; Borck WRP 1957, 193/195; im Ergebnis ebenso OGHÖ ÖBl. 1965, 73). Dabei kann Preisnachlaß nur die objektive festzustellende Differenz zwischen angekündigtem oder allgemein gefordertem Preis (Normal-

preis) und einem geringeren Ausnahmepreis sein und nicht das, was die beteiligten Verkehrskreise als Rabatt werten (vgl. Anm. 28).

Wird der Ratenzahlungspreis (Gesamtpreis) angekündigt oder allgemein gefordert, dann ist er der Normalpreis. Ein Nachlaß wird hierauf nicht gewährt, selbst wenn Barzahler denselben Preis entrichten müssen (glA Baumbach-Hefermehl S. 1269 Rz 36; Michel-Weber-Gries S. 84 Rz 13 § 2; Borck WRP 1957, 195; OLG München WRP 1962, 21; LG Köln GRUR 1952, 431/432; 1954, 353/354; Paterna MDR 1954, 663; LG Stuttgart WRP 1955, 73; GA 3/53; DW 1956, 118; a. M. LG Hamburg GRUR 1954, 74; Reimer-Krieger Rz 2 § 2 S. 145; Krieger GRUR 1952, 380/381). In der Ankündigung „8 Monatsraten ohne Aufschlag" liegt die Ankündigung eines Preisnachlasses, wenn nach Auffassung der Verkehrskreise der Barpreis der allgemein angekündigte Preis (Normalpreis) ist (BGH GRUR 1959, 329 — Teilzahlungskauf m. zust. Anm. Hefermehl; Baumbach-Hefermehl S. 1269 Rz 36; Ulmer-Reimer Nr. 1112; Harmsen MDR 1959, 634; a. A. Weber, Lehmann NJW 1959, 1668).

[38] Bei **Preisausschreiben mit Geldgewinnen** wird in der Regel in der Auszahlung des Gewinns kein Preisnachlaß liegen. Der Preis der Ware wird vom Veranstalter des Preisausschreibens nicht herabgesetzt; er bleibt auch für den Gewinner eines „Geldpreises" der gleiche wie bisher (glA Lüdecke BB 1952, 562; Michel-Weber-Gries S. 30 Rz 5; vgl. auch Anm. 52 § 1 ZugVO). Werden keine Geldpreise, sondern Gewinngutscheine verlost, die beim Einkauf auf den Kaufpreis angerechnet werden, kann ein verschleierter Preisnachlaß vorliegen (vgl. OLG Karlsruhe WRP 1967, 100). Das wird der Fall sein, wenn die Zahl der verlosten Gutscheine so groß ist, daß die Mehrheit der Teilnehmer einen erhält. Für **Österreich** beachte § 28 UWGÖ (Glücksspielartiger Vertrieb).

[39] **Prämienrückvergütungen von Versicherungen,** z. B. die Schadensfreiheitsrabatte der Kfz.-Versicherer sind keine Rabatte. Bei Nichtinanspruchnahme von Versicherungsleistungen, z. B. bei Kraftfahrzeughaftpflichtversicherungen wegen unfallfreien Fahrens im Versicherungsjahr, ist die Rückvergütung Prämienrückgewähr wegen Verminderung des Haftrisikos und Anerkenntnisprämie für eine erbrachte Leistung; bei Versicherungen auf Gegenseitigkeit ist sie Gewinnausschüttung an die Mitglieder; vgl. auch Anm. 10 f. und g.

[40] **Vorzugspreise für Vereinsmitglieder** etc. sind keine Sonderpreise, sondern Unkostenbeiträge (glA Baumbach-Hefermehl S. 1273 Rz 45; Reimer-Krieger S. 132; Michel-Weber-Gries S. 74 Rz 88).

Zulässig ist daher, Mitgliedern eines Vereins gegenüber Nichtmitgliedern ermäßigte Preise einzuräumen beim Bezug von Fachzeitschriften, Besuch von Theatervorstellungen, Sportveranstaltungen etc., für die Benutzung von Einrichtungen des Vereins (Berghütte, Schwimmbad, Tennisplatz). OLG Frankfurt (WRP 1963, 142/144) will die Lieferung verbilligter Treuebände durch Buchgemeinschaften an Mitglieder generell nicht als Preisnachlaß werten. Die Mitgliedschaft in einer Buchgemeinschaft ist mit der in einem Verein nicht zu vergleichen. In der Regel werden hier nicht Unkosten umgelegt, sondern Bücher gewerbsmäßig verkauft. Daran ändert nichts die Tatsache, daß ein fester Mitgliederbestand dem Buchhändler und Verleger die Kalkulation erleichtert. Nur wenn die Buchausgaben für Mitglieder und Nichtmitglieder nach ihrer ganzen Ausstattung verschieden sind, liegt unechter Sonderpreis vor, der nicht gegen das RabG verstößt (glA Baumbach-Hefermehl S. 1274 Rz 45).

Die **genossenschaftliche Rückvergütung** wird losgelöst vom einzelnen Umsatzgeschäft gewährt und ist deshalb kein Preisnachlaß (BGH GRUR 1964, 146 zust. Seydel; OLG Hamburg Die AG 1970, 335; Baumbach-Hefermehl S. 1274 Rz 45; vgl. auch Anm. 4 § 5).

[41] **Vorkasse. Durch Leistungsform bedingte Preiskürzungen sind zulässig,** wenn der gekürzte Preis erkennbar ein dadurch bedingter Normalpreis ist. Bei **Vorkasse** und sogenannten **Ansparverträgen** ist die Vorleistung ein dem Verkäufer gewährter Kredit mit entsprechendem Leistungswert (vgl. LG Kiel MDR 1953, 554, zum Kreditbegriff Hoth WRP 1956, 328). Er rechtfertigt einen um diesen Vorteil des Verkäufers verminderten Kaufpreis, der bei entsprechender Ankündigung ein durch die Kreditleistung bestimmter Normalpreis ist. Ein prozentualer Preisabschlag ist im Zweifel erkennbare Vergütung für die Kreditleistung des Kunden. Es liegt kein echter Nachlaß vom Normalpreis vor („besondere Preisgestaltung für besondere Geschäfte", Baumbach-Hefermehl S. 1263 Rz 26). Unzulässig ist die Ankündigung: „Bei Vorkasse 10 % Rabatt" oder „10 % billiger" (Baumbach-Hefermehl S. 1270 Rz 37; Spengler RWP II 88 B). Es werden unrichtige Vorstellungen zum Normalpreis hervorgerufen. Die prozentuale oder in sonstiger Weise bei Vorkasse erfolgende Kürzung bei Vorleistung (Vorkasse, Ansparvertrag) muß in wirtschaftlich vernünftigem Verhältnis zur Kreditleistung des Kunden stehen. Andernfalls wird der Eindruck hervorgerufen, daß die Vorleistung nur Vorwand zum Rabatt ist und der Normalpreis in Wahrheit unverändert bleibt. Bei Zahlung 30 Tage

vor Lieferung entspricht eine Kürzung um 10 % einer Kreditentschädigung von 120 % pro anno. Beim Verbraucher muß der Eindruck des Rabattvorwandes entstehen. **Skonto** ist, wenn längeres Ziel handelsüblich, Vergütung für vorzeitige Zahlung. Überhöhtes Skonto ist unzulässiger Preisnachlaß, beachte Anm. 3 und 4 zu § 2.

[42] **Inzahlungnahme von gebrauchten Gegenständen** ist zulässig. Wird erkennbar überbewertet, liegt verschleierter Rabatt vor (BGH GRUR 1960, 558/562 — Eintritt in Kundenbestellung; Baumbach-Hefermehl S. 1271 Rz 39; Reimer-Krieger S. 126, 148; OLG Köln JW 1938, 2029; OLG Naumburg AWR 1938, 19; OLG Koblenz NJW 1961, 246; OGHÖ ÖBl. 1961, 74; 68, 140; a. M. KG BB 1951, 975). Für einen in Zahlung genommenen Gegenstand darf nur dessen Verkehrswert eingesetzt werden. In Höhe der Differenz zwischen dem Verkehrswert der gebrauchten Sache und dem willkürlich überhöhten Anrechnungspreis wird ein Preisnachlaß auf den angekündigten oder allgemein geforderten Normalpreis des neuen Gegenstandes oder ein Sonderpreis für Eintauscher von Gebrauchtgegenständen gewährt. Auszugehen ist vom Verkehrswert der Altware (vgl. BGH a. a. O.; OGHÖ a. a. O.). Ein im Einzelfall gegebenes besonderes Erwerbsinteresse des die Altware erwerbenden Unternehmers (z. B. um durch Ausschlachten im Handel nicht mehr erhältliche Ersatzteile zu gewinnen) und seine daraus folgende Bereitschaft, Überpreise zu zahlen, ist unbeachtlich. Es kommt nur auf den bei dem Käufer hervorgerufenen Eindruck zum Normalpreis der Neuware an (vgl. Anm. 25). Eine bestimmte Altware zu einem Pauschalpreis in Zahlung zu nehmen ist zulässig, wenn dieser dem durchschnittlichen Verkehrswert für Altware dieser Art entspricht, auch wenn dies im Rahmen einer größeren „Umtauschaktion" geschieht. Mag im Einzelfall der Wert des einen oder anderen Gegenstandes auch über dem Durchschnitt liegen, so liegt der Wert anderer darunter; durchschnittlicher Verkehrswert entspricht dem Durchschnittspreis. Der Verbraucher bewertet im allgemeinen seine Altware nach dem durchschnittlich dafür zu erzielenden Preis. Wird zum durchschnittlichen Verkehrswert in Zahlung genommen, so scheiden unrichtige Vorstellungen über den Normalpreis der Neuware aus (glA Reimer-Krieger S. 148, 149; vgl. auch DW 1957, 127; a. M. DW 1955, 31). Ein zulässiger Pauschalpreis der Altware braucht nicht direkt, sondern kann auch in Prozenten vom Normalpreis der Neuware angegeben werden, wenn erkennbar ist, daß es sich nicht um einen Preisnachlaß für die Neuware, sondern um die zu verrechnende Gegenleistung für die Altware handelt. Eine Ver-

änderung des Normalpreises für die Neuware tritt nur ein, wenn die Gegenleistung für die Altware in keinem vernünftigen und eindeutigen Verhältnis zum Wert der Altware steht. Unzulässig daher z. B. „Haben sie ein XY-Gerät? Wenn es nicht älter als 4 Jahre ist, nehmen wir es beim Kauf der neuesten XY-Type mit 20 % in Zahlung.“ Die in Aussicht gestellte Inzahlungnahme von Altware ohne Rücksicht auf ihren Verkehrswert dient als Vorwand für einen unzulässigen Rabatt (vgl. LG Köln GRUR 1954, 37; Schönherr Zugaben und Rabatte nach österreichischem Recht S. 28; Tetzner S. 91/92 Rz 10 § 2 RabG). Beträgt die Differenz zwischen dem Verkehrswert der in Zahlung genommenen Altware und dem angerechneten Betrag mehr als 3 % der Neuware, liegt ein Verstoß gegen § 2 RabG vor (glA Reimer-Krieger S. 148; a. M. Baumbach-Hefermehl S. 1271 Rz 39; Michel-Weber-Gries S. 80 Rz 4 § 2 RabG).

[43] **Echte Provisionen und Werbeprämien** für die Vermittlung von Geschäftsabschlüssen sind Leistungsentgelte und bleiben es, auch wenn sie in wirtschaftlichem oder rechtlichem Zusammenhang mit einem Kaufgeschäft stehen und durch Verrechnung mit dem Preis vergütet werden (Baumbach-Hefermehl S. 1270 Rz 38; Michel-Weber-Gries S. 31 Rz 6; Tetzner S. 93 Rz 12 § 2 RabG; Reimer-Krieger S. 121). Entscheidend ist stets, ob dem Provisionsanspruch eine echte Leistung zugrunde liegt, für die eine Provision in der vereinbarten Höhe als angemessene Vergütung betrachtet werden kann (BGH GRUR 1967, 371/372 — BSW). Soll ein Käufer durch eine Ankündigung — z. B. „Vermittlungsprovision in Höhe von 10 %“ — nur veranlaßt werden, einen „Vermittler“ vorzuschieben, handelt es sich um eine Scheinprovision, die der Rabattverschleierung dient (Baumbach-Hefermehl S. 1271 Rz 38; Tetzner S. 93 Rz 12 § 2 RabG u. S. 79 Rz 119 § 1 RabG; OGHÖ ÖBl. 1960, 85; Reimer-Krieger S. 149). Unzulässig ist z. B. auch die Ankündigung: „Jeder Käufer, der uns Interessenten für unsere Haushaltsmaschinen namhaft macht, erhält 10 % vom Kaufpreis als Vergütung“. Der Käufer soll veranlaßt werden, irgendwelche Namen zu nennen und den Vorwand zur Rabattgewährung durch Scheinprämie zu geben. Zu Werbeprämien vgl. auch Spengler, MA 1955, 9 und DW 1955, 15.

Kein Preisnachlaß, sondern Provision bzw. Werbeprämie liegt vor, wenn Sammelbestellern eine Unkostenpauschale gezahlt wird, deren Höhe vom Umsatz abhängig ist, auch wenn die Eigenkäufe des Sammelbestelllers mitgerechnet werden (BGH GRUR 1963, 578 — Sammelbesteller; Baumbach-Hefermehl S. 1270 Rz 38). Bei Weitergabe der Provision ist sorgfältige Prüfung geboten, ob es sich um das Entgelt für eine echte Leistung handelt oder ob der Vermittler nur vorgeschoben ist (vgl. Michel-Weber-Gries S. 74 Rz 91 § 1 RabG; OLG Neustadt GRUR 1963, 382). Dies ist der Fall, wenn der Begleitperson eines Käufers unaufgefordert eine „Provision" gewährt und mit dem Kaufpreis verrechnet wird (BGH GRUR 1964, 88 — Verona mit Anm. Bußmann). Dasselbe gilt, wenn angekündigt wird „Jeder, welcher mit einem von ihm vermittelten Käufer in unserem Geschäft erscheint, erhält 15 % vom Wert der gekauften Ware als Provision ausbezahlt" (OGHÖ ÖBl. 1960, 85; Tetzner S. 79 Rz 119 § 2 RabG). Unzulässig, Schreibmaschinen als Vorführmaschinen mit 10 % Rabatt zu verkaufen, weil Käufer sich bereiterklärt, für den Absatz der Maschinen zu werben (DW 1955, 7; Baumbach-Hefermehl S. 1271 Rz 38). Kauft ein angestellter Autovertreter bei seinem Arbeitgeber einen Wagen und erklärt sich bereit, diesen bei seiner Verkaufstätigkeit als Vorführwagen zu benutzen, dann ist der Preisabschlag kein Preisnachlaß, sondern gutgebrachte Entschädigung für eine im Interesse des Verkäufers liegende Leistung.

[44] **Kopplungsangebote** (zur zugaberechtlichen Beurteilung vgl. Anm. 63, 73 § 1 ZugVO). Werden mehrere wirtschaftlich und funktionell eigenständige Waren oder Leistungen (Ware mit Ware, Ware mit Leistung, Leistung mit Leistung) zusammen zu einem Gesamtpreis angekündigt oder veräußert, dann wird in der Regel eine selbständige Verkaufseinheit zu einem besonderen Normalpreis angekündigt und veräußert. Ein Rabattverstoß scheidet in der Regel in diesen Fällen aus. Werden der Gesamtpreis für die gekoppelten Waren oder die Einzelpreise für die einzelnen Waren oder Leistungen so angekündigt oder allgemein gefordert, daß für den letzten Verbraucher der Eindruck entsteht, es handle sich um Ausnahmepreise von den sonst gültigen Preisen für die Einzelware, liegt ein Rabattverstoß vor (glA Baumbach-Hefermehl S. 1267 Rz 32).

[45] **Preisspaltungen.** Der Unternehmer ist nicht verpflichtet, den einmal angekündigten oder allgemein geforderten Normalpreis für eine Ware (Einzelstück, Waren einer bestimmten Gattung) oder gewerbliche Leistung unter allen Umständen beizubehalten. Vielmehr sind unterschiedliche Normalpreise für dieselbe Ware zulässig, wenn sie auf sachlichen, nicht in der Person des Käufers liegenden Gründen beruhen und nicht unter Umständen angekündigt oder eingeräumt werden, aus denen die angesprochenen Verkehrskreise entnehmen können, daß der niedrigere Preis ein Ausnahmepreis

vom weiter bestehenden Normalpreis ist, der nicht allen Kunden eingeräumt wird. Der Unterschied zwischen den verschiedenen Preisen darf nicht als Rabatt bezeichnet werden (BGH GRUR 1961, 367 — Schlepper; Gries WRP 1958, 12/13) oder von den angesprochenen Verkehrskreisen so verstanden werden können (vgl. Anm. 25).

a) **Unterschiedliche Preise** sind üblich und zulässig **während bestimmter Zeiten.** Bei **Aus- und Räumungsverkäufen** (§§ 7—7 c UWG) ist die Ermäßigung des Normalpreises zulässig. Durch die Ausverkaufsankündigung wird bereits hinreichend deutlich, daß der geringere Preis ein durch den Ausverkaufanlaß bedingter geringerer, für alle Kunden geltender Normalpreis ist. Er ist nicht Ausnahmepreis, sondern unechter Sonderpreis, weil nach Beendigung der Veranstaltung ein Verkauf zum alten Normalpreis ausscheidet. Ausverkaufs- und Räumungspreise sind immer letzte Preise. Für Saisonschlußverkäufe, Inventurverkaufspreise, Sonderveranstaltungen nach § 9 a UWG/AO RWM betr. Sonderveranstaltungen vom 4. 7. 1935 und Preisherabsetzungen aus Anlässen wie „weiße Woche" u. ä. gilt rabattrechtlich das gleiche (glA BGH GRUR 1966, 384 — Jubiläum; OGHÖ ÖBl. 1956, 67; Baumbach-Hefermehl S. 1267 Rz 33; Reimer-Krieger S. 124). Die Preisherabsetzung kann in Prozenten und durch Gegenüberstellung der Preise angekündigt werden (BGH a. a. O.; OGHÖ a. a. O.; Baumbach-Hefermehl a. a. O.; Reimer S. 1021; Tetzner S. 62 Rz 93 § 1 RabG; a. M. Michel-Weber-Gries S. 33 Rz 10). Sonderveranstaltungen, die nur in den engen Grenzen der AO RWM vom 4. 7. 1935 erlaubt sind und danach seltene Ausnahmen darstellen, stehen zu den Werbemaßnahmen, die durch das RabG bekämpft werden sollen, in keiner inneren Beziehung (BGH GRUR 1966, 382/384; Reimer-Krieger S. 124). Allerdings dürfen auch im Rahmen solcher Veranstaltungen Nachlässe von den dann maßgebenden Preisen nur in der Art und in dem Umfang angekündigt und gewährt werden, wie das RabG dies zuläßt (BGH a. a. O.). Eine Fahrschule, die während einer Werbewoche davon absieht, die Grundgebühr zu erheben, gewährt keinen Preisnachlaß (OLG Bamberg NJW 1970, 2298; s. a. GRUR 1971, 81). Es liegt auch keine Sonderveranstaltung im Sinne der AO RWM vor, da diese sich nur auf Verkäufe von Waren und nicht auf gewerbliche Leistungen an letzte Verbraucher bezieht (glA Baumbach-Hefermehl S. 931 Rz 7 § 9 a UWG; OLG Bamberg a. a. O.; OLG Nürnberg BB 1963, 494). Zulässig ist, während bestimmter abgegrenzter Zeiten, insbesondere in saisonbedingten umsatzschwachen Wochen und

Monaten, ermäßigte Preise einzuräumen, so für Pelze und Brennstoffe in den Sommermonaten, für Fotoarbeiten (OLG München WRP 1969, 425) und Fahrräder (Zentrale WRP 1971, 346) in den Wintermonaten. **Unzulässig** ist es jedoch, den ermäßigten Saisonpreis in Form eines Preisnachlasses anzukündigen, so z. B. „Achtung, Sommerschluß-Verkauf! Enorme Preissenkung in ... (bestimmten Kleidungsstücken) ... Übrigens erhalten Sie auch auf sämtliche Standardartikel 10 % Sonderrabatt!" (DW 1966, 46, vgl. auch BGH GRUR 1961, 367 — Schlepper).

Ein Normalpreis und kein Preisnachlaß liegt vor, wenn während einer begrenzten **Einführungszeit** ein gegenüber dem späteren Normalpreis ermäßigter **Einführungspreis** angekündigt und allgemein gefordert wird. Der Hinweis auf den nach Ende der Einführungszeit geltenden höheren Normalpreis ist nicht die Ankündigung eines Preisnachlasses (OGHÖ ÖBl. 1963, 33). Kein Preisnachlaß wird gewährt, wenn Fahrlehrer bei Einführung eines Fahrschulbetriebes für eine begrenzte Zeit von der Erhebung einer Grundgebühr absehen (OLG Bamberg GRUR 1971, 81). Wird der verbilligte Einführungspreis nicht allen Interessenten, sondern nur bestimmten Verbraucherkreisen (vgl. dazu Anm. 49) eingeräumt, so liegt ein unzulässiger Sonderpreis vor, so z. B. wenn der Einführungspreis nur gegen Vorlage eines Gutscheins eingeräumt wird, den aber nur bestimmte Verbraucher erhalten (BGH GRUR 1959, 326 — Kaffeeversandhandel; OGHÖ ÖBl. 1960, 117). Dasselbe gilt, wenn der verbilligte Einführungspreis für ein 10-Wochen-Abonnement einer Zeitung nur Erst- oder Wiederbeziehern eingeräumt wird (OLG Düsseldorf GRUR 1969, 227. Zum zeitlich begrenzten Barzahlungsrabatt vgl. Anm. 4 § 2; vgl. ferner BGH GRUR 1966, 214 — Einführungsangebot).

Zulässig sind ferner Subscriptionspreise der Verlage und des Buchhandels, sofern sie nicht nur bestimmten Verbraucherkreisen, sondern allen Interessenten während einer bestimmten Zeit eingeräumt werden (BGH GRUR WRP 1971, 264/265 — Brockhaus Enzyklopädie; Baumbach-Hefermehl S. 1268 Rz 33). **Subscriptionspreise** sind zeitlich begrenzte Normalpreise.

b) Ist Anlaß der Preisermäßigung die **unterschiedliche Beschaffenheit der Ware** und wird dies erkennbar gemacht, ist der geminderte Preis ein durch die Umstände bedingter und gerechtfertigter Mormalpreis. Der ermäßigte Preis darf aber nicht nur einzelnen, sondern muß allen Interessenten eingeräumt werden, und dieser Umstand muß für sie auch erkennbar sein (BGH GRUR 1967, 433 — Schrankwand; OLG Wien ÖBl. 1958, 22). Ist die Ware mangelhaft, so ist der Kunde hierauf hinzuweisen. Zulässig ist die Ankündigung eines Autohändlers „Vorführwagen 20 % billiger" oder „Vorführwagen 4900 DM abzügl. 20 %", wenn erkennbar ist, daß fabrikneue Fahrzeuge 4900 DM kosten. Für überlagerte Ware, bedruckte Stoffe mit Druckfehlern, unmodern gewordene Modeartikel u. ä. gilt das geiche (glA Baumbach-Hefermehl S. 1264 Rz 29). Zulässig auch „30 % Rabatt auf Vorführfernsehgeräte", da das Wort Vorführgerät auf einen generell ermäßigten Normalpreis hindeutet (a. M. Baumbach-Hefermehl S. 1264 Rz 29; DW 1958, 95; glA. Tetzner S. 62, Rz 93 § 1 RabG, vgl. auch Anm. 31).

Unterschiedliche Preise können auch durch unterschiedliche Leistungen des Unternehmers gerechtfertigt sein. Beim Verzicht auf sonst übliche Leistungen des Verkäufers (z. B. Kundendienst) kann ein ermäßigter Preis ein weiterer Normalpreis und damit zulässig sein. Die Ermäßigung muß der entfallenden Leistung entsprechen, andernfalls kann verschleierter Preisnachlaß vorliegen (Gries WRP 1958, 12; Baumbach-Hefermehl S. 1264 Rz 30; GA 3/60). Der Verkauf zu **Selbstbedienungspreisen** ist eine verschleierte Rabattgewährung, wenn der Unterschied zum Normalpreis höher ist als der Wert der bei der Selbstbedienung wegfallenden Nebenleistungen und auch nicht auf andere Weise gerechtfertigt werden kann (BGH GRUR 1970, 563 — beiderseitiger Rabattverstoß). Es gilt dasselbe wie bei der Inzahlungnahme gebrauchter Gegenstände zu überhöhtem Wert (vgl. Anm. 42). Unzulässig ist, 500 g Tee vorverpackt zu DM 6,98 und selbst abgewogen für DM 6,— anzukündigen, da der Wegfall der Bedienungsleistung des Einzelhändlers einen Abzug von ca. 13 % nicht rechtfertigt (Zentrale WRP 1971, 347; ebenso „20 bis 25 % billiger! Kaufen Sie Rundfunk- und Fernsehgeräte gegen Barzahlung bei Verzicht auf kostenlosen Kundendienst" (LG Dortmund BB 1963, 666; Baumbach-Hefermehl S. 1264 Rz 30). Zulässig ist, für Bargeschäfte einen geringeren Preis als für Kreditgeschäfte zu berechnen, beachte Anm. 37.

c) Unterschiedliche Preise können auch durch Abnahme **unterschiedlicher Mengen** einer Ware gerechtfertigt sein. Die §§ 7 und 8 betreffen Mengennachlässe durch Preisabschlag von einem Normalpreis und Hingabe gleicher Ware. Sie finden auf eine von vornherein berechnete günstigere Preisstellung für größere Mengen, wie sie vielfach bei in Dosen, Tuben, Flaschen und dergl. fertigverpackter

Ware üblich ist, keine Anwendung (Amtl. Begr. zu §§ 7 und 8, Anhang II). Es muß sich um einen weiteren Normalpreis für eine größere Warenmenge als selbständige Verkaufseinheit handeln, der ohne jede Ausnahme allen Kunden eingeräumt wird. Zulässig ist daher, Groß- und Mehrfachpackungen, Doppelgebinde etc. zu einem geringeren Preis als dem Vielfachen des Preises für das Einzelstück anzukündigen und zu verkaufen, sofern die größere Menge eine selbständige Verkaufseinheit bildet und als solche angekündigt wird. Entscheidend ist, ob die angesprochenen Verkehrskreise in dem Preis für die größere Verkaufseinheit einen weiteren selbständigen Normalpreis oder einen Preisnachlaß sehen (vgl. Anm. 25). **Zulässig:** Markenstrümpfe, das Einzelpaar zu DM 1,95 und eine 3-Paar-Packung zu DM 4,85 zu verkaufen, wenn der Verkehr die Mehrpaar-Packungen als besondere Verkaufseinheit ansieht (LG Düsseldorf BB 1965, 1245). Der Aufdruck „Sparen Sie eine DM" auf der 3-Paar-Packung ist dann unschädlich; Seife, das Stück zu DM 1,10 und zwei mit einem Papierstreifen zusammengehaltene Stücke (Doppelgebinde) zum Preise von DM 1,95 anzukündigen und zu verkaufen (OLG Frankfurt GRUR 1971, 123); zulässig ferner, drei durch Klebestreifen verbundene Packungen mit je ein Paar Damenstrümpfe, deren Paarpreis DM 1,95 beträgt, zu DM 3,90 anzukündigen und zu verkaufen (OLG München WRP 1969, 391). Werden größere Mengen einer Ware in Fertigpackungen angeboten, so wird der Verkehr sie in der Regel als selbständige Verkaufseinheiten ansehen. Bei loser Ware (Schüttgut) sowie abgepackter Ware, die in mehreren Packungseinheiten (z. B. 10 Flaschen) abgegeben wird, kann dies im Einzelfall zweifelhaft sein. Werden 1 kg, 10 Flaschen oder 10 Pakete einer Ware zu einem günstigeren Preis als dem Vielfachen der Grundverkaufseinheit abgegeben, dürfte der Verkehr eher geneigt sein, hierin einen Mengennachlaß im Sinne der §§ 7, 8 zu sehen, es sei denn, daß das Schüttgut bzw. die Packungseinheiten zu einer Verkaufseinheit zusammengefaßt sind.

Kein Preisnachlaß, sondern zwei Normalpreise werden nach OLG Hamm (WRP 1960, 284) angekündigt mit „120 g Kaffee — DM 1,50; 1 kg — DM 11"; (zweifelh.) vgl. zur Mehrfachpackung: Meyer BB 1966, 18; Sedelmeier NJW 1968, 579; Schibel BB 1960, 1149; Borck WRP 1966, 121 ff. und Ingelmann WRP 1960, 264; BB 1960, 1148; Wilkendorf BB 1965, 1253; 1966, 643; zur Abgrenzung Mengenrabatt/größere Verkaufseinheit beachte auch DW 1964, 19).

d) Unterschiedliche Preise kann der Unternehmer auch in **örtlich getrennten Verkaufstellen** ankündigen und fordern. Ein Unternehmer kann im von ihm betriebenen Versandhandel niedrigere Preise ankündigen, als im Einzelhandel. Es muß nur erkennbar sein, daß es sich um zwei verschiedene zur jeweiligen Geschäftsform gehörige Normalpreise handelt. Wird nur ein Preis angekündigt und im Versandgeschäft im Einzelfall ein geringerer Preis eingeräumt, liegt Rabattverstoß vor (Baumbach-Hefermehl S. 1265 Rz 30; Reimer-Krieger S. 123; KG JW 1936, 347; OLG Köln AWR 1936, 17 mit zust. Anm. v. Junckerstorff). Auch eine Gegenüberstellung beider Normalpreise ist zulässig, wenn sie als solche eindeutig erkennbar gemacht werden, wenngleich kaum Fälle denkbar sind, die einen unrichtigen Eindruck über den Normalpreis ausschließen. Der Versandhandelspreis muß unter den Voraussetzungen dieser Umsatzform gefordert werden. Der Vorteil des Ladenkunden ist es, vor dem Kauf die Ware sehen und prüfen und die gegenständliche Auswahl treffen zu können. Der Versandkunde kauft meist nur nach Beschreibung oder aufgrund einer Auswahlsendung, die naturgemäß nicht so sortiert ist, wie das Einzelhandelslager. Wird dem Käufer erkennbar die Möglichkeit gegeben, im teueren Laden die Auswahl zu treffen und zum geringeren Versandpreis zu kaufen, dann wirkt der Versandpreis als Ausnahmepreis und es liegt Rabattverstoß vor. Wenn der Ladenkunde die Möglichkeit des Versandkaufs erkennt, ihm womöglich Gelegenheit gegeben wird, den Bestellschein an Ort und Stelle auszufüllen, wird auch gegen § 1 UWG verstoßen (sittenwidriges Anlocken, vgl. Godin-Hoth § 1 UWG Anm. 19). Durch die Ankündigung: „160,— DM, für Versandkunden 144,— DM" wird der Versandpreis zum verbotenen Sonderpreis (vgl. Anm. 48). Fordert ein Unternehmer in einer am **Standtrand** gelegenen Filiale für die gleichen Waren geringere Preise als in dem in der Innenstadt gelegenen Hauptgeschäft, dann sind diese durch die örtliche Lage bedingte Normalpreise (vgl. auch LG Hannover WRP 1960, 243; LG Frankfurt WRP 1960, 74).

[46] **Die Geldzugabe** (Geldzuschuß/Zuzahlung) **ist immer Rabatt.** Sie kann niemals Folge einer Preissenkung oder Leistungssteigerung sein, denn der geforderte oder angekündigte Preis ist der gezahlte Preis, auf den die Rückvergütung gewährt wird (glA Baumbach-Hefermehl S. 1272 Rz 40; Michel-Weber-Gries S. 33 Rz 9; Reimer-Krieger S. 126; OLG Dresden MuW 1937, 306; DW 1955, 57). Bei Vorkasse wird zusammen mit der Lieferung oder danach ein Barbetrag zurückvergütet; bei Zahlung oder davor oder danach wird ein **Barbetrag oder Gutschein** über einen Geldbetrag ausgehändigt, bei dessen Vorlage der Gegenwert ausgezahlt wird (zur Gutschein-

werbung vgl. auch Anm. 44 zu § 1 ZugVO und Anm. 3—6 zu § 4 RabG). Durch die Geldzugabe muß eine Veränderung des Normalpreises zugunsten des Käufers erfolgen. Die Zuschußzahlung muß erkennbar Rückvergütung eines Teils des Normalpreises sein.

[47] **Waren- und Leistungsrabatt** ist gattungs- und qualitätsgleiche Mehrleistung bei gleichem Preis. Zur Unterscheidung von der Leistungssteigerung vgl. Anm. 28. Er ist von der Ware her positiver und vom Preis her negativer Rabatt (vgl. auch Anm. 27). Zur notwendigen Gattungs- und Qualitätsgleichheit s. Anm. 7 zu § 7. Fehlt diese, dann liegt nicht Rabatt, sondern eine verbotene Zugabe vor, sofern nicht die Ausnahmetatbestände des § 1 Abs. 2 lit. a und d bis g ZugVO zum Zuge kommen. Die Warengleichheit folgt zwangsläufig daraus, daß nicht die Leistung des Unternehmer, sondern die Gegenleistung des Erwerbers die Rabatteigenschaft bestimmt. Jede Ware hat ihren eigenen Preis. Dieser kann nur vermindert werden, wenn der Preis der zusätzlichen Ware (Mehrleistung) mit dem der verkauften identisch ist, was notwendig Gattungs- und Qualitätsidentität voraussetzt. Im übrigen beachte Anm. 7 zu § 7. Für den Leistungsrabatt gilt das gleiche wie für den Warenrabatt (vgl. Anm. 5 zu § 8). Wenngleich das wirtschaftliche Ergebnis beim Waren- und Leistungsrabatt für Veräußerer und Erwerber dem des Geldrabatts entspricht — auf den Gesamtpreis wird ein Nachlaß in Höhe des Preises der Mehrleistung gewährt —, sind sie nur im Rahmen der Ausnahmetatbestände der §§ 7 und 8 erlaubt. Fehlt es an der Handelsüblichkeit, sind sie verboten, auch wenn ein Wert von 3 % des Normalpreises nicht überschritten wird.

[48] **Sonderpreis.** Jeder nach Verminderung des Normalpreises (Begriff vgl. Anm. 25) verbleibende Restpreis ist Ausnahmepreis (Begriff Anm. 23, 27). Jeder Ausnahmepreis, der wegen Zugehörigkeit des Letztverbrauchers (Begriff Anm. 13 bis 18) zu bestimmenten Verbraucherkreisen (Begriff Anm. 49) eingeräumt wird, ist „Sonderpreis". Er kommt durch einen „Nachlaß" vom Normalpreis zustande. Die Formulierung der §§ 1 II und 9 („Sonderpreise und Sondernachlässe") ist wenig glücklich. Durch die Verwendung beider Begriffe und dadurch, daß einmal auf den Nachlaß vom Normalpreis und das andere Mal auf den aus besonderem Anlaß gebildeten Ausnahmepreis (nachgelassener Preis) abgestellt wird, entsteht der Eindruck, als ob Sonderpreis und Sondernachlaß zweierlei wären. In Wahrheit bezeichnen sie das gleiche (ebenso Reimer-Krieger S. 131/184 und Baumbach-Hefermehl S. 1261 Rz 23). Sonderpreise

(Sondernachlässe) sind nur im Rahmen des § 9 erlaubt, sonst aber verboten. Nach §§ 2 bis 8 erlaubter Preisnachlaß ist unzulässig, wenn er als Sonderpreis eingeräumt wird (h. M. vergl. BGH GRUR 1959, 326/328 — Kaffeeversandhandel m. Anm. Seydel; Baumbach-Hefermehl S. 1262 Rz 24; Reimer-Krieger S. 129/130; Michel-Weber-Gries S. 139 Rz 2; Tetzner S. 51 Rz 69 § 1 RabG; Reimann NJW 1956, 332/333 und WRP 1956, 243; EA IHK München WRP 1956, 51/53; Amtl. Begr. [Anhang II] zu § 1 II). Auch im Rahmen der §§ 2 bis 8 soll eine unterschiedliche Behandlung einzelner Kunden oder bestimmter Käufergruppen verhindert werden (h. M.). Jeder Ausnahmepreis ist ein besonderer vom Normalpreis abweichender Preis. **Sonderpreis im Sinne des RabG ist nur ein Ausnahmepreis, der ausschließlich wegen der Zugehörigkeit zu bestimmten Verbraucherkreisen eingeräumt wird.** Wird der Preis aus einem anderen, nicht in der Person des Kunden liegenden besonderem Grunde niedriger als sonst üblich vom Unternehmer festgestellt — z. B. Saisonschlußverkauf, Beschaffenheit der Ware, Umsatzform —, ist es ein „unechter **Sonderpreis**", der, wenn er nicht besonderer Normalpreis ist (vgl. unten und Anm. 24/25) den allgemeinen Preisnachlässen zugerechnet werden muß. Z. B.: Ausnahmepreis, der unter den Voraussetzungen des Mengennachlasses eingeräumt wird. Häufig werden erkennbar durch besondere Umstände bedingte Normalpreise als Sonderpreise bezeichnet. Nach dem normalen Sprachgebrauch sind sie es auch. Im Sinne des Rabattgesetzes sind sie es nicht. Auch zum Sonderpreis kommt es auf den Eindruck an, der zum Normalpreis bei den Käufern hervorgerufen wird; jeder Sonderpreis i. S. von § 1 II setzt einen Normalpreis (vgl. Anm. 25—27) voraus (glA BGH GRUR 1958, 487/491 — Antibiotica m. zust. Anm. Bußmann; Reimer-Krieger Rz 6 § 1 u. Rz 1 § 9 S. 131/184; Baumbach-Hefermehl S. 1261 Rz 23 § 1; Burchard BB 1957, 629 ff.; 1958, 1189; OLG Oldenburg GRUR 1962, 369; a. M. Weber WRP 1959, 40 ff.; BB 1958, 1188 ff.). Die im Sinne des Gesetzes unrichtige Bezeichnung „Sonderpreis" ist unschädlich, wenn es sich erkennbar um einen durch besondere, außerhalb der Person des Käufers liegende Umstände bedingten Normalpreis handelt. Dieser ist als „unechter Sonderpreis" zulässig, wenn die besondere Preisgestaltung auf bestimmten Eigenschaften der Ware bzw. Leistung oder betriebliche Gründe des Unternehmers beruht (beachte §§ 6—9 a UWG, VO BWM über Sommer- und Winterschlußverkäufe; AO RWM betr. Sonderveranstaltungen, Text Anhang IV und V nach § 17). Ist eindeutig erkennbar, daß der frühere Normalpreis aufgehoben ist, kann der unechte Sonderpreis auch als Preissenkung in prozentualer Form angekündigt werden (glA Baumbach-Hefermehl S. 1268 Rz 33; Ulmer-Reimer Nr. 1103 S. 835/836; BGH GRUR 1966, 382/384 m. zust. Anm. Seydel; a. M. Michel-Weber-Gries S. 34 Rz 10, soweit 3 % überschritten werden). Veräußert ein Unternehmer preisgünstige Ware ausschließlich an einen begrenzten Kundenkreis (z. B. an Stammkunden, Ausweisinhaber), dann liegt kein Sonderpreis i. S. des § 1 II vor, weil es an einem angekündigten oder allgemein geforderten höheren Normalpreis fehlt (Baumbach-Hefermehl S. 1262 Rz 23; OLG Oldenburg, GRUR 1962, 369 — Käuferhinweise; v. Burchard BB 1957, 629; 1958, 1189; vgl. auch Bußmann GRUR 1958, 491 in der Anm. zur BGH-Antibiotica-Entscheidung; a. M. Weber BB 1958, 1188; WRP 1959, 40). Zu Ausverkaufs- und Räumungspreisen, Minderpreisen wegen Überalterung und Warenmängeln, zu Preisen von Vorführgeräten, Stadtrandpreisen, Ladenpreis und Versandpreis und zu Preisen bei Vorkassen, Ansparverträgen, Barzahlungs-, Teilzahlungs-, Skonto- und Zielpreis vgl. Anm. 45. Das dort Gesagte gilt entsprechend.

[49] **Bestimmte Verbraucherkreise:** Nur wenn der Sonderpreis eingeräumt wird, weil der Letztverbraucher einem bestimmten Verbraucherkreis zugehört, gilt das allein durch § 9 durchbrochene generelle Verbot. Berufe, Vereine, Gesellschaften werden nur als Beispiele genannt. Es genügt, wenn der Personenkreis als solcher bestimmbar ist. Es ist nicht notwendig, daß er auch rechtlich zu einer Gemeinschaft zusammengefaßt ist; gemeinsame äußere Umstände reichen aus, um den Personenkreis zu kennzeichnen (h. M. vgl. BGH GRUR 1959, 326/328 — Kaffeeversandhandel m. Anm. Seydel; Baumbach-Hefermehl S. 1261 Rz 23; Reimer-Krieger S. 131 Rz 6; Tetzner S. 53 Rz 74 § 1 RabG; Michel-Weber-Gries S. 70 Rz 75; Ulmer-Reimer Nr. 1103; KG JW 1935, 2386; OLG Celle AWR 1935, 177; GA 1/49; EA IHK München WRP 1956, 51/54 a. E.). Der Begriff „bestimmte Verbraucherkreise" ist weit auszulegen (BGH GRUR 1959, 326/328 — Kaffeeversandhandel; Reimer-Krieger S. 131 Rz 6; Ulmer-Reimer Nr. 1103). Gemeinsame äußere Umstände sind z. B.: Zugehörigkeit zu bestimmten Altersgruppen (Studenten, Schüler, Lehrlinge, Kinder, Jugendliche, Konfirmanden), zu Wohnbereichen oder Wohngemeinschaften (Gemeinden, bestimmte Landschaften), zu bestimmten Sozialgruppen (Brautleute, Erwerbslose, Rentner, Flüchtlinge), zu einer Organisation, z. B. einer landwirtschaftlichen Genossenschaft, Gewerkschaft, einem Sozialwerk, einem Betrieb, zu Kreisen, denen eine bestimmte Lieb-

haberei gemeinsam ist (Briefmarkensammler, Züchter, Kleingärtner), zu Berufsgruppen oder zu Kreisen, die zum Rabattgeber in einem bestimmten Zusammenhang stehen (Stammkundschaft, alte Kundschaft, Inhaber von Gutscheinen oder einer Werbekarte des Rabattgebers („meine Versandkunden"), eines Kundenausweises (vgl. Anm. 34), aus dem Besitz bestimmter Einrichtungen fogende Gemeinsamkeit (Rundfunkhörer, Mopedfahrer).

[50] **Sonderpreis (Einzelfälle). Unzulässiger Sonderpreis** liegt vor: bei Verteilung von Wertgutscheinen an Erstbezieher von Kaffee (BGH GRUR 1959, 326/328 — Kaffeeversandhandel); bei Ankündigung und Gewährung eines verbilligten Zehn-Wochen-Zeitungsabonnements an Erst- oder Wiederbezieher (OLG Düsseldorf GRUR 1969, 227 — WAZ); beim Ankündigen verbilligter Erholungsreisen für Mitglieder einer bestimmten Berufsgruppe (OLG Stuttgart BB 1960, 1359); bei Verteilung von Gutscheinen im Werte von DM 0,30 über Werbebeilagen in Tageszeitungen (LG Aurich WRP 1971, 187); bei Verteilung von Einkaufsgutscheinen im Werte von öS 3,— durch Postwurfsendung (OGHÖ ÖBl. 1960, 117); auch wenn Hersteller Nachlaß wirtschaftlich trägt (OGHÖ ÖBl. 1960, 114); bei Einräumung einer zusätzlichen Subscriptionsermäßigung an die Einsender des Titelblattes der Vorauflage (BGH GRUR 1971, 516 — Brockhaus Enzyklopädie); bei Gewährung eines Preisnachlasses durch ein Hotel an Theaterbesucher (Wb-Zentrale, WRP 1971, 287); bei Gewährung eines Preisnachlasses an die Stammkunden eines Tankstellenunternehmens (DW 1969, 11 und LG Fulda ebd.); beim Ankündigen und Gewähren im Preis ermäßigter Fahrstunden an Studenten, Schüler und Lehrlinge (BGH DB 1972, 1525; OLG Oldenburg WRP 1968, 380; OLG Hamburg WRP 1965, 229; OLG Bremen BB 1968, 188; OLG Stuttgart BB 1968, 926; DW 1968, 42; zum Tatbestandsmerkmal „zu Zwecken des Wettbewerbs" vgl. Anm. 56); bei Anpreisung einer Versandkollektion mit „25 % für unsere Stadtkundschaft" (DW 1956, 15).

Kein Sonderpreis liegt vor: wenn der im Gutschein genannte „Sonderpreis" für eine Kleiderreinigung nicht nur für Gutscheininhaber, sondern erkennbar während eines bestimmten Zeitraums der Normalpreis sein soll, also auch für Kunden gilt, die nicht in den Besitz eines Gutscheines gelangen (OLG Stuttgart GRUR 1965, 321).

[51] **Rabatte und Preisbindung.** Die Gewährung von nach RabG zulässigen Preisnachlässen kann durch andere gesetzliche Vorschriften (vgl. z. B. §§ 17, 18 TabStG [s. hierzu Anm. 7 § 2] und

§ 22 II GüterkraftverkehrsG) oder privatrechtliche Verträge (Preisbindungsverträge) ausgeschlossen sein. Eine Preisbindung für Markenwaren nach § 16 GWB kann auch auf den Ausschluß der Gewährung von Barzahlungsnachlässen nach § 2 RabG erstreckt werden (BGH GRUR 1962, 423 — Agfa Rollfilme m. Anm. Lieberknecht; GRUR 1965, 616, 620 — Esslinger Wolle; Müller-Gries WRP 1961, 176 ff.; Müller-Gries-Gießler GWB-Kommentar 2. Aufl. Rz 45 § 16 GWB; Gleiss NJW 1953, 1456; FrankfKomm. Tz 62 § 16 GWB u. Tz 8 Anh. I; GemKomm. 2. Aufl. Rz 56 § 16 GWB; Baumbach-Hefermehl Wettbewerbs- und Warenzeichenrecht Bd. I 10. Aufl. Rz 541 § 1 UWG S. 618; Dörinkel GRUR 1960, 13; Völp WRP 1959, 7 ff.; Basson MA 1961, 299). Dasselbe muß auch für Mengen- und Sondernachlässe (§§ 7, 8, 9 RabG) gelten. Auch diese Rabatte sind Preisnachlässe. Das BKartA sieht den Aussschluß jeglichen Rabattes beim Verkauf preisgebundener Röntgenfilme an Großverbraucher als mißbräuchliche Handhabung der Preisbindung an (vgl. TB 1961, 34; vgl. ferner GemKomm a. a. O. Rz 56 S. 447).

Andererseits wird die Lückenlosigkeit eines Preisbindungssystems in der Regel nicht dadurch beeinträchtigt, daß das preisbindende Unternehmen seinen Abnehmern gestattet, Barzahlungsrabatte bis zu 3 % zu gewähren (RGZ 150, 271; OLG Frankfurt WuW/E OLG 265/277; Müller-Gries-Gießler a. a. O. Rz 47; Schwartz GemKomm Rz 56 § 16 GWB S. 447; FrankfKomm Anh. I § 16 GWB Tz 8; Baumbach-Hefermehl a. a. O. Rz 541 S. 618; a. M. Völp WRP 1958, 353/359; MA 1960, 614/620). Dies kann anders zu beurteilen sein, wenn nach Maßgabe des RabG gewährte Mengen- oder Sondernachlässe eine solche Höhe erreichen, daß der gebundene Preis hierdurch seine Bedeutung als Maßstab für die dem Abnehmer obliegende Leistung schlechthin verliert (vgl. BGH GRUR 1965, 616/620 — Esslinger Wolle). Mengen- und Sonderrabatte dürfen außerdem nur an Abnehmer gewährt werden, die die Ware nicht als ungebundene Wiederverkäufer veräußern, weil andernfalls die gedankliche Lückenlosigkeit der Preisbindung nicht gegeben ist (OLG Hamm BB 1963, 452); jedoch machen Sondernachlässe an Betriebsangehörige i. S. des § 9 Ziff. 3 RabG eine Preisbindung noch nicht lückenhaft (LG Berlin GRUR 1961, 198; Baumbach-Hefermehl a. a. O. Rz 541 S. 618). Ebenso wird eine Preisbindung nicht lückenhaft, wenn eine Buchhandlung Verlagserzeugnisse zu ermäßigten Preisen an Studenten veräußert (BGH GRUR 1958, 247 — Verlagserzeugnisse m. Anm. Kleine).

Unterschreitet der Unternehmer einen gebundenen Preis, so liegt darin nur dann ein Verstoß gegen das RabG, wenn der gebundene Preis sein Normalpreis (Begriff Anm. 25 § 1; vgl. auch Anm. 26 § 1) ist. Kündigt der Unternehmer von vornherein einen unter dem gebundenen Preis liegenden eigenen Normalpreis an oder fordert er einen solchen, dann verstößt er gegen den Preisbindungsvertrag, aber nicht gegen das RabG.

IV. Rabattverstoß

[52] **Rabatthandlungen (Allgemeines)** sind das „Ankündigen“ oder „Gewähren“ (vgl. Anm. 53 und 54). Gegenstand des Handelns sind Preisnachlässe oder Sonderpreise (vgl. Anm. 23 bis 28 und 48, 50). Der Täter muß Unternehmer sein (vgl. Anm. 11 und 12). Dieser muß den Normalpreis und den Ausnahmepreis bestimmen (vgl. Anm. 25). Die Leistung — (Ware oder gewerbliche Leistung) — des Veräußerers — (Begriff Anm. 11 u. 12) — und die Gegenleistung — (Preis, Begriff Anm. 24) — des Erwerbers — (Letztverbraucher, Begriff Anm. 13), müssen im gleichen Geschäft begründet sein (vgl. Anm. 58). Der Letztverbraucher ist notwendiger Teilnehmer, für den das Verbot nicht gilt (glA OLG München GRUR 1965, 197). Der Unternehmer muß zu Zwecken des Wettbewerbs handeln (vgl. Anm. 56); Vorsatz ist zum Straftatbestand erforderlich (§ 11), zum Unterlassungsanspruch (§ 12) dagegen nicht. Es genügen die zum Handeln zu Zwecken des Wettbewerbs erforderlichen subjektiven Voraussetzungen (vgl. Anm. 3 § 11).

[53] **Ankündigen und Gewähren** sind zwei selbständige Tatbestände des Gesetzes (BGH GRUR 1960, 495/497 — WIR-Rabatt). Sie sind formaler Natur (vgl. Anm. 23), was bei der Auslegung und Anwendung des RabG von Bedeutung ist. Es sind die gleichen Begriffe wie in § 1 I ZugVO (dort wird als weiterer Tatbestand das Anbieten genannt; vgl. hierzu Anm. 55); vgl. daher zum Begriff **„ankündigen“** Anm. 5 § 1 ZugVO. Hier gilt das gleiche wie dort. Vgl. ferner BGH GRUR 1964, 88/90 — Verona-Gerät m. Anm. Bußmann; OLG Hamm WRP 1960, 346).

[54] Zum Begriff **„gewähren“** vgl. Anm. 6 § 1 ZugVO. **„Einräumen“** (§ 1 II) heißt gewähren, wobei gleichgültig ist, ob dies sofort bei Abschluß oder erst bei Abwicklung des Kaufes geschieht (OLG Hamm WRP 1960, 346; Michel-Weber-Gries S. 66 Rz 66).

Der Rabatt kann durch Tun oder Unterlassen gewährt werden. Z. B.: Der Unternehmer widerspricht nicht und gibt sich zufrieden, wenn seine Käufer vom vereinbarten Preis einen Abzug vornehmen. Er muß widersprechen und den einbehaltenen Betrag nachfordern. Unterläßt er es, um den Kunden zu halten und nicht zu verärgern, so handelt er zu Zwecken des Wettbewerbs (vgl. Anm. 56). Zu Zwecken des Wettbewerbs handelt auch, wer selbst kein Geschäft betreibt, aber in den geschäftlichen Wettbewerb fremder Unternehmen zugunsten des einen von ihnen eingreift, also fremden Wettbewerb fördern will. Dabei genügt es, wenn diese Absicht gegenüber anderen Motiven der Handlung nicht ganz in den Hintergrund tritt (OGHÖ ÖBl. 1963, 72; vgl. auch BGH GRUR 1963; 438 — Fotorabatt).

[55] **Das Anbieten** (Zugabehandlung gem. § 1 ZugVO) wird in § 1 RabG nicht erwähnt. Zwischen „Ankündigen" und „Anbieten" besteht ein Unterschied (vgl. Anm. 4—6 zu § 1 ZugVO; Reimer-Krieger S. 39 Rz 13; Baumbach-Hefermehl S. 1195 Rz 28 § 1 ZugVO; Klauer-Seydel S. 29/30; Elster S. 302 Anm. 16 zu § 1 ZugVO; Tetzner S. 28 Rz 17 § 1 RabG). Werden im älteren Gesetz beide Begriffe zur Kennzeichnung verschiedener Tatbestände verwandt und nennt das jüngere Ergänzungsgesetz nur einen, so folgt hieraus bereits, daß zum Rabattverstoß nur der eine, nicht aber der andere erfaßt werden soll. Das Ankündigen (vgl. Anm. 53 und Anm. 5 zu § 1 ZugVO) eines Preisnachlasses entspricht zum Ausnahmepreis (Begriff Anm. 23) dem Ankündigen eines Normalpreises (vgl. Anm. 25). Das „Anbieten", d. h. das Erbieten gegenüber einem einzelnen oder einer Mehrheit bereits gefundener Interessenten, einen Ausnahmepreis einzuräumen, entspricht dem „allgemeinen Fordern" zum Normalpreis (s. Anm. 25). Einen Ausnahmepreis anbieten heißt einen Ausnahmepreis fordern. Dies entspricht nicht dem Ankündigen und kann diesem deshalb nicht gleichgeachtet werden. Es wird vom Rabattverbot nicht erfaßt (glA BGH GRUR 1967, 433/434 — Schrankwand mit krit. Anm. Droste; OLG Hamm WRP 1960, 346; Tetzner S. 28 Rz 17 § 1 RabG; a. M. Baumbach-Hefermehl S. 1274 Rz 47; Ulmer-Reimer Nr. 1108; Reimer-Krieger S. 141 Rz 12; Michel-Weber-Gries S. 65 Rz 65; OLG Köln GRUR 1960, 337; OGHÖ ÖBl. 1961, 14 m. Anm. Schönherr; 1958, 22). Die aus dem Gesetz folgende begriffliche Unterscheidung — „Ankündigen" — „Anbieten" (§ 1 ZugVO) und „Ankündigen" — „Fordern" (§ 1 RabG) —, verbietet eine entsprechende Ausweitung des Begriffs „Ankündigen". Auch der Strafcharakter des Gesetzes

steht einer analogen Anwendung entgegen. Jedoch kann ein Anbieten unzulässiger Rabatte eine vorbeugende Unterlassungsklage rechtfertigen (BGH GRUR 1967, 433/434; Tetzner S. 29 Rz 19 § 1 RabG).

[56] **Zu Zwecken des Wettbewerbs.** Abweichend von § 1 ZugVO ist zur Vollendung des Rabattatbestandes auch zum zivilrechtlichen Unterlassungsanspruch diese Zweckgebundenheit des Handelns und subjektiv das Wissen und Wollen des Wettbewerbsziels erforderlich. Zu Zwecken des Wettbewerbs wird gehandelt, wenn durch die Ankündigung oder Gewährung von Preisnachlässen der eigene Absatz — **oder der eines Dritten** — gefördert oder ein fremder beeinträchtigt, der eigene Kundenkreis — oder der eines Dritten — auf Kosten der Mitbewerber erweitert werden soll (vgl. Godin-Hoth Wettbewerbsrecht S. 30 Anm. 11 a § 1 UWG; Baumbach-Hefermehl S. 191 ff. Rz 166 Einl. UWG). Erforderlich ist die **Absicht**, eigenen oder fremden Wettbewerb zu fördern (vgl. Godin-Hoth a. a. O.; Baumbach-Hefermehl S. 198 Rz 181 Einl. UWG; Schönherr Wettbewerbsrecht Anm. 6 § 1 RabGÖ; OGHÖ ÖBl 1963, 103).

Absicht ist eine Form des direkten Vorsatzes, bei dem der Wille des Täters auf Förderung eigenen oder fremden Absatzes auf Kosten von Mitbewerbern gerichtet sein muß. Der Wettbewerbszweck braucht nicht der ausschließliche oder Hauptzweck des Handels zu sein (BGH GRUR 1968, 95/97 — Büchereinachlaß; BayObLG BB 1966, 513; BGH DB 1972, 1525). Es genügt, wenn die Absicht des Handelnden, eigenen Wettbewerb auf Kosten anderer zu fördern, hinter anderen Beweggründen nicht völlig zurücktritt (BGH GRUR a. a. O. — Büchereinachlaß; OGHÖ ÖBl. 1963, 72). Zu Zwecken des Wettbewerbs handeln Fahrschulen, die Studenten, Schülern und Lehrlingen verbilligten Fahrunterricht erteilen (vgl. OLG Hamburg WRP 1965, 229; OLG Bremen BB 1968, 188); das Reisebüro, das bestimmten Berufsgruppen Preisnachlässe auf Erholungsreisen gewährt (OLG Stuttgart BB 1960, 1359); Geschäftsleute, die Brautleuten, Konfirmanden etc. Geldgutscheine aushändigen (Baumbach-Hefermehl S. 1275 Rz 49; Zentrale WRP 1971, 346). Nicht jede Rücksichtnahme auf sozial schwache Bevölkerungskreise schließt ein Handel zu Wettbewerbszwecken aus. Dies wird meist nur dann angenommen werden können, wenn einem einzelnen Kunden allein aufgrund seiner besonderen persönlichen Verhältnisse aus caritativen Beweggründen ein Preisnachlaß gewährt wird.

V. Handlungsvoraussetzungen

[57] **Allgemeines.** Gegenstand der Rabatthandlung (Anm. 52—54) ist ein Preisnachlaß (Anm. 23 bis 27). Notwendige Zweckbestimmung ist ein Wettbewerbserfolg (vgl. Anm. 56). Dieser setzt voraus, daß der Nachlaß vom Preis objektiv geeignet ist, ihn herbeizuführen. Es muß deshalb die objektive Eignung der Vorteilszuwendung, mit ihrem Wert zu werben, festgestellt werden. Vgl. hierzu Anm. 20 zu § 1 ZugVO. Das dort Gesagte gilt hier entsprechend. Zum notwendigen Zusammenhang zwischen Rabattleistung und Hauptleistung des Verkäufers einerseits und der Gegenleistung des Erwerbers andererseits s. Anm. 58.

[58] **Sachlicher Zusammenhang.** Preis ist die geldliche Gegenleistung des Letztverbrauchers (vgl. Anm. 24). Auf diese wird der Nachlaß gewährt, so daß der Rabatt meist auch rechtlich, mindestens aber wirtschaftlich integrierender Bestandteil der Gegenleistung ist. Diese setzt ihrerseits eine Leistung des Unternehmers voraus. Es ist deshalb ein Rabatt im Sinne des Rabattgesetzes nur zu bestimmten Einzelverkäufen von Waren oder zu bestimmten gewerblichen Leistungen möglich.

[59] **Personeller Zusammenhang.** Der Preisnachlaß wird von dem vom Unternehmer angekündigten oder angeforderten Preis gewährt (vgl. Anm. 11, 12, 25, 27, 32, 48). Der vom letzten Verbraucher letztlich zu zahlende Preis (Ausnahmepreis vgl. Anm. 27) ist der um den Nachlaß reduzierte Normalpreis (Anm. 27). Der Unternehmer bestimmt den Normalpreis, und er ist der Rabattgeber, wenn er seinen Normalpreis ermäßigt. Ein Rabattverstoß setzt daher voraus, daß ein Unternehmer beteiligt ist (vgl. Anm. 11, 12). In der Regel besteht zwischen Verkäufer (Unternehmer) und Rabattgewährendem Identität (vgl. Anm. 27); dies schließt nicht aus, daß ein Dritter den Preisvorteil anstelle des Unternehmers gewährt (vgl. Anm. 60). Für den Preisnachlaß ist nicht begriffswesentlich, daß der Unternehmer ihn wirtschaftlich trägt. Wirken mehrere Personen am Rabattverstoß mit, muß mindestens eine von ihnen Unternehmer sein (vgl. Anm. 11). Der Unternehmer ist stets als Täter (Allein-, Mittäter, Teilnehmer) beteiligt. Ist der Unternehmer nicht Veräußerer im Rechtssinne, muß er für diesen die Unternehmerfunktion ausüben. Angestellte und Beauftragte im Sinne des § 12 Abs. II (Personen, die das Erwerbsgeschäft des Unternehmers repräsentieren; vgl. Anm. 12) sowie Dritte können je nach ihrer

Willensrichtung Mittäter, Gehilfen oder Anstifter einer Rabatthandlung sein (vgl. Anm. 11, 12 §1; 2 § 11; 4, 5 § 12).

[60] **Mitwirkung Dritter.** Personen, die weder Angestellte noch Beauftragte des Unternehmers sind, können auf verschiedene Weise bei der Ankündigung und Gewährung von Preisnachlässen mitwirken. Der Preisnachlaß wird im Regelfall vom Verkäufer gewährt und wirtschaftlich getragen. Ebenso zu beurteilen ist, wenn bei formeller Betrachtungsweise der gewährte Preisvorteil zwar von einem Dritten getragen, der Preisnachlaß aber unmittelbar vom Verkäufer gewährt wird. So wenn eine selbständige Käuferorganisation an ihre Mitglieder Betreuungskarten ausgibt, die die Käufer berechtigen, bei Vertragsfirmen des Groß- und Einzelhandels zu einem generell um x-Prozent ermäßigten Normalpreis zu kaufen (BGH GRUR 1968, 266/267 — BSW II; vgl. auch OLG München GRUR 1965, 197). Die Käufer betrachten die Ermäßigung des Normalpreises als einen vom Verkäufer gewährten Preisnachlaß. Hieran ändert sich auch dadurch nichts, daß Verkäufer und Käuferorganisation eine Vermittlungsprovision vereinbaren, auf die die Organisation im voraus ganz oder teilweise zugunsten der einkaufenden Mitglieder verzichtet, der Preisnachlaß wirtschaftlich scheinbar von der Käuferorganisation getragen wird (Baumbach-Hefermehl S. 1278 Rz 52; Borck WRP 1968, 255). Es kommt nicht darauf an, daß Verkäufer und Käuferorganisation die Preisermäßigung als weitergegebene Vermittlungsprovision verstanden wissen wollen. Maßgebend ist, daß die Verkehrskreise die angekündigten Preise als Normalpreise des Unternehmers verstehen müssen, auf die ihnen der Unternehmer unmittelbar beim Einkauf einen Preisnachlaß gewährt. Dasselbe gilt, wenn der Preisnachlaß vom Unternehmer gewährt wird, der dem Käufer zugewendete Preisvorteil jedoch nicht aus dem Vermögen des Unternehmers stammt, sondern wirtschaftlich voll vom eingeschalteten Dritten getragen wird. So z. B. wenn ein Hersteller Gutscheine an letzte Verbraucher ausgibt, deren Wert vom Händler vom Normalpreis einer bestimmten Ware abgezogen und dem Händler vom Hersteller ersetzt wird (glA Baumbach-Hefermehl S. 1277 Rz 52). Vielfach wird in einem solchen Fall auch ein unzulässiger Sonderpreis vorliegen (vgl. Anm. 48—50).

Anders ist es zu beurteilen, wenn der Unternehmer nicht seinen Normalpreis ermäßigt, sondern der Dritte unabhängig vom Unternehmer einen Zuschuß gewährt. Ein Preisnachlaß liegt dann nicht vor; so wenn ein Gaswerk den Käufern von Gasherden Installationszuschüsse gewährt (glA Baumbach-Hefermehl S. 1278 Rz 53; Reimann WRP 1957, 69; Prölss DB 1967, 1356) oder wenn eine Interessengemeinschaft für Lederforschung Landwirten einen Zuschuß zur Anschaffung elektrischer Weidezäune gewährt (glA DW 1956, 118; Baumbach-Hefermehl S. 1278 Rz 53). Eine gleichgerichtete Interessenlage zwischen Unternehmer und dem, der Zuschuß gewährt, reicht nicht aus, um die Zuwendung des Vorteils dem Unternehmer zuzurechnen.

Von Fällen, in denen der Dritte selbständig und ohne Beeinflussung des Normalpreises des Unternehmers einen Preisvorteil gewährt, den er auch wirtschaftlich selbst trägt, sind Sachverhalte zu unterscheiden, bei denen der Normalpreis zwar ebenfalls nicht gekürzt wird, die preisliche Vergünstigung dem letzten Verbraucher, auch von einem Dritten gewährt wird, aber aus Mitteln, die ihm vom Unternehmer zufließen. Handelt es sich dabei lediglich um die schlichte Weitergabe einer Scheinprovision, liegt ein verschleierter Preisnachlaß vor (vgl. Anm. 43). Zweck des RabG ist es, die Unternehmer daran zu hindern, beim Verkauf an letzte Verbraucher über die im Gesetz gezogenen Grenzen hinaus wirtschaftlich nicht zu rechtfertigende Preisnachlässe zu gewähren.

Wirkt der Unternehmer daran mit, daß auf einem vom RabG nicht zugelassenen Wege seinen Kunden wirtschaftliche Vorteile zufließen, die seinen Normalpreis beeinflussen, dann muß er sich gefallen lassen, daß diese Zuwendungen ihm als Gewährung eines Preisnachlasses zugerechnet werden. Dem kann auch nicht der formale Charakter der rabattrechtlichen Vorschriften entgegengehalten werden, denn nicht nur der Begriff des Preisnachlasses, sondern auch die dem Unternehmer für die Gewährung eines Preisnachlasses offenstehenden Wege haben diesen formalen Charakter.

Mit dem Zweck des RabG ist nicht zu vereinbaren, wenn ein Unternehmer Preisnachlässe, die er direkt nicht gewähren darf, indirekt über Dritte gewährt. Unzulässig ist die Erstattung der bei telefonischer Bestellung eines Mietwagens entstehenden Telefonkosten an den Fahrgast durch Mietwagenunternehmen, wenn der erstattete Betrag 3 % des Fahrpreises übersteigt. Dies muß auch dann gelten, wenn der Mietwagenunternehmer Gastwirten bei fernmündlicher Bestellung eines Mietwagens einen Gutschein über DM 0,30 aushändigt. Geber und Empfänger des wirtschaftlichen Vorteils sind in beiden Fällen identisch. Formell bleibt der Normalpreis des Mietwagenunternehmers zwar unberührt; durch Einschaltung eines Mittelsmannes wird jedoch auf eine den Zwecken des RabG zuwiderlaufende Weise der Fahrgast genauso bestellt wie bei unmittelbarer Ermäßigung des Fahrpreises (OLG Düsseldorf BB 1965, 1126). Dasselbe gilt, wenn eine Käuferorganisation eine ihr gezahlte „Vermittlungsprovision" (die ursprünglich aufgrund einer Vereinbarung zwischen ihr und dem Unternehmer unmittelbar vom Normalpreis in Abzug gebracht wurde) ganz oder teilweise an die Mitglieder dieser Organisation (Käufer) weitergibt (a. M. BGH GRUR 1967, 371 — BSW mit zust. Anm. Seydel). Höhe der Vermittlungsprovision (12,7 bzw. 13 %) und Höhe des an die Mitglieder (Käufer) weitergegebenen Teils der Provision (10 %) sprechen dafür, daß es sich nicht um eine echte Vergütung handelt. Vermittlungsprovisionen in dieser Höhe sind außergewöhnlich. Die Höhe könnte allerdings durch eine entsprechend hohe Leistung gerechtfertigt sein. Gegen eine dahingehende Annahme spricht in diesem Fall, daß der größte Teil der verdienten Vermittlungsprovision an die Käufer weitergegeben wurde.

Ist der Unternehmer an einer Organisation beteiligt, die Einkaufsschecks an letzte Verbraucher um 5 % unter dem Nennwert verkauft, die der Händler jedoch zu 100 % in Zahlung nimmt, so wirkt er an der Gewährung eines unzulässigen Preisnachlasses mit (BGH GRUR 1960, 495 — WIR-Rabatt; EA München WRP 1956, 51).

[61] **„Nur nach Maßgabe der nachfolgenden Vorschriften".** Für den sachlichen Geltungsbereich des Gesetzes (vgl. Anm. 4 bis 22) sind Preisnachlässe und Sonderpreise (vgl. Anm. 23 bis 50) verboten. Das Verbot gilt nur für den Veräußerer. Der Letztverbraucher ist zum verbotswidrigen Verhalten des Unternehmers notwendig Beteiligter, ohne selbst betroffen zu sein. Das Gesetz verbietet ein bestimmtes Verhalten von Unternehmern im Wettbewerb und nicht Kaufverträge mit Ausnahmepreisen. Nur das einseitige Nachgeben zum Preis und nicht das Rechtsgeschäft verstößt gegen ein gesetzliches Verbot. Nach § 134 BGB sind deshalb nur Rabattvereinbarungen nichtig. Kauf- und Leistungsverträge, deren Preis ein Ausnahmepreis ist, sind zu den verbotenen Preisbedingungen wirksam (glA Reimer-Krieger S. 143; Baumbach-Hefermehl Übers. 13 S. 1244; Michel-Weber-Gries S. 59 Rz 53; Schönherr, Wettbewerbsrecht Anm. 7 § 1). Vergl. auch Anm. 14 zu § 1 ZugVO.

[62] **Österreich.** § 1 RabG und § 1 RabGÖ sowie die Vorschriften des § 13 DVO stimmen wörtlich überein. Die Rechtsprechung in

beiden Ländern deckt sich weitgehend. Gelegentlich treten geringfügige Unterschiede in der Auslegung zutage; so wird z. B. von der österreichischen Rechtsprechung schon das Anbieten als unzulässige Rabatthandlung behandelt (vgl. Anm. 55).

Erster Abschnitt
Barzahlungsnachlässe

§ 2

Der Preisnachlaß für Barzahlung (Barzahlungsnachlaß) darf drei vom Hundert des Preises der Ware oder Leistung nicht überschreiten. Er darf nur gewährt werden, wenn die Gegenleistung unverzüglich nach der Lieferung der Ware oder der Bewirkung der gewerblichen Leistung durch Barzahlung oder in einer der Barzahlung gleichkommenden Weise, insbesondere durch Hingabe eines Schecks oder durch Überweisung erfolgt.

Gesetzestext der §§ 17, 18 TabStG siehe Anhang III nach § 17 RabG.

Inhaltsübersicht

[1] **Barzahlungsnachlaß ist Geldrabatt** (Begriff Anm. 32 § 1 und Anm. 86 ff. § 1 ZugVO). Er darf nur in Geld, d. h. als Abzug vom Kaufpreis oder in Form eines Geldgutscheins, nicht in Ware, vgl. § 4 RabG, gewährt werden. Alle Rabattvoraussetzungen nach § 1 Abs. I und II müssen erfüllt sein. Preisnachlaß für Barzahlung heißt: Der Nachlaß ist Entgelt für die Sofortleistung des Käufers. Waren- und Leistungsrabatt (Begriff Anm. 47 zu § 1) dürfen nur im Rahmen der §§ 7 und 8 eingeräumt werden.

[2] **Barzahlung.** Bar zahlen heißt Geld hingeben. Der dem Preis entsprechende Geldbetrag ist auszuhändigen (Handkauf, Realkauf). Geld ist der zum Preis vereinbarte Gegenstand, Barzahlung die gegenständliche Erfüllung durch den Käufer. Zahlung per Nachnahme ist zwar keine Barzahlung i. e. S., jedoch ausreichend (glA Tetzner S. 90 Rz 6 § 2 RabG). Ohne Barzahlung ist ein Preisnachlaß nur zulässig, wenn bargeldloser Zahlungsausgleich **in einer der Barzahlung gleichzuachtenden Weise erfolgt.** Scheck (Bar- und Verrechnungsscheck) und Überweisung werden als Beispiele genannt. Jede bargeldlose Befriedigung genügt, wenn der bargeldlose Ausgleich Erfüllungshandlung ist. Die wirtschaftliche, nicht die rechtliche Betrachtungsweise entscheidet. Z. B.: die **Scheckhingabe** entspricht rechtlich nicht der Aushändigung eines Barbetrages. Der Empfänger erhält für die Kaufpreisforderung die Scheckrechte, die einen sofort fälligen Geldanspruch verbürgen. Der Scheck ist kein bares Geld, sondern wird, seine Deckung vorausgesetzt, wirtschaftlich, da er weitergegeben werden kann, dem Bargeld gleichgeachtet. Ein Wechsel ist in der Regel kein ausreichendes Zahlungssurrogat. Er enthält nicht, wie der Scheck, eine sofort auszuführende Zahlungsanweisung an eine Bank und die Gewährleistung seiner Deckung (Ausgabe eines ungedeckten Schecks ist im Zweifel Scheckbetrug), sondern die vom Aussteller und Bezogenen übernommene Zahlungsverpflichtung. Es wird eine neue Verbindlichkeit im Zweifel erfüllungshalber an Stelle der alten (§ 364 Abs. 2 BGB) übernommenen und evtl. ein Anspruch gegen einen Wechselverpflichteten übertragen. Die Gewähr für die Einlösung des Wechsels folgt aus der Bonität der Wechselverpflichteten, die Gewähr für die Einlösung des Schecks aus einer garantierten Deckung des Bankkontos in Höhe des Scheckbetrages. Nur wenn die Wechselhingabe an Zahlungs Statt erfolgt — was selten der Fall sein wird —, der Wechsel unmittelbar vor der Fälligkeit steht und mit Sicherheit mit prompter Einbringung zu rechnen ist, steht sie der Barzahlung gleich (glA Reimer-Krieger S. 144 Rz 1; ähnlich Baumbach-Hefermehl S. 1284 Rz 5; Michel-Weber-Gries S. 79 Rz 1 fordern zusätzlich Erstattung der Wechselzinsen; ebenso Schönherr Wettbewerbsrecht Anm. 6 § 2 RabG; a. M. Tetzner S. 90 Rz 7); Wechselhingabe erfüllungshalber höchstens dann, wenn sofort diskontierbar und Diskontsatz aufgeschlagen wird (glA Baumbach-Hefermehl a. a. O.).

Überweisung ist jeder im bargeldlosen Zahlungsverkehr erfolgende Zahlungsausgleich (Bank, Postscheck, Sparkasse). Auch jede sonstige Verrechnung, die prompte Tilgung zur Folge hat, genügt.

Z. B.: Gutschrift auf einem Schuldkonto des Verkäufers bei gleichzeitiger Bestätigung; im Kontokorrent nur, wenn ein Guthaben für den Käufer in Höhe des Preises besteht; Aufrechnung mit fälliger Forderung gegen Kaufpreis, Doppelkauf, Inzahlungsnahme gebrauchter Gegenstände (BGH GRUR 1960, 558/562 — Eintritt in Kundenbestellung; OLG Köln JW 1938, 2029; OGHÖ ÖBl. 1961; 74; Baumbach-Hefermehl S. 1284 Rz 5; a. M. Tetzner S. 91 Rz 8 § 1 RabG; Michel-Weber-Gries S. 79 Rz 2). Zum Tausch vgl. Anm. 21 zu § 1 RabG. Zum Teilzahlungsaufschlag vgl. Anm. 37 zu § 1 RabG. Zur verschleierten Rabattgewährung durch Überbewertung in Zahlung genommener Gegenstände vgl. Anm. 42 § 1 RabG.

Bei **Vorauszahlung** ist Barzahlungsnachlaß bis zu 3 % zulässig (beachte Anm. 4 zur Frage der Zulässigkeit höherer Rabatte; beachte ferner Anm. 41 § 1 — Vorkasse).

[3] **Unverzüglich nach der Lieferung der Ware oder der Bewirkung der gewerblichen Leistung.** Unverzüglich heißt ohne schuldhaftes Zögern (Baumbach-Hefermehl S. 1285 Rz 6; Reimer-Krieger S. 145) bzw. ohne unnötigen Aufschub (§ 904 ABGBÖ, vgl. Schönherr 4. Aufl. Anm. 5 § 2 RabGÖ). Zahlung muß innerhalb der nach Treu und Glauben und den Umständen zuzubilligenden Frist erfolgen (§§ 271, 242 BGB). Wird ein angemessener Teil des Kaufpreises wegen Mangelhaftigkeit der verkauften Ware zurückbehalten, so ist dies unschädlich (OLG Hamm MDR 1967, 586), andernfalls genügen Teil- oder Anzahlungen nicht (glA Michel-Weber-Gries S. 81 Rz 6). Wird nicht unverzüglich gezahlt, weil der Unternehmer die Rechnung verspätet zustellt, scheidet die Gewährung eines Barzahlungsnachlaß aus. Die unverzüglich nach Lieferung zu leistende Zahlung kann nicht durch verspätete Ausstellung der Rechnung hinausgeschoben werden. Es kommt nur auf zeitlichen Abstand von Lieferung und Zahlung an (glA Tetzner S. 90 Rz 6 § 2 RabG). Ob die Verzögerung von einem der Beteiligten zu vertreten ist oder nicht, ist belanglos.

Die in höheren Wirtschaftsstufen häufige Staffelung der Skontosätze nach bestimmten Fristen ist im sachlichen Geltungsbereich des Gesetzes (vgl. Anm. 4—19 zu § 1) nicht zulässig. Z. B.: „3 % Skonto, bis 10 Tage 2 %" (glA Tetzner S. 90 Rz 6 § 2 RabG).

[4] **Rabatthöhe. Rabatt bis zu 3 %** vom Normalpreis (Begriff Anm. 25 zu § 1) ist zulässig. Der Barzahlungsrabatt ist Vergütung für sofortige Barzahlung (vgl. Anm. 1) und entspricht dem Skonto der höheren Wirtschaftsstufen. Der Barrabatt nach § 2 und Skonto

sind im Geschäftsverkehr mit dem Letztverbraucher identisch und dürfen nebeneinander nur eingeräumt werden, wenn sie zusammen nicht mehr als 3 % betragen. Der Barrabatt kann bis zu 3 % vom Unternehmer nach der Höhe des Umsatzes gestaffelt werden, z. B. bei Einkäufen ab 100,— DM 1 %, ab 200,— DM 2 %, über 200,— DM 3 % (Baumbach-Hefermehl S. 1284 Rz 3; Reimer-Krieger S. 149/150; DW 1951, 8). Zulässig auch, zeitlich unterschiedlich hohe Rabatte anzukündigen und zu gewähren, z. B. Montag 3 %, Dienstag—Sonnabend 2 %; unzulässig jedoch sog. „doppelte Rabatte", wenn die Höchstgrenze von 3 % überschritten wird, z. B. regelmäßig 2 %, aber an doppelten Rabattagen 4 % (glA Michel-Weber-Gries S. 86 Rz 19; Baumbach-Hefermehl S. 1283 Rz 2). Der Prozentsatz braucht nicht angegeben zu werden. Es genügt, wenn der Nachlaß nicht mehr als 3 % beträgt. Die Ankündigung „hoher Preisnachlässe" erweckt die Vorstellung eines 3 % des Normalpreises übersteigenden Rabattes und ist daher nach § 3 UWG unzulässig (OLG Düsseldorf BB 1964, 985; OLG Frankfurt BB 1972, 1524). Werden Bruchteile eines Pfennigs bei der Abrechnung stillschweigend auf einen Pfennig aufgerundet und wird damit die 3 %-Grenze Überschritten, liegt Rabattverstoß vor (glA OLG Bamberg MA 1966, 584; OLG Hamburg MA 1963, 811; a. M. OLG Hamm MA 1964, 899; Baumbach-Hefermehl S. 1284 Rz 3). Der Höchstsatz des § 3 ist bindend. Im Gesetz festgelegte zahlenmäßige Grenzen sind gelegentlich lästig, können aber auch nicht durch Handelsbräuche beiseite geschoben werden. Wird der Barzahlungsrabatt durch Aushändigung von Rabattmarken (Gutscheinen) gewährt, z. B. für je 20 Pf. des Kaufpreises eine Rabattmarke im Werte von 0,16 Pf., dann darf bei einem Betrag von z. B. DM 2,16 der letzte Tilgungsrest von 16 Pf. nicht aufgerundet und eine Rabattmarke hierfür nicht gewährt werden.

Wegen Überschreitung der 3 %-Grenze ist unzulässig: die Gewährung eines Preisnachlasses von DM 1,— an die Inhaber unentgeltlich verteilter Gutscheine, wenn der Einkaufswert DM 33,33 nicht übersteigt (LG Frankfurt WRP 1960, 78; glA GA 1/49; Baumbach-Hefermehl S. 1283 Rz 2; Tetzner S. 88 Rz 3 § 2 RabG); die Abgabe eines Mode-Einzelschnittes im Werte von DM 1,80 an Bezieher eines Modeheftes gegen Einsendung einer Wertmarke und einer Bearbeitungsgebühr von DM 0,40 (OLG Düsseldorf BB 1961, 1071); die Ausgabe bereits teilweise mit Rabattmarken beklebter Rabattbücher, sofern der Wert des Buches 3 % der gesamten Einkaufssumme übersteigt (BayObLG BB 1962, 904; glA Baumbach-

Hefermehl S. 1283 Rz 2; Michel-Weber-Gries S. 85/86 Rz 17; DW 1958, 96; a. M. Tetzner S. 89 Rz 3 § 2 RabG).

Da das RabG andere als die in den §§ 2 ff. genannten Nachlässe nicht zuläßt, können auch bei Vorauszahlungen keine 3 % des Normalpreises übersteigende Rabatte angekündigt oder gewährt werden (glA Baumbach-Hefermehl S. 1283 Rz 2; a. M. LG Düsseldorf WRP 1965, 116 — 5 % Nachlaß bei Vorkasse, wenn Lieferzeit sieben bis neun Wochen beträgt; beachte Anm. 2 § 2 u. 41 § 1).

Die §§ 7—9 RabG und 13 DVO enthalten **Ausnahmen** hinsichtlich des zulässigen **Höchstsatzes.** Hat der Hersteller von Markenwaren den verschlossenen Packungen Gutscheine (Treuvergütung i. S. § 13 DVO) beigepackt, kann der an den Letztverbraucher verkaufende Unternehmer daneben einen Barzahlungsrabatt gem. § 2 gewähren, § 13 II DVO. Zur „Treuvergütung" der Hersteller von Markenwaren § 13 DVO) vgl. Anm. 7—14 zu § 4.

[5] **Ein Rechtsanspruch auf Rabattgewährung wird durch das Gesetz nicht begründet.** Der Unternehmer darf Barrabatt bis zu 3 % einräumen. Er muß es nicht. Er kann den Nachlaß aus freien Stücken gewähren oder für den Fall der sofortigen Barzahlung vereinbaren. Entsprechende Vereinbarungen sind Bestandteil der Preisabrede. Diese kommen nicht schon dadurch zustande, daß ein Preisnachlaß angekündigt wird. Bei Abschluß der Kaufverträge muß der Preis entsprechend vereinbart werden; denn die Ankündigung ist keine Offerte, sondern i. d. R. eine an Letztverbraucher gerichtete Aufforderung, eine Offerte zu machen (a. M. Baumbach-Hefermehl S. 1284 Rz 4). Gewährt der Unternehmer Barzahlungsrabatt auf einige oder alle Waren, so muß er ihn allen Kunden und in gleicher Höhe gewähren, andernfalls liegt ein Sondernachlaß vor, der nur im Rahmen des § 9 zulässig ist (glA Tetzner S. 88 Rz 2 § 2 RabG; Baumbach-Hefermehl S. 1284 Rz 4, GA 7/1955, vgl. auch DW 1960, 28). Werden Barrabatte angekündigt, aber weder vereinbart noch gewährt, wird durch unrichtige Angabe der Anschein eines besonders günstigen Angebots hervorgerufen. Die zulässige Rabattankündigung ist nach § 3 UWG unzulässig.

[6] Der Barrabatt kann neben einem Mengennachlaß (§§ 7 oder 8) o d e r einem erlaubten Sondernachlaß (§ 9) eingeräumt werden. Siehe § 10.

[6 a] **Österreich.** § 2 RabGÖ stimmt mit § 2 RabG wörtlich überein.

[7] Eine **Sonderregelung** über die Gewährung von Preisnachlässen gilt **für Tabakerzeugnisse,** § 15 RabG. Sie geht zurück auf das Gesetz über das Verbot des Verkaufs von Tabakerzeugnissen unter Steuerzeichenpreis vom 21. September 1933 (RGBl. I S. 653), zuletzt in der Fassung des Gesetzes vom 15. August 1935 (RGBl. I S. 1095). Dieses Gesetz ist durch das Tabaksteuergesetz vom 6. Mai 1953 (BGBl. I S. 169, zuletzt geändert durch das 11. Gesetz zur Änderung des TabStG vom 3. März 1972 [BGBl. I S. 261]) aufgehoben. Die §§ 17, 18 TabStG enthalten die ursprüngliche Regelung, so daß sich sachlich nichts geändert hat. Die §§ 28, 29 TabStG 1953 (= §§ 17, 18 TabakStG 1972) sind durch das 10. Gesetz zur Änderung des TabStG vom 23. Juli 1971 (BGBl. I S. 1051) neu gefaßt worden. Die Änderungen sind weitgehend redaktioneller Art. Der wesentliche Inhalt der Vorschriften blieb unangetastet (vgl. Begründung zum Regierungsentwurf BR-Drucksache 240/71 S. 16, abgedruckt Bundeszollblatt 1971 S. 679 ff.). **Die Vorschriften des TabStG gehen über die des RabG hinaus und diesen vor, soweit das TabStG etwas anderes bestimmt;** insoweit ist die Anwendung rabattrechtlicher Vorschriften ausgeschlossen. **Soweit dies nicht der Fall ist, gilt das RabG.**

Nach § 17 Abs. 1 TabStG darf der Händler Tabakerzeugnisse (Begriff s. § 2 TabStG u. Anm. 128 § 1 ZugVO) an Verbaucher nicht unter dem Kleinverkaufs- oder Packungspreis abgeben, der auf dem Steuerzeichen angegeben ist. Der an Verbraucher verkaufende Händler (zum Begriff Händler siehe Anm. 128 § 1 ZugVO) kann keinen niedrigeren Normalpreis als den auf dem Steuerzeichen angegebenen Preis festsetzen. **Eine Preissenkung** (Begriff s. Anm. 28 § 1) **ist ausgeschlossen.** Dem Händler gleichgestellt sind Personenvereinigungen, Gesellschaften, Anstalten und natürliche oder juristische Personen, die Tabakerzeugnisse entgeltlich abgeben, jedoch kein Handelsgewerbe betreiben, § 17 Abs. 3 TabStG. Ein „Abgeben unter dem Kleinverkaufspreis oder Packungspreis" liegt nicht vor, wenn der Händler Tabakerzeugnisse gelegentlich, ohne Verknüpfung mit einem Verkauf von Tabakerzeugnissen (glA Schröter, Das Tabaksteuergesetz Anm. 2 § 28 TabStG) oder anderen Waren unentgeltlich abgibt (vgl. Anm. 21 § 1 unter „unentgeltliche Geschäfte"). Gibt ein Großhändler Tabakerzeugnisse zum Großhandelspreis ab, so muß er sich vergewissern, daß sein Abnehmer kein Verbraucher ist. Verbraucher bedeutet hier dasselbe wie letzter Verbraucher; beachte Anm. 13, 14 zu § 1 RabG. Die Abgrenzung gilt auch hier. Unzulässig ist daher die Abgabe von Tabakerzeugnissen unter dem auf dem Steuerzeichen angegebenen Preis an Behörden und gewerbliche

Unternehmen, die diese zu Repräsentations- und Geschenkzwecken etc. verwenden, an Kranken-, Heilanstalten etc. als Verpflegungstabakwaren (glA Schröter a. a. O.), caritative Verbände, Sportvereine etc. Etwas anderes gilt nur, wenn die gelieferten Tabakerzeugnisse gegen Entgelt weiterveräußert werden, so z. B. wenn die Werkskantine eines Großunternehmens Tabakerzeugnisse als Wiederverkäufer zum Weiterverkauf an Betriebsangehörige bezieht.

Bei **Sammelbestellung** von Verbrauchern ist der „Sammelbesteller" kein Wiederverkäufer, sondern lediglich Beauftragter mehrerer bestellender Letztverbraucher. Eine Ermäßigung des auf dem Steuerzeichen angegebenen Kleinverkaufs- oder Packungspreises ist daher unzulässig, auch wenn der Sammelbesteller die Preisdifferenz nicht an die einzelnen Besteller weitergibt (glA Schröter a. a. O.).

Der Händler darf **bei der Abgabe von Tabakerzeugnissen** an Verbraucher auch **keinen Rabatt** gewähren. Dem Rabatt stehen Rückvergütungen aller Art gleich, die auf der Grundlage des Umsatzes gewährt werden, § 17 Abs. 1 Satz 2 und 3 TabStG (vgl. dazu MA 1953, 343). Mit der Einbeziehung von Rückvergütungen aller Art werden insbesondere die Konsumgenossenschaften den anderen Händlern gleichgestellt. Sie dürfen für Umsätze in Tabakerzeugnissen ihren Mitgliedern keine Rückvergütung gewähren. Dagegen ist es zulässig, den Mitgliedern einer Genossenschaft Vergütungen zu zahlen, wenn sie auf der Grundlage von Geschäftsanteilen gewährt werden und von einzelnen Umsatzgeschäften losgelöst sind (glA Schröter a. a. O., vgl. auch BGH GRUR 1965, 616/620 — Esslinger Wolle).

Zulässig ist nur der sogen. **„Kistenrabatt"** bei Abgabe von Zigarren in vollen Packungen. Voraussetzungen: Barzahlung und Handelsüblichkeit (Begriff vgl. Anm. 6 zu § 7). Es handelt sich um einen Mengenrabatt (Begriff vgl. Anm. 2 ff. zu § 7), der nur als Geldrabatt (Begriff Anm. 32 zu § 1) zulässig ist. Der Begriff der „größeren Menge" wird durch den engeren Begriff der „vollen Packung" ersetzt (vgl. auch Anm. 3 zu § 7). Barzahlung heißt: Zug um Zug Geld gegen Ware. Die Erhebung des Kaufpreises per Nachnahme steht der Barzahlung gleich (vgl. RMF-Erlaß vom 4. 11. 1933).

Andere Rabatte dürfen beim Verkauf von Tabakerzeugnissen an Verbraucher nicht gewährt werden, insbesondere auch kein Personalrabatt an Arbeitnehmer des Händlers, kein Behördenrabatt, kein Mengenrabatt. Ausnahme: Kistenrabtt bei Zigarren (vgl. Stellungnahme BMW vom 12. 2. 1955, WRP 1955, 112; glA Schröter Anm. 3 § 28 TabStG). Das Verbot, den auf dem Steuerzeichen angegebenen Preis zu unterschreiten oder einen Preisnachlaß zu gewähren, gilt nicht, wenn der **Hersteller** Tabakerzeugnisse oder Zigarettenhüllen an Verbraucher abgibt, die ihm aus persönlichen Gründen eng verbunden sind, und wenn Tabakerzeugnisse zur Durchführung öffentlicher Aufgaben an den Bund oder die Länder abgegeben werden.

Die Ausnahmen des § 18 S. 1 Ziff. 2, die unter den im Gesetz angegebenen Voraussetzungen gemacht werden können, werden vom Rabattbegriff nicht erfaßt. Es handelt sich um Preisherabsetzungen (Begriff Anm. 29 zu § 1), die durch besondere Umstände bedingt sind (Konkurs, Einstellung der Herstellung, Räumungsverkauf, Eigenschaften der Ware). Auch dann ist die Genehmigung des Bundesministers der Finanzen oder der von ihm bestimmten Stellen notwendig (§ 18 Satz 2).

Nur soweit das Tabaksteuergesetz etwas anderes bestimmt, findet es Anwendung. Im übrigen gilt das Rabattgesetz (§ 15 RabG). Nach Tabaksteuergesetz zulässige Preisnachlässe (§ 18 S. 1 Ziff. 1) dürfen nicht unter Umständen eingeräumt werden, die rabattrechtlich unzulässig sind. Sie dürfen z. B. als Sonderpreis oder Sondernachlässe (Begriff Anm. 48 zu § 1) nur unter den Voraussetzungen des § 9 (vgl. die Anm. dort) gewährt werden, sonst sind sie verboten (s. auch oben Anm. 1) (ebenso Michel-Weber-Gries S. 163 Rz 4 § 15; Reimer-Krieger S. 147; Baumbach-Hefermehl S. 1307 Rz 3 § 15).

§ 3

Werden während eines bestimmten Zeitabschnitts unter Stundung der Gegenleistung Waren geliefert oder Leistungen bewirkt, so kann bei der nach Ablauf des Zeitabschnitts erfolgenden Bezahlung ein Barzahlungsnachlaß gewährt werden, sofern der Zeitabschnitt nicht länger als einen Monat dauert. Die Vorschrift des § 2 gilt entsprechend.

Inhaltsübersicht

[1] **Allgemeines.** Barrabatt gem. § 2 darf auch gewährt werden, wenn während eines bestimmten Zeitabschnitts Waren geliefert oder Leistungen erbracht werden und der Preis gestundet wird. Die Abrechnungs- und Zahlungsfrist darf nicht länger als ein Monat sein. In vielen, insbesondere ländlichen Gegenden ist es vielfach üblich, Lebensmittel, Fleisch- und Backwaren, Molkereierzeugnisse und Haushaltungsgegenstände mit oder ohne Eintragung in ein Konto-(Liefer-)Buch wöchentlich oder monatlich abzurechnen. Die in mehreren Lieferungen gekaufte Ware wird bis zur Abrechnung „angeschrieben". Diesen Gepflogenheiten trägt das Gesetz Rechnung und schließt die Gewährung eines Barzahlungsnachlasses in solchen Fällen nicht aus. Diese **Regelung gilt auch für gewerbliche Leistungen,** z. B. für Reparaturarbeiten von Handwerkern.

[2] **Liefer- und Leistungsabschnitte** müssen eindeutig bestimmt sein. Sie dürfen **höchstens einen Monat** betragen. Übereinstimmung mit Kalendermonaten ist nicht notwendig. Die Frist ist nach §§ 187 Abs. 1, 188 BGB zu berechnen. Sie beginnt mit der ersten Lieferung oder Leistung (glA Reimer-Krieger S. 151; Michel-Weber-Gries S. 90 Rz 3; Baumbach-Hefermehl S. 1285 Rz 2; Tetzner S. 95 Rz 3 § 3 RabG).

[3] **Stundung des Preises.** Stunden heißt die Begleichung der grundsätzlich sofort fälligen Geldschuld (§ 271 BGB) hinausschieben. Die Fälligkeit wird nicht berührt. Sind Gläubiger und Schuldner Kaufleute, ist trotz Stundung der übliche Zins zu zahlen (Gessler-Hefermehl 3. Aufl. § 353 Anm. 6; Düringer-Hachenburg-Werner HGB § 353 Anm. 4; Baumbach-Duden HGB § 353 Anm. 1 und 2; RGZ 116 S. 376). Sie ist Schuldabänderung durch besondere Vereinbarung. Aus dem Wesen der **Stundung** folgt, daß sie **vorher**, d. h. vor dem Zeitpunkt **vereinbart werden** muß, auf den die Begleichung hinausgeschoben wird. Hieraus und aus den Worten „während eines bestimmten Zeitabschnitts unter Stundung der Gegenleistung" folgt, daß spätestens bei der ersten Lieferung eine Vereinbarung über die Stundungsfrist getroffen werden muß (glA Michel-Weber-Gries S. 90 Rz 2, Baumbach-Hefermehl S. 1285 Rz 3; Tetzner S. 96 Rz 5 § 3 RabG; a. M. Reimer-Krieger S. 151). Ausdrücklich braucht die Vereinbarung nicht getroffen zu werden. Sie kann auch durch konkludentes Handeln zustande kommen. Es genügt nicht, daß der Unternehmer Zahlungsverzug des Kunden hinnimmt und nach einer gewissen Zeit, unter Zusammenstellung der Gesamtschuld, zur Zahlung auffordert; denn Barrabatt ist Vergütung für prompte Ver-

tragserfüllung durch den Schuldner. Der Unternehmer muß seinerseits die Voraussetzungen dafür schaffen, andernfalls verliert er den Vorteil der Rabattwerbung. Es genügt deshalb auch nicht zur stillschweigenden Stundungsvereinbarung, daß der Unternehmer erst nach Beendigung eines bestimmten Zeitabschnitts die Rechnung zusendet und dadurch dem Kunden die prompte Zahlung unmöglich macht. Siehe Anm. 3 zu § 2 (a. M. Reimer-Krieger a. a. O.).

[4] **Mehrere Lieferungen oder Leistungen** müssen während des Abrechnungszeitraums ausgeführt werden. Wird nur einmal, wenn auch wiederholt (z. B. monatliche Lieferung bestimmter Mengen Kaffee, Mineralwasser, Bier) geliefert oder nur eine gewerbliche Leistung ausgeführt, ist Barrabatt nur nach § 2 zulässig (ebenso Reimer-Krieger S. 150; Michel-Weber-Gries S. 89 Rz 1). Unschädlich jedoch, wenn entgegen der sonstigen Übung zwischen den Parteien oder entgegen der ursprünglichen Absicht ausnahmsweise nur einmal im Zeitabschnitt eingekauft wird (glA Tetzner S. 96 Rz 6 § 3 RabG).

[5] **Waren- und Leistungsart brauchen vorher nicht vereinbart zu werden** (glA Reimer-Krieger S. 151; Baumbach-Hefermehl S. 1285 Rz 3; Tetzner S. 96 Rz 7; a. M. Michel-Weber-Gries S. 90 Rz 3). Das Gesetz spricht nur von Waren oder Leistungen; daß diese nach Gattung oder Art bestimmt sein müßten, sagt es nicht. Die Lieferungsgegenstände werden im Einzelfall durch die Branchenzugehörigkeit des Lieferanten bestimmt sein. Notwendig ist auch dies nicht. Dienen sie nicht dem täglichen Bedarf (Begriff vgl. Anm. 8 zu § 1), findet das RabG keine Anwendung. Wird während des Zeitabschnitts nur einmal für den täglichen Bedarf geliefert und handelt es sich im übrigen um Luxuswaren, darf zur Einzellieferung nur nach § 2 Rabatt gewährt werden. Die übrigen Lieferungen werden vom Rabattverbot nicht betroffen (vgl. Anm. 8, 9 zu § 1).

[6] **Mit Ablauf des Zeitabschnitts** muß die Rechnung erteilt und vom Kunden unverzüglich bezahlt werden. Anm. 3 zu § 2 gilt entsprechend. Nachlässigkeit bei Übersendung der Rechnung verwirkt auch hier die Rabattmöglichkeit. Schon geringfügige Überschreitung des Zahlungstermins, der ohne schuldhaftes Zögern zu wahren ist, schließt den Barrabatt aus.

[7] **Die Zahlung** muß in bar oder in einer der Barzahlung gleichkommenden Weise erfolgen (vgl. Anm. 2 zu § 2).

[8] § 3 stimmt mit § 3 RabGÖ wörtlich überein.

§ 4

Wer einen Barzahlungsnachlaß gewährt, muß den Nachlaßbetrag sofort vom Preise abziehen oder Gutscheine (Sparmarken, Kassenzettel, Zahlungsabschnitte) ausgeben, die in bar einzulösen sind. Der Umsatz an Waren oder Leistungen, von dem die Einlösung der Gutscheine abhängig gemacht wird, darf auf keinen höheren Betrag als fünfzig Deutsche Mark festgesetzt werden.

Gutscheine, die von einer Vereinigung nachlaßgewährender Gewerbetreibender (Rabattsparvereine und dergleichen) eingelöst werden, dürfen nur ausgegeben werden, sofern sich die Vereinigung alljährlich einer unabhängigen Prüfung durch einen sachverständigen Prüfer unterzieht. Die Prüfung muß sich auf die gesamte Geschäftsgebarung der Vereinigung während der Dauer des Geschäftsjahres erstrecken, insbesondere darauf, daß die Einlösung der ausgegebenen Gutscheine gesichert ist. Der Prüfer muß einen schriftlichen Bericht erstatten, den die Vereinigung ihren Mitgliedern zugänglich zu machen hat. Die Vorschrift des Abs. 1 Satz 2 findet keine Anwendung.

Durchführungsverordnung §§ 1—10

§ 1 Wird ein Barzahlungsnachlaß durch Ausgabe von Gutscheinen gewährt, so müssen die Gutscheine entweder von dem nachlaßgewährenden Gewerbetreibenden selbst oder von einer Vereinigung im Sinne des § 4 Abs. 2 Satz 1 des Rabattgesetzes eingelöst werden, deren Mitglied der nachlaßgewährende Gewerbetreibende sein muß.

§ 2 Vereinigungen nachlaßgewährender Gewerbetreibender im Sinne des § 4 Abs. 2 des Rabattgesetzes müssen entweder rechtsfähige Vereine oder Genossenschaften im Sinne des Gesetzes über die Erwerbs- und Wirtschaftsgenossenschaften sein. Bei den Vereinen kann die Rechtsfähigkeit entweder auf der Eintragung in das Vereinsregister (§ 21 BGB) oder auf staatlicher Verleihung (§ 22 BGB) beruhen.

Vereinigungen Gewerbetreibender, bei denen die Gewährung von Barzahlungsnachlässen nicht den Hauptzweck bildet, müssen den

Geschäftsbetrieb und die Kassenführung für die Gewährung der Barzahlungsnachlässe von dem übrigen Geschäftsbetrieb getrennt halten.

§ 3 Die Vereinigungen haben die aus dem Verkauf der Gutscheine eingehenden Beträge als zweckgebundenes, ihnen zu treuen Händen anvertrautes Vermögen zu verwalten. Sie haben die Beträge zur Einlösung der ausgegebenen Gutscheine bereitzuhalten und zu verwenden. Die Beträge sind bei Sparkassen oder Banken sicher anzulegen; sie dürfen weder langfristig festgelegt noch zu wirtschaftlichen oder gewerblichen Zwecken (z. B. als Betriebsvermögen oder in Warenbeständen) angelegt werden.

§ 4 Die jeweiligen Kassen- und Gutscheinbestände sind sicher aufzubewahren und mit der Sorgfalt eines ordentlichen Kaufmannes zu verwalten. Die Unternehmungen (Sparkassen, Banken), denen die Beträge anvertraut werden, sind gleichfalls mit der Sorgfalt eines ordentlichen Kaufmannes auszuwählen.

§ 5 Der Vorstand der Vereinigung ist für die Erfüllung der im § 2 Abs. 2 und in den §§ 3 und 4 der DVO vorgeschriebenen Verpflichtungen verantwortlich. Er hat insbesondere jedes Verschulden bei der Verwaltung und Anlegung der anvertrauten Beträge oder bei der Auswahl der Unternehmungen, denen die Beträge anvertraut werden, zu vertreten.

§ 6 Die im § 4 Abs. 2 des Rabattgesetzes vorgeschriebene Pflichtprüfung hat sich auf die gesamte Geschäftsgebarung der Vereinigung während der Dauer des Geschäftsjahres, insbesondere darauf zu erstrecken, daß die Einlösung der ausgegebenen Gutscheine gesichert ist. Ferner ist darauf zu achten, daß den in den §§ 2, 3 und 4 dieser Verordnung aufgestellten Erfordernissen genügt ist und daß die sachlichen und persönlichen Unkosten möglichst niedrig gehalten werden und zu dem Geschäftsumfang und Aufgabenkreis der Vereinigung in einem angemessenen Verhältnis stehen.

Die Prüfung hat für jedes Geschäftsjahr besonders zu erfolgen. Als Geschäftsjahr gilt das Kalenderjahr.

Die Prüfer sind zur gewissenhaften und unparteiischen Prüfung und zur Verschwiegenheit verpflichtet.

§ 7 Sachverständige Prüfer im Sinne des § 4 Abs. 2 des Rabattgesetzes sind:

a) die öffentlich bestellten Wirtschaftsprüfer oder die Gesellschaften, die in die bei der Hauptstelle für die öffentlich bestellten Wirtschaftsprüfer geführte Liste der zur Wirtschaftsprüfertätigkeit zugelassenen Gesellschaften eingetragen sind;

b) die beeidigten Bücherrevisoren;

c) die Diplombücherrevisoren;

d) diejenigen, welche die Prüfung als Diplomkaufmann oder Diplomvolkswirt oder eine gleichartige Prüfung bestanden und mindestens ein Jahr lang im Prüfungswesen gearbeitet haben.

§ 8 Die Prüfung kann auch einem Prüfungsverband von Rabattsparvereinigungen oder einem Revisionsverband gewerblicher Genossenschaften (§ 54 des Genossenschaftsgesetzes) übertragen werden. In diesem Fall muß der Verbandsprüfer die Voraussetzungen zu a, b, c oder d des § 7 erfüllen oder eine mehrjährige Tätigkeit als Verbandsprüfer nachweisen. Der Bundes-(Reichs-)wirtschaftsminister kann gegen die Übertragung der Prüfung an einen der im Satz 1 genannten Prüfungsverbände Einspruch erheben. Der Prüfungs- oder Revisionsverband haftet für einen durch eine Pflichtverletzung seines Verbandsprüfers etwa entstehenden Schaden.

Der Bundes-(Reichs-)wirtschaftsminister kann die Vereinigung zu einem Prüfungsverband zusammenschließen oder einzelne Vereinigungen an einen bereits bestehenden derartigen Verband anschließen, die Rechte und Pflichten der Mitglieder und die übrigen Rechtsverhältnisse des Verbandes regeln und ihn seiner Aufsicht unterstellen.

§ 9 Die Vereinigung hat den Bericht des Prüfers gemäß § 4 Abs. 2 Satz 3 des Rabattgesetzes ihren Mitgliedern dadurch zugänglich zu machen, daß sie ihnen einen Abdruck übersendet oder die Urschrift oder Abschrift in ihren Geschäftsräumen mindestens einen Monat lang auslegt. Der Zeitraum, während dessen der Bericht ausliegt, ist den Mitgliedern schriftlich bekanntzugeben.

§ 10 Ist die Vereinigung in das Vereins- oder Genossenschaftsregister eingetragen, so hat sie jeweils dem zuständigen Registergericht einen Abdruck des Prüfungsberichtes zu übersenden und mitzuteilen, wann die Prüfung stattgefunden hat. Das Registergericht hat darüber zu wachen, daß die Pflichtprüfung alljährlich stattfindet. Es kann nach Ablauf des Geschäftsjahres den Beteiligten unter Androhung einer Ordnungsstrafe aufgeben, innerhalb einer bestimmten Frist den Bericht einzureichen. Die Vorschriften der §§ 132 bis 139 über die Angelegenheiten der freiwilligen Gerichtsbarkeit gelten entsprechend.

Ist die Vereinigung durch staatliche Verleihung rechtsfähig, so hat sie der zuständigen Verwaltungsbehörde einen Abdruck des Prüfungsberichtes zu übersenden und mitzuteilen, wann die Prüfung stattgefunden hat. Die Vorschriften des Abs. 1 Satz 2 und 3 gelten entsprechend. Wird innerhalb der bestimmten Frist der Verpflichtung nicht genügt, so ist die angedrohte Strafe festzusetzen; gegen die Festsetzung der Ordnungsstrafe ist die Aufsichtsbeschwerde zulässig.

Vereinigungen im Sinne des Abs. 1 haben dem zuständigen Registergericht, Vereinigungen im Sinne des Abs. 2 der zuständigen Verwaltungsbehörde ihren Geschäftsbetrieb unverzüglich anzumelden.

Inhaltsübersicht

I. Ausführung des Barrabatts

[1] **Barzahlungsnachlaß. § 4 RabG regelt die Art und Weise der Gewährung eines Barzahlungsnachlasses** (Begriff vergl. Anm. 1 § 2), **der nur in zwei Formen erlaubt ist:**

a) **sofortiger Abzug vom Preis** = Barabzug (s. Anm. 2) und

b) sofortige Hingabe von **Geld-Gutscheinen** (s. Anm. 3).

In anderer Form, z. B. als Rückvergütung am Jahresende (Ausnahme: Warenrückvergütungen der Konsumgenossenschaften, § 5, vgl. dort), oder in Form von Warengutscheinen (beachte Anm. 44

§ 1 ZugVO) darf der Barzahlungsnachlaß nicht gewährt werden (glA Michel-Weber-Gries S. 92 Rz 3, Reimer-Krieger S. 157 Rz 1, 2, Baumbach-Hefermehl S. 1286 Rz 2, Tetzner S. 99 Rz 3 § 4 RabG). Unzulässig daher: Gutscheine — auch wahlweise — gegen Ausgabe von Eintrittskarten zum Besuch von Film-, Theater-, Musik-, Sportveranstaltungen etc. einzulösen (glA DW 1955, 50); ferner: nach Wahl des Kunden an Stelle von Rabattmarken Gutscheine für die Teilnahme an einer Verlosung auszugeben (glA Tetzner Rz 4).

[2] **Sofortiger Barabzug.** Der Nachlaßbetrag muß sofort vom Preis abgezogen werden, d. h. bei Zahlung des Kunden. Die Zahlung muß unverzüglich nach Lieferung der Ware oder Bewirkung der gewerblichen Leistung erfolgen (vgl. Anm. 3 zu § 2 und Anm. 6 zu § 3). Der Unternehmer darf entweder nur den um den Preisnachlaß gekürzten Preis entgegennehmen oder muß bei Zahlung den Rabattbetrag sofort dem Kunden aushändigen. Bei Zahlung durch Überweisung oder Scheck (vgl. Anm. 2 zu § 2) muß er sofort nach Gutschrift auf seinem Konto oder Honorierung des Schecks den Rabattbetrag zur Verfügung stellen. Er hat seiner Verpflichtung zu genügen, sobald er dazu imstande ist. Treu und Glauben können dazu nötigen, ihm eine gewisse Zeit zu lassen. Es kommt jeweils auf die Umstände an. Z. B. bei Zahlung durch Scheck braucht der Rabattbetrag nicht vor Vorlage vergütet zu werden. Durch Ausnutzung der Vorlagefrist von 8 Tagen wird der Preisnachlaß unzulässig. Für die Fälligkeit der Rabattleistung ist der Zeitpunkt maßgeblich, zu dem der Unternehmer den Gegenwert des zahlungshalber erhaltenen Zahlungssurrogats erhält, bei Annahme an Erfüllungs Statt hingegen, sofort bei Empfang.

Jede zu einem **späteren Zeitpunkt** erfolgende Rückvergütung ist unzulässig (Baumbach-Hefermehl S. 1286 Rz 2, Reimer-Krieger S. 157, Michel-Weber-Gries S. 92 Rz 3).

[3] **Ausgabe von Gutscheinen.** (Sparmarke, Kassenzettel, Zahlungsabschnitte). Die Ausgabe eines Gutscheins steht dem sofortigen Abzug vom Preis gleich. Wirtschaftlich gesehen kreditiert der Gutscheininhaber dem Unternehmer den Preisnachlaß bis zur Einlösung der Gutscheine. Der Nachlaßbetrag kommt dem Käufer erst später zugute. **Streitig** ist, ob die **Aushändigung** des **Gutscheins sofort,** d. h. Zug um Zug gegen Zahlung des Kaufpreises erfolgen muß (so Michel-Weber-Gries S. 93 Rz 5, Laube DB 1958, 1199, KG GRUR

1961, 429, 431, Baumbach-Hefermehl S. 1286 Rz 3 a. M. Tetzner S. 100 Rz 7 § 4 RabG). Dafür spricht die amtliche Begründung (Reichsanzeiger Nr. 284 vom 5. 12. 1933, Anhang II nach § 17): „§ 4 schreibt den sofortigen Abzug des Nachlasses vom Preis oder die sofortige Hingabe bar einzulösender Gutscheine vor". Nach dem Wortlaut des § 4 Abs. 1 Satz 1 bezieht sich „sofort" jedoch nur auf den Preisabzug, nicht auch auf die Ausgabe von Gutscheinen (glA Baumbach-Hefermehl S. 1286 Rz 3, Michel-Weber-Gries S. 93 Rz 5, Reimer-Krieger S. 158, Tetzner S. 99, 100 Rz 2 und 7 § 4 RabG). Der in der amtlichen Begründung zum Ausdruck gebrachte Wille des Gesetzgebers hat im Gesetz keinen entsprechenden Niederschlag gefunden. Die Auslegung einer Gesetzesvorschrift findet ihre Grenze am Gesetzeswortlaut. Vom Gesetzgeber an anderer Stelle zum Ausdruck gebrachte Vorstellungen, Absichen oder Ziele müssen dort ihren, wenn auch unvollkommenen, Niederschlag gefunden haben (vgl. Einf. 4). Mit dem Zweck der Vorschrift läßt sich diese, den Gesetzestext ergänzende bzw. korrigierende Auslegung nicht begründen. Nach der amtlichen Begründung soll durch den sofortigen Abzug vom Kaufpreis bzw. die sofortige Hingabe von Gutscheinen sichergestellt werden, daß dem Barzahlungsnachlaß auch tatsächlich eine Gegenleistung, nämlich die Barzahlung gegenübersteht (vergl. Amtl. Begr. zu § 4 Anhang II nach § 17). Dieser Zweck wird auch erreicht, wenn Gutscheine nicht sofort ausgegeben werden. Entscheidend ist die Barzahlung. Diese Voraussetzung muß erfüllt sein.

Die sofortige Hingabe der Gutscheine verlangt § 4 nicht (glA Reimer-Krieger S. 158, Tetzner S. 99/100 Rz 2 u. 7 § 4 RabG, BFinH NJW 1960, 982 = BStBl. 1960 III, 80). Der Rabattgeber kann also die Ausgabe des ersten Gutscheins von einem bestimmten Einkaufswert abhängig machen (glA Reimer-Krieger S. 158, Tetzner Rz 7), doch darf dieser wegen der Vorschrift des § 4 Abs. 1 Satz 2 nicht mehr als 50,— DM betragen.

[4] **Gutscheine** müssen **in bar einzulösen** sein. Wird nur ein Anspruch verbürgt, der zum Bezug von Waren berechtigt, liegt Zugabe und nicht Rabatt vor (glA DW 1955, 50; vgl. auch Anm. 44 zu § 1 ZugVO).

Ob der Wert durch Angabe eines Geldbetrages kenntlich gemacht wird, ist ohne Belang (Reimer-Krieger S. 157/158).

Kassenzettel und Zahlungsabschnitte werden nur als Beispiele genannt. Der Gutschein muß einen Anspruch auf Geldauszahlung verbürgen. Berechtigt er zum Bezug von Waren oder Leistungen und wird für den Fall der Nichtinanspruchnahme ein Geldbetrag ausgezahlt, bestimmt nicht die Ersatzleistung, sondern die Hauptleistung seine Eigenart. Es liegt nicht Rabatt, sondern Zugabe vor (vgl. Anm. 44 zu § 1 ZugVO). Der Gutschein ist ein kleines Inhaberpapier im Sinne von § 807 BGB (Reimer-Krieger S. 157; Baumbach-Hefermehl S. 1286 Rz 1, Tetzner S. 99 Rz 2, Michel-Weber-Gries S. 94 Rz 6). Der Unternehmer kann gegenüber dem Inhaber nur die Einwendungen aus § 796 BGB erheben.

[5] **Gültigkeitsdauer, Einlösungsbedingungen, Höchstumsatzwert.** Zur Gültigkeitsdauer des Gutscheins sagt das Gesetz nichts. Der Unternehmer kann die Einlösung zeitlich begrenzen und dadurch den Kunden vor die Wahl stellen, entweder innerhalb einer bestimmten Zeitspanne eine bestimmte Menge von Waren oder Leistungen zu beziehen oder den Rabattvorteil zu verlieren. Denn eine Rechtspflicht zum Barrabatt besteht nicht; der Unternehmer kann deshalb überhaupt davon absehen oder ihn unter frei zu bestimmenden Einschränkungen einräumen (ebenso Baumbach-Hefermehl S. 1284 Rz 4 § 2, Reimer-Krieger S. 158). Stritzke (GRUR 1934 S. 227) meint, hierdurch werde unlauteren Machenschaften der Weg geebnet. §§ 1 und 3 UWG bieten hiergegen einen ausreichenden Schutz. Auch der Umsatzhöchstbetrag (§ 4 I S. 2) läßt dies nicht befürchten. Das Risko des Kunden beträgt nur 1,50 DM (Reimer-Krieger a. a. O.).

Die Einlösung kann von einem bestimmten Mindestumsatz abhängig gemacht werden. Er darf nicht mehr als 50,— DM betragen (§ 4 I S. 2). Der Gutscheinempfänger soll mit dem im Papier verbürgten Anspruch am Risiko einer möglichen Zahlungseinstellung nicht teilnehmen (amtliche Begründung zum Rabattges.). Damit ist zugleich ausgeschlossen, daß höhere Einlösungsbeträge die Werbung eines „Treurabatts“ entfalten. Der Höchstbetrag von DM 50,— ist zwingend. Bestimmt der Unternehmer einen höheren Betrag, liegt Rabattverstoß vor. Ohne Rücksicht hierauf hat der Markeninhaber den Anspruch auf Auszahlung der Rabattsumme, wenn ein Gesamtumsatz von 50,— DM erreicht ist. Ausgabe- oder Einlösungsbedingungen, die es dem Kunden ermöglichen, die erforderlichen Gutscheine nur zu bekommen, wenn er für mehr als insgesamt 50,— DM kauft, sind unzulässig. Weder direkt noch indirekt darf der Umsatzhöchstbetrag heraufgesetzt werden (Reimer-Krieger S. 160; Michel-Weber-Gries S. 95 Rz 8, Baumbach-Hefermehl S. 1287 Rz 4, Tetzner S. 101 Rz 7, DW 1955, 50; 1967, 17/18). Wird der Rabattbetrag durch eine Vereinigung Nachlaß gewährender Gewerbetreibender (vgl. Anm. 6) ausgezahlt, kann der Umsatz, von dessen Höhe die Einlösung abhängig gemacht wird, mehr als 50,— DM betragen. § 4 I S. 2 gilt nur unter den Voraussetzungen des § 4 I S. 1 (Baumbach-Hefermehl S. 1288 Rz 6; Reimer Krieger S. 160 Rz 4).

[6] **Einlösung der Gutscheine.** Der Unternehmer muß die Gutscheine selbst einlösen. Ist er Mitglied einer Vereinigung Nachlaß gewährender Gewerbetreibender, kann auch durch diese der Rabattbetrag ausgezahlt werden (§ 1 DVO). Weder der Unternehmer noch die Vereinigung dürfen sich einer Hilfsperson bedienen oder einen Dritten zur Auszahlung verpflichten.

[6 a] **Österreich.** § 4 RabGÖ stimmt mit § 4 RabG wörtlich überein. Der Höchstbetrag beträgt öS 50,—. Die §§ 1—10 DVO stimmen weitgehend überein (Text s. Schönherr, Wettbewerbsrecht 4. Aufl. S. 58).

II. Sonderregelung für Hersteller von Markenwaren

Durchführungsverordnung § 13

(1) Bei Markenwaren, die in verschlossenen Packungen abgegeben werden, kann deren Hersteller eine Vergütung dadurch gewähren, daß er der Ware einen Gutschein beipackt und gegen eine bestimmte Anzahl gesammelter Gutscheine einen Barbetrag auszahlt (Treuvergütung). Der Bundes-(Reichs-)wirtschaftsminister kann die Gewährung einer Treuvergütung nach Satz 1 untersagen, wenn sie nach Art und Umfang unter Berücksichtigung der Verhältnisse in dem Geschäfts- oder Warenzweig nicht angemessen erscheint.

(2) Die Gewährung von Preisnachlässen durch den Wiederverkäufer einer Markenware wird durch die Gewährung einer Treuvergütung nach Abs. 1 nicht berührt.

[7] **Allgemeines.** § 1 RabG beschränkt die Gewährung und Ankündigung von Preisnachlässen im geschäftlichen Verkehr mit Waren des täglichen Bedarfs, soweit sie im Einzelverkauf an den letzten Verbraucher veräußert werden. Unter diesen Voraussetzungen unterliegen Einzelhändler, Großhändler und Hersteller gleichermaßen den Beschänkungen des RabG (vgl. Anm. 19 § 1). Verkauft der Hersteller seine Markenware unmittelbar an letzte Ver-

braucher, so gelten die Vorschriften des RabG. § 13 DVO ist nicht anwendbar (glA BGH GRUR 1968, 707 — Rheinkaffee, Michel-Weber-Gries S. 175 Anm. 1 zu § 13 DVO, Tetzner S. 104 Rz 13 § 4 RabG; a. M. Baumbach-Hefermehl S. 1280 Rz 56 § 1 RabG, Reimer-Krieger S. 162, Reimann WRP 1957 S. 71, Böttcher DB 1970, 688, 691, Seydel GRUR 1968 S. 708, Ulmer-Reimer Nr. 1117). Bei Direktverkäufen des Herstellers ist die Gewährung einer Treuvergütung daher unzulässig. Der Wortlaut des § 13 DVO läßt zwar auch eine andere Auslegung zu. Doch wäre sie mit dem Gleichheitssatz des Art. 3 Abs. 1 GG ebensowenig zu vereinbaren wie die frühere rabattrechtliche Diskriminierung der Warenhäuser gegenüber anderen Großunternehmen des Einzelhandels, da sie die Wettbewerbslage einseitig zugunsten der direkt verkaufenden Hersteller von Markenwaren verschieben könnte. Hersteller von Markenwaren vertreiben ihre Erzeugnisse in der Regel über den Handel an den letzten Verbraucher. An der Stätte des Umsatzes kann der Markenartikelhersteller wenig Einfluß auf die Kaufgewohnheiten der Konsumenten nehmen. Um eine gewisse Bindung der Konsumenten an ihre Erzeugnisse zu erreichen, gewähren die Hersteller von Markenwaren für den wiederholten Bezug ihrer Erzeugnisse einen Treuerabatt in Form von Gutscheinen, die dem Markenartikel beigepackt werden. Dieser Treuerabatt war gerade zur Zeit des Erlasses der DVO vielfach üblich und wurde in der Regel gegen Vorlage einer bestimmten Anzahl von Gutscheinen in bar, vereinzelt aber auch in Ware eingelöst. Ein Einzelverkauf an den letzten Verbraucher durch den Hersteller liegt in diesen Fällen nicht vor, so daß das RabG auf vom Hersteller beigepackte und eingelöste Gutscheine nicht ohne weiteres angewendet werden könnte. Materiellrechtlich schränkt § 13 DVO die Gewährung einer Treuvergütung durch den Markenwarenhersteller nicht ein; da die Einschaltung des Einzelhändlers bei der Ausgabe und Einlösung von Herstellergutscheinen sich ohne die Regelung des § 13 DVO so gestalten ließe, daß sich die Einlösung der Gutscheine für den letzten Verbraucher wie ein Preisnachlaß des Händlers darstellt, an dessen Gewährung der Hersteller mitwirkt, schreibt § 13 DVO eine ganz bestimmte Form für die Gewährung von Treuvergütungen durch den Markenartikelhersteller vor. Damit regelt § 13 DVO einen Vorgang, der bei entsprechender Ausgestaltung in den Bereich des § 1 RabG fallen könnte. Soweit § 13 DVO die Einlösung der Gutscheine in Ware ausschließt, greift die Regelung allerdings über den sachlichen Geltungsbereich des RabG hinaus. Im Rahmen des Rabattrechts wird eine Vorteilszuwendung, die vom Hersteller her weder Zugabe noch Rabatt ist, die jedoch bei einer bestimmten Form der Einlösung der Gutscheine sich als ein Preisnachlaß des Händlers darstellen könnte, an dessen Gewährung der Hersteller mitwirkt, hinsichtlich der Form der Gewährung einer besonderen Regelung unterworfen. Markenwaren (vgl. Anm. 8) in verschlossenen Packungen (vgl. Anm. 9) können durch Hersteller, die nur Wiederverkäufer beliefern, Gutscheine (beachte Anm. 12) beigepackt (siehe Anm. 10) werden, auf die gegen Vorlage einer bestimmten Anzahl ein Barbetrag ausgezahlt wird (Treuvergütung). Die Treuvergütung entspricht etwa dem Mengenrabatt in Geld; jedoch ist sie kein echter Mengenrabatt in Geld, denn es fehlt an der Veräußerung in einer Lieferung. Die Treuvergütung darf nur unter den Voraussetzungen des § 13 gewährt werden. Wird davon abgewichen, darf es der Hersteller nur unter Bedingungen, die den § 2—9 RabG entsprechen.

Die Treuvergütung ist ihrer Höhe nach nicht begrenzt (glA BGH GRUR 1968, 707, 708, LG Düsseldorf MA 1952, 462, Baumbach-Hefermehl S. 1282 Rz 61 § 1 RabG, Michel-Weber-Gries S. 176 Anm. 3 § 13 DVO, DW 1957 S. 91; a. M. Reimer-Krieger S. 161, Ulmer-Reimer Nr. 1117). Dies zeigt auch die Vorschrift des § 13 I S. 2 DVO, wonach der Bundeswirtschaftsminister die Gewährung einer Treuvergütung untersagen kann, wenn sie nach Art und Umfang unter Berücksichtigung der Verhältnisse in dem Geschäfts- oder Warenzweig nicht angemessen erscheint. Diese Vorschrift wäre überflüssig, wenn die Höhe der Treuvergütung generell gemäß § 2 RabG begrenzt wäre. Die Einlösung der Gutscheine ist auch nicht bei Erreichen eines bestimmten Höchstumsatzes zwingend vorgeschrieben. § 4 RabG findet auf die Treuvergütung des Markenwarenherstellers ebenfalls keine Anwendung.

[8] **Markenwaren.** Der Begriff Markenwaren ist gesetzlich nicht definiert. Er muß auch nicht mit dem des § 16 Abs. 2 GWB übereinstimmen, sondern ist im Rahmen des RabG und des UWG im Wege der Auslegung zu ermitteln. Markenwaren sind Erzeugnisse, die ein bestimmter Hersteller mit einem die betriebliche Herkunft kennzeichnenden Merkmal (z. B. Firmen-, Wort- oder Bildzeichen, äußere Form der Verpackung oder Ware) versieht und in gleichbleibender Qualität vertreibt (glA BGH GRUR 1966, 45 — Markenbenzin, Bussmann NJW 1961, 151 ff.). Auch völlig neue Produkte eines Markenartikelherstellers sind unter diesen Voraussetzungen Markenwaren im Sinne des § 13 DVO. Ein fester Preis ist nicht Voraussetzung. Auf eine Bekanntheit im Verkehr kommt es ebenso-

wenig an wie darauf, daß die Marke zum Symbol einer vorgestellten Güte geworden ist (a. M. Baumbach-Hefermehl S. 601 Rz 517 zu § 1 UWG, Tetzner S. 105 Rz 14 § 4 RabG).

[9] **Verschlossene Packung.** Die Ware muß ohne Veränderung oder Beschädigung der Verpackung (Umhüllung, Behälter) nicht entnommen werden können. Der Verschluß muß so ausgestattet sein, daß er nur einmal geöffnet werden kann (verlorener Verschluß). Ist er einmal geöffnet, muß dies für jedermann erkennbar sein. Die Verpackung muß vom Hersteller verschlossen werden.

[10] **Beigepackt.** Der Gutschein muß der Ware so beigefügt werden, daß er nach dem Schließen der Verpackung ohne deren Beschädigung oder Veränderung weder beigefügt noch entnommen werden kann. Vgl. Anm. 9. Es genügt, wenn er Bestandteil der Verpackung, z. B. aufgedruckt ist (glA Baumbach-Hefermehl S. 1281 Rz 57 § 1 RabG, Tetzner S. 105 Rz 14 § 4 RabG). Dagegen genügt es nicht, wenn er nur angeheftet oder in einer Weise beigefügt wird, die einen nachträglichen Austausch oder ein nachträgliches Beifügen durch Dritte ermöglicht. Verpacken der Ware und Beipacken des Gutscheins muß erkennbar und unter Ausschluß von Zweifeln beim Hersteller erfolgen. Unzulässig ist es, Gutscheine getrennt von der Ware auszugeben oder unabhängig von einem Warenkauf zu verteilen (glA Baumbach-Hefermehl S. 1281 Rz 57 § 1 RabG, OLG Wien ÖBl. 1968, 91).

[11] **Bestimmte Anzahl gesammelter Gutscheine.** Der Anspruch auf Auszahlung eines Barbetrages muß echtes Sammelergebnis (Begriff Anm. 38—40 zu § 1 ZugVO) sein. Der einzelne Gutschein darf noch keinen Anspruch begründen. Jeder Packung darf nur ein Gutschein beigefügt sein. Eine Mindestzahl von Gutscheinen schreibt § 13 DVO nicht vor. Daher genügt die Vorlage von zwei Gutscheinen, um die Treuvergütung gewähren zu können (glA OLG Hamburg MA 1969, 75, Baumbach-Hefermehl S. 1281 Rz 57 § 1). Die Treuvergütung ist kein echter Mengenrabatt in Geld, denn es fehlt an der Veräußerung in einer Lieferung (a. M. Baumbach-Hefermehl S. 1281 Rz 58 § 1, Schönherr ÖJZ 1954, 222). Hat der Hersteller keinen Gutschein, sondern ein Geldstück beigepackt, so verstößt der Einzelhändler bei der Veräußerung der Ware gegen §§ 1, 2 RabG, wenn der Käufer nicht bar zahlt oder der Geldbetrag allein oder zusammen mit einem vom Einzelhändler gewährten Barzahlungsnachlaß mehr als 3 % des Gesamtpreises ausmacht (glA Baumbach-Hefermehl S. 1282 Rz 61 § 1; GA 3/57). Das Beipacken von Wechsel-

geld ist für Zigarettenpackungen ausnahmsweise erlaubt, das Beipacken anderer Gegenstände jedoch verboten, § 9 TabStG.

[12] **Barbetrag.** Die Treuvergütung nach § 13 DVO darf nur in bar gewährt werden (BGH GRUR 63, 322 — Mal- und Zeichenschule). Der Gutschein muß daher zusammen mit anderen Gutscheinen einen Anspruch auf Zahlung von Geld geben. Berechtigt die Gutscheinsammlung nur zum Warenbezug, liegt keine Treuvergütung nach § 13 DVO vor, sondern Zugabe oder Mengenrabatt. Letzterer darf vom Hersteller nur unter den Voraussetzungen des § 7 gewährt werden (glA Baumbach-Hefermehl S. 1281 Rz 58 § 1). Unzulässig ist es auch, Gutscheine nach Wahl des Inhabers in Geld oder Waren einzulösen (glA BGH GRUR 1963, 322, 324 — Mal- und Zeichenschule, DW 1950 S. 5, EA IHK Bochum MA 1955, 492, LG Memmingen GRUR 1953, 453; Reimer-Krieger S. 162, Michel-Weber-Gries S. 176 Anm. 3 § 13 DVO, Hofmann AWR 1936, 108, Baumbach-Hefermehl S. 1281 Rz 58 § 1 RabG, Tetzner S. 106 Rz 18 § 4; Nastelski MA 1963, 1101/1116).

[13] **Auszahlung des Barbetrages.** § 13 DVO stellt klar, daß die Treuvergütung des nicht unmittelbar an den letzten Verbraucher verkaufenden Herstellers von Markenwaren vom Rabattgesetz nicht erfaßt wird. Die Regelung des § 13 DVO will lediglich sicherstellen, daß die Auszahlung der Treuvergütung nicht als Preisnachlaß des an den letzten Verbraucher verkaufenden Einzelhändlers in Erscheinung tritt. § 13 DVO hat daher, wie auch die Vorschriften des RabG, formalen Charakter. Nicht die Treuvergütung des Markenwarenherstellers wird geregelt, sondern nur der Weg, auf dem diese Vergütung dem letzten Verbraucher gewährt wird. Diesem Zweck ist bei der Auslegung des § 13 Rechnung zu tragen. Der Hersteller muß die Treuvergütung nicht direkt an den letzten Verbraucher auszahlen. Er kann sich hier auch Hilfspersonen bedienen, z. B. einer Bank oder einer besonderen Einlösungsstelle. Auch die Auszahlung durch den Einzelhändler als Wiederverkäufer der Markenware ist zulässig, wenn bei der Auszahlung des im Gutschein verbrieften Betrages der Charakter der Treuvergütung gewahrt bleibt und sichergestellt ist, daß der auszahlende Einzelhändler für den letzten Verbraucher deutlich erkennbar nur als technisches Auszahlungsorgan des Herstellers und nicht als Rabatt gewährender Unternehmer in Erscheinung tritt (glA BWM DW 1956, 27, Michel-Weber-Gries S. 176 Anm. 2 § 13 DVO, Tetzner S. 105 Rz 16 § 4, ÖOGH ÖBl. 1962, 38; Baumbach-Hefermehl S. 1282 Rz 59 § 1 RabG, Ulmer-

Reimer Nr. 1117; a. M. Reimer-Krieger S. 162, EA Bochum MA 1955, 492).

[14] **Händlerrabatt — Treuvergütung.** Die Treuvergütung ist ein Vorteil, den der Hersteller dem letzten Verbraucher zuwendet. Er wird dem Einzelhändler nicht zugerechnet. Die Gewährung einer Treuvergütung an den letzten Verbraucher durch den Hersteller von Markenwaren berührt die Gewährung von Preisnachlässen durch den Wiederverkäufer nicht, § 13 Abs. 2 DVO. Der Unternehmer der letzten Umsatzstufe kann bei der Veräußerung der Markenware bis zu 2 Rabattarten gewähren (§ 10 RabG).

[15] **Rechtsgültigkeit.** § 13 DVO ist aufgrund der Ermächtigung des § 17 S. 2 RabG ergangen, wonach der Reichswirtschaftsminister auch Vorschriften ergänzenden oder abändernden Inhalts erlassen konnte. Zumindest im Zeitpunkt seines Erlasses war § 13 DVO durch die Ermächtigung des § 17 RabG gedeckt. Satz 2 ist inzwischen im Hinblick auf Art. 129 III G nichtig. Gleichwohl wird man aber § 13 DVO weiterhin als rechtsgültig ansehen können (glA LG Düsseldorf MA 1952, 462, GA 6/55, 3/57; zweifelnd Tetzner S. 103 Rz 12 § 4 RabG, Seydel GRUR 1968, 709). Legt man § 13 DVO dahingehend aus, daß er lediglich eine im Zeitpunkt seines Erlasses übliche Gewährung von Treuvergütungen weiterhin für zulässig erklärt und lediglich die Form regelt, in der die Treuvergütung dem letzten Verbraucher gewährt werden darf, dann überschreitet die Regelung des § 13 den Rahmen des RabG nicht, sondern regelt lediglich den Fall eines „Rabattes", der unter Mitwirkung eines mit dem letzten Verbraucher nicht in geschäftliche Beziehung tretenden Dritten gewährt wird. Die Frage des Verstoßes gegen den Gleichheitssatz des Art. 3 GG stellt sich nur, wenn Hersteller von Nicht-Markenwaren behindert würden. Das würde einerseits voraussetzen, daß sie ihre Erzeugnisse nicht direkt an den letzten Verbraucher vertreiben und zum anderen, daß ihre Produktion und ihr Vertrieb ähnlich angelegt sind wie die der Hersteller von Markenwaren. Markenartikel zeichnen sich u. a. dadurch aus, daß sie über längere Zeiträume hinweg in gleicher Aufmachung und Qualität jederzeit und überall erhältlich sind. Das in einem solchen Angebot liegende Risiko sucht der Markenwarenhersteller durch eine Bindung der Verbraucher an seine Erzeugnisse zu mildern.

§ 5

Warenvergütungen, die Genossenschaften im Sinne des § 1 Abs. 1 Nr. 5 des Genossenschaftsgesetztes (Konsumvereine) ihren Mitgliedern gewähren, dürfen zusammen mit Barzahlungsnachlässen im Geschäftsjahr drei vom Hundert der mit den Mitgliedern erzielten Umsätze nicht übersteigen; Nichtmitgliedern dürfen Warenrückvergütungen nicht gewährt werden.

Der Anspruch auf die Warenrückvergütung ist mit der Beschlußfassung über den Jahresabschluß fällig. Die Fälligkeit kann durch das Statut oder einen Beschluß der Generalversammlung nicht über sechs Monate nach Ablauf des Geschäftsjahres hinausgeschoben werden.

Durchführungsverordnung § 11

Konsumvereine dürfen außer der Rückvergütung gemäß § 5 des Rabattgesetzes einen etwaigen weiteren Gewinn nur nach Maßgabe der Geschäftsanteile ausschütten. Der über die Rückvergütung hinaus errechnete Gewinnanteil darf erst dann ausgezahlt werden, wenn das Mitglied seinen Geschäftsanteil in voller Höhe eingezahlt hat (§ 19 des Genossenschaftsgesetzes). Entgegenstehende Satzungsbestimmungen (§ 19 Abs. 2 des Genossenschaftsgesetzes) sind insoweit unwirksam.

[1] **Wesen der Konsumgenossenschaft und Warenrückvergütung.** Konsumverein im Sinne des § 1 Abs. 1 Ziff. 5 GenG ist die Vereinigung von Genossen zum gemeinschaftlichen Einkauf von Lebens- oder Wirtschaftsbedürfnissen im großen und der Abgabe im kleinen. Zweck der Genossenschaft ist die Befriedigung außergewerblicher Bedürfnisse der Mitglieder (vgl. RGZ 153, 139). Ursprünglich dient die Geschäftstätigkeit der Genossenschaft nicht dazu, Gewinne zu erzielen. Vielmehr sollen durch den gemeinsamen Einkauf im großen und die Abgabe im kleinen an die Mitglieder für diese Ersparnisse erzielt werden. Die hierbei aus Umsätzen mit Genossen erzielten Überschüsse sind keine Gewinne im herkömmlichen erwerbswirtschaftlichen Sinne. Sie werden nicht durch Aufschlag einer Handelsspanne erzielt; die Spanne zwischen Einkaufs- und Ver-

kaufspreis dient der Risikodeckung, soweit sie nicht dazu bestimmt ist und verwandt wird, die Selbstkosten zu decken. Die Warenrückvergütung ist daher keine Gewinnverteilung, sondern Rückerstattung des zuviel gezahlten (vgl. PrOVG St St E 6, 385/386; PrOVG E 49, 61/63 ff., KGJ 21, A 75; KGJ 46 C 402; Parisius-Krüger GenG 5. Aufl. § 19, 223; str.). Dementsprechend können die Warengenossenschaft gemäß § 35 II KStDVO 1969 bei Umsätzen mit Mitgliedern erzielten und als Warenrückvergütung verteilten Jahresüberschuß als Betriebsausgabe vom steuerpflichtigen Gewinn absetzen.

Durch das Gesetz zur Änderung von Vorschriften des Gesetzes betr. die Erwerbs- und Wirtschaftsgenossenschaften und des RabG vom 21. Juli 1954 (BGBl. I, 212) wurde das in § 8 Abs. 4, 31, 152, 153 a. F. enthaltene Verbot, an Nichtmitglieder zu verkaufen, entsprechend einem Vorschlag der Bundesregierung aufgehoben, um Konsumgenossenschaften und die übrigen Einzelhandelsunternehmen im Wettbewerb gleichzustellen. Inzwischen haben sich die Zielsetzung und wirtschaftliche Tätigkeit der Konsumgenossenschaften weitgehend verändert. Die Unterscheidung zwischen Geschäften mit Mitgliedern und Nichtmitgliedern ist in den Hintergrund getreten, da § 5 RabG bestimmt, daß Warenrückvergütungen, die Genossenschaften ihren Mitgliedern gewähren, zusammen mit Barzahlungsnachlässen im Geschäftsjahr 3 % der mit den Mitgliedern erzielten Umsätze nicht übersteigen dürfen. Die meisten Konsumgenossenschaften schütten daher heute keine Warenrückvergütungen mehr aus, sondern gewähren allen Kunden sofort beim Einkauf einen Barzahlungsnachlaß (vgl. Mahlmann Genossenschaftsrecht und Wettbewerbsordnung S. 133; Industriekurier Nr. 73 v. 16. Mai 1970 S. 24).

[2] **Rechtsentwicklung.** Die gesetzlichen Vorschriften über Warenrückvergütungen von Konsumvereinen sind mehrfach geändert worden. Obwohl es den Konsumvereinen durch § 8 Abs. 4 GenG v. 1. Mai 1889 (RGBl. 55) i. d. F. der Bekanntmachung vom 20. Mai 1889 (RGBl. 810) verboten war, an Nichtmitglieder zu verkaufen, entwickelten sich die Konsumgenossenschaften neben den in § 6 RabG genannten Unternehmen zu gefährlichen Wettbewerbern für den mittelständischen Einzelhandel. Die von ihnen gewährte Rückvergütung gab den Anstoß zur Nachlaßgewährung durch den übrigen Einzelhandel; ihre Höhe verursachte die übersteigerten Rabattsätze (vgl. Amtl. Begr. Anhang II). Deshalb wurde bei der gesetz-

lichen Regelung des Rabattwesens in § 5 RabG die Warenrückvergütung der Konsumvereine der Höhe nach begrenzt und in § 6 RabG den Konsumvereinen untersagt, Barzahlungsnachlässe zu gewähren. § 11 DVO RabG gestattet eine von § 19 Abs. 1 GenG abweichende Gewinnausschüttung nur in Gestalt der 3 %igen Warenrückvergütung des § 5 RabG; darüber hinaus gehende Überschüsse müssen als Kapitaldividende ausgeschüttet werden. Durch Gesetz vom 21. Mai 1935 (RGBl. 681) wurde die Auflösung der Konsumvereine eingeleitet. Konsumvereine, die sich nicht aufgelöst hatten, wurden durch die Verordnung vom 18. Februar 1941 (RGBl. I, 106) aufgelöst und ihr Vermögen auf die Deutsche Arbeitsfront übertragen. Nach 1945 wurden sie durch Zonen- und Landesgesetze wieder zugelassen (vergl. dazu im einzelnen Hoth WRP 1959, 72). Das Bundesgesetz vom 27. Dezember 1951 (BGBl. I, 1003) hob — mit zeitlicher Beschränkung bis zum 31. 12. 1953 — die §§ 8 Abs. 4, 31, 152, 153 GenG auf. Damit entfiel das Verbot, an Nichtmitglieder zu verkaufen. Berlin (West) übernahm das Gesetz am 12. 6. 1952 (GVBl. I, 384). Nach Verlängerung durch Bundesgesetz vom 8. 1. 1954 (BGBl. I, 2; Berlin [West] 15. 1. 1954 [GVBl. I, 30]) setzte das Änderungsgesetz vom 21. Juli 1954 diese Bestimmungen endgültig außer Kraft (BGBl. I, 212; Berlin 26. 7. 1954 GVBl. I, 457). Die nach 1945 erlassenen Zonen- und Landesgesetze hatten § 5 RabG aufgehoben. Das Änderungsgesetz vom 21. Juli 1954 (BGBl. I, 212) fügte § 5 in neuer Fassung in das RabG wieder ein und stellte damit die Wettbewerbsgleichheit zwischen Konsumvereinen und den übrigen Einzelhandelsunternehmen wieder her. Dagegen wurde in § 6 RabG, der auch für Verbrauchergenossenschaften das generelle Verbot von Barzahlungsnachlässen aussprach, das Wort „Konsumvereine" gestrichen.

[3] **Konsumvereine** sind eine besondere Art der Genossenschaften. Genossenschaften sind Gesellschaften von nicht geschlossener Mitgliederzahl, welche die Förderung des Erwerbes oder der Wirtschaft ihrer Mitglieder mittels gemeinschaftlichen Geschäftsbetriebes bezwecken, § 1 Abs. 1 GenG. Der Konsumverein muß durch den Einkauf von Lebens- oder Wirtschaftsbedürfnissen im großen und die Abgabe im kleinen den Zweck verfolgen, die außergewerblichen Bedürfnisse seiner Mitglieder zu befriedigen, § 1 Abs. 1 Ziff. 5 GenG (Verbrauchergenossenschaft). Unter Lebens- und Wirtschaftsbedürfnisse fallen nicht nur Lebensmittel, sondern alle Waren und gewerblichen Leistungen, die der Befriedigung von Lebens- und Wirtschaftsbedürfnissen der Letztverbraucher dienen. Für die Abgren-

zung der unter die Vorschrift des § 5 RabG fallenden Geschäfte der Konsumvereine gegenüber der Tätigkeit der anderen Genossenschaften (gewerbliche Kreditgenossenschaften, Rohstoffvereine, Baugenossenschaften, Absatzgenossenschaften) ist also die Art der Bedürfnisse, deren Befriedigung in Frage steht, sowie die der Bedarfskreise entscheidend, die sich zur Förderung ihres Erwerbs oder ihrer Wirtschaft zu einem gemeinschaftlichen Geschäftsbetrieb zusammengeschlossen haben (RGZ 153, 139). Eine von Hauswirten gebildete Genossenschaft, die Heizstoffe im großen einkauft und durch Abgabe an ihre Mitglieder den Zweck verfolgt, deren Bedarf für ihre Mietshäuser zu decken, soll Konsumgenossenschaft sein (RGZ 153, 139; ebenso Baumbach-Hefermehl S. 1290 Rz 1, Reimer-Krieger S. 165, Michel-Weber-Gries S. 107 Rz 4; a. M. Elster AWR 1937, 172, Tetzner S. 109 Rz 3 § 5 RabG). Besitz und Eigentum an Miethäuserns und deren Verwaltung sei weder Gewerbe noch Beruf; die Heizstoffe dienten deshalb nicht der Befriedigung gewerblicher Bedürfnisse. Dies trifft zu für den Hauswirt, der sein angespartes oder vorhandenes Vermögen in einem Miethaus anlegt. Bei den großen privaten Wohnungsbauunternehmen ist die auf Erwerb gerichtete Vermietung von Wohnungen wirtschaftlich und steuerrechtlich eine im geschäftlichen Verkehr entfaltete Tätigkeit, die gewerbliche Leistungen zum Gegenstand hat. Zwar ist Hauseigentum und Hausbesitz ebensowenig ein Beruf wie die Inhaberschaft an sonstigem Kapitalvermögen (RGZ a. a. O.); aber dessen Einsatz im geschäftlichen Verkehr aus Erwerbsinteresse ist gewerbliche Betätigung. Gegenstand der gewerblichen Leistung ist die Gebrauchsüberlassung der Wohnung oder des Grundstücks. Sie dient nicht einem privaten, sondern einem gewerblichen Interesse. Miet- oder Pachtzins sind keine Kapitalerträge, sondern Leistungsentgelte. Der Grundbesitz ist Anlagewert, der zur Ausführung gewerblicher Leistungen zum Einsatz gebracht wird.

[4] **Zulässige Rückvergütung.** Warenrückvergütungen, die Konsumvereine ihren Mitgliedern gewähren, dürfen gemäß § 5 RabG zusammen mit Barzahlungsnachlässen im Geschäftsjahr 3 % der mit den Mitgliedern erzielten Umsätze nicht übersteigen. § 5 gehört systematisch nicht zum Barrabatt, sondern zum Grundtatbestand des § 1 RabG und zu § 19 GenG. Die Warenrückvergütung ist im GenG nicht geregelt. § 19 Abs. 1 GenG sieht vor, daß der Gewinn einer Genossenschaft nach dem Verhältnis der Geschäftsanteile der Genossen bzw. entsprechend der auf den Geschäftsanteil geleisteten Einzahlungen verteilt wird. Nach § 19 Abs. 2 GenG kann die Sat-

zung einen anderen Maßstab für die Verteilung von Gewinn und Verlust aufstellen. Die Warenrückvergütung der Konsumgenossenschaften hat sich als eine besondere Art der Verteilung des erzielten Jahresüberschusses entwickelt. Begrifflich ist die Rückvergütung kein Preisnachlaß (glA BGH GRUR 1964, 146/150 — Genossenschaftliche Rückvergütung, Baumbach-Hefermehl S. 1291 Rz 2). Da die Warenrückvergütung aus dem mit dem einzelnen Genossen getätigten Umsatz errechnet wird, wirkt sie wirtschaftlich und werbemäßig wie ein nachträglicher Rabatt (vergl. Amtl. Begr. Anhang II, OLG Hamburg Die AG 1970, 335). § 5 RabG bezweckt, den Einzelhandel im Verhältnis zu den Konsumgenossenschaften im Wettbewerb gleichzustellen (glA Baumbach-Hefermehl S. 291 Rz 2, Reimer-Krieger S. 164, Wirth MA 1953, 109 ff.). Als § 5 RabG a. F. nach dem Kriege durch Einzelgesetze gestrichen worden war und zeitweilig eine Regelung zur Warenrückvergütung der Konsumvereine fehlte, wurden bis zur Neufassung des § 5 RabG durch das Änderungsgesetz vom 21. 7. 1954 von Konsumgenossenschaften Rückvergütungen bis zu 7 % gewährt. Das Verbot des § 5 RabG n. F. erwies sich aus den gleichen Gründen notwendig, die zur Aufnahme des § 5 a. F. in das RabG geführt hatten. Die Gleichbehandlung von Rabatt und Warenrückvergütung in § 5 RabG ist daher auch sachgerecht und mit dem Grundgesetz vereinbar (glA OLG Hamburg Die AG 1970, 335). Erst die Vorschrift des § 5 macht die Regelung des Rabattrechts lückenlos und sichert so die Erreichung des Zweckes des RabG (vgl. OLG Hamburg a. a. O.).

Die Umsatzrückvergütung darf nur dann an den Genossen ausgeschüttet werden, wenn der auf den mit ihm getätigten Gesamtumsatz gezahlte Barrabatt weniger als 3 % vom Umsatzwert beträgt. Nur die danach verbleibende Spitze darf rückvergütet werden. Beträgt die Summe von Rabatt und Rückvergütung mehr als 3 %, liegt ein Rabattverstoß vor. Betreibt eine Genossenschaft außer dem Warenhandel auch Bankgeschäfte und verwendet sie dadurch erzielte Überschüsse zur Ausschüttung von Rückvergütungen, so kann darin ein Verstoß gegen §§ 1, 5 RabG sowie gegen §§ 1, 3 UWG liegen (vgl. BGH GRUR 64, 146/150 — Genossenschaftliche Rückvergütung). Ein dem Genossen über die danach empfangene Rückvergütung hinaus zustehender Gewinn darf nur im Verhältnis des Geschäftsanteils ausbezahlt werden. Dieser muß voll eingezahlt sein. Entgegenstehende Satzungsbestimmungen sind nichtig (§ 11 DVO und § 19 GenG). Eine entgegenstehende Handhabung löst den Unterlassungsanspruch nach § 12 und die Straffolge des § 11 RabG aus (glA OLG Hamburg Die AG 1970, 335). Der nicht über die Umsatzvergütung nach § 5 RabG zur Ausschüttung gelangende Gewinn darf auch nicht unter den Bedingungen des Mengen- und Sonderrabatts nach §§ 7 und 9 RabG an die Mitglieder verteilt werden.

[5] **Rechtsgültigkeit des § 11 DVO.** Der Gesetzesvorschlag der Bundesregierung zum Änderungsgesetz vom 21. 7. 1954 sah vor, auch § 11 DVO RabG aufzuheben. Dieser Vorschlag wurde nicht angenommen. § 11 DVO blieb ebenso wie das RabG zunächst über den 8. Mai 1945 hinaus in Kraft. Nach dem 8. Mai 1945 waren die Länder befugt, geltendes altes Reichsrecht abzuändern, also auch aufzuheben. Von dieser Änderungsbefugnis haben folgende Länder Gebrauch gemacht und § 11 DVO wirksam aufgehoben: Rheinland-Pfalz am 30. 3. 1949 (GVOBl. 1949, 99); Württemberg-Baden am 8. 6. 1949 (GVOBl. 1949, 80); Bayern am 19. 4. 1949 (Bayer. GVOBl. 1949, 91); Hessen am 16. 12. 1947 (GVOBl. 1948, 9); Württemberg-Hohenzollern am 6. 8. 1948 (RegBl. 1948, 97). Im Regionalbereich dieser Länder nach dem Stande vom 7. 9. 1949 wurden die genannten Aufhebungsgesetze geltendes Bundesrecht; im übrigen Bundesgebiet blieb § 11 DVO RabG als Bundesrecht in Kraft. Das Badische Landesgesetz vom 8. 2. 1950 (GVBOl. 1950, 128) und das Landesgesetz der Freien Hansestadt Bremen vom 28. 3. 1950 (Ges. Bl. 1950, 36), durch die § 11 DVO RabG aufgehoben werden sollte, sind nichtig. Die Änderungsbefugnis der Länder endete für den Bereich der konkurrierenden Gesetzgebung (Art. 74 GG) nicht mit der Verkündigung des Grundgesetzes, sondern am 7. 9. 1949 (h. M. vgl. BVerfG 2, 139; 4, 82, 184, 568; BGH NJW 1955, 270). Da § 11 DVO nicht das RabG änderte, sondern Ergänzungsbestimmung zu § 19 GenG ist, endete die Legislaturbefugnis der Länder am 7. 9. 1949; sie stand im Jahre 1950 ausschließlich dem Bunde zu. § 11 DVO gilt daher nicht nur im Gebiet der ehemaligen Britischen Zone, sondern auch im Regionalbereich des ehemaligen Landes Baden und im Lande der Freien Hansestadt Bremen. Rechtsstaatliche Erwägungen stehen der Gültigkeit des § 11 DVO nicht entgegen. Wenn auch die in § 17 S. 2 RabG enthaltene Änderungs- und Ergänzungsbefugnis für den zuständigen Minister im Hinblick auf Art. 123, 125, 126 GG außer Kraft ist, so wird der Fortbestand alten Reichsrechts als Bundesrecht nicht davon berührt, daß es ursprünglich aufgrund einer Gesetzgebungsbefugnis geschaffen wurde, die das Grundgesetz für die Gegenwert ausschließt (vgl. von Mangold S. 623 zu Art. 123 Abs. 1, 2. Halbsatz; Weber WRP

1957, 359). Gesetzgeberische und verfassungsrechtliche Grundlage des § 11 DVO RabG ist heute nicht mehr § 17 S. 2 RabG, sondern Art. 125 GG (wegen weiterer Einzelheiten vergl. Hoth WRP 1959, 72 ff.).

[6] In Österreich gelten die §§ 5 und 6 RabG noch in der ursprünglichen Fassung. Gemäß § 6 ist den Konsumvereinen und den Werkskonsumanstalten untersagt, Barzahlungsnachlässe zu gewähren. Insoweit ist die Rechtslage in der BRD und in Österreich nicht mehr einheitlich; da Barzahlungsnachlässe von Konsumvereinen nicht gewährt werden dürfen, beschränkt sich § 5 RabGÖ darauf zu bestimmen, daß die Rückvergütung 3 vom Hundert nicht überschreiten darf. Von § 11 DVO gilt nur Abs. 1 weiter (vgl. Tetzner Rz 10 § 5).

§ 6

Warenhäuser, Einheits-, Klein- oder Serienpreisgeschäfte oder ähnliche, durch die besondere Art der Preisstellung gekennzeichnete Geschäfte und Werkskonsumanstalten dürfen Barzahlungsnachlässe nicht gewähren.

§ 6 verbot den genannten Großbetrieben das Gewähren von Barzahlungsnachlässen gemäß §§ 2 bis 4. Mit Beschluß vom 11. April 1967 (BGBl. I, 626) hat das BVerfG den § 6 mit Wirkung vom 9. Juli 1963 (= Zeitpunkt der Klageerhebung im Ausgangsverfahren) in vollem Umfang für nichtig erklärt.

Die in § 6 genannten Großbetriebe des Einzelhandels unterliegen seit dem 9. Juli 1963 denselben Beschränkungen des RabG wie alle Unternehmen, die Waren des täglichen Bedarfs im Einzelverkauf an den letzten Verbraucher veräußern; sie sind nicht mehr gehindert, Barzahlungsnachlässe zu gewähren.

Zweiter Abschnitt
Mengennachlässe

§ 7

Werden mehrere Stücke oder eine größere Menge von Waren in einer Lieferung veräußert, so kann ein Mengennachlaß gewährt werden, sofern dieser nach Art und Umfang sowie

nach der verkauften Stückzahl oder Menge als handelsüblich anzusehen ist.

Der Mengennachlaß kann entweder durch Hingabe einer bestimmten oder auf bestimmte Art zu berechnenden Menge der verkauften Ware oder durch einen Preisnachlaß gewährt werden.

Inhaltsübersicht

[1] **Allgemeines.** Der Gesetzgeber sieht Mengennachlässe grundsätzlich als gerechtfertigt an, weil bei Abnahme größerer Mengen die Kosten der Warenverteilung geringer, Läger verringert und Umsätze gesteigert werden, was er als betriebs- und volkswirtschaftlich nützlich betrachtet (vgl. Amtl. Begr. zu §§ 7, 8 Anhang II). Der Mengenrabatt ist die auf allen Wirtschaftsstufen übliche Gegenleistung des Verkäufers für die Abnahme größerer Warenmengen durch den Käufer; an den durch höhere Umsätze ausgelösten betriebswirtschaftlichen Vorteilen läßt der Verkäufer seinen Kunden partizipieren. Die Vorschriften der §§ 7, 8 enthalten keine starre Regelung des Mengenachlasses, sondern lassen dem Geschäftsverkehr im Rahmen einer ausfüllungsbedürftigen Generalklausel freien Spielraum. Art und Umfang des zulässigen Mengenrabatts werden durch seine Handelsüblichkeit (vgl. dazu Anm. 6) begrenzt. Wirtschaftlich und kaufmännisch unbedenkliche Handelsgepflogenheiten sollen nicht eingeschränkt werden. Der Zweck der Vorschriften der §§ 7 und 8 liegt darin, Umgehungen und Mißbräuche an sich unbedenklicher Handelsbräuche zu verhindern. Dies ist bei der Auslegung der §§ 7 und 8 zu berücksichtigen.

Der Mengennachlaß kann als Geld- oder Warenrabatt (Begriffe Anm. 32, 47 zu § 1) gewährt werden. Anlaß ist ein Umsatz „mehrerer Stücke“ (Anm. 2) oder einer größeren Menge von Waren (Anm. 3). Voraussetzung ist die „Veräußerung in einer Lieferung“ (Anm. 4) sowie die „Handelsüblichkeit“ (Anm. 6). Wird für eine größere Menge, z. B. für eine große Dose, Flasche, Tube, von vornherein ein im Verhältnis zur kleineren Verkaufseinheit günstigerer Preis berechnet, liegt kein Mengennachlaß, sondern ein zweiter Normalpreis vor (vgl. Anm. 45 § 1; Amtl. Begr. zu §§ 7 und 8; glA Michel-Weber-Gries S. 123 Vorb. 3 § 7, Reimer-Krieger S. 171 Rz 1, Baumbach-Hefermehl S. 1293 Rz 1, OLG Hamm BB 1960, 576, OLG München WRP 1969, 391, OLG Frankfurt WRP 1970, 30, Schibel BB 1960, 1149, Sedelmeier NJW 1968, 579; a. M. Wilkendorf BB 1965, 1253).

Zum Mengenrabatt für gewerbliche Leistungen siehe Anm. 3 zu § 8.

Unzulässig ist es, einen Mengenrabatt als unentgeltlich gewährt, z. B. als „Geschenk“ zu bezeichnen, § 1 Abs. 3 ZugabeVO (glA Baumbach-Hefermehl S. 1293 Rz 1 § 7).

[2] **„Mehrere Stücke von Waren“. Mehrere selbständige Wareneinheiten müssen Gegenstand der Gesamtlieferung** (vgl. Anm. 4) **sein.** Es genügt nicht, wenn zu einer Ware Zubehör gemäß § 97 BGB oder handelsübliches Zubehör mitverkauft wird (zum Waren- und Zubehörgriff vgl. Anm. 17 und 100 zu § 1 ZugVO): z. B. Fahrrad mit Zubehör (glA Reimer-Krieger S. 173 Rz 3; a. M. Michel-Weber-Gries S. 125 Rz 2). Andernfalls könnte die Höchstgrenze des § 2 umgangen werden, indem jeweils im Verhältnis zur Hauptware geringwertiger Zubehörstücke mitveräußert werden (vgl. Reimer-Krieger Rz 3 S. 174). **Es kommt stets auf den Einzelfall an.** Sammelbezeichnungen wie z. B. „Sportausrüstung“ sind kein entscheidendes Kriterium. Warenmehrheit liegt nicht vor, wenn verschiedene Gegenstände zusammen eine Handelseinheit bilden und als solche angeboten und verkauft werden, z. B. ein Tischtennisspiel, bestehend aus Platte, Schlägern und Bällen. Die Zahl der körperlichen Gegenstände ist nicht entscheidend, sondern die Zahl der wirtschaftlichen Einheiten. Die verschiedenen Waren brauchen nicht gleich zu sein. Sie können sich nach Art, Gattung, Qualität und Verwendungszweck unterscheiden (glA Baumbach-Hefermehl S. 1295 Rz 4, Michel-Weber-Gries S. 125 Rz 2, Tetzner S. 127 Rz 8 § 7 RabG). Bei Art-, Gattungs- und Qualitätsgleichheit werden nicht mehrere Stücke, sondern eine größere Menge von Waren (vgl. Anm. 3) verkauft. Beispiel: 12 Paar Strümpfe aus Wolle und Seide in verschiedenen Farben, Größen und Qualitäten; 100 Flaschen Wein verschiedener Art, Herkunft und Jahrgang; verschiedene Möbelstücke, Teppiche, Lampen, Gardinen.

„Mehrere“ bedeutet: mehr als ein Stück. **Der Gesamtwert der Stücke muß über dem üblichen Einkaufswert liegen** (glA Michel-

Weber-Gries S. 126 Rz 4, Baumbach-Hefermehl S. 1295 Rz 4, Reimer-Krieger S. 173 Rz 3, Ulmer-Reimer Nr. 1121). Es entscheidet weniger die Stückzahl als der Wert. Die einzelnen Stücke müssen einander im Wert annähernd entsprechen, z. B. Mahagonischrank, dazu passend ein Klubtisch und eine wertvolle Vase. Wird beim Schrankeinkauf auch eine Tube Möbelpolitur und ein Staubtuch gekauft, ist die Voraussetzung für einen Mengenrabatt nicht gegeben (im Ergebnis ebenso Reimer-Krieger S. 174 Rz 4).

[3] **„Größere Menge von Waren"** heißt: Waren der gleichen Gattung (glA Tetzner S. 128 Rz 12 § 7 RabG; a. M. Baumbach-Hefermehl S. 1295 Rz 5, Michel-Weber-Gries S. 126 Rz 5, Reimer-Krieger S. 174 Rz 4, Borck WRP 1966, 122) in einer Menge, die größer ist als die durchschnittlich von einem letzten Verbraucher gekaufte Menge (h. M.; Reimer-Krieger a. a. O., Michel-Weber-Gries a. a. O., Baumbach-Hefermehl a. a. O., Ulmer-Reimer Nr. 1121; a. M. Borck WRP 1966, 121/122). Reimer-Krieger (a. a. O.) lassen es als Voraussetzung für die Gewährung eines Mengenrabattes genügen, wenn auf einmal 2 Pfd. Kaffee, 2 Pfd. Tee, 2 Pfd. Kakao, 3 Pfd. Mehl, 3 Pfd. Reis, 3 Pfd. Makkaroni, 5 Tafeln Schokolade, 3 Pfd. Butter eingekauft werden. Die Menge jeder einzelnen Warensorte allein und auch noch die Menge mehrerer Warensorten zusammen genüge noch nicht; aber die Vielzahl der einzelnen kleinen Mengen ergebe zusammen „eine größere Menge" im Sinne des § 7. Wenn die Menge der einzelnen Warensorte allein nicht ausschlaggebend ist und es nur auf die Vielzahl der einzelnen kleinen Mengen ankommt, dann müßte es — die Handelsüblichkeit vorausgesetzt — genügen, wenn von jeder einzelnen Warensorte die übliche Warenmenge, dafür aber entsprechend viele verschiedene Warensorten gekauft werden. Die meisten Wochenendeinkäufe einer Durchschnittsfamilie in der Lebensmittelabteilung eines Kaufhauses oder im Supermarkt würden hinsichtlich der Menge die Voraussetzungen für einen Mengenrabatt erfüllen. Allerdings ist die ganze Streitfrage mehr theoretischer Natur, da es in aller Regel an der weiteren Voraussetzung der Handelsüblichkeit eines Mengennachlasses fehlen wird. Die Gewährung eines Mengenrabattes ist ausgeschlossen auch bei Abnahme einer größeren Menge von Waren, wenn dies das durchschnittlich von den letzten Verbrauchern gekaufte Quantum ist (glA Reimer-Krieger S. 173 Rz 3, Michel-Weber-Gries S. 126 Rz 4), oder wenn der Unternehmer kleinere Mengen gar nicht veräußert (glA OLG Hamburg WRP 1958, 27, Tetzner S. 128 Rz 13 § 7 RabG, Baumbach-

Hefermehl S. 1295 Rz 5; vgl. auch DW 1964, 31 zum „Umsatzrabatt").

[4] **Die Waren müssen in einer Lieferung veräußert werden. Veräußerung** bedeutet erfüllen, d. h. das Geschäft ausführen, dem Käufer Besitz und Eigentum an der Ware verschaffen (glA Reimer-Krieger S. 175). Waren werden „in einer Lieferung" veräußert, wenn ein auf eine bestimmte Menge gerichteter Kaufvertrag vorliegt, der vom Verkäufer in einer zwar nicht zeitlich, so doch rechtlich einheitlichen Handlung zu erfüllen ist (glA RGZ 154, 28, Reimer-Krieger S. 175 Rz 5, Michel-Weber-Gries S. 127 Rz 10). Die größere Warenmenge darf also nicht erst durch das nachträgliche Zusammenrechnen mehrerer Einzelumsätze zustande kommen (glA Reimer-Krieger a. a. O., DW 1967, 18; Baumbach-Hefermehl S. 1294 Rz 3, Schönherr Wettbewerbsrecht Anm. 4 § 7). Die Warenmenge muß beim Kaufabschluß bestimmt sein und die Lieferung vertragsgerecht erfolgen. Es ist nicht erfoderlich, daß die Waren dem Kunden insgesamt auf einmal übergeben werden (glA Baumbach-Hefermehl S. 1294 Rz 3, Michel-Weber-Gries S. 127 Rz 10, Tetzner S. 129 Rz 14). Der Mengennachlaß ist die Gegenleistung des Unternehmers für die Abnahme einer größeren Warenmenge durch den letzten Verbraucher. Dem Mengennachlaß muß daher eine entsprechende Verpflichtung des Käufers auf Abnahme einer bestimmten Warenmenge gegenüberstehen (glA v. Gamm Wettbewerbsrecht S. 163). Die einheitliche Abnahme der gekauften Menge in einem Akt spielt anders als im Geschäftsverkehr zwischen den vorgelagerten Wirtschaftsstufen auch in kostenmäßiger Hinsicht keine entscheidende Rolle. Die Abnahme einer bestimmten Warenmenge in einer Reihe von zeitlich aufeinander folgenden Teillieferungen (Teillieferungs-, Bezugs-, Sukzessivlieferungsvertrag) steht der Gewährung eines Mengennachlasses nicht entgegen, wenn es sich um einen einheitlichen Vertrag handelt, durch den sich der eine Teil zur Lieferung einer festen Warenmenge, lieferbar in Raten, der Käufer zur ratenweisen Zahlung verpflichtet hat (vgl. zur Rechtsnatur des Sukzessivlieferungsvertrages RGZ 148, 330). Die Gewährung eines Mengenrabattes ist nicht gerechtfertigt beim Wiederkehrsschuldverhältnis. Hier wird das Vertragsverhältnis beim Strom-, Gas- und Wasserbezug unter monatlicher, vierteljährlicher oder jährlicher Abrechnung nach jeder Abrechnungsperiode erneuert (vgl. RGZ 148, 330). Es handelt sich nicht um eine Vertragseinheit wie beim Sukzessivlieferungsvertrag, sondern um aufeinander folgende, sich stets erneuernde Kaufverträge, also um eine fortlaufende, nach Menge und Dauer unbestimmte,

vom Abnehmer nur in regelmäßigen Abständen in Höhe der jeweiligen Abnahme zu bezahlenden Lieferung (glA RGZ 154, 28 Freigas). Es fehlt die Verpflichtung des Käufers, eine bestimmte Menge abzunehmen. Nicht entscheidend ist, ob der Kunde die ganze Lieferung im voraus bezahlt oder ratenweise bei Lieferung der Teilmengen oder nach Erfüllung des ganzen Vertrages (glA Tetzner S. 130 Rz 14, Baumbach-Hefermehl S. 1294 Rz 3; a. M. Reimer-Krieger S. 175 Rz 5). Das zum Wiederkehrsschuldverhältnis Gesagte gilt auch für solche Teillieferungs-(Sukzessivlieferungs-)verträge, denen zwar ein einheitlicher Vertrag zugrunde liegt, der jedoch nicht die Lieferung einer bestimmten Warenmenge zum Inhalt hat, sondern lediglich eine fortlaufende, nach Menge und Dauer unbestimmte, sich nach dem Bedarf des Käufers richtende Lieferung von Waren vorsieht. Ein Mengennachlaß wäre hier nur zulässig, wenn die einzelne Teilleistung nach Art und Umfang eine überdurchschnittliche Abnahme des Käufers darstellt (glA Schoan DB 1953, 460, Michel-Weber-Gries S. 128 Rz 10). Unschädlich ist, wenn der Käufer bei jeder Teillieferung oder nach der letzten Lieferung zahlt. Vorauszahlung ist nicht erforderlich. Der Mengenrabatt ist nicht wie der Barrabatt Gegenleistung für die sofortige Zahlung des Kaufpreises und daher von ihr abhängig; er ist daher auch bei Teilzahlung und selbst bei Zahlungsverzug zulässig (glA Baumbach-Hefermehl S. 1294 Rz 3; a. M. Michel-Weber-Gries S. 127 Rz 10). Unmittelbare Besitzverschaffung ist nicht erforderlich, mittelbare Übertragung genügt: am dritten Ort befindliche Ware wird verkauft. Besitz und Eigentum werden nach 931 BGB übertragen; Verkäufer behält für den Käufer die Ware auf Lager, z. B. der Kunde kauft 200 Flaschen Wein, hat aber selbst keine Lagermöglichkeiten; ein Möbelhändler nimmt die verkauften Gegenstände auf den Speicher und läßt nach Weisung in einzelnen Stücken abfahren. Mengenrabatt kann auch bei Verkauf unter Eigentumsvorbehalt gewährt werden, denn das Eigentum wird bereits bei Lieferung, wenn auch unter aufschiebender Bedingung und unter Vorbehalt des Rücktritts übertragen (§ 455 BGB), a. M. Reimer-Krieger S. 176. Liegt weder Einheitlichkeit des Rechtsgeschäfts noch der Erfüllungshandlung vor, so kann von „einer Lieferung" nicht gesprochen werden (glA KG JW 37, 766). Unzulässig daher, beim Einkauf von 1/8 kg Kaffee jeweils einen „Kaffeethaler" auszugeben und gegen 10 „Kaffeethaler" 1/8 kg unberechnet zu gewähren (ÖOGH ÖBl. 1956, 45).

Das Zusammenrechnen von Lieferungen aus mehreren rechtlich selbständigen Einzelgeschäften ist unzulässig. Ein Treurabatt, d. h.

eine besondere Vergütung für den laufenden Bezug von Waren eines Unternehmers, ist außer im Falle des § 13 DVO RabG nicht zulässig (glA Baumbach-Hefermehl S. 1294 Rz 3; Schönherr, Wettbewerbsrecht § 7 RabGÖ Anm. 4.)

Es kommt nur auf eine „Veräußerung in einer Lieferung" an. Die Zahl der Käufer ist unbeachtlich. Bei einer Sammelbestellung mehrerer Käufer bzw. Auftraggeber kann ein Mengenrabatt gewährt werden, wenn es sich um eine rechtlich einheitliche Bestellung und nicht um ein Bündel von in einer Sammelliste zusammengefaßten Einzelbestellungen handelt (glA Baumbach-Hefermehl S. 1295 Rz 3; Reimer-Krieger S. 176; Ulmer-Reimer Nr. 1122). Nicht ausreichend ist, wenn eine Anzahl von Einzelbestellungen in einer Sammelliste zwar zusammengefaßt werden, die bestellte Menge jedoch jedem einzelnen Besteller angeliefert und mit ihm getrennt verrechnet wird (glA OLG Oldenburg WRP 1957, 85; Tetzner S. 129 Rz 14 § 7 RabG; Baumbach-Hefermehl S. 1295 Rz 3). Die Käufer müssen eine Kaufgemeinschaft bilden. Deren Einkauf und nicht der Anteil der Gemeinschafter bestimmt rabattrechtlich den Charakter des Geschäfts.

[5] **Konzernrabatt.** „Veräußerung in einer Lieferung" liegt auch vor, wenn die Konzernleitung einen einheitlichen Auftrag für die angeschlossenen Unternehmen erteilt. Eine bestimmte Beteiligungshöhe der Muttergesellschaft oder eine zentrale Abteilung, die für die Beschaffung bestimmter Waren zuständig ist, ist nicht erforderlich. Unschädlich ist, wenn die einzelnen Konzerngesellschaften die auf sie entfallenden Teilmengen getrennt abnehmen (glA LG Mannheim WRP 1965, 1917). Zum Konzernrabatt vgl. auch Bartholomeyczik, Recht im Wandel (65), 307.

[6] **Handelsüblich.** Anders als der Barzahlungsnachlaß ist der Mengennachlaß der Höhe nach nicht wert- oder ziffernmäßig begrenzt. Seine Begrenzung ergibt sich aus der Voraussetzung seiner „Handelsüblichkeit". Es muß handelsüblich sein: a) bei Abnahme mehrerer Stücke oder einer größeren Menge von Waren in einer Lieferung (vgl. Anm. 2, 3 und 4) Mengenrabatt zu gewähren, b) diesen in der gewählten Rabattart (Geld- oder Warenrabatt) einzuräumen und c) dies in der vom Unternehmer bestimmten Höhe zu tun.

Fehlt auch nur eine dieser Voraussetzungen, liegt ein Rabattverstoß vor. Auch ein Nachlaß bis zu 3 % kann als Mengennachlaß nur gewährt werden, wenn er handelsüblich ist (glA Baumbach-Hefermehl S. 1296 Rz 7, Michel-Weber-Gries S. 132 Rz 20, Borck WRP 1966, 121/124, Reimann WRP 1956, 243; a. M. Kamin WRP 1956, 215, Wilkendorf BB 65, 1254). Handelsüblich im Sinne des Rabattgesetzes ist ein Mengennachlaß, der von der Mehrzahl der Gewerbetreibenden desselben Geschäftszweiges gewährt wird und der sich nach allgemeiner Auffassung der beteiligten Verkehrskreise im Rahmen vernünftiger Gepflogenheiten hält (vgl. BGH GRUR 1968, 53/55 — Probetube), sich also im Rahmen einer vernünftigen kaufmännischen Kalkulation hält und dem Sinn und Zweck des Gesetzes (vgl. Einf. 3) nicht zuwider läuft. Da Sinn und Zweck des Rabattgesetzes und der Zugabeverordnung sich decken bzw. ergänzen, kann der Begriff „handelsüblich" wie in § 1 II d ZugVO ausgelegt werden (glA v. Gamm Wettbewerbsrecht S. 164; siehe auch Anm. 100, 101 § 1 ZugVO). Auch ein erstmals gewährter und neuartiger Mengennachlaß kann „handelsüblich" sein, wenn er sich im Rahmen einer vernünftigen kaufmännischen Kalkulation hält (glA Michel-Weber-Gries S. 132 Rz 21, Ulmer-Reimer Nr. 1123 und für den Bereich der Zugabe Anm. 100, 101 § 1 ZugVO sowie BGH GRUR 64, 509 — Wagenwaschplatz; GRUR 1968, 53—Probetube; Baumbach-Hefermehl Rz S. 1223, 1225 80, 83 § 1 ZugVO, Ulmer-Reimer Nr. 1086). Mißbräuche können die Handelsüblichkeit nicht begründen (BGH DW 1964, 10; Reimer-Krieger S. 177, Ulmer-Reimer Nr. 1123). Ein Mengenrabatt, der nach Art und Höhe mit sachgemäßen kaufmännischen Berechnungen nicht zu rechtfertigen ist, ist nicht handelsüblich im Sinne des RabG, auch wenn er von vielen oder der Mehrzahl der Gewerbetreibenden einer Branche gewährt wird. Unzulässig ist daher in der Regel ein Mengennachlaß in Höhe von 25 % bei Abnahme von 2 Stück (glA Reimer-Krieger S. 177, Michel-Weber-Gries S. 131 Rz 19, 20), weil ein Umsatz von 2 Stück normalerweise die Kalkulation nicht so beeinflussen kann, daß ein Nachlaß von 25 % zu rechtfertigen ist. Unzulässig daher auch die Ankündigung 1 plus $1/2$ = 2, d. h. Verkauf des zweiten Stückes zum halben Preis (vgl. Amtl. Begr. zu §§ 7, 8 Anhang II). Für die Feststellung der Handelsüblichkeit kann nur das Verhalten aller Händler herangezogen werden, die ihre Waren unter vergleichbaren Bedingungen anbieten. Die Regelung des § 7 will keine Wettbewerbsgleichheit (par conditio) für alle Unternehmen schaffen, sondern „der Verschiedenheit und Vielgestaltigkeit des Mengennachlasses in den einzelnen Geschäfts- und Warenzweigen" Rechnung tragen (vgl. Amtl. Begr. zu §§ 7 und 8 Anhang II). Die Handelsüblichkeit eines Mengennachlasses ist daher getrennt nach

Laden- und Versandhandel mit Schuhwaren zu beurteilen (LG Berlin AWR 1936, 218). Für die Beurteilung der Handelsüblichkeit eines Mengenrabatts im Schokoladenversandhandel kommt es auf die Gepflogenheiten der Ladengeschäfte nicht an (OLG Köln GRUR 1960, 389). Die Handelsüblichkeit für den Schokoladenversandhandel bestimmt sich nach den Verhältnissen im gesamten Lebens- und Genußmittelspezialversandhandel (OLG Köln a. a. O., glA Baumbach-Hefermehl S. 1296 Rz 7, Michel-Weber-Gries S. 130 Rz 18; a. M. EA Frankfurt GRUR 1936, 445, Reimer-Krieger S. 177). Bei Sammellieferungen von Schulbüchern an Studenten und Schüler ist es nicht handelsüblich, unberechnete Exemplare beizugeben (OLG Oldenburg BB 1965, 561). Zur Handelsüblichkeit im Buchhandel s. Weber WRP 1958, 131 ff.; Kleine Börsenblatt 1957, 1633). Ermäßigung bei 10-Fahrten-Blocks für Wintersportfahrten handelsüblich (DW 1970, 3). Handelsüblich heißt „üblich im gesamten Handel"; ein örtlicher Gebrauch reicht daher nicht aus (glA Baumbach-Hefermehl S. 1296 Rz 7, anders zur Handelsüblichkeit bei der ZugVO Rz 100 § 1 ZugVO; Michel-Weber-Gries S. 130 Rz 17, Reimer-Krieger S. 177 Rz 6, Ulmer-Reimer Nr. 1123, Schönherr, Wettbewerbsrecht Anm. 7 § 7 RabGÖ, Hohnecker-Friedl, Wettbewerbsrecht S. 145; a. M. Tetzner S. 131 Rz 17). Die Beweislast für das Vorliegen der Handels- (und Ortsüblichkeit) hat derjenige, der den Mengenrabatt gewähren will (BGH DW 1964, 10).

[7] **Warenrabatt.** Vgl. Anm. 93 ff. zu § 1 ZugVO. Der Tatbestand des § 1 II lit. c ZugVO entspricht dem des Warenrabatts nach § 7 II. Hier wie dort muß die hinzugegebene (zuzugebende) Menge eindeutig bestimmt oder ohne Benutzung von Hilfsmitteln einfach zu berechnen sein. Der Begriff der „gleichen Ware" in § 1 ZugVO entspricht dem der „verkauften Ware"; er ist eng auszulegen (glA Reimer-Krieger S. 179 Rz 7, Baumbach-Hefermehl S. 1296 Rz 8). Hier wie dort ist Gattungs- und Qualitätsidentität notwendig (h. M.). Unzulässig daher- Bestandteile und Zubehör einer Ware zur Ware (glA Baumbach-Hefermehl a. a. O., Michel-Weber-Gries S. 134 Rz 23), ein Päckchen Tee oder Kaffee der höchsten Preislage zu Kaffee der niedrigsten Preislage.

Beim Kauf einer größeren Menge verschiedenartiger Waren hat der Unternehmer die Wahl, ob er den Rabatt in Geld oder in Form einer der gelieferten Waren gewähren will (glA Reimer-Krieger S. 179 Rz 7, a. M. Schönherr Wettbewerbsrecht, Anm. 9 § 7 RabGÖ, ähnlich Michel-Weber-Gries Rz 24), die jedoch einen Warenrabatt für einzelne Waren einer gekauften Sachgesamtheit für zulässig halten. Zum Verhältnis vom Mengenrabatt zur Mehrleistung vgl. Anm. 28 zu § 1 RabG. Aus dem Wesen des Warenrabatts folgt, daß dieser gleichzeitig mit der Lieferung zu gewähren ist. Er ist natürlicher Bestandteil der Gesamtleistung des Verkäufers.

Preisnachlaß ist hier Geldrabatt. Vgl. Anm. 32 zu § 1 RabG. Es ist ein Preisnachlaß im Sinne von § 1 II RabG, der dort für den sachlichen Geltungsbereich des Gesetzes definiert wird. „Bestimmte oder auf bestimmte Art zu berechnende Menge" bezieht sich grammatisch und sinngemäß nur auf den Warenrabatt. Der Geldrabatt des § 7 II entspricht deshalb nicht § 1 II lit. b ZugVO (a. M. Reimer-Krieger S. 179). Er braucht nicht wie der Barrabatt (§ 2) unverzüglich nach Lieferung gewährt werden. Dies kann auch nachträglich geschehen. Zulässig auch, den Preisnachlaß zu verrechnen mit Nebenkosten (z. B. Fracht, Verpackung), die sonst zu Lasten des Käufers gehen (glA Baumbach-Hefermehl S. 1296 Rz 9, Michel-Weber-Gries S. 134 Rz 25; Tetzner S. 132 Rz 21 § 7 RabG).

Auch die Ausgabe eines Gutscheins ist zulässig, wenn dieser für sich allein den Anspruch auf sofortige Zahlung eines Geldbetrages verbürgt. Ist die Einlösung von der Vorlage einer Sammlung abhängig, so wird nicht im Zusammenhang mit einem größeren Verkaufsgeschäft, sondern zu einer Mehrzahl von Einzelgeschäften unter den Voraussetzungen des Barrabatts gem. §§ 2 und 4 der Preisnachlaß gewährt. Dieser ist nur bis zu 3 % zulässig (ebenso Reimer-Krieger S. 179; Baumbach-Hefermehl S. 1297 Rz 9; Tetzner S. 133 Rz 21; Michel-Weber-Gries S. 134 Rz 25, Ulmer-Reimer Nr. 1124, Junckerstorff AWR 1936, 83; a. M. Rasch PrMinBl. f. Wirt. u. Arb. 1934, 571, v. Gamm Wettbewerbsrecht S. 163).

Die Treuvergütung von Markenherstellern ist nicht ein Mengennachlaß besonderer Art, sondern Barrabatt, der nicht vom Wiederverkäufer, sondern vom Hersteller gewährt wird (ebenso Reimer-Krieger S. 180; a. M. Baumbach-Hefermehl S. 1281 Rz 58). Vgl. hierzu Anm. 8—14 zu § 4 RabG).

[8] Die Rechtslage in **Österreich** stimmt mit der in Deutschland überein. § 7 RabGÖ ist rechtsgültig und auch durch § 2 I lit. a, b ZugGÖ nicht außer Kraft gesetzt worden (Bastecky ÖBl. 1953, 14; ÖOGH ÖBl. 1956, 45).

§ 8

Werden bei Aufträgen für mehrere gewerbliche Leistungen oder für eine gewerbliche Leistung größeren Umfanges oder beim Kauf von Dauer- oder Reihenkarten, die einen Anspruch auf eine bestimmte Zahl von Leistungen begründen, Mengennachlässe gewährt, so gilt die Vorschrift des § 7 entsprechend.

Inhaltsübersicht

[1] Geldrabatt zu gewerblichen Leistungen ist nach § 1 Abs. 2 lit. b ZugVO und für den sachlichen Geltungsbereich des RabG im Rahmen der §§ 2—9 erlaubt. Der Leistungsrabatt (Leistung zu Leistung, Leistung zu Ware) ist nach § 1 I S. 1 ZugVO ohne Ausnahme verboten. Zu gewerblichen Leistungen des täglichen Bedarfs für den letzten Verbraucher macht § 8 eine Ausnahme und ergänzt insoweit den Ausnahmekatalog des § 1 II ZugVO, der zu lit. b und c im übrigen durch das RabG eingeschränkt wird. Für den Bereich des Rabattrechts (vgl. Anm. 4—22 zu § 1) ist Rabatt durch Mehrleistung zu gewerblichen Leistungen unter den Voraussetzungen des Mengennachlasses erlaubt (vgl. unten Anm. 5). Gewerbliche Leistungen zu Warenlieferungen sind Zugaben, die nur als handelsübliche Nebenleistungen erlaubt sind (Anm. 11 und 103—105 zu § 1 ZugVO).

§ 7 gilt entsprechend. Der Mengenrabatt zu gewerblichen Leistungen soll nur unter den gleichen Bedingungen wie bei Warenverkäufen zulässig sein. Der Unterschied besteht nur im Leistungsgegenstand. Die Anwendung des § 8 muß deshalb ein Spiegelbild der des § 7 sein. Eine nicht durch den Leistungsgegenstand notwendig bedingte andere Auslegung scheidet aus (h. M.).

[2] **„Werden bei Aufträgen“.** Der Wortlaut ist nicht glücklich gewählt, aber durch die Bezugnahme auf § 7 eindeutig. Mehrere gewerbliche Leistungen oder eine Leistung größeren Umfangs müssen Gegenstand eines Auftrages sein. Die Summierung mehrerer kleinerer Aufträge ist nicht zulässig. Anm. 4 zu § 7 gilt entsprechend

(h. M. Michel-Weber-Gries S. 136 Rz 3; Reimer-Krieger S. 181; Baumbach-Hefermehl S. 1297 Rz 2; Tetzner S. 137 Rz 10; Junckerstorff S. 78). Der Auftrag muß ausgeführt werden. Teilausführung eines größeren Auftrages, der damit in der Ausführung über den Durchschnittsauftrag nicht hinausgeht, reicht nicht aus (glA Tetzner S. 138 Rz 12). Ausweitung eines kleineren Auftrags durch Auftragsergänzung genügt, wenn die Gesamtausführung eine Erfüllungseinheit ist (glA Reimer-Krieger S. 181, Michel-Weber-Gries S. 136 Rz 3; a. M. Tetzner S. 137 Rz 10 § 8 RabG).

[3] **Mehrere gewerbliche Leistungen. Gewerbliche Leistungen größeren Umfangs.** (Beispiele gewerblicher Leistungen für den letzten Verbraucher s. Anm. 18 § 1 RabG). Mehrere gewerbliche Leistungen entsprechen der Lieferung mehrerer Stücke Ware. Vergl. deshalb Anm. 2 zu § 7. Sie sind nicht gleichartig, aber Gegenstand eines Auftrags. Sind sie nach Art und Ausführung gleich, handelt es sich um einheitliche Leistung größeren Umfangs. Mehrere gewerbliche Leistungen: Gardinennähen und Beziehen von Polsterstühlen durch einen Tapezierer (Reimer-Krieger S. 181). Transport und Lagerung durch einen Unternehmer, der Frachtführer und Lagerhalter ist. Die einzelnen Leistungen müssen nach Umfang und Wert einander annähernd entsprechen (vgl. Anm. 2 zu § 7). Auftragswert und Umfang muß über dem für die Branche des Unternehmers üblichen Durchschnitt liegen. Der beim Unternehmer selbst festzustellende Durchschnitt ist unbeachtlich.

Gewerbliche Leistung größeren Umfangs: Diese muß nach Art und Ausführung eine Einheit bilden, z. B. Anstreichen eines ganzen Hauses, umfangreicher Transport von Waren, wie Baustoffe, Kollis u. ä. Zeitliche Unterbrechungen sind unschädlich, wenn es sich um Teilausführungen eines nach Art und Umfang bestimmten Auftrages handelt. „Auftrag“ ist der Leistungsvertrag. Der „Auftraggeber“ muß Vertragspartner sein. Wird von einem Hausverwalter, der zahlreiche Häuser verwaltet, die verschiedene Eigentümer haben, ein Handwerker beauftragt, in verschiedenen Häusern gleichartige Arbeiten auszuführen, handelt es sich um verschiedene, voneinander unabhängige Einzelaufträge von verschiedenen Auftraggebern. Einzelabrechnung und Entlöhnung sind unschädlich. Z. B. Zwischenmeisterauftrag mit Abrechnung in Stücklohn.

Mengennachlässe im Anzeigengeschäft (vgl. dazu Klosterfelde, Anzeigenpraxis S. 86 ff.) werden gewährt a) als Mengennachlaß für die überdurchschnittliche Buchung von Anzeigenraum b) als Malnachlaß (Wiederholungsnachlaß) für die mehrmalige Veröffentlichung einer unverändert bleibenden Anzeige. Nach Ziff. 2 der Allgemeinen Geschäftsbedingungen für das Anzeigenwesen werden die in der Anzeigenpreisliste bezeichneten Nachlässe nur für die innerhalb eines Jahres in e i n e r Druckschrift erscheinenden Anzeigen e i n e s Werbungtreibenden gewährt. Die Gewährung eines Konzernrabatts ist zulässig und üblich (vgl. zum Konzernrabatt Anm. 5 § 7). Voraussetzung ist in allen Fällen ein einheitlicher Auftrag (Grundabschluß). Ob die Zusammenrechnung aller für verschiedene Zeitungen und Zeitschriften eines Verlages gebuchten Anzeigen rabattrechtlich zulässig ist, hängt davon ab, ob sich die daraus ergebenden Nachlässe mit einer vernünftigen kaufmännischen Kalkulation rechtfertigen lassen.

[4] **Kauf von Dauer- und Reihenkarten.** Unter dem falsch verwandten Begriff „Kauf" verbirgt sich eine Vorleistung auf eine gewerbliche Leistung. Der Anspruch hierauf wird in Urkunden, sogenannten Dauer- und Reihenkarten verbrieft. Beispiele der amtl. Begründung: Reihenkarten für handwerkliche Leistungen, Friseurarbeiten, Theatervormieten. Ferner: Dauerkarten für den Besuch eines Schwimmbades, Tierparks, Zehnerkarten für 10 Wintersport-Fahrten (DW 70, 3), Reihenkarten für Mittagstisch.

Sie gewähren in der Regel keine Leistungsmehrheiten, die überdurchschnittlich sind. Dessen ungeachtet soll die unbedenkliche alte Übung der Rabattgewährung auch weiterhin gestattet sein. Das Mengenerfordernis tritt gegenüber dem der Handelsüblichkeit zurück (wie hier Reimer-Krieger S. 182).

Unzulässig dagegen, wenn dem Teilnehmer einer Ausflugsfahrt für die Teilnahme an einer zweiten Fahrt 5 % Nachlaß gewährt werden, ohne daß es sich um einen einheitlichen Abschluß über 2, 3 oder mehr Fahrten handelt (glA DW 1955, 31, Tetzner S. 138 Rz 11, Michel-Weber-Gries S. 86 Rz 18 § 2).

[5] **Mengennachlaß.** Er kann als Geld- oder als Leistungsrabatt gewährt werden (glA Reimer-Krieger S. 183 Rz 6; Michel-Weber-Gries S. 138 Rz 6; Baumbach-Hefermehl S. 1297 Rz 1, Schönherr Anm. 3 § 8 RabGÖ).

Die Rabattleistung muß nach Art und Ausführung der Hauptleistung entsprechen. Unzulässig daher Fotovergrößerungen zu anderen Fotoarbeiten (OLG Oldenburg WRP 1955, 255; zust. Michel-Weber-Gries S. 138 Rz 6, Baumbach-Hefermehl S. 1296 Rz 8 § 7).

[6] Handelsüblichkeit zum Anlaß, zum Rabattgegenstand und zum Wert der Rabattleistung ist zwingende Voraussetzung. Vgl. Anm. 6 zu § 7.

[7] Die Rechtslage in Österreich stimmt mit der in Deutschland überein.

Dritter Abschnitt
Sondernachlässe

§ 9

Sondernachlässe oder Sonderpreise dürfen gewährt werden:

1. an Personen, die die Ware oder Leistung in ihrer beruflichen oder gewerblichen Tätigkeit verwerten, sofern dieser Nachlaß seiner Art und Höhe nach orts- oder handelsüblich ist;

2. an Personen, die aufgrund besonderen Lieferungs- oder Leistungsvertrages Waren oder Leistungen in solchen Mengen abnehmen, daß sie als Großverbraucher anzusehen sind;

3. an die Arbeiter, Angestellten, Leiter und Vertreter des eigenen Unternehmens, sofern die Ware oder Leistung für deren Bedarf, den Bedarf ihrer Ehegatten, ihrer Abkömmlinge oder der mit ihnen in häuslicher Gemeinschaft lebenden Personen bestimmt ist (Eigenbedarf) und in dem Unternehmen hergestellt, vertrieben oder bewirkt wird.

Durchführungsverordnung § 12

Bei Lieferungen an Behörden oder Einrichtungen des Reichs, (Bundes), der Länder, der Deutschen Reichsbahn-Gesellschaft, an die Reichsbank oder an Gemeinden oder Gebietskörperschaften kann ein Sondernachlaß oder Sonderpreis gem. § 9 Ziff. 2 RabG auch dann gewährt werden, wenn die Lieferung unter den von der zuständigen Beschaffungsstelle aufgestellten Bedingungen erfolgt.

Inhaltsübersicht

[1] **Allgemeines.** Sonderpreis und Sondernachlaß sind im Ergebnis dasselbe (glA Ulmer-Reimer Nr. 1126, Reimer-Krieger S. 184 Rz 1; a. M. Weber WRP 1959, 40; Begriff: Anm. 48 zu § 1). Ihr Anlaß ist der gleiche. Ersterer ist ein vom Unternehmer festgestellter Ausnahmepreis, letzterer ein aus gleichem Anlaß vorgenommener Preisabschlag, durch den ein Sonder(Ausnahme)preis gebildet wird. Die unterschiedliche Bezeichnung stellt klar, daß auch Waren- und Leistungsrabatte, die zu den Preisnachlässen zählen, als Sonderrabatt nur unter den Voraussetzungen des § 9 erlaubt sind. Sonderpreise sind in den Ausnahmefällen des § 9 Ziff. 1—3 erlaubt, sonst aber verboten (glA BGH GRUR 1959, 326 — Kaffeeversandhandel, Michel-Weber-Gries S. 139 Rz 2, Ulmer-Reimer Nr. 1126). Der Katalog ist vollständig und läßt keine Erweiterung zu (vgl. aber Anm. 6). Ebenso wie zu den Ausnahmetatbeständen des § 1 Abs. 2 ZugVO ist eine einengende oder erweiternde Auslegung unzulässig (glA LG Frankfurt WRP 1959, 280; LG Hamburg GRUR 1954, 36, Baumbach-Hefermehl S. 1298 Rz 2, Reimer-Krieger S. 185 Rz 3, Michel-Weber-Gries S. 139 Rz 3, Ulmer-Reimer Nr. 1126). Sondernachlässe und Sonderpreise i. S. des § 9 RabG unterliegen nicht den Beschränkungen der §§ 2—8. Unter den Voraussetzungen des § 9 ist ein Barzahlungs-Sondernachlaß von mehr als 3 % des Normalpreises und ein Sonder-Mengenachlaß auch dann zulässig, wenn er nicht handelsüblich ist (glA Reimer-Krieger S. 184 Rz 1; Michel-Weber-Gries S. 140 Rz 3, Ulmer-Reimer Nr. 1126). Eine Verpflichtung zur gleichmäßigen Gewährung von Sondernachlässen und Sonderpreisen an alle Kunden spricht das Gesetz nicht aus. Gleichwohl nehmen Reimer-Krieger (S. 187) eine solche an. Sind die Voraussetzungen dieser Ausnahmetatbestände nicht gegeben, sind Sonderpreise und -nachlässe auch verboten, wenn die Voraussetzungen der §§ 2—8 erfüllt sind. § 9 gilt nur im sachlichen und persönlichen Geltungsbereich des RabG. Wird nicht an letzte Verbraucher oder keine Ware (gewerbliche Leistung) des täglichen

Bedarfs verkauft, findet das RabG ohnehin keine Anwendung (glA Baumbach-Hefermehl S. 1298 Rz 2, Reimer-Krieger S. 185). Der Sonderpreis muß erkennbar wegen der in der Person des Käufers liegenden Gründe eingeräumt werden. Wird einem lediglich durch ein bestimmtes Merkmal gekennzeichneten Personenkreis verbilligte Ware bevorzugt angeboten, liegt Preisnachlaß oder Preissenkung vor. § 12 DVO enthält einen weiteren Ausnahmetatbestand: Der nach § 9 Ziff. 2 erforderliche besondere Lieferungs- oder Leistungsvertrag ist nicht erforderlich, wenn Erwerber Behörden oder Einrichtungen mit Hoheitsrechten sind und die Lieferungen oder Leistungen nach den Richtlinien der zuständigen Beschaffungsstelle ausgeführt werden.

§ 9 läßt nur das Gewähren, nicht das Ankündigen der in Ziff. 1—3 genannten Rabatte zu (OGHÖ ÖBl. 1964, 13).

A. Verwerternachlaß

[2] **Sonderpreise (Sondernachlässe) wegen beruflicher oder gewerblicher Verwertung** der Ware oder Leistung sind zulässig, wenn sie nach Art und Höhe orts- oder handelsüblich sind (§ 9 Ziff. 1).

Die **berufliche oder gewerbliche Verwertung** muß Letztverbrauch (vgl. Anm. 13—18 zu § 1) sein. Dieser muß im Rahmen des täglichen Bedarfs liegen (Begriff Anm. 7—10 zu § 1). Die Art der Verwertung oder Verwendung muß für den Beruf oder das Gewerbe des Erwerbers typisch sein (glA OLG Düsseldorf NJW 1965, 641/642; Baumbach-Hefermehl S. 1298 Rz 3). Ware oder Leistung müssen dieser Zweckbestimmung entsprechen. Die berufliche oder gewerbliche Verwendung muß auch vom Erwerber gewollt sein (Reimer-Krieger S. 186; LG Hamburg GRUR 1954, 36) und von ihm auch verwirklicht werden (Reimer-Krieger S. 187; Michel-W-G Rz 7 ff.). Typische Verwendung in beruflicher oder gewerblicher Tätigkeit: Instrumente, Arznei-, Verbands- und Desinfektionsmittel für den Arzt (Amtl. Begr.), Bücher für Schulen und Bibliotheken (Baumbach-Hefermehl S. 1299 Rz 3), Fachzeitschrift für Studenten, Fachliteratur für wissenschaftliche und technische Berufe wie Ärzte, Anwälte und Ingenieure (Reimer-Krieger S. 187); Ersatzteile für Reparaturwerkstätten (Baumbach-Hefermehl a. a. O.), Handwerkszeug für Handwerker, Zeichentisch, Zeichenfeder, Pinsel und sonstige spezielle Geräte für Graphiker, die Schreibmaschine für den Anwalt (glA Reimer-Krieger S. 187; Baumbach-Hefermehl S. 1299

Rz 3; a. M. Michel-Weber-Gries S. 141 Rz 7, LG Hamburg GRUR 1954, 36, Spengler RWP II 108 D); die Schreibmaschine des Briefmarkenhändlers, der ein Büro unterhält (ÖOGH ÖBl. 56, 58); die Schreibmaschine des Vervielfältigungsbüros (glA Michel-Weber-Gries S. 141 Rz 7), Schreibmaschinen für Handelsschulen, nicht jedoch die des Handelsschülers (ÖOGH ÖBl, 1964, 98), die Schreibmaschine des zur Fertigung von Berichten verpflichteten Arztes oder eines Sachverständigen (glA Baumbach-Hefermehl S. 1299 Rz 3 und Reimer-Krieger S. 187; a. M. Michel-Weber-Gries S. 141 Rz 7 und 8), die Büromaschinen von Industriebetrieben, Banken und Versicherungen (glA Reimer-Krieger S. 187; a. M. OLG Düsseldorf NJW 1965, 641 wegen Fehlens einer besonderen Intensität der Abnutzung gegenüber einer normalen). Typische Eignung fehlt bei Gegenständen, die nur einer allgemeinen technischen Vervollkommnung dienen, z. B. Glühbirnen in Friseur- oder Modesalons (LG Hamburg GRUR 1954, 36; Baumbach-Hefermehl a. a. O. und Reimer-Krieger a. a. O.; a. M. Tetzner S. 143 Rz 11 § 9 RabG).

[3] **Orts- und Handelsüblichkeit.** Zur „Handelsüblichkeit" vgl. Anm. 100 und 101 zu § 1 ZugVO und Anm. 6 zu § 7 RabG. Fehlt diese, reicht Ortsüblichkeit. Dies ist jede r e g i o n a l e im fraglichen Gewerbezweig übliche Gepflogenheit (BGH DW 1964, 10). Auch wenn sie mit den Grundsätzen kaufmännischer Vernunft nicht in Einklang zu bringen ist, sie darf aber Sinn und Zweck des Gesetzes nicht zuwiderlaufen. Ein Ortsgebrauch im wörtlichen Sinne reicht nicht aus (BGH a. a. O.). Zur Beweislast vergl. Anm. 6 § 7.

Art und Höhe des Sonderpreises müssen orts- oder handelsüblich sein. Art des Sondernachlasses: Barrabatt (§§ 2—4), Mengenrabatt in Geld, Warenrabatt (§ 7), Leistungsrabatt (§ 8). Hierzu gehört auch die Art des Gewährens, d. h. Abzug vom Normalpreis bei Zahlung, Zugabe eines Geldbetrages, Gutschein.

B. Großverbraucher

[4] **Sonderpreis für Großverbraucher** ist ein Unterfall des Mengennachlasses. Die Großverbraucher müssen die wahren Letztverbraucher sein. **Ihr eigener täglicher Bedarf** bestimmt die Großverbrauchereigenschaft. Der Bedarf kann privater oder gewerblicher Natur sein (glA Reimer-Krieger S. 190; Baumbach-Hefermehl S. 1300 Rz 7; a. M. Michel-Weber-Gries S. 145 Rz 23). Zur Gewährung eines Großverbraucherrabatts durch Werbemittler, der alle

Werbung eines Industrieunternehmens streut (schaltet), vgl. OGHÖ ÖBl. 1962, 17. Der Umsatz mit Sammelbestellern, auch wenn diese für Letztverbraucher erwerben, fällt nicht unter § 9 Ziff. 2 z. B.: Sammelbestellung einer Interessengemeinschaft zahlreicher Letztverbraucher (glA Baumbach-Hefermehl S. 1300 Rz 8 § 1 RabG; Möhring BB 1969, 1246; vgl. auch BGH GRUR 1963, 578/582 — Sammelbesteller). Diese ist nur im Rahmen des § 7 möglicher Anlaß eines Mengenrabatts (glA Baumbach-Hefermehl a. a. O.; Reimer-Krieger S. 189; Tetzner S. 145, Rz 16; DW 1951 7). Großverbraucher sind daher nicht die Mitglieder einer Käufergemeinschaft (LG Hannover WRP 1960, 243); sind nicht die Mitglieder eines Vereins beim gemeinsamen Bezug von Kraftstoff (LG Bremen BB 1960, 644); zur Gewährung von 20 % Rabatt an Angehörige des Beamtenbundes vgl. Wirth MA 1953, 109/114. Wer Großverbraucher ist, bestimmt die Verkehrsanschauung (glA Reimer-Krieger S. 190; Tetzner S. 144 Rz 13; a. M. Baumbach-Hefermehl Rz 7 S. 1300, Michel-Weber-Gries S. 145 Rz 22). Die amtl. Begr. spricht zwar davon, daß den Gaststätten, Krankenhäusern, Behörden und dergl. „üblicherweise Sonderpreise oder -nachlässe eingeräumt werden". Gleichwohl ist die Handelsüblichkeit nicht geeignet, Maßstab für die hier in Betracht kommende Verbrauchereigenschaft zu sein, denn die Rabattgewährung an Großverbraucher beruht so sehr auf individuellen Bedingungen, daß sich eine Handelsüblichkeit nur selten herausbilden dürfte (glA Reimer-Krieger S. 190). Auch die Formulierung „als Großverbraucher anzusehen" spricht eher dafür, daß auf die Verkehrsanschauung abzustellen ist. Die abzunehmende Waren- oder Leistungsmenge muß nicht nur den durchschnittlichen Umsatzwert übersteigen (Anm. 2 und 3 zu § 7), sondern muß wesentlich darüber liegen. Ist er so groß, daß er nicht mehr dem Einzelverkauf zugerechnet werden kann, scheidet die Anwendung des RabG überhaupt aus (vgl. Anm. 19 zu § 1). Als Beispiele für Großverbraucher nennt die amtl. Begr. Gaststätten, Krankenhäuser, Behörden, Arbeitslager u. ä. Großverbraucher sind ferner: der Bücherkäufer, der laufend größere Mengen Bücher abnimmt, wobei es nicht darauf ankommt, ob es Bücher ein und desselben oder verschiedener Titel sind (BGH GRUR 68, 95 — Büchereinachlaß); Unternehmen beim Kauf firmeneigener Kraftfahrzeuge. Dies gilt jedoch nicht für personaleigene Fahrzeuge, auch wenn sie teilweise für Unternehmenszwecke benutzt werden (Möhring BB 1969, 1246 ff., zust. Baumbach-Hefermehl S. 1300 Rz 8). Es muß sich um Waren oder gewerbliche Leistungen handeln, die von den Großverbrauchern verbraucht werden. Nicht ausreichend ist daher die Vereinbarung zwischen Textilunternehmen und Industriebetrieb, die Werksangehörigen mit Textilien zu beliefern, wenn die Werksangehörigen diese selbst aussuchen und bezahlen (DW 51, 7; zust. Reimer-Krieger S. 189). Der Vertrag kommt zwischen Textilfirma und den einzelnen Betriebsangehörigen zustande, letzterer ist kein Großverbraucher. Werden Lebensmittel und Getränke in Gaststätten, Kantinen und Krankenhäusern an Gäste bzw. Patienten gegen Entgelt weitergegeben, so schließt sich eine weitere Umsatzstufe an, Be- oder Verarbeitung (Veredelung) unterbrechen die Umsatzreihe nicht. Die Anwendung des RabG ist ohnehin ausgeschlossen. Es kommen deshalb nur Waren oder Leistungen in Betracht, die den eigenen Betriebsbedarf decken, z. B.: Elektrischer Strom, Gas, Wäsche, Stühle, Betten, Arbeitsgerät usw. (zum Letztverbraucher vgl. Anm. 13 zu § 1).

[5] **Besonderer Lieferungs- oder Leistungsvertrag** heißt: Vertrag, der dem Unternehmer einen Großumsatz gewährleistet und den Verbraucher zur entsprechenden Abnahme verpflichtet. Die Großabnahme muß im Rahmen einer vorher begründeten vertraglichen Bindung erfolgen (glA Baumbach-Hefermehl S. 1299 Rz 6; Ulmer-Reimer Nr. 1128; Schönherr, Wettbewerbsrecht Anm. 4 § 9 RabGÖ). Schriftform ist nicht erforderlich. Mündliche Absprachen genügen.

Die Großabnahme muß fest vereinbart sein oder notwendig aus den getroffenen Abreden folgen. Z. B.: Verpflichtung eines Großabnehmers von Verbandstoffen und Desinfektionsmitteln (Krankenhaus), den gesamten einschlägigen Bedarf beim Unternehmer während eines bestimmten Zeitraums zu beziehen. Die einzelne Lieferung braucht nicht die Voraussetzung der Großabnahme zu erfüllen (glA Reimer-Krieger S. 189, Ulmer-Reimer Nr. 1128). Die Höhe des letztlich festzustellenden Umsatzes braucht nicht bestimmt zu sein, wenn feststeht, daß die danach erfolgende Abnahme immer die eines Großverbrauchers ist. Verträge, durch die Verbraucher innerhalb eines bestimmten Zeitraums zum Kauf einer Mindestmenge und Unternehmer zur Lieferung bis zu bestimmter Höhe auf Abruf verpflichtet werden, genügen, ebenso wie alle Sukzessivlieferungsverträge, die einen Großumsatz gewährleisten. Nach § 7 muß eine den Durchschnitt übersteigende Menge veräußert und einheitlich geliefert werden (vgl. Anm. 4 zu § 7), also muß Gegenstand, Menge und Preis fest vereinbart sein. Nach § 9 Ziff. 2 ist dies nicht erforderlich. Es genügen Absprachen, die einen Großumsatz gewährleisten (ebenso Reimer-Krieger S. 189). Eine ohne besondere vorherige Absprache sich aus einer Reihe von laufenden Einzelaufträgen eines Großverbrauchers ergebende Großabnahme genügt nicht. Auch eine langjährige Übung kann den Vertrag nicht ersetzen (Baumbach-Hefermehl S. 1299 Rz 6; Michel-Weber-Gries S. 144 Rz 21; GA 4/58, Tetzner S. 144 Rz 14).

[6] **§ 12 DVO ist eine Ergänzung zum Großverbraucherrabatt gem. Ziff. 2. Behörden, öffentlichen Einrichtungen, Körperschaften des Bundes und der Länder** können Sonderpreise eingeräumt werden, ohne daß besondere Lieferungsverträge vorliegen, wenn für die Lieferung von der zuständigen Beschaffungsstelle aufgestellte Bedingungen vorliegen. Fehlen diese, gilt § 9 Ziff. 2 ohne Einschränkung (§ 12 DVO). Die Ausnahmeregelung gilt nicht für gewerbliche Leistungen. Sind von der Beschaffungsstelle oder einer ähnlichen Einrichtung Ausführungsbedingungen aufgestellt, muß außerdem ein Leistungsvertrag (vgl. Anm. 4) geschlossen werden. § 12 DVO gilt nur für den Geschäftsverkehr mit Behörden und öffentlichen Einrichtungen, deren Haushalte in dem des Bundes oder der jeweiligen Länder geführt werden; es müssen Bundesbehörden oder Gemeinden oder Gebietskörperschaften sein. Für Körperschaften des öffentlichen Rechts, öffentlich rechtliche Anstalten und Stiftungen mit eigenem Haushalt, gilt die Ausnahme nicht (glA Baumbach-Hefermehl S. 1301 Rz 10). Z. B. ist ein evangelisches Provinzialkonsistorium keine Körperschaft im Sinne von § 12 DVO (EA Düsseldorf AWR 1937, 111; zust. Junckerstorff in Anmerkung a. a. O.; Baumbach-Hefermehl a. a. O., Reimer-Krieger S. 193). Das Land Berlin ist beim Bezug von Büchereibedarf seiner Behörden als Großverbraucher anzusehen (BGH GRUR 1968, 95/100).

Die einzige Ausnahme ist die Befreiung vom Liefervertrag. Alle anderen Voraussetzungen der Ziff. 2 müssen erfüllt sein (vgl. GA 4/1958, BB 1959, 1188; s. zu den Voraussetzungen Anm. 3 u. 4).

C. Sondernachlaß für Betriebsangehörige

[7] **Veräußerer** (Begriff vgl. Anm. 11 zu § 1) muß das „Unternehmen" sein, zu dem die Letztverbraucher die vom Gesetz geforderte Verbindung (vgl. unten Anm. 8) haben. Bei Einzelunternehmen und Personalgesellschaften, deren Teilhaber alle vertretungsberechtigt sind, sind Veräußerer und Unternehmer (Begriff Anm. 11 zu § 1) identisch. Bei Personalgesellschaften, die durch einzelne Teilhaber vertreten werden, ist Veräußerer die Gesellschaft, Unter-

nehmer der Vertretungsberechtigte. Bei Kapitalgesellschaften ist Veräußerer die juristische Person, Unternehmer sind die Vorstandsmitglieder oder Geschäftsführer. Leiter des Unternehmens ist der Unternehmer im Sinne des § 1 Abs. 2 (vgl. Anm. 12 zu § 1 RabG). Die Waren oder Leisten müssen aus dem Unternehmen, d. h. aus dessen Erzeugung stammen oder Gegenstand der gewerblichen Betätigung sein. Erzeugnisse eines anderen, dem gleichen Konzern angehörenden Unternehmens, dürfen nicht zum Sonderpreis abgegeben werden (glA Baumbach-Hefermehl S. 1302 Rz 11; Michel-Weber-Gries S. 147 Rz 28; Reimer-Krieger S. 191; DW 1955, 16). Es ist nicht erforderlich, daß die Ware im Betrieb hergestellt oder veredelt wird. Es genügt, wenn sie vom Unternehmen „vertrieben" wird. Auch Handelsunternehmen können beim Verkauf der Handelsware an die durch das Gesetz begünstigten Personen den Sondernachlaß gewähren. Bei Waren, die nur gekauft werden, um sie an Betriebsangehörige abzugeben, ist es nicht zulässig. Zu Sammelbestellungen von Betrieben vgl. Anm. 4 zu § 7.

[8] **Erwerber** können nur die Arbeiter, Angestellten, Vertreter und Leiter des Betriebes sein. Letztere nur, wenn sie in einem zur Leistung im Unternehmen verpflichtenden Vertragsverhältnis stehen. Zu den Mitarbeitern des „eigenen Unternehmens" gehören, wenn ein Unternehmen mehrere Betriebe hat, alle Beschäftigten aller Betriebe, auch wenn in den einzelnen Betrieben unterschiedliche Waren hergestellt werden (glA Baumbach-Hefermehl Rz 11). Nur in der Produktions- und Vertriebsgemeinschaft des Betriebes tätige Personen werden begünstigt. Nur der Leiter, nicht der Inhaber wird genannt. Deshalb gehören in der Geschäftsführung nicht tätige Gesellschafter nicht zum begünstigten Erwerberkreis. Auf den Umfang der Beteiligung kommt es nicht an (a. M. Reimer-Krieger S. 191). Das gleiche gilt für Gesellschafter von Personalgesellschaften, die an der Geschäftsführung nicht teilhaben, sowie für stille Gesellschafter (DW 1955, 84) und für Darlehnsgeber eines Unternehmens (DW 1969, 19). Sind sie nach dem Gesellschaftsvertrag auf ihren Anteil zur Entnahme von Waren oder Leistungen berechtigt, findet das Rabattgesetz keine Anwendung. Ist dies nicht der Fall, sind sie Käufer und kontrahieren mit der Gesellschaft wie jeder außenstehende Dritte. Aufsichtsratsmitglieder sind keine Werkangehörigen (glA Baumbach-Hefermehl S. 1301 Rz 11; Michel-Weber-Gries S. 146 Rz 25; a. M. Reimer-Krieger S. 191 für den Fall, daß der Aufsichtsrat gleichzeitig Inhaber wesentlicher Beteiligungsrechte ist). **Vertreter** ist im kaufmännischen und nicht im Rechtssinne zu

verstehen. Hierzu gehören insbesondere Handelsvertreter — Abschluß- und Vermittlungsvertreter (glA Baumbach-Hefermehl a. a. O.; Reimer-Krieger S. 190 Rz 6; Michel-Weber-Gries a. a. O.) und alle Personen, die mit der Wahrnehmung der Interessen des Unternehmens betraut sind. Auf die rechtliche Stellung des Vertreters kommt es nicht entscheidend an (ebenso Reimer-Krieger S. 190). Auch für den sogenannten Repräsentanten gilt deshalb die Rabattvergünstigung; ebenso für freie Mitarbeiter, wenn ihre Mitarbeit nicht nur eine gelegentliche ist und eine engere Bindung zum Betrieb besteht (DW 1969, 19; Tetzner S. 146 Rz 20). Vertreter i. S. Ziff. 3 ist nicht der nebenberufliche Versandhaus-Mitarbeiter, der nur oder nur überwiegend für sich und seine Familie bestellt (OLG Hamburg WRP 1964, 247); ist nicht ein sogenannter Vertreter im Nebenberuf beim Kauf einer „Vorführmaschine", wenn er gegenüber dem rabattgewährenden Unternehmen keinerlei Verpflichtungen zur Mitarbeit hat (LG Frankfurt WRP 1959, 280), es sei denn, er übt tatsächlich eine Vermittlungstätigkeit aus, die der eines Handelsvertreters im Hauptberuf gleichzusetzen ist (LG Münster BB 1964, 861).

Ehegatte. Die Ehe mit dem Betriebsangehörigen muß z. Z. des Kaufs bestehen. Die Scheidung löst den erforderlichen Zusammenhang ebenso wie der Tod des betriebsangehörigen Ehegatten (glA Reimer-Krieger S. 192; Michel-Weber-Gries S. 148 Rz 32; Baumbach-Hefermehl S. 1302 Rz 12). **Abkömmlinge.** Auf Haushaltungszugehörigkeit oder darauf, daß die Abkömmlinge unterhalten werden, kommt es nicht an. Das Verwandtschaftsverhältnis ist allein bestimmend (ebenso Reimer-Krieger S. 191; Baumbach-Hefermehl a. a. O.). **Haushaltsangehörig** ist jede dauernd zur Haushaltsgemeinschaft gehörende Person. Z. B.: Hausangestellte, nicht aber kurz- oder langfristiger Besuch.

[9] **Eigenbedarf** ist alles, was der Befriedigung eigener Bedürfnisse dient oder was zur Erfüllung rechtlicher Verpflichtungen oder solcher der Sitte oder des Anstands benötigt wird. Hierzu gehört der Haushaltsbedarf des Werkangehörigen, des Ehegatten, der Abkömmlinge und das, was benötigt wird, um einer sittlichen oder einer Anstandspflicht zu genügen. Z. B.: Der Wintermantel, der dem in Not lebenden Vater geschenkt wird.

§ 9 RabG und § 9 RabGÖ stimmen wörtlich überein.

Vierter Abschnitt
Zusammentreffen mehrerer Preisnachlaßarten

§ 10

Treffen bei einem Rechtsgeschäft mehrere Preisnachlaßarten zusammen, so darf der Nachlaß nur für zwei Arten gewährt werden.

§ 13 DVO II. Die Gewährung von Preisnachlässen durch den Wiederverkäufer einer Markenware wird durch die Gewährung einer Treuvergütung nach Abs. 1 nicht berührt.

Anmerkung

Zur Treuvergütung von Markenherstellern vgl. § 13 Abs. 1 DVO bei § 4 RabG und Anm. 14 a. a. O.

Von den drei möglichen Nachlaßarten Barzahlungsnachlaß, Mengennachlaß und Sonderpreis bzw. Sondernachlaß dürfen zwei Nachlässe gleichzeitig gewährt werden, sofern die Voraussetzungen dafür vorliegen. Es ist unzulässig, anläßlich eines Rechtsgeschäftes drei Preisnachlässe gleichzeitig zu gewähren. Der Veräußerer (Unternehmer) hat die Wahl, welche Rabattarten er gewähren will. Z. B.: Barrabatt gem. §§ 2—4 und Sonderpreis oder Sondernachlaß gem. § 9; Barrabatt und Mengennachlaß (§ 2 ff. und 7 oder 8); Mengennachlaß und Sonderpreis. Die Mengennachlässe zu Waren und gewerblichen Leistungen gem. §§ 7 und 8 sind zwei verschiedene Nachlässe, wenngleich sie einander entsprechen. Liegt ein einheitliches Geschäft vor, das sowohl Waren als auch gewerbliche Leistungen zum Gegenstand hat, und sind sowohl zu dem einen Teil als auch zum anderen die Voraussetzungen des Mengennachlasses gegeben, so kann der Unternehmer, wenn er den Mengennachlaß zur Ware und den Mengennachlaß zur gewerblichen Leistung gewährt, einen Barrabatt oder einen Sonderpreis nicht mehr einräumen. Das gleiche gilt beim Zusammentreffen der zulässigen Nachlässe nach §§ 2 und 7 mit den Voraussetzungen für das Einräumen von Sonderpreisen gem. Ziff. 1 und 2 des § 9. Der Verwerternachlaß und der Großverbrauchernachlaß sind zwei verschiedene Nachlaßarten, da der Anlaß unterschiedlich ist. Mengenachlaß und Malnachlaß im Anzeigengeschäft sind beides Mengenrabatt, so daß daneben noch ein Barzahlungsnachlaß oder Großverbrauchernachlaß gewährt werden könnte (glA Tetzner S. 152 Rz 2 § 10 RabG).

Dagegen ist es ein Verstoß gegen § 10, wenn ein Werbungsmittler dem Anzeigenkunden neben dem Mengenrabatt und dem Barzahlungsrabatt noch einen Sonderrabatt gewährt (LG Frankfurt WRP 1959, 221; zust. Löffler, Presserecht 2. Aufl. I, S. 570 Rz 44).

Die Treuvergütung gemäß § 13 DVO ist kein Preisnachlaß, den der Unternehmer i. S. des RabG gewährt. Wird vom Hersteller zu einer Markenware eine derartige Vergütung gewährt, kann der Einzelhändler desungeachtet beim Verkauf bis zu zwei Preisnachlässen einräumen. Verkauft ein Hersteller direkt an letzte Verbraucher, ist die Gewährung einer Treuvergütung unzulässig, vergl. Anm. 7 § 4 (a. M. Baumbach-Hefermehl S. 1280 Rz 56 § 1; S. 1303 Rz 1 § 10).

Zugaben. Die Gewährung von Zugaben wird durch § 10 nicht berührt. Neben zwei Nachlaßarten kann daher auch eine zulässige Zugabe gewährt werden (glA Tetzner S. 152 Rz 5; Baumbach-Hefermehl S. 1303 Rz 2).

Österreich. Die Rechtslage in Österreich stimmt mit der in Deutschland überein.

Zweiter Teil
Schlußvorschriften

§ 11

Wer vorsätzlich oder fahrlässig einer der Vorschriften dieses Gesetzes zuwiderhandelt, wird mit Geldstrafe bestraft. Ist der Täter wegen Zuwiderhandlung gegen dieses Gesetz bereits wiederholt rechtskräftig verurteilt worden, so kann auf Freiheitsstrafe bis zu fünf Jahren erkannt werden.

[1] Die Strafbestimmung des § 11 ist der des § 3 ZugVO ähnlich, es bestehen jedoch wesentliche Unterschiede: Der Rabattverstoß ist Offizialdelikt und von Amts wegen zu verfolgen. Es gilt der Legalitätsgrundsatz des § 152 II StPO (OLG Hamburg NJW 1962, 2216). Antragsberechtigte im Klagerzwingungsverfahren nach § 172 StPO sind Mitbewerber und Wirtschaftsverbände (OLG Hamburg a. a. O.; Baumbach-Hefermehl S. 1304 Rz 2; Reimer Bd. III, 4. Aufl. S. 490). Der Zugabeverstoß ist Antragsdelikt und, sofern der Straf-

antrag gestellt ist, im Offizialverfahren nur zu verfolgen, wenn das öffentliche Interesse gegeben ist. Eine Möglichkeit zur Verfolgung im Privatklageverfahren entsprechend § 4 ZugVO ist bei Rabattverstößen nicht gegeben (glA OLG Hamburg a. a. O.).

Zugabeverstöße werden gem. § 3 ZugVO nur mit Geldstrafe bestraft. Rabattverstöße mit Geldstrafe von 5 bis 10 000 DM oder, bei wiederholter früherer rechtskräftiger Verurteilung aus gleichem Grunde, auch mit Freiheitsstrafe. Die Strafmöglichkeit ist für den Fall des Rückfalls damit erheblich schwerer. Kann auf Freiheitsstrafe erkannt werden, gelten §§ 14 ff. StGB. Zur Geldstrafe gelten §§ 27 bis 27 b StGB. Es kann die Strafe nur in einer Strafart verhängt werden, also entweder Geldstrafe oder Freiheitsstrafe (Baumbach-Hefermehl S. 1304 Rz 2); Verjährung § 67 StGB.

„Ist der Täter bereits rechtskräftig verurteilt" heißt, er muß mehr als einmal bestraft sein. Freiheitsstrafe kann nur verhängt werden, wenn vorher rechtskräftig eine zweimalige Verurteilung zu Geldstrafe erfolgte. Es handelt sich um eine unechte Rückfallbestimmung. **Es kann,** muß aber nicht die schwerere Strafe verhängt werden. Eine Verjährung der Rückfallvoraussetzung tritt nicht ein.

Die Publikationsbefugnis des § 23 Abs. II UWG ist in den Strafbestand des § 11 RabG nicht mitaufgenommen worden. Die Anordnung der Veröffentlichung der Verurteilung im Urteil ist nicht möglich.

[2] **Täter** muß ein Unternehmer (vgl. Anm. 11, 12 zu § 1 RabG) sein (glA Baumbach-Hefermehl S. 1304 Rz 2). Nur dieser kann die Tatbestandsmerkmale verwirklichen. Am Rabattverstoß Mitwirkende können je nach ihrer Willensrichtung Mittäter, Gehilfen oder Anstifter sein (vgl. BGH GRUR 1963, 438 ff. — Fotorabatt; OLG Hamburg JW 1938, 511). Täterschaft einer juristischen Person ist begrifflich ausgeschlossen. Bei Kapitalgesellschaften sind Täter die Vorstandsmitglieder oder Geschäftsführer. Bei Personalgesellschaften sind es die mit der Geschäftsführung und Vertretung betrauten Gesellschafter (glA Baumbach-Hefermehl S. 1304 Rz 2). Z. B.: Bei der Kommanditgesellschaft ist Täter nur der Komplementär. Nur dieser ist in der Lage, mit entsprechendem Vorsatz durch Tun oder Unterlassen den Straftatbestand zu erfüllen.

[3] **Der Vorsatz** muß sich auf alle Tatbestandsmerkmale erstrecken. Die Kenntnis, daß der Käufer Letztverbraucher ist, gehört notwendig zu dem zum Vorsatz gehörigen Wissen. **Irrtum** ist insoweit beachtlich (§ 59 StGB). Irrtum über die Eigenschaften der Ware

(Ware für den täglichen Bedarf) und über das Vorliegen des Wettbewerbszwecks ist Verbotsirrtum (RGSt 51, 195; Baumbach-Hefermehl S. 1303 Rz 1), der nur beachtlich ist, wenn der Täter auch bei gehöriger Anspannung des Gewissens das Unrecht seines Tuns nicht erkennen konnte. Die Schuld und damit die Strafbarkeit wird ausgeschlossen (BGHSt 2, 201; 4, 1). Der Irrtum muß unvermeidbar sein, d. h. daß er auch durch gehörige Erkundigung nicht vermieden werden konnte (vgl. Anm. 6 zu § 3 ZugVO). Auskunft einer unzuständigen Stelle, die Rabattverstoß verneint, reicht nicht aus (OLG Hamm BB 1962, 317). Fahrlässigkeit genügt zur Strafbarkeit. Bei Tatsachenirrtum beachte § 59 II StGB.

[4] Der **Versuch** ist nicht strafbar. Da auch das Ankündigen verboten und damit Bestandteil des Straftatbestandes ist, wird er praktisch miterfaßt. Für den Fall des „Anbietens" (des Forderns) beachte Anm. 55 zu § 1 RabG.

[5] **Mehrere Gesetzesverletzungen.** Ein Rabattverstoß kann in Tateinheit mit einem Verstoß gegen die ZugVO oder das UWG begangen werden (glA Baumbach-Hefermehl S. 1304 Rz 3).

§ 12

(1) Wer einer der Vorschriften dieses Gesetzes zuwider handelt, kann von jedem Gewerbetreibenden, der Waren oder Leistungen gleicher oder verwandter Art herstellt oder in den geschäftlichen Verkehr bringt, oder von Verbänden zur Förderung gewerblicher Belange, soweit sie als solche in bürgerlichen Rechtsstreitigkeiten klagen können, auf Unterlassung in Anspruch genommen werden.

(2) Nimmt in einem geschäftlichen Betriebe ein Angestellter oder Beauftragter Handlungen vor, die nach diesem Gesetz unzulässig sind, so ist der Unterlassungsanspruch auch gegen den Inhaber des Betriebes begründet.

§ 14 DVO. Der Unterlassungsanspruch (§ 12 des RabG) verjährt in sechs Monaten von dem Zeitpunkt an, in dem der Anspruchsberechtigte von der Handlung und von der Person des Verpflichteten Kenntnis erlangt, ohne Rücksicht auf diese Kenntnis in drei Jahren von der Begehung der Handlung an.

Inhaltsübersicht

I. Allgemeines

[1] Von den sich aus Rabattverstößen ergebenden **zivilrechtlichen Ansprüchen** regelt § 12 I RabG nur den Unterlassungs- und Beseitigungsanspruch. Der Unterlassungsanspruch des § 12 RabG entspricht — wie der des § 2 ZugVO — dem des § 13 UWG (vgl. Amtl. Begr. zu §§ 11 bis 17). Dies gilt auch hinsichtlich der Haftung für Angestellte und Beauftragte. Zur Auslegung des § 12 RabG kann daher die Literatur und Rechtsprechung zu den §§ 13 Abs. I, III UWG und § 2 I ZugVO herangezogen werden. **Abweichend** von § 13 II UWG und § 2 II ZugVO **gewährt § 12 RabG keinen Schadensersatzanspruch.** Da das RabG auch dem Schutze bestimmter Personenkreise (mittelständischer Einzelhandel, vergl. BVerfG GRUR 1967, 605/606 — Warenhaus-Rabatt und Einf. 5) dient, ist es insoweit Schutzgesetz i. S. des § 823 II BGB (h. M. vgl. BGH GRUR 1964, 88/90 — Verona-Gerät; Michel-Weber-Gries S. 156 Rz 1 § 12 m. w. Nachweisen; Reimer-Krieger S. 198 Rz 2 § 12; beachte Einf. 5, zum Schutzgesetzcharakter der ZugVO vgl. BGH GRUR 1956, 279 — Olivin). Voraussetzungen und Umfang des Schadensersatzanspruchs bestimmen sich daher nach den allgemeinen zivilrechtlichen Vorschriften der §§ 823 II, 826 ff. BGB, 249 BGB. Daneben kann § 1 UWG Grundlage eines Schadensersatzanspruches sein (vgl. Baumbach-Hefermehl S. 1304 Rz 1 § 12 RabG).

II. Aktivlegitimation beim Unterlassungsanspruch

[2] Die Begriffe **„Gewerbetreibender"**, „Waren oder Leistungen gleicher oder verwandter Art", „herstellen" und „in den geschäftlichen Verkehr bringen" sind dieselben wie in § 13 I UWG und § 2 ZugVO. Siehe hierzu Anm. 3 § 2 ZugVO und Godin-Hoth Anm. 2 § 13 UWG. Jeder Gewerbetreibende, der Waren oder Leistungen gleicher oder verwandter Art herstellt und in den geschäftlichen

Verkehr bringt, ist klagberechtigt; auch wer nicht im Geschäftsverkehr mit letzten Verbrauchern steht, ist klagberechtigt (glA Michel-Weber-Gries S. 157 Rz 2).

[3] **Verbände,** die auf der Grundlage ihrer Satzung die Förderung gewerblicher Belange verfolgen, sind klagberechtigt, soweit sie in bürgerlichen Rechtsstreitigkeiten klagen können. Der Begriff „Verbände zur Förderung gewerblicher Belange" stimmt mit dem in §§ 13 I 1 UWG, 2 I 1 ZugVO überein. Dort heißt es lediglich „Interessen" statt „Belange", was rechtlich keinen Unterschied macht. Zur Aktivlegitimation der Verbände s. daher Anm. 4 § 2 ZugVO. Nicht zu den aktivlegitimierten Wirtschaftsverbänden des § 12 gehören Verbraucherverbände, zu deren satzungsmäßiger Aufgabe es gehört, die Interessen der Verbraucher durch Aufklärung und Beratung wahrzunehmen, vergl. § 13 I a UWG (glA Tetzner S. 159 Rz 9; weitergehend Reimer-Krieger S. 81 Anm. 2 § 2 ZugVO); denn Aufklärung und Beratung ist keine gewerbliche Tätigkeit i. S. des § 12 RabG (glA Reimer-Pastor III. Bd. 4. Aufl. S. 132).

III. Passivlegitimation

[4] **Täter.** Anspruchsverpflichtet ist jede den Vorschriften des RabG zuwiderhandelnde Person. Der Anspruchsverpflichtete kann dabei als Täter, Mittäter, mittelbarer Täter, Anstifter oder Gehilfe gehandelt haben. Sind mehrere Personen an einem Rabattverstoß beteiligt, so ist für jede gesondert festzustellen, ob und in welcher Weise sie zur Verwirklichung des Tatbestandes beigetragen hat. Die verbotene Handlung kann im Ankündigen oder Gewähren, aber auch in der willentlichen Förderung einer dieser tatbestandsmäßigen Handlungen bestehen. Im Verbotsantrag ist dieses Verhalten, d. h. die jeweils festgestellte Art der Mitwirkung konkret zu umschreiben (BGH GRUR 1963, 438/440 — Fotorabatt). Einen zur Anwendung des § 12 I führenden Tatbeitrag zu einem Rabattverstoß leistet, wer laufend Kunden unter Aushändigung eines Einkaufsberechtigungsscheines an einen Großhändler verweist, der 20 % Nachlaß einräumt (LG Hamburg WRP 1959, 329). Stets setzt der Unterlassungsanspruch den Rabattverstoß eines Unternehmers voraus (BGH GRUR 1964, 88/89 — Verona; GRUR 1963, 438 — Fotorabatt; vgl. Anm. 11, 12 § 1). Sind auf der Seite des Rabattgewährenden mehrere Personen beteiligt, so muß mindestens eine von ihnen Unternehmer i. S. des RabG sein; andernfalls liegt kein Rabattverstoß vor, BGH a. a. O. Ein Betriebsinhaber begeht selbst

einen Rabattverstoß i. S. des § 12 I RabG, wenn er die Ankündigung oder Gewährung eines unzulässigen Rabatts durch seine Angestellten oder Beauftragten veranlaßt oder fördert. Daneben haftet er gemäß § 12 II RabG, wenn die Angestellten oder Beauftragten dem RabG zuwiderhandeln.

[5] **Haftung für Angestellte und Beauftragte.** Hat der Betriebsinhaber selbst keinen Rabattverstoß begangen, so kann er dennoch auf Unterlassung in Anspruch genommen werden, wenn ein Angestellter oder Beauftragter in seinem geschäftlichen Betrieb eine rabattrechtlich unzulässige Handlung vorgenommen hat (s. hierzu Anm. 6 § 2 ZugVO). Neben dem Inhaber können weitere Personen zur Unterlassung verpflichtet sein (BGH GRUR 1964, 88/89 — Verona).

[6] **Haftung des Rabattempfängers.** § 1 RabG nennt als rechtlich relevante Handlungen das Ankündigen oder Gewähren nicht zugelassener Preisnachlässe. Einen Rabattverstoß begeht daher nicht, wer sich darauf beschränkt, einen unzulässigen Preisnachlaß zu fordern oder entgegenzunehmen. Dies gilt auch dann, wenn jemand andere Personen auf den preisgünstigten Bezug hinweist (Baumbach-Hefermehl S. 1305 Rz 3 § 12). Eine andere Beurteilung von Handlungen eines Verbrauchers in Zusammenhang mit einem Rabattverstoß kann in Betracht kommen, wenn der Rabattempfänger über die notwendige Teilnahme bei der Annahme des Preisnachlasses hinaus am Rabattverstoß des Händlers mitwirkt (OLG München GRUR 1965, 197).

IV. Voraussetzungen des Unterlassungsanspruchs

[7] **Ein Rechtsschutzbedürfnis** für eine Unterlassungsklage ist gegeben, wenn ein Rabattverstoß bereits begangen wurde und seine Wiederholung zu befürchten ist (vgl. Anm. 8) oder **wenn die** Verwirklichung eines Rabattverstoßes drohend bevorsteht (vgl. dazu Reimer Bd. III 4. Aufl. S. 106; OLG Hamburg WRP 1958, 29/30). Ein **Verschulden** setzt der Unterlassungsanspruch nicht voraus. Auch der Angestellte und Beauftragte brauchen nicht schuldhaft gehandelt zu haben.

[8] **Wiederholungsgefahr.** Zur Wiederholungsgefahr im allgemeinen siehe Godin-Hoth Anm. 35 c § 1 UWG, Baumbach-Hefermehl S. 212 Rz 203 ff. Einl. UWG; Ulmer-Reimer III Nr. 139; Reimer-Pastor III. Bd. 4. Aufl. S. 48 ff.

Ist der Rabattverstoß von einem Angestellten oder Beauftragten begangen worden, so ist die Wiederholungsgefahr sowohl nach dem Verhalten dieser Person als auch nach dem Verhalten des Betriebsinhabers zu beurteilen (BGH GRUR 1964, 263/269 — Unterkunde; GRUR 1965, 155 — Werbefahrer). Sind für den Geschäftsherrn eine Vielzahl von Beauftragten tätig und häufen sich Rabattverstöße, dann sind an die Ausräumung der Wiederholungsgefahr strenge Anforderungen zu stellen. Rundschreiben, mit denen die Beauftragten zu lauterer Werbung ermahnt werden, reichen dann nicht aus (OLG Düsseldorf GRUR 1961, 94). Obwohl § 1 RabG nur das Ankündigen oder Gewähren als verbotene Tatbestände nennt, setzt der Unterlassungsanspruch des § 12 RabG nicht voraus, daß ein Preisnachlaß bereits angekündigt oder gewährt worden ist. Auch das Anbieten eines unzulässigen Rabatts einem einzelnen Kunden gegenüber kann den vorbeugenden Unterlassungsanspruch begründen)BGH GRUR 1967, 433/434 — Schrankwand m. Anm. Droste).
Voraussetzung ist jedoch die Gefahr eines unmittelbar bevorstehenden Rabattverstoßes. Es müssen Tatsachen vorliegen, die die Vorbereitung und die Absicht zur Verwirklichung eines unter das RabG fallenden Tatbestandes mit Sicherheit erkennen lassen. Wird ein unzulässiger Rabatt unter ganz besonderen, sich nur ausnahmsweise ergebenden Umständen angeboten und nicht angekündigt, dann ist die Gefahr einer unmittelbar bevorstehenden Begehungsgefahr besonders sorgfältig zu prüfen. Droste (i. d. Anm. zu BGH a. a. O. — Schrankwand) will offenbar nicht ausschließen, daß bereits das Anbieten eines Rabattes zu den vom Gesetz verbotenen Handlungen gehört. Eine vom Gesetzgeber nicht als unzulässig gekennzeichnete Handlung kann jedoch nicht im Wege der Auslegung in das Verbot einbezogen werden. Das verbieten, da § 1 RabG strafbewährt ist, Art. 103 II GG und § 2 StGB.

[9] **Verjährung.** § 14 DVO ergänzt § 12 RabG entsprechend § 2 IV S. 1 ZugVO (vgl. dort Anm. 10). Der Unterlassungsanspruch verjährt in sechs Monaten von dem Zeitpunkt an, in dem der Anspruchsberechtigte von der Handlung und der Person des Verpflichteten Kenntnis erlangt, ohne Rücksicht auf diese Kenntnis in drei Jahren von der Begehung der Handlung an. Zur Unterbrechung der Verjährung durch Anrufung der Einigungsstellen gelten die allgemeinen Vorschriften der §§ 209 II Ziff. 1 a BGB, 794 Abs. 1 Nr. 1 ZPO und nicht § 27 a Abs. 9 UWG.

V. Schadensersatzanspruch

[10] Das RabG ist Schutzgesetz i. S. von § 823 Abs. 2 BGB (vgl. Anm. 1). Voraussetzungen und Umfang des Schadensersatzes bestimmen sich daher ausschließlich nach den Vorschriften des BGB. Neben den Sondervorschriften der §§ 823 ff. BGB gelten die allgemeinen Vorschriften der §§ 249 ff. BGB. Im Gegensatz zum Unterlassungsanspruch setzt der Schadensersatzanspruch ein Verschulden voraus. Anspruchsberechtigt ist nur, wer einen Schaden erlitten hat. Während beim Unterlassungsanspruch der Betriebsinhaber keinerlei Entlastungsmöglichkeit hat, wenn Angestellte oder Beauftragte in seinem geschäftlichen Betriebe einen Rabattverstoß begangen haben, ist für den Schadensersatzanspruch § 831 BGB anwendbar. Der Schadensersatzanspruch verjährt in drei Jahren, § 852 BGB. Haben Kläger und Beklagter im wesentlichen gleichzeitig, in gleicher Art und Weise und in gleichem Umfang gegen die Vorschriften des RabG verstoßen, dann kann ein auf Rabattverstöße gestützter Schadensersatzanspruch entfallen (BGH GRUR 1970, 563 — Beiderseitiger Rabattverstoß mit Anm. Seydel). Dieser Grundsatz darf nicht verallgemeinert werden und bedarf sorgfältiger Feststellungen bezüglich der genannten Voraussetzungen.

§ 13

Die in § 27 a des Gesetzes gegen den unlauteren Wettbewerb vorgesehenen Einigungsstellen können bei bürgerlichen Rechtsstreitigkeiten aus diesem Gesetz angerufen werden.

§ 13 wurde durch Gesetz vom 8. 2. 1957 (BGBl. I 172) neu gefaßt (vgl. hierzu Godin-Hoth Anm. 1 § 27 a UWG). Die **Einigungsstellen** des § 27 a UWG können auch bei Rabattverstößen angerufen werden. Da der sachliche Geltungsbereich des RabG sich auf den geschäftlichen Verkehr mit letzten Verbrauchern beschränkt, ist die Zuständigkeit der Einigungsstellen bei Rabattverstößen stets gegeben, § 27 a III S. 1 UWG; einer Zustimmung des Gegners bedarf es nicht. Die Einigungsstellen sind nur in bürgerlichen Rechtsstreitigkeiten, nie in Strafverfahren nach § 11 zuständig. **Örtlich zuständig** ist die Einigungsstelle, in deren Bezirk der „Beklagte" seine gewerbliche Niederlassung oder in Ermangelung einer solchen seinen Wohnsitz hat, §§ 27 a IV, 24 UWG.

§ 14

Ist als Übergangsvorschrift überholt.

§ 15 DVO ist ebenfalls Übergangsvorschrift und gegenstandslos.

§ 15

Die Vorschriften des Gesetzes über das Verbot des Verkaufs von Tabakerzeugnissen unter Steuerzeichenpreis v. 21.9.33 (RGBl. I S. 653) **bleiben, soweit sich aus ihnen etwas anderes ergibt, unberührt.**

Jetzt gilt das TabStG vom 6.5.53 (BGBl. I 169), zuletzt geändert durch das 11. Gesetz zur Änderung des TabStG vom 3. März 1972 (BGBl. I 261).

Für das Rabattrecht sind §§ 17/18 TabStG bedeutsam. Vgl. hierzu Gesetzestext Anhang III und Anm. 7 § 2 RabG.

Die Bestimmungen des Tabaksteuergesetzes schließen, soweit sich aus ihnen nichts anderes ergibt, die Anwendung des RabG nicht aus (glA Baumbach-Hefermehl S. 1306 Rz 1).

§ 16

Zum Ersatz eines Schadens, der durch die in diesem Gesetz bestimmten Maßnahmen entsteht, sind weder das Reich (der Bund) noch die Länder verpflichtet.

§ 17

Der Bundes(Reichs-)**wirtschaftsminister erläßt die zur Durchführung dieses Gesetzes erforderlichen Rechts- und Verwaltungsverordnungen.** Er kann auch Vorschriften ergänzenden oder abändernden Inhalts erlassen.

Anmerkung

Aufgrund der in § 17 RabG enthaltenen Ermächtigung hat der Reichswirtschaftsminister drei Druchführungsverordnungen erlassen (vgl. Einf. 1 vor § 1 RabG und den zu § 4 [§§ 1—10 und 13 DVO], § 5 [§ 11 DVO], 9 [§ 12 DVO] und § 12 [§ 14 DVO] abgedruckten Text mit Erläuterungen). Die Ermächtigung zum Erlaß von Rechtsverordnungen ist auf den Bundeswirtschaftsminister übergegangen, Art. 129 Abs. 1 S. 1 GG. Die in Satz 2 enthaltene Ermächtigung zum Erlaß ändernder oder ergänzender Vorschriften ist erloschen, Art. 129 III GG. Seit Inkrafttreten des Grundgesetzes ist das RabG durch förmliche Gesetze (vgl. Einf. 1 vor § 1 RabG) sowie durch die Entscheidung des Bundesverfassungsgerichtes vom 11. 4. 1967 (BGBl. I S. 626) geändert worden.

In **Österreich** ist die Zuständigkeit zum Erlaß von Rechtsverordnungen auf das Bundesministerium für Handel und Wiederaufbau übergegangen. § 17 S. 2 RabG ist durch Art. 18 Bundesverfassungsgesetz außer Kraft gesetzt.

ANHANG

Anhang I

Erläuterungen
zur Verordnung des Reichspräsidenten
zum Schutze der Wirtschaft
vom 9. März 1932 (RGBl. I S. 121)

(Reichsanzeiger Nr. 61 vom 12. März 1932)

Als Begleiterscheinungen der Wirtschaftskrise haben sich seit längerer Zeit erhebliche Ausartungen des Wettbewerbs auf dem Gebiet des Zugabe- und Ausverkaufswesens und bei dem Betrieb von Einheitspreisgeschäften bemerkbar gemacht, unter denen namentlich der gewerbliche Mittelstand zu leiden hat. Um die bedrohlichen Wirkungen dieser Mißstände rechtzeitig abzuwenden, war es erforderlich, die bereits seit längerem im Reichsrat und Reichswirtschaftsrat sowie mit den Wirtschaftsverbänden erörterten Schutzmaßnahmen unverzüglich in Kraft zu setzen . . .

Zur Erläuterung der Vorschriften wird folgendes bemerkt:

Zugabewesen

In immer steigendem Maße bedienen sich seit Beendigung der Inflationszeit Gewerbetreibende des Reklamemittels der Zugabegewährung, um Kunden anzulocken und sie zu möglichst fortgesetztem Warenbezug an den zugabegewährenden Geschäftsbetrieb zu binden. Das geschieht in der Hauptsache bei dem Verkauf von Lebens- und Genußmitteln, wie Kaffee, Kaffee-Ersatzmitteln, Margarine, Zigaretten usw., und bei Haushaltswaren des täglichen Gebrauchs, wie Seife und Waschmitteln, besonders aber bei Markenartikeln jeglicher Art. Regelmäßig werden solche Zugaben in der Form gewährt, daß der Käufer nicht gleichzeitig mit der eigentlichen Ware auch die Zugabe erhält, sondern zunächst nur einen der Ware beigefügten Gutschein und erst später gegen Ablieferung einer bestimmten Anzahl von Gutscheinen die Zugabe. Die Zugabeartikel selbst stammen vorzugsweise aus der Porzellan-, Glas-, Textil-, Leder- und aus der graphischen Industrie.

Allgemeines

Zur Erklärung der an sich eigenartigen Erscheinung, daß dem Käufer zu der Ware, deren Erwerb der Kauf bezweckt, Dinge mitgegeben werden, die dem eigentlichen Kaufgegenstand ganz fremd sind, wird von den Anhängern des Zugabewesens eine Reihe von Gründen angeführt. So namentlich, daß die Zugabe ein besonders zugkräftiges Reklamemittel (sogenannte „Wertreklame") darstelle und als solches ebenso berechtigt sei, wie die Zeitungs- oder jede sonstige Wort- oder Anschauungsreklame; wie diese könne sie lauter oder unlauter sein. Die Zugabegewährung ersetze die Wort- oder Anschauungsreklame und sei wirtschaftlich wertvoll, da sie dem kaufenden Publikum an Stelle der sonst für Wort- und Anschauungsreklame aufgewendeten Ausgaben wirkliche Werte als Zugabeartikel gebe. Sie sei für kleinere und mittlere Betriebe das einzige Mittel, sich gegen die Konkurrenz kapitalkräftiger Firmen, die hohe Summen auf die Wort- und Anschauungsreklame verwenden können, zu behaupten. Denn die Wertreklame werde nur für wirklich abgesetzte Waren aufgewendet; sie stehe in einem festen Verhältnis zum Absatz, da man nichts für Reklame ausgebe, ohne Ware zu verkaufen. Die Wertreklame habe bedeutenden, für das Zugabewesen arbeitenden Industrien Aufschwung und vermehrten Absatz verschafft.

Diesen zugunsten des Zugabewesens geltend gemachten Gründen stehen überwiegende Bedenken entgegen. Zunächst trifft es im allgemeinen nicht zu, daß die sogenannte Wertreklame das Inserieren in den Zeitungen und sonstige Ankündigungen entbehrlich mache. Tatsächlich wirkt sich die Gewährung von Zugabemitteln als Reklame doch erst aus, wenn in größerem Umfang durch Ankündigungen darauf aufmerksam gemacht wird. Ferner ist die Annahme nicht gerechtfertigt, daß die Produktion und der Umsatz solcher Waren, wie sie als Zugabeartikel gegeben werden, infolge des Zugabesystems regelmäßig vergrößert werden; denn es handelt sich bei den Zugaben zumeist um Waren, die vom Publikum ohnehin benötigt werden und die in den betreffenden Spezialgeschäften gekauft werden müßten, wenn sie nicht als Zugabeartikel gegeben würden. Vor allem aber kommen die Auswirkungen in Betracht, die das Zugabewesen für das kaufende Publikum und die Entwicklung des wirtschaftlichen Wettbewerbs im ganzen mit sich bringt. Unter diesem Gesichtspunkt ergibt sich, daß das Zugabesystem Nachteile schwerwiegender Art im Gefolge hat.

In dieser Hinsicht wird von den Gegnern des Zugabewesens ausgeführt, daß die Wertreklame im Gegensatz zur Wort- und Anschauungsreklame die Aufmerksamkeit des Käufers von der anzukaufenden Hauptware fortziehe und sie auf einen für den Kauf ganz unwesentlichen Nebenvorgang, die Zugabe, lenke. Die Gefahr liege außerordentlich nahe, daß die zum Ankauf reizende Zugabe nur auf Kosten der Qualität der eigentlichen Ware geliefert werden könne und daß der Käufer diese in Wirklichkeit zu teuer bezahle. Mit Vorliebe werde deshalb von dem Zugabesystem bei Waren Gebrauch gemacht, bei denen es viele, nur schwer erkennbare Qualitätsunterschiede gebe, die leicht verschleiert werden könnten, ohne daß der Käufer dessen gewahr werde. Für den Käufer bedeute die Zugabe vielfach eine Verleitung zu unwirtschaftlicher Haushaltsführung. Er werde sich bei der Auswahl der Ware und der Verkaufsstelle häufig durch die in Aussicht gestellte Zugabe bestimmen lassen und nur um die Zugabe zu erlangen, Waren über den Bedarf und ohne Rücksicht auf ihre Beschaffenheit und Preiswürdigkeit anschaffen. Das gelte namentlich für die im Haushalt Angestellten, für die die Zugabe wie eine Bestechung wirke. Wie der Käufer durch das Gutscheinsystem unzweckmäßig an eine Verkaufsstelle gebunden werde, trete dasselbe auch für den Händler gegenüber dem Hersteller und Lieferanten der Ware ein. Daneben bringe das Zugabewesen eine überflüssige und unwirtschaftliche Inanspruchnahme von besonderen Lagerräumen sowohl beim Produzenten wie beim Händler mit sich. Es müsse zudem mit der Möglichkeit gerechnet werden, daß das sehr viel kapitalkräftigere Ausland sich Teile des deutschen Marktes mit dem Mittel der Zugabereklame erobern werde. Eine besonders unerwünschte Folge sei es auch, daß die Zugabewaren oft von nicht fachkundigen Persönlichkeiten eingekauft würden und daß dem branchekundigen Einzelhandel der Absatz eines Teils jener Artikel entzogen werde, die als Zugaben in die Hände der Verbraucher gelangten.

Wie das Gutachten des Vorläufigen Reichswirtschaftsrats vom 12. Mai 1930 — Druckausgabe des Vorläufigen Reichswirtschaftsrats Nr. 367 — ergibt, sind die gegen das Zugabewesen vorgebrachten Bedenken zum großen Teil gerechtfertigt. Dabei stehen zwei Momente im Vordergrund, die ein gesetzgeberisches Vorgehen geboten erscheinen lassen. Einmal trägt das Zugabewesen notwendig die Gefahr einer Übersteigerung in sich, die sich wirtschaftlich auf die Dauer höchst nachteilig auswirken muß. Da die Zugabe eine Reklameart darstellt, die stärker in die Augen springt als die Anschauungsreklame und gerade auf die breiten und weniger geschäftskundigen Massen Anziehungskraft ausübt, so muß damit gerechnet werden, daß mehr und mehr auch solche Firmen, die bisher von der Zugabereklame keinen Gebrauch gemacht haben, gezwungenermaßen dazu übergehen, um sich der Konkurrenz zu erwehren. Damit wäre die Zuverlässigkeit des Geschäftsverkehrs in hohem Maße in Frage gestellt. Denn zweifellos würde ein Verkäufer den anderen mit dem Hinweis auf den hohen Wert seiner Zugabe zu übertrumpfen suchen und der Güte der Verkaufsware selbst immer geringere Aufmerksamkeit schenken, so daß eine Verschlechterung ihrer Qualität nicht ausbleiben könnte. Dann aber ist diese Reklameart deshalb zu beanstanden, weil sie das Publikum außerordentlich leicht über den Wert der eigentlichen Ware in Irrtum versetzt. Mit dem Zugabewesen ist die Unklarheit über den Wert der Hauptware und der Nebenleistungen unvermeidlich verbunden.

Das geltende Recht hat sich für die Bekämpfung der mit dem Zugabesystem zusammenhängenden Mißbräuche nicht als ausreichend erwiesen. In dieser Hinsicht ist in dem Gutachten des Reichswirtschaftsrats zutreffend dargelegt, daß die Vorschriften des § 1 des Gesetzes gegen den unlauteren Wettbewerb und die §§ 823, 826 BGB eine genügend sichere Handhabe nicht bieten. Die Rechtsprechung hat auf dieser Grundlage darüber, ob und inwieweit die Gewährung von Zugaben gegen die guten Sitten verstößt, ausreichend feste Ergebnisse nicht zu zeitigen vermocht; Rechtssicherheit ist aber sowohl für die Gewerbetreibenden wie für das kaufende Publikum das erste Gebot. Das gilt gleicherweise für die Bewertung der gegen unrichtige und betrügerische Reklame gerichteten Vorschriften der §§ 3 und 4 des Wettbewerbsgesetzes, soweit die Bekämpfung unlauterer Zugaben in Frage steht. Mit gutem Grunde wird in dem Gutachten des Reichswirtschaftsrats auf die ungemeinen Schwierigkeiten hingewiesen, die sich für die Feststellung des vom Reichsgericht für die Lauterkeit von Zugaben aufgestellten Merkmals („Verkauf der eigentlichen Ware zu einem Preise, der sich innerhalb der Grenzen hält, in denen Waren von gleicher Art und Güte von Geschäften ähnlichen Ranges am gleichen Platz zur selben Zeit verkauft zu werden pflegen") regelmäßig ergeben. Die Preisbemessung ist eine dem einzelnen Gewerbebetreibenden zu überlassende Frage der Kalkulation, die sich nach den besonderen Bedingungen, unter denen jeder Geschäftsbetrieb arbeitet, verschieden gestalten wird. Ein Eindringen in alle Einzelheiten der Preisrechnung beim zugabegewährenden Händler und seinen Konkurrenten wird deshalb in den seltensten Fällen durchführbar sein.

Um den geschilderten Mißständen zu begegnen, sind klare Bestimmungen erforderlich, die den Gerichten bestimmte, nachprüfbare Voraussetzungen an die Hand geben. Mit dem Gutachten des Reichswirtschaftsrats wird davon auszugehen sein, daß Voraussetzung für die Zulassung von Zugaben zu sein hat, daß die Konsumenten über den wirklichen Wert der Zugabe nicht im unklaren gehalten werden. Es muß eine feste Berechnung für sie möglich sein, welcher Teil des ihnen abverlangten Preises auf die eigentliche Ware und welcher Teil auf die Nebenleistungen entfällt. Nur dadurch wird die Zugabereklame durchsichtig gemacht und die Gefahr einer Täuschung der Kundschaft beseitigt. Von dieser Erwägung geht die Verordnung aus, in dem sie grundsätzlich Zugaben verbietet und die im Interesse des Verkehrs vorzusehenden Ausnahmen auf die Fälle beschränkt, in denen die gebotene Klarheit für das Publikum gewährleistet bleibt.

Im einzelnen ist folgendes zu bemerken:

§ 1 Abs. 1 enthält das grundsätzliche Verbot der Zugabe. Das Verbot ist nicht auf die im Einzelhandel gegebenen Zugaben beschränkt, vielmehr auf den geschäftlichen Verkehr im allgemeinen ausgedehnt. Es sollen also auch die Zugaben getroffen werden, die vom Fabrikanten oder Großhändler an die Zwischenhändler gegeben werden, ferner die Zugaben in Gastwirtschaften, in Handwerksbetrieben und dergleichen.

Das Verbot der Zugabe beschränkt sich nicht nur auf die Fälle des Verkaufs einer Ware. Die beim Zugabewesen hervorgetretenen Mißbräuche können ebenso in Geschäftsbetrieben eintreten, die bestimmte Leistungen für ihre Kunden gewerbsmäßig vornehmen (wie z. B. Färbe- und Reinigungsanstalten). Es macht ferner keinen Unterschied aus, ob die Zugabe selbst in einer Ware oder in einer Leistung besteht; Leistungszugabe wie z. B. Photoschecks, wirken sich wirtschaftlich ebenso aus wie die Warenzugabe. Um Umgehungen des Verbots vorzubeugen, ist im Abs. 1 ausdrücklich hervorgehoben, daß als Zugabe auch solche Zuwendungen anzusehen sind, für die zwar ein Entgelt verlangt wird, jedoch nur in so geringer Höhe, daß dies offenbar bloß zum Schein geschieht. Dazu wird allgemein zu bemerken sein, daß der Verdacht einer verschleierten Zugabe dann naheliegt, wenn der als Zugabe in Betracht kommende Gegenstand gegen ein Entgelt abgegeben wird, das hinter dem ortsüblichen Preise für gleichartige Waren (oder Leistungen) wesentlich zurückbleibt. Weiter ist es zur Vermeidung von Umgehungen angezeigt, durch eine ausdrückliche Bestimmung den Fall zu erfassen, daß die Zugabe zur Verschleierung ihres Wesens mit der Hauptware oder Hauptleistung zu einem Gesamtpreis angeboten, angekündigt oder gewährt wird.

Das Verbot des Abs. 1 beschränkt sich nicht auf das Angebot oder die Ankündigung von Zugaben, wie dies das österreichische Gesetz vom 20. Juli 1929 (Bundesgesetzblatt Seite 899) tut. Wenn auch der Zugabe mit dem Ankündigungsverbot ein großer Teil ihrer werbenden Kraft genommen wird, erscheint dies doch zur Unterdrückung der Mißbräuche allein nicht ausreichend. Neben der Ankündigung und dem Angebot ist vor allem die Gewährung der Zugabe selbst zu verbieten.

§ 1 Abs. 2 macht von dem generellen Verbot die Ausnahmen, die erforderlich sind, um dem Handel die Bewegungsfreiheit zu lassen, deren er bedarf, und die ohne Gefahr für das kaufende Publikum eingeräumt bleiben.

So sind unter a solche Gegenstände freigelassen, die unter dem Schlagwort der Kundenbelohnung zusammengefaßt werden können. Reklamegegenstände geringen Wertes, auf denen auffällig und unverwischbar eine Reklameinschrift angebracht ist, wie der Hergabe von Fähnchen und Luftballons mit Firmenaufdruck, Taschenkalendern mit gleicher Reklameaufschrift, Kundenzeitschriften usw., spielen wirtschaftlich keine Rolle und beunruhigen den lauteren Geschäftsverkehr nicht. Dasselbe gilt von den geringwertigen Kleinigkeiten, die beim Warenverkauf gegeben werden, wie eine Schreibfeder beim Einkauf von Schulheften, einzelne Zuckerwerkstückchen für Kinder, ferner gewebte Etiketten, Wappen, Flaggen, die den Zigarettenpackungen beigelegt werden und dergleichen.

Die zu b und c aufgeführten Ausnahmen betreffen den Bar- und den Warenrabatt. Beide Formen des Rabatts lassen ohne weiteres den Wert der Zuwendung erkennen und schließen daher eine Täuschung über das Maß der gebotenen Begünstigung und damit eine Verschleierung des Preises aus.

Wenn unter d handelsübliches Zubehör zur Ware und handelsübliche Nebenleistungen gestattet werden, so wird dadurch einer bestehenden unbedenklichen Gepflogenheit im geschäftlichen Verkehr Rechnung getragen. Eine dem Üblichen entsprechende Verpackung der Ware, eine Nebenleistung wie die unentgeltliche Zusendung der Ware und dergleichen sind nicht zu beanstanden; ihre Zulassung gibt zu Mißbräuchen keinen Anlaß.

Die Ausnahme unter e, die Zugaben zulassen will, wenn dem Käufer das Recht eingeräumt wird, statt der Zugabe einen bestimmten baren Geldbetrag zu verlangen, ist die praktisch wichtigste. Die

Ausnahme entspricht dem gutachtlichen Vorschlag des Reichswirtschaftsrats. Wie bereits hervorgehoben, ist für die Zulassung dieser Ausnahme der Gesichtspunkt maßgeblich, daß bei der Einräumung eines Anspruchs auf einen baren Geldbetrag jede Unklarheit in der Preisberechnung für den Käufer schwindet. Dem Verkäufer soll es überlassen bleiben, den Barbetrag ziffernmäßig zu bestimmen, jedoch mit der Maßgabe, daß er nicht geringer sein darf als der Einstandspreis der Zugabe. Diese Einschränkung erscheint erforderlich, um zu verhüten, daß der Barbetrag so gering bemessen wird, daß in ihm auch nicht annähernd eine Abfindung für die Zugabe gesehen werden kann. Eine solche Möglichkeit würde der Ausnahme unter e ihren Sinn nehmen; denn bei einem Barbetrag, mit dessen Annahme sich der Käufer offenbar schädigen würde, käme eine Wahl zwischen Zugabe und Barbetrag in Wirklichkeit nicht mehr in Betracht. Eine Begrenzung des Barbetrags nach oben erscheint entbehrlich, da der Verkäufer ein Interesse daran hat, sich durch die Bezahlung nicht zu stark zu belasten. Um die nötige Sicherung des kaufenden Publikums herbeizuführen, ist es nötig, daß beim Angebot oder der Ankündigung einer Zugabe auf die Wahlbefugnis und auf die in Betracht kommenden Geldbeträge ausdrücklich hingewiesen wird. Der Verkäufer ist jedoch nicht gehalten, bei der Bezeichnung des Barbetrags Angaben über seine Errechnung zu machen. Von einer Vorschrift dieser Art ist mit Bedacht abgesehen worden, weil die Befürchtung nicht von der Hand zu weisen ist, daß das kaufende Publikum durch Angaben über die Erstehungskosten zu irrtümlichen und nachteiligen Schlüssen über die Preisbildung in anderen Geschäften veranlaßt werden könnte, die als Fachgeschäfte Waren ähnlicher Art, wie sie als Zugabe dienen, in den Verkehr bringen.

Die Ausnahme zu f ist in erster Linie mit Rücksicht auf das Zeitungsgewerbe aufgenommen worden. Erfahrungsgemäß erteilen Zeitungen, ganz besonders die Fachzeitungen, den Beziehern häufig kostenlos Auskünfte und Ratschläge; in manchen Fällen ist diese Auskunftserteilung geradezu die Voraussetzung für die Aufnahme und Aufrechterhaltung des Bezugs. Die Ausnahme ist indessen nicht auf den Fall des Zeitungserwerbs beschränkt, sondern allgemein gefaßt, da es im Einzelhandel häufig begegnet, daß die Verkäufer von Gebrauchsgegenständen den Käufern eine nähere unentgeltliche Unterweisung über den Gebrauch des Gegenstandes zusichern. Mögen solche Unterweisungen auch zumeist handelsüblich sein (zu vgl. Ausnahme unter d), so soll die Vorschrift unter f doch zweifelsfrei feststellen, daß alle Fälle der Auskunftserteilung ohne Rücksicht auf die Frage ihrer Handelsüblichkeit von dem Zugabeverbot ausgenommen sind.

Die Ausnahme unter g betrifft Versicherungsgeschäfte, die von Zeitungs- und Zeitschriftenunternehmungen zugunsten der Bezieher der Zeitungen oder Zeitschriften abgeschlossen werden, und berücksichtigt damit eine Gepflogenheit im Zeitungsgewerbe die zu wirtschaftlichen Schäden bisher nicht geführt hat. Voraussetzung ist dabei, daß es sich um gesetzlich zulässige Versicherungen handelt, insbesondere also um solche, die vom Reichsaufsichtsamt für Privatversicherung oder der sonst zuständigen Stellen genehmigt worden sind.

Der Abs. 3 entspricht den Vorschlägen des Reichswirtschaftsrats, die besonderes Gewicht darauf legen, daß unter allen Umständen bei dem Publikum der Eindruck vermieden werden muß, als sei die Zugabe ein Geschenk, da dies in jedem Falle eine Irreführung bedeuten würde. Die dem Verkäufer durch die Zugabe entstehenden Unkosten werden in jedem Falle in die Preiskalkulation der Ware mit eingeschlossen; die Zugabe stellt also niemals eine unentgeltliche Zuwendung dar. Für die in einer großen Zahl von Fällen hervorgetretenen Mißbräuche der Ankündigung von Geschenken, Gratiszugaben und dergleichen darf kein Raum bleiben.

Weiterhin ist im Abs. 3 verboten, die Zugabe von dem Ergebnis einer Verlosung oder einem anderen Zufall abhängig zu machen. Dabei ist hauptsächlich an solche Fälle gedacht, in denen dem Käufer z. B. versprochen wird, daß in jedem fünften Paket eine Zugabe enthalten sei oder daß bei einem Einkauf über einen bestimmten Betrag hinaus durch Ziehung eines Loses ein Gewinn erlangt werden kann und dergleichen. In Fällen dieser Art wird es oft nicht möglich sein, das Vorliegen einer nach § 286 des Strafgesetzbuchs strafbaren Lotterie oder Ausspielung festzustellen, da es an der Voraussetzung des Einsatzes auf seiten des Käufers fehlen wird. Vielfach wird schon unter Heranziehung des § 1 des Wettbewerbgesetzes gegen Geschäftspraktiken dieser Art, als mit den anständigen kaufmännischen Gepflogenheiten nicht vereinbar, eingeschritten werden können. Zur Erhöhung der Rechtssicherheit ist aber ausdrücklich festgestellt, daß Zugaben, die derart vom Zufall abhängig sind, zu den durch das vorliegende Gesetz verbotenen gehören.

§ 2 regelt die bürgerlich-rechtlichen Folgen einer Übertretung der Vorschriften des § 1. Bei einer bloß objektiven Zuwiderhandlung, bei der dem Gewerbetreibenden weder Vorsatz noch Fahrlässigkeit zur Last fällt, ist auf jedem Fall ein Unterlassungsanspruch begründet. Wie bei den entsprechenden Tatbeständen im Gesetz gegen den unlauteren Wettbewerb ist der Unterlassungsanspruch den Wettbewerbern gegeben, die Waren gleicher oder verwandter Art herstellen oder vertreiben (zu vgl. § 13 des Wettbewerbgesetzes), mit der Besonderheit jedoch, daß hierbei auch Waren berücksichtigt werden, die von den Zuwiderhandelnden als Zugabeartikel gegeben werden. Denn es ist von Wichtigkeit, daß auch die durch die Gewährung von Zugabeartikeln benachteiligten Spezialgeschäfte, die solche Artikel als Hauptware vertreiben, sich gegen diese Beeinträchtigungen wehren können. Die übrigen Vorschriften im § 2 entsprechen der in den §§ 13, 21 des Wettbewerbsgesetzes für ähnliche Fälle bestehenden Regelung.

§ 3 sieht, um dem Zugabeverbot den nötigen Nachdruck zu geben, eine Strafandrohung vor, die sich jedoch nach Lage der Dinge auf Geldstrafe beschränken kann. Auch soll die Strafverfolgung nur auf Antrag eintreten.

§ 4 eröffnet für die Verfolgung der Vergehen des § 3 den Weg der Privatklage.

§ 5 nimmt, um möglichst schnell zu einer Beruhigung des durch die Zugabemißbräuche gestörten Geschäftsleben zu gelangen einen verhältnismäßig naheliegenden Termin für das Inkrafttreten der Vorschriften in Aussicht, der andererseits für die beteiligten Gewerbetreibenden ausreichen wird, um sich auf die neue Rechtslage umzustellen. Die im Anschluß daran gegebenen Übergangsvorschriften sollen den Bedürfnissen der zugabegewährenden Firmen und des Publikums in bezug auf die Abwicklung laufender Zugabegeschäfte Rechnung tragen. Namentlich wird der Fall in Betracht kommen, daß der Käufer im Zeitpunkt des Inkrafttretens der Vorschriften erst einen Teil der zur Forderung der Zugabe berechtigenden Gutscheine erworben hat.

Anhang II

Begründung zum Gesetz über Preisnachlässe (Rabattgesetz) vom 25. November 1933 (RGBl. I S. 1011)

(Veröffentlicht vom Reichswirtschaftsministerium)
(Reichsanzeiger Nr. 284 vom 5. Dezember 1933)

Der Umfang der im Einzelhandel gewährten Preisnachlässe (Rabatte) hat seit Eintritt fester Währungsverhältnisse immer mehr zugenommen. Nach den Feststellungen der Forschungsstelle für den

Handel in Berlin betrugen im Jahre 1931 die mit einem Preisnachlaß verbundenen Umsätze im Einzelhandel 6,8 Milliarden Reichsmark, die zurückvergüteten Preisnachlaßbeträge etwa 250 Millionen Reichsmark. Im einzelnen hat diese Entwicklung in den letzten Jahren zu Ausartungen geführt, die ein gesetzgeberisches Eingreifen notwendig machen. Das Gesetz über Preisnachlässe soll diese auf dem Gebiet des Preisnachlaßwesens im Einzelhandel hervorgetretenen starken Mißstände beseitigen.

Diese Mißstände liegen einmal darin, daß vielfach Nachlässe in einer Höhe gewährt werden, die mit einer normalen kaufmännischen Betriebsrechnung nicht mehr in Einklang steht. Im einzelnen schwankt die Höhe des Preisnachlasses zwischen 2 und 10 v. H. Ferner werden in sich steigerndem Umfange Nachlässe an alle möglichen Käuferschichten gegeben. Da diese Sondernachlässe in der Regel mit einer gewissen Werbung für die den Nachlaß gewährenden Unternehmungen verbunden sind, ist auch hier der Nachlaßsatz vielfach auf eine Höhe hinaufgetrieben worden, die die Grenzen der Wirtschaftlichkeit überschreitet. Weitere Klagen beziehen sich auf die ebenfalls immer stärker hervortretenden wilden Nachlässe mehrerer zum Zweck der Herausgabe gemeinsamer Spar-(Rabatt-)Marken zusammengeschlossener Einzelhandelsunternehmungen, bei denen vielfach die spätere Einlösung der Sparmarken nicht genügend gesichert ist. Dazu kommt die Gefahr, daß, nachdem das Gesetz über das Zugabewesen vom 12. 5. 33 (RGBl. I S. 264) die Möglichkeit, Zugaben zu gewähren, mit Wirkung v. 1. 9. 33 ab beseitigt hat, die Unternehmungen, die bisher Zugaben gewährt haben, nunmehr auf dem Gebiet der Preisnachlässe einen Ausgleich suchen. Die den Preisnachlässen dadurch zukommende erhöhte Bedeutung einerseits, die Forderungen nach Abschaffung oder Einschränkung der Nachlaßgewährung und schließlich die sich in dieser Richtung häufenden Einzeleingriffe örtlicher Stellen andererseits, machen eine einheitliche reichsgesetzliche Regelung notwendig.

Die gesetzliche Regelung kann nicht zum Ziel haben, die Preisnachlässe völlig auszuschließen und zu beseitigen, vielmehr muß das Bestreben dahin gehen, die Nachlaßgewährung entsprechend dem in ihr steckenden gesunden Kern auf den erzieherischen Grundgedanken zurückzuführen: „Kein Preisnachlaß ohne Gegenleistung". Ferner ist in Betracht zu ziehen, daß die Preisnachlässe Abwehrmaßnahmen darstellen, die besonders in den Kreisen des mittelständischen Gewerbes gegen die Rückvergütung der Konsumvereine getroffen worden sind. Auch gegenüber den Preisen und Werbemöglichkeiten der Warenhäuser und Großbetriebe im Einzelhandel wird in dem mittelständischen Gewerbe mit Hilfe der Preisnachlässe eine wirksame Abwehr versucht. Grundsätzlich ist gegen den Preisnachlaß als Wettbewerbsmittel nichts einzuwenden, solange er sich innerhalb einer vernünftigen und gesunden kaufmännischen Preisrechnung bewegt. Die vorgeschlagene gesetzliche Regelung beschränkt sich daher auf die Bekämpfung der verschiedenen Auswüchse. Sie sieht ferner davon ab, die beim Warenverkehr zwischen den verschiedenen Wirtschaftsstufen üblichen Preisnachlässe in ihr Anwendungsgebiet einzubeziehen, weil sowohl die Bedingungen, unter denen sie zustande kommen, wie ihre wettbewerbsmäßigen Auswirkungen grundsätzlich anders sind als beim Preisnachlaß des Einzelhandels an den Verbraucher. Deshalb beschränkt sich der Entwurf auf den in § 1 bezeichneten Geschäfts- und Personenkreis. Dabei ist es gleichgültig, ob der Gewerbetreibende, der die Waren verkauft oder die Leistungen bewirkt, ein Einzelhandels-, Herstellungs- oder Einfuhrunternehmen betreibt; es genügt, daß gewerbsmäßig an den letzten Verbraucher Waren verkauft oder Leistungen bewirkt werden. Auch Versandgeschäfte und ähnliche Unternehmungen werden also im geschäftlichen Verkehr mit dem letzten Verbraucher von den Vorschriften des Gesetzes erfaßt werden; dagegen werden Leistungen eines Versicherers auf Grund von Versicherungsverträgen nicht betroffen, da sie nicht als gewerbliche Leistungen im Sinne dieses Gesetzes anzusehen sind.

In § 1 Abs. 2 werden die Preisnachlässe im Sinne des Gesetzentwurfes gekennzeichnet als Nachlässe von den Preisen, die der Unternehmer ankündigt oder allgemein fordert, oder als Sonderpreise, die wegen der Zugehörigkeit zu bestimmten Verbraucherkreisen, Berufen, Vereinen oder Gesellschaften (Sondernachlässe) gewährt werden. Gerade die Gruppe der Sondernachlässe und -preise gehört zu den Fällen, in denen Nachlässe ohne eigentliche Gegenleistung gewährt werden. Diese verfolgen den Zweck, bestimmte Verbraucherkreise, Vereinsmitglieder oder Berufsgruppen, z. B. Beamte oder Festangestellte, als Kunden heranzuziehen und damit eine Umsatzvermehrung zu erzielen. Zu ihrer Begründung wird gelegentlich geltend gemacht, eine gewisse Gegenleistung liege darin, daß die Bezahlung, und zwar auch bei Teilzahlungen, durch das feste Einkommen der in Betracht kommenden Kundschaft gesichert sei. Auch führe die Werbewirkung in den betreffenden Berufsständen zu einem stärkeren Absatz. Die Sondernachlässe und -preise sind jedoch nicht nur in den Kreisen von Einzelhandel, Handwerk und Gewerbe je länger desto stärker abgelehnt und bekämpft worden, sondern auch in den Kreisen der Abnehmer und Verbraucher hat sich im Laufe der Jahre ein immer stärkerer Widerstand geltend gemacht, weil die unterschiedliche Behandlung der Kunden mit dem Grundsatz gleicher Preisstellung nicht vereinbar ist. Der Entwurf glaubt deshalb, die Sondernachlässe und ebenso die Einräumung von Sonderpreisen an bestimmte Gruppen und Schichten von Verbrauchern grundsätzlich beseitigen zu sollen. Die sich als notwendig erweisenden Ausnahmen von dem allgemeinen Verbot bringt § 9 im dritten Abschnitt (vgl. dort).

Durch das Verbot der Sondernachlässe und -preise wird die Möglichkeit, im Wert geminderte Ware billiger zu verkaufen, nicht ausgeschlossen, da der Entwurf eine Herabsetzung der Preise allgemein oder für einzelne Stücke nicht ausschließt. In diesen Fällen wird der Preis nicht wegen der Zugehörigkeit des Abnehmers zu bestimmten Verbraucherkreisen geändert, sondern aus Gründen, die im Geschäft des Unternehmers liegen, so zum Beispiel wegen der Beschaffenheit der Ware oder aus Gründen des Geschmackswechsels. Der Unternehmer muß den herabgesetzten Preis für die betreffenden Stücke dann aber auch als den allgemeinen, tatsächlichen Preis und nicht als einen Nachlaß in Hundertsätzen ankündigen oder fordern.

Zu § 2: Eine besondere Stellung unter den Preisnachlässen nehmen die für sofortige Barzahlung gewährten Nachlässe (Barzahlungsnachlässe) ein. Sie haben den Zweck, den Kunden zur Barzahlung zu erziehen und das Borgen der Kundschaft mit seinen Verlusten und Ausfällen einzuschränken. Die Barzahlung, die bei den Großbetrieben eine wesentliche Voraussetzung ihres Geschäfts und ihrer Berechnung ist, soll auch dem Einzelunternehmer zugute kommen, die Flüssigkeit seines Unternehmens stärken und ihm die Ausnutzung der von den Lieferanten gewährten Barzahlungsvorteile (Nachlässe), Skonti) ermöglichen. In den letzten Jahren haben aber die Barzahlungsnachlässe zuerst in langsamer, später in geradezu stürmischer Entwicklung eine solche Höhe angenommen, daß eine gesetzgeberische Begrenzung notwendig erscheint. Die zum Teil wilde Steigerung der Preisnachlaßhöhe führt zu einer solchen Verminderung des Rohgewinns, daß die Lebensfähigkeit vieler — besonders kleinerer — Geschäfts-, Gewerbe- und Handwerksbetriebe in Frage gestellt wird. Damit würde das Gegenteil von dem erreicht sein, was der Barzahlungsnachlaß bezweckt. Aus diesen Gründen ist die Festsetzung eines Höchstsatzes geboten. Dieser erscheint nach den bisherigen Erfahrungen mit 3 v. H. angemessen. Höhere Preisnachlässe sind in der Mehrzahl der Fälle ohne Verminderung des Reingewinns und ohne Verzehr des Betriebsvermögens nicht möglich und daher schädlich.

Zu § 3: § 3 enthält eine Gleichstellung der Preisnachlässe bei Lieferungen und Leistungen, die für einen bestimmten Zeitabschnitt abgerechnet werden. In vielen Gegenden werden Lebensmittel, insbesondere Kolonialwaren, Fleisch- oder Backwaren, aber auch andere Haushaltsgegenstände vielfach mit oder ohne Eintragung in ein Liefer-(Konto-)Buch wöchentlich oder monatlich abgerechnet und beglichen. Es erscheint angebracht, in solchen Fällen die Gewährung eines Barzahlungsnachlasses nicht auszuschließen. Die Begrenzung des Zeitabschnittes auf längstens einen Monat soll verhindern, daß durch zu lange Abrechnungszeiträume der Zweck des § 2 umgangen und daß trotz der in dieser Abrechnungsweise liegenden Kreditgewährung noch ein Barzahlungsnachlaß bei späterer Zahlung in Anspruch genommen wird.

Zu § 4: § 4 schreibt den sofortigen Abzug des Nachlasses vom Preis oder die sofortige Hingabe bar einzulösender Gutscheine vor. Dadurch soll sichergestellt werden, daß dem Barzahlungsnachlaß auch tatsächlich eine Gegenleistung, nämlich die Barzahlung, gegenübersteht. Nach Abs. 1 Satz 2 soll bei den sogenannten „Eigennachlässen" der für die Einlösung der ausgegebenen Scheine erforderte Mindestumsatzbetrag an Waren oder Leistungen 50 RM nicht überschreiten. Diese Regelung will nach Möglichkeit den Mißstand einschränken, daß die Kunden des Vorteils der Auszahlung der Nachlaßbeträge durch in der Zwischenzeit eingetretene Zahlungsunfähigkeit des Unternehmers verlustig gehen. Bei einem Nachlaßsatz von 3 v. H. wird nach der vorgeschlagenen Regelung das Risiko des Kunden jeweils nur 1,50 RM betragen. Nach Abs. 2 soll ferner auch die Nachlaßgewährung, die zu diesem Zweck gebildete Vereinigungen durch Hingabe von Gutscheinen, Marken und dergleichen gewähren (sogenannter „organisierter Preisnachlaß", z. B. durch Rabattsparvereine), nur zulässig sein, wenn sich solche Vereinigungen jährlich einer unabhängigen Pflichtprüfung unterwerfen. Dadurch soll verhindert werden, daß die Verbraucher durch schlechte Geschäftsführung und Zusammenbrüche der nachlaßgewährenden Vereinigungen um die ihnen zustehenden Nachlaßbeträge gebracht oder sonst in unlauterer Weise geschädigt werden. Angesichts dieser

Pflichtprüfung erscheint die Festsetzung einer Höchstgrenze für den geforderten Mindestumsatzbetrag bei dem organisierten Preisnachlaß entbehrlich.

Den verschiedenen Vorschlägen, eine staatliche Reichssparmarke zu schaffen (Einheitsrabattsystem), die die nachlaßgewährenden Unternehmer bei staatlichen Stellen (etwa den Postämtern) zu kaufen hätten, konnte nicht zugestimmt werden. Eine solche Regelung würde einmal zu einer erheblichen Belastung der öffentlichen Verwaltung und ferner zu einer starren Vereinheitlichung des Preisnachlaßwesens führen. Demgegenüber stellt die vorgeschlagene Einschränkung des Eigennachlasses und die Überwachung des organisierten Preisnachlasses die nachgiebigere, den wirtschaftlichen Bedürfnissen eher gerecht werdende Regelung dar, da sie dem einzelnen einen größeren Spielraum läßt.

Zu § 5 (wurde am 21. 7. 54 neu gefaßt): Wenn § 5 die Rückvergütung der Konsumvereine in die Regelung einbezieht, so erscheint das gerechtfertigt, weil sich die Rückvergütung im Wettbewerb praktisch ebenso auswirkt wie ein Preisnachlaß. Wie sie einst der Anstoß zur Nachlaßgewährung überhaupt gewesen ist, wurde sie vielfach der Anlaß für die übergroße Höhe der Nachlaßsätze. Etwaige weitere Beträge sollen die Konsumvereine künftig als Gewinnanteile nach Maßgabe der Geschäftsanteile ausschütten.

Zu § 6: Die Vorschrift des § 6 ist notwendig, um zu verhindern, daß die Großbetriebe künftig über die billige Preisstellung hinaus auch noch Barzahlungsnachlässe, etwa durch ein besonderes Markensystem, einführen. Das gleiche gilt für Konsumvereine („Konsumvereine" wurde gestrichen durch Gesetz vom 21. 7. 54) und Werkskonsumanstalten; gerade die letzteren geben vielfach über die günstige Preisstellung hinaus auch noch Rabattmarken aus.

Zu §§ 7 u. 8: Neben dem Barzahlungsnachlaß spielt der Mengennachlaß eine praktisch besonders wichtige Rolle. Ebenso wie der Barzahlungsnachlaß ist er grundsätzlich gerechtfertigt, weil bei der Abnahme einer größeren Menge die Unkosten entsprechend geringer sind. Außerdem wird durch den Mengennachlaß eine volkswirtschaftlich nützliche Nebenwirkung ausgeübt, die die Läger verringert und den Umsatz vergrößert (z. B. Abnahme einer ganzen Kiste Zigarren, eines Kastens Seife oder Anstrich eines ganzen Hauses). Die §§ 7 u. 8 treffen nur die wirklichen Mengennachlässe durch Preisabschlag und Hingabe gleicher Waren. Sie finden also auf eine von vornherein berechnete günstigere Preisstellung für größere

Mengen keine Anwendung; eine derartige besondere Preisstellung ist vielfach bei solchen Waren üblich, die bei Abnahme größerer Mengen geringere Verpackungskosten verursachen und schon dadurch die Preisstellung beeinflussen, wie z. B. bei Waren, die in Dosen, Tuben, Flaschen und dgl. abgegeben werden. Für den Mengennachlaß, soweit er vom Preise abgezogen wird, einen dem Barzahlungsnachlaß entsprechenden Höchstsatz von 3 v. H. festzusetzen, ist bei der Verschiedenheit und Vielgestaltigkeit des Mengennachlasses in den einzelnen Geschäfts- und Warenzweigen nicht möglich. Der Entwurf stellt daher Art und Umfang des Mengennachlasses auf die Handelsüblichkeit ab. Eine solche Regelung erscheint ausreichend, um wirtschaftlich falsche und schädliche Mengennachlässe zu verhindern. Das gilt vor allem von der neuerdings gelegentlich vorkommenden Verkaufsart „$1 + 1/2 = 2$", nach der das zweite Stück eine Ware zum halben Preis verkauft wird. Diese Art des Anreißertums, die einem Mengennachlaß von 25 v. H. gleichkommt, steht mit einer sachgemäßen kaufmännischen Berechnung nicht mehr im Einklang und ist deshalb nicht zu billigen.

Für den Mengennachlaß, der durch Hingabe gleichartiger Waren gewährt wird (z. B. Abgabe von 11 oder 12 bei Zahlung von 10 Stück), würde die Festsetzung eines bestimmten Hundertsatzes als Höchstgrenze gleichfalls unbrauchbar sein. Deshalb glaubt der Entwurf auch für diese Fälle von dem Höchstsatz von 3 v. H. absehen zu können, zumal die Berechnung (nach dem Einkaufs- oder dem Verkaufspreis?) Schwierigkeiten bereiten und eine solche Regelung auch in Handelsbräuche eingreifen würde, die zum Teil seit langem bestehen und nicht zu beanstanden sind. Die Grenze der Zulässigkeit glaubt der Entwurf daher ebenso wie bei dem durch Preisabschlag gewährten Mengennachlaß in der „Handelsüblichkeit" zu finden. Durch diese Bindung wird gleichzeitig etwaigen neuen Arten einer Nachlaßgewährung, die eine Umgehung oder einen Mißbrauch darstellen, ein Riegel vorgeschoben. Die Fassung des § 7 Abs. 2, daß der Mengennachlaß „in einer bestimmten oder auf bestimmte Art zu berechnenden Menge der **verkauften** Ware bestehen" muß, beendigt gleichzeitig den im Anschluß an § 1 Abs. 2 Ziff. c der Notverordnung zum Schutze der Wirtschaft vom 9. 3. 32 entstandenen Zweifel im Sinne der herrschenden Lehre. Es darf also nur dieselbe Ware und von derselben Ware nur die gleiche Qualität gegeben werden, z. B. zu Kaffee Sorte I nur die Sorte I usw.

Die gleiche Regelung wie in § 7 ist in § 8 bei Aufträgen für mehrere gewerbliche Leistungen oder für den Kauf von Dauer- oder

Reihenkarten (Abonnements) vorgesehen, zum Beispiel Reihenkarten für Mahlzeiten oder für gewisse handwerkliche Leistungen (Friseurarbeiten), ferner Theatervormieten und dergleichen.

Zu § 9: § 9 behandelt die von dem grundsätzlichen Verbot (§ 1 Abs. 2) der Sondernachlässe und -preise notwendigen Ausnahmen. Die Nachlässe, wie sie Abnehmern gewährt werden, die die betreffende Ware oder Leistung in ihrer beruflichen oder gewerblichen Tätigkeit verwerten, sind seit langem gebräuchlich. So werden z. B. Ärzten für Arznei- und Verbandsmittel und Handwerkern, zum Beispiel Schneidern oder Anstreichern, für Arbeitsgerät und Werkstoff besondere Preise oder Nachlässe gegeben (Verarbeiternachlaß). Die Gegenleistung besteht hier vielfach in der Verpflichtung, innerhalb eines Jahres eine bestimmte Menge zu beziehen oder den Bedarf ausschließlich oder vorzugsweise bei einem Unternehmen zu decken. Zwar gilt das Gesetz nach § 1 nur für den geschäftlichen Verkehr im Einzelverkauf an den letzten Verbraucher. Da die genannten Abnehmer jedoch zum Teil letzte Verbraucher sind (z. B. für die Arbeitsgeräte) und andererseits vielfach ihren Bedarf im Einzelhandel decken, so hält der Entwurf eine besondere Hervorhebung dieser Fälle in § 9 Ziff. 1 für erforderlich. Eine weitere Ausnahme ist notwendig und in § 9 Ziff. 2 vorgesehen für die Lieferung an Großabnehmer gewerblicher oder anderer Art (z. B. Gaststätten, Krankenhäuser, Behörden, Arbeitslager u. dgl.), denen üblicherweise Sonderpreise oder Sondernachlässe eingeräumt werden, ohne daß darin ein Mißbrauch gesehen werden könnte. Schließlich entspricht der Brauch, den Angestellten und Arbeitern des eigenen Unternehmens Preisnachlässe oder Sonderpreise zu gewähren, dem Gedanken der Betriebsgemeinschaft, der die Vorteile des Unternehmens allen seinen Mitgliedern zugute kommen lassen will. Diesem Brauch will der Entwurf in Ziff. 3 des § 9 Rechnung tragen mit der Maßgabe, daß die Waren oder Leistungen für den Eigenbedarf des Arbeitnehmers abgegeben und in dem Unternehmen selbst hergestellt, vertrieben oder bewirkt werden.

Zu § 10: Da mehrere Preisnachlaßarten zusammentreffen können, so hält der Entwurf auch für sie eine Begrenzung für erforderlich. Es sollen nur zwei Preisnachlaßarten gewährt werden können.

Zu § 11 bis 17: Da die Strafbestimmungen des § 11 nicht ausreichend sein dürften und unter Umständen Verstöße nicht sofort abstellen, sieht § 12 einen dem § 13 UWG entsprechenden Unterlassungsanspruch vor. § 13 ermöglicht die Anrufung der Einigungsämter, wie sie der Vorschrift des § 27 a des Gesetzes gegen den unlauteren Wettbewerb (Fassung der Notverordnung v. 9. 3. 32, Zweiter Teil Artikel 1 — RGBl. I S. 122 —) entspricht. Diese Ämter zu den im Zusammenhang mit den Preisnachlässen auftauchenden Fragen zuzuziehen, hält der Entwurf deshalb für gerechtfertigt, weil sich die Einrichtung dieser Ämter im allgemeinen bewährt hat und sie auch für diese Frage besonders geeignet erscheinen.

Das Gesetz soll nach § 14 am 1. 1. 34 in Kraft treten. Abs. 2 schreibt die Einreichung der jetzt geltenden, den Bestimmungen dieses Gesetzes nicht entsprechenden Preisnachlaßgutscheine bis zum 31. 3. 34 vor. Von diesem Zeitpunkt ab sollen nur noch Gutscheine im Umlauf sein, die den Bestimmungen des § 4 Rechnung tragen.

Anhang III

Tabaksteuergesetz

v. 6. Mai 1953 in der Fassung des Elften Gesetzes
zur Änderung des Tabaksteuergesetzes vom 3. März 1972
BGBl I S. 261/Neufassung BGBl 1972 I S. 1633)

Steuergegenstand, Erhebungsgebiet, Begriffsbestimmungen

§ 1

(1) Der Tabaksteuer unterliegen

1. Zigaretten, Zigarren und Rauchtabak (Tabakerzeugnisse) und Zigarettenhüllen, die im Erhebungsgebiet hergestellt oder in das Erhebungsgebiet eingeführt werden;
2. Rohtabak und Zigarettenpapier, die der zollamtlichen Überwachung vorenthalten oder entzogen werden;
3. Rohtabak, der zu Kautabak oder zu Schnupftabak verarbeitet werden soll;
4. Kautabak und Schnupftabak, die in das Erhebungsgebiet eingeführt werden.

(2) Die Tabaksteuer ist eine Verbrauchsteuer im Sinne der Reichsgabenordnung.

(3) Erhebungsgebiet für die Tabaksteuer ist der Geltungsbereich dieses Gesetzes ohne die Zollausschlüsse und Zollfreigebiete.

§ 2

(1) Zigaretten sind Tabakerzeugnisse, die aus einem umhüllten Feinschnittstrang bestehen. Tabakerzeugnisse mit einem Strang aus anderem Tabak als Feinschnitt gelten als Zigaretten, wenn

1. die äußere Hülle aus anderen Stoffen als Rohtabak (§ 21) besteht oder
2. das Stückgewicht unter 2,3 g liegt und der Tabakstrang mit einer äußeren Hülle aus Tabakfolie (§ 21 Abs. 2 Satz 2) so umhüllt ist, daß die Naht der Tabakfolie parallel zur Längsachse des Tabakstrangs verläuft.

(2) Zigarren sind Tabakerzeugnisse aus anderem Tabak als Feinschnitt mit einem Umblatt und einem aus Tabak bestehenden Deckblatt oder nur mit einem solchen Deckblatt. Besteht das Deckblatt aus Tabakfolie, so sind die Erzeugnisse nur dann Zigarren, wenn sie nicht nach Absatz 1 Satz 2 als Zigaretten gelten.

(3) Feinschnitt ist geschnittener oder auf andere Weise zerkleinerter Tabak, dessen Teile ein Mindestmaß oder beide Mindestmaße für Pfeifentabak (Absatz 4 Satz 1) unterschreiten. Kau-Feinschnitt ist Feinschnitt, der so stark gesoßt ist, daß er sich ungetrocknet nicht zum Rauchen, sondern nur zum Kauen eignet. Gemische aus Feinschnitt und Pfeifentabak, die nicht nach Absatz 4 Satz 2 Pfeifentabak sind, gelten als Feinschnitt.

(4) Pfeifentabak ist geschnittener oder auf andere Weise zerkleinerter Tabak, auch in Platten gepreßt, dessen Teile mindestens 1,4 mm lang und breit sind. Kleinere Teile sind unerheblich, wenn ihr Anteil bei Pfeifentabak nur aus gefaserten Tabakrippen 40 vom Hundert, sonst 10 vom Hundert nicht übersteigt. In Stränge gesponnener Tabak (Strangtabak) gilt im Sinne dieses Gesetzes als Pfeifentabak. Nicht als Pfeifentabak im Sinne dieses Gesetzes gilt Zigarreneinlage, die ausschließlich aus entrippten Tabakblättern oder aus einem Gemenge von solchen Blättern und bearbeiteten Tabakrippen besteht.

(5) Tabakabfälle sind nur dann Feinschnitt oder Pfeifentabak, wenn sie zum Rauchen hergerichtet oder zur Abgabe an Verbraucher verpackt sind.

(6) Zigaretten, Zigarren und Rauchtabak können an Stelle von Tabak teilweise andere Stoffe enthalten oder nur aus anderen Stoffen als Tabak bestehen.

§ 5
Kleinverkaufspreis, Steuerbemessung

(1) Kleinverkaufspreis ist der Preis, den der Hersteller von Tabakerzeugnissen als Einzelhandelspreis für Zigaretten und Zigarren je Stück und für Rauchtabak je Kilogramm bestimmt. Bestimmt der Hersteller nur einen Packungspreis, so gilt als Kleinverkaufspreis der Preis, der sich im Durchschnitt für das Stück oder das Kilogramm aus dem Packungspreis und dem Packungsinhalt ergibt. Der Packungspreis darf nicht auf Bruchteile eines Pfennigs lauten.

(2) Gibt der Hersteller Tabakerzeugnisse an Verbraucher unentgeltlich oder zu Gefälligkeitspreisen ab oder verbraucht er sie selbst, so gilt als Kleinverkaufspreis der Preis, den er für die Erzeugnisse derselben Marke oder entsprechenden Bezeichnung in mengengleichen Packungen für Einzelhändler als Kleinverkaufspreis bestimmt.

(3) ...

(4) ...

(5) ...

(6) ...

§ 9
Verpackungszwang

Tabakerzeugnisse dürfen nur in vollständig geschlossenen, verkaufsfertigen Kleinverkaufspackungen aus dem Herstellungsbetrieb entfernt oder zum Verbrauch im Herstellungsbetrieb entnommen werden. Die Kleinverkaufspackungen dürfen andere Gegenstände als die Tabakerzeugnisse nicht enthalten. Derartige Gegenstände dürfen der Packung auch nicht außen beigepackt werden. Das Beipacken von Wechselgeld ist zulässig.

§ 12
Zigarettenhüllen

(1) ...

(2) Für Zigarettenhüllen gelten die §§ 3, 6, 7 und 9 bis 11 sinngemäß. ...

Handel mit Tabakerzeugnissen und Zigarettenhüllen
§ 16

(1) Der Händler muß die Kleinverkaufspackungen verschlossen halten und die Steuerzeichen an den Packungen unversehrt erhalten. Er darf die Packungen jedoch öffnen, um den Inhalt zu prüfen, vorzuzeigen oder unentgeltlich als Werbeproben zu verteilen. Packun-

gen mit Zigaretten, Zigarren und verpackten Teilmengen von Kau-Feinschnitt darf er außerdem zum Stückverkauf öffnen. Er darf die Packungen nur so öffnen, daß die Steuerzeichen durchtrennt oder deutlich sichtbar eingerissen werden.

(2) Der Stückverkauf ist nur zulässig, wenn der Preis für die abgegebene Menge, der sich aus dem Kleinverkaufspreis ergibt, nicht auf Bruchteile eines Pfennigs lautet.

§ 17

(1) Der Händler darf Tabakerzeugnisse an Verbraucher nicht unter dem Kleinverkaufspreis oder Packungspreis abgeben, der auf dem Steuerzeichen angegeben ist. Er darf bei der Abgabe von Tabakerzeugnissen an Verbraucher auch keinen Rabatt gewähren. Dem Rabatt stehen Rückvergütungen aller Art gleich, die auf der Grundlage des Umsatzes gewährt werden.

(2) Der Händler darf bei der Abgabe von Tabakerzeugnissen und Zigarettenhüllen an Verbraucher keine Gegenstände zugeben.

(3) Die Absätze 1 und 2 gelten auch für Personenvereinigungen, Gesellschaften, Anstalten und natürliche oder juristische Personen, die Tabakerzeugnisse und Zigarettenhüllen entgeltlich abgeben, jedoch kein Handelsgewerbe betreiben.

(4) Die Absätze 1 und 2 gelten nicht, wenn der Hersteller Tabakerzeugnisse oder Zigarettenhüllen an Verbraucher abgibt, die ihm aus persönlichen Gründen eng verbunden sind. Absatz 1 gilt außerdem nicht, wenn Tabakerzeugnisse zur Durchführung öffentlicher Aufgaben an den Bund oder die Länder abgegeben werden.

§ 18

Von dem Verbot des Verkaufs von Tabakerzeugnissen unter Kleinverkaufspreis oder Packungspreis (§ 17 Abs. 1) sind ausgenommen

1. ein Preisnachlaß bis zu 3 vom Hundert bei der Abgabe von Zigarren in vollen Packungen, wenn bar bezahlt wird und wenn der Preisnachlaß handelsüblich ist;
2. Preisermäßigungen, die sich als notwendig erweisen,
   a) um dem Hersteller oder dem Händler im Falle des Konkurses oder bei Einstellung der Herstellung oder des Handels die Räumung der Bestände zu ermöglichen,

b) weil sich der Wert der Tabakerzeugnisse erheblich gemindert hat.

Die Preisermäßigung bedarf der Genehmigung des Bundesministers für Finanzen oder der von ihm bestimmten Stellen.

Straf- und Bußgeldvorschriften

§ 33

(1) Ordnungswidrig handelt, wer vorsätzlich oder fahrlässig

1. ...
2. ...
3. als Händler
   a) einer Vorschrift des § 16 über das Verschlossenhalten der Packungen oder das Erhalten der Steuerzeichen an den Packungen oder den Stückverkauf zuwiderhandelt,
   b) einem Verbot des § 17 Abs. 1 oder 2 über die Abgabe von Tabakerzeugnissen unter dem Kleinverkaufspreis oder Packungspreis oder über die Rabattgewährung oder die Gewährung von Zugaben zuwiderhandelt;
4. ...
5. ...

§ 34

Eine Ordnungswidrigkeit im Sinne des § 407 der Reichsabgabenordnung begeht, wer vorsätzlich oder leichtfertig

1. entgegen § 9 Satz 2 oder 3 Kleinverkaufspackungen mit Tabakerzeugnissen oder entgegen § 9 Satz 2 oder 3, § 12 Abs. 2 Kleinverkaufspackungen mit Zigarettenhüllen in den Verkehr bringt, die auch einen anderen Gegenstand enthalten oder denen ein anderer Gegenstand außen beigepackt ist;
2. ...

Durchführungsbestimmungen zum Tabaksteuergesetz

(TabStDB) v. 5. Juni 1953 (Bundesgesetzbl. I S. 281) in der Fassung der 15. VO zur Änderung der DB zum TabStG vom 31. 7. 1972 (BGBl. I S. 1342/Neufassung BGBl. I S. 1645).

Zu § 17 des Gesetzes

§ 27

Zugaben an Verbraucher

Der Händler darf dem Verbraucher bei der Abgabe von Zigarren Zigarrenspitzen von geringem Wert und bei der Abgabe von Kau-Feinschnitt kleine Dosen von geringem Wert zugeben.

Anhang IV

Anordnung des RWM betreffend Sonderveranstaltungen vom 4. 7. 1935
(RAnz. Nr. 158)

§ 1

Sonderveranstaltungen im Sinne der nachstehenden Vorschriften sind außerhalb des regelmäßigen Geschäftsverkehrs stattfindende Verkaufsveranstaltungen im Einzelhandel, die, ohne Ausverkäufe oder Räumungsverkäufe zu sein, der Beschleunigung des Warenabsatzes dienen und deren Ankündigungen den Eindruck hervorrufen, daß besondere Kaufvorteile gewährt werden.

Sonderveranstaltungen sind nicht Sonderangebote, durch die einzelne nach Güte oder Preis gekennzeichnete Waren ohne zeitliche Begrenzung angeboten werden und die sich in den Rahmen des regelmäßigen Geschäftsbetriebes des Gesamtunternehmens oder der Betriebsabteilung einfügen.

§ 2

Die Abhaltung von Sonderveranstaltungen wird untersagt.

Die Vorschrift des Absatzes 1 gilt nicht

a) für Jubiläumsverkäufe, die den Vorschriften des § 3 entsprechen;
b) für Resteverkäufe nach Maßgabe des § 4.

§ 3

Jubiläumsverkäufe dürfen zur Feier des Bestehens eines Geschäfts nach Ablauf von jeweils 25 Jahren abgehalten werden. Ihre Veranstaltung ist nur zulässig, wenn das Unternehmen den Geschäftszweig, den es bei der Gründung betrieben hat, die angegebene Zeit hindurch gepflegt hat.

Der Wechsel des Firmennamens oder des Geschäftsinhabers ist für die Zulässigkeit der Veranstaltung von Jubiläumsverkäufen ohne Bedeutung.

Am Jubiläumsverkauf des Gesamtunternehmens dürfen auch Zweigniederlassungen und Verkaufsstellen teilnehmen, die nicht so lange wie das Stammhaus bestehen. Eigene Jubiläumsverkäufe von Zweigniederlassungen oder Verkaufsstellen finden nicht statt.

Der Jubiläumsverkauf muß in dem Monat beginnen, in den der Jubiläumstag fällt. Die Verkaufszeit beträgt längstens 12 Werktage. Sonn- und Feiertage, die durch die Anordnung der höheren Verwaltungsbehörde für den Verkauf freigegeben sind, werden in die Verkaufszeit nicht eingerechnet.

§ 4

Besondere Resteverkäufe dürfen während der letzten drei Tage der Saisonschluß- und Inventurverkäufe (Sommerschluß- und Winterschlußverkäufe) in für diese Verkaufsveranstaltungen zugelassenen Waren abgehalten werden.

Als Reste sind nur solche aus früheren Verkäufen verbliebene Teile eines Ganzen anzusehen, bei denen der verbliebene Teil, für sich genommen, nicht den vollen Verkaufswert mehr hat, den er im Zusammenhang mit dem Ganzen besessen hat.

§ 5

Die höhere Verwaltungsbehörde kann nach Anhörung der zuständigen amtlichen Berufsvertretungen von Handel, Handwerk und Industrie Ausnahmen von den Vorschriften der §§ 2 bis 4 gestatten.

Anhang V

Verordnung des BWM über Sommer- und Winterschlußverkäufe vom 13. 7. 1950

(BAnz. Nr. 135)

§ 1

Verkäufe am Ende eines Verbrauchsabschnittes im Sinne des § 9 des Gesetzes gegen den unlauteren Wettbewerb finden zweimal im Jahre statt. Sie beginnen am letzten Montag im Januar und am letzten Montag im Juli. Die Verkaufszeit beträgt 12 Werktage.

Der im Januar beginnende Verkauf ist als Winterschlußverkauf, der im Juli beginnende Verkauf als Sommerschlußverkauf zu bezeichnen.

Die für die Wirtschaftsverwaltung zuständige oberste Landesbehörde kann den Beginn der Sommer- und Winterschlußverkäufe in Bädern und Kurorten anderweitig festsetzen.

§ 2

Es dürfen zum Verkauf gestellt werden

a) in beiden Verkaufsveranstaltungen Textilien, Bekleidungsgegenstände Schuhwaren sowie aus der Gruppe Lederwaren Damenhandtaschen, Lederblumen und Damengürtel,

b) im Winterschlußverkauf auch Waren aus Porzellan, Glas und Steingut.

§ 3

Auf die Verkäufe hinweisende öffentliche Ankündigungen müssen den Tag des Beginns des Verkaufs deutlich angeben. Enthalten sie Warenangebote, so sind sie frühestens am letzten Werktage vor dem Beginn der Verkäufe, und zwar in Zeitungen und Zeitschriften mit Beginn dieses Tages, im übrigen erst nach Ladenschluß zulässig.

Mit der Plakatwerbung und der Verteilung von Druckschriften kann am letzten Werktage vor dem Beginn der Verkäufe nach 14 Uhr begonnen werden.

Die vor Beginn und die während der Verkäufe gültigen Preise dürfen in öffentlichen Ankündigungen, insbesondere in Schaufenstern, nicht einander gegenübergestellt werden. Dies gilt nicht für Preisangaben innerhalb der Verkaufsräume.

§ 4

Die vorstehende Regelung ist auch für die von Versandgeschäften veranstalteten Sommer- und Winterschlußverkäufe anzuwenden.

§ 5

Diese Anordnung tritt am Tage nach ihrer Verkündung in Kraft. Gleichzeitig treten alle früheren auf Grund des § 9 des Gesetzes gegen den unlauteren Wettbewerb erlassenen Vorschriften über Sommer- und Winterschlußverkäufe außer Kraft.

Anhang VI

Preisauszeichnungsverordnung
(Verordnung PR Nr. 1/69)
Vom 18. September 1969
BGBl. I S. 1733

Auf Grund des § 2 des Preisgesetzes vom 10. April 1948 (Gesetz- und Verordnungsblatt des Wirtschaftsrates des Vereinigten Wirtschaftsgebietes S. 27), zuletzt geändert durch § 37 des Gesetzes über die Investitionshilfe der gewerblichen Wirtschaft vom 7. Januar 1952 (Bundesgesetzbl. I S. 7), wird verordnet:

§ 1
Grundvorschriften

(1) Wer nach den Vorschriften dieser Verordnung zur Preisauszeichnung verpflichtet ist, hat die von ihm allgemein geforderten Preise anzugeben.

(2) Die Aufgliederung der Preise ist nur zulässig, soweit sie sich auf Waren oder Leistungen bezieht, die auch gesondert erbracht werden.

(3) Preisauszeichnungen müssen leicht erkennbar, dem Angebot eindeutig zugeordnet und deutlich lesbar sein.

§ 2
Handel

(1) Wer Letztverbrauchern gewerbs- oder geschäftsmäßig Waren zum Kauf anbietet, hat die Waren unter Angabe der Verkaufseinheit und Gütebezeichnung auszuzeichnen, die der allgemeinen Verkehrsauffassung entsprechen.

(2) Die Auszeichnung von Fertigpackungen mit den Grundpreisen richtet sich nach den Vorschriften des Eichgesetzes vom 11. Juli 1969 (Bundesgesetzblatt I S. 759) und der nach diesem Gesetz erlassenen Rechtsverordnungen.

(3) Die Preisauszeichnung ist vorzunehmen

1. bei Waren, die in Schaufenstern, Schaukästen, innerhalb oder außerhalb des Verkaufsraumes auf Verkaufsständen oder in sonstiger Weise sichtbar ausgestellt werden, und bei Waren, die vom Verbraucher unmittelbar entnommen werden können, durch Preisschilder oder Beschriftung der Ware;
2. bei Waren, die nicht unter den Voraussetzungen der Nummer 1 im Verkaufsraum zum Verkauf bereitgehalten werden, entweder nach Nummer 1 oder dadurch, daß die Behältnisse oder Regale, in denen sich die Waren befinden, beschriftet werden oder dadurch, daß Preisverzeichnisse angebracht oder Preislisten zur Einsichtnahme aufgelegt werden;
3. bei Waren, die nach Musterbüchern angeboten werden, dadurch, daß die Preise für die Verkaufseinheit auf den Mustern

oder damit verbundenen Preisschildern oder Preisverzeichnissen angegeben werden;

4. bei Waren, die nach Katalogen oder Warenlisten, insbesondere im Versandhandel, angeboten werden, dadurch, daß die Preise neben den Warenabbildungen oder Warenbeschreibungen, in Anmerkungen oder in mit den Katalogen oder Warenlisten im Zusammenhang stehenden Preislisten angegeben werden.

(4) Die Absätze 1 bis 3 gelten auch für die Waren, die in den in den §§ 3 bis 7 aufgeführten Betrieben Letztverbrauchern angeboten werden.

§ 3
Dienstleistungen

(1) Friseure, Schuhmacher, Wäschereien, Plättereien und Chemischreinigungsbetriebe haben die Preise für ihre wesentlichen Leistungen in Preisverzeichnisse aufzunehmen, von denen je eins im Geschäftslokal und im Schaufenster anzubringen ist.

(2) Dies gilt auch, wenn die Leistungen in Betrieben des Handels oder in Annahmestellen angeboten werden.

(3) Werden die Leistungen in Fachabteilungen des Handels angeboten, so genügt die Anbringung des Preisverzeichnisses in der Fachabteilung.

§ 4
Gaststättenbetriebe

(1) Inhaber von Gaststättenbetrieben haben Preisverzeichnisse für Speisen und Getränke in hinreichender Zahl auf den Tischen aufzulegen und jedem Gast vor Entgegennahme von Bestellungen und bei Abrechnung auf Verlangen vorzulegen.

(2) Inhaber von Gaststättenbetrieben, in denen regelmäßig warme Speisen für jedermann angeboten werden, haben außen neben dem Eingang ein Preisverzeichnis anzubringen, auf dem die Gedecke und die Tagesgerichte aufgeführt sind. Ist der Gaststättenbetrieb Teil eines Handelsbetriebes, so genügt die Anbringung des Preisverzeichnisses am Eingang des Gaststättenteils.

(3) Inhaber von Selbstbedienungsgaststätten, Erfrischungshallen, Kiosken, Stehbierhallen, Bierzelten und ähnlichen Betrieben haben Preisverzeichnisse anzubringen, aus denen die Preise der angebote-

nen Speisen und Getränke ersichtlich sind. Absatz 2 bleibt unberührt.

(4) Die Preisverzeichnisse müssen die Bedienungsgeld und sonstige Zuschläge einschließenden Preise der jeweils angebotenen Speisen und Getränke enthalten. Beim Ausschank von Getränken in Behältnissen mit gesetzlich festgelegten Volumen ist in den Preisverzeichnissen das Volumen, auf das sich der Preis bezieht, anzugeben.

§ 5
Beherbergungsbetriebe

Inhaber von Betrieben, die gewerbsmäßig Gäste beherbergen, haben unbeschadet des § 4 in jedem zur Beherbergung dienenden Zimmer ein Verzeichnis anzubringen, das den jeweiligen Bedienungsgeld und sonstige Zuschläge einschließenden Zimmerpreis je nach Art der Vermietung und gegebenenfalls den Frühstückspreis sowie den bei Benutzung der Fernsprechanlage geforderten Preis für eine Gebühreneinheit enthält.

§ 6
Garagen

(1) Wer Garagen oder Einstellplätze in Parkhäusern für die Dauer von nicht mehr als einem Monat vermietet, hat am Anfang der Zufahrt ein Preisverzeichnis anzubringen, das je nach Art der Vermietung die Preise für den Monat, den Tag oder die Stunde für die Einstellung eines Kraftfahrzeuges enthält.

(2) Absatz 1 gilt für die Vermietung oder Bewachung von Parkplätzen entsprechend.

§ 7
Tankstellen

Inhaber von Tankstellen haben ihre Kraftstoffpreise so auszuzeichnen, daß sie

— innerhalb geschlossener Ortschaften von der Straße her,
— außerhalb geschlossener Ortschaften für den in den Tankstellenbereich eingefahrenen Kraftfahrer

deutlich lesbar sind. Dies gilt nicht für Kraftstoffmischungen, die erst in der Tankstelle hergestellt werden.

§ 8
Werbung

Wer in Zeitungen, Zeitschriften, Prospekten, auf Plakaten, in Rundfunk oder Fernsehen oder auf sonstige Weise unter Angabe von Preisen für Waren oder Leisten gegenüber Letztverbrauchern wirbt, hat die Preise entsprechend § 1 Abs. 1 und 2 anzugeben.

§ 9
Straf- und Bußgeldvorschrift

Zuwiderhandlungen gegen diese Verordnung werden nach den Straf- und Bußgeldvorschriften des Wirtschaftsstrafgesetzes 1954 geahndet.

§ 10
Ausnahmen

(1) Die Vorschriften dieser Verordnung finden keine Anwendung, wenn Angebote (§§ 2 bis 7) oder Werbung (§ 8) ausschließlich Letztverbraucher erreichen, die die Ware oder Leistung in ihrer beruflichen oder gewerblichen Tätigkeit verwerten.

(2) § 2 findet keine Anwendung

1. auf Kunstgegenstände, Sammlerstücke und Antiquitäten im Sinne des Kapitels 99 des Deutschen Zolltarifs 1968;
2. auf Waren, die in Werbevorführungen angeboten werden, sofern der Preis der jeweiligen Ware bei deren Vorführung und unmittelbar vor Abschluß des Kaufvertrages genannt wird;
3. auf Blumen und Pflanzen, die unmittelbar vom Freiland, Treibbeet oder Treibhaus verkauft werden;
4. auf Waren, die ein Unternehmer Letztverbrauchern ausschließlich im Namen und für Rechnung anderer Gewerbetreibender anbietet, die diese Waren nicht vorrätig haben und aus diesem Grunde die Letztverbraucher an den Unternehmer verweisen.

§ 11
Schlußvorschriften

(1) Diese Verordnung tritt am 1. Januar 1970 in Kraft.

(2) Gleichzeitig treten außer Kraft:

1. die Verordnung über Preisauszeichnung vom 16. November 1940 (Reichsgesetzbl. I S. 1535) in der Fassung der Bekanntmachung vom 6. April 1944 (Reichsgesetzbl. I S. 98) und der Anordnung PR Nr. 21/47 vom 29. März 1947 (Mitteilungsblatt des Verwaltungsamts für Wirtschaft des amerikanischen und britischen Besatzungsgebiets S. 231);
2. Ausnahmen, die auf Grund des § 11 der Verordnung über Preisauszeichnung vom 16. November 1940 oder auf Grund sonstiger Rechtsgrundlagen von den Vorschriften der Verordnung über Preisauszeichnung bewilligt oder angeordnet worden sind;
3. die Anordnung PR Nr. 103/48 über Preisauszeichnung bei Obst, Gemüse und Südfrüchten vom 24. September 1948 (Mitteilungsblatt der Verwaltung für Wirtschaft des Vereinigten Wirtschaftsgebietes II S. 157).

Anhang VII

Zugabengesetz (Österreich)

Bundesgesetz vom 3. August 1934 über das Verbot von Zugaben zu Waren oder Leistungen (Zugabengesetz) BGBl. II 196

Auf Grund des Artikels III, Absatz 2, des Bundesverfassungsgesetzes vom 30. April 1934, BGBl. I Nr. 255, hat die Bundesregierung beschlossen:

§ 1

(1) Es ist verboten, im geschäftlichen Verkehr neben Waren oder Leistungen unentgeltliche Zugaben (Prämien) anzubieten, anzukündigen oder einem größeren Kreis von Personen zu gewähren. Es ist belanglos, ob die Zugaben im vorhinein, gleichzeitig mit der Ware oder Leistung oder erst später gewährt werden sollen oder gewährt werden und ob sie in Waren oder Leistungen bestehen.

(2) Dieses Verbot (Absatz 1) gilt auch dann, wenn die Unentgeltlichkeit der Zugabe durch Gesamtpreise für Waren oder Leistungen, durch Scheinpreise für eine Zugabe oder auf andere Art verschleiert wird.

§ 2

(1) Das Verbot des § 1 gilt nicht für das Anbieten, die Ankündigung oder die Gewährung von Zugaben:

a) wenn die Zugabe in einem bestimmten oder auf bestimmte Art zu berechnenden Geldbetrage besteht und der Ware nicht beigefügt ist; im unmittelbaren Verkehr mit dem Verbraucher darf der Geldbetrag lediglich im Verhältnis zur Menge oder zum Preis der gekauften Ware berechnet werden;

b) wenn die Zugabe in einer bestimmten oder lediglich nach Bruchteilen zu berechnenden Menge derselben Ware besteht;

c) wenn die Zugabe in der Erteilung von Auskünften oder Ratschlägen besteht;

d) wenn die Zugabe in handelsüblichem Zubehör zur Ware oder in handelsüblichen Nebenleistungen besteht.

(2) Soweit im Absatz 1 von Waren die Rede ist, findet er auch auf Leistungen sinngemäß Anwendung.

§ 3

(1) Das Verbot des § 1 gilt ferner nicht für die Gewährung von Zugaben folgender Art:

a) von Warenproben;

b) von Reklamegegenständen, die als solche durch eine auffallend sichtbare und dauerhafte Bezeichnung des reklametreibenden Unternehmens gekennzeichnet sind;

c) von geringwertigen Kleinigkeiten anderer Art, sofern sie nicht zu Zusammenstellungen bestimmt sind, die einen die Summe der Werte der gewährten Einzelgegenstände übersteigenden Wert besitzen.

(2) Die Gewährung der in Absatz 1 bezeichneten Zugaben ist jedoch verboten, wenn sie vom Abschluß früherer Geschäfte oder von der Erfüllung anderer Bedingungen abhängig gemacht wird.

§ 4

Wer dem Verbot (§ 1) zuwiderhandelt, wird von der Bezirksverwaltungsbehörde mit Geld bis zu 15000 S bestraft. Ist der Täter wegen einer solchen Zuwiderhandlung bereits einmal bestraft worden, so kann an Stelle oder neben der Geldstrafe auf Arrest bis zu drei

Monaten erkannt werden. Die Bestimmungen des § 19 des Bundesgesetzes vom 26. September 1923, BGBl. Nr. 531, gegen den unlauteren Wettbewerb finden entsprechende Anwendung.

§ 5

Wer dem Verbote (§ 1) zuwiderhandelt, kann unbeschadet der Strafverfolgung auf Unterlassung und bei Verschulden auf Schadenersatz in Anspruch genommen werden. Die Bestimmungen der §§ 14 bis 18, 20 bis 24, 25, Absatz 4, 5, 6, und § 26 des Bundesgesetzes vom 26. September 1923, BGBl. Nr. 531, gegen den unlauteren Wettbewerb finden entsprechende Anwendung.

§ 6

Wenn die neben einer Ware oder einer Leistung zu gewährende Zugabe (§ 1) von dem Ergebnis einer Verlosung oder einem anderen Zufall abhängig ist, so gelten nicht die Bestimmungen dieses Gesetzes, sondern § 28 des Bundesgesetzes vom 26. September 1923, BGBl. Nr. 531, gegen den unlauteren Wettbewerb in der Fassung des Bundesgesetzes BGBl. Nr. 74/1971. Demnach wird insbesondere die Verordnung des Bundesministeriums für Handel und Verkehr vom 8. November 1924, BGBl. Nr. 401, womit gewisse glückspielartige Formen des Betriebes von Waren oder Leistungen verboten werden, durch dieses Gesetz nicht berührt.

§ 7

(1) Dieses Bundesgesetz tritt mit Ausnahme der Bestimmungen der Absätze 2 und 3, die sofort in Kraft treten, mit dem 1. Oktober 1934 in Kraft. An diesem Tage verliert das Bundesgesetz vom 20. Juni 1929, BGBl. Nr. 227, seine Wirksamkeit.

(2) Zugaben, die gemäß einer nach dem Bundesgesetz vom 20. Juni 1929, BGBl. Nr. 227, zulässigen Ankündigung oder einem solchen Anerbieten zu gewähren sind, dürfen noch bis zum 30. November 1934 dem Bezugsberechtigten ausgefolgt werden, wenn die zum Bezuge der Zugabe berechtigenden Nachweise (Verpackungsteile usw.) vor dem 1. Oktober 1934 dem zur Gewährung der Zugabe Verpflichteten vorgelegt worden sind.

(3) Ankündigungen, die ausschließlich die Mitteilung der Bestimmungen des § 1, Absatz 1, und des § 7, Absatz 2, sowie des Tages

des Inkrafttretens dieses Gesetzes enthalten, fallen nicht unter die in diesem Gesetze oder unter die im Bundesgesetze vom 20. Juni 1929, BGBl. Nr. 227, enthaltenen Verbote.

§ 8

Mit dem Vollzuge dieses Gesetzes sind der Bundesminister für Handel, Gewerbe und Industrie und der Bundesminister für Justiz betraut.

Anhang VIII

Amtliche Begründung
Österreich

Begründung zum Entwurf eines Bundesgesetzes über das Verbot von Zugaben zu Waren oder Leistungen (Zugabengesetz)*)

Durch das Bundesgesetz vom 20. Juni 1929, BGBl. Nr. 227, betreffend das Verbot der Ankündigung von Zugaben (Prämien) zu Waren oder Leistungen, ist es lediglich verboten, im geschäftlichen Verkehr neben einer Ware oder Leistung die unentgeltliche Gewährung einer besonderen Zuwendung (Zugabe, Prämie) in öffentlichen Bekanntmachungen oder in Mitteilungen, die für einen größeren Kreis von Personen bestimmt sind, **anzubieten oder anzukündigen.**

In den beteiligten Kreisen des Handels, des Gewerbes und der Industrie wurde nun darüber Klage geführt, daß durch dieses Gesetz trotz der strengen Auslegung, die es in der Rechtsprechung der Gerichte gefunden hat, dem Prämienunwesen ein wirksamer Riegel nicht vorgeschoben wurde, und es wurde daher verlangt, daß das Verbot — unter Berücksichtigung gewisser Ausnahmen — **außer auf die Ankündigung** von Zugaben auch auf deren **Gewährung** erstreckt werde.

Begründet wird die Notwendigkeit dieser Verschärfung damit, daß die Firmen, die vor dem Inkrafttreten des Gesetzes vom 20. Juni 1929, BGBl. Nr. 227, Prämienveranstaltungen durchgeführt hatten, Zeit und Gelegenheit fanden, vor Eintritt der Wirksamkeit dieses Gesetzes ihre Kunden nachdrücklich darauf aufmerksam zu machen, daß diese Veranstaltungen auch späterhin ohne besondere Ankündigung fortgesetzt würden, so daß die früher angekündigten Zugabenveranstaltungen in eine bislang straflos gebliebene tatsächliche Prämiengewährung automatisch umgewandelt wurden. Auch gebe das bloße Ankündigungsverbot die Möglichkeit zu mannigfachen Umgehungen, die mittels mündlicher Propaganda insbesondere durch Außenorgane der reklametreibenden Firmen verwirklicht werden; die Eignung dieser Propaganda als verbotswidrige Ankündigung sei aber in den meisten Fällen nicht zu erbringen. Der gegenwärtige Zustand trage somit den Charakter der Ungleichheit und Lückenhaftigkeit an sich.

Demgemäß wird eine ähnliche Regelung verlangt, wie sie im Deutschen Reiche durch die Verordnung vom 9. März 1932 erlassen wurde, die zwar dem österreichischen Gesetze vom 20. Juni 1929 weitgehend nachgebildet ist, aber darüber hinaus ein Verbot der Gewährung von Zugaben verfügt, und die mit dem Gesetze vom 12. Mai 1933 noch weiter verschärft worden ist.

Der gegenständliche Entwurf eines Bundesgesetzes über das Verbot von Zugaben zu Waren oder Leistungen (Zugabengesetz) übernimmt zwar wesentliche Teile des Bundesgesetzes vom 20. Juni 1929, BGBl. Nr. 227; mit Rücksicht auf die Ausdehnung des Verbotes auf die **Gewährung** der Prämien und die Notwendigkeit der Anbringung sonstiger Verbesserungen ergab sich aber als zweckmäßig, an Stelle einer Novellierung des geltenden Gesetzes den neuen Wortlaut in die Form eines neuen Gesetzes zu fassen.

Zu den einzelnen Bestimmungen des Gesetzes wird, soweit sie nicht mit denen des geltenden Gesetzes übereinstimmen, folgendes bemerkt:

Zu § 1.

Gegenüber § 1 des geltenden Gesetzes hat diese Bestimmung eine wesentliche Abänderung erfahren.

Während bisher bloß die Ankündigung von Zugaben in öffentlichen Bekanntmachungen oder in Mitteilungen, die für einen größeren Kreis von Personen bestimmt sind, verboten war, soll nun jedes Angebot von Zugaben schlechthin, auch wenn es sich nicht an die Öffentlichkeit oder an einen größeren Kreis von Personen richtet, verboten sein. Überdies soll aber auch schon die bloße Gewährung, die Hingabe solcher Zugaben, untersagt werden. Allerdings wird das Verbot der bloßen Gewährung der Zugaben nur dann Geltung haben, wenn solche Zugaben „einem größeren Kreis von Personen" gewährt werden, wenn also die Zugabengewährung den Charakter einer gewissen Regelmäßigkeit, wie sie Prämienveranstaltungen anhaftet, erlangt. Die bloß einem einzelnen Abnehmer gelegentlich gewährte Zugabe fällt daher nicht unter das Verbot des § 1.

Verboten soll jedoch nur das Angebot, die Ankündigung oder die Gewährung **unentgeltlicher** Zugaben sein. Wird für den angebotenen, angekündigten oder gewährten Zugabengegenstand ein entsprechendes Entgelt verlangt, dann erhält dieser Gegenstand die Eigenschaft einer selbständigen Ware, er verliert damit den Charakter einer verbotswidrigen Zugabe. Allerdings könnte in diesem Punkte das Verbot leicht dadurch umgangen werden, daß durch Festsetzung eines Scheinpreises für die Zugabe oder durch Koppelung verschiedener Waren unter einem Gesamtpreis oder sonst auf irgendeine Art die tatsächliche Unentgeltlichkeit der Zugabe verschleiert wird. Dies soll durch die Bestimmung des Absatzes 2 des § 1 verhindert werden.

Es muß im allgemeinen der Entscheidung der rechtsprechenden Behörde im Einzelfalle überlassen werden, zu beurteilen, ob eine solche Verschleierung vorliegt oder nicht. Eine Richtschnur wird hierfür z. B. dann gegeben sein, wenn der Gesamtpreis im Verhältnis zur Summe der normalen Preise der Einzelgegenstände auffallend niedrig ist. Bei Verkäufen unter Gesamtpreisen wird auch die Beantwortung der Frage entscheidend sein, ob für eine Verkoppelung der gegenständlichen Waren ein vernünftiges wirtschaftliches Interesse besteht, insbesondere, ob solche Warenzusammenstellungen vermöge ihrer gemeinsamen Zweckbestimmung oder ihrer einem Handelsbrauche entsprechenden Vereinigung einem Gesamtbegriff, wie „Garnitur", „Ausstattung", „Ausrüstung", „Menu" od. dgl., zu unterstellen sind. Unter diesem Gesichtspunkte sind auch sogenannte Nutzpackungen, das sind Verpackungen oder Umhüllungen, zu betrachten, die losgelöst von der in ihnen enthaltenen Ware einem eigenen Gebrauchszwecke zu dienen geeignet sind. Hier spielt auch die Frage eine Rolle, ob ein handelsübliches Zugehör im Sinne des § 2, Abs. 1, Buchstabe d, vorliegt oder nicht.

Zu § 2.

Die Ausdehnung des Verbotes auf die Gewährung von Zugaben machte auch die Überprüfung der zulässigen Ausnahmen von dem Verbote notwendig.

Diese Ausnahmen scheiden sich in zwei Gruppen (§ 2 und § 3 des Entwurfes).

§ 2 umfaßt im Wesen die bereits im § 2 des Gesetzes vom 20. Juni 1929, BGBl. Nr. 227, unter a, b, c und e aufgezählten Ausnahmen. Die hier angeführten Zugaben können sowohl tatsächlich gewährt als auch angeboten oder angekündigt werden.

Die im § 2, Abs. 1, a und b, des Gesetzes vom 20. Juni 1929 enthaltenen Ausnahmen wurden jedoch im Entwurf eingeschränkt.

Diese Ausnahmen sollen den üblichen Bar- oder Warenrabatt freigeben. Im Wesen eines solchen Rabattes, sofern er im **Kleinverkauf,** d. i. im unmittelbaren Verkehr mit dem Verbraucher, gewährt wird, liegt es aber, daß er sich nach der Abnahme von Waren bestimmter Menge oder bestimmten Wertes regelt. Die bisher geltende Bestimmung, die lediglich forderte, daß der in Form eines Geldbetrages oder einer Menge gleicher Waren gewährte Rabatt bestimmt oder auf eine bestimmte Art zu berechnen sei, ließ Formen von Zugabengeschäften verbotsfrei, deren Gewährung wohl auch den Ankauf von Waren bestimmter Menge oder bestimmten Wertes voraussetzte, bei denen aber die Höhe des angebotenen Geldbetrages nicht nach Menge oder Wert der gekauften Ware allein, sondern auch nach anderen Gesichtspunkten berechnet wurde. Gemeint sind hier insbesondere die Angebote einzelner Händler, dem Kunden den Fahrpreis für die Heimreise aus dem Ort, in dem der Anbietende seinen Geschäftssitz hat, zu ersetzen. Diese Art der Kundenwerbung, von der es zum mindesten zweifelhaft ist, ob sie durch die bisherige Vorschrift erfaßt wurde, hat einzelne Körperschaften in den Bundesländern veranlaßt, an das Bundesministerium für Handel und Verkehr mit der Bitte heranzutreten, Gegenmaßnahmen gegen die hierdurch hervorgerufene Benachteiligung der Händler des flachen Landes zu treffen.

Zu diesem Zweck wurde die Bestimmung des § 2, Abs. 1, Buchstabe a, des geltenden Gesetzes („auf bestimmte Art zu berechnenden Geldbetrage") dahin ergänzt, daß im unmittelbaren Verkehr mit dem Verbraucher der Geldbetrag **lediglich** im Verhältnis zur Menge oder zum Preise der gekauften Ware berechnet werden darf.

Demselben Zwecke dienen im Punkte b die Worte „lediglich nach Bruchteilen zu berechnenden Menge derselben Ware."

Es soll somit ausgeschlossen sein, den Rabatt in Geld oder Waren an irgendwelche andere Voraussetzungen zu knüpfen, als an die Menge oder den Preis der veräußerten Ware. Was hier von Waren gesagt ist, gilt sinngemäß auch von Leistungen (§ 2, Abs. 2).

Im **Großhandel,** d. i. im Verkehr mit einem Wiederverkäufer, sollen auch andere Formen des Geldrabattes ohne Bezugnahme auf Menge oder Preis der gekauften Ware zulässig sein.

Einer allfälligen späteren Regelung des Rabattwesens, wie sie von verschiedenen Seiten nach dem Vorbilde des Deutschen Rabattgesetzes vom 25. November 1933 begehrt wurde, soll durch die Bestimmungen der Punkte a und b nicht vorgegriffen werden.

Zu § 3.

Während die im § 2 angeführten Zugaben sowohl hinsichtlich der Ankündigung als auch hinsichtlich der Gewährung vom Verbot des § 1 ausgenommen sind, erstreckt sich die Ausnahme für die im § 3 erwähnten Zugaben **bloß auf die tatsächliche Gewährung.** Das Verbot der Ankündigung bleibt somit für diese Gruppe der Zugaben aufrecht.

Eine weitere Einschränkung dieser Ausnahmen besteht nach der Bestimmung des Absatzes 2 auch für die Gewährung darin, daß sie nicht vom Abschluß früherer Geschäfte oder von der Erfüllung sonstiger Bedingungen abhängig gemacht werden darf.

Die hier aufgezählten Ausnahmen (Warenproben, Reklamegegenstände, geringfügige Kleinigkeiten) können im allgemeinen als harmlose, einer einwandfreien Kundenwerbung dienende Mittel angesehen werden.

Diese Dinge haben regelmäßig für den Zugabenempfänger keinen besonderen Wert, sondern dienen lediglich, wie die Warenproben oder die Reklameartikel, dazu, auf die bemusterte Ware oder die reklametreibende Firma aufmerksam zu machen oder stellen, wie geringwertige Kleinigkeiten, Gefälligkeiten dar, die z. B. Kindern gewährt werden. Sie gewinnen aber dadurch an Anreiz und an einem gewissen, wenn auch nur scheinbaren Seltenheitswert, wenn sie besonders angeboten oder angekündigt werden oder wenn ihre Gewährung von dem Abschluß früherer Geschäfte oder von der Erfüllung sonstiger Bedingungen, wie z. B. von der Lösung besonderer Aufgaben, wie der Zusammenstellung von Figuren oder Bildern aus Warenbestandteilen od. dgl., abhängig gemacht wird (Abs. 2).

Nach dem Entwurf ist der Begriff **„Reklameartikel"** (Buchstabe b) dann gegeben, wenn der Gegenstand durch eine dauerhafte und auffallend sichtbare Bezeichnung der reklametreibenden Firma gekennzeichnet ist. Die Reklame-Inschrift muß also auffällig und nicht ohne weiteres entfernbar angebracht sein. Wer diese Voraussetzung nicht erfüllt, will eben nicht Reklame betreiben, sondern eine Zugabe gewähren. Dabei ist es zwar nicht notwendig, daß der volle Firmenname, so wie er im Handelsregister eingetragen ist, angegeben wird. Es wird selbstverständlich auch der Hauptbestandteil des Firmennamens oder eine Abkürzung, unter dem ein Unternehmen im Verkehr allgemein bekannt ist, ausreichen. Es muß aber jedenfalls der

Zweck des Gegenstandes, in erster Linie der Reklame zu dienen, für jedermann erkennbar bleiben.

Von dem Erfordernis der Geringwertigkeit wurde für Reklamegegenstände abgesehen. Diese Gegenstände, die häufig und sogar in der Regel als Gebrauchsgegenstände verwendbar sind, können nicht als absolut geringwertig bezeichnet werden; eine Verhältnismäßigkeit ihres Wertes etwa zum Werte der Hauptware kann aber schon aus dem Sinn des § 3, Abs. 2, heraus, der eine Bindung der Gewährung an bestimmte Mengen- oder Wertvoraussetzungen der Hauptware ausschließt, nicht verlangt werden.

Dagegen ist die absolute Geringwertigkeit der unter Buchstabe c erwähnten **Kleinigkeiten** anderer Art als die unter a und b erwähnten Warenproben und Reklamegegenstände ohne weiteres zu fordern und feststellbar. Es ist hierunter die Beschenkung von Kindern mit Bonbons, Abziehbildern, die Beigabe von Bildern zu Warenpackungen u. dgl. zu verstehen.

Aber auch solche Kleinigkeiten können einen gewissen Wert erlangen und damit im Wettbewerb zur Umgehung des Verbotes nach § 1 mißbraucht werden, wenn sie zu Zusammenstellungen bestimmt sind, die einen die Summe der Werte der gewährten Einzelgegenstände übersteigenden Wert besitzen, wie z. B. Gesellschaftsspiele, Sammelalben u. dgl. Sind aber die Einzelgegenstände als Reklamegegenstände nach § 3, Abs. 1, Buchstabe b, ausreichend gekennzeichnet, dann fallen sie schon aus diesem Grunde außerhalb des Verbotes.

Zu den §§ 4, 5 und 6.

Die Bestimmungen der §§ 4, 5 und 6 entsprechen den §§ 3, 4 und 5 des geltenden Bundesgesetzes vom 20. Juni 1929, BGBl. Nr. 227.

Um jeden Zweifel zu beheben, sei ausdrücklich betont, daß durch das vorliegende Gesetz das Bundesgesetz vom 1. Dezember 1931, BGBl. Nr. 371 (und demgemäß auch die auf Grund dieses Gesetzes erlassene Verordnung vom 4. Jänner 1932, BGBl. Nr. 11, betreffend das Verbot der unentgeltlichen Zuwendung photographischer Erzeugnisse oder Leistungen im geschäftlichen Verkehr), ihre Geltung behalten, wie übrigens auch schon im § 1, Abs. 3, des bezogenen Gesetzes eindeutig bestimmt ist, daß dieses Gesetz nicht auf die Zuwendungen **neben** der Ware oder Leistung, sondern bloß auf die unentgeltliche Gewährung der Ware oder Leistung selbst oder auf deren Ankündigung Anwendung findet.

Zu § 7.

Um jenen Firmen, die derzeit Prämienveranstaltungen, soweit sie nicht schon bisher verboten waren, noch durchführen, einerseits billigerweise Gelegenheit zu geben, diese Veranstaltungen auslaufen zu lassen, anderseits doch (im Interesse der Rechtssicherheit) der Durchführung dieser Abwicklung ein entsprechendes Ziel zu setzen, wurde im § 7, Abs. 2, bestimmt, daß die Rückgabe der zum Empfang der Zugabe berechtigenden Nachweise, wie Verpackungsteile usw., mit dem Inkrafttreten des Gesetzes (1. Oktober 1934) beendet sein muß, daß aber die Ausgabe der Zugaben noch innerhalb einer daran anschließenden Nachfrist von zwei Monaten (bis 30. November 1934) erfolgen kann.

Schließlich muß den Firmen, die heute Prämien gewähren, auch zugestanden werden, unbeschadet des bereits bestehenden Zugabe-Ankündigungsverbotes, die Beendigung ihrer Prämienveranstaltungen entsprechend anzukündigen, ohne Gefahr zu laufen, wegen einer solchen Ankündigung auf Grund des geltenden oder des neuen Gesetzes belangt zu werden. Diese an sich einwandfreie Benachrichtigung der Kunden darf aber nicht zu einer versteckten Propaganda für verbotswidrige Machenschaften mißbraucht werden. Es war daher zwar dafür Vorsorge zu treffen, daß solche Ankündigungen nicht als gegen die beiden Gesetze verstoßend behandelt werden, dagegen der Inhalt solcher Ankündigungen möglichst genau zu umschreiben. Diesem Zwecke dient die Bestimmung des § 7, Abs. 3.

Anhang IX

Verbot unentgeltlicher Zuwendungen im geschäftlichen Verkehr (Österreich)

Bundesgesetz vom 1. Dezember 1931, betreffend das Verbot unentgeltlicher Zuwendungen im geschäftlichen Verkehre, BGBl. 371/31

§ 1

(1) Mit Verordnung, die der Zustimmung des Hauptausschusses des Nationalrates bedarf, kann verboten werden, im geschäftlichen Verkehre Waren oder Leistungen unentgeltlich zuzuwenden oder die unentgeltliche Gewährung solcher Zuwendungen in öffentlichen Bekanntmachungen oder in Mitteilungen, die für einen größeren

Kreis von Personen bestimmt sind, anzukündigen. Das Verbot kann bloß für bestimmte Arten von Waren oder Leistungen ausgesprochen werden. Im Falle der Ankündigung ist es belanglos, ob die unentgeltliche Zuwendung durch den Ankündigenden selbst oder durch einen anderen gewährt werden soll.

(2) Als unentgeltlich im Sinne des Absatzes 1 ist eine Zuwendung auch dann anzusehen, wenn sie nur gegen ein geringfügiges, offenbar bloß zum Schein begehrtes Entgelt gewährt wird.

(3) Die auf Grund des Absatzes 1 ausgesprochenen Verbote gelten nicht für die unentgeltliche Gewährung einer besonderen Zuwendung neben einer Ware oder Leistung (Zugabe, Prämie). Auf das Anbieten und Ankündigen solcher Zugaben finden die hierüber bestehenden besonderen Vorschriften Anwendung.

§ 2

(1) Wer einer auf Grund des § 1 erlassenen Verordnung zuwiderhandelt, wird von der politischen Bezirksbehörde mit Geld bis zu 5000 S oder mit Arrest bis zu drei Monaten bestraft. Bei erschwerenden Umständen können diese Strafen auch nebeneinander verhängt werden. Die Bestimmungen des § 19 des Bundesgesetzes vom 26. September 1923, BGBl. Nr. 531, gegen den unlauteren Wettbewerb finden entsprechende Anwendung.

Sachregister

E

N

O

U

Z